司法解释适用指引丛书

— 26 —

U0964954

妨害社会管理秩序案件司法解释适用指引

司法实务版

人民法院出版社 编

人民法院出版社

图书在版编目（CIP）数据

妨害社会管理秩序案件司法解释适用指引 / 人民法院出版社编. -- 北京 : 人民法院出版社, 2024. 12.
ISBN 978-7-5109-4312-6

Ⅰ. D924.365

中国国家版本馆CIP数据核字第202457M98G号

妨害社会管理秩序案件司法解释适用指引

人民法院出版社　编

策划编辑　姜　峤
责任编辑　马海莹
出版发行　人民法院出版社
地　　址　北京市东城区东交民巷 27 号（100745）
电　　话　（010）67550560（责任编辑）　67550558（发行部查询）
　　　　　65223677（读者服务部）
客服 QQ　2092078039
网　　址　http：//www.courtbook.com.cn
E－mail　courtpress@sohu.com
印　　刷　三河市国英印务有限公司
经　　销　新华书店

开　　本　787 毫米 ×1092 毫米　1/16
字　　数　874 千字
印　　张　52
版　　次　2024 年 12 月第 1 版　2024 年 12 月第 1 次印刷
书　　号　ISBN 978-7-5109-4312-6
定　　价　158.00 元

编写说明

为准确理解和适用司法解释，助力人民法院统一法律适用，更好地满足法律工作者办案与查询的需求，我们编写了本套丛书。本丛书在每本以某一类别或某一司法解释为主题，汇集与该司法解释相关的最高人民法院司法政策精要、司法解释、司法观点、人民法院案例库案例、法答网精选答问以及相关的法律、法规、规章、司法文件等内容，兼具检索与研习功能，能够让广大法律实务工作者全面、快捷、方便地查找到该类案件办理所需的全部材料。

本丛书立足审判，涵盖婚姻家庭、劳动争议、公司企业、诉讼证据、民事诉讼、刑事诉讼、贪污贿赂渎职案件等27个法律专业领域，品类丰富齐全，为立案、调解、仲裁、诉讼、执行等工作提供权威指导，更好地服务司法审判、公众学法、学者科研、律师办案。本书为其中的《妨害社会管理秩序案件司法解释适用指引》。

本丛书各栏目具体编写情况如下：

【司法政策精要】该栏目摘编自最高人民法院公布的各种审判指导意见、会议纪要，最高人民法院院长对审判工作有重要指导意义的讲话，最高人民法院分管副院长在全国性审判工作会议上的讲话等。文中序号为原文序号，未作删改。

【司法解释】该栏目收录最新公布的司法解释，并在司法解释后附"导读及适用要点"，摘编自最高人民法院专家法官对该司法解释的权威解读，为该司法解释的准确适用提供参考、借鉴。

【司法观点】该栏目针对当前审判实务中难点、疑点、热点以及前沿问题，全面系统地总结和梳理了最高人民法院类案审判实践中的裁判理念和法律适用问题，帮助读者全面快速了解最高人民法院对审判实践中重点、难点问题的立场、观点，准确把握审判实践的具体方法、办案依据和裁判尺度。

【人民法院案例库案例】该栏目收录了人民法院案例库中的相关指导性案例及参考案例，精选裁判要点及裁判要旨，为司法实务提供了权威、规范、全面的案例指引。本书收录的人民法院案例库案例截至2024年10月。

【法答网精选答问】最高人民法院发布的精选答问具有释法说理、普法宣传等多方面的功能效用，一个精选问答可以解决一类法律问题，指导一批争议案例，是“附理由书的批复”。

【相关规定】该栏目精选现行有效相关法律、法规、司法解释、规章等内容，版本权威、内容实用，方便读者对照查询。

值得一提的是，本丛书为首次将最高人民法院裁判观点、人民法院案例库案例、法答网精选答问进行融合出版的图书。2023年，最高人民法院推动建立面向全社会的人民法院案例库、贯通四级法院的法答网。“一网一库”上线运行以来，充分发挥审判监督指导作用，促进统一裁判标准，有效提升广大法官的审判能力，助力司法审判提质增效，取得积极成效。本丛书进一步深化库网融合，促进统一法律适用的功能效用，为法律实务工作者提供覆盖全面、与时俱进的“活教材”。

本丛书内容简洁明了，查询方便快捷，在编排上力求全面、新颖、务实，但疏漏之处在所难免，欢迎广大读者提出批评和改进意见，以便为读者提供更好的法律服务。

人民法院出版社

二〇二四年十一月

目　录

第一部分　司法解释

第二部分　司法观点

一、扰乱公共秩序罪

二、妨害司法罪

第四部分　法答网精选答问

第五部分　相关规定

二、相关司法解释、司法文件

（一）扰乱公共秩序罪

1. 涉妨害公务犯罪

第一部分　司法解释

一、扰乱公共秩序罪

（一）涉伪造事业单位印章犯罪

最高人民法院　最高人民检察院
关于办理伪造、贩卖伪造的高等院校学历、学位证明刑事案件如何适用法律问题的解释

法释〔2001〕22号

（2001年6月21日最高人民法院审判委员会第1181次会议、2001年7月2日最高人民检察院第九届检察委员会第91次会议通过　2001年7月3日最高人民法院、最高人民检察院公告公布　自2001年7月5日起施行）

为依法惩处伪造、贩卖伪造的高等院校学历、学位证明的犯罪活动，现就办理这类案件适用法律的有关问题解释如下：

对于伪造高等院校印章制作学历、学位证明的行为，应当依照刑法第二百八十条第二款的规定，以伪造事业单位印章罪定罪处罚。

明知是伪造高等院校印章制作的学历、学位证明而贩卖的，以伪造事业单位印章罪的共犯论处。

【导读及适用要点】

一、关于伪造、贩卖假文凭行为的定性问题

《刑法》第280条第1款规定了伪造、变造、买卖国家机关公文、证件、印章罪，第2款规定了伪造公司、企业、事业单位、人民团体印章罪。这种立法上的区别对待，既突出了《刑法》对行使国家管理职权的国家机关予以特别保护的立法本意，也限定了侵犯国家机关以外的其他单位印章犯罪的范围。即，对侵犯公司、企业、事业单位、人民团体印章的犯罪，仅限定为伪造这一种行为，并限定为印章这一个对象。曾有一种意见认为，公立高等院校签发的学历、学位证明，特别是在教育主管部门下达的计划指标范围内，并报经教育主管部门审批同意后发放的学历、学位证明，应当看作各高等院校受国家教育主管部门委托实施的行为。因此，伪造高等院校学历、学位证明的行为，实际上扰乱了国家机关对高等院校学历、学位证明的监管秩序，应当按照《刑法》第280条第1款的规定定罪处罚。我们认为，国家对于高等院校的学历教育、学位授予等问题有相应的法律、法规规定，高等院校依照法律、法规的规定，根据在校学生的学习情况发放学历证明、授予学位，只能反映出学校对学生学习成绩的一种评价，而不能将其等同于国家机关对学生学习情况的证明。有鉴于此，因高等院校的学历、学位证明并非国家机关制发的公文证件，加盖的印章也非国家机关的印章。因此，对于伪造高等院校学历、学位证明的行为不能以伪造国家机关公文、证件、印章罪定罪处罚。鉴于高等院校属于事业单位性质，而伪造高等院校印章进而伪造学历证明的行为较为常见，因此，本解释规定，对于伪造高等院校印章制作学历、学位证明的行为，应当依照《刑法》第280条第2款的规定，以伪造事业单位印章罪定罪处罚。

二、关于贩卖伪造的高等院校学历、学位证明行为的定性问题

曾有一种意见认为，因《刑法》没有规定买卖公司、企业、事业单位、人民团体公文、证件罪，故对贩卖伪造的高等院校学历、学位证明行为，不

能以买卖的罪名追究其刑事责任。但鉴于此种行为发生较多，且多数具有营利目的，具有社会危害性，因此，对于买卖伪造的高等院校学历证明且情节严重的，可依据《刑法》第225条的规定定非法经营罪。从本解释的内容看，这一意见未予采纳。道理在于，学历证明的发放行为并非市场行为，学历证明不是市场活动必需的经营许可证明文件，贩卖伪造的学历、学位证明行为侵犯的客体也并非市场秩序，因此，以非法经营罪定罪不妥。但是，对于明知是伪造高等院校印章制作的学历、学位证明而贩卖的，因行为人往往与伪造者已有勾结，客观上又实施了帮助行为，应当以伪造事业单位印章罪的共犯论处。

三、关于购买伪造的学历、学位证明行为能否追究刑事责任的问题

如前所述，《刑法》对于涉及国家机关以外的其他单位公文、印章的犯罪行为，只规定了伪造印章罪，更没有追究购买伪造的学历、学位证明行为的规定。应当承认，“买方市场”的存在，是导致伪造学历、学位证明犯罪行为屡禁不止的重要因素。实践中，买假的原因大多是为了求职、求学、沽名钓誉等，假文凭的使用，给社会管理、用人单位的人事管理等都带来了十分严重的危害。由于《刑法》并未对此行为规定相应的刑事责任，对其则应当依法给予行政处罚或者行政处分。但是，如果买假者参与了伪造高等院校印章的行为，则应当以伪造事业单位印章罪的共犯追究其刑事责任。

（撰稿人：孙军工
审稿人：熊选国）

（二）涉组织考试作弊犯罪

最高人民法院　最高人民检察院
关于办理组织考试作弊等刑事案件适用法律若干问题的解释

法释〔2019〕13号

（2019年4月8日最高人民法院审判委员会第1765次会议、2019年6月28日最高人民检察院第十三届检察委员会第20次会议通过　2019年9月2日最高人民法院、最高人民检察院公告公布　自2019年9月4日起施行）

为依法惩治组织考试作弊、非法出售、提供试题、答案、代替考试等犯罪，维护考试公平与秩序，根据《中华人民共和国刑法》《中华人民共和国刑事诉讼法》的规定，现就办理此类刑事案件适用法律的若干问题解释如下：

第一条　刑法第二百八十四条之一规定的“法律规定的国家考试”，仅限于全国人民代表大会及其常务委员会制定的法律所规定的考试。

根据有关法律规定，下列考试属于“法律规定的国家考试”：

（一）普通高等学校招生考试、研究生招生考试、高等教育自学考试、成人高等学校招生考试等国家教育考试；

（二）中央和地方公务员录用考试；

（三）国家统一法律职业资格考试、国家教师资格考试、注册会计师全国统一考试、会计专业技术资格考试、资产评估师资格考试、医师资格考试、执业药师职业资格考试、注册建筑师考试、建造师执业资格考试等专业技术资格考试；

（四）其他依照法律由中央或者地方主管部门以及行业组织的国家考试。

前款规定的考试涉及的特殊类型招生、特殊技能测试、面试等考试，属于“法律规定的国家考试”。

第二条 在法律规定的国家考试中，组织作弊，具有下列情形之一的，应当认定为刑法第二百八十四条之一第一款规定的“情节严重”：

（一）在普通高等学校招生考试、研究生招生考试、公务员录用考试中组织考试作弊的；

（二）导致考试推迟、取消或者启用备用试题的；

（三）考试工作人员组织考试作弊的；

（四）组织考生跨省、自治区、直辖市作弊的；

（五）多次组织考试作弊的；

（六）组织三十人次以上作弊的；

（七）提供作弊器材五十件以上的；

（八）违法所得三十万元以上的；

（九）其他情节严重的情形。

第三条 具有避开或者突破考场防范作弊的安全管理措施，获取、记录、传递、接收、存储考试试题、答案等功能的程序、工具，以及专门设计用于作弊的程序、工具，应当认定为刑法第二百八十四条之一第二款规定的“作弊器材”。

对于是否属于刑法第二百八十四条之一第二款规定的“作弊器材”难以确定的，依据省级以上公安机关或者考试主管部门出具的报告，结合其他证据作出认定；涉及专用间谍器材、窃听、窃照专用器材、“伪基站”等器材的，依照相关规定作出认定。

第四条 组织考试作弊，在考试开始之前被查获，但已经非法获取考试试题、答案或者具有其他严重扰乱考试秩序情形的，应当认定为组织考试作弊罪既遂。

第五条 为实施考试作弊行为，非法出售或者提供法律规定的国家考试的试题、答案，具有下列情形之一的，应当认定为刑法第二百八十四条之一第三款规定的“情节严重”：

（一）非法出售或者提供普通高等学校招生考试、研究生招生考试、公务员录用考试的试题、答案的；

（二）导致考试推迟、取消或者启用备用试题的；

（三）考试工作人员非法出售或者提供试题、答案的；

（四）多次非法出售或者提供试题、答案的；

（五）向三十人次以上非法出售或者提供试题、答案的；

（六）违法所得三十万元以上的；

（七）其他情节严重的情形。

第六条 为实施考试作弊行为，向他人非法出售或者提供法律规定的国家考试的试题、答案，试题不完整或者答案与标准答案不完全一致的，不影响非法出售、提供试题、答案罪的认定。

第七条 代替他人或者让他人代替自己参加法律规定的国家考试的，应当依照刑法第二百八十四条之一第四款的规定，以代替考试罪定罪处罚。

对于行为人犯罪情节较轻，确有悔罪表现，综合考虑行为人替考情况以及考试类型等因素，认为符合缓刑适用条件的，可以宣告缓刑；犯罪情节轻微的，可以不起诉或者免予刑事处罚；情节显著轻微危害不大的，不以犯罪论处。

第八条 单位实施组织考试作弊、非法出售、提供试题、答案等行为的，依照本解释规定的相应定罪量刑标准，追究组织者、策划者、实施者的刑事责任。

第九条 以窃取、刺探、收买方法非法获取法律规定的国家考试的试题、答案，又组织考试作弊或者非法出售、提供试题、答案，分别符合刑法第二百八十二条和刑法第二百八十四条之一规定的，以非法获取国家秘密罪和组织考试作弊罪或者非法出售、提供试题、答案罪数罪并罚。

第十条 在法律规定的国家考试以外的其他考试中，组织作弊，为他人组织作弊提供作弊器材或者其他帮助，或者非法出售、提供试题、答案，符合非法获取国家秘密罪、非法生产、销售窃听、窃照专用器材罪、非法使用窃听、窃照专用器材罪、非法利用信息网络罪、扰乱无线电通讯管理秩序罪等犯罪构成要件的，依法追究刑事责任。

第十一条 设立用于实施考试作弊的网站、通讯群组或者发布有关考试作弊的信息，情节严重的，应当依照刑法第二百八十七条之一的规定，以非法利用信息网络罪定罪处罚；同时构成组织考试作弊罪、非法出售、提供试题、答案罪、非法获取国家秘密罪等其他犯罪的，依照处罚较重的规定定罪处罚。

第十二条　对于实施本解释规定的犯罪被判处刑罚的，可以根据犯罪情况和预防再犯罪的需要，依法宣告职业禁止；被判处管制、宣告缓刑的，可以根据犯罪情况，依法宣告禁止令。

第十三条　对于实施本解释规定的行为构成犯罪的，应当综合考虑犯罪的危害程度、违法所得数额以及被告人的前科情况、认罪悔罪态度等，依法判处罚金。

第十四条　本解释自2019年9月4日起施行。

【导读及适用要点】

一、“法律规定的国家考试”的范围

根据《刑法》第284条之一的规定，组织考试作弊罪，非法出售、提供试题、答案罪和代替考试罪的适用范围是“法律规定的国家考试”。在《刑法修正案（九）》（草案）研拟和审议过程中，曾采用过“依照国家规定举办的考试”“依照国家规定举办的考试或者国务院有关主管机关举办的考试”“国家规定的考试”等表述，最终的表述为“法律规定的国家考试”。据此，《刑法》第284条之一只适用于在法律规定的国家考试中发生的考试作弊犯罪，对于在其他考试中作弊的行为，不以组织考试作弊罪，非法出售、提供试题、答案罪论处。因此，明确“法律规定的国家考试”的范围，是确保《刑法》第284条之一准确适用的前提和基础，也是考试作弊犯罪司法适用亟须解决的核心问题。为统一司法适用，《最高人民法院、最高人民检察院关于办理组织考试作弊等刑事案件适用法律若干问题的解释》（以下简称《办理组织考试作弊案件解释》）第1条对“法律规定的国家考试”的内涵与外延作了明确。

1. “法律规定的国家考试”的内涵与外延。《办理组织考试作弊案件解释》第1条第1款对“法律规定的国家考试”作了概括规定，即“刑法第284条之一规定的‘法律规定的国家考试’，仅限于全国人民代表大会及其常务委员会制定的法律所规定的考试”。需要注意的问题有二：一是“法律规定的国

家考试”限于法律有规定的考试。目前，许多领域都存在国家考试，且分属不同部门主管，大致可分为教育类考试、资格类考试、职称类考试、录用任用考试4大类，共计200多种。经梳理，目前20余部法律对“法律规定的国家考试”作了规定，包括《教育法》《高等教育法》《公务员法》《法官法》《检察官法》《警察法》《教师法》《执业医师法》《注册会计师法》《道路交通安全法》《海关法》《动物防疫法》《旅游法》《证券投资基金法》《统计法》《公证法》等。其他考试，如护士执业资格考试，只有《护士条例》对此有规定，缺乏法律规定，不属于“法律规定的国家考试”。二是“法律规定的国家考试”不限于由中央有关主管部门依照法律统一组织的全国性考试，也包括地方主管部门依照法律规定组织的考试。例如，《公务员法》第24条规定：“中央机关及其直属机构公务员的录用，由中央公务员主管部门负责组织。地方各级机关公务员的录用，由省级公务员主管部门负责组织，必要时省级公务员主管部门可以授权设区的市级公务员主管部门组织。”再如，普通高等学校招生考试既有全国统一考试，也有省（区、市）组织的考试。

《办理组织考试作弊案件解释》第1条第2款对“法律规定的国家考试”的外延作了列举。具体而言，根据有关法律规定，下列考试属于“法律规定的国家考试”：（1）普通高等学校招生考试、研究生招生考试、高等教育自学考试、成人高等学校招生考试等国家教育考试；（2）中央和地方公务员录用考试；（3）国家统一法律职业资格考试、国家教师资格考试、注册会计师全国统一考试、会计专业技术资格考试、资产评估师资格考试、医师资格考试、执业药师职业资格考试、注册建筑师考试、建造师执业资格考试等专业技术资格考试；（4）其他依照法律由中央或者地方主管部门以及行业组织的国家考试。需要注意的是，随着法律的修改，“法律规定的国家考试”的范围也可能发生变化，特别是一些国家考试可能会在法律中增设或者调整，对此司法机关应当根据法律的具体规定准确把握。

《办理组织考试作弊案件解释》第1条第3款进一步规定：“前款规定的考试涉及的特殊类型招生、特殊技能测试、面试等考试，属于‘法律规定的国家考试’。”而《普通高等学校招生违规行为处理暂行办法》（教育部令第36号）第18条规定：“本办法所称特殊类型招生，是指自主选拔录取、艺术类专业、体育类专业、保送生等类型的高校招生。”因此，普通高等学校招生考试中的自主选拔录取、艺术类专业、体育类专业、保送生等类型的高校招生考试，以及相关招生、公务员录用、专业技术资格等考试涉及的特殊技能测试、面试等考试，均属于“法律规定的国家考试”。

2. “法律规定的国家考试”范围涉及的实务争议。从实践来看，以下几个涉及“法律规定的国家考试”范围的问题须作进一步厘清，以解决司法适用中的争议：

其一，如何理解《教育法》第 21 条的规定?《教育法》第 21 条规定：“国家实行国家教育考试制度。国家教育考试由国务院教育行政部门确定种类，并由国家批准的实施教育考试的机构承办。”经研究认为，不宜依据《教育法》第 21 条的笼统规定认定只要是教育部组织的考试均属于“法律规定的国家考试”，而应限于法律有相对明确具体规定的考试，否则恐会导致“法律规定的国家考试”范围过于宽泛。例如，高等教育自学考试属于“法律规定的国家考试”，其依据在于《高等教育法》第 21 条明确规定，“国家实行高等教育自学考试制度，经考试合格的，发给相应的学历证书或者其他学业证书”；而大学英语四、六级考试虽然由教育部组织实施，但相关法律未作明确规定，故不宜纳入“法律规定的国家考试”范畴。对此，《国家教育考试违规处理办法》(教育部第 18 号令）第 2 条明确规定：“本办法所称国家教育考试是指普通和成人高等学校招生考试、全国硕士研究生招生考试、高等教育自学考试等，由国务院教育行政部门确定实施，由经批准的实施教育考试的机构承办，面向社会公开、统一举行，其结果作为招收学历教育学生或者取得国家承认学历、学位证书依据的测试活动。”据此，目前看来，属于“法律规定的国家考试”的国家教育考试主要是指普通高等学校招生考试、研究生招生考试、高等教育自学考试、成人高等学校招生考试这 4 种考试。

其二，《建筑法》第 14 条是否属于“法律规定的国家考试”?《建筑法》第 14 条规定：“从事建筑活动的专业技术人员，应当依法取得相应的执业资格证书，并在执业资格证书许可的范围内从事建筑活动。”经研究认为，上述规定虽未出现“考试”表述，但执业资格证书主要通过考试取得，且《注册建筑师条例》(国务院令第 184 号）第 7 条进一步规定：“国家实行注册建筑师全国统一考试制度。注册建筑师全国统一考试办法，由国务院建设行政主管部门会同国务院人事行政主管部门商国务院其他有关行政主管部门共同制定，由全国注册建筑师管理委员会组织实施。"《注册建造师管理规定》(建设部令第153号)第3条第1款规定:"本规定所称注册建造师,是指通过考核认定或考试合格取得中华人民共和国建造师资格证书,并按照本规定注册,取得中华人民共和国建造师注册证书和执业印章,担任施工单位项目负责人及从事相关活动的专业技术人员。"因此,注册建筑师考试、建造师执业资格考试均属于"法律规定的国家考试"。

又如,《药品管理法》第22条规定:"医疗机构必须配备依法经过资格认定的药学技术人员。非药学技术人员不得直接从事药剂技术工作。"[①]《执业药师资格制度暂行规定》(人发〔1999〕34号)[②]第2条规定:"国家实行执业药师资格制度,纳入全国专业技术人员执业资格制度统一规划的范围。"第6条规定:"执业药师资格实行全国统一大纲、统一命题、统一组织的考试制度。一般每年举行一次。"同理,执业药师执业资格考试也属于"法律规定的国家考试"。

其三,《职业教育法》第8条[③],特别是《劳动法》第69条是否属于"法律规定的国家考试"?《职业教育法》第8条第1款规定:"实施职业教育应当根据实际需要,同国家制定的职业分类和职业等级标准相适应,实行学历证书、培训证书和职业资格证书制度。"《劳动法》第69条规定:"国家确定职业分类,对规定的职业制定职业技能标准,实行职业资格证书制度,由经备案的考核鉴定机构负责对劳动者实施职业技能考核鉴定。"经研究认为,上述规定过于原则,且相关考核不能等同于考试,故不宜成为认定资格类考试属于"法律规定的国家考试"的依据,而应看各类资格类考试有无法律的具体规定。

又如,《行政许可法》第54条第1款规定:"实施本法第12条第3项所列事项的行政许可,赋予公民特定资格,依法应当举行国家考试的,行政机关根据考试成绩和其他法定条件作出行政许可决定……"该法第12条第3项事项为"提供公众服务并且直接关系公共利益的职业、行业,需要确定具备特殊信誉、特殊条件或者特殊技能等资格、资质的事项"。同理,《行政许可

① 对应《药品管理法》(2019年修订)第69条。
② 已失效。
③ 对应《职业教育法》(2022年修订)第11条。

法》第54条也不能直接成为“法律规定的国家考试”的认定依据。

二、组织考试作弊罪情节严重的认定标准

根据《刑法》第284条之一第1款、第2款的规定，在法律规定的国家考试中，组织作弊或者为他人实施组织作弊犯罪提供作弊器材或其他帮助的，即构成组织考试作弊罪，处3年以下有期徒刑或者拘役，并处或者单处罚金；情节严重的，处3年以上7年以下有期徒刑，并处罚金。对于组织作弊罪情节严重这一概括升档量刑情节，宜根据司法实践的情况，从犯罪的客体、客观方面、主体、主观方面等多个角度加以考察。经充分调研，《办理组织考试作弊案件解释》第2条从6个方面规定了情节严重的认定标准：一是考试类型。普通高等学校招生考试、研究生招生考试、公务员录用考试社会关注度高、影响大、涉及面广。基于此，《办理组织考试作弊案件解释》将在此类考试中组织作弊的直接规定为情节严重。二是行为后果。《办理组织考试作弊案件解释》将导致考试推迟、取消或者启用备用试题的明确规定为情节严重。三是行为主体。考试工作人员违背所承担的职责组织考试作弊，主观恶性更大，故《办理组织考试作弊案件解释》将其规定为情节严重。关于“考试工作人员”的范围，具体适用中可以理解为参与考试管理和服务工作的人员，包括命（审）题（卷）、监考、主考、巡考、考试系统操作、评卷等人员。四是地域范围。组织考生跨省、自治区、直辖市作弊的，危害十分严重，故《办理组织考试作弊案件解释》将其规定为情节严重。五是数量标准。《办理组织考试作弊案件解释》将多次组织考试作弊，组织30人次以上作弊，以及提供作弊器材50件以上的规定为情节严重。六是违法所得。从司法实践来看，根据所涉考试的不同，组织考试作弊或者提供作弊器材等帮助的违法所得数额相差较大。基于严厉惩治组织考试作弊犯罪的考虑，《办理组织考试作弊案件解释》将违法所得30万元以上的规定为情节严重。

需要注意的是，对于组织作弊的认定，应当根据案件具体情况加以把握。一般而言，领导、策划、指挥他人在法律规定的国家考试中实施下列行为之一的，可以认定为《刑法》第284条之一规定的组织作弊：（一）向他人提供试题、答案的；（二）代替他人参加考试的；（三）携带与考试内容相关的资料、作弊器材的；（四）篡改考试成绩的；（五）其他组织作弊的情形。需

要注意的是，《刑法》第 284 条之一第 3 款规定了非法出售、提供试题、答案罪，第 4 款规定了代替考试罪，但是在组织考试作弊中提供试题、答案或者代替他人参加考试的，该行为应当视为组织考试作弊的有机组成部分，不应再单独评价。

三、作弊器材的认定标准与程序

根据《刑法》第 284 条之一第 2 款的规定，组织考试作弊罪涉及为他人实施组织作弊犯罪提供作弊器材或者其他帮助的情形。基于此，《办理组织考试作弊案件解释》第 3 条第 1 款对作弊器材的认定标准作了明确。具体而言，从功能上将作弊器材限定为具有避开或者突破考场防范作弊的安全管理措施（如纽扣式数码相机、眼镜式密拍设备通过伪装，以规避考场检查），并具有获取、记录、传递、接收、存储试题、答案等功能（如密拍设备、数据接收设备可以发送、接收相关信息）。据此，对于普通的手机、相机，不宜认定为作弊器材。此外，随着技术发展，未来有可能出现新型作弊器材。例如，在机动车驾驶员考试中，目前实行电子路考，即摒弃原先的考试员监考评分，取而代之的是电脑监控评判、进行扣分等工作。如果研制相关作弊程序，从而控制电子路考设备，使其失去相应功能，无法进行扣分的，也应当认定为作弊器材。基于此，从主观动机角度，将“专门设计用于作弊的程序、工具”也规定为作弊器材的情形。

《办理组织考试作弊案件解释》第 3 条第 2 款明确了作弊器材的认定程序，规定：“对于是否属于刑法第 284 条之一第 2 款规定的‘作弊器材’难以确定的，依据省级以上公安机关或者考试主管部门出具的报告，结合其他证据作出认定；涉及专用间谍器材、窃听、窃照专用器材、‘伪基站’等器材的，依照相关规定作出认定。”据此，需要注意的是，有些考试作弊器材可能属于专用间谍器材、窃听、窃照专用器材、“伪基站”等器材，应当根据相关规定作出认定，如《反间谍法实施细则》第 18 条第 2 款规定“专用间谍器材的确认，由国务院国家安全主管部门负责”；《禁止非法生产销售使用窃听窃照专用器材和“伪基站”设备的规定》规定：“公安机关负责对窃听窃照专用器材……的认定工作”；《最高人民法院、最高人民检察院关于办理扰乱无线电通讯管理秩序等刑事案件适用法律若干问题的解释》(法释〔2017〕11

号）第 9 条第 1 款规定："对案件所涉的有关专门性问题难以确定的，依据司法鉴定机构出具的鉴定意见，或者下列机构出具的报告，结合其他证据作出认定：（一）省级以上无线电管理机构、省级无线电管理机构依法设立的派出机构、地市级以上广播电视主管部门就是否系'伪基站''黑广播'出具的报告……"

需要注意的是，对于《刑法》第 284 条之一第 2 款规定的为他人实施组织作弊犯罪提供的"其他帮助"，应当根据案件的具体情况加以把握。从实践来看，为他人组织作弊犯罪实施的下列帮助行为可以认定为"其他帮助"：（1）帮助安排作弊考点、考场或者考位的；（2）帮助控制考场视频监控系统和无线通讯信号屏蔽系统的；（3）帮助传递考试试题、答案、作弊器材或者通讯设备的；（4）帮助违规招录监考人员的；（5）帮助更换答题卡的；（6）其他为实施组织考试作弊犯罪提供帮助的行为。

四、组织考试作弊罪既遂的认定标准

从实践来看，组织考试作弊的案件不少在考试开始之前即被查处，此种情形之下组织考试作弊的目的未能实现，究竟应当认定为犯罪既遂还是未遂，实践中存在不同认识。经研究认为，组织考试作弊罪的构成要件行为是组织作弊以及为他人实施组织作弊犯罪提供作弊器材或者其他帮助，而作弊目的是否实现不应当影响犯罪既遂的成立。基于严厉惩治组织考试作弊犯罪的考虑，《办理组织考试作弊案件解释》第 4 条规定："组织考试作弊，在考试开始之前被查获，但已经非法获取考试试题、答案或者具有其他严重扰乱考试秩序情形的，应当认定为组织考试作弊罪既遂。"需要注意的是，对于组织考试作弊，在考试开始之前被查获，未达到犯罪既遂的，可以以组织考试作弊罪（未遂）定罪处罚；情节严重的，在相应的法定刑幅度内，结合未遂犯的处罚原则量刑。

五、非法出售、提供试题、答案罪情节严重的认定标准

根据《刑法》第 284 条之一第 1 款、第 3 款的规定，为实施考试作弊行为，向他人非法出售或者提供法律规定的国家考试的试题、答案的，即构成非法出售、提供试题、答案罪，处 3 年以下有期徒刑或者拘役，并处或者单

处罚金；情节严重的，处 3 年以上 7 年以下有期徒刑，并处罚金。根据法律规定，结合司法实践，《办理组织考试作弊案件解释》第 5 条对非法出售、提供试题、答案罪情节严重的认定标准作了明确规定，大致涉及如下 5 个方面：一是考试类型。《办理组织考试作弊案件解释》将非法出售或者提供普通高等学校招生考试、研究生招生考试、公务员录用考试的试题、答案的行为直接规定为情节严重。二是行为后果。《办理组织考试作弊案件解释》将导致考试推迟、取消或者启用备用试题的明确规定为情节严重。三是行为主体。《办理组织考试作弊案件解释》将考试工作人员非法出售或者提供试题、答案的行为规定为情节严重。四是数量标准。《办理组织考试作弊案件解释》将多次非法出售或者提供试题、答案，向 30 人次以上非法出售或者提供试题、答案的规定为情节严重。五是违法所得。《办理组织考试作弊案件解释》将违法所得 30 万元以上的规定为情节严重。

此外，由于各种原因，不少非法出售、提供试题、答案的案件，存在涉案试题不完整或者答案与标准答案不完全一致的情况，甚至可能出现行为人由于认识错误出售、提供完全错误的试题、答案的情况。为统一法律适用，《办理组织考试作弊案件解释》第 6 条明确了非法出售、提供试题、答案罪涉及的试题不完整或者答案与标准答案不完全一致的处理规则，规定："为实施考试作弊行为，向他人非法出售或者提供法律规定的国家考试的试题、答案，试题不完整或者答案与标准答案不完全一致的，不影响非法出售、提供试题、答案罪的认定。"当然，如果试题本身错误或者答案与标准答案完全或者较大程度不一致的，不能认定为非法出售、提供试题、答案罪；符合诈骗罪等其他犯罪的，可以适用相应罪名。

六、代替考试犯罪的处理规则

根据《刑法》第 284 条之一第 4 款的规定，代替他人或者让他人代替自己参加法律规定的国家考试的，构成代替考试罪，处拘役或者管制，并处或者单处罚金。为充分发挥《刑法》的威慑和教育功能，《办理组织考试作弊案件解释》第 7 条第 1 款重申了在法律规定的国家考试中代替考试构成犯罪的规定，明确："代替他人或者让他人代替自己参加法律规定的国家考试的，应当依照刑法第 284 条之一第 4 款的规定，以代替考试罪定罪处罚。"

考虑到实践中替考的情况、情节存在差异，所涉考试的类型有所不同，不区分情形一律定罪处罚过于严苛，因此，根据宽严相济刑事政策的要求，《办理组织考试作弊案件解释》第7条第2款规定："对于行为人犯罪情节较轻，确有悔罪表现，综合考虑行为人替考情况以及考试类型等因素，认为符合缓刑适用条件的，可以宣告缓刑；犯罪情节轻微的，可以不起诉或者免予刑事处罚；情节显著轻微危害不大的，不以犯罪论处。"

七、单位实施考试作弊犯罪的定罪量刑标准

根据《刑法》第284条之一的规定，组织考试作弊罪，非法出售、提供试题、答案罪和代替考试罪均非单位犯罪。但是，司法实践中，存在单位实施考试作弊犯罪，特别是组织考试作弊犯罪的情形。鉴此，《办理组织考试作弊案件解释》第8条规定："单位实施组织考试作弊、非法出售、提供试题、答案等行为的，依照《办理组织考试作弊案件解释》规定的相应定罪量刑标准，追究组织者、策划者、实施者的刑事责任。"

八、考试作弊犯罪的罪数处断规则

司法实践中，往往存在行为人非法获取试题、答案，而后组织考试作弊或者向他人非法出售、提供试题、答案的情形，是否应当数罪并罚，存在不同认识。经研究认为，此种情形实际上是数个行为触犯数个罪名，应当予以数罪并罚，以体现对此类行为的严惩立场。基于此，《办理组织考试作弊案件解释》第9条规定："以窃取、刺探、收买方法非法获取法律规定的国家考试的试题、答案，又组织考试作弊或者非法出售、提供试题、答案，分别符合刑法第282条和刑法第284条之一规定的，以非法获取国家秘密罪和组织考试作弊罪或者非法出售、提供试题、答案罪数罪并罚。"

此外，根据《刑法》第287条之一第1款的规定，设立用于实施违法犯罪活动的网站、通讯群组或者发布有关违法犯罪信息，情节严重的，构成非法利用信息网络罪。在法律规定的国家考试以外的其他考试中组织作弊，为他人组织作弊提供作弊器材或者其他帮助，或者出售、提供试题、答案，不构成组织考试作弊罪，非法提供试题、答案罪，也可能不构成非法获取国家秘密罪等其他犯罪。此种情形下，如果设立用于实施考试作弊的网站、通讯

群组或者发布有关考试作弊的信息的，可以视情形适用非法利用信息网络罪。基于此，根据考试作弊犯罪的具体情况，《办理组织考试作弊案件解释》第 11 条规定："设立用于实施考试作弊的网站、通讯群组或者发布有关考试作弊的信息，情节严重的，应当依照刑法第 287 条之一的规定，以非法利用信息网络罪定罪处罚；同时构成组织考试作弊罪、非法出售、提供试题、答案罪、非法获取国家秘密罪等其他犯罪的，依照处罚较重的规定定罪处罚。"

九、在法律规定的国家考试以外的其他考试中实施考试作弊犯罪的处理规则

根据《刑法》第 284 条之一的规定，组织考试作弊罪、非法出售、提供试题、答案罪和代替考试罪的适用范围限于"法律规定的国家考试"，但这并非意味着对在其他考试中作弊的行为一律不予刑事追究。为统一法律适用，《办理组织考试作弊案件解释》第 10 条规定："在法律规定的国家考试以外的其他考试中，组织作弊，为他人组织作弊提供作弊器材或者其他帮助，或者非法出售、提供试题、答案，符合非法获取国家秘密罪、非法生产、销售窃听、窃照专用器材罪、非法使用窃听、窃照专用器材罪、非法利用信息网络罪、扰乱无线电通讯管理秩序罪等犯罪构成要件的，依法追究刑事责任。"

顺带提及的是，司法实践中，不少组织考试作弊行为被以非法获取国家秘密罪等涉密犯罪追究刑事责任。在考试开始前，相关试题、答案属于国家秘密，对此不存在疑义。司法适用中，对于法律规定的国家考试以外的考试而言，相关试题依照有关规定被认定为国家秘密的，考前作弊（即行为人在考前通过盗窃试卷、贿买特定知悉人员等方式非法获取考试试题、参考答案、评分标准等，而后实施组织考试作弊行为）可以适用侵犯国家秘密类犯罪。具体而言，考试作弊行为可能同时构成非法获取国家秘密罪、故意泄露国家秘密罪等罪名，应当根据牵连犯的处断原则，择一重罪处断。

但是，考试开始后结束前，相关试题是否仍属于国家秘密，则存在不同认识：相关考试主管部门和公安机关通常认为属于国家秘密，应当适用非法获取国家秘密罪等涉密犯罪；但是，也有意见持相反观点，认为开考后对相关试题的管理难以达到相关保密要求，认定为国家秘密值得商榷，故不宜适用非法获取国家秘密罪等涉密犯罪。经研究认为，此种情形下，考中作弊

（即行为人通过雇佣“枪手”进入考场，将试题非法发送给场外人员，进而作弊的行为）能否认定为侵犯国家秘密类犯罪，则取决于依照相关规定能否将开考后、结束前的试题认定为国家秘密。对此，有些考试主管部门明确规定相关试题在开考后、结束前仍然属于国家秘密。例如，2012年9月28日人力资源和社会保障部人事考试中心《关于对〈人事工作中国家秘密及其密级具体范围的补充规定〉中“启用前”一词解释的通知》明确：“‘启用’一词包含‘启封’和‘使用完毕’两层涵义。‘启用前’即‘启封并使用完毕前’，特指应试人员按规定结束考试离开考场之前的时间段。”按照这一规定，非法获取相关考试从命题到考试结束之前的试题、答案的行为，都属于侵害国家秘密的行为，可以视情形适用非法获取国家秘密罪等侵犯国家秘密类犯罪。稳妥起见，司法机关在办案过程中宜仔细查阅相关规定，商请有关考试主管部门对相关考试试题在开考后、结束前是否属于国家秘密出具认定意见。

十、考试作弊犯罪的职业禁止、禁止令和罚金刑适用规则

从实践来看，考试作弊犯罪相当程度存在再犯现象，不少罪犯“重操旧业”，故《办理组织考试作弊案件解释》第12条专门明确可以依法宣告职业禁止和禁止令，规定：“对于实施《办理组织考试作弊案件解释》规定的犯罪被判处刑罚的，可以根据犯罪情况和预防再犯罪的需要，依法宣告职业禁止；被判处管制、宣告缓刑的，可以根据犯罪情况，依法宣告禁止令。”

此外，考试作弊犯罪具有明显的牟利性，行为人实施该类犯罪主要是为了牟取非法利益，因此，有必要加大财产刑的适用力度，让行为人在经济上得不偿失，进而剥夺其再次实施此类犯罪的经济能力。基于此，《办理组织考试作弊案件解释》第13条规定：“对于实施《办理组织考试作弊案件解释》规定的行为构成犯罪的，应当综合考虑犯罪的危害程度、违法所得数额以及被告人的前科情况、认罪悔罪态度等，依法判处罚金。”

（撰稿人：周加海　王庆刚　喻海松）

（三）涉计算机信息系统犯罪

最高人民法院　最高人民检察院
关于办理危害计算机信息系统安全刑事案件应用法律若干问题的解释

法释〔2011〕19号

（2011年6月20日最高人民法院审判委员会第1524次会议、2011年7月11日最高人民检察院第十一届检察委员会第63次会议通过　2011年8月1日最高人民法院、最高人民检察院公告公布　自2011年9月1日起施行）

为依法惩治危害计算机信息系统安全的犯罪活动，根据《中华人民共和国刑法》、《全国人民代表大会常务委员会关于维护互联网安全的决定》的规定，现就办理这类刑事案件应用法律的若干问题解释如下：

第一条　非法获取计算机信息系统数据或者非法控制计算机信息系统，具有下列情形之一的，应当认定为刑法第二百八十五条第二款规定的“情节严重”：

（一）获取支付结算、证券交易、期货交易等网络金融服务的身份认证信息十组以上的；

（二）获取第（一）项以外的身份认证信息五百组以上的；

（三）非法控制计算机信息系统二十台以上的；

（四）违法所得五千元以上或者造成经济损失一万元以上的；

（五）其他情节严重的情形。

实施前款规定行为，具有下列情形之一的，应当认定为刑法第二百八十五条第二款规定的“情节特别严重”：

（一）数量或者数额达到前款第（一）项至第（四）项规定标准五倍以

上的；

（二）其他情节特别严重的情形。

明知是他人非法控制的计算机信息系统，而对该计算机信息系统的控制权加以利用的，依照前两款的规定定罪处罚。

第二条　具有下列情形之一的程序、工具，应当认定为刑法第二百八十五条第三款规定的“专门用于侵入、非法控制计算机信息系统的程序、工具”：

（一）具有避开或者突破计算机信息系统安全保护措施，未经授权或者超越授权获取计算机信息系统数据的功能的；

（二）具有避开或者突破计算机信息系统安全保护措施，未经授权或者超越授权对计算机信息系统实施控制的功能的；

（三）其他专门设计用于侵入、非法控制计算机信息系统、非法获取计算机信息系统数据的程序、工具。

第三条　提供侵入、非法控制计算机信息系统的程序、工具，具有下列情形之一的，应当认定为刑法第二百八十五条第三款规定的“情节严重”：

（一）提供能够用于非法获取支付结算、证券交易、期货交易等网络金融服务身份认证信息的专门性程序、工具五人次以上的；

（二）提供第（一）项以外的专门用于侵入、非法控制计算机信息系统的程序、工具二十人次以上的；

（三）明知他人实施非法获取支付结算、证券交易、期货交易等网络金融服务身份认证信息的违法犯罪行为而为其提供程序、工具五人次以上的；

（四）明知他人实施第（三）项以外的侵入、非法控制计算机信息系统的违法犯罪行为而为其提供程序、工具二十人次以上的；

（五）违法所得五千元以上或者造成经济损失一万元以上的；

（六）其他情节严重的情形。

实施前款规定行为，具有下列情形之一的，应当认定为提供侵入、非法控制计算机信息系统的程序、工具“情节特别严重”：

（一）数量或者数额达到前款第（一）项至第（五）项规定标准五倍以上的；

（二）其他情节特别严重的情形。

第四条 破坏计算机信息系统功能、数据或者应用程序，具有下列情形之一的，应当认定为刑法第二百八十六条第一款和第二款规定的“后果严重”：

（一）造成十台以上计算机信息系统的主要软件或者硬件不能正常运行的；

（二）对二十台以上计算机信息系统中存储、处理或者传输的数据进行删除、修改、增加操作的；

（三）违法所得五千元以上或者造成经济损失一万元以上的；

（四）造成为一百台以上计算机信息系统提供域名解析、身份认证、计费等基础服务或者为一万以上用户提供服务的计算机信息系统不能正常运行累计一小时以上的；

（五）造成其他严重后果的。

实施前款规定行为，具有下列情形之一的，应当认定为破坏计算机信息系统“后果特别严重”：

（一）数量或者数额达到前款第（一）项至第（三）项规定标准五倍以上的；

（二）造成为五百台以上计算机信息系统提供域名解析、身份认证、计费等基础服务或者为五万以上用户提供服务的计算机信息系统不能正常运行累计一小时以上的；

（三）破坏国家机关或者金融、电信、交通、教育、医疗、能源等领域提供公共服务的计算机信息系统的功能、数据或者应用程序，致使生产、生活受到严重影响或者造成恶劣社会影响的；

（四）造成其他特别严重后果的。

第五条 具有下列情形之一的程序，应当认定为刑法第二百八十六条第三款规定的“计算机病毒等破坏性程序”：

（一）能够通过网络、存储介质、文件等媒介，将自身的部分、全部或者变种进行复制、传播，并破坏计算机系统功能、数据或者应用程序的；

（二）能够在预先设定条件下自动触发，并破坏计算机系统功能、数据或者应用程序的；

（三）其他专门设计用于破坏计算机系统功能、数据或者应用程序的程序。

第六条　故意制作、传播计算机病毒等破坏性程序，影响计算机系统正常运行，具有下列情形之一的，应当认定为刑法第二百八十六条第三款规定的“后果严重”：

（一）制作、提供、传输第五条第（一）项规定的程序，导致该程序通过网络、存储介质、文件等媒介传播的；

（二）造成二十台以上计算机系统被植入第五条第（二）、（三）项规定的程序的；

（三）提供计算机病毒等破坏性程序十人次以上的；

（四）违法所得五千元以上或者造成经济损失一万元以上的；

（五）造成其他严重后果的。

实施前款规定行为，具有下列情形之一的，应当认定为破坏计算机信息系统“后果特别严重”：

（一）制作、提供、传输第五条第（一）项规定的程序，导致该程序通过网络、存储介质、文件等媒介传播，致使生产、生活受到严重影响或者造成恶劣社会影响的；

（二）数量或者数额达到前款第（二）项至第（四）项规定标准五倍以上的；

（三）造成其他特别严重后果的。

第七条　明知是非法获取计算机信息系统数据犯罪所获取的数据、非法控制计算机信息系统犯罪所获取的计算机信息系统控制权，而予以转移、收购、代为销售或者以其他方法掩饰、隐瞒，违法所得五千元以上的，应当依照刑法第三百一十二条第一款的规定，以掩饰、隐瞒犯罪所得罪定罪处罚。

实施前款规定行为，违法所得五万元以上的，应当认定为刑法第三百一十二条第一款规定的“情节严重”。

单位实施第一款规定行为的，定罪量刑标准依照第一款、第二款的规定执行。

第八条　以单位名义或者单位形式实施危害计算机信息系统安全犯罪，达到本解释规定的定罪量刑标准的，应当依照刑法第二百八十五条、第二百八十六条的规定追究直接负责的主管人员和其他直接责任人员的刑事责任。

第九条 明知他人实施刑法第二百八十五条、第二百八十六条规定的行为，具有下列情形之一的，应当认定为共同犯罪，依照刑法第二百八十五条、第二百八十六条的规定处罚：

（一）为其提供用于破坏计算机信息系统功能、数据或者应用程序的程序、工具，违法所得五千元以上或者提供十人次以上的；

（二）为其提供互联网接入、服务器托管、网络存储空间、通讯传输通道、费用结算、交易服务、广告服务、技术培训、技术支持等帮助，违法所得五千元以上的；

（三）通过委托推广软件、投放广告等方式向其提供资金五千元以上的。

实施前款规定行为，数量或者数额达到前款规定标准五倍以上的，应当认定为刑法第二百八十五条、第二百八十六条规定的“情节特别严重”或者“后果特别严重”。

第十条 对于是否属于刑法第二百八十五条、第二百八十六条规定的“国家事务、国防建设、尖端科学技术领域的计算机信息系统”、“专门用于侵入、非法控制计算机信息系统的程序、工具”、“计算机病毒等破坏性程序”难以确定的，应当委托省级以上负责计算机信息系统安全保护管理工作的部门检验。司法机关根据检验结论，并结合案件具体情况认定。

第十一条 本解释所称“计算机信息系统”和“计算机系统”，是指具备自动处理数据功能的系统，包括计算机、网络设备、通信设备、自动化控制设备等。

本解释所称“身份认证信息”，是指用于确认用户在计算机信息系统上操作权限的数据，包括账号、口令、密码、数字证书等。

本解释所称“经济损失”，包括危害计算机信息系统犯罪行为给用户直接造成的经济损失，以及用户为恢复数据、功能而支出的必要费用。

【导读及适用要点】

一、明确危害计算机信息系统安全犯罪的定罪量刑标准

1. 非法获取计算机信息系统数据、非法控制计算机信息系统行为的定罪量刑标准

《最高人民法院、最高人民检察院关于办理危害计算机信息系统安全刑事案件应用法律若干问题的解释》(以下简称《办理危害计算机信息系统安全刑事案件解释》) 第 1 条共分为 3 款，明确了《刑法》第 285 条第 2 款规定的非法获取计算机信息系统数据、非法控制计算机信息系统罪中“情节严重”“情节特别严重”的具体情形。

第 1 款规定了“情节严重”的具体认定标准。主要包括下列情形：第 1 项以获取网络金融服务的身份认证信息的数量为标准。与计算机信息系统安全相关的数据中最为重要的是用于认证用户身份的身份认证信息（如口令、证书等)，此类数据通常是网络安全的第一道防线，也是网络盗窃的最主要对象，特别是非法获取电子银行、证券交易、期货交易等网络金融服务的账号、口令等身份认证信息的活动非常猖獗，故应对身份认证信息予以重点保护。根据司法实践的情况，综合考虑行为的社会危害性，获取支付结算、证券交易、期货交易等网络金融服务的身份认证信息 10 组以上即属“情节严重”。第 2 项以获取网络金融服务以外的身份认证信息的数量为标准。对于网络金融服务以外的其他网络服务，如网络即时通讯、网络邮箱等，网络盗窃者非法获取这些身份认证信息的案件也较为多发。获取其他网络服务的身份认证信息 500 组以上的，应当认定为“情节严重”。需要注意的是，对于实践中发生的出于好奇、显示网络技术等目的而实施的打包盗窃论坛身份认证信息等行为，即使获取身份认证信息略微超过 500 组的，由于社会危害性也不大，应当适用《刑法》第 13 条但书的规定，不宜纳入刑事打击的范围。在司法实践中，要准确把握第 1 项和第 2 项规定的“一组”身份认证信息的概念。所谓一组身份认证信息，是指可以确认用户在计算机信息系统上操作权限的认证信息的一个组合，比如某些网上银行需要用户名、密码和动态口令就可以

转账，那么用户名、密码和动态口令就是一组身份认证信息；有的网上银行除上述三项信息外还需要手机认证码才可以转账，缺一不可，那么这四项信息才能构成一组身份认证信息。但是，对于身份认证信息，特别是密码信息，很多用户有经常更改密码的习惯，故认定一组身份认证信息不应以在办案过程中是否可以实际登录使用为判断标准，而应结合其非法获取身份认证信息的方法判断该身份认证信息在被非法获取时是否可用为依据，如使用的木马程序能有效截获用户输入的账号密码，则不管该密码当前是否可用，只要是使用该木马程序截获的账号、密码，则应认定为一组有效身份认证信息。第3项以非法控制计算机信息系统的数量为标准。在非法侵入计算机信息系统后，并未破坏计算机信息系统的功能或者数据，而是通过控制计算机信息系统实施特定操作的行为被称为"非法控制计算机信息系统"。很多攻击者通过控制大量计算机信息系统形成僵尸网络（Botnet）。据统计，全世界的僵尸网络75%位于我国，有的僵尸网络控制的计算机信息系统甚至多达数十万台，这已成为我国互联网安全的重大隐患。为了解决上述问题，将非法控制计算机信息系统台数作为衡量情节严重的标准之一，即非法控制计算机信息系统20台以上的，应当认定为"情节严重"。第4项以违法所得或者经济损失的数额为标准。非法获取计算机信息系统数据、非法控制计算机信息系统行为的主要目的是牟利，且易给权利人造成经济损失，故将违法所得数额和财产损失数额作为衡量情节严重的标准之一，即违法所得5000元以上或者造成经济损失1万元以上的，应当认定为"情节严重"。第5项是关于兜底条款的规定。此外，第2款根据计算机网络犯罪的性质和危害程度，并参照以往有关司法解释，以"情节严重"的5倍为标准，对"情节特别严重"作出了规定。

明知是他人非法控制的计算机信息系统，而对该计算机信息系统的控制权加以利用，使得该计算机信息系统继续处于被控制状态，实际上是对该计算机信息系统实施控制，应当认定为非法控制计算机信息系统，故第3款明确规定对此种行为适用前两款关于非法控制计算机信息系统行为的定罪量刑标准。

2. 提供侵入、非法控制计算机信息系统程序、工具行为的定罪量刑标准

《办理危害计算机信息系统安全刑事案件解释》第3条共分为两款，明确了《刑法》第285条第3款规定的提供侵入、非法控制计算机信息系统程序、

工具罪中“情节严重”“情节特别严重”的具体情形。

第1款明确了“情节严重”的具体认定标准。对于提供专门用于侵入、非法控制计算机信息系统的程序、工具，或者明知他人实施侵入、非法控制计算机信息系统的违法犯罪行为而为其提供程序、工具的行为，主要从以下几个方面认定“情节严重”：一是提供的程序、工具的人次。其中，对于提供网银木马等“能够用于非法获取支付结算、证券交易、期货交易等网络金融服务的身份认证信息的专门性程序、工具”的行为，第1项规定提供5人次以上的即属“情节严重”；对于提供盗号程序、远程控制木马程序等其他专门用于侵入、非法控制计算机信息系统的程序、工具的，第2项规定提供的人次达到20人以上的属于“情节严重”；对于明知他人实施非法获取支付结算、证券交易、期货交易等网络金融服务的身份认证信息的违法犯罪行为而为其提供程序、工具的，第3项规定提供五人次以上的即属“情节严重”；对于明知他人实施其他侵入、非法控制计算机信息系统的违法犯罪行为而为其提供程序、工具的，第4项规定提供20人次以上的属于“情节严重”。二是违法所得和经济损失数额。由于提供此类工具的行为主要以获利为目的，正是在非法获利的驱动下，互联网上销售各类黑客工具的行为才会泛滥，且往往会给权利人造成经济损失，故第5项将违法所得5000元以上或者造成经济损失1万元以上作为认定“情节严重”的标准之一。三是对于其他无法按照提供的人次、违法所得数额、经济损失数额定罪的，第6项设置了兜底条款。此外，第2款规定“情节严重”和“情节特别严重”之间为5倍的倍数关系。

3．破坏计算机信息系统功能、数据或者应用程序行为的定罪量刑标准

《办理危害计算机信息系统安全刑事案件解释》第4条共分为两款，明确了《刑法》第286条第1款、第2款规定的破坏计算机信息系统罪中“后果严重”“后果特别严重”的具体情形。

第1款规定了“后果严重”的具体认定标准。对于破坏计算机信息系统功能、数据或者应用程序行为，主要从以下几个方面认定“后果严重”：一是破坏计算机信息系统的数量。第1项规定造成10台以上计算机信息系统的主要软件或者硬件不能正常运行的，属于“后果严重”。需要注意的是，“计算机信息系统的主要软件或者硬件不能正常运行”，不能仅仅理解为计算机信息系统不能启动或者不能进入操作系统等极端情况，而是既包括计算机信息系

统主要软件或者硬件的全部功能不能正常运行，也包括计算机信息系统主要软件或者硬件的部分功能不能正常运行。根据《刑法》第286条第2款的规定，“对计算机信息系统中存储、处理或者传输的数据和应用程序进行删除、修改、增加的操作”，也是破坏计算机信息系统的方式之一。需要强调的是，从司法实践来看，破坏数据、应用程序的案件，主要表现为对数据进删除、修改、增加的操作，鲜有破坏应用程序的案件。因此，对于《刑法》第286条“对计算机信息系统中存储、处理或者传输的数据和应用程序进行删除、修改、增加的操作”的规定，应当理解为“数据”“应用程序”均可以成为犯罪对象，而并不要求一次破坏行为必须同时破坏数据和应用程序，这样才能实现对计算机信息系统中存储、处理或者传输的数据、应用程序的有效保护，有效维护计算机信息系统安全。基于上述考虑，第2项规定对20台以上计算机信息系统中存储、处理或者传输的数据进行删除、修改、增加的操作的，应当认定为“情节严重”。二是违法所得、经济损失的数额，第3项规定违法所得5000元以上或者造成经济损失1万元以上的属于“后果严重”。三是针对特定类型的计算机信息系统作出特殊规定。在网络上存在很多为其他计算机信息系统提供基础服务的系统，如域名解析服务器、路由器、身份认证服务器、计费服务器等，对这些服务器实施攻击可能导致大量的计算机信息系统瘫痪，比如一个域名解析服务器可能为数万个网站提供域名解析服务，对其实施拒绝服务攻击将可能导致数万个网站无法访问，表面上其攻击行为仅破坏了一台服务器的功能，但由此引发的后果却远大于此。因此，针对特定类型或者特定领域计算机信息系统的攻击是互联网上危害最为严重的攻击行为，应当对此作出专门规定。第4项规定造成为100台以上计算机信息系统提供域名解析、身份认证、计费等基础服务或者为1万以上用户提供服务的计算机信息系统不能正常运行累计1小时以上的，属于“后果严重”。司法实务中应当注意的是，认定被破坏的计算机信息系统是否属于本款第4项中的“为一万以上用户提供服务的计算机信息系统”和第2款第2项中“为五万以上用户提供服务的计算机信息系统”可按如下方法：有注册用户的按照其注册用户数量统计，没有注册用户的按照其服务对象的数量统计。此外，第5项为兜底条款。

第2款规定了“后果特别严重”的具体情形。第1项规定，通常情况下，

“后果严重”和“后果特别严重”之间为5倍的倍数关系。第2项针对为其他计算机信息系统提供基础服务或者其他服务的特定类型计算机信息系统作出特殊规定。此外，国家机关或者金融、电信、交通、教育、医疗、能源领域的计算机信息系统主要用于提供公共服务。考虑到此类计算机信息系统的特殊性，第3项将破坏该类计算机信息系统的功能或者数据，致使生产、生活受到严重影响或者造成恶劣社会影响的情形规定为“情节特别严重”。

需要注意的是，《办理危害计算机信息系统安全刑事案件解释》第4条只是明确了破坏计算机信息系统功能、数据或者应用程序行为的“后果严重”“后果特别严重”的具体情形，是否构成犯罪，还需要结合《刑法》规定的其他要件判断。而根据《刑法》第286条第1款、第2款的规定，破坏计算机信息系统功能和破坏计算机信息系统数据、应用程序行为的入罪要件并不相同，前者要求“造成计算机信息系统不能正常运行”，而后者不需要这一要件。因此，在司法实践中，需要依据刑法和《办理危害计算机信息系统安全刑事案件解释》的规定，根据具体案件情况进行分析判断，确保定罪量刑的准确。

4．故意制作、传播计算机病毒等破坏性程序行为的定罪量刑标准

《办理危害计算机信息系统安全刑事案件解释》第6条共分为两款，明确了故意制作、传播计算机病毒等破坏性程序，影响计算机系统正常运行行为的定罪量刑标准。

根据《刑法》第286条第3款的规定，故意制作、传播计算机病毒等破坏性程序，影响计算机系统正常运行，是破坏计算机信息系统的一种情形。在起草过程中，着重考虑了如下两个问题：一是对于制作计算机病毒等破坏性程序的行为，如果仅制作而不传播，则不可能“影响计算机信息系统正常运行”，故制作计算机病毒等破坏性程序的行为不可能独立构成犯罪。换言之，《刑法》第286条第3款本身并不属于“制作、提供工具罪”，故对于互联网上制作、销售计算机病毒等破坏性程序的行为无法独立打击。二是将向他人提供（也即人到人的“传播”）计算机病毒等破坏性程序的行为都纳入“传播”的范畴，但同时也要求其行为必须最终导致“影响计算机信息系统正常运行”，即其制作、提供的计算机病毒等破坏性程序最终被使用并产生后果，避免突破刑法条文的规定。

在此基础上，第1款明确了“情节严重”的具体认定标准。《办理危害计算机信息系统安全刑事案件解释》第5条第1项规定的计算机病毒程序具有自我复制传播特性，其传播方式容易引起大规模传播。由于此类程序一经传播即无法控制其传播面，也无法对被侵害的计算机逐一取证确认其危害后果，因此，本款第1项规定制作、提供、传输该类程序，只要导致该程序通过网络、存储介质、文件等媒介传播的，即应当认定为“后果严重”。而“逻辑炸弹”等其他破坏性程序在未触发之前，并不破坏计算机信息系统，只存在潜在的破坏性，只有向被害计算机信息系统植入该程序，才满足“影响计算机信息系统正常运行”的要件。因此，第2项规定向20台以上计算机系统植入其他的破坏性程序的，应当认定为“后果严重”。以提供计算机病毒等破坏性程序的人次、违法所得数额、经济损失数额作为衡量“情节严重”的标准，第3项、第4项规定提供计算机病毒等破坏性程序10人次以上、违法所得5000元以上或者造成经济损失1万元以上属于后果严重。此外，第5项为兜底条款。

第2款规定“后果特别严重”的认定标准。计算机病毒容易引起大规模传播，且一经传播即无法控制其传播面，故第1项特别规定制作、提供、传输计算机病毒，导致该程序通过网络、存储介质、文件等媒介传播，致使生产、生活受到严重影响或者造成恶劣社会影响的，应属“后果特别严重”。其他情况下，“后果严重”和“后果特别严重”之间为5倍的倍数关系。

二、界定危害计算机信息系统安全犯罪中术语的范围

1.“专门用于侵入、非法控制计算机信息系统的程序、工具”的范围界定

《办理危害计算机信息系统安全刑事案件解释》第2条明确了《刑法》第285条第3款规定的“专门用于侵入、非法控制计算机信息系统的程序、工具”的具体范围。

本条解释的关键是对《刑法》第285条第3款规定的“专门”一词的涵义作出明确。参考立法机关编写的相关论著，《刑法》第285条第3款的“专门用于侵入、非法控制计算机信息系统的程序、工具”，“是指行为人所提供

的程序、工具只能用于实施非法侵入、非法控制计算机信息系统的用途。”[①]可见，其区别于一般的程序、工具之处在于此类程序、工具专门是用于违法犯罪目的，而不包括那些既可以用于违法犯罪目的又可以用于合法目的的“中性程序”。因此。“专门”是对程序、工具本身的用途非法性的限定，是通过程序、工具本身的用途予以体现的。而程序、工具本身的用途又是由其功能所决定的，如果某款程序、工具在功能设计上就只能用来违法地实施控制、获取数据的行为，则可以称之为“专门工具、程序”。我们认为，从功能设计上可以对“专门用于侵入、非法控制计算机信息系统的程序、工具”作如下限定：

（1）程序、工具本身具有获取计算机信息系统数据，控制计算机信息系统的功能。《刑法》第285条第3款的用语是“专门用于侵入、非法控制计算机信息系统的程序、工具”，从字面上看，没有涉及“专门用于非法获取数据的工具”。但是，从刑法规范的逻辑角度而言，《刑法》第285条第3款应当是前两款的工具犯。换言之，通过侵入计算机信息系统而非法获取数据的专门性程序、工具也应当纳入“专门用于侵入计算机信息系统的程序、工具”的范畴，这并未超越《刑法》用语的规范含义。因此，“专门用于侵入、非法控制计算机信息系统的程序、工具”，既包括专门用于侵入、非法控制计算机信息系统的程序、工具，也包括通过侵入计算机信息系统而非法获取数据的专门性程序、工具。顺带需要提及的是，基于同样的理由，《刑法》第285条第3款后半句规定的“明知他人实施侵入、非法控制计算机信息系统的违法犯罪行为而为其提供程序、工具”，这里的“侵入”既包括非法侵入计算机信息系统行为，也包括通过侵入计算机信息系统而非法获取数据的行为。由于专门用于实施非法侵入计算机信息系统的程序、工具较为少见，而且难以从功能上对其作出界定，对其主要应通过主观设计目的予以判断（即本条第3项的规定）。基于上述考虑，这里主要强调了程序、工具本身的获取数据和控制功能。

（2）程序、工具本身具有避开或者突破计算机信息系统安全保护措施的

① 全国人大常委会法工委刑法室编：《中华人民共和国刑法条文说明、立法理由及相关规定》，北京大学出版社2009年版，第592页。

功能。有不少木马程序既可用于合法目的也可用于非法目的，属于“中性程序”，比如 Window 系统自带的 Terminal Service（终端服务）也可以用于远程控制计算机信息系统，很多商用用户运用这种远程控制程序以远程维护计算机信息系统。通常情况下，攻击者使用的木马程序必须故意逃避杀毒程序的查杀、防火墙的控制，故此类木马程序区别于“中性的”商用远程控制程序的主要特征是其具有“避开或者突破计算机信息系统安全保护措施”的特征，如自动停止杀毒软件的功能、自动卸载杀毒软件功能等，在互联网上广泛销售的所谓“免杀”木马程序即属于此种类型的木马程序。因此，本条将“专门用于避开或者突破计算机信息系统安全保护措施”作为界定标准之一。

（3）程序、工具获取数据和控制功能，在设计上即能在未经授权或者超越授权的状态下得以实现。这是专门程序、工具区别于“中性程序、工具”的典型特征，是该类程序违法性的集中体现。例如，“网银大盗”程序，其通过键盘记录的方式，监视用户操作，当用户使用个人网上银行进行交易时，该程序会恶意记录用户所使用的账号和密码，记录成功后，程序会将盗取的账号和密码发送给行为人。该程序在功能设计上即可在无需权利人授权的情况下获取其网上银行账号、密码等数据。“中性”程序、工具不具备在未经授权或超越授权的情况下自动获取数据或者控制他人计算机信息系统的功能。

基于上述考虑，本条第 1 项、第 2 项将具有避开或者突破计算机信息系统安全保护措施，未经授权或者超越授权获取计算机信息系统数据的功能或者对计算机信息系统实施控制的功能的程序、工具列为“专门用于侵入、非法控制计算机信息系统的程序、工具”。这两类程序都符合了上述三个要件，明显有别于“中性程序”，能够被认定为“专门性程序、工具”。此外，第 3 项还列出了其他专门设计用于侵入、非法控制计算机信息系统、非法获取计算机信息系统数据的程序、工具。在黑客攻击破坏活动中还存在很多专门为实施违法犯罪活动而设计的程序、工具，比如攻击者针对某类网吧管理系统的漏洞专门设计的侵入程序，针对某个网络银行系统设计专用的侵入程序，此类程序难以进行详细分类并一一列举，也难以准确地概括其违法性的客观特征。因此，此处规定并不是通过程序的客观特性界定其范围，而是通过设计者的主观动机予以界定，具体哪些程序属于这一范畴应当具体情形具体分析。

2．“计算机病毒等破坏性程序”的范围界定

《办理危害计算机信息系统安全刑事案件解释》第5条明确了《刑法》第286条第3款规定的“计算机病毒等破坏性程序”的具体范围。主要涵括了如下三类程序：第（1）项将能够通过网络、存储介质、文件等媒介，将自身的部分、全部或者变种进行自我复制、传播，并破坏计算机系统功能、数据或者应用程序的程序（计算机病毒）纳入计算机病毒等破坏性程序范围。此类程序的危害性主要是其传播方式容易引起大规模传播，而且一经传播即无法控制其传播面，也无法对被侵害的计算机逐一取证确认其危害后果。第（2）项将能够在预先设定条件下自动触发，并破坏计算机系统数据、功能或者应用程序的程序（逻辑炸弹）纳入计算机病毒等破坏性程序的范围。此类程序一旦被触发即可破坏计算机信息系统数据、功能或者应用程序，但在未触发之前仍存在潜在的破坏性。第（3）项将其他专门设计用于破坏计算机系统数据、功能或者应用程序的程序纳入计算机病毒等破坏性程序的范围。

3．“计算机信息系统”和“计算机系统”的范围界定

《办理危害计算机信息系统安全刑事案件解释》第11条第1款对“计算机信息系统”和“计算机系统”的内涵和外延进行了界定。

《刑法》第285条、第286条使用了“计算机信息系统”“计算机系统”两种表述，其中《刑法》第286条第3款有关制作、传播计算机病毒等破坏性程序的条款中使用的是“计算机系统”，其他条款使用的则是“计算机信息系统”。本条对这两种表述作出了统一界定，原因如下：一是从技术角度看，这两种表述已无法区分。《刑法》第285条、第286条立法区分这两者的原意是考虑侵入计算机信息系统、破坏计算机信息系统功能、数据或者应用程序的对象应当是数据库、网站等提供信息服务的系统，而传播计算机病毒如果只影响计算机操作系统（计算机系统）本身，即使不对系统上的信息服务造成影响也应当受到处罚。但随着计算机技术的发展，计算机操作系统与提供信息服务的系统已密不可分。如很多操作系统自身也提供WEB（互联网）服务、FTP（文件传输协议）服务，而侵入操作系统也就能够实现对操作系统上提供信息服务的系统实施控制，破坏操作系统的数据或者功能也就能够破坏操作系统上提供信息服务的系统的数据或者功能，从技术角度无法准确划分出提供信息服务的系统和操作系统。二是从保护计算机信息系统安全这一立

法目的出发，对这两种表述进行区分没有必要。不论危害的是计算机操作系统还是提供信息服务的系统，只要情节严重或者造成严重后果的，都应当追究刑事责任。三是经对美、德等国的网络犯罪立法进行研究，这些国家均在立法中使用单一的计算机系统、计算机等术语，而未对计算机信息系统和计算机系统作出区分。

本款将“计算机信息系统”和“计算机系统”统一界定为“具备自动处理数据功能的系统”，原因如下：一是具备自动处理数据功能的系统都可能成为被攻击的对象，有必要将其纳入《刑法》保护范畴。随着信息技术的发展，各类内置有可以编程、安装程序的操作系统的数字化设备广泛应用于各个领域，其本质与传统的计算机系统已没有任何差别。这些设备都可能受到攻击破坏：互联网上销售的专门用于控制手机的木马程序，可以通过无线网络获取手机中的信息；通过蓝牙、WIFI（将电脑、手持设备等终端以无线方式互相连接的技术）等无线网络传播病毒的案件也呈现快速增长态势；在工业控制设备中可能植入破坏性程序，使得工业控制设备在特定条件下运行不正常；在打印机、传真机等设备中可以内置程序非法获取相关数据。总之，任何内置有操作系统的智能化设备都可能成为入侵、破坏和传播计算机病毒的对象，因此应当将这些设备的安全纳入《刑法》保护范畴。二是本定义借鉴了多个国家有关法律的相关定义。如美国将计算机定义为“具备自动处理数据的功能的一个或者一组设备”，欧盟网络犯罪公约将计算机定义为“由软件和硬件构成的用于自动处理数据的设备”，其出发点都是将保护计算机信息系统安全的法律适用于所有具有自动处理数据功能的设备。

为使相关界定更加明确，方便司法实践适用，本款采用了概括加例举的解释方法，即在对“计算机信息系统”“计算机系统”作归纳定义的同时，还例举“计算机”“网络设备”“通信设备”“自动化控制设备”等具体情形。其中，网络设备是指路由器、交换机等组成的用于连接网络的设备；通信设备包括手机、通信基站等用于提供通信服务的设备；自动化控制设备是指在工业中用于实施自动化控制的设备，如电力系统中的监测设备、制造业中的流水线控制设备等。

4．“身份认证信息”的范围界定

由于《办理危害计算机信息系统安全刑事案件解释》多处涉及“身份认证

信息”这一术语，第11条第2款明确了“身份认证信息”的内涵和外延。考虑到司法实践的具体情形，采用了概括加例举的方法，将“身份认证信息”界定为用于确认用户在计算机信息系统上操作权限的数据，包括账号、口令、密码、数字证书等。从实践来看，数字签名、生物特征等都属于身份认证信息。

5. “经济损失”的范围界定

《办理危害计算机信息系统安全刑事案件解释》第11条第3款明确了“经济损失”的计算范围，具体包括危害计算机信息系统犯罪行为给用户造成的直接经济损失，以及用户为恢复数据、功能而支出的必要费用。需要注意的是，破坏计算机信息系统功能、数据给用户带来的预期利益的损失不能纳入“经济损失”的计算范围。

6. 危害计算机信息系统安全犯罪案件的检验问题

考虑到危害计算机信息系统安全犯罪案件的司法认定专业性强，为确保相关案件依法得到稳妥、正确处理，《办理危害计算机信息系统安全刑事案件解释》第10条专门规定对于是否属于“国家事务、国防建设、尖端科学技术领域的计算机信息系统”“专门用于侵入、非法控制计算机信息系统的程序、工具”“计算机病毒等破坏性程序”难以确定的，应当委托省级以上负责计算机信息系统安全保护管理工作的部门检验。司法机关根据检验结论，并结合案件具体情况认定。《计算机信息系统安全保护条例》(国务院第147号令)第6条规定：“公安部主管全国计算机信息系统安全保护工作。国家安全部、国家保密局和国务院其他有关部门，在国务院规定的职责范围内做好计算机信息系统安全保护的有关工作。”因此，对于相关情形难以确定的，应当根据案件具体涉及的领域，从省级以上的公安部门、国家安全部门、保密部门或者其他有关部门中选取确定检验部门。从实践来看，进行检验的部门主要应当是省级以上公安机关。

三、解决办理危害计算机信息系统安全犯罪中有关法律适用疑难问题

1. 掩饰、隐瞒计算机信息系统数据、控制权行为的定性

《办理危害计算机信息系统安全刑事案件解释》第7条明确了明知是非法获取计算机信息系统数据犯罪所获取的数据、非法控制计算机信息系统犯罪所获取的计算机信息系统控制权，而予以转移、收购、代为销售或者以其他

方法掩饰、隐瞒行为的定性问题。

危害计算机信息系统安全犯罪活动的一个重要特点是分工细化。例如，在非法获取计算机信息系统数据活动中，制作非法获取数据的程序、传播用于非法获取数据的程序、非法获取数据、获取数据后销赃获利、使用数据等行为通常由不同人员实施。在这些行为中，由于行为人之间事前无通谋，欠缺共同犯罪故意，难以依据共同犯罪予以打击。目前，收购、代为销售或者以其他方法掩饰、隐瞒计算机信息系统数据、控制权的行为已经非常泛滥，甚至形成了大规模的网上交易平台。

《刑法修正案（六）》《刑法修正案（七）》两次对1997年《刑法》第312条进行了修改，形成了现在的表述。从现在的规定来看，《刑法》第312条的对象不限于赃物，而是涵括除《刑法》第191条规定的洗钱罪的上游犯罪以外的所有犯罪的犯罪所得及其产生的收益。因此，"《刑法》第312条的适用范围就扩大到了除《刑法》第191条规定的上游犯罪以外的所有犯罪"[①]。基于上述考虑，《刑法》第285条第2款也应当成为《刑法》第312条的适用范围。明知是非法获取计算机信息系统数据犯罪所获取的数据、非法控制计算机信息系统犯罪所获取的计算机信息系统控制权，而予以转移、收购、代为销售或者以其他方法掩饰、隐瞒的，应当构成掩饰、隐瞒犯罪所得罪。针对司法实践的具体情形，第1款规定明知是非法获取计算机信息系统数据犯罪所获取的数据、非法控制计算机信息系统犯罪所获取的计算机信息系统控制权，而予以转移、收购、代为销售或者以其他方法掩饰、隐瞒的，违法所得数额在5000元以上的，以掩饰、隐瞒犯罪所得罪追究刑事责任。第2款规定违法所得数额在5万元以上的，应当认定为"情节严重"。针对单位犯罪的情形，第3款专门规定单位犯罪的，定罪量刑标准依照自然人犯罪的定罪量刑标准执行。

需要说明的是，《刑法》第312条规定的"犯罪所得"过去多限于财产、物品等，将其适用于计算机信息系统数据、控制权，是否可行，有关方面认识不一。经慎重研究，我们认为，计算机信息系统数据、控制权可以成为掩饰、隐瞒犯罪所得罪的犯罪对象。主要有如下考虑：一是计算机信息系统数

① 黄太云：《〈刑法修正案（六）〉的理解与适用（下）》，载《人民检察》2006年第15期。

据、控制权是一种无形物，属于"犯罪所得"的范畴，理应成为掩饰、隐瞒犯罪所得罪的对象。将计算机信息系统数据、控制权解释为犯罪所得，符合罪刑法定原则。二是从刑法体系看，《刑法》第312条的掩饰、隐瞒犯罪所得罪的上游犯罪应该涵盖第191条洗钱罪规定的上游犯罪以外的所有犯罪，理应适用于危害计算机信息系统安全犯罪。三是作出这种解释，也是司法实践的现实需要。从危害计算机信息系统安全犯罪的现状来看，掩饰、隐瞒计算机信息系统数据、控制权的现象十分突出，不予以打击将无法切断危害计算机信息系统安全犯罪的利益链条，难以切实保障计算机信息系统安全。

此外，在起草过程中，有建议主张对倒卖计算机信息系统控制权的行为直接按非法控制计算机信息系统罪定罪处罚。经认真研究研究认为，该建议不宜采纳。因为在倒卖控制权的过程中，行为人可能事实上未控制他人计算机信息系统，故不宜按照非法控制计算机信息系统罪定罪处罚，而只能适用掩饰、隐瞒犯罪所得罪。

2. 以单位名义或者单位形式实施危害计算机信息系统安全犯罪的处理规则

《办理危害计算机信息系统安全刑事案件解释》第8条明确了以单位名义或者单位形式实施危害计算机信息系统安全犯罪如何追究刑事责任的问题。

《刑法》第285条、第286条规定的危害计算机信息系统安全犯罪系自然人犯罪。而从司法实践来看，非法侵入计算机信息系统、非法获取计算机信息系统数据、非法控制计算机信息系统、提供侵入、非法控制计算机信息系统的程序、工具以及破坏计算机信息系统行为，不少是由单位实施。公安机关查处这类案件后，往往难以处理。为切实惩治危害计算机信息系统安全犯罪，确保相关案件顺利移送起诉、依法审判，本条规定以单位名义或者形式实施危害计算机信息系统安全犯罪，达到《办理危害计算机信息系统安全刑事案件解释》规定的定罪量刑标准的，应当依照《刑法》第285条、第286条的规定追究直接负责的主管人员和其他直接责任人员的刑事责任。主要考虑如下：

第一，对以单位名义或者形式实施危害计算机信息系统安全犯罪的案件追究直接负责的主管人员和其他直接责任人员的刑事责任，是司法实践的现实需要。由于危害计算机信息系统安全活动的实施有一定的技术、资金要求，实践中此类案件不少是一些网络公司、增值服务公司所为。这些公司并非为了进行违法犯罪活动而设立，设立后也不是以实施犯罪为主要活动，故无法按照自然人犯罪对其追究刑事责任。在此背景下，如对以单位名义或者形式实施的危害计算机信息系统安全犯罪不作出明确规定，司法机关对此种行为将难以追究刑事责任，必然会导致不少严重危害计算机信息系统安全的行为无法得到有效惩治。而追究直接负责的主管人员和其他直接责任人员的刑事责任，符合《刑法》的规定，也是当前打击犯罪、维护社会秩序的需要。

第二，对以单位名义或者形式实施危害计算机信息系统安全犯罪的案件追究直接负责的主管人员和其他直接责任人员的刑事责任，在司法文件中有先例可循。例如，1998 年《最高人民法院关于审理拒不执行判决、裁定案件具体应用法律若干问题的解释》① 第 4 条规定："负有执行人民法院判决、裁定义务的单位直接负责的主管人员和其他直接责任人员，为了本单位的利益实施《办理危害计算机信息系统安全刑事案件解释》第 3 条所列行为之一，造成特别严重后果的，对该主管人员和其他直接责任人员依照《刑法》第 313 条的规定，以拒不执行判决、裁定罪定罪处罚。"而该解释第 3 条所涉及的拒不执行人民法院判决、裁定罪即为自然人犯罪。

3. 危害计算机信息系统安全共同犯罪处理规则

《办理危害计算机信息系统安全刑事案件解释》第 9 条明确了危害计算机信息系统安全共同犯罪的认定标准和处理原则。

同传统犯罪不同，危害计算机信息系统安全犯罪活动分工细化，形成了利益链条。为危害计算机信息系统违法犯罪行为提供用于破坏计算机信息系统功能、数据的程序，提供互联网接入、服务器托管、网络存储空间、通讯传输通道、费用结算、交易服务、广告服务、技术培训、技术支持等帮助，通过委托其推广软件、投放广告等方式向其提供资金等行为十分突出，行为人从中牟取了巨大利润，也使得实施危害计算机信息系统安全犯罪活动的"技术门槛"日益降低。例如，在司法实践中，很多实施危害计算机信息系统安全犯罪活动的行为人只有初中文化程度，其往往是通过购买用于破坏计算机信息系统功能、数据的程序、工具或者获取技术帮助进而实施危害计算机

① 对应《最高人民法院、最高人民检察院关于办理拒不执行判决、裁定刑事案件适用法律若干问题的解释》(法释〔2024〕13 号）第 4 条。

信息系统安全犯罪的。再如，通过互联网搜索引擎可以发现，黑客培训广告已经铺天盖地。可以说，危害计算机信息系统安全犯罪活动分工细化和进而形成的利益链条，导致了危害计算机信息系统安全犯罪活动迅速蔓延。

本条规定的目的就是打击黑客攻击破坏活动相关利益链条：由于《刑法》第285条第3款将明知他人实施侵入、非法控制计算机信息系统而向其提供程序、工具的行为入罪，而对于“明知他人实施破坏计算机信息系统功能或者数据的犯罪行为，而为其提供用于破坏计算机信息系统功能、数据或者应用程序的程序或者工具”的行为并未单独人罪处罚，第1项将其作为共犯处理；第2项将向危害计算机系统安全行为提供帮助获利的行为作为共犯处理；第3项将从危害计算机信息系统安全行为获得帮助并向其提供资金的行为作为共犯处理。

需要特别说明的是，网络环境下的共同犯罪具有殊于传统共同犯罪的特性。在传统犯罪中，一个人通常只能是单个人或者少数人的共犯。而在网络犯罪中，一个人往往能够成为很多人的共犯。例如，用于破坏计算机信息系统功能、数据或者应用程序的程序、工具的制造者，可以向数以万计甚至更多的破坏计算机信息系统行为人提供程序、工具，成为破坏计算机信息系统实行行为的帮助犯。在这种背景下，一方面，要求抓获所有接受帮助行为的实行犯并查清相关情况，在司法实践中不具有可操作性；另一方面，可能存在所有的实行行为均未达到入罪标准，但帮助犯由于向数以万计的实行行为提供了帮助，其行为性质反而更重的情况，对帮助犯更有惩罚的必要。故而，基于宽严相济刑事政策的考量，按照《最高人民法院、最高人民检察院关于办理利用互联网、移动通讯终端、声讯台制作、复制、出版、贩卖、传播淫秽电子信息具体应用法律若干问题的解释（二）》第7条、《最高人民法院、最高人民检察院、公安部关于办理网络赌博犯罪案件适用法律若干问题的意见》第2条的思路，本条对于共犯的成立设置了独立的定罪量刑标准，对情节严重的行为予以刑事惩治。

在司法适用过程中，需要注意如下两个问题：（1）跨国共同犯罪的处理问题。由于网络的无国界，危害计算机信息系统安全犯罪行为和犯罪结果可能分别发生在中华人民共和国领域内外。根据《刑法》第6条的规定，犯罪的行为或者结果有一项发生在中华人民共和国领域内的，就认为是在中华人民共和国领域内犯罪。因此，对于这类危害计算机信息系统安全犯罪案件，只要其危害后果最终发生在中华人民共和国领域内，应当认为是在中华人民共和国领域内犯罪，应当适用我国《刑法》的相关规定。在此前提下，可能对境外实行犯无法实际行使刑事管辖权，在境外实行犯未归案的情况下，对于境内为境外实行犯提供帮助的行为人，应当依照本条确定的规则处理。（2）帮助犯在共同犯罪中的类型认定问题。与传统犯罪不同，网络环境中的帮助犯在共同犯罪中所起的作用具有一定的特殊性和复杂性，并非只起次要和辅助作用，也可能起主要作用。因此，对于行为人帮助他人实施《刑法》第285条、第286条规定的行为的，应当根据其在共同犯罪中的作用予以认定，既可以认定为主犯，也可以认定为从犯。

（撰稿人：喻海松）

最高人民法院　最高人民检察院
关于办理非法利用信息网络、帮助信息网络犯罪活动等刑事案件适用法律若干问题的解释

法释〔2019〕15号

（2019年6月3日最高人民法院审判委员会第1771次会议、2019年9月4日最高人民检察院第十三届检察委员会第23次会议通过　2019年10月21日最高人民法院、最高人民检察院公告公布　自2019年11月1日起施行）

为依法惩治拒不履行信息网络安全管理义务、非法利用信息网络、帮助信息网络犯罪活动等犯罪，维护正常网络秩序，根据《中华人民共和国刑法》《中华人民共和国刑事诉讼法》的规定，现就办理此类刑事案件适用法律的若干问题解释如下：

第一条　提供下列服务的单位和个人，应当认定为刑法第二百八十六条之一第一款规定的“网络服务提供者”：

（一）网络接入、域名注册解析等信息网络接入、计算、存储、传输服务；

（二）信息发布、搜索引擎、即时通讯、网络支付、网络预约、网络购物、网络游戏、网络直播、网站建设、安全防护、广告推广、应用商店等信息网络应用服务；

（三）利用信息网络提供的电子政务、通信、能源、交通、水利、金融、教育、医疗等公共服务。

第二条　刑法第二百八十六条之一第一款规定的“监管部门责令采取改正措施”，是指网信、电信、公安等依照法律、行政法规的规定承担信息网络安全监管职责的部门，以责令整改通知书或者其他文书形式，责令网络服务提供者采取改正措施。

认定“经监管部门责令采取改正措施而拒不改正”，应当综合考虑监管部门责令改正是否具有法律、行政法规依据，改正措施及期限要求是否明确、合理，网络服务提供者是否具有按照要求采取改正措施的能力等因素进行判断。

第三条　拒不履行信息网络安全管理义务，具有下列情形之一的，应当认定为刑法第二百八十六条之一第一款第一项规定的“致使违法信息大量传播”：

（一）致使传播违法视频文件二百个以上的；

（二）致使传播违法视频文件以外的其他违法信息二千个以上的；

（三）致使传播违法信息，数量虽未达到第一项、第二项规定标准，但是按相应比例折算合计达到有关数量标准的；

（四）致使向二千个以上用户账号传播违法信息的；

（五）致使利用群组成员账号数累计三千以上的通讯群组或者关注人员账号数累计三万以上的社交网络传播违法信息的；

（六）致使违法信息实际被点击数达到五万以上的；

（七）其他致使违法信息大量传播的情形。

第四条　拒不履行信息网络安全管理义务，致使用户信息泄露，具有下列情形之一的，应当认定为刑法第二百八十六条之一第一款第二项规定的“造成严重后果”：

（一）致使泄露行踪轨迹信息、通信内容、征信信息、财产信息五百条以上的；

（二）致使泄露住宿信息、通信记录、健康生理信息、交易信息等其他可能影响人身、财产安全的用户信息五千条以上的；

（三）致使泄露第一项、第二项规定以外的用户信息五万条以上的；

（四）数量虽未达到第一项至第三项规定标准，但是按相应比例折算合计达到有关数量标准的；

（五）造成他人死亡、重伤、精神失常或者被绑架等严重后果的；

（六）造成重大经济损失的；

（七）严重扰乱社会秩序的；

（八）造成其他严重后果的。

第五条 拒不履行信息网络安全管理义务，致使影响定罪量刑的刑事案件证据灭失，具有下列情形之一的，应当认定为刑法第二百八十六条之一第一款第三项规定的“情节严重”：

（一）造成危害国家安全犯罪、恐怖活动犯罪、黑社会性质组织犯罪、贪污贿赂犯罪案件的证据灭失的；

（二）造成可能判处五年有期徒刑以上刑罚犯罪案件的证据灭失的；

（三）多次造成刑事案件证据灭失的；

（四）致使刑事诉讼程序受到严重影响的；

（五）其他情节严重的情形。

第六条 拒不履行信息网络安全管理义务，具有下列情形之一的，应当认定为刑法第二百八十六条之一第一款第四项规定的“有其他严重情节”：

（一）对绝大多数用户日志未留存或者未落实真实身份信息认证义务的；

（二）二年内经多次责令改正拒不改正的；

（三）致使信息网络服务被主要用于违法犯罪的；

（四）致使信息网络服务、网络设施被用于实施网络攻击，严重影响生产、生活的；

（五）致使信息网络服务被用于实施危害国家安全犯罪、恐怖活动犯罪、黑社会性质组织犯罪、贪污贿赂犯罪或者其他重大犯罪的；

（六）致使国家机关或者通信、能源、交通、水利、金融、教育、医疗等领域提供公共服务的信息网络受到破坏，严重影响生产、生活的；

（七）其他严重违反信息网络安全管理义务的情形。

第七条　刑法第二百八十七条之一规定的“违法犯罪”，包括犯罪行为和属于刑法分则规定的行为类型但尚未构成犯罪的违法行为。

第八条　以实施违法犯罪活动为目的而设立或者设立后主要用于实施违法犯罪活动的网站、通讯群组，应当认定为刑法第二百八十七条之一第一款第一项规定的“用于实施诈骗、传授犯罪方法、制作或者销售违禁物品、管制物品等违法犯罪活动的网站、通讯群组”。

第九条　利用信息网络提供信息的链接、截屏、二维码、访问账号密码及其他指引访问服务的，应当认定为刑法第二百八十七条之一第一款第二项、第三项规定的“发布信息”。

第十条　非法利用信息网络，具有下列情形之一的，应当认定为刑法第二百八十七条之一第一款规定的“情节严重”：

（一）假冒国家机关、金融机构名义，设立用于实施违法犯罪活动的网站的；

（二）设立用于实施违法犯罪活动的网站，数量达到三个以上或者注册账号数累计达到二千以上的；

（三）设立用于实施违法犯罪活动的通讯群组，数量达到五个以上或者群组成员账号数累计达到一千以上的；

（四）发布有关违法犯罪的信息或者为实施违法犯罪活动发布信息，具有下列情形之一的：

1. 在网站上发布有关信息一百条以上的；

2. 向二千个以上用户账号发送有关信息的；

3. 向群组成员数累计达到三千以上的通讯群组发送有关信息的；

4. 利用关注人员账号数累计达到三万以上的社交网络传播有关信息的；

（五）违法所得一万元以上的；

（六）二年内曾因非法利用信息网络、帮助信息网络犯罪活动、危害计算机信息系统安全受过行政处罚，又非法利用信息网络的；

（七）其他情节严重的情形。

第十一条　为他人实施犯罪提供技术支持或者帮助，具有下列情形之一的，可以认定行为人明知他人利用信息网络实施犯罪，但是有相反证据的除外：

（一）经监管部门告知后仍然实施有关行为的；

（二）接到举报后不履行法定管理职责的；

（三）交易价格或者方式明显异常的；

（四）提供专门用于违法犯罪的程序、工具或者其他技术支持、帮助的；

（五）频繁采用隐蔽上网、加密通信、销毁数据等措施或者使用虚假身份，逃避监管或者规避调查的；

（六）为他人逃避监管或者规避调查提供技术支持、帮助的；

（七）其他足以认定行为人明知的情形。

第十二条 明知他人利用信息网络实施犯罪，为其犯罪提供帮助，具有下列情形之一的，应当认定为刑法第二百八十七条之二第一款规定的“情节严重”：

（一）为三个以上对象提供帮助的；

（二）支付结算金额二十万元以上的；

（三）以投放广告等方式提供资金五万元以上的；

（四）违法所得一万元以上的；

（五）二年内曾因非法利用信息网络、帮助信息网络犯罪活动、危害计算机信息系统安全受过行政处罚，又帮助信息网络犯罪活动的；

（六）被帮助对象实施的犯罪造成严重后果的；

（七）其他情节严重的情形。

实施前款规定的行为，确因客观条件限制无法查证被帮助对象是否达到犯罪的程度，但相关数额总计达到前款第二项至第四项规定标准五倍以上，或者造成特别严重后果的，应当以帮助信息网络犯罪活动罪追究行为人的刑事责任。

第十三条 被帮助对象实施的犯罪行为可以确认，但尚未到案、尚未依法裁判或者因未达到刑事责任年龄等原因依法未予追究刑事责任的，不影响帮助信息网络犯罪活动罪的认定。

第十四条 单位实施本解释规定的犯罪的，依照本解释规定的相应自然人犯罪的定罪量刑标准，对直接负责的主管人员和其他直接责任人员定罪处罚，并对单位判处罚金。

第十五条 综合考虑社会危害程度、认罪悔罪态度等情节，认为犯罪情节轻微的，可以不起诉或者免予刑事处罚；情节显著轻微危害不大的，不以犯罪论处。

第十六条 多次拒不履行信息网络安全管理义务、非法利用信息网络、帮助信息网络犯罪活动构成犯罪，依法应当追诉的，或者二年内多次实施前述行为未经处理的，数量或者数额累计计算。

第十七条 对于实施本解释规定的犯罪被判处刑罚的，可以根据犯罪情况和预防再犯罪的需要，依法宣告职业禁止；被判处管制、宣告缓刑的，可以根据犯罪情况，依法宣告禁止令。

第十八条 对于实施本解释规定的犯罪的，应当综合考虑犯罪的危害程度、违法所得数额以及被告人的前科情况、认罪悔罪态度等，依法判处罚金。

第十九条 本解释自 2019 年 11 月 1 日起施行。

【导读及适用要点】

一、拒不履行信息网络安全管理义务罪的主体范围

根据《刑法》第 286 条之一的规定，拒不履行信息网络安全管理义务罪的主体是网络服务提供者。因此，明确网络服务提供者的范围，是确保拒不履行信息网络安全管理义务罪准确适用的前提和基础。《网络安全法》第 76 条第 1 项规定："网络，是指由计算机或者其他信息终端及相关设备组成的按照一定的规则和程序对信息进行收集、存储、传输、交换、处理的系统。"第 3 项规定："网络运营者，是指网络的所有者、管理者和网络服务提供者。"可见，"网络"与"信息系统"含义相同，包括联入公共通信网的系统和未联入公共通信网的系统，涵括对外提供服务的系统和不对外提供服务而自用的系统。而《刑法》第 286 条之一使用了"网络服务提供者"，自然不能包括网络安全法规定的网络运营者的所有情形。经研究认为，网络服务提供者包括提供互联网服务的网络运营者，也包括虽然提供内部网络服务、但涉及公共服

务的网络运营者。基于此，《最高人民法院、最高人民检察院关于办理非法利用信息网络、帮助信息网络犯罪活动等刑事案件适用法律若干问题的解释》（以下简称《办理非法利用信息网络刑事案件解释》）第1条规定，提供下列服务的单位和个人，应当认定为《刑法》第286条之一第1款规定的网络服务提供者：（1）网络接入、域名注册解析等信息网络接入、计算、存储、传输服务；（2）信息发布、搜索引擎、即时通讯、网络支付、网络预约、网络购物、网络游戏、网络直播、网站建设、安全防护、广告推广、应用商店等信息网络应用服务；（3）利用信息网络提供的电子政务、通信、能源、交通、水利、金融、教育、医疗等公共服务。

二、拒不履行信息网络安全管理义务罪的前提要件

根据《刑法》第286条之一的规定，构成拒不履行信息网络安全管理义务罪，以"经政府有关部门责令采取改正措施而拒不改正"作为前提要件。根据司法实践情况，为统一司法适用，《办理非法利用信息网络刑事案件解释》第2条对"经政府有关部门责令采取改正措施而拒不改正"的认定作了明确。

1."监管部门责令采取改正措施"的涵义。《网络安全法》第8条第1款规定："国家网信部门负责统筹协调网络安全工作和相关监督管理工作。国务院电信主管部门、公安部门和其他有关机关依照本法和有关法律、行政法规的规定，在各自职责范围内负责网络安全保护和监督管理工作。"据此，《办理非法利用信息网络刑事案件解释》第2条第1款规定："刑法第286条之一第1款规定的'监管部门责令采取改正措施'，是指网信、电信、公安等依照法律、行政法规的规定承担信息网络安全监管职责的部门，以责令整改通知书或者其他文书形式，责令网络服务提供者采取改正措施。"

2."经监管部门责令采取改正措施而拒不改正"的认定。根据司法实践反映的问题，基于拒不履行信息网络安全管理义务罪系不作为犯的属性，《办理非法利用信息网络刑事案件解释》第2条第2款进一步规定："认定'经监管部门责令采取改正措施而拒不改正'，应当综合考虑监管部门责令改正是否具有法律、行政法规依据，改正措施及期限要求是否明确、合理，网络服务提供者是否具有按照要求采取改正措施的能力等因素进行判断。"

三、拒不履行信息网络安全管理义务罪的入罪标准

《刑法》第 286 条之一第 1 款第 1 项至第 3 项列举了拒不履行信息网络安全管理义务，致使违法信息大量传播、致使用户信息泄露以及致使刑事案件证据灭失的入罪情形，并设置了兜底项“有其他严重情节的”。为统一司法适用，《办理非法利用信息网络刑事案件解释》根据拒不履行信息网络安全管理义务罪的不同情形，对其入罪标准作了明确。

1. 致使违法信息大量传播。根据司法实践的情况，《办理非法利用信息网络刑事案件解释》第 3 条主要从违法信息数量、传播范围等方面明确了“致使违法信息大量传播”的认定标准：根据违法信息的类型不同，第 1 项至第 3 项区分违法视频文件和其他违法信息设置不同标准；根据传播方式的不同，以传播用户账号数、通讯群组和社交网络账号数以及实际被点击数设置不同标准。具体而言，拒不履行信息网络安全管理义务，具有下列情形之一的，应当认定为《刑法》第 286 条之一第 1 款第 1 项规定的致使违法信息大量传播：（1）致使传播违法视频文件 200 个以上的；（2）致使传播违法视频文件以外的其他违法信息 2000 个以上的；（3）致使传播违法信息，数量虽未达到前述规定标准，但是按相应比例折算合计达到有关数量标准的；（4）致使向 2000 个以上用户账号传播违法信息的；（5）致使利用群组成员账号数累计 3000 以上的通讯群组或者关注人员账号数累计 3 万以上的社交网络传播违法信息的；（6）致使违法信息实际被点击数达到 5 万以上的；（7）其他致使违法信息大量传播的情形。

2. 致使用户信息泄露，造成严重后果。根据司法实践情况，《办理非法利用信息网络刑事案件解释》第 4 条主要从泄露的用户信息数量、后果严重程度等方面明确了“致使用户信息泄露，造成严重后果”的认定标准。其中，与侵犯公民个人信息罪的入罪标准相协调，区分高度敏感信息、敏感信息、一般信息设置不同标准。具体而言，拒不履行信息网络安全管理义务，致使用户信息泄露，具有下列情形之一的，应当认定为《刑法》第 286 条之一第 1 款第 2 项规定的造成严重后果：（1）致使泄露行踪轨迹信息、通信内容、征信信息、财产信息 500 条以上的；（2）致使泄露住宿信息、通信记录、健康生理信息、交易信息等其他可能影响人身、财产安全的用户信息 5000 条

以上的;(3)致使泄露一般用户信息5万条以上的;(4)数量虽未达到前述规定标准，但是按相应比例折算合计达到有关数量标准的;(5)造成他人死亡、重伤、精神失常或者被绑架等严重后果的;(6)造成重大经济损失的;(7)严重扰乱社会秩序的;(8)造成其他严重后果的。

3. 致使刑事案件证据灭失，情节严重。根据司法实践的情况,《办理非法利用信息网络刑事案件解释》第5条主要从相关证据所涉案件重要程度、造成证据灭失的次数、对刑事诉讼程序的影响等方面明确了“致使刑事案件证据灭失，情节严重”的认定标准。具体而言，拒不履行信息网络安全管理义务，致使影响定罪量刑的刑事案件证据灭失，具有下列情形之一的，应当认定为《刑法》第286条之一第1款第3项规定的情节严重:(1)造成危害国家安全犯罪、恐怖活动犯罪、黑社会性质组织犯罪、贪污贿赂犯罪案件的证据灭失的;(2)造成可能判处5年有期徒刑以上刑罚犯罪案件的证据灭失的;(3)多次造成刑事案件证据灭失的;(4)致使刑事诉讼程序受到严重影响的;(5)其他情节严重的情形。

4. 有其他严重情节。根据司法实践的情况,《办理非法利用信息网络刑事案件解释》第6条主要从拒不履行信息网络安全管理义务的重要程度、前科情况、造成后果等方面对“有其他严重情节”作了明确。具体而言，拒不履行信息网络安全管理义务，具有下列情形之一的，应当认定为《刑法》第286条之一第1款第4项规定的有其他严重情节:(1)对绝大多数用户日志未留存或者未落实真实身份信息认证义务的;(2)2年内经多次责令改正拒不改正的;(3)致使信息网络服务被主要用于违法犯罪的;(4)致使信息网络服务、网络设施被用于实施网络攻击，严重影响生产、生活的;(5)致使信息网络服务被用于实施危害国家安全犯罪、恐怖活动犯罪、黑社会性质组织犯罪、贪污贿赂犯罪或者其他重大犯罪的;(6)致使国家机关或者通信、能源、交通、水利、金融、教育、医疗等领域提供公共服务的信息网络受到破坏，严重影响生产、生活的;(7)其他严重违反信息网络安全管理义务的情形。

四、非法利用信息网络罪的客观行为方式

《刑法》第287条之一多处涉及“违法犯罪”的表述，包括“用于实施诈骗、传授犯罪方法、制作或者销售违禁物品、管制物品等违法犯罪活动的

网站、通讯群组”“有关制作或者销售毒品、枪支、淫秽物品等违禁物品、管制物品或者其他违法犯罪信息”“为实施诈骗等违法犯罪活动”等。经研究，《办理非法利用信息网络刑事案件解释》第7条规定：“刑法第287条之一规定的‘违法犯罪’，包括犯罪行为和属于刑法分则规定的行为类型但尚未构成犯罪的违法行为。”据此，一方面，对《刑法》第287条之一规定中的“等”，应当作等外的理解，即不只限于该条所明确列举的类型，也包括其他违法犯罪。另一方面，对于《刑法》未规定、仅在治安管理处罚法或者其他法律法规规定的行政违法行为，即使利用信息网络实施，也不应当构成非法利用信息网络罪。例如，对于买卖驾照计分的行为，目前无法直接追究刑事责任；对于此类行为，即使通过互联网、通信群组发布相关信息的，也不构成非法利用信息网络罪。

《办理非法利用信息网络刑事案件解释》明确了《刑法》第287条之一第1款第1项规定的“用于实施诈骗、传授犯罪方法、制作或者销售违禁物品、管制物品等违法犯罪活动的网站、通讯群组”的认定规则。为区别于用于正常活动的网站、通讯群组，《办理非法利用信息网络刑事案件解释》第8条从网站、群组的设立目的与设立后主要从事的活动两个方面予以明确，规定：“以实施违法犯罪活动为目的而设立或者设立后主要用于实施违法犯罪活动的网站、通讯群组，应当认定为刑法第287条之一第1款第1项规定的‘用于实施诈骗、传授犯罪方法、制作或者销售违禁物品、管制物品等违法犯罪活动的网站、通讯群组’。”

《办理非法利用信息网络刑事案件解释》明确了《刑法》第287条之一第1款第2项、第3项规定的发布信息的涵义。实践中，有些行为人为逃避打击，不直接发布信息，而是发布信息的链接地址、截屏，或者将包含信息的文件放到网盘等存储空间后发布访问账号、密码。如在某案中，行为人将大量淫秽视频存入网盘后，在网上发布网盘账号、密码。经研究认为，此种情形与直接发布信息并无差异，应当认定为发布信息。基于此，《办理非法利用信息网络刑事案件解释》第9条规定：“利用信息网络提供信息的链接、截屏、二维码、访问账号密码及其他指引访问服务的，应当认定为刑法第287条之一第1款第2项、第3项规定的‘发布信息’。”

五、非法利用信息网络罪的入罪标准

根据《刑法》第287条之一第1款的规定，非法利用信息网络以情节严重作为入罪要件。根据司法实践的具体情况，《办理非法利用信息网络刑事案件解释》第10条主要从设立网站、通讯群组、发布信息的数量，违法所得数额，前科情况等方面明确了情节严重的认定标准。具体而言，非法利用信息网络，具有下列情形之一的，应当认定为《刑法》第287条之一第1款规定的情节严重：（1）假冒国家机关、金融机构名义，设立用于实施违法犯罪活动的网站的。实践中，不少从事诈骗活动的犯罪分子会假冒国家机关或者金融机构名义设立用于实施违法犯罪活动的网站，如针对工商银行（icbc.com.cn）制作钓鱼网站，犯罪分子将网站内容托管到服务器后申请诸如lcbc.com、1cbc.cn、icdc.cn等近似于工商银行域名的虚假域名指向网站后台。基于此，《办理非法利用信息网络刑事案件解释》将此种情形规定为情节严重。（2）设立用于实施违法犯罪活动的网站，数量达到3个以上或者注册账号数累计达到2000以上的。（3）设立用于实施违法犯罪活动的通讯群组，数量达到5个以上或者群组成员账号数累计达到1000以上的。（4）发布有关违法犯罪的信息或者为实施违法犯罪活动发布信息，具有下列情形之一的：①在网站上发布有关信息100条以上的；②向2000个以上用户账号发送有关信息的；③向群组成员数累计达到3000以上的通讯群组发送有关信息的；④利用关注人员账号数累计达到3万以上的社交网络传播有关信息的。（5）违法所得1万元以上的。从实践来看，非法利用信息网络设立网站、通讯群组或者发布信息，可能获取广告费、会员注册费或者其他违法所得。基于此，《办理非法利用信息网络刑事案件解释》将违法所得数额确定为情节严重的认定标准之一。（6）2年内曾因非法利用信息网络、帮助信息网络犯罪活动、危害计算机信息系统安全受过行政处罚，又非法利用信息网络的。（7）其他情节严重的情形。

六、帮助信息网络犯罪活动罪的主观明知推定规则

根据《刑法》第287条之二的规定，帮助信息网络犯罪活动罪以行为人明知他人利用信息网络实施犯罪为前提。经研究认为，对帮助信息网络犯罪活动罪主观明知的认定，应当结合一般人的认知水平和行为人的认知能力、

相关行为是否违反法律的禁止性规定、行为人是否履行管理职责、是否逃避监管或者规避调查、是否因同类行为受过处罚，以及行为人的供述和辩解等情况进行综合判断。根据司法实践的情况，《办理非法利用信息网络刑事案件解释》第 11 条总结了主观明知的推定情形。具体而言，为他人实施犯罪提供技术支持或者帮助，具有下列情形之一的，可以认定行为人明知他人利用信息网络实施犯罪，但是有相反证据的除外：

（1）经监管部门告知后仍然实施有关行为的。随着信息技术的发展，监管部门不一定通过专门文书进行告知，甚至未必采用书面告知方式，特别是遇到紧急事件时，监管部门往往通过即时通讯群组、电话、短信、电子邮件等多种方式告知，只要有相关证据可以证明已经告知即可，故未限定告知方式。（2）接到举报后不履行法定管理职责的。网络服务提供者在为网络应用提供服务的同时也担负相关的管理职责，但现实中服务商不可能对所有服务对象进行相关管理。如网站托管服务商一般只负责网站软硬件环境的建设和维护，对网站内容不予管理，故不能要求服务商主动发现全部违法犯罪行为，但在接到举报后应当履行法定管理职责。例如，网站托管服务商在接到举报某服务对象托管的网站为淫秽色情网站后，仍不依法采取关停、删除、报案等措施，继续为该网站提供服务的，可以认定其主观明知。（3）交易价格或者方式明显异常的。例如，第三方支付平台从一般的支付活动中收取 1.5% 的费用，而在有的赌博案件中第三方支付平台收取超过 10% 的费用。从这一收费明显异常情况，可以看出该第三方支付平台对服务对象从事犯罪活动实际上是心知肚明的，故推定其具有主观明知。（4）提供专门用于违法犯罪的程序、工具或者其他技术支持、帮助的。实践中，随着网络犯罪案件的分工日益细化，滋生出专门用于违法犯罪的活动，如替人开卡，取钱车手，贩卖“多卡合一”（银行卡、电话卡、支付宝帐号、微信帐号、身份证），解冻被支付宝、微信等支付工具安全策略冻结的未实名账户等服务；此外，还有专门用于违法犯罪活动的程序、工具，如仿冒银行、执法部门网站制作钓鱼网站。可以说，这些活动或者程序、工具并非社会正常活动所需，而系为违法犯罪活动提供帮助的专门服务，故相关从业人员对其服务对象系可能涉嫌犯罪主观上实际是明知的，故将此种情形推定为主观明知。（5）频繁采用隐蔽上网、加密通信、销毁数据等措施或者使用虚假身份，逃避监管或者规避调查的。

实践中，一些行为人在帮助信息网络犯罪活动中长期采取加密措施或者使用虚假身份，对于此类逃避监管或者规避调查的行为，可以推定行为人主观明知。（6）为他人逃避监管或者规避调查提供技术支持、帮助的。（7）其他足以认定行为人明知的情形。实践中还有一些情形可以推断行为人主观明知，如取钱人持有多张户主不同的银行卡或者多张假身份证，无法说明缘由的，亦可以推定其主观明知。

七、帮助信息网络犯罪活动罪的入罪标准

根据《刑法》第 287 条之二的规定，帮助信息网络犯罪活动以情节严重为入罪门槛。根据司法实践的具体情况，《办理非法利用信息网络刑事案件解释》第 12 条第 1 款明确了情节严重的认定标准。具体而言，明知他人利用信息网络实施犯罪，为其犯罪提供帮助，具有下列情形之一的，应当认定为《刑法》第 287 条之二第 1 款规定的情节严重：（1）为 3 个以上对象提供帮助的；（2）支付结算金额 20 万元以上的；（3）以投放广告等方式提供资金 5 万元以上的；（4）违法所得 1 万元以上的；（5）2 年内曾因非法利用信息网络、帮助信息网络犯罪活动、危害计算机信息系统安全受过行政处罚，又帮助信息网络犯罪活动的；（6）被帮助对象实施的犯罪造成严重后果的；（7）其他情节严重的情形。

需要注意的是，考虑到与传统犯罪中帮助行为不同，网络犯罪中帮助者往往为众多对象提供帮助，一一查证被帮助对象是否已构成犯罪存在客观困难，而帮助行为累计的社会危害性严重，《办理非法利用信息网络刑事案件解释》第 12 条第 2 款规定："实施前款规定的行为，确因客观条件限制无法查证被帮助对象是否达到犯罪的程度，但相关数额总计达到前款第 2 项至第 4 项规定标准五倍以上，或者造成特别严重后果的，应当以帮助信息网络犯罪活动罪追究行为人的刑事责任。"适用本款时应当注意：一是此种情形下通常是被帮助对象人数众多，对于帮助单个或者少数对象利用信息网络实施犯罪的，必须以被帮助对象构成犯罪为入罪前提；二是确因客观条件限制无法证实被帮助对象实施的行为达到犯罪程度，但经查证确系《刑法》分则规定的行为的，如果是一般的违法行为也不能适用这一例外规则；三是情节远高于情节严重的程度，即此种情形下虽然无法查证被帮助对象构成犯罪，但帮助

行为本身具有十分严重的社会危害性，达到独立刑事惩处的程度。

此外，根据《刑法》第 287 条之二第 1 款的规定，帮助信息网络犯罪活动罪中被帮助对象的行为必须构成犯罪，但是对此处规定的“犯罪”只应理解为相关犯罪查证属实，而不能理解为要求经人民法院生效裁判确认。同时，即使被帮助对象的行为符合《刑法》规定的其他构成要件，但因行为人未达到刑事责任年龄等原因依法未予追究刑事责任的，也不应影响帮助信息网络犯罪活动罪的认定。基于此，《办理非法利用信息网络刑事案件解释》第 13 条规定：“被帮助对象实施的犯罪行为可以确认，但尚未到案、尚未依法裁判或者因未达到刑事责任年龄等原因依法未予追究刑事责任的，不影响帮助信息网络犯罪活动罪的认定。”

八、相关网络犯罪的其他问题

根据司法实践的情况，《办理非法利用信息网络刑事案件解释》还对相关网络犯罪的其他问题作了明确：

1．单位实施相关网络犯罪的定罪量刑标准。《办理非法利用信息网络刑事案件解释》第 14 条规定：“单位实施《办理非法利用信息网络刑事案件解释》规定的犯罪的，依照《办理非法利用信息网络刑事案件解释》规定的相应自然人犯罪的定罪量刑标准，对直接负责的主管人员和其他直接责任人员定罪处罚，并对单位判处罚金。”

2．相关网络犯罪的认罪认罚从宽规则。考虑到司法实践中的复杂情况，根据认罪认罚从宽制度的要求，《办理非法利用信息网络刑事案件解释》第 15 条规定：“综合考虑社会危害程度、认罪悔罪态度等情节，认为犯罪情节轻微的，可以不起诉或者免予刑事处罚；情节显著轻微危害不大的，不以犯罪论处。”

3．相关网络犯罪的数量数额累计规则。《办理非法利用信息网络刑事案件解释》第 16 条规定：“多次拒不履行信息网络安全管理义务、非法利用信息网络、帮助信息网络犯罪活动构成犯罪，依法应当追诉的，或者 2 年内多次实施前述行为未经处理的，数量或者数额累计计算。”

4．相关网络犯罪的职业禁止和禁止令适用规则。《刑法》规定，因利用职业便利实施犯罪的，人民法院可以根据犯罪情况和预防再犯罪的需要，禁止其自刑罚执行完毕之日或者假释之日起从事相关执业，期限为3年至5年；判处管制、宣告缓刑的，可以根据犯罪情况，同时禁止犯罪分子在执行期间从事特定活动。鉴于网络犯罪相当程度存在再犯现象，不少行为人重操旧业的现实情况，《办理非法利用信息网络刑事案件解释》第17条专门规定：“对于实施《办理非法利用信息网络刑事案件解释》规定的犯罪被判处刑罚的，可以根据犯罪情况和预防再犯罪的需要，依法宣告职业禁止；被判处管制、宣告缓刑的，可以根据犯罪情况，依法宣告禁止令。”

5. 相关网络犯罪的罚金刑适用规则。网络犯罪具有明显的牟利性，行为人实施该类犯罪主要是为了牟取非法利益，因此，有必要加大财产刑的适用力度，让行为人在经济上得不偿失，进而剥夺其再次实施犯罪的经济能力。基于此，《办理非法利用信息网络刑事案件解释》第18条规定：“对于实施《办理非法利用信息网络刑事案件解释》规定的犯罪的，应当综合考虑犯罪的危害程度、违法所得数额以及被告人的前科情况、认罪悔罪态度等，依法判处罚金。”

（撰稿人：周加海　喻海松）

（四）涉无线电通讯管理秩序犯罪

最高人民法院　最高人民检察院
关于办理扰乱无线电通讯管理秩序等刑事案件适用法律若干问题的解释

法释〔2017〕11号

（2017年4月17日最高人民法院审判委员会第1715次会议、2017年5月25日最高人民检察院第十二届检察委员会第64次会议通过　2017年6月27日最高人民法院、最高人民检察院公告公布　自2017年7月1日起施行）

为依法惩治扰乱无线电通讯管理秩序犯罪，根据《中华人民共和国刑法》《中华人民共和国刑事诉讼法》的有关规定，现就办理此类刑事案件适用法律的若干问题解释如下：

第一条　具有下列情形之一的，应当认定为刑法第二百八十八条第一款规定的"擅自设置、使用无线电台（站），或者擅自使用无线电频率，干扰无线电通讯秩序"：

（一）未经批准设置无线电广播电台（以下简称"黑广播"），非法使用广播电视专用频段的频率的；

（二）未经批准设置通信基站（以下简称"伪基站"），强行向不特定用户发送信息，非法使用公众移动通信频率的；

（三）未经批准使用卫星无线电频率的；

（四）非法设置、使用无线电干扰器的；

（五）其他擅自设置、使用无线电台（站），或者擅自使用无线电频率，干扰无线电通讯秩序的情形。

第二条　违反国家规定，擅自设置、使用无线电台（站），或者擅自使用无线电频率，干扰无线电通讯秩序，具有下列情形之一的，应当认定为刑法第二百八十八条第一款规定的“情节严重”：

（一）影响航天器、航空器、铁路机车、船舶专用无线电导航、遇险救助和安全通信等涉及公共安全的无线电频率正常使用的；

（二）自然灾害、事故灾难、公共卫生事件、社会安全事件等突发事件期间，在事件发生地使用“黑广播”“伪基站”的；

（三）举办国家或者省级重大活动期间，在活动场所及周边使用“黑广播”“伪基站”的；

（四）同时使用三个以上“黑广播”“伪基站”的；

（五）“黑广播”的实测发射功率五百瓦以上，或者覆盖范围十公里以上的；

（六）使用“伪基站”发送诈骗、赌博、招嫖、木马病毒、钓鱼网站链接等违法犯罪信息，数量在五千条以上，或者销毁发送数量等记录的；

（七）雇佣、指使未成年人、残疾人等特定人员使用“伪基站”的；

（八）违法所得三万元以上的；

（九）曾因扰乱无线电通讯管理秩序受过刑事处罚，或者二年内曾因扰乱无线电通讯管理秩序受过行政处罚，又实施刑法第二百八十八条规定的行为的；

（十）其他情节严重的情形。

第三条 违反国家规定，擅自设置、使用无线电台（站），或者擅自使用无线电频率，干扰无线电通讯秩序，具有下列情形之一的，应当认定为刑法第二百八十八条第一款规定的“情节特别严重”：

（一）影响航天器、航空器、铁路机车、船舶专用无线电导航、遇险救助和安全通信等涉及公共安全的无线电频率正常使用，危及公共安全的；

（二）造成公共秩序混乱等严重后果的；

（三）自然灾害、事故灾难、公共卫生事件和社会安全事件等突发事件期间，在事件发生地使用“黑广播”“伪基站”，造成严重影响的；

（四）对国家或者省级重大活动造成严重影响的；

（五）同时使用十个以上“黑广播”“伪基站”的；

（六）“黑广播”的实测发射功率三千瓦以上，或者覆盖范围二十公里以上的；

（七）违法所得十五万元以上的；

（八）其他情节特别严重的情形。

第四条 非法生产、销售“黑广播”“伪基站”、无线电干扰器等无线电设备，具有下列情形之一的，应当认定为刑法第二百二十五条规定的“情节严重”：

（一）非法生产、销售无线电设备三套以上的；

（二）非法经营数额五万元以上的；

（三）其他情节严重的情形。

实施前款规定的行为，数量或者数额达到前款第一项、第二项规定标准五倍以上，或者具有其他情节特别严重的情形的，应当认定为刑法第二百二十五条规定的“情节特别严重”。

在非法生产、销售无线电设备窝点查扣的零件，以组装完成的套数以及能够组装的套数认定；无法组装为成套设备的，每三套广播信号调制器（激励器）认定为一套“黑广播”设备，每三块主板认定为一套“伪基站”设备。

第五条 单位犯本解释规定之罪的，对单位判处罚金，并对直接负责的主管人员和其他直接责任人员，依照本解释规定的自然人犯罪的定罪量刑标准定罪处罚。

第六条 擅自设置、使用无线电台（站），或者擅自使用无线电频率，同时构成其他犯罪的，按照处罚较重的规定定罪处罚。

明知他人实施诈骗等犯罪，使用“黑广播”“伪基站”等无线电设备为其发送信息或者提供其他帮助，同时构成其他犯罪的，按照处罚较重的规定定罪处罚。

第七条 负有无线电监督管理职责的国家机关工作人员滥用职权或者玩忽职守，致使公共财产、国家和人民利益遭受重大损失的，应当依照刑法第三百九十七条的规定，以滥用职权罪或者玩忽职守罪追究刑事责任。

有查禁扰乱无线电管理秩序犯罪活动职责的国家机关工作人员，向犯罪分子通风报信、提供便利，帮助犯罪分子逃避处罚的，应当依照刑法第四百一十七条的规定，以帮助犯罪分子逃避处罚罪追究刑事责任；事先通谋的，以共同犯罪论处。

第八条 为合法经营活动，使用“黑广播”“伪基站”或者实施其他扰乱无线电通讯管理秩序的行为，构成扰乱无线电通讯管理秩序罪，但不属于“情节特别严重”，行为人系初犯，并确有悔罪表现的，可以认定为情节轻微，不起诉或者免予刑事处罚；确有必要判处刑罚的，应当从宽处罚。

第九条 对案件所涉的有关专门性问题难以确定的，依据司法鉴定机构出具的鉴定意见，或者下列机构出具的报告，结合其他证据作出认定：

（一）省级以上无线电管理机构、省级无线电管理机构依法设立的派出机构、地市级以上广播电视主管部门就是否系“伪基站”“黑广播”出具的报告；

（二）省级以上广播电视主管部门及其指定的检测机构就“黑广播”功率、覆盖范围出具的报告；

（三）省级以上航空、铁路、船舶等主管部门就是否干扰导航、通信等出具的报告。

对移动终端用户受影响的情况，可以依据相关通信运营商出具的证明，结合被告人供述、终端用户证言等证据作出认定。

第十条 本解释自2017年7月1日起施行。

【导读及适用要点】

一、关于“擅自设置、使用无线电台（站），或者擅自使用无线电频率，干扰无线电通讯秩序”的司法认定

《最高人民法院、最高人民检察院关于办理扰乱无线电通讯管理秩序等刑事案件适用法律若干问题的解释》(以下简称《关于办理扰乱无线电通讯管理秩序刑事案件解释》）第1条明确规定了应当认定为《刑法》第288条第1款规定的“擅自设置、使用无线电台（站），或者擅自使用无线电频率，干扰无线电通讯秩序”的情形。具体包括五项：

第1项规定了未经批准设置“黑广播”，非法使用广播电视专用频段的频率向社会进行播音宣传的行为。第2项规定了未经批准设置“伪基站”，强行

向不特定用户发送信息，非法使用公众移动通信频率的行为。第 3 项规定了未经批准使用卫星无线电频率的行为。实践中，已出现擅自使用卫星频率的情况，鉴于这种行为可能造成严重危害后果，有必要规定刑罚予以惩戒。第 4 项规定了非法设置、使用无线电干扰器的行为。第 5 项是兜底条款。

二、扰乱无线电通讯管理秩序罪的入罪门槛，即《刑法》第 288 条第 1 款中规定的“情节严重”的认定标准

《关于办理扰乱无线电通讯管理秩序刑事案件解释》第 2 条明确了“违反国家规定，擅自设置、使用无线电台（站），或者擅自使用无线电频率，干扰无线电通讯秩序，情节严重”的适用标准。具体包括十种情形：

第 1 项是对有关干扰涉及公共安全的特殊无线电频率行为的规定。航天器、航空器、铁路机车、船舶专用无线电导航、遇险救助和安全通信等涉及公共安全的无线电频率使用范围广、使用频率高、事关不特定多数人的人身、财产安全和社会安全，十分重要。2016 年 12 月 1 日起施行的《无线电管理条例》64 条规定：“国家对船舶、航天器、航空器、铁路机车专用的无线电导航、遇险救助和安全通信等涉及人身安全的无线电频率予以特别保护。任何无线电发射设备和辐射无线电波的非无线电设备对其产生有害干扰的，应当立即消除有害干扰。”鉴于此类特殊的无线电通讯管理秩序的重要性，《关于办理扰乱无线电通讯管理秩序刑事案件解释》第 2 条第 1 项将对航天器、航空器、铁路机车、船舶专用无线电导航、遇险救助和安全通信等涉及公共安全的无线电频率造成有害干扰，影响正常使用的行为，明确规定为扰乱无线电通讯管理秩序“情节严重”的情形之一。

第 2 项是对突发事件期间擅自设置、使用“黑广播”“伪基站”的规定。在自然灾害、事故灾难、公共卫生事件、社会安全事件等突发事件期间，在突发事件发生地使用“黑广播”“伪基站”，干扰当地无线电频率的正常使用，影响广播、通讯等无线电通讯管理秩序，会阻碍或者对突发事件的应对与处置造成不利影响。

第 3 项规定了举办国家或者省级重大活动期间禁止在活动场所及周边使用“黑广播”“伪基站”的情形。实践中，确保无线电通讯正常秩序是顺利举办重大活动任务的重要保障。举办国家或者省级重大活动期间，在活动场所

及周边使用“黑广播”“伪基站”，会对活动场所及周边的无线电磁环境造成强烈干扰，影响活动正常进行，社会危害大。

第4项是对同时使用多个“黑广播”“伪基站”入罪标准的规定。实践中，犯罪嫌疑人、被告人一般采用安装小功率设备、多点密布的方式，使用多个“黑广播”或“伪基站”。为防止行为人通过降低发射功率等方式逃避刑事打击，该项明确行为人同时使用三个以上“黑广播”“伪基站”的，应当属于扰乱无线电通讯管理秩序“情节严重”的情形之一。

第5项根据“黑广播”的功率和覆盖范围对有关入罪标准作出规定。“黑广播”的危害后果取决于发射功率和覆盖范围。该项根据国家无线电监测中心和国家无线电频谱管理中心的调研数据，以“黑广播”功率或者信号覆盖范围大小为标准，对有关扰乱无线电通讯管理秩序行为的入罪标准作出规定。

第6项是对使用“伪基站”发送违法犯罪信息数量大，或者销毁有关发送记录行为的规定。使用“伪基站”发送违法犯罪信息，不仅严重扰乱无线电通讯管理秩序，同时助长电信诈骗等犯罪，甚至可能会引发一系列的次生违法犯罪行为，因此，该项将使用“伪基站”发送诈骗、赌博、招嫖、木马病毒等违法犯罪信息，数量达到5000条以上，或者销毁发送数量等记录的，规定为“情节严重”的情形之一。

第7项是关于雇佣、指使未成年人、残疾人等特定人员使用“伪基站”的规定。实践中，一些犯罪分子为了逃避打击，雇佣、指使未成年人、残疾人等特定人员使用“伪基站”的情况较为常见。这些雇佣、指使他人使用“伪基站”的犯罪分子，不仅有教唆他人实施违法犯罪行为的故意，也具备了职业化犯罪的特征，应当从重给予处罚。

第8项是对违法所得数额标准作出的规定。该项参考了2014年3月《最高人民法院、最高人民检察院、公安部、国家安全部关于依法办理非法生产销售使用“伪基站”设备案件的意见》(以下简称《意见》)，将违法所得数额三万元以上的作为“情节严重”的情形之一。

第9项是根据有关犯罪行为并结合人身危险性大小对入罪标准作出的特殊规定。根据第9项规定，行为人曾因扰乱无线电通讯秩序受过刑事处罚，或者二年内曾因扰乱无线电通讯管理秩序行为被行政处罚，又实施《刑法》第288条规定的行为的，应当认定为“情节严重”的情形之一。第10项是兜底条款。

三、扰乱无线电通讯管理秩序罪第二档法定刑的适用标准，即《刑法》第288条第1款中“情节特别严重”的认定

《关于办理扰乱无线电通讯管理秩序刑事案件解释》第3条规定了应当认定为扰乱无线电通讯管理秩序罪“情节特别严重”的认定标准。具体包括八种情形：

第1项是影响涉及公共安全的无线电频率正常使用，危及公共安全的规定。根据该项规定，影响航天器、航空器、铁路机车、船舶专用无线电导航、遇险救助和安全通信等涉及公共安全的无线电频率正常使用，危及公共安全的，应当认定为属于扰乱无线电通讯管理秩序“情节特别严重”的情形之一。

第2项是对造成公共秩序混乱等严重后果的规定。违反国家规定，擅自设置、使用无线电台（站），或者擅自使用无线电频率，扰乱无线电通讯秩序，引起人员聚集起哄闹事、静坐示威、堵塞交通、毁坏公共设施等公共场所秩序混乱等严重后果的，依法应予严厉惩处。

第3项是突发事件期间在事件发生地擅自设置、使用“黑广播”“伪基站”造成严重影响的规定。

第4项是对国家或者省级重大活动造成严重影响的规定。在国家或者省级重大活动举办期间，擅自设置、使用无线电台（站）或者擅自使用无线电频率，致使重大活动无法正常进行或者重大活动推延等，严重影响国家或者省级重大活动的，应当认定为“情节特别严重”的情形之一。

第5项规定同时使用十个以上“黑广播”“伪基站”的行为，应当认定为“情节特别严重”的情形之一。

第6项是以“黑广播”发射功率和发射覆盖范围为标准，对是否属于扰乱无线电通讯管理秩序“情节特别严重”作出的规定。根据该项规定，“黑广播”的实测发射功率三千瓦以上，或者覆盖范围二十公里以上的，应当认定为扰乱无线电通讯管理秩序“情节特别严重”的情形之一。

第7项是根据违法所得数额大小，对扰乱无线电通讯管理秩序“情节特别严重”的情形作出规定。根据该项规定，利用“黑广播”“伪基站”等无线电设备实施扰乱无线电通讯管理秩序犯罪，违法所得数额达到十五万元以上

的，应当认定为“情节特别严重”的情形之一。

第 8 项是兜底条款。

四、关于非法生产、销售“黑广播”“伪基站”、无线电干扰器等无线电设备行为的定罪量刑问题

《关于办理扰乱无线电通讯管理秩序刑事案件解释》第 4 条规定非法生产、销售“黑广播”“伪基站”、无线电干扰器等无线电设备，构成犯罪的，应当以非法经营罪追究其刑事责任，并明确了有关定罪量刑标准。

第 1 款以有关设备的套数、非法经营数额等为标准，规定了非法生产、销售“黑广播”“伪基站”、无线电干扰器等无线电设备，构成非法经营罪的入罪标准。根据该条第 1 款规定，非法生产、销售“黑广播”“伪基站”、无线电干扰器等无线电设备，具有下列情形之一的，应当认定为《刑法》第 225 条规定的“情节严重”：（1）非法生产、销售无线电设备三套以上的；（2）非法经营数额五万元以上的；（3）其他情节严重的情形。

第 2 款明确了非法生产、销售“黑广播”“伪基站”、无线电干扰器等无线电设备构成非法经营罪，适用第二档法定刑的标准。适用“情节特别严重”的有关数额标准，按照第 1 款“情节严重”相应标准的五倍掌握，同时该款也规定了兜底项，即“其他情节特别严重”的情形。

第 3 款明确了“黑广播”“伪基站”、无线电干扰器等无线电设备套数的认定标准。根据该款规定，对于在非法生产、销售无线电设备窝点查扣的“黑广播”“伪基站”等无线电设备零件，以组装完成的套数以及能够组装的套数认定；如果没有办法组装为成套设备的，那么每三套广播信号调制器（激励器）认定为一套“黑广播”设备，每三块主板认定为一套“伪基站”设备。

五、关于单位犯罪的规定

《关于办理扰乱无线电通讯管理秩序刑事案件解释》第 5 条明确规定了单位犯罪的处罚。根据该条规定，单位犯《关于办理扰乱无线电通讯管理秩序刑事案件解释》规定之罪的，对单位判处罚金，并对直接负责的主管人员和其他直接责任人员，依照《关于办理扰乱无线电通讯管理秩序刑事案件解释》规定的自然人犯罪的定罪量刑标准定罪处罚。

六、关于竞合犯的处断规则

《关于办理扰乱无线电通讯管理秩序刑事案件解释》第6条规定了竞合犯罪的处断规则。实践中，行为人实施扰乱无线电通讯管理秩序犯罪可能与其他犯罪发生竞合，主要有两种情况：一是擅自设置、使用无线电台（站），或者擅自使用无线电频率，同时构成其他犯罪的。二是明知他人实施诈骗等犯罪，使用“黑广播”“伪基站”等无线电设备为其发送信息或者提供其他帮助，同时构成其他犯罪的。该条分两款规定了上述两种竞合的情形，并明确规定对这两种情形下的犯罪竞合，按照处罚较重的规定定罪处罚。

七、关于国家机关工作人员渎职犯罪

《关于办理扰乱无线电通讯管理秩序刑事案件解释》第7条规定了国家机关工作人员有关渎职犯罪问题。该条分两款，明确了两类渎职犯罪的定罪处罚。

第1款规定，负有无线电监督管理职责的国家机关工作人员滥用职权或者玩忽职守，致使公共财产、国家和人民利益遭受重大损失的，应当以滥用职权罪或者玩忽职守罪追究刑事责任。

第2款规定，有查禁扰乱无线电通讯管理秩序犯罪活动职责的国家机关工作人员，向犯罪分子通风报信、提供便利，帮助犯罪分子逃避处罚的，应当以帮助犯罪分子逃避处罚罪追究刑事责任；事先通谋的，以共同犯罪论处。

八、关于宽严相济刑事政策的适用

《关于办理扰乱无线电通讯管理秩序刑事案件解释》第8条是贯彻宽严相济刑事政策的规定。

实践中，存在利用“黑广播”“伪基站”发送合法经营业务等无害信息的情形，如发送服饰经营、商场促销等信息。为在刑事司法中贯彻落实宽严相济刑事政策，同时也更好地体现“犯罪嫌疑人、被告人认罪认罚从宽制度”的精神，《关于办理扰乱无线电通讯管理秩序刑事案件解释》第8条专门规定，为合法经营活动，使用“黑广播”“伪基站”或者实施其他扰乱无线电通讯管理秩序的行为，构成扰乱无线电通讯管理秩序罪，但不属于“情节特别严重”，如果行为人系初犯，并确有悔罪表现的，可以认定为情节轻微，不起诉或者免予刑事处罚；确有必要判处刑罚的，应当从宽处罚。该条规定避免了实践中可能出现打击面过大的情况，同时也为行政执法活动预留了合理的空间。

九、有关专门性问题的司法认定

《关于办理扰乱无线电通讯管理秩序刑事案件解释》第 9 条分两款明确了有关专门性问题的司法认定。

根据第 1 款规定，对案件所涉及的有关专门性问题难以确定的，依据司法鉴定机构出具的鉴定意见，或者依据有关机构出具的报告，结合其他证据作出认定。有关机构出具的报告包括：（1）省级以上无线电管理机构、省级无线电管理机构依法设立的派出机构、地市级以上广播电视主管部门就是否系“伪基站”“黑广播”出具的报告；（2）省级以上广播电视主管部门及其指定的检测机构就“黑广播”功率、覆盖范围出具的报告；（3）省级以上航空、铁路、船舶等主管部门就是否干扰导航、通信等出具的报告。

根据第 2 款规定，对移动终端用户受影响的情况，可以依据相关通信运营商出具的证明，结合被告人供述、终端用户证言等证据作出认定。

（撰稿人：缐　杰　卢宇蓉　杨建军）

（五）涉虚假恐怖信息犯罪

最高人民法院
关于审理编造、故意传播虚假恐怖信息刑事案件适用法律若干问题的解释

法释〔2013〕24号

（2013年9月16日最高人民法院审判委员会第1591次会议通过
2013年9月18日最高人民法院公告公布　自2013年9月30日起施行）

为依法惩治编造、故意传播虚假恐怖信息犯罪活动，维护社会秩序，维护人民群众生命、财产安全，根据刑法有关规定，现对审理此类案件具体适用法律的若干问题解释如下：

第一条　编造恐怖信息，传播或者放任传播，严重扰乱社会秩序的，依照刑法第二百九十一条之一的规定，应认定为编造虚假恐怖信息罪。

明知是他人编造的恐怖信息而故意传播，严重扰乱社会秩序的，依照刑法第二百九十一条之一的规定，应认定为故意传播虚假恐怖信息罪。

第二条　编造、故意传播虚假恐怖信息，具有下列情形之一的，应当认定为刑法第二百九十一条之一的“严重扰乱社会秩序”：

（一）致使机场、车站、码头、商场、影剧院、运动场馆等人员密集场所秩序混乱，或者采取紧急疏散措施的；

（二）影响航空器、列车、船舶等大型客运交通工具正常运行的；

（三）致使国家机关、学校、医院、厂矿企业等单位的工作、生产、经营、教学、科研等活动中断的；

（四）造成行政村或者社区居民生活秩序严重混乱的；

（五）致使公安、武警、消防、卫生检疫等职能部门采取紧急应对措施的；

（六）其他严重扰乱社会秩序的。

第三条 编造、故意传播虚假恐怖信息，严重扰乱社会秩序，具有下列情形之一的，应当依照刑法第二百九十一条之一的规定，在五年以下有期徒刑范围内酌情从重处罚：

（一）致使航班备降或返航；或者致使列车、船舶等大型客运交通工具中断运行的；

（二）多次编造、故意传播虚假恐怖信息的；

（三）造成直接经济损失二十万元以上的；

（四）造成乡镇、街道区域范围居民生活秩序严重混乱的；

（五）具有其他酌情从重处罚情节的。

第四条 编造、故意传播虚假恐怖信息，严重扰乱社会秩序，具有下列情形之一的，应当认定为刑法第二百九十一条之一的“造成严重后果”，处五年以上有期徒刑：

（一）造成三人以上轻伤或者一人以上重伤的；

（二）造成直接经济损失五十万元以上的；

（三）造成县级以上区域范围居民生活秩序严重混乱的；

（四）妨碍国家重大活动进行的；

（五）造成其他严重后果的。

第五条 编造、故意传播虚假恐怖信息，严重扰乱社会秩序，同时又构成其他犯罪的，择一重罪处罚。

第六条 本解释所称的“虚假恐怖信息”，是指以发生爆炸威胁、生化威胁、放射威胁、劫持航空器威胁、重大灾情、重大疫情等严重威胁公共安全的事件为内容，可能引起社会恐慌或者公共安全危机的不真实信息。

【导读及适用要点】

一、明确了编造、故意传播虚假恐怖信息罪的客观特征

1. 关于编造虚假恐怖信息罪

《刑法》第 291 条之一对编造虚假恐怖信息罪的客观特征规定非常简洁、

抽象，如何理解编造虚假信息罪的客观特征，需要通过解释进一步具体化、明确化。在起草的过程中，对编造虚假恐怖信息的行为构成犯罪，是否需要规定编造人具有传播或放任传播的客观行为。讨论较为激烈。一种观点认为，《刑法》对该罪的客观行为仅规定“编造”，没有规定“传播”，而且对虚假恐怖信息的传播单独规定了罪名（故意传播虚假恐怖信息罪），故无必要加上“传播”的限制，否则有违罪刑法定之嫌。另一观点认为，应当规定行为人在编造虚假恐怖信息时有传播或放任传播的客观行为。《最高人民法院关于审理编造、故意传播虚假恐怖信息刑事案件适用法律若干问题的解释》（以下简称《审理虚假恐怖信息刑事案件解释》）采取了后一种观点，主要理由如下：

（1）该罪是结果犯。虚假恐怖信息因本身是虚假的，从手段上讲根本不可能对人的生命安全和财产造成实际危害，其主要社会危害体现在制造恐怖气氛，引起社会恐慌，扰乱社会秩序，通常情况下造成人们一场虚惊。为防止不当扩大打击面，《刑法》规定编造、故意传播虚假恐怖信息，必须造成严重扰乱社会秩序的后果，才能构成犯罪。行为人虽然编造了恐怖信息，但其编造的恐怖信息没有被传播出去，不可能扰乱社会秩序，也就不可能构成犯罪。因此，编造恐怖信息且编造的恐怖信息被传播的，才能构成编造虚假恐怖信息罪。如果行为人编造虚假恐怖信息后，摄于法律制裁或者后悔，及时采取措施，没有让其编造的虚假信息被传播，从而没有扰乱社会秩序的，则不应作为犯罪处理。

（2）该罪是故意犯罪。编造虚假恐怖信息罪是故意犯罪，应要求行为人对编造虚假恐怖信息行为所导致的后果即严重扰乱社会秩序具有直接或间接故意。如上所述，虚假恐怖信息只有被传播才能导致严重扰乱社会秩序的后果，故应当要求行为人编造时具有传播的直接故意或者放任传播的间接故意。判断是否构成放任传播，应结合行为人有没有采取必要措施防止其编造的虚假恐怖信息被传播的客观方面进行判断。例如，行为人出于好玩、无聊，在某些知悉范围较小的载体（如仅对好友开放的QQ空间）上编写虚假恐怖信息，如果行为人没有采取加密、及时删除等必要措施，导致虚假恐怖信息被传播，严重扰乱社会秩序的，应以犯罪论处。

行为人在私密载体上（如日记本里）编造虚假恐怖信息，有理由确信其没有传播意图；在极其偶然的情况下，该恐怖信息被他人知悉而传播出去，严重扰乱社会秩序的，应认定行为人主观上是过失，或者意外事件，不应认定为犯罪。

（3）实践经验的总结。从我们收集的近百件案例来看，几乎全是行为人在编造的同时或之后实施了自行传播行为。主要包括以下几种情形：一是编造与传播同步进行。最典型的是通过互联网发帖的方式编造并传播虚假恐怖信息。有的是想好虚假恐怖信息后，在人群中口头散布，从客观上讲也是编造、传播同步进行的。二是编造之后又进行传播。如行为人编写好虚假恐怖信息的手机短信后，又向他人转发；想好虚假恐怖信息后，又向公安局、航空公司、商场等单位打电话（打电话其实就是传播）。三是编造后故意通过他人传播，如唆使他人传播，或者告知不明真相的人，致使编造的恐怖信息进一步扩散的（行为人告知不明真相的人是传播的开始）。实践中，以上情形绝大多数法院都以编造虚假恐怖信息罪定罪量刑。

2. 关于故意传播虚假恐怖信息罪

虚假恐怖信息的源头是编造，但引起社会恐慌，扰乱社会秩序，危害社会，最终还是传播所致。因此，即使行为人没有编造虚假恐怖信息，但明知是他人编造的虚假恐怖信息而故意传播，严重扰乱社会秩序的，根据《刑法》第291条之一的规定，应以故意传播虚假恐怖信息罪论处。

故意传播虚假恐怖信息罪应该强调"明知"要件，即明知恐怖信息来源于他人的编造。现实生活中，一般公民听到某个恐怖信息后，一时难以分清信息真伪，也可能会主动告诉其他人或打电话报警，最后经查证是恐怖谣言或虚假险情，因行为人主观上并无犯罪故意，不能以犯罪论处。

3. 关于"自编自传""既编又传"的罪名适用

从《审理虚假恐怖信息刑事案件解释》的规定来看，对于行为人编造虚假恐怖信息又自行传播。严重扰乱社会秩序的，简称"自编自传"，应定编造虚假恐怖信息罪。

司法实践中，此类案件的多数判决与《审理虚假恐怖信息刑事案件解释》的规定相符，但也有少数刑事判决采用的罪名为"编造、传播虚假恐怖信息罪"或"编造、故意传播虚假恐怖信息罪"。《最高人民法院、最高人民检察院关于执行〈中华人民共和国刑法〉确定罪名的补充规定》中对该类犯罪的罪名明确规定为"编造、故意传播虚假恐怖信息罪"，故采用"编造、传播虚假恐怖信息罪”的罪名与司法解释的规定不符，罪名适用不规范、不严肃，今后应当注意并加以纠正。“自编自传”中的传播是编造行为的自然延伸，编造行为可以吸收传播行为，对传播行为不必单独定罪。

司法实践中，还有一种观点认为，行为人编造虚假恐怖信息向特定对象散布的，定编造虚假恐怖信息罪；向不特定对象传播的。定编造、故意传播虚假恐怖信息罪。我们认为，散布与传播很难区分，甚至散布比传播范围更广，实际上向特定对象散布也是传播的一种表现形式，向特定对象散布虚假恐怖信息，如果该特定对象是个人，其没有传播出去，通常不会严重扰乱秩序，不构成犯罪；如果特定对象是单位，实际是向不特定多数人传播的一种表现。因此，《审理虚假恐怖信息刑事案件解释》没有采纳此种观点。

行为人编造虚假恐怖信息，此外，又明知是他人编造的虚假恐怖信息而故意传播，两者均构成犯罪的情况下，简称“既编又传”，如何适用罪名争议也很激烈。一种观点认为，定编造、故意传播虚假恐怖信息罪；另一种观点认为，定编造虚假恐怖信息罪、故意传播虚假恐怖信息罪，实行数罪并罚。鉴于争议激烈，《审理虚假恐怖信息刑事案件解释》对此没有明确规定，有待司法实践经验的进一步总结。

二、明确了编造、故意传播虚假恐怖信息罪的入罪标准，即如何认定严重扰乱社会秩序

《审理虚假恐怖信息刑事案件解释》第2条采取列举的方式，对严重扰乱社会秩序的标准进行具体规定，主要包括六种情形：（1）扰乱公共场所秩序，即致使机场、车站、码头、商场、影剧院、运动场馆等人员密集场所秩序混乱，或者采取紧急疏散措施的。（2）破坏公共交通秩序，即影响航空器、列车、船舶等大型客运交通工具正常运行的。如编造火车上有爆炸装置，致使火车迟延运行的。（3）破坏有关单位的正常工作秩序，即致使国家机关、学校、医院、厂矿企业等单位的工作、生产、经营、教学、科研等活动中断的。（4）破坏居民生活秩序，即造成行政村或社区范围内居民生活秩序严重混乱的。例如，编造水源有毒等虚假恐怖信息，导致大量居民心理恐慌生活用水困难等。（5）干扰国家职能部门的正常工作秩序，即致使公安、武警、消防、卫生检疫等职能部门采取紧急应对措施。通常情况下，虚假恐怖信息的危害

后果是造成社会恐慌，但也不排除公安、武警等职部门率先获得恐怖信息，为免造成社会恐慌而采取公共安全危机预案及措施，秘密排除险情的情况。（6）其他严重扰乱社会秩序的。由于司法解释难以穷尽所有情形，有待司法机关根据具体案情进行判断。

起草讨论过程中，对本条规定的主要内容争议不大。有观点认为，第5项应规定职能部门采取紧急应对措施的级别，即险情级别，如果是一般险情，不宜规定为犯罪。由于各地区公安、武警等职能部门所认定的险情级别没有明确的标准，且该类犯罪的定罪标准不能过高，否则不利于打击此类犯罪，故《审理虚假恐怖信息刑事案件解释》没有明确规定职能部门采取紧急措施的级别情况。

实践中，行为人针对人员很少的小超市或个体经营场所编造“炸弹”等虚假恐怖信息，仅能引起极个别人的心理恐慌，社会危害不大的，不应以犯罪处理。

三、规定了应当酌情从重处罚的标准

《刑法》第291条之一规定，编造、故意传播虚假恐怖信息，严重扰乱社会秩序，但是没有造成严重后果的，刑期从管制到五年有期徒刑，量刑幅度较大。为了规范量刑，最大限度地促进量刑公正，《审理虚假恐怖信息刑事案件解释》第3条在定罪标准基础上规定了在这一量刑幅度内酌情从重处罚情节。主要有以下几种情形：（1）致使航班备降或返航，或者列车、船舶等大型客运交通工具中断运输的。例如，编造、传播虚假恐怖信息致使已经起飞的航班备降或返航，造成大量乘客及其亲友心理极度恐慌，严重干扰了民航秩序，而且给航空公司造成一定的经济损失。对于此种情形应从重处罚。（2）多次编造、故意传播虚假恐怖信息的。该种情形表明行为人的主观恶性较深，恐怖信息波及范围大，故应从重处罚。（3）造成直接经济损失达20万元以上的。（4）造成乡镇、街道区域范围居民生活秩序严重混乱的。该种情形影响人数较多，社会影响较大，应从重处罚。（5）其他酌情从重处罚情节。如犯罪动机卑劣、造成直接经济损失不大而间接经济损失较大等。

起草过程中，有意见认为，编造虚假恐怖信息致使航班备降或返航，不仅严重干扰了民航秩序，而且给航空公司造成巨额经济损失，造成大量乘客

及其亲友心理极度恐慌，可直接将此种情形作为造成严重后果的量刑标准，判处五年以上刑罚。我们认为，编造、故意传播虚假恐怖信息导致航班备降、返航的情形较多，危害程度差异较大，造成航空公司直接经济损失程度不同，故不宜一律规定为造成严重后果。总结过去的司法实践经验，该类案件基本上是在五年以下判处刑罚。当然，如果造成航空公司直接经济损失达 50 万元以上，可根据《审理虚假恐怖信息刑事案件解释》第 4 条的规定，处五年以上有期徒刑。

对于“多次编造、故意传播虚假恐怖信息”中“多次”的理解，应指三次以上，且每次均单独构成犯罪。如果行为人编造同一恐怖信息多次向同一单位散布，仅造成单一犯罪后果的，应认定为一次。例如，行为人为了向某商场敲诈勒索钱财，在不同时间内先后多次向该商场打电话称在商场内安装了遥控炸弹，如果仅造成该商场一次严重秩序混乱，应认定为一次；如果造成该商场多次严重秩序混乱，则应认定为多次。

四、明确规定加重处罚标准，即如何认定造成严重后果

《审理虚假恐怖信息刑事案件解释》第 4 条通过列举的方式，对判处五年以上有期徒刑，即造成严重后果进行了明确规定。主要包括以下几种情形：（1）造成三人以上轻伤或者一人以上重伤的。编造、故意传播虚假恐怖信息致使人员密集场所发生踩踏事故，造成人员伤亡的，不仅严重干扰了公共场所的秩序，而且造成三人以上轻伤或一人以上重伤，社会危害更大，故应加重处罚。如果造成人员死亡的，根据“举轻以明重”的原则，在此标准上更应从重判处。（2）造成直接经济损失 50 万元以上的。如前不久发生的一起国际航班“诈弹”案件，造成某航班将要到达目的地时而返航，不仅造成乘客极度心理恐慌，而且造成航空公司上百万元的直接经济损失，甚至造成国际影响。对于此类情形，应判处五年以上有期徒刑。（3）造成县级行政区域范围内居民生活秩序严重混乱的。这种情形相对第 2 条、第 3 条规定的情形言，范围更广，造成的社会恐慌程度更大，极易造成相关地区正常的社会秩序严重混乱，应判处五年以上有期徒刑。（4）妨碍国家重大活动进行的。如在国家举行重大庆典，举办重大国际赛事、国际展览会等活动期间，编造、故意传播虚假恐怖信息，妨碍国家重大活动顺利进行的，应从严打击，判处五年

以上有期徒刑。（5）造成其他严重后果的。该条规定的理由同前，不再赘述。

五、对有关想象竞合犯、牵连犯进行了原则性规定

《审理虚假恐怖信息刑事案件解释》第5条规定，编造、故意传播虚假恐怖信息，严重扰乱社会秩序，同时又构成其他犯罪的，择一重罪处罚。如出于勒索钱财等其他的犯罪目的，或者通过破坏计算机信息系统等犯罪手段，编造、故意传播虚假恐怖信息，严重扰乱社会秩序的，同时构成数罪，根据司法实践通行做法，择一重罪处罚。过去司法实践中，对于此类案件如何定罪。量刑，标准不一，有的定数罪，实行数罪并罚，有的按照牵连犯的原则仅择一重罪处罚。《审理虚假恐怖信息刑事案件解释》施行后，应按照《审理虚假恐怖信息刑事案件解释》的上述规定处理。

如果行为人明知会引起社会恐慌，造成严重事故，故意针对人员密集场所编造、故意传播虚假恐怖信息，造成重大人员伤亡后果的，该种情形同时触犯了《刑法》第115条、第291条之一的规定，应择一重罪即以危险方法危害公共安全罪论处。

六、对《审理虚假恐怖信息刑事案件解释》规定的虚假恐怖信息进行了界定

《刑法》第291条之一规定的虚假恐怖信息为“爆炸威胁、生化威胁、放射威胁等”，我们根据此类犯罪的发展变化，对可能出现的虚假恐怖信息进行了归纳、总结，在《审理虚假恐怖信息刑事案件解释》第6条中规定“虚假恐怖信息”除《刑法》规定的上述三类恐怖威胁外，还包括“劫持航空器威胁、重大灾情重大疫情”等不真实的恐怖信息。重大疫情，如“非典”流行期间编造虚假“非典”疫情等。重大灾情，如编造虚假地震信息等。

虚假恐怖信息应具有严重威胁公共安全的恐怖性，即信息应具有危及不特定多数人的生命、财产安全的内容。司法实践中应注意一般虚假恐慌信息和虚假恐怖信息之间的区别。如有些人搞恶作剧，编造、散布某工厂经常有女工被强奸的虚假信息，使某厂女工及周边女性居民产生一定程度的心理恐慌，但由于编造“某厂女工被强奸”的信息内容不具有爆炸威胁、生化威胁等恐怖信息同等程度的恐怖性，属于一般恐慌信息，不应以编造、故意传播

虚假信息罪追究行为人的刑事责任；若构成其他犯罪，可按其他犯罪论处。

对于那些一查就知道是虚假的恐怖信息，根本不会引起社会恐慌，扰乱社会秩序的，不构成犯罪。编造那些内容虽带有恐怖性，但根本不能使人们相信的虚假恐怖信息，不应以犯罪论处。

（撰稿人：吕广伦 王尚明 陈 攀）

（六）涉催收非法债务犯罪

最高人民法院 最高人民检察院
关于办理寻衅滋事刑事案件适用法律若干问题的解释

法释〔2013〕18号

（2013年5月27日最高人民法院审判委员会第1579次会议、2013年4月28日最高人民检察院第十二届检察委员会第5次会议通过 2013年7月15日最高人民法院、最高人民检察院公告公布 自2013年7月22日起施行）

为依法惩治寻衅滋事犯罪，维护社会秩序，根据《中华人民共和国刑法》的有关规定，现就办理寻衅滋事刑事案件适用法律的若干问题解释如下：

第一条 行为人为寻求刺激、发泄情绪、逞强耍横等，无事生非，实施刑法第二百九十三条规定的行为的，应当认定为“寻衅滋事”。

行为人因日常生活中的偶发矛盾纠纷，借故生非，实施刑法第二百九十三条规定的行为的，应当认定为“寻衅滋事”，但矛盾系由被害人故意引发或者被害人对矛盾激化负有主要责任的除外。

行为人因婚恋、家庭、邻里、债务等纠纷，实施殴打、辱骂、恐吓他人或者损毁、占用他人财物等行为的，一般不认定为“寻衅滋事”，但经有关部门批评制止或者处理处罚后，继续实施前列行为，破坏社会秩序的除外。

第二条 随意殴打他人，破坏社会秩序，具有下列情形之一的，应当认定为刑法第二百九十三条第一款第一项规定的“情节恶劣”：

（一）致一人以上轻伤或者二人以上轻微伤的；

（二）引起他人精神失常、自杀等严重后果的；

（三）多次随意殴打他人的；

（四）持凶器随意殴打他人的；

（五）随意殴打精神病人、残疾人、流浪乞讨人员、老年人、孕妇、未成年人，造成恶劣社会影响的；

（六）在公共场所随意殴打他人，造成公共场所秩序严重混乱的；

（七）其他情节恶劣的情形。

第三条 追逐、拦截、辱骂、恐吓他人，破坏社会秩序，具有下列情形之一的，应当认定为刑法第二百九十三条第一款第二项规定的“情节恶劣”：

（一）多次追逐、拦截、辱骂、恐吓他人，造成恶劣社会影响的；

（二）持凶器追逐、拦截、辱骂、恐吓他人的；

（三）追逐、拦截、辱骂、恐吓精神病人、残疾人、流浪乞讨人员、老年人、孕妇、未成年人，造成恶劣社会影响的；

（四）引起他人精神失常、自杀等严重后果的；

（五）严重影响他人的工作、生活、生产、经营的；

（六）其他情节恶劣的情形。

第四条 强拿硬要或者任意损毁、占用公私财物，破坏社会秩序，具有下列情形之一的，应当认定为刑法第二百九十三条第一款第三项规定的“情节严重”：

（一）强拿硬要公私财物价值一千元以上，或者任意损毁、占用公私财物价值二千元以上的；

（二）多次强拿硬要或者任意损毁、占用公私财物，造成恶劣社会影响的；

（三）强拿硬要或者任意损毁、占用精神病人、残疾人、流浪乞讨人员、老年人、孕妇、未成年人的财物，造成恶劣社会影响的；

（四）引起他人精神失常、自杀等严重后果的；

（五）严重影响他人的工作、生活、生产、经营的；

（六）其他情节严重的情形。

第五条　在车站、码头、机场、医院、商场、公园、影剧院、展览会、运动场或者其他公共场所起哄闹事，应当根据公共场所的性质、公共活动的重要程度、公共场所的人数、起哄闹事的时间、公共场所受影响的范围与程度等因素，综合判断是否“造成公共场所秩序严重混乱”。

第六条　纠集他人三次以上实施寻衅滋事犯罪，未经处理的，应当依照刑法第二百九十三条第二款的规定处罚。

第七条　实施寻衅滋事行为，同时符合寻衅滋事罪和故意杀人罪、故意伤害罪、故意毁坏财物罪、敲诈勒索罪、抢夺罪、抢劫罪等罪的构成要件的，依照处罚较重的犯罪定罪处罚。

第八条　行为人认罪、悔罪，积极赔偿被害人损失或者取得被害人谅解的，可以从轻处罚；犯罪情节轻微的，可以不起诉或者免予刑事处罚。

【导读及适用要点】

一、关于“寻衅滋事”的认定

寻衅滋事罪的四种表现形式与《刑法》规定的其他犯罪，如故意伤害罪、故意毁坏财物罪、强制猥亵、侮辱妇女罪、抢劫罪等罪在行为方式上存在重合与交叉。准确界定“寻衅滋事”，是正确区分有关行为是构成寻衅滋事罪还是其他犯罪，或者只是一般违法行为的关键。而从实践情况看，目前对这一问题的认识和把握还不尽准确、统一，影响了相关案件的依法及时处理。为规范、统一法律适用，准确把握罪与非罪、此罪与彼罪的界限，有必要首先对何谓“寻衅滋事”作出明确。此外，明确何谓“寻衅滋事”，是准确认定本罪的共性问题、基础性问题。如不对此作出明确，则在解释“随意殴打他人，情节恶劣”“追逐、拦截、辱骂、恐吓他人，情节恶劣”“强拿硬要或者任意损毁、占用公私财物，情节严重”等内容时，均需对这一问题作出规定，这将使解释条文明显重复。鉴此，《最高人民法院、最高人民检察院关于办理寻衅滋事刑事案件适用法律若干问题的解释》（以下简称《办理寻衅滋事刑事案件解释》）第1条首先对“寻衅滋事”的认定作了一般性规定。

第1款规定：“行为人为寻求刺激、发泄情绪、逞强耍横等，无事生非，实施刑法第293条规定的行为的，应当认定为‘寻衅滋事’。”该款规定的是“无事生非型”寻衅滋事。对此类行为应当认定为“寻衅滋事”，在理论上、实践中没有不同认识。

第2款规定：“行为人因日常生活中的偶发矛盾纠纷，借故生非，实施刑法第293条规定的行为的，应当认定为‘寻衅滋事’，但矛盾系由被害人故意引发或者被害人对矛盾激化负有主要责任的除外。”该款规定的是“小题大做型”寻衅滋事。传统《刑法》理论认为，寻衅滋事只能表现为无事生非。这一观点有失妥当。从实践看，“无事生非型”寻衅滋事已极为少见，甚至从极端意义上讲并不存在，如认为只有“无事生非”才属于寻衅滋事，将极大地不当限缩寻衅滋事罪的成立范围。在日常生活中偶发矛盾纠纷，如与他人无意碰撞后，即小题大做、借题发挥，实施随意殴打他人或者任意毁损他人财物等行为的，明显不属于解决纠纷的合理方式，明显超出解决纠纷的合理限度，尽管事出有因，也可认为是借故寻衅，也破坏社会秩序，应当认定为“寻衅滋事”。当然，如矛盾系由被害人故意引发或者被害人对矛盾激化负有主要责任的（如被害人的车挡住了行为人的路，经行为人请求，被害人拒绝挪动，甚至辱骂行为人，从而引起双方冲突的），则不应认定为“寻衅滋事”；构成其他犯罪的，可以其他犯罪论处。

第3款规定：“行为人因婚恋、家庭、邻里、债务等纠纷，实施殴打、辱骂、恐吓他人或者损毁、占用他人财物等行为的，一般不认定为‘寻衅滋事’，但经有关部门批评制止或者处理处罚后，继续实施前列行为，破坏社会秩序的除外。”该款规定了因婚恋、家庭、邻里、债务等纠纷实施相应行为构成寻衅滋事的标准。行为人因婚恋、家庭、邻里、债务等纠纷，特别是基于积怨，实施殴打、辱骂、恐吓他人或者损毁、占用他人财物等行为的，由于行为人并非“寻衅”，一般不应以寻衅滋事论处；但是，行为人经有关部门批评制止或者处理处罚后，拒不改正，继续实施前列行为，破坏社会秩序的，也可认定为“寻衅滋事”。需要特别强调的是，根据《刑法》和《办理寻衅滋事刑事案件解释》规定，对此种情形以“寻衅滋事”论处，必须以行为人的行为“破坏社会秩序”为条件。寻衅滋事是扰乱公共秩序罪，根据《刑法》

第 293 条规定，实施寻衅滋事行为，破坏社会秩序的，才能构成寻衅滋事罪。如行为人因婚恋、家庭等纠纷实施的有关行为并未破坏社会秩序，则即使其此前曾受有关部门批评制止或者处理处罚，依法也不能认定为“寻衅滋事”。

二、关于随意殴打他人“情节恶劣”的认定标准

从实践看，在寻衅滋事罪的四种表现形式中，“随意殴打他人”占绝对比重。经对某地 2010 年至 2012 年审结的寻衅滋事案件的抽样调查，随意殴打他人的案件共 701 件，占案件总量的 89.07%。因此，准确界定随意殴打他人“情节恶劣”的认定标准，意义重大。

《办理寻衅滋事刑事案件解释》第 2 条明确，随意殴打他人，破坏社会秩序，具有下列情形之一的，应当认定为《刑法》第 293 条第 1 款第 1 项规定的“情节恶劣”：（1）致一人以上轻伤或者二人以上轻微伤的；（2）引起他人精神失常、自杀等严重后果的；（3）多次随意殴打他人的；（4）持凶器随意殴打他人的；（5）随意殴打精神病人、残疾人、流浪乞讨人员、老年人、孕妇、未成年人，造成恶劣社会影响的；（6）在公共场所随意殴打他人，造成公共场所秩序严重混乱的；（7）其他情节恶劣的情形。需注意的是，并非所有随意殴打精神病人、残疾人等特殊人员以及在公共场所随意殴打他人的行为均属于“情节恶劣”，均构成寻衅滋事罪。如实施上述行为，未造成恶劣社会影响或造成公共场所秩序严重混乱的，属于违反《治安管理处罚法》的一般违法行为。

三、关于追逐、拦截、辱骂、恐吓他人“情节恶劣”的认定标准

《办理寻衅滋事刑事案件解释》第 3 条明确，追逐、拦截、辱骂、恐吓他人，破坏社会秩序，具有下列情形之一的，应当认定为《刑法》第 293 条第 1 款第 2 项规定的“情节恶劣”：（1）多次追逐、拦截、辱骂、恐吓他人，造成恶劣社会影响的；（2）持凶器追逐、拦截、辱骂、恐吓他人的；（3）追逐、拦截、辱骂、恐吓精神病人、残疾人、流浪乞讨人员、老年人、孕妇、未成年人，造成恶劣社会影响的；（4）引起他人精神失常、自杀等严重后果的；（5）严重影响他人的工作、生活、生产、经营的；（6）其他情节恶劣的情形。

四、关于强拿硬要或者任意损毁、占用公私财物“情节严重”的认定标准

2008 年《最高人民检察院、公安部关于公安机关管辖的刑事案件立案追诉标准的规定（一）》第 37 条第 3 项规定：“强拿硬要或者任意损毁、占用公私财物价值二千元以上”，属于“情节严重”。经研究认为，这一规定不尽妥当。一是根据 2002 年《最高人民法院关于审理抢夺刑事案件具体应用法律若干问题的解释》[①] 的规定，抢夺公私财物价值人民币五百元至二千元以上的，为“数额较大”。如规定“强拿硬要”二千元以上的，才属于“情节严重”，将导致相关犯罪的入罪标准有失平衡。二是强拿硬要与任意损毁、占用，两种行为的社会危害程度存在差异，不宜适用同一数额标准。

《办理寻衅滋事刑事案件解释》第 4 条明确，强拿硬要或者任意损毁、占用公私财物，破坏社会秩序，具有下列情形之一的，应当认定为《刑法》第 293 条第 1 款第 3 项规定的“情节严重”：（1）强拿硬要公私财物价值一千元以上，或者任意损毁、占用公私财物价值二千元以上的；（2）多次强拿硬要或者任意损毁、占用公私财物，造成恶劣社会影响的；（3）强拿硬要或者任意损毁、占用精神病人、残疾人、流浪乞讨人员、老年人、孕妇、未成年人的财物，造成恶劣社会影响的；（4）引起他人精神失常、自杀等严重后果的；（5）严重影响他人的工作、生活、生产、经营的；（6）其他情节严重的情形。

五、关于在公共场所起哄闹事“造成公共场所秩序严重混乱”的认定标准

《办理寻衅滋事刑事案件解释》第 5 条对在公共场所起哄闹事“造成公共场所秩序严重混乱”的认定标准作了规定，明确在车站、码头、机场、医院、商场、公园、影剧院、展览会、运动场或者其他公共场所起哄闹事，应当根据公共场所的性质、公共活动的重要程度、公共场所的人数、起哄闹事的时间、公共场所受影响的范围与程度等因素，综合判断是否“造成公共场所秩序严重混乱”。

---

① 已失效。

六、关于纠集他人多次寻衅滋事的认定

根据《刑法》第 293 条第 2 款的规定，纠集他人多次实施寻衅《刑法》第 293 条第 1 款行为，严重破坏社会秩序的，处五年以上十年以下有期徒刑，可以并处罚金。实践中对于该规定的具体理解存在不同认识，主要集中在如下三个问题：（1）应否有时间跨度的限制；（2）每次实施的寻衅滋事行为是否须构成犯罪；（3）每次寻衅滋事行为是否须未经处理。经研究，《办理寻衅滋事刑事案件解释》第 6 条规定："纠集他人三次以上实施寻衅滋事犯罪，未经处理的，应当依照刑法第 293 条第 2 款的规定处罚。"据此，对寻衅滋事行为依照《刑法》第 293 条第 2 款的规定"处五年以上十年以下有期徒刑，可以并处罚金"，应当同时满足以下两个条件：一是每次实施的寻衅滋事行为均构成犯罪。二是每次寻衅滋事行为未经处理，包括行政处理和刑事处理。至于多次寻衅滋事行为的时间跨度，《办理寻衅滋事刑事案件解释》未作限制，只要未超过法定的追诉时限期限，均可计入。

七、关于寻衅滋事罪与其他犯罪竞合时的处理规则

《办理寻衅滋事刑事案件解释》第 7 条明确了寻衅滋事罪与其他犯罪竞合时的处理规则，即"从一重处断"，规定实施寻衅滋事行为，同时符合寻衅滋事罪和故意杀人罪、故意伤害罪、故意毁坏财物罪、敲诈勒索罪、抢夺罪、抢劫罪等罪的构成要件的，依照处罚较重的犯罪定罪处罚。

八、关于寻衅滋事刑事案件的从宽处理

《办理寻衅滋事刑事案件解释》第 8 条对寻衅滋事刑事案件的从宽处理作了规定，明确行为人认罪、悔罪，积极赔偿被害人损失或者取得被害人谅解的，可以从轻处罚；犯罪情节轻微的，可以不起诉或者免予刑事处罚。

（撰稿人：周加海　喻海松）

（七）涉黑恶势力犯罪

最高人民法院
关于审理黑社会性质组织犯罪的案件具体应用法律若干问题的解释

法释〔2000〕42号

（2000年12月4日最高人民法院审判委员会第1148次会议通过
2000年12月5日最高人民法院公告公布　自2000年12月10日起施行）

为依法惩治黑社会性质组织的犯罪活动，根据刑法有关规定，现就审理黑社会性质组织的犯罪案件具体应用法律的若干问题解释如下：

第一条　刑法第二百九十四条规定的“黑社会性质的组织”，一般应具备以下特征：

（一）组织结构比较紧密，人数较多，有比较明确的组织者、领导者，骨干成员基本固定，有较为严格的组织纪律；

（二）通过违法犯罪活动或者其他手段获取经济利益，具有一定的经济实力；

（三）通过贿赂、威胁等手段，引诱、逼迫国家工作人员参加黑社会性质组织活动，或者为其提供非法保护；

（四）在一定区域或者行业范围内，以暴力、威胁、滋扰等手段，大肆进行敲诈勒索、欺行霸市、聚众斗殴、寻衅滋事、故意伤害等违法犯罪活动，严重破坏经济、社会生活秩序。

第二条　刑法第二百九十四条第二款规定的“发展组织成员”，是指将境内、外人员吸收为该黑社会组织成员的行为。对黑社会组织成员进行内部调整等行为，可视为“发展组织成员”。

港、澳、台黑社会组织到内地发展组织成员的，适用刑法第二百九十四条第二款的规定定罪处罚。

第三条　组织、领导、参加黑社会性质的组织又有其他犯罪行为的，根据刑法第二百九十四条第三款的规定，依照数罪并罚的规定处罚；对于黑社会性质组织的组织者、领导者，应当按照其所组织、领导的黑社会性质组织所犯的全部罪行处罚；对于黑社会性质组织的参加者，应当按照其所参与的犯罪处罚。

对于参加黑社会性质的组织，没有实施其他违法犯罪活动的，或者受蒙蔽、胁迫参加黑社会性质的组织，情节轻微的，可以不作为犯罪处理。

第四条　国家机关工作人员组织、领导、参加黑社会性质组织的，从重处罚。

第五条　刑法第二百九十四条第四款规定的“包庇”，是指国家机关工作人员为使黑社会性质组织及其成员逃避查禁，而通风报信，隐匿、毁灭、伪造证据，阻止他人作证、检举揭发，指使他人作伪证，帮助逃匿，或者阻挠其他国家机关工作人员依法查禁等行为。

刑法第二百九十四条第四款规定的“纵容”，是指国家机关工作人员不依法履行职责，放纵黑社会性质组织进行违法犯罪活动的行为。

第六条　国家机关工作人员包庇、纵容黑社会性质的组织，有下列情形之一的，属于刑法第二百九十四条第四款规定的“情节严重”：

（一）包庇、纵容黑社会性质组织跨境实施违法犯罪活动的；

（二）包庇、纵容境外黑社会组织在境内实施违法犯罪活动的；

（三）多次实施包庇、纵容行为的；

（四）致使某一区域或者行业的经济、社会生活秩序遭受黑社会性质组织特别严重破坏的；

（五）致使黑社会性质组织的组织者、领导者逃匿，或者致使对黑社会性质组织的查禁工作严重受阻的；

（六）具有其他严重情节的。

第七条　对黑社会性质组织和组织、领导、参加黑社会性质组织的犯罪分子聚敛的财物及其收益，以及用于犯罪的工具等，应当依法追缴、没收。

【导读及适用要点】

一、关于黑社会性质组织的特征

黑社会性质组织不同于一般的共同犯罪，也不同于一般的犯罪集团，而有其自身的特征。《最高人民法院关于审理黑社会性质组织犯罪的案件具体应用法律若干问题的解释》(以下简称《审理黑社会性质组织案件解释》)第1条界定了“黑社会性质的组织”的四个特征，2002年4月28日第九届全国人民代表大会常务委员会第二十七次会议对“黑社会组织”的含义作出了新的解释，即：形成较稳定的犯罪组织，人数较多，有明确的组织者、领导者，骨干成员基本固定；有组织地通过违法犯罪活动或者其他手段获取经济利益，具有一定的经济实力，以支持该组织的活动；以暴力、威胁或者其他手段，有组织地多次进行违法犯罪活动，为非作恶，欺压、残害群众；通过实施违法犯罪活动，或者利用国家工作人员的包庇或者纵容，称霸一方，在一定区域或者行业内，形成非法控制或者重大影响，严重破坏经济、社会生活秩序。

根据立法解释效力高于司法解释效力的原则，《审理黑社会性质组织案件解释》与立法解释不一致的规定不再适用。

二、关于“入境发展组织成员”问题

《刑法》第294条第2款规定的“发展组织成员”，我们认为，应当是指将境内、外人员吸收为该黑社会组织的成员；根据已有案例，也应当包括对黑社会组织成员进行内部调整等行为。内部调整，包括对黑社会组织成员职位的升迁、调换、降低，以及选举、开除等调整行为。至于境外的黑社会组织到境内举行一般性的集会、会议以及祭祀、祈祷等仪式，则不应当理解为“发展组织成员”。该种行为构成其他犯罪的，可以按照其他犯罪来处理。

有些同志提出“境外的黑社会组织”是否包括港、澳、台地区黑社会组织的问题。我们认为，鉴于“国（边）境”的用语及含义在《刑法》第六章第三节“妨害国（边）境管理罪”中已有明确规定，因此，该问题的答案应当是肯定的。《审理黑社会性质组织案件解释》第2条第2款规定：“港、澳、

台黑社会组织到内地发展组织成员的，适用《刑法》第294条第2款的规定定罪处罚。”

三、关于黑社会性质组织成员的处罚的问题

组织、领导、参加黑社会性质组织的行为本身，就属于犯罪。如果既有组织、领导、参加黑社会性质组织的犯罪行为，又实施了其他犯罪行为的，就应当依照数罪并罚的规定进行处罚，《刑法》第294条第3款对此有明确规定。

对于黑社会性质组织的组织者、领导者和参加者，应当分别不同情况处理。黑社会性质组织的组织者、领导者，比一般犯罪集团的首要分子的危害更加严重，其刑事责任也应当更重，根据罪责自负的原则，应当对黑社会性质组织所犯的全部罪行处罚。但是，许多黑社会性质组织有明确的层次关系，具有不同等级的组织者和领导者之分，因此，不同等级的组织者和领导者应当按其组织、领导的黑社会性质组织所犯的全部罪行处罚。至于黑社会性质组织的积极参加者和一般参加者，根据罪责自负原则，应当按照其所参与的犯罪处罚。

黑社会性质组织参加者的情况比较复杂。按照《刑法》的规定，无论是积极参加者，还是其他参加者，都应当予以处罚，但是，实践中，许多黑社会性质组织涉及面较大，范围较广，有的甚至有数十人、上百人之巨。在这些参加者中，有的仅仅履行了参加黑社会性质组织的手续，但没有实施其他违法犯罪活动；有的受蒙蔽、胁迫参加了黑社会性质的组织，实施了情节轻微的不良违法活动，但情节显著轻微，根据《刑法》第13条规定的精神，可以不作为犯罪处理。

四、关于国家机关工作人员组织、领导、参加黑社会性质组织的处罚问题

我们认为，黑社会性质组织的一个重要特征，就是寻求非法保护，对于国家机关工作人员的该种行为从重处罚，有利于阻止黑社会性质组织对国家机关的渗透，有利于增强国家机关工作人员对黑社会性质组织犯罪的警惕性和打击意识，因此，《审理黑社会性质组织案件解释》第4条进行这方面的规

定是非常必要的。

五、关于国家机关工作人员“包庇”“纵容”行为的理解问题

《刑法》第294条第4款规定的“包庇”，是指国家机关工作人员包庇黑社会性质组织的行为，因此不能简单理解为等同于《刑法》第310条“窝藏、包庇罪”中的“作假证明包庇”，其外延应当比“作假证明包庇”要宽泛。司法实践中，对于国家机关工作人员为使黑社会性质组织及其成员逃避查禁，而通风报信，隐匿、毁灭、伪造有关证据，阻止他人作证、检举揭发，指使他人作伪证，帮助黑社会性质组织成员逃匿，或者阻挠其他国家机关工作人员依法对黑社会性质组织进行查禁等行为，一般都应认定为包庇行为。《审理黑社会性质组织案件解释》第5条第1款对此作出了明确规定。

关于“纵容”，应当是指国家机关工作人员不依法履行职责，放纵黑社会性质组织进行违法犯罪活动的行为。一般来说，负有查禁黑社会性质组织职责的国家机关工作人员，是指公、检、法三机关的工作人员。这些人员不依法履行职责，才有可能纵容黑社会性质组织进行违法犯罪活动。但是，地方一些党委、政府中主管政法工作的人员，特别是其中的领导人员，也负有查禁黑社会性质组织的职责；其他政府部门的工作人员，如工商部门、税务部门的工作人员，其不依法履行职责的行为，也有可能放纵黑社会性质组织进行违法犯罪活动，因此，这里的国家机关工作人员，也应当包括这些人员。

从“包庇”和“纵容”的关系来看，国家机关工作人员的包庇行为，一般要通过积极的行为才能构成，而纵容行为，则通过消极的不作为方式，即消极地不履行法定职责就能构成。

六、关于包庇、纵容行为的“情节严重”问题

国家机关工作人员包庇、纵容黑社会性质组织的情节严重程度，我们认为，主要应当从所包庇、纵容的黑社会性质组织及其成员实施违法犯罪的地域范围、性质、结果以及包庇、纵容行为的次数、持续时间等方面来衡量。据此，《审理黑社会性质组织案件解释》第5条对此作出了具体规定。

七、关于黑社会性质组织的财物及其收益等的处置问题

《刑法》第64条规定，犯罪分子违法所得的一切财物，应当予以追缴或者责令退赔；违禁品和供犯罪所用的本人及其组织的财物，应当予以没收。对于黑社会性质组织及其成员来说，通过各种手段获取经济利益是其主要目的之一，他们也正是凭借攫取的这些经济利益的支撑，才得以实施更大规模，更加严重的违法犯罪活动；从黑社会性质组织及其成员获取经济利益的手段来看，往往是非法手段和合法手段并用，以非法手段为主，而且，黑社会性质组织最初成立之时往往通过非法手段聚敛财物，在其组织规模达到一定程度之后，则多采取正当经营的形式为掩护，以获取高额非法收益或者稳定的正当收益；从预防犯罪的《刑法》目的来看，对黑社会性质组织及其成员通过各种手段聚敛的财物及其收益的剥夺，是阻止、预防他们死灰复燃，再次实施犯罪的重要途径之一。因此，《审理黑社会性质组织案件解释》第7条在《刑法》第64条规定的基础上，作出了更加明确、有针对性的规定，即“对黑社会性质组织和组织、领导、参加黑社会性质组织的犯罪分子聚敛的财物及其收益，以及用于犯罪的工具等，应当依法追缴、没收”。

（撰稿人：祝二军
审稿人：熊选国）

（八）涉赌博犯罪

最高人民法院　最高人民检察院
关于办理赌博刑事案件具体应用法律若干问题的解释

法释〔2005〕3号

（2005年4月26日最高人民法院审判委员会第1349次会议、2005年5月8日最高人民检察院第十届检察委员会第34次会议通过　2005年5月11日最高人民法院、最高人民检察院公告公布　自2005年5月13日起施行）

为依法惩治赌博犯罪活动，根据刑法的有关规定，现就办理赌博刑事案件具体应用法律的若干问题解释如下：

第一条　以营利为目的，有下列情形之一的，属于刑法第三百零三条规定的“聚众赌博”：

（一）组织3人以上赌博，抽头渔利数额累计达到5000元以上的；

（二）组织3人以上赌博，赌资数额累计达到5万元以上的；

（三）组织3人以上赌博，参赌人数累计达到20人以上的；

（四）组织中华人民共和国公民10人以上赴境外赌博，从中收取回扣、介绍费的。

第二条　以营利为目的，在计算机网络上建立赌博网站，或者为赌博网站担任代理，接受投注的，属于刑法第三百零三条规定的“开设赌场”。

第三条　中华人民共和国公民在我国领域外周边地区聚众赌博、开设赌场，以吸引中华人民共和国公民为主要客源，构成赌博罪的，可以依照刑法规定追究刑事责任。

第四条　明知他人实施赌博犯罪活动，而为其提供资金、计算机网络、通讯、费用结算等直接帮助的，以赌博罪的共犯论处。

第五条　实施赌博犯罪，有下列情形之一的，依照刑法第三百零三条的规定从重处罚：

（一）具有国家工作人员身份的；

（二）组织国家工作人员赴境外赌博的；

（三）组织未成年人参与赌博，或者开设赌场吸引未成年人参与赌博的。

第六条　未经国家批准擅自发行、销售彩票，构成犯罪的，依照刑法第二百二十五条第（四）项的规定，以非法经营罪定罪处罚。

第七条　通过赌博或者为国家工作人员赌博提供资金的形式实施行贿、受贿行为，构成犯罪的，依照刑法关于贿赂犯罪的规定定罪处罚。

第八条　赌博犯罪中用作赌注的款物、换取筹码的款物和通过赌博赢取的款物属于赌资。通过计算机网络实施赌博犯罪的，赌资数额可以按照在计算机网络上投注或者赢取的点数乘以每一点实际代表的金额认定。

赌资应当依法予以追缴；赌博用具、赌博违法所得以及赌博犯罪分子所有的专门用于赌博的资金、交通工具、通讯工具等，应当依法予以没收。

第九条　不以营利为目的，进行带有少量财物输赢的娱乐活动，以及提供棋牌室等娱乐场所只收取正常的场所和服务费用的经营行为等，不以赌博论处。

【导读及适用要点】

一、关于赌博罪的营利目的

根据《刑法》第303条的规定，构成赌博罪的前提，不但必须具备直接故意的一般主观要件，而且必须具备以营利为目的的特别主观要件。这里的以营利为目的，指行为人实施聚众赌博、开设赌场、以赌博为业的行为，是为了获取数额较大的金钱或者其他财物，而不是为了消遣、娱乐。行为人获取财物的方式，主要包括以下几种情况：一是抽头渔利，即组织、招引他人赌博，从他人赌博赢取的财物中按照一定比例，如5%或者10%等，抽取费用；二是开设赌场获取非法收益；三是直接参赌获利，既包括聚众赌博的组织者自己参赌获利，也包括以赌博为业者参赌获利；四是组织中国公民赴境外赌博，获取回扣、介绍费等费用。当然，行为人客观上是否实际获利并不影响主观目的的认定。

司法实践中，认定行为人是否以营利为目的，主要根据行为人实施赌博行为的获利方式综合判断。一般来讲，实施了符合《最高人民法院、最高人民检察院关于办理赌博刑事案件具体应用法律若干问题的解释》(以下简称《关于办理赌博刑事案件解释》)规定标准行为的人，就可以认定是以营利为目的。

以营利为目的的有无，决定了行为人是否构成赌博罪，也是区别赌博罪与非罪的关键。行为人进行带有少量财物输赢的娱乐活动，虽然主观上也有为了赢取少量财物的获利成分，但输赢对其无所谓，或者意义不大，其主要目的是消遣、娱乐，因此，不属于以营利为目的。组织、招引他人赌博的行为人，如果既没有从中抽头渔利的行为，也没有直接参与赌博的行为，那么，无论其组织多少人参与赌博，也不属于以营利为目的，依法不能认定其构成赌博罪。当然，这种情形在实践中属于极个别的少数，但并不能排除。

二、关于聚众赌博的认定

《关于办理赌博刑事案件解释》第1条前三项分别规定了抽头渔利数额、赌资数额和参赌人数三项标准。行为人只要符合上述标准之一，即可认定属于聚众赌博。需要注意的有以下几点：一是该三项标准规定的均是累计数量，凡是未经行政处罚或者刑事处罚，且在违法或者犯罪行为的追诉时效期限内的，均分别累计计算抽头渔利数额、赌资数额以及被组织的参赌人数。根据《刑法》第87条的规定，赌博罪的追诉时效期限是5年。根据《治安管理处罚条例》第18条的规定，赌博违法行为的追究时效期限是6个月。就是说，行为人未经处罚的聚众赌博行为在6个月之内再犯的，其抽头渔利数额、赌资数额以及被组织的参赌人数应分别累计计算。累计数量在5年之内达到《关于办理赌博刑事案件解释》规定标准之一的，即构成聚众赌博。二是既然《刑法》规定的是聚众赌博，那么，每次被组织参与赌博的人数至少应在3人以上，否则不能称之为聚众。在此基础上，才分别累计计算抽头渔利数额、赌资数额以及被组织的参赌人数。三是本条第3项规定了20人的参赌人数，指的是不同的个人，而不是参赌人员达到20人次以上。如果行为人一次即组织20人以上赌博，又亲自参与赌博的，就可认定构成聚众赌博。四是《关于办理赌博刑事案件解释》没有规定抽头渔利数额、赌资数额和被组织参赌人数的幅度问题，就是说，全国各地司法机关不分地区差别，应当统一适用该标准。

该条最后一项标准针对的主要是一些旅行社、导游、境外赌场在境内设立的代理机构等。在适用本项标准时，应注意几点：一是被组织人数不累计计算，必须一次组织10人以上中华人民共和国公民赴境外赌博；二是这里的"境"，指国（边）境，组织中华人民共和国公民赴港、澳、台地区赌博的，也适用本项规定；三是必须有证据证明行为人组织中华人民共和国公民赴境外是进行赌博，而不是旅游；四是行为人必须有从中收取回扣、介绍费的行为，至于收费数额的多少则不限制。

三、关于建立赌博网站行为的法律适用

近年来，网络赌博发展迅速。国内大陆设立的赌博网站数量极少，绝大多数是担任国外网站的代理。国外网站一般在境内首先设立总代理，再由总代理向下发展一级代理，一级代理再向下发展二级代理，二级代理再发展三级代理，以至多级代理。最后一级代理只接受赌客投注，其他各级代理一般既发展下级代理，又接受赌客投注。

传统的开设赌场，是指以营利为目的，营业性地为赌博提供场所，设定赌博方式，提供赌具、筹码，接受赌客投注的行为。赌博网站及其各级代理一般均提供百家乐、21点、老虎机、押大小、轮盘赌等赌博方式。从网站内容及运营方式看，赌博网站与传统赌场很相似，而且，赌博网站的每一级代理，均全权代表赌博网站与赌博客户发生业务关系。因此，《关于办理赌博刑事案件解释》规定："以营利为目的，在计算机网络上建立赌博网站，或者为赌博网站担任代理，接受投注的，属于《刑法》第303条规定的'开设赌场'。"与传统赌场赌博不同的是，网络赌博更加快捷、方便，投注、资金交割只需轻点鼠标即可完成，赌资数额更加巨大，参赌者范围更广，网站收入更加丰厚，其社会危害性也更加严重。

司法实践中，只要查明行为人建立了赌博网站，或者为赌博网站担任代理，接受赌客投注的，即可认定其属于开设赌场，而无论其发展的赌客数量有多少，赌客投注的次数有多少、投注的资金量有多大。

实践中也存在这种情形，即行为人只是利用其获取的赌博网站的账号和密码，组织、招引他人在该账号内投注。对此，如果行为人既没有建立赌博网站，也没有为赌博网站担任代理，则不能认定其开设赌场；如果行为人符合《关于办理赌博刑事案件解释》第1条规定的前三项标准之一，则应认定为聚众赌博，否则不构成赌博罪。单纯的参与赌博行为，既不属于聚众赌博，也不属于开设赌场。

四、关于在我国领域外犯赌博罪的法律适用

《刑法》第7条规定："中华人民共和国公民在中华人民共和国领域外犯本法规定之罪的，适用本法，但是按照本法规定的最高刑为三年以下有期徒刑的，可以不予追究。"由于赌博罪的法定刑最高为三年有期徒刑，因此，中国公民在领域外犯赌博罪的，依法可以不予追究。但是，可以不予追究并不等于不能追究，一般情况下不予追究并不等于在任何情况下都不予追究。《刑法》规定的赌博罪有三种情形：聚众赌博、开设赌场和以赌博为业。在我国领域外实施的赌博罪也有实施地域的远近之分，对我国造成的危害更有大小之别。《关于办理赌博刑事案件解释》在综合考虑这些因素的基础上，没有规定凡是我国公民在我国领域外实施的任何赌博行为都要依法追究，而是有选择地规定，中华人民共和国公民在我国领域外周边地区聚众赌博、开设赌场，以中华人民共和国公民为主要客源，构成赌博罪的，可以依照《刑法》规定追究刑事责任。这是完全符合《刑法》规定，符合保护我国家利益需要的。

需要注意的是，《关于办理赌博刑事案件解释》规定了"我国领域外周边地区"以及"吸引中华人民共和国公民为主要客源"的限制性条件。"我国领域外周边地区"，主要指与我国有领土主要是陆地接壤的国家和地区。我国公民如果在美国、日本、菲律宾等其他国家实施聚众赌博、开设赌场行为的，因其对我国家利益危害不大，一般不能依照本条以赌博罪追究刑事责任。

五、关于赌博罪的共犯问题

《关于办理赌博刑事案件解释》第 4 条规定了共犯问题。典型的赌博罪共犯，是指两人以上共同故意实施聚众赌博、开设赌场等赌博犯罪活动。这种共犯有共同的故意和共同的行为，在司法实践中比较常见，也比较容易认定。《关于办理赌博刑事案件解释》第 4 条规定的行为，在刑法理论上称之为片面共犯。这些人虽然事前没有与赌博犯罪分子通谋，共同故意不明显，但是，其明知他人实施赌博犯罪，主观上已经存在与赌博犯罪分子沟通的故意。其向赌博犯罪分子提供资金、计算机网络、通讯、费用结算等直接帮助，该帮助直接促使了赌博犯罪的发生和发展，成为赌博共同犯罪的一个有机组成部分，甚至是必不可少的组成部分。对此，应当以赌博罪的共犯论处。

在认定赌博罪共犯时，需要注意的有两点：一是必须有证据证明行为人明知他人在实施赌博犯罪，这是行为人主观上存在沟通故意的前提。行为人的认知状态是明知，认知内容是他人在实施赌博犯罪。二是行为人必须提供了资金、计算机网络、通讯、费用结算等直接帮助。其中的计算机网络帮助，主要指互联网接入、服务器托管、网络存储空间等条件和服务。其中的直接帮助，是指对于赌博犯罪的发生和发展来说，这种帮助有直接的促进作用，并非可有可无。

六、关于从重处罚的若干情形

《关于办理赌博刑事案件解释》第 5 条规定的国家工作人员，包括国家机关工作人员主要是党政官员，国有公司、企业、事业单位、人民团体中从事公务的人员等。国家工作人员参与赌博，严重损害党和政府的信誉和廉洁形象，具有很大的社会危害性，人民群众对此深恶痛绝，党和国家也三令五申，严厉禁止国家工作人员赌博。这次专项行动的重点之一，就是打击国家工作人员的赌博行为。在适用本条时，应当注意两点：一是依照《刑法》规定，无论任何公民，除了以赌博为业的人以外，其参赌行为一般不构成赌博罪。国家工作人员的参赌行为也不例外。但是，因身份特殊，对参赌的国家工作人员可予以党纪政纪处理。二是从行为特征看，国家工作人员因其具有正当合法的职业，因此难以认定其以赌博为业，但可以在符合第 1 条规定标准时认定其聚众赌博或者开设赌场，从而构成赌博罪。三是从追究刑事责任的角度讲，国家工作人员实施赌博罪的，社会危害性更大，理应从重处罚。

可以看出，《关于办理赌博刑事案件解释》第5条第2项的规定，与第1条第4项的规定相互照应。第1条第4项既然规定组织普通中国公民10人以上赴境外赌博，并且收受回扣、手续费的，可以构成赌博罪，那么，本条第2项规定组织国家工作人员赴境外赌博构成犯罪时，予以从重处罚，自然就在情理之中了。

《关于办理赌博刑事案件解释》第3项是关于针对未成年人实施赌博罪时予以从重处罚的规定。未成年人生理、心理尚未成熟，可塑性较强，如果他们过早地参与赌博，极容易形成恶习，贻害终生。为了依法保障未成年人的合法权益，《关于办理赌博刑事案件解释》特规定，对于赌博犯罪分子组织未成年人参与赌博，或者开设赌场吸引未成年人参与赌博的，依法从重处罚。

七、关于非法发行、销售彩票行为的定性

我国目前经国家批准的合法的彩票业务只有体彩和足彩。经国家批准的合法彩票业务除了提供博彩娱乐之外，还是国家筹集公益资金的一条重要途径，是市场经济秩序的重要组成部分。凡未经国家批准发行、销售彩票的，包括在我国东南沿海一带农村地区发行的六合彩，均属于非法发行、销售彩票。据了解，非法彩票活动的规模，已经大大超过了国家彩票的年发行额。

对于非法发行、销售彩票行为如何定性，在实践中争议相当大。一种观点认为，这种行为从侵犯的客体讲，主要是扰乱了国家彩票发行的专营秩序，即市场经济秩序，情节严重构成犯罪的，应该按照非法经营罪定性。相反，如果按照赌博罪追究六合彩之类的犯罪，那么判处的刑罚最高刑为三年有期徒刑。这与非法发行、销售彩票行为的巨大社会危害性相比，存在明显的量刑失衡。另一种观点认为，国内六合彩之类的非法发行、销售彩票行为，主要是指行为人假借香港“六合彩”的名称和开奖号码，自己坐庄，接受他人投注，侵犯的客体主要是社会管理秩序，是一种赌博行为，情节严重构成犯罪的，应该按照赌博罪追究刑事责任。据了解，一些地方出台的规范性文件均规定对这类犯罪以赌博罪定罪处罚；审判实践中，绝大多数案件也是按照赌博罪定罪处罚的。《关于办理赌博刑事案件解释》第6条支持了第一种观

点，其第 6 条作出了规定。

八、关于赌博贿赂行为的定性

所谓赌博贿赂，是指以赌博为名，行贿赂之实。现实生活中，一些人通过打牌娱乐，有求者一方故意输钱，掌权者一方坦然赢钱，相互心知肚明，心照不宣。这种行为表面上是打牌娱乐、联络感情，实际上是行贿受贿。在这里，国家权力成为交易的牺牲品，赢钱者往往是掌握一定权力的人，输钱者往往是为了谋取非法利益或者要求掌权者违法提供帮助条件的人，相互之间进行的是彻头彻尾的权钱交易。赌博贿赂不仅败坏党风、政风和社会风气，而且往往给国家和人民利益造成重大损失。为此，《关于办理赌博刑事案件解释》第 7 条作出了规定。

需要注意的有两点：一是通过赌博形式实施行贿受贿中，行贿人和受贿人均直接参与形式上的赌博；通过为国家工作人员赌博提供资金的形式实施行贿受贿中，行贿人不直接参与赌博，只是为受贿人赌博提供资金。无论哪一种形式，受贿人均直接参与形式上的赌博。二是认定赌博贿赂必须符合《刑法》规定的受贿罪和行贿罪的具体构成要件，诸如受贿人有利用职务上的便利，索取行贿人的赌资的行为，或者有非法收受行贿人赌资，为行贿人谋取利益的行为，行贿人是为谋取非法利益而提供赌资，等等。

九、关于赌资的计算和追缴、没收

长期以来，对赌资的计算和追缴、没收，各地的做法不统一。有的地方，凡是参赌人随身携带的所有现金和其他财物，包括信用卡上的资金、提包中的资金、手表等，统统予以没收。有的地方，对于参赌人乘坐的汽车、使用的手机等也统统没收。这些做法引起不少争议，影响了惩治赌博违法犯罪活动的深入进行。针对这种状况，《关于办理赌博刑事案件解释》第 8 条作出了规定。

据此规定，赌资包括三种形式的款物，即赌博犯罪中用作赌注的款物、换取筹码的款物和通过赌博赢取的款物。除此之外的款物，如行为人随身携带的尚未用作赌注或者换取筹码的现金、财物、信用卡内的其他资金等，则不能视为赌资。

网络赌博中赌资的计算方式，是由计算机网络赌博行为的特殊性决定的。在计算机网络赌博中，为了方便客户投注，用作投注的对象往往只是点数，而不是真实的资金。只有在结算时才按照每一点实际代表的金额来计算输赢数额，然后再发生真实的资金转移关系。计算机网络赌博中，点数相当于现实赌博中的筹码。这种计算方法，只适用于计算机网络赌博中对用作赌注的款物和赌博赢取的款物数额的计算，能够反映计算机网络赌博中真实的投注数额和赢取数额。

赌博犯罪分子所有的专门用于赌博的资金、交通工具、通讯工具，包括犯罪分子开设赌场的资金，赌场的运营资金，专门用作赌场的船只、汽车，专门接送赌客的船只、汽车，赌博犯罪分子、赌场工作人员之间用于联络的手机、对讲机等，对此应当予以没收。参赌人临时乘坐的汽车、船只，临时联络用的手机等，则不宜没收。

十、关于不以赌博论处的行为

《关于办理赌博刑事案件解释》第9条规定的少量财物标准，宜由国务院治安管理行政主管部门按照赌博违法犯罪活动的态势以及社会经济发展水平综合考虑后确定。正常的场所和服务费用的标准，宜参照该地区同档次娱乐场所的收费标准确定。对娱乐场所的合法经营行为，一般不宜以赌博罪论处。当然，如果有证据证明娱乐场所明知他人实施赌博犯罪，而向他人提供场地服务等直接帮助条件的，根据《关于办理赌博刑事案件解释》第4条的规定，对其直接责任人员应当以赌博罪的共犯论处。

在征求意见过程中，少数同志认为，司法解释解决的是定罪量刑问题，不以赌博论处的内容属于行政性规范，不宜在司法解释中出现。但是，绝大多数同志同意保留该条内容。我们认为，保留该条内容主要有三点理由：一是2005年1月专项行动开始时最高人民法院、最高人民检察院、公安部联合发布的《关于开展集中打击赌博违法犯罪活动专项行动有关工作的通知》中有类似内容。考虑到我国目前赌博行为的实际状况，为了避免打击扩大化，为了维持和谐稳定的社会秩序，有必要保留通知中的规定。而且，通知的效力层次较低，周知的范围较小，而司法解释面向全社会，影响范围更广。两者表述一致，更有利于相互内容的贯彻实施。二是关于赌博罪的解释中，最基本的问题，就是对什么是赌博有个基本界定。从正面难以界定时，从反面规定什么不是赌博也未尝不可。三是该项规定更多地具有政策宣讲性，可以更好地显示“两高”对做好禁赌工作的积极态度和坚定信心。

（撰稿人：祝二军）

二、妨害司法罪

最高人民法院　最高人民检察院
关于办理虚假诉讼刑事案件适用法律若干问题的解释

法释〔2018〕17号

（2018年1月25日最高人民法院审判委员会第1732次会议、
2018年6月13日最高人民检察院第十三届检察委员会
第2次会议通过　2018年9月26日最高人民法院、
最高人民检察院公告公布　自2018年10月1日起施行）

为依法惩治虚假诉讼犯罪活动，维护司法秩序，保护公民、法人和其他组织合法权益，根据《中华人民共和国刑法》《中华人民共和国刑事诉讼法》《中华人民共和国民事诉讼法》等法律规定，现就办理此类刑事案件适用法律的若干问题解释如下：

第一条　采取伪造证据、虚假陈述等手段，实施下列行为之一，捏造民事法律关系，虚构民事纠纷，向人民法院提起民事诉讼的，应当认定为刑法第三百零七条之一第一款规定的“以捏造的事实提起民事诉讼”：

（一）与夫妻一方恶意串通，捏造夫妻共同债务的；

（二）与他人恶意串通，捏造债权债务关系和以物抵债协议的；

（三）与公司、企业的法定代表人、董事、监事、经理或者其他管理人员恶意串通，捏造公司、企业债务或者担保义务的；

（四）捏造知识产权侵权关系或者不正当竞争关系的；

（五）在破产案件审理过程中申报捏造的债权的；

（六）与被执行人恶意串通，捏造债权或者对查封、扣押、冻结财产的优先权、担保物权的；

（七）单方或者与他人恶意串通，捏造身份、合同、侵权、继承等民事法律关系的其他行为。

隐瞒债务已经全部清偿的事实，向人民法院提起民事诉讼，要求他人履行债务的，以"以捏造的事实提起民事诉讼"论。

向人民法院申请执行基于捏造的事实作出的仲裁裁决、公证债权文书，或者在民事执行过程中以捏造的事实对执行标的提出异议、申请参与执行财产分配的，属于刑法第三百零七条之一第一款规定的"以捏造的事实提起民事诉讼"。

第二条 以捏造的事实提起民事诉讼，有下列情形之一的，应当认定为刑法第三百零七条之一第一款规定的"妨害司法秩序或者严重侵害他人合法权益"：

（一）致使人民法院基于捏造的事实采取财产保全或者行为保全措施的；

（二）致使人民法院开庭审理，干扰正常司法活动的；

（三）致使人民法院基于捏造的事实作出裁判文书、制作财产分配方案，或者立案执行基于捏造的事实作出的仲裁裁决、公证债权文书的；

（四）多次以捏造的事实提起民事诉讼的；

（五）曾因以捏造的事实提起民事诉讼被采取民事诉讼强制措施或者受过刑事追究的；

（六）其他妨害司法秩序或者严重侵害他人合法权益的情形。

第三条 以捏造的事实提起民事诉讼，有下列情形之一的，应当认定为刑法第三百零七条之一第一款规定的"情节严重"：

（一）有本解释第二条第一项情形，造成他人经济损失一百万元以上的；

（二）有本解释第二条第二项至第四项情形之一，严重干扰正常司法活动或者严重损害司法公信力的；

（三）致使义务人自动履行生效裁判文书确定的财产给付义务或者人民法院强制执行财产权益，数额达到一百万元以上的；

（四）致使他人债权无法实现，数额达到一百万元以上的；

（五）非法占有他人财产，数额达到十万元以上的；

（六）致使他人因为不执行人民法院基于捏造的事实作出的判决、裁定，被采取刑事拘留、逮捕措施或者受到刑事追究的；

（七）其他情节严重的情形。

第四条　实施刑法第三百零七条之一第一款行为，非法占有他人财产或者逃避合法债务，又构成诈骗罪，职务侵占罪，拒不执行判决、裁定罪，贪污罪等犯罪的，依照处罚较重的规定定罪从重处罚。

第五条　司法工作人员利用职权，与他人共同实施刑法第三百零七条之一前三款行为的，从重处罚；同时构成滥用职权罪，民事枉法裁判罪，执行判决、裁定滥用职权罪等犯罪的，依照处罚较重的规定定罪从重处罚。

第六条　诉讼代理人、证人、鉴定人等诉讼参与人与他人通谋，代理提起虚假民事诉讼、故意作虚假证言或者出具虚假鉴定意见，共同实施刑法第三百零七条之一前三款行为的，依照共同犯罪的规定定罪处罚；同时构成妨害作证罪，帮助毁灭、伪造证据罪等犯罪的，依照处罚较重的规定定罪从重处罚。

第七条　采取伪造证据等手段篡改案件事实，骗取人民法院裁判文书，构成犯罪的，依照刑法第二百八十条、第三百零七条等规定追究刑事责任。

第八条　单位实施刑法第三百零七条之一第一款行为的，依照本解释规定的定罪量刑标准，对其直接负责的主管人员和其他直接责任人员定罪处罚，并对单位判处罚金。

第九条　实施刑法第三百零七条之一第一款行为，未达到情节严重的标准，行为人系初犯，在民事诉讼过程中自愿具结悔过，接受人民法院处理决定，积极退赃、退赔的，可以认定为犯罪情节轻微，不起诉或者免予刑事处罚；确有必要判处刑罚的，可以从宽处罚。

司法工作人员利用职权，与他人共同实施刑法第三百零七条之一第一款行为的，对司法工作人员不适用本条第一款规定。

第十条　虚假诉讼刑事案件由虚假民事诉讼案件的受理法院所在地或者执行法院所在地人民法院管辖。有刑法第三百零七条之一第四款情形的，上级人民法院可以指定下级人民法院将案件移送其他人民法院审判。

第十一条 本解释所称裁判文书，是指人民法院依照民事诉讼法、企业破产法等民事法律作出的判决、裁定、调解书、支付令等文书。

第十二条 本解释自2018年10月1日起施行。

【导读及适用要点】

一、虚假诉讼罪的行为特征

虚假诉讼罪的行为特征，解决的是什么样的行为可以构成虚假诉讼罪的问题。《最高人民法院、最高人民检察院关于办理虚假诉讼刑事案件适用法律若干问题的解释》(以下简称《关于办理虚假诉讼刑事案件解释》) 第1条对此作了明确规定。

1. “捏造事实”的认定

准确认定“捏造事实”，应当从《刑法》条文的通常语义、《刑法》增设虚假诉讼罪的立法目的以及立法沿革等方面考虑。首先，根据一般理解，“捏造”一般是指完全没有依据，仅靠自己的凭空想象臆造事物，与“杜撰”“虚构”等基本属于同义词。《刑法》第243条关于诬告陷害罪的规定、第246条关于诽谤罪的规定等多个条文均使用了“捏造”一词，理论和实践中一般认为，上述条文中的“捏造”，是指对相关事实无中生有的行为。从保持《刑法》用语含义的一致性考虑，虚假诉讼罪中的“捏造”，原则上也应限定为无中生有、凭空虚构。其次，从立法本意来看，《刑法》增设虚假诉讼罪的目的，主要是依法惩治不具有合法诉权的行为人故意捏造事实，制造自己具有诉权的假象，意图骗取人民法院裁判文书、达到非法目的的行为。对于虚假诉讼中的“诉讼”一词来讲，行为人行使诉权、提交诉状为“诉”，人民法院立案受理为“讼”，在人民法院实行立案登记制改革之后，“讼”是“诉”的必然逻辑结果。因此，所谓虚假诉讼，重点是其中“诉”的虚假性，《刑法》打击的对象是行为人行使虚假诉权的行为。根据民事诉讼理论，诉权具有程序和实体两个方面的内涵，程序内涵即在程序上请求法院行使审判权，旨在启动诉讼程序；实体内涵是指原告行使诉权或提起诉讼所欲获得的实体法上的具体法律地位或具体法律效果。[①] 据此，从实体意义和程序意义上来讲，原告享有诉权的前提，分别是其与他人之间存在的特定民事法律关系，以及因该民事法律关系产生的民事纠纷，因此，行为人行使虚假诉权，也应体现在民事法律关系的虚假性和民事纠纷的虚假性两个方面。最后，《刑法修正案（九）》（草案一次审议稿）对虚假诉讼罪罪状的规定为“为谋取不正当利益，以捏造的事实为案由，向人民法院提起民事诉讼，骗取人民法院裁判文书的，构成虚假诉讼罪”，明确虚假诉讼罪中捏造的事实是属于案由范围内的事实。

综合以上考虑，研究认为，虚假诉讼罪中的“捏造”，应当是指无中生有、凭空虚构；捏造的“事实”，应当是足以对起诉能否获得人民法院受理以及人民法院作出何种裁判结果产生影响、属于民事案由范围内的事实。根据《民事案件案由规定》的规定，民事案件的案由反映案件涉及的民事法律关系的性质，是对诉讼争议所包含的法律关系进行的概括，表述方式原则上为“法律关系的性质”加“纠纷”组成。据此，《关于办理虚假诉讼刑事案件解释》第 1 条第 1 款明确规定，虚假诉讼罪中的“捏造事实”，包括捏造民事法律关系、虚构民事纠纷两个方面。捏造民事法律关系，是指行为人与他人之间根本不存在特定的民事法律关系，但是，行为人通过伪造证据、虚假陈述等手段无中生有、凭空伪造双方存在民事法律关系的假象；虚构民事纠纷，是指双方本来不存在民事纠纷，故意虚构因为捏造出来的民事法律关系产生民事纠纷的事实。同时满足上述两个条件的，才能认定为“捏造事实”。具体案件处理过程中，对于是否属于捏造民事法律关系，应当坚持实质性判断，不能进行形式化、简单化认定。根据《民事案件案由规定》的规定，行为人起诉的法律关系与实际诉争的法律关系不一致的，人民法院结案时应当根据法庭查明的当事人之间实际存在的法律关系的性质，相应变更案件的案由，不能一概认定为捏造民事法律关系。另外，考虑到虚假诉讼罪的实质是通过欺骗手段获得人民法院立案受理和作出裁判，而《刑法》中典型的以欺骗手段实施的犯罪，例如诈骗罪，理论上认为虚构事实和隐瞒真相两种行为方式均可以构成，且实践中存在的采用隐瞒真相方式虚构民事法律关系的行为，其社会危害性与采用积极行为虚构民事法律关系行为的社会危害性并无

① 张明楷：《虚假诉讼罪的基本问题》，载《法学》2017 年第 1 期。

本质上的区别，没有理由将隐瞒真相行为排除在虚假诉讼罪之外。《关于办理虚假诉讼刑事案件解释》第 1 条第 2 款明确，隐瞒债务已经全部清偿的事实，向人民法院提起民事诉讼，要求他人履行债务的，以“以捏造的事实提起民事诉讼”论。

《关于办理虚假诉讼刑事案件解释》起草过程中，有意见提出，行为人与他人存在特定的民事法律关系，为了达到不法目的，故意篡改该民事法律关系的部分内容并提起民事诉讼的行为，即理论上所谓的“部分篡改型”虚假诉讼行为，社会危害性并不一定小于“无中生有型”虚假诉讼行为，也可能构成虚假诉讼罪。我们经研究认为，首先，如果行为人与他人之间确实存在真实的民事法律关系和民事纠纷，则行为人依法享有诉权，将其在起诉时或者民事诉讼过程中伪造部分证据的行为认定为虚假诉讼罪，不符合《刑法》增设本罪的立法目的。其次，民事诉讼的情况比较复杂，部分原告采取伪造证据等手段故意提高诉讼标的额，其实是出于诉讼策略的考虑，如果对这种情况一律认定为虚假诉讼犯罪，可能会侵害人民群众的合法诉权。最后，如果将“部分篡改型”行为认定为虚假诉讼罪，涉及如何合理确定罪与非罪的判断标准问题，实践中不具有可操作性。《关于办理虚假诉讼刑事案件解释》第 7 条明确，采取伪造证据等手段篡改案件事实，骗取人民法院裁判文书的，不构成虚假诉讼罪；构成其他犯罪的，可以以伪造公司、企业、事业单位、人民团体印章罪或者妨害作证罪等罪名定罪处罚。

关于虚假诉讼犯罪参与人仅限于双方当事人，还是也包括单方当事人，在《刑法修正案（九）》审议过程中和施行之后，一直存在不同意见。有意见认为，根据《民事诉讼法》第 112 条、第 113 条[①]的规定，虚假诉讼罪仅应包含双方当事人恶意串通提起的虚假民事诉讼，仅限于“双方串通型”一种形式。研究认为，上述意见难以成立。首先，《刑法》并没有对虚假诉讼罪设置当事人恶意串通的限制条件，一方当事人以捏造的事实提起民事诉讼的行为，完全可能造成妨害司法秩序或者严重侵害他人合法权益的危害后果，进而构成虚假诉讼罪。其次，《刑法》第 307 条之一第 3 款规定：“有第一款行为，非法占有他人财产或者逃避合法债务，又构成其他犯罪的，依照处罚较

① 对应《民事诉讼法》（2023 年修正）第 115 条、第 116 条。

重的规定定罪从重处罚。”其中的非法占有他人财产行为即属于“单方欺诈型”虚假诉讼。最后，《刑法》第307条之一属于叙明罪状，不需要参照其他法律法规的具体规定来确定虚假诉讼罪的构成要件特征，成立虚假诉讼罪，不以违反《民事诉讼法》第112条、第113条的具体规定为前提。《关于办理虚假诉讼刑事案件解释》第1条第1款明确，单方或者与他人恶意串通，捏造事实，向人民法院提起民事诉讼的，均可以认定为虚假诉讼犯罪行为。

2.“提起民事诉讼”的认定

如上所述，虚假诉讼罪的惩治对象，是不具有合法诉权的行为人采用欺骗手段提起民事诉讼，致使虚假民事案件进入人民法院诉讼程序的行为，规制重点原则上是导致案件首次进入诉讼程序的起诉和申请立案执行等行为。因此，不能认为《刑法》第307条之一规定的“提起民事诉讼”包括了《民事诉讼法》规定的所有诉讼程序。一方面，根据《最高人民法院关于适用〈中华人民共和国民事诉讼法〉的解释》第323条[①]的规定，民事诉讼二审程序采用续审制原则，除特殊情况外，二审审理范围原则上不超出一审之诉和上诉请求的范围。行为人在一审阶段被动应诉、一审宣判后以捏造的事实提出上诉的，其上诉诉求不超出一审之诉的范围，不符合无中生有捏造民事法律关系的行为特征，故一审宣判后提出上诉、启动二审程序的，一般不属于虚假诉讼罪中的“提起民事诉讼”。另一方面，还需要考虑民事诉讼中的特殊情况。案件获得人民法院受理立案、进行诉讼程序后，当事人提出新的独立的诉讼请求的，实质上属于诉的合并，也可以认定为“提起民事诉讼”。

根据上述判断标准，虚假诉讼罪中的“提起民事诉讼”包括以下7种情形：（1）民事案件普通一审程序；（2）第三人撤销之诉和执行异议之诉；（3）特别程序、督促程序、公示催告程序；（4）原告增加诉讼请求，被告提出反诉，有独立请求权的第三人提出与本案有关的诉讼请求；（5）审判监督程序；（6）企业破产程序；（7）执行程序。根据《关于办理虚假诉讼刑事案件解释》第1条第3款的规定，此处的执行程序，包括申请执行仲裁裁决和公证债权文书、在执行过程中对执行标的提出异议和申请参与执行财产分配

---

① 对应《最高人民法院关于适用〈中华人民共和国民事诉讼法〉的解释》（2022年修正）第324条。

等三种情形。还应明确的是，可能构成虚假诉讼罪的审判监督程序，仅包括《民事诉讼法》第 227 条[1]规定的执行过程中案外人提起的审判监督程序和《最高人民法院关于适用〈中华人民共和国民事诉讼法〉审判监督程序若干问题的解释》第 5 条规定的案外人申请再审。原审当事人申请再审的，针对的是原生效裁判认定的事实和确认的诉讼请求，一般不涉及新的诉讼请求，难以成立虚假诉讼罪。

二、虚假诉讼罪的定罪量刑标准

《关于办理虚假诉讼刑事案件解释》起草过程中对虚假诉讼罪的定罪量刑标准争议很大。经研究，《关于办理虚假诉讼刑事案件解释》第 2 条、第 3 条确定了 6 个方面的定罪标准和 7 个方面的法定刑升格标准。实际适用中，需要注意以下几个方面问题：

第一，正确认识“妨害司法秩序”与“严重侵害他人合法权益”的关系。“妨害司法秩序”和“严重侵害他人合法权益”均属于虚假诉讼罪的成立条件，满足其一即可构成本罪。实践中，虚假诉讼行为一旦获得立案、进入审判程序，自然会产生妨害司法秩序的危害后果。但是，如果在案件进入执行程序或者人民法院采取保全措施之前就被识破或者中止，一般情况下并不会侵害他人合法权益。从这个意义上讲，司法秩序是虚假诉讼罪侵犯的必然客体，而他人合法权益则仅属于选择客体。[2]另外，《刑法》还对侵害他人合法权益设置了“严重”的程度要求，对妨害司法秩序则无任何限制。如何合理确定上述两个定罪条件的具体认定标准，值得认真研究，如果把握不当，可能导致“严重侵害他人合法权益”这一定罪条件在实践中失去适用的余地。

我们经研究认为，在《刑法》对某一罪名同时规定有多个定罪条件的情况下，各定罪条件体现出的社会危害性应当大致相当，否则就违反了罪责刑相适应原则的基本要求。据此，一方面，《关于办理虚假诉讼刑事案件解释》将“妨害司法秩序”的认定标准适当提高，将刑事处罚关口适当延后。例如，行为人以捏造的事实提起民事诉讼，致使人民法院开庭审理、干扰正常司法

---

① 现为《民事诉讼法》(2023 年修正）第 238 条。

② 张明楷：《虚假诉讼罪的基本问题》，载《法学》2017 年第 1 期。

活动，或者致使人民法院作出裁判文书、制作财产分配方案或者立案执行基于捏造的事实作出的仲裁裁决、公证债权文书，或者多次以捏造的事实提起民事诉讼，等等。实践中，不能认为只要获得人民法院受理立案就达到了妨害司法秩序的程度，进而认定为虚假诉讼罪。还应当注意的是，一般情况下，干扰正常司法活动可以视为人民法院开庭审理的必然结果，在人民法院开庭审理的情况下，无须再对该行为是否干扰正常司法活动进行实质审查，但是，如果刚刚开始法庭调查，行为人的虚假诉讼行为就被识破或者自愿认罪，则可以认定为未达到干扰正常司法活动的程度，不认定为犯罪。另一方面，《关于办理虚假诉讼刑事案件解释》将“严重侵害他人合法权益”的认定标准适当降低，不要求人民法院作出的裁判文书得到实际履行或者强制执行。人民法院对他人采取财产保全或者行为保全措施即可，且对财产保全和行为保全措施不设数额限制，也不要求实际造成财产损失。

第二，准确理解“情节严重”的认定标准。从体系解释的角度出发，与虚假诉讼罪的定罪标准相对应，作为法定刑升格标准的“情节严重”，也应体现在妨害司法秩序和侵害他人合法权益两个方面。因此，行为人以捏造的事实提起民事诉讼，严重妨害司法秩序，或者给他人合法权益造成特别严重侵害的，才能适用第二档法定刑，判处3到7年有期徒刑。根据《关于办理虚假诉讼刑事案件解释》第3条的规定，严重妨害司法秩序，实践中主要表现为：致使人民法院开庭审理，同时还开展了调查取证等其他方面工作，对人民法院的正常司法活动造成严重干扰；人民法院基于捏造的事实作出的裁判文书虽未生效，也未进入执行程序，但引发当事人上访、闹访或者新闻舆论负面炒作，对司法公信力造成严重损害；行为人在较短时间内频繁以捏造的事实提起民事诉讼，严重干扰正常司法活动，等等。在行为人多次以捏造的事实提起民事诉讼的情况下，什么情况可以认定为“情节严重”？可以参考其他司法解释的规定，以3倍于定罪条件的标准，结合行为人第一次和最后一次提起民事诉讼的时间间隔进行判断，一般不宜超过5年。给他人合法权益造成特别严重侵害，包括采取财产保全或者行为保全措施，造成他人经济损失100万元以上；义务人自动履行执行义务或者人民法院基于生效裁判文书执行他人财产权益，数额达到100万元以上；通过虚假诉讼手段逃避合法债务，致使他人债权无法实现，数额达到100万元以上；通过虚假诉讼手段直接非法占有他人财产，数额达到10万元以上；或者致使他人因为不执行判决、裁定受到刑事打击处罚，等等。

第三，《关于办理虚假诉讼刑事案件解释》起草过程中，有意见建议将诉讼标的额的大小以及致使人民法院开展调解活动明确规定为虚假诉讼罪的定罪标准。研究认为：首先，《关于办理虚假诉讼刑事案件解释》确定的定罪量刑标准原则上应当与犯罪行为造成的危害后果存在直接联系。根据《刑法》规定，成立虚假诉讼罪并不要求人民法院作出的裁判得到实际履行，在此情况下，案件诉讼标的额与虚假诉讼行为是否造成了妨害司法秩序和严重侵害他人合法权益的危害后果之间并不存在直接联系，难以直接反映行为的社会危害性。其次，根据《民事诉讼法》的规定，民事诉讼中的调解活动并无明确的程序性标志。实践中，人民法院对某一民事案件是否已经开展调解、开展调解后对司法秩序的妨害程度等，均缺乏明确的判断标准，将人民法院开展调解作为定罪标准，无法为人民群众提供明确的行为预期。据此，《关于办理虚假诉讼刑事案件解释》对上述意见未予采纳。

第四，对于将《关于办理虚假诉讼刑事案件解释》第2条第5项“曾因以捏造的事实提起民事诉讼被采取民事诉讼强制措施或者受过刑事追究的”作为定罪标准，是否可能导致重复评价，起草过程中分歧较大。经研究，保留了本项规定，理由在于：首先，刑事责任是主客观相统一的整体，本项规定内容符合主客观相统一原则，有利于从严打击虚假诉讼惯犯，贯彻落实宽严相济刑事政策。其次，将行为人的同类前科违法犯罪情况规定为定罪条件，是近年来多个司法解释的通行做法，在《刑法》部分条文中也有体现。最后，实践中，如果作为定罪条件的行为人前科犯罪情况同时符合《刑法》规定的累犯条件，人民法院依法认定其构成累犯的，从重处罚的幅度可以适当从严把握，不会造成处刑过重。

三、虚假诉讼罪中的数罪竞合和共同犯罪问题

《关于办理虚假诉讼刑事案件解释》第4条至第6条规定了虚假诉讼罪中的数罪竞合和共同犯罪问题。有以下3个方面问题需要说明：

1. 虚假诉讼犯罪行为是否可以构成侵财型犯罪

研究认为，从《刑法修正案（九）》的审议过程来看，立法机关采纳了

上述第三种意见，认为“单方欺诈型”虚假诉讼行为可以构成诈骗罪等侵财型犯罪。《刑法修正案（九）》（草案一次审议稿）建议增设的《刑法》第307条之一第2款规定，“以捏造的事实提起民事诉讼，非法侵占他人财产或者逃避合法债务，又构成其他犯罪的，依照本法第266条[①]的规定从重处罚”，已经明确虚假诉讼犯罪行为可以构成诈骗罪。后续有意见提出，实施虚假诉讼行为非法侵占他人财产，还可能构成职务侵占罪、贪污罪等其他侵财型犯罪，故立法机关对该款规定作了进一步修改，明确此类行为又构成其他犯罪的，依照处罚较重的规定定罪从重处罚。此处的“其他犯罪”，既包括诈骗罪，也包括以欺诈手段实施的职务侵占罪、贪污罪等侵财型犯罪。《关于办理虚假诉讼刑事案件解释》第4条明确，行为人以非法占有他人财产为目的实施虚假诉讼犯罪行为，达到诈骗罪、职务侵占罪、贪污罪等侵财型犯罪定罪标准的，应当依法认定为诈骗罪、职务侵占罪、贪污罪等罪名，再比较该罪与虚假诉讼罪适用的量刑幅度，选择其中一个重罪论处，并在法定量刑幅度内从重处罚。

2. 虚假诉讼行为人的手段行为构成其他犯罪的，是否适用择一重从重处罚原则

《关于办理虚假诉讼刑事案件解释》起草过程中，有意见提出，虚假诉讼行为人的手段行为同时构成伪造公司、企业、事业单位、人民团体印章罪或者妨害作证罪等其他犯罪的，也属于《刑法》第307条之一第3款的规定范围，应当适用择一重从重处罚原则。经研究，对该意见未予采纳。理由在于：首先，《刑法》规定的对牵连犯和想象竞合犯的处罚原则，多数为择一重处罚，少数情况下为数罪并罚。《刑法》第307条之一第3款、第4款首次规定对牵连犯和想象竞合犯择一重从重处罚，应是对本罪所作的特殊规定，不属于处理牵连犯和想象竞合犯的一般原则，一般不宜扩大适用于其他情形。其次，《刑法》第307条之一第3款对虚假诉讼行为人的主观目的作了明确限制，即“非法占有他人财产或者逃避合法债务”，并不涉及行为人的手段行为。虚假诉讼行为人的手段行为构成其他犯罪的，不属于本款规定情形，不能适用择一重罪从重处罚原则，仍应根据处理牵连犯和想象竞合犯的一般原

① 作者注：诈骗罪。

则，择一重罪处罚。

3. 诉讼参与人的共同犯罪和数罪竞合

《关于办理虚假诉讼刑事案件解释》第 5 条、第 6 条对司法工作人员和诉讼代理人、证人、鉴定人等诉讼参与人的共同犯罪和数罪竞合问题作了规定，处罚原则存在一定差异。首先，现行《刑法》废除了 1979 年《刑法》对主犯从重处罚的原则，《刑法》第 307 条之一第 4 款关于司法工作人员利用职权与他人共同实施虚假诉讼行为应当从重处罚的规定内容，应属特殊规定而非一般原则。在《刑法》无明文规定的情况下，对于诉讼参与人与他人共同实施虚假诉讼犯罪行为的情况，不能适用从重处罚，仍应按照共同犯罪的一般处理原则处理。其次，《刑法》第 307 条第 3 款、第 4 款确立了对虚假诉讼罪中的数罪竞合择一重从重处罚原则，诉讼代理人、证人、鉴定人等诉讼参与人与他人通谋，共同实施虚假诉讼犯罪的，将导致虚假诉讼犯罪更加容易得逞，与司法工作人员利用职权共同实施虚假诉讼犯罪的社会危害性并无实质差别，构成其他犯罪的，也应适用择一重从重处罚原则。

四、虚假诉讼犯罪案件的地域管辖

《刑事诉讼法》第 24 条[①]规定，刑事案件由犯罪地的人民法院管辖；如果由被告人居住地的人民法院审判更为适宜的，可以由被告人居住地的人民法院管辖。《最高人民法院关于适用〈中华人民共和国刑事诉讼法〉的解释》第 2 条第 1 款规定，犯罪地包括犯罪行为发生地和犯罪结果发生地。根据上述规定，虚假诉讼刑事案件既可以由犯罪行为发生地或者犯罪结果发生地人民法院管辖，也可以由被告人居住地人民法院管辖。但是，在多个人民法院均有管辖权的情况下，有可能导致争夺或者推诿管辖权，还有可能出现虚假民事诉讼案件受理法院与刑事案件受理法院不一致的情况。在受理法院不一致的情况下，由于相关案件材料均集中在虚假民事诉讼案件受理法院，刑事办案机关需要异地调查取证和固定证据，办案成本将大幅增加。更加重要的是，在民事案件审理过程中，被告有可能向异地公安机关报案，称原告方存在虚假诉讼犯罪嫌疑，要求异地公安机关立案侦查，要求民事诉讼案件受理法院

① 对应《刑事诉讼法》(2018 年修正) 第 25 条。

中止或者终结民事审判程序，从而达到阻碍民事诉讼正常进行、避免自己败诉的不正当目的。类似情况在实践中已经出现，应当引起高度重视，并采取适当措施予以解决。

我们经研究认为，为了维护正常民事诉讼秩序，解决实践中存在的突出问题，有必要对虚假诉讼刑事案件的地域管辖范围作出进一步明确。有意见提出，为了确保此类民刑交叉案件的公正审理，最好由同一审判组织统一审理相关的民事案件和刑事案件。[①] 在现阶段人民法院内部民事、刑事审判部门存在明确分工的情况下，由同一审判组织统一审理民事案件和刑事案件的条件尚不成熟，由同一地区的人民法院审理相关的民事案件和刑事案件，是现阶段可以作出的最优选择。《关于办理虚假诉讼刑事案件解释》第 10 条明确，虚假诉讼刑事案件由虚假民事诉讼案件的受理法院所在地或者执行法院所在地人民法院管辖。虚假诉讼罪属于轻罪，一般应由基层人民法院管辖。实践中，如果虚假民事诉讼案件的受理法院或者执行法院本身就是基层人民法院，这种情况下，由同一人民法院的刑事审判部门审理相关刑事案件即可；如果虚假民事诉讼案件的受理法院或者执行法院属于中、高级人民法院，则可以由辖区内基层人民法院审理相关刑事案件。采取这种处理方式，有利于民事和刑事办案机关之间相互协调，确保案件及时、公正处理，并可以防止部分当事人利用地域管辖恶意干扰民事诉讼案件的正常审理。

《关于办理虚假诉讼刑事案件解释》起草过程中，有意见提出，为确保此类案件公正审理，审理虚假民事诉讼案件的人民法院应当回避，由异地人民法院审理相关刑事案件。研究认为，一般情况下，人民法院与虚假民事诉讼案件当事人之间并无利益关联，一律实行异地管辖，既无必要，可行性也不高。但是，在司法工作人员利用职权与他人相互串通，共同实施虚假诉讼犯罪的情况下，虚假民事诉讼案件的受理法院或者执行法院应当回避，适用《刑事诉讼法》第 26 条[②] 的规定，实行异地指定管辖。《关于办理虚假诉讼刑

---

① 张卫平：《民刑交叉诉讼关系处理的规则与法理》，载《法学研究》2018 年第 3 期。

② 对应《刑事诉讼法》（2018 年修正）第 27 条。

事案件解释》第10条明确，有《刑法》第307条之一第4款情形的，上级人民法院可以指定下级人民法院将案件移送其他人民法院审判。

（撰稿人：周 峰 汪 斌 李加玺）

最高人民法院
关于审理掩饰、隐瞒犯罪所得、犯罪所得收益刑事案件适用法律若干问题的解释

（2015年5月11日最高人民法院审判委员会第1651次会议通过
根据2021年4月7日最高人民法院审判委员会第1835次会议
《关于修改〈关于审理掩饰、隐瞒犯罪所得、犯罪所得收益
刑事案件适用法律若干问题的解释〉的决定》修正，
该修正自2021年4月15日起施行）

为依法惩治掩饰、隐瞒犯罪所得、犯罪所得收益犯罪活动，根据刑法有关规定，结合人民法院刑事审判工作实际，现就审理此类案件具体适用法律的若干问题解释如下：

第一条 明知是犯罪所得及其产生的收益而予以窝藏、转移、收购、代为销售或者以其他方法掩饰、隐瞒，具有下列情形之一的，应当依照刑法第三百一十二条第一款的规定，以掩饰、隐瞒犯罪所得、犯罪所得收益罪定罪处罚：

（一）一年内曾因掩饰、隐瞒犯罪所得及其产生的收益行为受过行政处罚，又实施掩饰、隐瞒犯罪所得及其产生的收益行为的；

（二）掩饰、隐瞒的犯罪所得系电力设备、交通设施、广播电视设施、公用电信设施、军事设施或者救灾、抢险、防汛、优抚、扶贫、移民、救济款物的；

（三）掩饰、隐瞒行为致使上游犯罪无法及时查处，并造成公私财物损失无法挽回的；

（四）实施其他掩饰、隐瞒犯罪所得及其产生的收益行为，妨害司法机关对上游犯罪进行追究的。

人民法院审理掩饰、隐瞒犯罪所得、犯罪所得收益刑事案件，应综合考虑上游犯罪的性质、掩饰、隐瞒犯罪所得及其收益的情节、后果及社会危害程度等，依法定罪处罚。

司法解释对掩饰、隐瞒涉及计算机信息系统数据、计算机信息系统控制权的犯罪所得及其产生的收益行为构成犯罪已有规定的，审理此类案件依照该规定。

依照全国人民代表大会常务委员会《关于〈中华人民共和国刑法〉第三百四十一条、第三百一十二条的解释》，明知是非法狩猎的野生动物而收购，数量达到五十只以上的，以掩饰、隐瞒犯罪所得罪定罪处罚。

第二条　掩饰、隐瞒犯罪所得及其产生的收益行为符合本解释第一条的规定，认罪、悔罪并退赃、退赔，且具有下列情形之一的，可以认定为犯罪情节轻微，免予刑事处罚：

（一）具有法定从宽处罚情节的；

（二）为近亲属掩饰、隐瞒犯罪所得及其产生的收益，且系初犯、偶犯的；

（三）有其他情节轻微情形的。

第三条　掩饰、隐瞒犯罪所得及其产生的收益，具有下列情形之一的，应当认定为刑法第三百一十二条第一款规定的“情节严重”：

（一）掩饰、隐瞒犯罪所得及其产生的收益价值总额达到十万元以上的；

（二）掩饰、隐瞒犯罪所得及其产生的收益十次以上，或者三次以上且价值总额达到五万元以上的；

（三）掩饰、隐瞒的犯罪所得系电力设备、交通设施、广播电视设施、公用电信设施、军事设施或者救灾、抢险、防汛、优抚、扶贫、移民、救济款物，价值总额达到五万元以上的；

（四）掩饰、隐瞒行为致使上游犯罪无法及时查处，并造成公私财物重大损失无法挽回或其他严重后果的；

（五）实施其他掩饰、隐瞒犯罪所得及其产生的收益行为，严重妨害司法机关对上游犯罪予以追究的。

司法解释对掩饰、隐瞒涉及机动车、计算机信息系统数据、计算机信息系统控制权的犯罪所得及其产生的收益行为认定“情节严重”已有规定的，审理此类案件依照该规定。

第四条 掩饰、隐瞒犯罪所得及其产生的收益的数额，应当以实施掩饰、隐瞒行为时为准。收购或者代为销售财物的价格高于其实际价值的，以收购或者代为销售的价格计算。

多次实施掩饰、隐瞒犯罪所得及其产生的收益行为，未经行政处罚，依法应当追诉的，犯罪所得、犯罪所得收益的数额应当累计计算。

第五条 事前与盗窃、抢劫、诈骗、抢夺等犯罪分子通谋，掩饰、隐瞒犯罪所得及其产生的收益的，以盗窃、抢劫、诈骗、抢夺等犯罪的共犯论处。

第六条 对犯罪所得及其产生的收益实施盗窃、抢劫、诈骗、抢夺等行为，构成犯罪的，分别以盗窃罪、抢劫罪、诈骗罪、抢夺罪等定罪处罚。

第七条 明知是犯罪所得及其产生的收益而予以掩饰、隐瞒，构成刑法第三百一十二条规定的犯罪，同时构成其他犯罪的，依照处罚较重的规定定罪处罚。

第八条 认定掩饰、隐瞒犯罪所得、犯罪所得收益罪，以上游犯罪事实成立为前提。上游犯罪尚未依法裁判，但查证属实的，不影响掩饰、隐瞒犯罪所得、犯罪所得收益罪的认定。

上游犯罪事实经查证属实，但因行为人未达到刑事责任年龄等原因依法不予追究刑事责任的，不影响掩饰、隐瞒犯罪所得、犯罪所得收益罪的认定。

第九条 盗用单位名义实施掩饰、隐瞒犯罪所得及其产生的收益行为，违法所得由行为人私分的，依照刑法和司法解释有关自然人犯罪的规定定罪处罚。

第十条 通过犯罪直接得到的赃款、赃物，应当认定为刑法第三百一十二条规定的“犯罪所得”。上游犯罪的行为人对犯罪所得进行处理后得到的孳息、租金等，应当认定为刑法第三百一十二条规定的“犯罪所得产生的收益”。

明知是犯罪所得及其产生的收益而采取窝藏、转移、收购、代为销售以外的方法，如居间介绍买卖，收受，持有，使用，加工，提供资金账户，协助将财物转换为现金、金融票据、有价证券，协助将资金转移、汇往境外等，应当认定为刑法第三百一十二条规定的“其他方法”。

第十一条　掩饰、隐瞒犯罪所得、犯罪所得收益罪是选择性罪名，审理此类案件，应当根据具体犯罪行为及其指向的对象，确定适用的罪名。

【导读及适用要点】

一、关于入罪标准

虽然《刑法》第312条第1款在表述上没有数额或情节的要求，但仍有必要明确一个以数额为主，兼顾其他情形的标准，理由是：（1）有利于突出重点从严打击此类犯罪的立法精神。近年来，掩饰、隐瞒犯罪所得、犯罪所得收益犯罪呈上升势头。《刑法修正案（六）》《刑法修正案（七）》对《刑法》第312条作了重大修改，从行为方式、法定刑幅度、单位犯罪等方面体现出从严打击此类犯罪的决心。但是，司法实践中，在适用本条规定时，却存在以罚代刑，或者将只需要治安处罚的行为予以定罪处罚的现象，究其原因，是治安处罚和构成犯罪之间存在模糊地带。因此，如果不对此类犯罪从情节、数额等方面设定一定的入罪标准，那么可能导致某些应该作为犯罪处理的进入不了司法程序，而一些可以不以犯罪处理的治安案件，一旦起诉到法院，法院又不敢宣判无罪。因此，为体现既要突出打击构成犯罪的行为，又要确保惩治的准确性，避免以罚代刑的现象，有必要厘清《行政处罚法》和《刑法》适用的边界。而通过司法解释来明确本罪的入罪标准，出发点就在于使打击犯罪的依据明确化、统一化，避免随意性和不公平现象，更加合理和高效地打击犯罪。（2）符合司法实践的现实需要。本罪虽不是数额犯，但通过调研发现，本罪的上游犯罪多为侵财性犯罪，其中，盗窃的比例高达90%以上，诈骗、抢夺、职务侵占的比例占8%左右。可见，数额对于判断本罪社会危害性大小的重要性是不言而喻的。如果不设定一定的数额标准，就有可能造成在一案中一人犯盗窃罪同时多人犯掩饰、隐瞒犯罪所得、犯罪所得收益罪，或者对本罪的处罚重于上游犯罪。（3）符合犯罪构成的一般原理。掩饰、隐瞒犯罪所得、犯罪所得收益罪不是行为犯、举动犯，其犯罪构成同样需要符合一定的构罪要件。通过司法解释规定一个包括数额、情节等内容的入罪标准并不是改变本罪的性质，而是将言简意赅的法律条文所表达的构成要件予以细化。虽然法律条文没有要求数额，但是，司法解释对没有设定数额标准的犯罪，在数额上予以规定的先例不少，且实践证明将构成要件从数额上设置入罪标准，在司法实践中发挥了很好的指导作用。（4）符合本罪的本质特征。本罪侵犯的是复杂客体，同时具有妨害刑事追诉活动和非法牟利的双重属性。本罪行为绝大多数都针对财产犯罪，因此对其以财产的数额进行限制具有合理性，而且犯罪对象财物的数额一定程度上能集中体现行为的社会危害大小，也便于法院正确执行法律，避免在司法实践中将该罪搞成严格的行为犯。（5）符合原则性与例外性相结合的原则。《最高人民法院、关于审理掩饰、隐瞒犯罪所得、犯罪所得收益刑事案件适用法律若干问题的解释》（以下简称《解释》）对入罪标准在数额上设置标准，但又不唯数额论，就是考虑到一些犯罪数额不大，但危害不小，同样应定罪处罚的情况。《解释》对下列情况，虽然没有达到规定的数额，但仍然规定要以犯罪处理。一是一年内曾因实施掩饰、隐瞒犯罪所得、犯罪所得收益行为受过行政处罚，又再次实施此类行为的；二是明知掩饰、隐瞒的犯罪所得系正在使用的电力设备、交通设施、广播电视设施、公用电信设施、军事设施或者救灾、抢险、防汛、优抚、扶贫、移民、救济款物的；三是兜底条款，即掩饰、隐瞒行为致使上游犯罪无法及时查处，并造成公私财物损失无法挽回的以及实施其他掩饰、隐瞒犯罪所得及其产生的收益行为，妨害司法机关对刑事犯罪进行追究的。（6）与国际上对洗钱罪的零容忍态度并不矛盾。本罪在国际上属于洗钱罪的大范畴，依国际公约对定罪不要求数额。但是，我国《刑法》立法定罪加定量的模式与英美刑法立法定性的模式不同，而且我国对不构成本罪的轻微行为仍然会予以行政处罚，符合国际公约对于洗钱行为广泛开展打击的要求。

《解释》对掩饰、隐瞒犯罪所得、犯罪所得收益罪的入罪标准分三类。即基本标准、特殊标准和兜底条款。

1. 基本数额标准：《解释》将本罪的基本数额标准设置为“三千元至一万元”。这个标准是经广泛调研和反复论证的，主要考虑到：（1）本罪的定罪标准与上游犯罪密切相关。虽然上游犯罪的范围很广，类型多样，但主要是盗窃、诈骗等财产类犯罪，故应结合盗窃、诈骗等主要上游犯罪的标准来确定，其构罪数额不应低于上游犯罪的构罪数额标准；（2）一些高级人民法院已经制定了相应的数额标准，可作为参考；（3）已经出台的相关司法解释，也规定了掩饰、隐瞒相应犯罪所得、犯罪所得收益的构罪标准，均在三千元以上。如《最高人民法院、最高人民检察院关于办理危害计算机信息系统安全刑事案件应用法律若干问题的解释》第7条规定，明知是非法获取计算机信息系统数据犯罪所获取的数据、非法控制计算机信息系统犯罪所获取的计算机信息系统控制权，而予以转移、收购、代为销售或者以其他方法掩饰、隐瞒，违法所得五千元以上的，应当依照《刑法》第312条第1款的规定，以掩饰、隐瞒犯罪所得罪定罪处罚；（4）虽然达不到规定的数额，但如果其他情节恶劣，应当以犯罪处理的，《解释》还同时有特殊标准和兜底条款的规定，能够有效地发挥《刑法》堵截犯罪的功能，无需担心基本标准太高带来法网疏漏的问题。（5）对达不到本项规定的基本数额标准，又不符合特殊标准和兜底条款情形的，不必一律进行刑事处罚，以体现《刑法》谦抑原则。如果有必要，可以根据治安处罚法进行处罚。

2. 特殊标准：由于掩饰隐瞒犯罪所得、犯罪所得收益犯罪所侵害的客体不仅仅是财产权，还妨害了司法秩序，《刑法》将本罪归位于破坏社会秩序犯罪中的第二节“妨害司法罪”。因此，犯罪数额虽然在一定程度上反映了本罪的危害性，在多数情况下是确定本罪的罪与非罪的主要标准，但本罪毕竟不是侵财类犯罪，犯罪数额绝对不是唯一标准。为此，《解释》根据行为具体的社会危害性大小，对虽没有达到一定数额，甚至掩饰、隐瞒的犯罪所得、犯罪所得收益没有财产价值，但妨害司法秩序，应当作为犯罪处理的几种特殊情形作了入罪规定。

《解释》规定，一年内曾因掩饰、隐瞒犯罪所得、犯罪所得收益行为受过行政处罚，又再次实施上述行为的，应当以掩饰、隐瞒犯罪所得、犯罪所得收益罪定罪处罚。此类行为的社会危害性大，行为人的主观恶性深，不以数额论。当然，地方法院可根据案件的具体情况把握，如果数额确实非常小，情节显著轻微的，不以犯罪论。如第一次掩饰、隐瞒的数额为一千元，被行政处罚，第二次掩饰、隐瞒的数额为一百元。这种情况下，我们认为还是不以犯罪论处为宜。

《解释》规定“掩饰、隐瞒的犯罪所得系电力设备、交通设施、广播电视设施、军事设施或者救灾、抢险、防汛、优抚、扶贫、移民、救济款物的”，应当以掩饰、隐瞒犯罪所得、犯罪所得收益罪定罪处罚。根据该规定，掩饰、隐瞒的对象为上述特殊财物的犯罪，没有数额要求，主要考虑这部分行为的社会危害性极大，且上游犯罪和掩饰、隐瞒行为的关联性非常紧密，破坏的是国防利益、公共安全利益等受法律特殊保护的利益。俗话说，“没有买卖就没有杀戮”，可见此类犯罪危害性之大。举例来说，某些犯罪分子专门收购他人盗窃所得的电缆线、下水井盖等财物，一定程度上构成了危害公共安全的幕后黑手，只有切断和堵截收赃行为对上游犯罪的支持，才能有效打击和克制上游犯罪。因此，该项列举的犯罪不要求数额即可构罪，当然这里要求本罪的犯罪人对其掩饰、隐瞒对象的特殊性质是明知的。

3. 兜底条款：基于立法总是落后于司法实践的法理以及司法实践中确实存在少数难以适用前述基本标准和特殊标准的情形，《解释》遵循了一般的立法例，设置了兜底条款。比如，某人第一次收购抢劫犯罪分子所抢价值五百元的手机一部，一般情况下，该行为不宜以犯罪论处。但是，该手机是该起抢劫犯罪的唯一客观性物证，行为人明知该手机是抢劫致人死亡犯罪所得，仍予以收购，并转手倒卖，致使上游抢劫犯罪的证据收集遇到困难，甚至影响案件破获，直至抢劫犯罪分子又实施其他抢劫犯罪被抓获后供出了此次犯罪。在这种情况下，由于行为人收购手机的行为，严重妨害了上游犯罪的追诉活动，应当追究其刑事责任。

二、关于从宽处罚及出罪标准问题

《解释》规定免予刑事处罚的具体情形，是根据司法实践对《刑法》第37条的具体落实。理由有三：一是掩饰、隐瞒犯罪所得、犯罪所得收益罪的社会危害性与上游犯罪相比相对较小，司法实践中适用非监禁刑的比例很高。因此，有必要设置专门条款，对免予刑事处罚的情形作出明确规定，便于基层人民法院适用。二是最高人民法院已有的司法解释，如有关诈骗罪、盗窃罪司法解释均有适用免予刑事处罚情形的规定，目的就是便于法院执行法律。三是增强量刑规范化工作需要。对免予刑事处罚情形的细化，可以减少法官在决定是否免予刑事处罚工作上的随意性。《解释》将免予刑事处罚的情形从数额、罪中情节、罪后情节等方面进行了严格限制，已充分考虑了司法实践中的各种情况。

根据《解释》，对掩饰、隐瞒犯罪所得、犯罪所得收益行为适用免予刑事处罚必须同时具备二个条件。第一个条件即“行为人认罪、悔罪并退赃、退赔”。需要明确的是，适用免予刑事处罚，只能针对掩饰、隐瞒犯罪所得及其产生的收益犯罪情节一般的行为，一般情况下，对情节严重，依法应当在三年以上七年以下有期徒刑幅度内量刑的，不宜适用免予刑事处罚。第二个条件即《解释》规定的三种情形：情形之一，具有法定从宽处罚情节的。包括自首、立功、未成年人犯罪、又聋又哑的人或者盲人犯罪、犯罪中止、犯罪未遂、从犯、坦白等。情形之二，为近亲属掩饰、隐瞒犯罪所得及其产生的收益，且系初犯、偶犯的。关于近亲属之间犯本罪的处理，既体现了对近亲属间的掩饰、隐瞒犯罪所得、犯罪所得收益的宽大、人道原则，又设置了初犯、偶犯的条件，防止被滥用。情形之三，其他情节轻微的。这是兜底条款，规定的目的是司法实践中出现新的情况，确实需要给予行为人免予刑事处罚，但不符合前两项条件的。

《解释》规定了为自用而收购的从宽处理原则。这一规定是基于《刑法》谦抑性并根据这类行为人主观恶性小的特点而制定的。适用该款规定，需要明确：（1）行为人的行为从本质上说是构成犯罪的，但因犯罪情节较轻、行为人主观恶性较小，事后恢复性措施到位，而不作犯罪处理或者虽然追究刑事责任但酌情从宽处理。这与行为本身不构成犯罪是有本质区分的。在不作犯罪处理的情况下，需要适用《刑法》第13条的“但书”规定，即“情节显著轻微危害不大的，不认为是犯罪”，而不能仅适用《解释》的规定。（2）为自用而收购不以犯罪论处，必须同时符合以下三个条件：①购买赃物的目的是自用。在实践中如何判断自用？一般认为，出于生活目的而购买，如购买自行车、摩托车等用于自己出行，购买高压锅等用于家庭生活的属于自用。购买生产资料如工厂机器，一般不宜认定为自用，即使是个体企业、私营企业用于生产经营，也不能认定为自用。也即说，自用的范围，应严格掌握在生活用品范围内。②所掩饰、隐瞒赃物的价值，刚达到《解释》第1条第1款第1项的规定即刚达到三千元至一万元。这个“刚达到”，不能机械地理解为正好达到，而是超过不多。如某省制定的标准是三千元，那么，三千至四千元一般都可以理解为刚达到。同时，这里说的“刚达到”仅限于刚达到《解释》第1条第1款第1项，对于因符合第2至第5项条件，即使是为自用而购买，也不适用无罪处理。理由在于，第2至第5项情况下，即使掩饰、隐瞒的数额并没有达到第1项的数额标准，但基于行为人的主观恶性深或者社会危害大，仍然予以追究刑事责任。③行为人认罪、悔罪并退赃、退赔的。

需要明确的是，为自用而购买赃物，即使追究刑事责任，也应当酌情从宽处理。对此类行为，定罪量刑时应与专门收赃再出售牟利的有所区别。另外，从宽处理的前提是行为人明知是犯罪所得，如果行为人不明知是犯罪所得而收购的，属于“善意购买”，不构成犯罪。

三、关于“情节严重”的认定

《刑法修正案（六）》对本罪增加了一个法定刑幅度，旨在严厉打击此类犯罪。但由于司法实践中没有明确的标准可循，一方面使得法院轻易不敢认定情节严重，不利于打击某些严重犯罪，另一方面也造成量刑标准不统一，同样数额、情节的案件在不同地区判决结果差异很大。经研究认为，认定“情节严重”需要综合考虑犯罪所得、犯罪所得收益的价值总额、种类、犯罪的次数、上游犯罪的性质及对司法机关追查上游犯罪的妨害程度等因素。与《解释》规定的入罪标准相对应，对“情节严重”分别规定了一般标准、特殊标准。

1．一般标准

《解释》对“情节严重”的一般标准，从犯罪数额上予以确定，设定为掩饰、隐瞒犯罪所得及其产生的收益价值总额达到十万元以上。这个标准设定的主要理由是：“情节严重”的数额标准不宜设置过高，否则实践中很难用到，但也不宜设置过低，否则可能造成量刑大幅上升，将情节严重的一般数额标准设定为十万元较为合适。（1）十万元的标准与上游犯罪量刑相协调。根据调研的情况，本罪的上游犯罪中盗窃罪约占90%，其余10%以诈骗罪、抢夺罪、职务侵占罪等为主。因此，该数额标准参照了盗窃、诈骗、抢夺刑事案件的有关司法解释的数额规定，体现了本罪的社会危害性一般要小于上游犯罪的特点。（2）十万元以上的案件适用“情节严重”比例较为合理。如果以二十万元为情节严重的起点标准，达到这一标准的案件比例就过小，故以十万元为标准相对比较合适。（3）将十万元作为情节严重的一般数额标准，有利于罪责刑均衡。根据最高人民法院研究室提供的统计数据，全国法院2007年1月至2011年9月，以掩饰、隐瞒犯罪所得、犯罪所得收益罪判处刑罚的共79471人，其中认定为“情节严重”判处三年以上七年以下有期徒刑的2155人，仅占2.7%，比例极低。其主要原因就是对此类案件如何认定情节严重，缺乏明确的规定，法院不敢也缺依据认定“情节严重”，使一些该重判的得不到重判。（4）十万元的标准有利于严厉打击此类犯罪。征求意见时，有观点认为，《最高人民法院、最高人民检察院关于办理与盗窃、抢劫、诈骗、抢夺机动车相关刑事案件具体应用法律若干问题的解释》规定情节严重的标准是五十万元或机动车五辆以上，《解释稿》规定十万元标准太低。经研究认为，机动车价值较大，五十万元的标准有一定合理性，但实践中，大量的掩饰、隐瞒犯罪所得及其收益的案件，多以自行车、电脑、手表、手机等日常生活用品为犯罪对象，价值较小，很难达到五十万元的标准，十万元的标准相对于三千元到五千元的定罪标准，已经提高了近三十倍，不宜再提高。

2．特殊标准

即符合一定情形的，掩饰、隐瞒的数额减半，达到五万元以上或者虽然未达到五万元以上但掩饰、隐瞒犯罪所得及其产生的收益十次以上的，即可认定为本罪的“情节严重”。（1）次数情形。两种情况：一种是掩饰、隐瞒犯罪所得十次以上的，行为次数多，社会危害性大，行为人属于“职业收赃人”，应严厉打击；另一种是实施掩饰、隐瞒犯罪所得行为三次以上的，价值总额达到前项十万元标准的百分之五十（五万元）的。适用该条款时，特别要注意“次数”的认定。要把握好以下两点：一是每一次掩饰、隐瞒的行为，必须是一个独立的行为，即独立的主观意图，独立的掩饰、隐瞒行为，独立的行为结果，但如果基于同一个故意，在同一时间、同一地点，同时或者连续对多起上游犯罪实施掩饰、隐瞒行为的，一般应认定为一次掩饰、隐瞒犯罪所得及其收益的行为。为同一个上游犯罪人同一起犯罪事实的犯罪所得及其收益而分多次予以窝藏、转移、收购、代为销售或者以其他方法掩饰、隐瞒的，由于其犯罪对象的同一性，也应认定为一次掩饰、隐瞒犯罪所得及其收益的行为；二是每一次掩饰、隐瞒的行为，不以每次都构成犯罪为前提；三是即使认定为一次掩饰、隐瞒犯罪所得及其收益的行为的，仍然必须注意同时适用《解释》第3条第2款的规定并注意有关治安处罚时效和刑事追诉时效的规定。单次掩饰、隐瞒行为不构成犯罪，且超过治安处罚时效的，不再累计次数；单次掩饰、隐瞒行为构成犯罪，但超过刑事追究时效的，也不再累计次数。（2）特殊财物。《解释》针对公用设备、设施及其他特殊财物，对情节严重的标准有所降低，不要求次数的限制，只要数额达到一般标准十万元的一半即五万元以上，就可认定为"情节严重"。司法实践中大量存在对光缆铜线、电力设施变压器等的收赃行为，助长了破坏公用设施类的犯罪，社会危害性也较其他收赃行为更大，应当是打击的重点，也是《刑法修正案（六）》对本罪加重法定刑幅度的一个重要出发点。

3. 兜底条款

《解释》第1款第4项、第5项对其他"情节严重"的情形予以规定。主要考虑，有的掩饰、隐瞒犯罪所得、犯罪所得收益的行为，虽然所涉及的犯罪数额不大，但上游犯罪的危害特别大，社会影响特别恶劣，甚至给国家和社会带来巨大的损失，由于掩饰、隐瞒行为，致使上游犯罪无法及时得到查处。在这种情况下，即使其犯罪数额不到十万元甚至不到五万元，但确属情节严重的，就应当依法认定为情节严重。

四、关于数额计算

财产型犯罪的数额计算问题，直接关系到是否构成犯罪、适用何量刑幅度、量刑轻重等问题。掩饰、隐瞒犯罪所得及其产生的收益的行为，虽然主要是妨害刑事追诉活动，但也侵害了财产权益，因此，数额计算仍然是很重要的问题。

1. 关于赃物的计价方法

由于财物价格变动较大，明确一个计价的时间点很重要。结合以前有关盗窃罪等财产型犯罪的计价方法，本罪采取以行为时的市场价为基准，以收购或者销赃价格为补充的计价方法。基准计价方法：以掩饰、隐瞒犯罪所得、犯罪所得收益行为时的市场价为基准。市场价的确定应当以价格鉴定机构作出的鉴定意见为准。补充计价方法：在一般情况下，收购和销售赃物的价格往往低于赃物实际价值。但也不排除在特殊情况下，行为人从上游犯罪人处收购赃物时或向他人销售赃物时的价格高于赃物的实际价值的情况。这种情况下，就高认定，以收购或代为销售价格计。

需要说明的是，在物价总体处于上涨的趋势下，案件被查处时赃物的价格往往高于行为时的价格，此时，必须严格依照行为时的价格计算犯罪数额，以保护被告人的合法利益。但是，也有案件查处时的价格低于行为时价格的情况。此时，仍然应该以行为时的价格计算犯罪数额，查处时的价格明显低于行为时价格的，应在量刑时予以酌情考虑。

2. 关于多次掩饰、隐瞒犯罪所得、犯罪所得收益的数额累计问题

对多次掩饰、隐瞒犯罪所得、犯罪所得收益的数额累计时，应当明确：（1）适用累计的前提，是存在数个掩饰、隐瞒犯罪所得、犯罪所得收益的行为。（2）数个掩饰、隐瞒行为既可能每次都构成犯罪，也可能每次都不构成犯罪，还可能有些单次构成犯罪，有些单次不构成犯罪。（3）实践中，单次构成犯罪的掩饰、隐瞒行为，公安机关都要移送追究刑事责任。当然，事实上也存在构成犯罪的掩饰、隐瞒行为公安机关仅予以行政处罚的现象。在这种情况下，只能以是否经过公安机关行政处罚以及是否超过追诉期限来决定。否则，就可能违背“一事不再理”的刑事诉讼原则。（4）对于未经公安机关行政处罚，并且未超过《治安管理处罚法》规定的追诉期限的掩饰、隐瞒行为，数额就应当累计计算；对于已经过行政处罚或者已经超过治安管理处罚法规定的追诉期限的，那么该次掩饰、隐瞒数额就不能累计计算。（5）对于单次掩饰、隐瞒行为，如果构成犯罪的，是否累计计算，应当依照《刑法》关于追诉期限的规定处理。

另外，掩饰、隐瞒犯罪所得及其产生的收益的行为实施后产生的孳息不计入犯罪数额。比如，掩饰、隐瞒行为人将一百万赃款存入银行后产生一万元利息，这一万元利息只能作为非法所得认定，而不是掩饰、隐瞒犯罪所得、犯罪所得收益里的“收益”。本罪中的收益应当是指上游犯罪既遂后在上游犯罪人处产生的收益。

五、关于此罪与彼罪

1. 关于以上游犯罪的共犯论处问题

《解释》第5条规定，事前与盗窃、抢劫、诈骗、抢夺等犯罪分子通谋，掩饰、隐瞒犯罪所得及其产生的收益的，以盗窃、抢劫、诈骗、抢夺等犯罪

的共犯论处。掩饰、隐瞒犯罪所得、犯罪所得收益的行为是事后的帮助行为，“犯罪所得及其产生的收益”中的“犯罪”应当是指既遂犯罪。对于事前与盗窃、抢劫、抢夺等犯罪分子通谋，实施掩饰、隐瞒犯罪所得、犯罪所得收益的，主观上明知盗窃、抢劫、抢夺的行为人的犯罪内容、危害后果而与其通谋，形成共同的犯罪故意，客观上对盗窃、抢劫、抢夺的犯罪分子实施犯罪予以配合，应当以共同犯罪论处。此时，其掩饰、隐瞒行为就成了盗窃、抢劫、抢夺等犯罪的共同犯罪行为的组成内容。当然，在共同犯罪中的地位、作用，应根据其实际所起的地位、作用认定。

实践中需要注意的是，行为人实施盗窃、抢劫、抢夺等犯罪行为，由于系未成年人等原因而依法不追究刑事责任的，盗窃、抢劫、抢夺等行为本身仍然具有违法性，只是缺乏有责性而不可罚。掩饰、隐瞒行为人事先通谋、事中介入的，掩饰、隐瞒行为也具有违法性，与盗窃、抢劫、抢夺等犯罪行为人在违法层面仍然成立共同犯罪，掩饰、隐瞒行为人如果具有责任，则依照盗窃、抢劫、抢夺的共犯处理。

2. 关于“以盗窃罪、抢劫罪、诈骗罪、抢夺罪等定罪处罚”

在司法实践中，存在这样的案例：某日晚8时许，张某某携带一黑色电脑包来到薛某某任管理员的网吧，征得薛某某同意，将黑色电脑包放在吧台内，后张某某在网吧上网。薛某某从平时张某某的言谈及当晚的行为表现，怀疑张放置在吧台内的包是盗窃所得，遂询问张某某包内何物，张说是螺丝帽。当晚11时许，薛某某趁张某某不注意，擅自打开张存放在吧台内的黑色电脑包，发现包内有手提电脑1台等财物及美元、欧元等，价值共计人民币10万余元。薛某某让刘某将黑色电脑包拿走，事后二人分赃。次日，张某某到吧台拿包发现包已不见，遂报案，经侦查，薛某某、刘某供述了犯罪，同时张某某盗窃犯罪也案发。某区人民法院认为，被告人薛某某、刘某明知是犯罪所得而予以转移，其行为均构成掩饰、隐瞒犯罪所得罪，分别判处被告人薛某某有期徒刑二年，并处罚金人民币五千元、被告人刘某有期徒刑一年，并处罚金人民币三千元。该案例中，某区法院认为，被告人薛某某等人秘密窃取赃物的方法系掩饰、隐瞒犯罪所得罪中的“其他方法”。经研究认为，诈骗、盗窃或抢劫、抢夺他人犯罪所得，客观上起到了转移他人犯罪所得的效果。但是，从罪质上说，应属于诈骗、盗窃或者抢劫、抢夺犯罪。理由：（1）

主观上，行为人只具有侵犯他人财产的故意，不具有掩饰、隐瞒犯罪所得的故意。（2）客观上，行为人实施诈骗、盗窃或抢劫、抢夺的行为，未经上游犯罪人许可或者默认，侵犯了上游犯罪人的"利益"。而掩饰、隐瞒犯罪的行为人的掩饰、隐瞒行为对上游犯罪的犯罪人是一种事后帮助，其行为应当是基于上游犯罪行为人的意思的，即行为人与上游犯罪行为人是形成合意的。（3）两者侵犯的法益不同。诈骗、盗窃或抢劫、抢夺行为侵犯的是公私财产权，其中抢劫、抢夺犯罪还侵犯公民人身权利。而掩饰、隐瞒犯罪所得、犯罪所得收益罪侵犯的主要是司法秩序。（4）犯罪所得可以成为诈骗、盗窃或抢劫、抢夺的对象。诈骗、盗窃或抢劫、抢夺虽然侵犯的是公私财产权利，但这些犯罪的客体不要求被害人对财物具有合法的占有或所有权，而只要求占有关系，这点在刑法理论上没有争议，司法实践中也是普遍这样认识的。

3. 关于竞合关系的问题

（1）法规竞合关系。涉及《刑法》第191条洗钱罪，第312条掩饰、隐瞒犯罪所得、犯罪所得收益罪，第349条窝藏、转移、隐瞒毒品、毒赃罪，根据《最高人民法院关于审理洗钱等刑事案件具体应用法律若干问题的解释》[①]第3条规定，这三个条文间属于法规竞合关系，按照一般法与特别法的适用原则从一重罪处断。（2）想象竞合关系。例如，行为人明知是他人犯罪所得的枪支而予以窝藏，同时构成掩饰、隐瞒犯罪所得罪和私藏枪支罪。按照想象竞合犯从一重罪处的原则定罪处罚。（3）牵连关系。掩饰、隐瞒犯罪所得、犯罪所得收益的手段行为或目的行为可能构成其他犯罪如滥用职权罪、故意毁坏文物罪等，依照从一重罪处的原则定罪处罚。

六、关于上游犯罪认定对本罪的影响问题

掩饰、隐瞒犯罪所得、犯罪所得收益罪，应当以上游犯罪事实成立为前提。这是一个基本原则。这一原则包含两层内容。第一层是，上游犯罪事实必须成立，既指上游犯罪事实有充分证据证明，也指上游犯罪事实达到了犯罪的程度。如果上游行为虽然存在，但依法不构成犯罪的，则掩饰、隐瞒行为也不构成犯罪。举例说，张三收购了李四、王五、徐六等十人分别盗窃的

---

① 已失效。

电动车各一辆，每辆电动车的价格均为一千元，但李四等人的行为均未达到盗窃犯罪的数额标准，因而均不构成盗窃罪，而张三所收购的自行车价值总额达到一万元，依照《解释》第 1 条第 1 款第 1 项规定，已经达到构罪标准，但因李四等上游行为人的行为均不构成犯罪，张三的行为也不构成掩饰、隐瞒犯罪所得、犯罪所得收益罪，而只能依照治安处罚法进行处罚。第二层是，对掩饰、隐瞒犯罪所得、犯罪所得收益罪事实的认定，原则上应当在对上游犯罪依法裁判确定后进行。《解释》规定的“上游犯罪尚未依法裁判，但查证属实的，不影响掩饰、隐瞒犯罪所得、犯罪所得收益罪的认定”，只能作为一种例外，也即只有极少数情况下，由于上游犯罪人还有其他犯罪事实一时难以查清或者因为其他原因尚未依法裁判，为依法及时审判掩饰、隐瞒犯罪所得及其收益案件，才在上游犯罪查证属实的情况下先行认定本罪。

上游犯罪事实经查证属实，但因行为人未达到刑事责任年龄等原因依法不予追究刑事责任的，不影响掩饰、隐瞒犯罪所得、犯罪所得收益罪的认定。这样规定，主要是此种情形下，上游犯罪事实仍然存在，在依法不追究上游行为人的刑事责任的情况下，不要放纵了实施掩饰、隐瞒行为的行为人。

七、关于盗用单位名义犯罪的问题

1997 年修订的《刑法》，对单位掩饰、隐瞒犯罪所得、犯罪所得收益的行为，是不以单位犯罪处理的。《刑法修正案（七）》增加了本罪单位犯罪的规定。在司法实践中，经常遇到一些貌似单位犯罪而实质上是自然人犯罪的行为。因此，《解释》规定，“盗用单位名义实施窝藏、转移、收购、代为销售或者以其他方法掩饰、隐瞒犯罪所得及其产生的收益的行为，违法所得由行为人私分的，依照刑法和司法解释有关自然人犯罪的规定定罪处罚”。其理由就在于：盗用单位名义实施掩饰、隐瞒犯罪所得、犯罪所得收益的行为，违法所得由行为人私分的，本质上仍属于自然人犯罪，仍应适用自然人犯罪的规定。

适用该条解释时需要明确：

1．犯罪主体是自然人而不是单位

单位只是名义被盗用，但实质并未成为犯罪主体。盗用单位名义的形式很多，包括经法定代表人同意盖了单位的公章，经单位管理组织研究。构成单位犯罪，必须利用单位名义，但不能由此得出凡是利用单位名义实施的犯罪都是单位犯罪。

2. 犯罪目的是参与犯罪的自然人的利益，而不是单位利益

区分单位犯罪与自然人犯罪的重要界限就是犯罪所得利益归属单位还是归属参与犯罪的自然人。犯罪所得纳入到单位财务体系和分配体系中的，可以认定为犯罪所得归属单位，符合单位犯罪其他条件的，可以认定为单位犯罪。仅仅由参与行为人包括决策人员对犯罪所得进行分配的，不能认定为犯罪所得归属单位，因而就不能认定为单位犯罪，只能依照自然人犯罪的规定定罪处罚。

八、关于概念的解释

《解释》通过列举的方式说明了几个概念。（1）通过犯罪直接得到的赃款、赃物，应当认定为“犯罪所得”。（2）上游犯罪行为人对犯罪所得进行处理后得到的孳息、租金等，应当认定为“犯罪所得产生的收益”。（3）采取窝藏、转移、收购、代为销售以外的方法，如居间介绍买卖，收受，持有，使用，加工，提供资金账户，协助将财物转换为现金、金融票据、有价证券，协助将资金转移、汇往境外等，应当认定为《刑法》第312条规定的“其他方法”。

实践中，容易出现的争议是，违禁品能否成为赃款、赃物？例如枪支、弹药、毒品等能否成为犯罪所得？理论上讲，枪支、弹药及毒品等违禁品也可以成为掩饰、隐瞒的对象，说它们是赃款、赃物也有一定道理。但是，一般不将这些违禁品作为普通赃物对待，主要理由有二：一是《刑法》对掩饰、隐瞒违禁品的行为，一般有专门的条文规定，按照特别法优于一般法的原则，应当适用特别规定；二是司法实践以及群众一般观念中，违禁品与一般的赃款、赃物是有质的区别的，一般的赃款、赃物，除非有证据证明是赃款、赃物，否则，持有人可以拥有合法的使用权，而违禁品不同，除非法律特别授权的组织和人员，否则持有违禁品本身就是违法甚至犯罪行为。但是，在法律作出特别规定的情况下，禁止公民随意持有的物品也能成为掩饰、隐瞒犯罪所得罪的对象。最典型的是非法狩猎的野生动物，不但非法狩猎行为是违法犯罪行为，而且收购非法狩猎的野生动物的行为也是违法犯罪行为。《全国

人大常委会关于〈中华人民共和国刑法〉第三百四十一条、第三百一十二条的解释》规定：知道或者应当知道是《刑法》第341条第2款规定的非法狩猎的野生动物而购买的，属于《刑法》第312条第1款规定的明知是犯罪所得而收购的行为。

认定犯罪所得收益时，要注意两点：一是犯罪所得收益的数额以上游行为人对犯罪所得进行处理后得到的收益为标准。如果犯罪所得、犯罪所得收益在掩饰、隐瞒行为人手中又产生了新的收益，则不能认定为犯罪所得收益的数额。此部分收益可以非法所得论，予以追缴。二是“犯罪所得收益”是间接获益，包括对犯罪所得进行处理而得到的增值、租金、利息及投资、经营的收益，对犯罪所得的处理可以是合法的投资、经营活动，也可以是非法的高利贷等形式，只要它们与犯罪所产生的利益存在因果关系即可。但是，具体认定收益数额上，应当扣除行为人投入的合法因素，如将犯罪所得进行投资，所获得的利益应当扣除其所付出的劳动价值。

关于掩饰、隐瞒的“其他方法”的认定，必须坚持以下几点：一是行为人的目的就是掩饰、隐瞒上游犯罪人的犯罪所得及其收益，二是这些方法与窝藏、转移、收购和代为销售在罪质上具有相当性，三是这些方法在客观上扰乱了司法秩序，妨害了司法机关对上游犯罪行为的追究。

九、关于罪名的选择

实践中对本罪罪名是否属于选择性罪名以及如何适用罪名存在不同理解，各地做法也不统一，因此，有必要加以规范。总体上，应当根据犯罪行为与犯罪所得及其收益的性质，确定具体适用的罪名。即根据案件情况，选择适用掩饰、隐瞒犯罪所得罪，掩饰、隐瞒犯罪所得收益罪，掩饰、隐瞒犯罪所得、犯罪所得收益罪。但是，有一点必须明确，当犯罪对象既有犯罪所得，又有犯罪所得收益时，只定掩饰、隐瞒犯罪所得、犯罪所得收益罪一个罪，而不能定掩饰、隐瞒犯罪所得罪和掩饰、隐瞒犯罪所得收益罪两罪名，更不能以两罪名数罪并罚。

（撰稿人：陆建红　杨　华　曹东方）

最高人民法院　最高人民检察院 关于办理窝藏、包庇刑事案件适用法律若干问题的解释

法释〔2021〕16号

（2020年3月2日最高人民法院审判委员会第1794次会议、2020年12月28日最高人民检察院第十三届检察委员会第58次会议通过　2021年8月9日最高人民法院、最高人民检察院公告公布　自2021年8月11日起施行）

为依法惩治窝藏、包庇犯罪，根据《中华人民共和国刑法》《中华人民共和国刑事诉讼法》的有关规定，结合司法工作实际，现就办理窝藏、包庇刑事案件适用法律的若干问题解释如下：

第一条　明知是犯罪的人，为帮助其逃匿，实施下列行为之一的，应当依照刑法第三百一十条第一款的规定，以窝藏罪定罪处罚：

（一）为犯罪的人提供房屋或者其他可以用于隐藏的处所的；

（二）为犯罪的人提供车辆、船只、航空器等交通工具，或者提供手机等通讯工具的；

（三）为犯罪的人提供金钱的；

（四）其他为犯罪的人提供隐藏处所、财物，帮助其逃匿的情形。

保证人在犯罪的人取保候审期间，协助其逃匿，或者明知犯罪的人的藏匿地点、联系方式，但拒绝向司法机关提供的，应当依照刑法第三百一十条第一款的规定，对保证人以窝藏罪定罪处罚。

虽然为犯罪的人提供隐藏处所、财物，但不是出于帮助犯罪的人逃匿的目的，不以窝藏罪定罪处罚；对未履行法定报告义务的行为人，依法移送有关主管机关给予行政处罚。

第二条　明知是犯罪的人，为帮助其逃避刑事追究，或者帮助其获得从

宽处罚，实施下列行为之一的，应当依照刑法第三百一十条第一款的规定，以包庇罪定罪处罚：

（一）故意顶替犯罪的人欺骗司法机关的；

（二）故意向司法机关作虚假陈述或者提供虚假证明，以证明犯罪的人没有实施犯罪行为，或者犯罪的人所实施行为不构成犯罪的；

（三）故意向司法机关提供虚假证明，以证明犯罪的人具有法定从轻、减轻、免除处罚情节的；

（四）其他作假证明包庇的行为。

第三条 明知他人有间谍犯罪或者恐怖主义、极端主义犯罪行为，在司法机关向其调查有关情况、收集有关证据时，拒绝提供，情节严重的，依照刑法第三百一十一条的规定，以拒绝提供间谍犯罪、恐怖主义犯罪、极端主义犯罪证据罪定罪处罚；作假证明包庇的，依照刑法第三百一十条的规定，以包庇罪从重处罚。

第四条 窝藏、包庇犯罪的人，具有下列情形之一的，应当认定为刑法第三百一十条第一款规定的“情节严重”：

（一）被窝藏、包庇的人可能被判处无期徒刑以上刑罚的；

（二）被窝藏、包庇的人犯危害国家安全犯罪、恐怖主义或者极端主义犯罪，或者系黑社会性质组织犯罪的组织者、领导者，且可能被判处十年有期徒刑以上刑罚的；

（三）被窝藏、包庇的人系犯罪集团的首要分子，且可能被判处十年有期徒刑以上刑罚的；

（四）被窝藏、包庇的人在被窝藏、包庇期间再次实施故意犯罪，且新罪可能被判处五年有期徒刑以上刑罚的；

（五）多次窝藏、包庇犯罪的人，或者窝藏、包庇多名犯罪的人的；

（六）其他情节严重的情形。

前款所称“可能被判处”刑罚，是指根据被窝藏、包庇的人所犯罪行，在不考虑自首、立功、认罪认罚等从宽处罚情节时应当依法判处的刑罚。

第五条 认定刑法第三百一十条第一款规定的“明知”，应当根据案件的客观事实，结合行为人的认知能力，接触被窝藏、包庇的犯罪人的情况，以及行为人和犯罪人的供述等主、客观因素进行认定。

行为人将犯罪的人所犯之罪误认为其他犯罪的，不影响刑法第三百一十条第一款规定的“明知”的认定。

行为人虽然实施了提供隐藏处所、财物等行为，但现有证据不能证明行为人知道犯罪的人实施了犯罪行为的，不能认定为刑法第三百一十条第一款规定的“明知”。

第六条 认定窝藏、包庇罪，以被窝藏、包庇的人的行为构成犯罪为前提。

被窝藏、包庇的人实施的犯罪事实清楚，证据确实、充分，但尚未到案、尚未依法裁判或者因不具有刑事责任能力依法未予追究刑事责任的，不影响窝藏、包庇罪的认定。但是，被窝藏、包庇的人归案后被宣告无罪的，应当依照法定程序宣告窝藏、包庇行为人无罪。

第七条 为帮助同一个犯罪的人逃避刑事处罚，实施窝藏、包庇行为，又实施洗钱行为，或者掩饰、隐瞒犯罪所得及其收益行为，或者帮助毁灭证据行为，或者伪证行为的，依照处罚较重的犯罪定罪，并从重处罚，不实行数罪并罚。

第八条 共同犯罪人之间互相实施的窝藏、包庇行为，不以窝藏、包庇罪定罪处罚，但对共同犯罪以外的犯罪人实施窝藏、包庇行为的，以所犯共同犯罪和窝藏、包庇罪并罚。

第九条 本解释自2021年8月11日起施行。

【导读及适用要点】

一、窝藏、包庇情节严重的认定

根据《刑法》第310条规定，犯窝藏、包庇罪，情节严重的，处三年以上十年以下有期徒刑。实践中，对情节严重的认识不一致，不同法院之间对于情节严重的把握标准不统一，该认定情节严重的未认定，不该认定的却被认定。各高级人民法院也未对情节严重的标准作出规范性规定，而完全由审理法院在个案中自行掌握，导致标准不统一，量刑不均衡。大多数法院都将被窝藏、包庇的人被判处无期徒刑以上刑罚作为窝藏、包庇的情节严重标准；少数法院参照包庇毒品犯罪分子罪，将被窝藏、包庇的人被判处十五年有期徒刑以上刑罚作为窝藏、包庇的情节严重标准。对窝藏、包庇特殊犯罪，如危害国家安全犯罪、恐怖主义或者极端主义犯罪、黑社会性质犯罪等，未作为窝藏、包庇的情节严重标准。

笔者认为，对窝藏、包庇罪情节严重的标准，应从以下两个方面予以判断：（1）从被窝藏、包庇的犯罪性质、罪行轻重来判断；（2）从窝藏、包庇犯罪行为本身判断。这里涉及窝藏、包庇犯与被窝藏、包庇犯的量刑平衡问题。实践中，也存在窝藏、包庇犯单次犯罪的罪责重于被窝藏、包庇犯的特殊情况，如危险驾驶罪的最高法定刑为拘役六个月，但明知他人犯危险驾驶罪为其“顶包”的，可能构成包庇罪，最高可被判处三年有期徒刑刑罚。对此，不能机械地认为窝藏、包庇罪被判处的刑罚要比被窝藏、包庇犯罪判处的刑罚轻；危险驾驶罪是一个尚未发生实害结果的危险犯，而“顶包”行为严重妨害了司法秩序，其实际危害比危险驾驶罪更大。

据此，《最高人民法院、最高人民检察院关于办理窝藏、包庇刑事案件适用法律若干问题的解释》（以下简称《解释》）第4条第1款规定：“窝藏、包庇犯罪的人，具有下列情形之一的，应当认定为《刑法》第310条第1款规定的‘情节严重’：（一）被窝藏、包庇的人可能被判处无期徒刑以上刑罚的；（二）被窝藏、包庇的人犯危害国家安全犯罪、恐怖主义或者极端主义犯罪，或者系黑社会性质组织犯罪的组织者、领导者，且可能被判处十年有期徒刑以上刑罚的；（三）被窝藏、包庇的人系犯罪集团的首要分子，且可能被判处十年有期徒刑以上刑罚的；（四）被窝藏、包庇的人在被窝藏、包庇期间再次实施故意犯罪，且新罪可能被判处五年有期徒刑以上刑罚的；（五）多次窝藏、包庇犯罪的人，或者窝藏、包庇多名犯罪的人的；（六）其他情节严重的情形”。

根据以往的司法解释惯例及司法实践的需要，《解释》第4条第2款对该条第1款所称的“可能被判处”刑罚，明确规定为“指根据被窝藏、包庇的人所犯罪行，在不考虑自首、立功、认罪认罚等从宽处罚情节时应当依法判处的刑罚”，以避免司法实践中出现不统一做法。

二、窝藏、包庇罪的明知要件的认定

《解释》第5条从3个方面对如何认定窝藏、包庇罪的明知要件作了规定。

一是第1款规定："认定《刑法》第310条第1款规定的'明知'，应当根据案件的客观事实，结合行为人的认知能力，接触被窝藏、包庇的犯罪人的情况，以及行为人和犯罪人的供述等主、客观因素进行认定。"该款只是明确了认定明知的基本方法，具体到个案，司法工作者还需要结合案件实际情况进行判断。我们认为，具有下列情形之一的，应当认定行为人属于《刑法》第310条第1款规定的"明知"，但有证据证明确实不知道的除外：（一）行为人目击犯罪事实发生的；（二）犯罪的人告知其实施犯罪行为的；（三）根据衣着、携带物品等，应当能够判断出系犯罪的人的；（四）司法机关查处犯罪事实时已经明确告知的；（五）其他可以认定为明知的情形。

二是第2款规定："行为人将犯罪的人所犯之罪误认为其他犯罪的，不影响《刑法》第310条第1款规定的'明知'的认定"。即在认定明知时，只需要认定行为人明知被窝藏、包庇的人系犯罪的人即可，至于是何种犯罪，无需苛求。

三是第3款规定："行为人虽然实施了提供隐藏处所、财物等行为，但现有证据不能证明行为人知道犯罪的人实施了犯罪行为的，不能认定为《刑法》第310条第1款规定的'明知'"。

三、窝藏、包庇罪罪与非罪、一罪与数罪问题

（一）窝藏、包庇罪罪与非罪的界限

实践中，行为人实施窝藏、包庇行为，但被窝藏、包庇的人并未实施犯罪行为，而只实施了一般违法行为的，不能认定行为人构成窝藏、包庇罪。即窝藏、包庇罪应当以被窝藏、包庇的人实施了构成犯罪的行为为前提。

该前提包含以下两个方面含义：一是被窝藏、包庇的人所实施的犯罪行为有充分证据证明，且达到了犯罪的程度；二是对窝藏、包庇罪事实的认定，原则上应当在对被窝藏、包庇的人所实施的犯罪依法裁判确定后进行。

虽然《解释》第6条第2款规定"被窝藏、包庇的人实施的犯罪事实清

楚，证据确实、充分，但尚未到案、尚未依法裁判或者因不具有刑事责任能力依法未予追究刑事责任的，不影响窝藏、包庇罪的认定”，但在被窝藏、包庇的人尚未受到刑事追究的情况下，先追究窝藏、包庇者的刑事责任，存在诸多不确定性。

因此，上述规定只能作为一种例外，只针对极少数情况下，由于被窝藏、包庇的犯罪人还有其他犯罪事实，一时难以查清或者因为其他原因尚未依法裁判，为依法及时审判窝藏、包庇犯罪案件，才在被窝藏、包庇的人尚未受到刑事追究时先行认定窝藏、包庇罪的情形。实践中，还应当关注本款关于“被窝藏、包庇的人归案后被宣告无罪的，应当依照法定程序宣告窝藏、包庇行为人无罪”的提示性规定。

（二）窝藏、包庇罪一罪与数罪的问题

实践中，出于帮助同一犯罪人逃避处罚的目的，既实施窝藏又实施包庇，甚至有其他妨害司法行为的，《解释》确立了择一重罪从重处罚原则，而不实行数罪并罚。如李某故意杀人后，其妻王某明知李某犯罪，将李某的血衣清洗（焚烧），给李某一万元钱帮助其逃匿，在公安机关调查时又出假证词称李某没有作案时间。

理论上，王某分别实施了帮助毁灭证据、窝藏、包庇行为，构成帮助毁灭证据罪、窝藏罪、包庇罪。但是，王某实施这一系列行为都是基于一个故意，即帮助李某逃避刑事处罚。

我们认为，为避免机械司法，保证司法裁判结果符合人民群众朴素的正义观，对这种情形不实行数罪并罚，而是择一重罪定罪从重处罚也能实现罪责刑相适应。据此，《解释》第7条规定：“为帮助同一个犯罪的人逃避刑事处罚，实施窝藏、包庇行为，又实施洗钱行为，或者掩饰、隐瞒犯罪所得及其收益行为，或者帮助毁灭证据行为，或者伪证行为的，依照处罚较重的犯罪定罪，并从重处罚，不实行数罪并罚。”

调研中，有观点认为，妨害司法罪其他几个罪名的行为之间可能存在竞合，可以不实行数罪并罚，但掩饰、隐瞒犯罪所得及其收益行为，不仅妨害司法，还侵犯财产权，行为方式与窝藏、包庇也存在差异，不实行数罪并罚缺乏充足依据。我们认为，该观点理论上有一定道理，但《解释》第7条强调的是行为人基于一个帮助犯罪的人逃避刑事处罚的故意而实施的数个行为，各行为都是为了实现同一目的，相互间联系密切，故不实施并罚更符合主客观相统一原则。这样规定，方便基层人民法院处理此类案件，符合人民群众对法律的朴素认知和正义情感。

四、共同犯罪人之间窝藏、包庇行为的处理

有观点认为，共同犯罪人之间窝藏、包庇的，应当以其所犯共同犯罪和窝藏、包庇罪并罚。我们认为，共同犯罪人之间互相实施的窝藏、包庇行为，不能以窝藏、包庇罪定罪处罚。理由主要是：（1）共同犯罪人之间相互窝藏、包庇的，不具有期待可能性，属于事后不可罚行为。（2）窝藏、包庇犯罪的主体，应当是被窝藏、包庇犯罪以外的人，自己不能成为窝藏、包庇自己犯罪的主体，包括共同犯罪人也不属于窝藏、包庇罪的犯罪主体。因为窝藏、包庇罪的前提是明知窝藏、包庇的对象是犯罪的人，而明知当然是指自己以外的犯罪人而言。另外，从“帮助其逃匿”等用语分析，也不可能包括帮助自己逃匿。据此，《解释》第 8 条规定：“共同犯罪人之间互相实施的窝藏、包庇行为，不以窝藏、包庇罪定罪处罚，但对共同犯罪以外的犯罪人实施窝藏、包庇行为的，以所犯共同犯罪和窝藏、包庇罪并罚。”

五、关于“亲亲相隐”问题

“亲亲相隐”是中国古代刑律的一项原则，主要内容包括亲属有罪相隐，不论罪或减刑；控告应相隐的亲属要处刑；国事重罪不适用相隐原则。以儒家思想为主导的中华法系，基于维护伦理道德和家族制度目的，确立了“亲亲相隐”原则。

新中国成立后，这一原则未在法律中明确规定，司法实践中也有不同做法，比如儿子犯罪，母亲仅给了少量钱款，并未实质上影响公安机关对犯罪分子的抓捕却被判刑的例子并不鲜见。

实际上，近年来我国立法和司法解释中也有体现“亲亲相隐”原则精神的相应规定。

如《刑事诉讼法》第 193 条第 1 款规定：“经人民法院通知，证人没有正当理由不出庭作证的，人民法院可以强制其到庭，但是被告人的配偶、父母、子女除外。”《最高人民法院关于审理掩饰、隐瞒犯罪所得、犯罪所得收益刑事

案件适用法律若干问题的解释》第2条规定，掩饰、隐瞒犯罪所得及其产生的收益行为构成犯罪，但系为近亲属掩饰、隐瞒犯罪所得及其产生的收益行为，且系初犯、偶犯，又认罪、悔罪并退赃、退赔，可以认定为犯罪情节轻微，免予刑事处罚。再如《最高人民法院关于审理毒品犯罪案件适用法律若干问题的解释》第6条第3款规定："包庇走私、贩卖、运输、制造毒品的近亲属，或者为其窝藏、转移、隐瞒毒品或者毒品犯罪所得的财物，不具有本条前两款规定的'情节严重'情形，归案后认罪、悔罪、积极退赃，且系初犯、偶犯，犯罪情节轻微不需要判处刑罚的，可以免予刑事处罚。"

上述规定尚不属于典型的"亲亲相隐"制度规定。对窝藏、包庇罪中是否要规定"亲亲相隐"，争议很大。调研中不少人认为，目前对"亲亲相隐"原则作出明确的制度化规定，条件尚不成熟；在司法实践中，对犯罪人的近亲属犯窝藏、包庇犯罪的，一般也会从宽处理，因此，司法解释对该原则不明确规定，也不会影响司法办案效果。调研中有人建议，对"亲亲相隐"问题，最高人民法院可以通过发布典型案例或者解读释义的方式，指导司法办案。经慎重考虑，《解释》采纳了这一观点。

对亲属间实施的窝藏、包庇行为，可从以下4个方面把握：第一，近亲属实施窝藏、包庇行为，考虑到这类情况下的犯罪动机主要是出于亲情，而不是妨碍司法秩序，总体上可予从宽；第二，近亲属实施窝藏、包庇行为，情节较轻，且认罪悔罪的，可免予刑事处罚或者不起诉；第三，近亲属实施窝藏、包庇行为，属情节严重，但未造成严重妨害司法活动的实际后果，且认罪悔罪，可酌情从宽处罚，具有自首、立功等法定从宽处罚情节的，可以不起诉或者免予刑事处罚；第四，其他亲情和血缘关系密切的人实施窝藏、包庇行为，应与近亲属有所区别，只能参照近亲属的处罚原则适度从宽。

根据《刑事诉讼法》第108条第6项规定，近亲属是指夫、妻、父、母、子、女、同胞兄弟姊妹。实践中，其他亲情和血缘关系密切的人应当是具有下列情形之一的：（1）祖父母、外祖父母、孙子女、外孙子女；（2）三代以内旁系血亲；（3）近姻亲，即近亲属的配偶、配偶的近亲属、配偶近亲属的配偶；（4）共同生活的公婆和丧偶儿媳、岳父母和丧偶女婿；（5）具有亲情或者血缘关系且共同生活的其他亲属。上述所称子女，包括养子女、继子女。

（撰稿人：滕　伟　陆建红　田文莎）

最高人民法院　最高人民检察院
关于办理拒不执行判决、裁定刑事案件适用法律若干问题的解释

法释〔2024〕13号

（2024年1月8日最高人民法院审判委员会第1911次会议、2024年7月23日最高人民检察院第十四届检察委员会第三十四次会议通过　2024年10月30日最高人民法院、最高人民检察院公告公布　自2024年12月1日起施行）

为依法惩治拒不执行判决、裁定犯罪，确保人民法院判决、裁定依法执行，切实维护当事人合法权益，根据《中华人民共和国刑法》《中华人民共和国刑事诉讼法》《中华人民共和国民事诉讼法》《中华人民共和国行政诉讼法》等法律规定，现就办理拒不执行判决、裁定刑事案件适用法律若干问题解释如下：

第一条　被执行人、协助执行义务人、担保人等负有执行义务的人，对人民法院的判决、裁定有能力执行而拒不执行，情节严重的，应当依照刑法第三百一十三条的规定，以拒不执行判决、裁定罪处罚。

本解释所称负有执行义务的人，包括自然人和单位。

第二条　刑法第三百一十三条规定的“人民法院的判决、裁定”，是指人民法院依法作出的具有执行内容并已发生法律效力的判决、裁定。人民法院为依法执行支付令、生效的调解书、仲裁裁决、公证债权文书等所作的裁定属于该条规定的裁定。

第三条　负有执行义务的人有能力执行而拒不执行，且具有下列情形之一，应当认定为全国人民代表大会常务委员会关于刑法第三百一十三条的解释中规定的“其他有能力执行而拒不执行，情节严重的情形”：

（一）以放弃债权、放弃债权担保等方式恶意无偿处分财产权益，或者恶

意延长到期债权的履行期限，或者以虚假和解、虚假转让等方式处分财产权益，致使判决、裁定无法执行的；

（二）实施以明显不合理的高价受让他人财产、为他人的债务提供担保等恶意减损责任财产的行为，致使判决、裁定无法执行的；

（三）伪造、毁灭、隐匿有关履行能力的重要证据，以暴力、威胁、贿买方法阻止他人作证或者指使、贿买、胁迫他人作伪证，妨碍人民法院查明负有执行义务的人财产情况，致使判决、裁定无法执行的；

（四）具有拒绝报告或者虚假报告财产情况、违反人民法院限制消费令等拒不执行行为，经采取罚款、拘留等强制措施后仍拒不执行的；

（五）经采取罚款、拘留等强制措施后仍拒不交付法律文书指定交付的财物、票证或者拒不迁出房屋、退出土地，致使判决、裁定无法执行的；

（六）经采取罚款、拘留等强制措施后仍拒不履行协助行使人身权益等作为义务，致使判决、裁定无法执行，情节恶劣的；

（七）经采取罚款、拘留等强制措施后仍违反人身安全保护令、禁止从事相关职业决定等不作为义务，造成被害人轻微伤以上伤害或者严重影响被害人正常的工作生活的；

（八）以恐吓、辱骂、聚众哄闹、威胁等方法或者以拉拽、推搡等消极抗拒行为，阻碍执行人员进入执行现场，致使执行工作无法进行，情节恶劣的；

（九）毁损、抢夺执行案件材料、执行公务车辆和其他执行器械、执行人员服装以及执行公务证件，致使执行工作无法进行的；

（十）其他有能力执行而拒不执行，情节严重的情形。

第四条 负有执行义务的人有能力执行而拒不执行，且具有下列情形之一，应当认定属于“情节特别严重”的情形：

（一）通过虚假诉讼、虚假仲裁、虚假公证等方式妨害执行，致使判决、裁定无法执行的；

（二）聚众冲击执行现场，致使执行工作无法进行的；

（三）以围攻、扣押、殴打等暴力方法对执行人员进行人身攻击，致使执行工作无法进行的；

（四）因拒不执行，致使申请执行人自杀、自残或者造成其他严重后果的；

（五）其他情节特别严重的情形。

第五条　有能力执行是指负有执行义务的人有全部执行或者部分执行给付财产义务或履行特定行为义务的能力。

在认定负有执行义务的人的执行能力时，应当扣除负有执行义务的人及其所扶养家属的生活必需费用。

第六条　行为人为逃避执行义务，在诉讼开始后、裁判生效前实施隐藏、转移财产等行为，在判决、裁定生效后经查证属实，要求其执行而拒不执行的，可以认定其有能力执行而拒不执行，情节严重，以拒不执行判决、裁定罪追究刑事责任。

前款所指诉讼开始后，一般是指被告接到人民法院应诉通知后。

第七条　全国人民代表大会常务委员会关于刑法第三百一十三条的解释和本解释中规定的“致使判决、裁定无法执行”，一般是指人民法院依据法律及相关规定采取执行措施后仍无法执行的情形，包括判决、裁定全部无法执行，也包括部分无法执行。

第八条　案外人明知负有执行义务的人有能力执行而拒不执行人民法院的判决、裁定，与其通谋，协助实施隐藏、转移财产等拒不执行行为，致使判决、裁定无法执行的，以拒不执行判决、裁定罪的共犯论处。

第九条　负有执行义务的人有能力执行而拒不执行人民法院的判决、裁定，同时构成拒不执行判决、裁定罪，妨害公务罪，袭警罪，非法处置查封、扣押、冻结的财产罪等犯罪的，依照处罚较重的规定定罪处罚。

第十条　拒不执行支付赡养费、扶养费、抚养费、抚恤金、医疗费用、劳动报酬等判决、裁定，构成犯罪的，应当依法从重处罚。

第十一条　实施刑法第三百一十三条规定的拒不执行判决、裁定行为，情节显著轻微危害不大的，不认为是犯罪；在提起公诉前，履行全部或者部分执行义务，犯罪情节轻微的，可以依法不起诉。在一审宣告判决前，履行全部或者部分执行义务，犯罪情节轻微的，可以依法从轻或者免除处罚。

第十二条　对被告人以拒不执行判决、裁定罪追诉时，对其故意毁损、无偿处分、以明显不合理价格处分、虚假转让等方式违法处置的财产，应当依法予以追缴或者责令退赔，交由执行法院依法处置。

第十三条　人民检察院应当结合侦查移送情况对涉案财产进行审查，在提起公诉时对涉案财产提出明确处理意见。人民法院应当依法作出判决，对涉案财产作出处理。

第十四条 申请执行人有证据证明同时具有下列情形，人民法院认为符合刑事诉讼法第二百一十条第三项规定的，以自诉案件立案审理：

（一）负有执行义务的人拒不执行判决、裁定，侵犯了申请执行人的人身、财产权利，应当依法追究刑事责任的；

（二）申请执行人曾经提出控告，而公安机关或者人民检察院对负有执行义务的人不予追究刑事责任的。

自诉人在判决宣告前，可以同被告人自行和解或者撤回自诉。

第十五条 拒不执行判决、裁定刑事案件，一般由执行法院所在地人民法院管辖。

第十六条 本解释自2024年12月1日起施行。《最高人民法院关于审理拒不执行判决、裁定刑事案件适用法律若干问题的解释》（法释〔2015〕16号）同时废止。最高人民法院、最高人民检察院此前发布的司法解释和规范性文件与本解释不一致的，以本解释为准。

【导读与适用要点】

一、明确“有能力执行而拒不执行，情节严重”的情形

在《全国人大常委会关于〈中华人民共和国刑法〉第三百一十三条的解释》基础上，《最高人民法院、最高人民检察院关于办理拒不执行判决、裁定刑事案件适用法律若干问题的解释》（以下简称《解释》）进一步列举了十项“有能力执行而拒不执行，情节严重”的情形，主要包括以放弃债权、放弃债权担保等方式恶意无偿处分财产权益，或者恶意延长到期债权的履行期限，或者以虚假和解、虚假转让等方式处分财产权益，致使判决、裁定无法执行的；实施以明显不合理的高价受让他人财产、为他人的债务提供担保等恶意减损责任财产的行为，致使判决、裁定无法执行的；经采取罚款、拘留等强制措施后仍拒不履行协助行使人身权益等作为义务，致使判决、裁定无法执

行，情节恶劣的；以恐吓、辱骂、聚众哄闹、威胁等方法阻碍执行人员进入执行现场，致使执行工作无法进行，情节恶劣的；等等。

二、明确“情节特别严重”的情形

《解释》规定了五项负有执行义务的人有能力执行而拒不执行，“情节特别严重”的情形，主要包括通过虚假诉讼、虚假仲裁、虚假公证等方式妨害执行，致使判决、裁定无法执行的；聚众冲击执行现场，致使执行工作无法进行的；以围攻、扣押、殴打等暴力方法对执行人员进行人身攻击，致使执行工作无法进行的；因拒不执行，致使申请执行人自杀、自残或者造成其他严重后果的；以及其他情节特别严重的情形。

三、明确判决、裁定生效前隐藏、转移财产的，可以构成拒不执行判决、裁定罪

《解释》规定，行为人为逃避执行义务，在诉讼开始后、裁判生效前实施隐藏、转移财产等行为，在判决、裁定生效后经查证属实，要求其执行而拒不执行的，可以认定其有能力执行而拒不执行，情节严重，以拒不执行判决、裁定罪追究刑事责任。

四、明确案外人帮助隐藏、转移财产，可以共同犯罪追究刑事责任

《解释》规定，案外人明知负有执行义务的人有能力执行而拒不执行人民法院的判决、裁定，与其通谋，协助实施隐藏、转移财产等拒不执行行为，致使判决、裁定无法执行的，以拒不执行判决、裁定罪的共犯论处。

五、明确从重、从轻情节

关于从重情节，《解释》规定，拒不执行支付赡养费、扶养费、抚养费、抚恤金、医疗费用、劳动报酬等判决、裁定，构成犯罪的，应当依法从重处罚。关于从轻情节，《解释》规定，在提起公诉前，履行全部或者部分执行义务，犯罪情节轻微的，可以依法不起诉；在一审宣告判决前，履行全部或者部分执行义务，犯罪情节轻微的，可以依法从轻或者免除处罚。

六、明确追赃挽损程序

《解释》规定，对被告人以拒不执行判决、裁定罪追诉时，对其故意毁损、无偿处分、以明显不合理价格处分、虚假转让等方式违法处置的财产，应当依法予以追缴或者责令退赔，交由执行法院依法处置。人民检察院应当结合侦查移送情况对涉案财产进行审查，在提起公诉时对涉案财产提出明确处理意见。人民法院应当依法作出判决，对涉案财产作出处理。

（撰稿人：刘贵祥　刘慧卓）

三、妨害国（边）境管理罪

最高人民法院　最高人民检察院
关于办理妨害国（边）境管理刑事案件应用法律若干问题的解释

法释〔2012〕17号

（2012年8月20日最高人民法院审判委员会第1553次会议、2012年11月19日最高人民检察院第十一届检察委员会第82次会议通过　2012年12月12日最高人民法院、最高人民检察院公告公布　自2012年12月20日起施行）

为依法惩处妨害国（边）境管理犯罪活动，维护国（边）境管理秩序，根据《中华人民共和国刑法》《中华人民共和国刑事诉讼法》的有关规定，现就办理这类案件应用法律的若干问题解释如下：

第一条　领导、策划、指挥他人偷越国（边）境或者在首要分子指挥下，实施拉拢、引诱、介绍他人偷越国（边）境等行为的，应当认定为刑法第三百一十八条规定的“组织他人偷越国（边）境”。

组织他人偷越国（边）境人数在十人以上的，应当认定为刑法第三百一十八条第一款第（二）项规定的“人数众多”；违法所得数额在二十万元以上的，应当认定为刑法第三百一十八条第一款第（六）项规定的“违法所得数额巨大”。

以组织他人偷越国（边）境为目的，招募、拉拢、引诱、介绍、培训偷越国（边）境人员，策划、安排偷越国（边）境行为，在他人偷越国（边）境之前或者偷越国（边）境过程中被查获的，应当以组织他人偷越国（边）境罪（未遂）论处；具有刑法第三百一十八条第一款规定的情形之一的，应当在相应的法定刑幅度基础上，结合未遂犯的处罚原则量刑。

第二条　为组织他人偷越国（边）境，编造出境事由、身份信息或者相关的境外关系证明的，应当认定为刑法第三百一十九条第一款规定的“弄虚作假”。

刑法第三百一十九条第一款规定的“出境证件”，包括护照或者代替护照使用的国际旅行证件，中华人民共和国海员证，中华人民共和国出入境通行证，中华人民共和国旅行证，中国公民往来香港、澳门、台湾地区证件，边境地区出入境通行证，签证、签注，出国（境）证明、名单，以及其他出境时需要查验的资料。

具有下列情形之一的，应当认定为刑法第三百一十九条第一款规定的“情节严重”：

（一）骗取出境证件五份以上的；

（二）非法收取费用三十万元以上的；

（三）明知是国家规定的不准出境的人员而为其骗取出境证件的；

（四）其他情节严重的情形。

第三条　刑法第三百二十条规定的“出入境证件”，包括本解释第二条第二款所列的证件以及其他入境时需要查验的资料。

具有下列情形之一的，应当认定为刑法第三百二十条规定的“情节严重”：

（一）为他人提供伪造、变造的出入境证件或者出售出入境证件五份以上的；

（二）非法收取费用三十万元以上的；

（三）明知是国家规定的不准出入境的人员而为其提供伪造、变造的出入境证件或者向其出售出入境证件的；

（四）其他情节严重的情形。

第四条 运送他人偷越国（边）境人数在十人以上的，应当认定为刑法第三百二十一条第一款第（一）项规定的“人数众多”；违法所得数额在二十万元以上的，应当认定为刑法第三百二十一条第一款第（三）项规定的“违法所得数额巨大”。

第五条 偷越国（边）境，具有下列情形之一的，应当认定为刑法第三百二十二条规定的“情节严重”：

（一）在境外实施损害国家利益行为的；

（二）偷越国（边）境三次以上或者三人以上结伙偷越国（边）境的；

（三）拉拢、引诱他人一起偷越国（边）境的；

（四）勾结境外组织、人员偷越国（边）境的；

（五）因偷越国（边）境被行政处罚后一年内又偷越国（边）境的；

（六）其他情节严重的情形。

第六条 具有下列情形之一的，应当认定为刑法第六章第三节规定的“偷越国（边）境”行为：

（一）没有出入境证件出入国（边）境或者逃避接受边防检查的；

（二）使用伪造、变造、无效的出入境证件出入国（边）境的；

（三）使用他人出入境证件出入国（边）境的；

（四）使用以虚假的出入境事由、隐瞒真实身份、冒用他人身份证件等方式骗取的出入境证件出入国（边）境的；

（五）采用其他方式非法出入国（边）境的。

第七条 以单位名义或者单位形式组织他人偷越国（边）境、为他人提供伪造、变造的出入境证件或者运送他人偷越国（边）境的，应当依照刑法第三百一十八条、第三百二十条、第三百二十一条的规定追究直接负责的主管人员和其他直接责任人员的刑事责任。

第八条 实施组织他人偷越国（边）境犯罪，同时构成骗取出境证件罪、提供伪造、变造的出入境证件罪、出售出入境证件罪、运送他人偷越国（边）境罪的，依照处罚较重的规定定罪处罚。

第九条 对跨地区实施的不同妨害国（边）境管理犯罪，符合并案处理要求，有关地方公安机关依照法律和相关规定一并立案侦查，需要提请批准逮捕、移送审查起诉、提起公诉的，由该公安机关所在地的同级人民检察院、人民法院依法受理。

第十条 本解释发布实施后，《最高人民法院关于审理组织、运送他人偷越国（边）境等刑事案件适用法律若干问题的解释》（法释〔2002〕3号）不再适用。

【导读及适用要点】

一、关于组织他人偷越国（边）境罪“组织他人偷越国（边）境”“人数众多”“违法所得数额巨大”以及既遂、未遂的认定问题

《最高人民法院、最高人民检察院关于办理妨害国（边）境管理刑事案件应用法律若干问题的解释》（以下简称《解释》）第1条共分三款。根据《刑法》第318条的规定，组织他人偷越国（边）境罪是行为犯，一经实施即构成犯罪。《解释》第1条第1款明确了“组织他人偷越国（边）境”的认定标准，沿用了2002年《最高人民法院关于审理组织、运送他人偷越国（边）境等刑事案件适用法律若干问题的解释》（以下简称《2002年解释》）第1条的内容，即领导、策划、指挥他人偷越国（边）境或者在首要分子指挥下，实施拉拢、引诱、介绍他人偷越国（边）境等行为的，应当认定为“组织他人偷越国（边）境”。司法实践中，实施组织偷越国（边）境犯罪活动的绝大多数是犯罪集团，这里按照犯罪分子在犯罪集团中所起的不同作用，分两个层次进行界定：第一层是对领导、策划、指挥他人偷越国（边）境的规定为“组织”行为，这也是司法实践中最为典型的“组织”行为；第二层是领导、策划、指挥者之外的其他人员，在首要分子指挥下，实施拉拢、引诱、介绍他人偷越国（边）境等行为的，也属于“组织”行为。

根据《刑法》第318条的规定，对于组织他人偷越国（边）境集团的首要分子；多次组织他人偷越国（边）境或者组织他人偷越国（边）境人数众

多的；造成被组织人重伤、死亡的；剥夺或者限制被组织人人身自由的；以暴力、威胁方法抗拒检查的；违法所得数额巨大的；有其他特别严重情节的，处七年以上有期徒刑或者无期徒刑，并处罚金或者没收财产。

《解释》第1条第2款明确了组织他人偷越国（边）境"人数众多""违法所得数额巨大"的认定标准。本款中关于"人数众多"的认定标准，沿用了《2002年解释》第2条的内容，即组织他人偷越国（边）境人数在10人以上的，应当认定为"人数众多"。这样规定主要是考虑到《刑法》分则规定的"多人""多次"，一般掌握在3人或3次以上，"人数众多"掌握在"多人""多次"的3倍左右比较适宜。本款还规定违法所得数额在20万元以上的，应当认定为"违法所得数额巨大"，这是根据目前司法实践中相关案件涉案数额的平均数估算，并在征求有关部门意见的基础上确定的。

《解释》第1条第3款明确了组织他人偷越国（边）境罪的既遂、未遂认定标准问题，规定："以组织他人偷越国（边）境为目的，招募、拉拢、引诱、介绍、培训偷越国（边）境人员，策划、安排偷越国（边）境行为，在他人偷越国（边）境之前或者偷越国（边）境过程中被查获的，应当以组织他人偷越国（边）境罪（未遂）论处；具有《刑法》第318条第1款规定的情形之一的，应当在相应的法定刑幅度基础上，结合未遂犯的处罚原则量刑。"实践中经常出现犯罪集团在实施了为偷越国（边）境人员骗取出境证件、进行培训等行为后，在被组织人员尚未出境或者出境时即被公安人员查获的情形。一些地方司法机关对此类案件处理有不同认识。有意见认为，偷越国（边）境人员并未出境，"组织"行为就无从谈起，故不构成组织他人偷越国（边）境罪。司法实践中，在已掌握有关团伙或个人组织他人偷越国（边）境犯罪事实及相关证据的情况下，公安机关部署大量警力对犯罪嫌疑人实施监控，待偷越国（边）境人员通过边境检查时实施抓捕。上述意见往往使公安机关办案陷于被动，既浪费大量司法资源，也不利于及时、有效地查处犯罪。因此，有必要对此问题予以明确。

经研究认为，只有被组织偷越国（边）境人员通过边境检查后才能认定为犯罪的观点，明显不妥。根据《刑法》的规定和刑法理论，只要行为人已着手实施组织他人偷越国（边）境行为，即使被组织者尚未越过国（边）境，也已构成组织他人偷越国（边）境罪，只是此种情形下，究竟是犯罪既遂还是犯罪未遂，需要进一步研究。对此，有两种不同意见：一种意见认为，应认定为组织他人偷越国（边）境罪既遂，理由是：组织他人偷越国（边）境罪是行为犯，只要完成了“组织”行为，不论被组织者是否成功越过国（边）境，均已构成既遂。另一种意见认为，应认定为组织他人偷越国（边）境罪未遂，理由是：只有被组织者成功越过国（边）境，才对国（边）境管理秩序构成实际妨害，才能认定为犯罪既遂。组织他人后，他人尚未偷越国（边）境的，应以组织他人偷越国（边）境罪未遂论处为宜，这样既符合通行的犯罪构成理论，也符合罪刑相适应原则。经研究，采纳后一种意见。

二、关于骗取出境证件罪“弄虚作假”“情节严重”的认定标准以及“出境证件”的范围

《解释》第 2 条共分三款。根据《刑法》第 319 条的规定，骗取出境证件罪，是指以劳务输出、经贸往来或者其他名义，弄虚作假，骗取护照、签证等出境证件，为组织他人偷越国（边）境使用的行为。《解释》第 2 条第 1 款规定了骗取出境证件罪“弄虚作假”的行为方式。实践中，“弄虚作假”主要表现为编造出境事由，或者编造身份信息，或者编造相关的境外关系证明，并以此向出入境管理机关骗取合法的出境证件的行为。因此，本款将“为组织他人偷越国（边）境，编造出境事由、身份信息或者相关的境外关系证明”明确为骗取出境证件罪的“弄虚作假”。

《解释》第 2 条第 2 款规定了骗取出境证件罪中“出境证件”的范围。2002 年《公安部出境入境边防检查行政处罚实施办法》中将“出境入境证件”规定为“护照或代替护照使用的国际旅行证件、签证、签注、出国（境）证明、名单，以及其他出境、入境时需要查验的资料”。本款在这一规定基础上将“出境证件”进一步细化，规定为“护照或者代替护照使用的国际旅行证件，中华人民共和国海员证，中华人民共和国出入境通行证，中华人民共和国旅行证，中国公民往来香港、澳门、台湾地区证件，边境地区出入境通行证，签证、签注，出国（境）证明、名单，以及其他出境时需要查验的资料”。这样规定便于公安边检人员在具体执法时掌握，同时也避免公、检、法机关在办案中发生分歧。

根据《刑法》第 319 条的规定，骗取出境证件，情节严重的，处三年以

上十年以下有期徒刑，并处罚金。《解释》第2条第3款规定了骗取出境证件罪“情节严重”的认定标准。其中，第1项、第2项沿用了《2002年解释》的规定，即骗取出境证件5份以上的，或者非法收取费用30万元以上的。第3项“明知是国家规定的不准出境的人员而为其骗取出境证件”，具体是指明知是《出境入境管理法》(2012年6月30日通过，自2013年7月1日起施行）第12条所规定的不准出境的人员而为其骗取出境证件的行为。根据《出境入境管理法》第12条的规定，中国公民有下列情形之一的，不准出境：（1）未持有效出境入境证件或者拒绝、逃避接受边防检查的；（2）被判处刑罚尚未执行完毕或者属于刑事案件被告人、犯罪嫌疑人的；（3）有未了结的民事案件，人民法院决定不准出境的；（4）因妨害国（边）境管理受到刑事处罚或者因非法出境、非法居留、非法就业被其他国家或者地区遣返，未满不准出境规定年限的；（5）可能危害国家安全和利益，国务院有关主管部门决定不准出境的；（6）法律、行政法规规定不准出境的其他情形。《解释》第2条第3款第3项具体表述为“国家规定的不准出境的人员”，本项规定旨在从一定程度上遏制贪官等涉案人员外逃的现象。第4项“其他情节严重的情形”为兜底条款。

三、关于提供伪造、变造的出入境证件罪和出售出入境证件罪“情节严重”的认定标准以及“出入境证件”的范围

《解释》第3条共分二款。根据《刑法》第320条的规定，提供伪造、变造的出入境证件罪、出售出入境证件罪，是指为他人提供伪造、变造的护照、签证等出入境证件，或者出售护照、签证等出入境证件的行为。《解释》第3条第1款规定了提供伪造、变造的出入境证件罪和出售出入境证件罪中“出入境证件”的范围，包括《解释》第2条第2款规定的骗取出境证件罪中的“出境证件”，以及其他入境时需要查验的资料。

根据《刑法》第320条的规定，提供伪造、变造的出入境证件或者出售出入境证件，情节严重的，处五年以上有期徒刑，并处罚金。《解释》第2条第2款规定了提供伪造、变造的出入境证件罪和出售出入境证件罪“情节严重”的认定标准。其中，第1项、第2项、第4项沿用了《2002年解释》的规定，即为他人提供伪造、变造的出入境证件或者出售出入境证件5份以上

的，或者非法收取费用30万元以上的，或者其他情节严重的情形。同时，增加了第3项“明知是国家规定的不准出入境的人员而为其提供伪造、变造的出入境证件或者向其出售出入境证件”的情形，旨在从一定程度上遏制贪官等涉案人员外逃的现象。

四、关于运送他人偷越国（边）境罪“人数众多”“违法所得数额巨大”的认定标准

根据《刑法》第321条的规定，运送他人偷越国（边）境罪是行为犯，一经实施即构成犯罪。对于多次实施运送行为或者运送人数众多的；所使用的船只、车辆等交通工具不具备必要的安全条件，足以造成严重后果的；违法所得数额巨大的；有其他特别严重情节的，处五年以上十年以下有期徒刑，并处罚金。《解释》第4条明确了运送他人偷越国（边）境罪“人数众多”“违法所得数额巨大”的认定标准，规定运送他人偷越国（边）境人数在10人以上的，应当认定为“人数众多”；违法所得数额在20万元以上的，应当认定为“违法所得数额巨大”。上述数额数量标准是根据目前司法实践中相关案件涉案数额数量的平均数估算的，并保持大体平衡。例如，实践中偷越国（边）境案件因目的地不同而收费不一，从几千元到几十万元不等，平均一个人2万元左右，违法所得数额20万元大致相当于运送10人偷越国（边）境。

五、关于偷越国（边）境罪的定罪量刑标准

根据《刑法》第322条的规定，违反国（边）境管理法规，偷越国（边）境，情节严重的，构成偷越国（边）境罪。《解释》第5条列举了6种“情节严重”的情形。其中，第1项“在境外实施损害国家利益行为的”，第2项“偷越国（边）境三次以上”，第3项“拉拢、引诱他人一起偷越国（边）境的”，第5项“因偷越国（边）境被行政处罚后一年内又偷越国（边）境的”，第6项“其他情节严重的情形”均沿用了《2002年解释》的规定。此外，第2项“三人以上结伙偷越国（边）境”和第4项“勾结境外组织、人员偷越国（边）境”的规定，是根据有关部门的意见新增加的内容，主要是针对结伙非法出境或者偷越国（边）境参加危害国家安全活动的人员，解决目前对阻截

的此类非法出境人员难以打击处理的问题。

研究起草《解释》过程中，还有意见认为，偷越国（边）境行为包括偷越出境和偷越入境的行为，对偷越出境后再偷越入境的，偷越次数应计算为2次，建议在《解释》中明确偷越国（边）境行为次数认定标准。经研究认为，该问题比较复杂，偷越国（边）境的人员可能有边民、我国公民、外国人（包括无国籍人），应当区分情况予以处理，做到合情、合理、合法，不宜一概而论，《解释》中没有作统一明确规定。

六、关于《刑法》第六章第三节“偷越国（边）境”的认定问题

《刑法》第六章第三节“妨害国（边）境管理罪”中各相关罪名都涉及“偷越国（边）境”的理解和认定问题。《解释》第6条明确了《刑法》第六章第三节“偷越国（边）境”的认定问题。传统形式的“偷越国（边）境”，是指使用伪造、变造的假证件在设关处越境，或者在不设关处秘密越境。本条第1项至第3项规定的没有出入境证件出入国（边）境或者逃避接受边防检查，使用伪造、变造、无效的出入境证件出入国（边）境，使用他人出入境证件出入国（边）境的情形，即属于传统形式的“偷越国（边）境”。

但是，目前越来越多的情况则是“骗证出境”，即隐瞒真实的出入境意图，编造出入境事由，骗取合法的出入境证件出境，如以旅游、考察等名义，弄虚作假，骗取出入境证件后非法滞留国外打工或者以第二国为中转，前往第三国。对骗证出境是否属于偷越国（边）境，存在不同认识。有意见认为，《公民出境入境管理法》[①] 第9条规定：“有下列情形之一的，边防检查机关有权阻止出境，并依法处理：（一）持用无效出境证件的；（二）持用他人出境证件的；（三）持用伪造或者涂改的出境证件的。”[②] 据此，对骗证出境的，由于相关证件真实有效，系有权机关核发的，不能认定为“偷越国（边）境”。还有意见认为，行为人持合法证件出境，并没有实施偷越国（边）境的行为，其取道第二国，前往第三国，妨害了第二国、第三国的国（边）境管理秩序，并没有妨害我国的国（边）境管理秩序，因此不应对此类行为追究刑事责任。

---

① 《出境入境管理法》自2013年7月1日起施行。《外国人入境出境管理法》和《公民出境入境管理法》同时废止。

② 对应《出境入境管理法》第12条。

经研究认为，对骗证出境的应认定为“偷越国（边）境”。主要考虑：一是从目前司法实践看，采用无证或者使用伪造、变造、无效的证件出入国（边）境的已极为少见，更多的是骗证出境。对此类行为若不认定为“偷越国（边）境”，不利于维护国（边）境管理秩序，也无法满足司法实践的需要。二是骗取的证件尽管形式合法，但实质与伪造、变造、无效的证件无异，行为人持骗取的证件出入境，同样规避了有关机关的监管，扰乱了国（边）境管理秩序，损害了我国的国际形象。三是根据《刑法》第319条的规定，以劳务输出、经贸往来或者其他名义，弄虚作假，骗取护照、签证等出境证件，为组织他人偷越国（边）境使用的，构成骗取出境证件罪。该罪以“为组织他人偷越国（边）境使用”为构成要件。据此，骗证出境的显然也应属于偷越国（边）境。否则，该罪在任何情况下都不能成立，《刑法》第319条就成了空文。四是根据《出境入境管理法》第71条的规定，持用伪造、变造、骗取的出境入境证件出境入境的，处1000元以上5000元以下罚款；情节严重的，处5日以上10日以下拘留，可以并处2000元以上1万元以下罚款。据此，使用骗取的出入境证件出境入境，与持有伪造、变造的出入境证件出境入境一样，都属于偷越国（边）境的违法行为，将骗证出境认定为“偷越国（边）境”，符合相关法律、行政法规的规定，也符合当前实际情况。因此，本条第4项规定，使用以虚假的出入境事由、隐瞒真实身份、冒用他人身份证件等方式骗取的出入境证件出入国（边）境的，也属于“偷越国（边）境”。

七、关于以单位名义或者单位形式实施妨害国（边）境管理行为的处理问题

《解释》第7条明确了以单位名义或者单位形式实施妨害国（边）境管理犯罪，应当追究直接负责的主管人员和其他直接责任人员的刑事责任。

《刑法》第318条、第320条、第321条规定的妨害国（边）境管理犯罪是自然人犯罪。但在司法实践中，不少妨害国（边）境管理犯罪往往是由一些中介机构、旅行社等以单位名义或者单位形式组织实施的，相关司法机关查处这类案件后，往往难以处理。因此，《解释》专设一条予以规定，主要考虑：一是对以单位名义或者单位形式实施妨害国（边）境管理犯罪追究直接负责的主管人员和其他直接责任人员的刑事责任，是司法实践的现实需要。

实践中，多数组织他人偷越国（边）境、提供伪造、变造的出入境证件、出售出入境证件和运送他人偷越国（边）境等犯罪是由一些中介机构所为，这些公司并不是为了进行违法犯罪而设立，设立后也不是以实施犯罪为主要活动。如果司法解释不作出明确规定，司法机关对此种行为难以追究刑事责任，实践中将导致不少妨害国（边）境管理的行为无法得到有效惩治。二是对以单位名义或者单位形式实施犯罪的案件追究直接负责的主管人员和其他直接责任人员的刑事责任，在最高人民法院、最高人民检察院已有司法解释中有先例可循，这样规定符合《刑法》的立法本意。例如，2011 年《最高人民法院、最高人民检察院关于办理危害计算机信息系统安全刑事案件应用法律若干问题的解释》第 8 条就有相关规定。

八、关于妨害国（边）境管理犯罪涉及的罪数问题

《解释》第 8 条明确了实施妨害国（边）境管理犯罪的牵连、竞合处断原则。行为人实施组织他人偷越国（边）境犯罪，可能同时构成骗取出境证件罪、提供伪造、变造的出入境证件罪、出售出入境证件罪、运送他人偷越国（边）境罪等其他犯罪，依照“从一重处断原则”处理。

九、关于妨害国（边）境管理犯罪案件的管辖权问题

《解释》第 9 条明确了办理妨害国（边）境管理犯罪案件的管辖权问题。司法实践中，公、检、法机关对妨害国（边）境管理犯罪案件的管辖问题经常发生分歧，一些案件被分案起诉、分案审理或者数次移交，直接导致办案成本上升，也影响打击效果。因此，《解释》参照 2007 年《最高人民法院、最高人民检察院关于办理与盗窃、抢劫、诈骗、抢夺机动车相关刑事案件具体应用法律若干问题的解释》第 5 条的规定，对管辖问题予以明确，即对跨地区实施的不同妨害国（边）境管理犯罪，符合并案处理要求，有关地方公安机关依照法律和相关规定一并立案侦查，需要提请批准逮捕、移送审查起诉、提起公诉的，由该公安机关所在地的同级人民检察院、人民法院依法受理。

十、关于《解释》的效力规定

《解释》第10条是关于《解释》的效力规定。由于《解释》的内容已完全涵盖《2002年解释》，因此，《解释》公布施行后，《2002年解释》不再适用。

（撰稿人：陈国庆　韩耀元　吴峤滨）

四、妨害文物管理罪

最高人民法院　最高人民检察院
关于办理妨害文物管理等刑事案件适用法律若干问题的解释

法释〔2015〕23号

（2015年10月12日最高人民法院审判委员会第1663次会议、2015年11月18日最高人民检察院第十二届检察委员会第43次会议通过　2015年12月30日最高人民法院、最高人民检察院公告公布　自2016年1月1日起施行）

为依法惩治文物犯罪，保护文物，根据《中华人民共和国刑法》《中华人民共和国刑事诉讼法》《中华人民共和国文物保护法》的有关规定，现就办理此类刑事案件适用法律的若干问题解释如下：

第一条　刑法第一百五十一条规定的“国家禁止出口的文物”，依照《中华人民共和国文物保护法》规定的“国家禁止出境的文物”的范围认定。

走私国家禁止出口的二级文物的，应当依照刑法第一百五十一条第二款的规定，以走私文物罪处五年以上十年以下有期徒刑，并处罚金；走私国家禁止出口的一级文物的，应当认定为刑法第一百五十一条第二款规定的“情节特别严重”；走私国家禁止出口的三级文物的，应当认定为刑法第一百五十一条第二款规定的“情节较轻”。

走私国家禁止出口的文物，无法确定文物等级，或者按照文物等级定罪量刑明显过轻或者过重的，可以按照走私的文物价值定罪量刑。走私的文物价值在二十万元以上不满一百万元的，应当依照刑法第一百五十一条第二款的规定，以走私文物罪处五年以上十年以下有期徒刑，并处罚金；文物价值在一百万元以上的，应当认定为刑法第一百五十一条第二款规定的“情节特别严重”；文物价值在五万元以上不满二十万元的，应当认定为刑法第一百五十一条第二款规定的“情节较轻”。

第二条 盗窃一般文物、三级文物、二级以上文物的，应当分别认定为刑法第二百六十四条规定的“数额较大”“数额巨大”“数额特别巨大”。

盗窃文物，无法确定文物等级，或者按照文物等级定罪量刑明显过轻或者过重的，按照盗窃的文物价值定罪量刑。

第三条 全国重点文物保护单位、省级文物保护单位的本体，应当认定为刑法第三百二十四条第一款规定的“被确定为全国重点文物保护单位、省级文物保护单位的文物”。

故意损毁国家保护的珍贵文物或者被确定为全国重点文物保护单位、省级文物保护单位的文物，具有下列情形之一的，应当认定为刑法第三百二十四条第一款规定的“情节严重”：

（一）造成五件以上三级文物损毁的；

（二）造成二级以上文物损毁的；

（三）致使全国重点文物保护单位、省级文物保护单位的本体严重损毁或者灭失的；

（四）多次损毁或者损毁多处全国重点文物保护单位、省级文物保护单位的本体的；

（五）其他情节严重的情形。

实施前款规定的行为，拒不执行国家行政主管部门作出的停止侵害文物的行政决定或者命令的，酌情从重处罚。

第四条 风景名胜区的核心景区以及未被确定为全国重点文物保护单位、省级文物保护单位的古文化遗址、古墓葬、古建筑、石窟寺、石刻、壁画、近代现代重要史迹和代表性建筑等不可移动文物的本体，应当认定为刑法第三百二十四条第二款规定的“国家保护的名胜古迹”。

故意损毁国家保护的名胜古迹，具有下列情形之一的，应当认定为刑法第三百二十四条第二款规定的“情节严重”：

（一）致使名胜古迹严重损毁或者灭失的；

（二）多次损毁或者损毁多处名胜古迹的；

（三）其他情节严重的情形。

实施前款规定的行为，拒不执行国家行政主管部门作出的停止侵害文物的行政决定或者命令的，酌情从重处罚。

故意损毁风景名胜区内被确定为全国重点文物保护单位、省级文物保护单位的文物的，依照刑法第三百二十四条第一款和本解释第三条的规定定罪量刑。

第五条　过失损毁国家保护的珍贵文物或者被确定为全国重点文物保护单位、省级文物保护单位的文物，具有本解释第三条第二款第一项至第三项规定情形之一的，应当认定为刑法第三百二十四条第三款规定的“造成严重后果”。

第六条　出售或者为出售而收购、运输、储存《中华人民共和国文物保护法》规定的“国家禁止买卖的文物”的，应当认定为刑法第三百二十六条规定的“倒卖国家禁止经营的文物”。

倒卖国家禁止经营的文物，具有下列情形之一的，应当认定为刑法第三百二十六条规定的“情节严重”：

（一）倒卖三级文物的；

（二）交易数额在五万元以上的；

（三）其他情节严重的情形。

实施前款规定的行为，具有下列情形之一的，应当认定为刑法第三百二十六条规定的“情节特别严重”：

（一）倒卖二级以上文物的；

（二）倒卖三级文物五件以上的；

（三）交易数额在二十五万元以上的；

（四）其他情节特别严重的情形。

第七条 国有博物馆、图书馆以及其他国有单位，违反文物保护法规，将收藏或者管理的国家保护的文物藏品出售或者私自送给非国有单位或者个人的，依照刑法第三百二十七条的规定，以非法出售、私赠文物藏品罪追究刑事责任。

第八条 刑法第三百二十八条第一款规定的“古文化遗址、古墓葬”包括水下古文化遗址、古墓葬。“古文化遗址、古墓葬”不以公布为不可移动文物的古文化遗址、古墓葬为限。

实施盗掘行为，已损害古文化遗址、古墓葬的历史、艺术、科学价值的，应当认定为盗掘古文化遗址、古墓葬罪既遂。

采用破坏性手段盗窃古文化遗址、古墓葬以外的古建筑、石窟寺、石刻、壁画、近代现代重要史迹和代表性建筑等其他不可移动文物的，依照刑法第二百六十四条的规定，以盗窃罪追究刑事责任。

第九条 明知是盗窃文物、盗掘古文化遗址、古墓葬等犯罪所获取的三级以上文物，而予以窝藏、转移、收购、加工、代为销售或者以其他方法掩饰、隐瞒的，依照刑法第三百一十二条的规定，以掩饰、隐瞒犯罪所得罪追究刑事责任。

实施前款规定的行为，事先通谋的，以共同犯罪论处。

第十条 国家机关工作人员严重不负责任，造成珍贵文物损毁或者流失，具有下列情形之一的，应当认定为刑法第四百一十九条规定的“后果严重”：

（一）导致二级以上文物或者五件以上三级文物损毁或者流失的；

（二）导致全国重点文物保护单位、省级文物保护单位的本体严重损毁或者灭失的；

（三）其他后果严重的情形。

第十一条 单位实施走私文物、倒卖文物等行为，构成犯罪的，依照本解释规定的相应自然人犯罪的定罪量刑标准，对直接负责的主管人员和其他直接责任人员定罪处罚，并对单位判处罚金。

公司、企业、事业单位、机关、团体等单位实施盗窃文物，故意损毁文物、名胜古迹，过失损毁文物，盗掘古文化遗址、古墓葬等行为的，依照本解释规定的相应定罪量刑标准，追究组织者、策划者、实施者的刑事责任。

第十二条 针对不可移动文物整体实施走私、盗窃、倒卖等行为的，根据所属不可移动文物的等级，依照本解释第一条、第二条、第六条的规定定罪量刑：

（一）尚未被确定为文物保护单位的不可移动文物，适用一般文物的定罪量刑标准；

（二）市、县级文物保护单位，适用三级文物的定罪量刑标准；

（三）全国重点文物保护单位、省级文物保护单位，适用二级以上文物的定罪量刑标准。

针对不可移动文物中的建筑构件、壁画、雕塑、石刻等实施走私、盗窃、倒卖等行为的，根据建筑构件、壁画、雕塑、石刻等文物本身的等级或者价值，依照本解释第一条、第二条、第六条的规定定罪量刑。建筑构件、壁画、雕塑、石刻等所属不可移动文物的等级，应当作为量刑情节予以考虑。

第十三条　案件涉及不同等级的文物的，按照高级别文物的量刑幅度量刑；有多件同级文物的，五件同级文物视为一件高一级文物，但是价值明显不相当的除外。

第十四条　依照文物价值定罪量刑的，根据涉案文物的有效价格证明认定文物价值；无有效价格证明，或者根据价格证明认定明显不合理的，根据销赃数额认定，或者结合本解释第十五条规定的鉴定意见、报告认定。

第十五条　在行为人实施有关行为前，文物行政部门已对涉案文物及其等级作出认定的，可以直接对有关案件事实作出认定。

对案件涉及的有关文物鉴定、价值认定等专门性问题难以确定的，由司法鉴定机构出具鉴定意见，或者由国务院文物行政部门指定的机构出具报告。其中，对于文物价值，也可以由有关价格认证机构作出价格认证并出具报告。

第十六条　实施本解释第一条、第二条、第六条至第九条规定的行为，虽已达到应当追究刑事责任的标准，但行为人系初犯，积极退回或者协助追回文物，未造成文物损毁，并确有悔罪表现的，可以认定为犯罪情节轻微，不起诉或者免予刑事处罚。

实施本解释第三条至第五条规定的行为，虽已达到应当追究刑事责任的标准，但行为人系初犯，积极赔偿损失，并确有悔罪表现的，可以认定为犯罪情节轻微，不起诉或者免予刑事处罚。

第十七条　走私、盗窃、损毁、倒卖、盗掘或者非法转让具有科学价值的古脊椎动物化石、古人类化石的，依照刑法和本解释的有关规定定罪量刑。

第十八条 本解释自2016年1月1日起施行。本解释公布施行后，《最高人民法院、最高人民检察院关于办理盗窃、盗掘、非法经营和走私文物的案件具体应用法律的若干问题的解释》[法（研）发〔1987〕32号]同时废止；之前发布的司法解释与本解释不一致的，以本解释为准。

【导读及适用要点】

一、走私文物罪的定罪量刑标准

《最高人民法院、最高人民检察院关于办理妨害文物管理等刑事案件适用法律若干问题的解释》(以下简称《解释》) 第1条对走私文物罪的对象和定罪量刑标准作了明确。根据《刑法》第151条的规定，走私文物罪的对象为"国家禁止出口的文物"。而《文物保护法》只有"国家禁止出境的文物"的概念，没有"国家禁止出口的文物"的概念。据向国家文物局了解，"国家禁止出口的文物"与"国家规定禁止出境的文物"为不同法律表述之差别，其语义相同。国家文物局专门发布了《文物出境审核标准》，对哪些文物禁止出境作了明确。目前，全国设立了19个文物进出境审核机构，对所涉文物是否允许出境进行鉴别。因此，《解释》第1条第1款规定，《刑法》第151条规定的"国家禁止出口的文物"，依照《文物保护法》规定的"国家禁止出境的文物"的范围认定。

关于走私文物罪的定罪量刑标准，《解释》在2014年《最高人民法院、最高人民检察院关于办理走私刑事案件适用法律若干问题的解释》第8条规定的基础上，对走私文物罪的定罪量刑确立了新的规则，即以走私文物的等级作为主要标准、以走私文物的价值作为辅助标准。根据《文物保护法》的规定，可移动文物分为珍贵文物和一般文物；珍贵文物分为一级文物、二级文物、三级文物。按照《文物保护法》第36条①规定，博物馆、图书馆和

① 对应《文物保护法》(2024年修订，2025年3月1日施行) 第51条。

其他文物收藏单位收藏的文物，应当区分等级，设置藏品档案。据此，一般而言，国有文物（特别是国有馆藏文物）是有文物等级的。根据已开展的馆藏珍贵文物数据调查，国有馆藏珍贵文物 166 万余件，其中一级文物 48006 件，二级文物 224249 件，三级文物 1388020 件；而对于少数尚未作文物等级认定的文物，也可以在案发后认定文物等级。而就非国有文物（包括非国有馆藏文物和民间收藏文物）而言，有些非国有馆藏文物（如民营博物馆）也对藏品进行等级认定，具有相应的等级。因此《解释》第 1 条第 2 款根据走私文物的等级，确定了相应的定罪量刑标准：走私国家禁止出口的二级文物的，应当依照《刑法》第 151 条第 2 款的规定，以走私文物罪处五年以上十年以下有期徒刑，并处罚金；走私国家禁止出口的一级文物的，应当认定为《刑法》第 151 条第 2 款规定的“情节特别严重”；走私国家禁止出口的三级文物的，应当认定为《刑法》第 151 条第 2 款规定的“情节较轻”。

实践中，走私文物案件存在两种情形无法或者不宜按照文物等级定罪量刑：其一，不少走私出境的文物（特别是出土文物）在案发前并未确定文物等级，案发后文物未能追回，无法确定文物等级。其二，由于文物等级确定主要考虑历史、艺术、文化价值，故一些经济价值大的文物等级可能不高（如古玉器）或者虽属文物但存量众多、文物价值不大（如古钱币），如按文物等级定罪量刑可能导致明显过轻或者过重。因此，《解释》第 1 条第 3 款根据走私的文物价值，确定了相应的定罪量刑标准，即走私国家禁止出口的文物，无法确定文物等级，或者按照文物等级定罪量刑明显过轻或者过重的，可以按照走私的文物价值定罪量刑。具体而言，走私的文物价值在二十万元以上不满一百万元的，应当依照《刑法》第 151 条第 2 款的规定，以走私文物罪处五年以上十年以下有期徒刑，并处罚金；文物价值在一百万元以上的，应当认定为《刑法》第 151 条第 2 款规定的“情节特别严重”；文物价值在五万元以上不满二十万元的，应当认定为《刑法》第 151 条第 2 款规定的“情节较轻”。需要注意的是，根据《解释》第 1 条第 3 款规定，当既有文物等级标准又有文物价值标准时，并非简单地一律根据处罚重的或者处罚轻的标准定罪量刑，而是在根据文物等级定罪量刑确实畸轻畸重时，赋予法官一定的自由裁量权，由其根据全案情节，准确判断犯罪行为的社会危害性，转而适用文物价值标准，以确保罚当其罪，取得更好的裁判效果。

二、盗窃文物犯罪的定罪量刑标准

2013年《最高人民法院、最高人民检察院关于办理盗窃刑事案件适用法律若干问题的解释》(以下简称《办理盗窃刑事案件解释》)第9条第1款规定:"盗窃国有馆藏一般文物、三级文物、二级以上文物的,应当分别认定为刑法第二百六十四条规定的'数额较大'、'数额巨大'、'数额特别巨大'。"该款规定针对的是国有馆藏文物,未对盗窃其他国有文物和非国有文物依据文物等级明确定罪量刑标准,有必要作进一步完善。在此基础上,《解释》第2条对盗窃文物的定罪量刑标准确立了新的规则,即以被盗文物的等级作为主要标准、以被盗文物的价值作为辅助标准。具体而言,盗窃一般文物、三级文物、二级以上文物的,应当分别认定为《刑法》第264条规定的"数额较大""数额巨大""数额特别巨大"。盗窃文物,无法确定文物等级,或者按照文物等级定罪量刑明显过轻或者过重的,按照盗窃的文物价值定罪量刑。同理,在办理盗窃文物犯罪案件时,既有文物等级标准又有文物价值标准的,要综合全案情况妥当确定应当适用的标准,确保罪责刑相适应。

三、损毁文物犯罪的定罪量刑标准

损毁文物犯罪主要是指《刑法》第324条规定的故意损毁文物罪、故意损毁名胜古迹罪和过失损毁文物罪。《解释》第3条至第5条对该三种犯罪的定罪量刑标准作了明确规定。对此,需要说明以下几点:

一是"被确定为全国重点文物保护单位、省级文物保护单位的文物"的认定。根据《刑法》第324条第1款的规定,故意损毁文物罪的对象为"国家保护的珍贵文物或者被确定为全国重点文物保护单位、省级文物保护单位的文物",即包括可移动文物中的一、二、三级文物和不可移动文物中的全国重点文物保护单位、省级文物保护单位。经过第三次全国文物普查,我国境内登记的不可移动文物共766722处,其中全国重点文物保护单位4296处。需要说明的是,对于故意损毁珍贵文物,实践中不存在争议。但是,对于故意损毁"被确定为全国重点文物保护单位、省级文物保护单位的文物"的具体涵义,则存在不同认识。《文物保护法实施条例》第9条第1款规定:"文物保护单位的保护范围,是指对文物保护单位本体及周围一定范围实施重点保护的区域。”因此，究竟是文物保护单位的保护范围都可以成为故意损毁文物罪的对象，还是限于文物保护单位本体，需要作出明确。经研究认为，《刑法》第 324 条第 1 款的表述是“被确定为全国重点文物保护单位、省级文物保护单位的文物”，明显未将文物保护单位本体周围一定范围实施重点保护的区域规定在内，故《解释》第 3 条第 1 款将“被确定为全国重点文物保护单位、省级文物保护单位的文物”明确为全国重点文物保护单位、省级文物保护单位的本体，而不包括周边的保护范围。顺带需要提及的是，基于切实维护文物安全和顺利办理相关案件的需要，文物行政部门宜明确包括全国重点文物保护单位、省级文物保护单位在内的不可移动文物的本体构成，并通过政府信息公开渠道向社会公布。

二是“国家保护的名胜古迹”的认定。根据《刑法》第 324 条第 2 款的规定，故意损毁名胜古迹罪的对象为“国家保护的名胜古迹”。《解释》第 4 条第 1 款将故意损毁文物罪的对象以外的不可移动文物（市、县级文物保护单位及未被确定为文物保护单位的不可移动文物）理解为“古迹”，将风景名胜区理解为“名胜”。主要考虑如下：（1）上述解释符合我国法律和国际通用概念。《文物保护法》虽未使用“古迹”的概念，但其对“不可移动文物”的规定，基本等同于“古迹”的概念。而国际上通常使用“古迹”的概念，如《国际古迹遗址理事会章程》《国际古迹保护与修复宪章》等，均将“古迹”定义为历史建筑和遗址。综上，可以将不可移动文物理解为“古迹”。由于《刑法》已将全国重点文物保护单位、省级文物保护单位纳入故意损毁文物罪的保护范围，故故意损毁名胜古迹罪中的“古迹”应当是指全国重点文物保护单位、省级文物保护单位的文物以外的不可移动文物。（2）上述解释符合司法实践的一贯理解。1987 年《最高人民法院、最高人民检察院关于办理盗窃、盗掘、非法经营和走私文物的案件具体应用法律的若干问题的解释》（以下简称《1987 年解释》）[①] 将名胜古迹界定为“古墓葬、古遗址、古建筑、古石刻、革命遗址、革命纪念建筑物、风景名胜区等”，即包括不可移动文物和风景名胜区，而司法实践中一直按此界定把握。（3）上述解释同立法工作机关相关著作的观点一致。如全国人大常委会法工委刑法室的著述认为：“名胜古迹是

① 已失效。

指可供人游览的著名风景区以及虽未被人民政府核定公布为文物保护单位但也具有一定历史意义的古建筑、雕塑、石刻等历史陈迹。”[①]需要说明的是，基于与故意损毁文物罪的对象界定相同的考虑，《解释》将故意损毁名胜古迹罪的对象明确为风景名胜区的核心景区、不可移动文物的本体，而不包括周边的保护范围。

三是损毁文物犯罪的定罪量刑标准。根据司法实践的情况，《解释》第3条至第5条以损毁文物的级别、数量、损毁的次数、程度等对故意损毁文物犯罪的定罪量刑标准作了明确。从司法实践看，行为人故意损毁文物，拒不执行国家行政主管部门作出的停止侵害文物的行政决定或者命令的，主观恶性和社会危害性相对更大，应当从重惩处。因此，《解释》第3条第3款、第4条第3款规定对于此种情形酌情从重处罚。此外，从实践来看，有的全国重点文物保护单位、省级文物保护单位位于风景名胜区内，对其进行故意损毁的行为实际构成《刑法》第324条第1款规定的故意损毁文物罪。为避免实践中发生争议，《解释》第4条第4款对此作了明确。

四、非法转让文物犯罪的有关问题

非法转让文物犯罪主要是指《刑法》第325条规定的非法向外国人出售、赠送珍贵文物罪、第326条规定的倒卖文物罪和第327条规定的非法出售、私赠文物藏品罪。此外，《刑法》第321条规定的掩饰、隐瞒犯罪所得罪也是非法转让文物犯罪可能适用的罪名。根据司法实践的情况，《解释》第6条、第7条、第9条主要针对倒卖文物，非法出售、私赠文物藏品，掩饰、隐瞒文物犯罪所得文物的有关问题作了明确：

一是“倒卖国家禁止经营的文物”的认定。根据《刑法》第326条第1款的规定，以牟利为目的，倒卖国家禁止经营的文物，情节严重的，构成倒卖文物罪。《解释》第6条第1款规定了“倒卖国家禁止经营的文物”的含义。关于“倒卖”的含义，目前存在不同认识：有观点认为，倒卖必须同时具备收购和转手倒卖行为；也有观点认为，对于倒卖应从整体上理解，以出

① 全国人大常委会法工委刑法室编：《中华人民共和国刑法·条文说明、立法理由及相关规定》，北京大学出版社2009年版，第657页。

售为目的，收购、运输、转手卖出等行为，均构成倒卖。《解释》采纳了第二种观点，将“倒卖”界定为出售或者为出售而收购、运输、储存的行为。主要考虑如下：（1）从体系解释的角度而言，《刑法》中规定的其他倒卖行为，如倒卖车票、船票罪，无论是出售，还是为出售而收购、运输、储存的行为，均可以认定为“倒卖”。因此，对于倒卖文物，也不应作过于狭窄的理解。（2）从司法实践来看，要求倒卖同时具备收购和转手倒卖，则对于收购阶段即案发的行为无法认定为“倒卖”，不利于对此类行为的打击。此外，关于“国家禁止经营的文物”的范围，《解释》第6条第1款规定依照《文物保护法》规定的“国家禁止买卖的文物”的范围确定。对此，《文物保护法》第51条[①]对禁止公民、法人和其他组织买卖的文物范围作了明确。

二是倒卖文物罪的定罪量刑标准。《解释》第6条第2款按照文物的等级不同，以及交易数额（收购或者出售额），对倒卖各等级文物构成“情节严重”的标准作了明确。有关标准的确定，主要考虑了与走私文物罪定罪量刑标准的协调。第3款对“情节特别严重”的标准作了明确，将倒卖二级以上文物的情形直接认定为“情节特别严重”；其他情形下，“情节严重”与“情节特别严重”之间为五倍的倍数关系。需要注意的是，对于倒卖一般文物的，不依据数量认定构成倒卖文物罪，除非具有交易数额在五万元以上的情形。

三是非法出售、私赠文物藏品罪的有关问题。根据《刑法》第327条的规定，非法出售、私赠文物藏品罪的主体为“国有博物馆、图书馆等单位”。从实践来看，有些国有公司购买文物后，出售或者私自送给非国有单位或者个人。因此，《解释》第7条明确《刑法》第327条规定的“国有博物馆、图书馆等单位”包括其他国有单位（即国有公司、企业、事业单位、机关、团体）。此外，一些执法机关所管理的涉案文物也属于“国家保护的文物藏品”，将其出售或者私自赠送给非国有单位或者个人的，也应当构成非法出售、私赠文物藏品罪。故而，《解释》第7条将犯罪对象规定为“收藏或者管理的国家保护的文物藏品”。

四是掩饰、隐瞒文物犯罪所得文物的定性。从司法实践来看，文物犯罪形成了利益链条，后续的窝藏、转移、收购、加工、代为销售等环节成为此

---

① 对应《文物保护法》（2024年修订，2025年3月1日施行）第68条。

类犯罪蔓延的重要原因。为有效惩治此类犯罪，保护国家文物资源，《解释》第9条专门规定，明知是盗窃文物、盗掘古文化遗址、古墓葬等犯罪所获取的三级以上文物，而予以窝藏、转移、收购、加工、代为销售或者以其他方法掩饰、隐瞒的，依照《刑法》第312条的规定，以掩饰、隐瞒犯罪所得罪追究刑事责任。实施上述行为，事先通谋的，以共同犯罪论处。

五、盗掘古文化遗址、古墓葬罪的有关问题

盗掘古遗址、古墓葬是文物犯罪中的主要类型。2012年至2014年，全国法院审理盗掘古遗址、古墓葬刑事案件约占全部文物犯罪案件的90%。而且，此类犯罪对文物破坏性极强，社会影响极为恶劣。为统一法律适用，更为有力地惩治盗掘古文化遗址、古墓葬犯罪，《解释》第8条对有关问题作了明确：

一是"古文化遗址、古墓葬"的范围。其一，明确"古文化遗址、古墓葬"包括水下古文化遗址、古墓葬。司法实践中对于私自挖掘地下文物的行为认定为"盗掘"不存在疑义，但是对于盗掘内水、领海中的水下古文化遗址、古墓葬的定性，存在较大的认识分歧。特别是，我国南海管辖海域内，水下文物遗存丰富。当前，盗捞南海水下文物较为猖獗。为强化对水下文物的特别保护，《解释》第8条第1款明确"古文化遗址、古墓葬"包括水下古文化遗址、古墓葬。其二，明确"古文化遗址、古墓葬"不以公布为不可移动文物的古文化遗址、古墓葬为限。实践中，一些被盗掘的古文化遗址、古墓葬并非文物保护单位，甚至尚未被公布为不可移动文物（行为人先于文物考古工作者发现该古文化遗址、古墓葬）。例如，长沙汉王陵系列盗掘案①，被盗的古墓群在被盗掘前，尚未公布为文物保护单位，从被盗出的文物资源分析，认定是汉代王陵墓群，后相继被公布为省级文物保护单位、全国重点文物保护单位。为避免争议，《解释》第8条第1款专门作了规定。

二是"古文化遗址、古墓葬"不包括古建筑、石窟寺、石刻、壁画、近代现代重要史迹和代表性建筑等其他不可移动文物。实践中，对于"古文化

① 2008年4月至2009年1月，长沙市连续发生11起盗掘古墓葬案件，包括西汉长沙王陵及贵族墓在内的20余座古墓葬被破坏。该案共抓获犯罪分子53人，彻底摧毁了一个横跨八省二十余市县的特大犯罪团伙，追缴被盗文物304件，其中一级文物12件，二级文物48件，三级文物89件。

遗址”的范围存在不同认识，有意见认为应作广义上的理解，将古建筑、石窟寺、石刻等包括在内，故对于将上述不可移动文物的一部分从其整体中挖掘、凿割下来的行为，应当认定为盗掘古文化遗址。经研究认为，对于古文化遗址、古墓葬不宜作上述广义理解。主要考虑如下：（1）《文物保护法》第3条明确将“古文化遗址、古墓葬”与“古建筑、石窟寺、石刻、壁画、近代现代重要史迹和代表性建筑等不可移动文物”并列，不宜再将古建筑、石窟寺、石刻、壁画、近代现代重要史迹和代表性建筑等纳入“古文化遗址、古墓葬”的范围。（2）采用破坏性手段盗窃古建筑、石窟寺、石刻、壁画、近代现代重要史迹和代表性建筑等其他不可移动文物，实质上是盗窃不可移动文物的行为，没有必要认定为盗掘古文化遗址。因此，《解释》第8条第3款明确规定：“采用破坏性手段盗窃古文化遗址、古墓葬以外的古建筑、石窟寺、石刻、壁画、近代现代重要史迹和代表性建筑等其他不可移动文物的，依照刑法第二百六十四条的规定，以盗窃罪追究刑事责任。”而且，对于盗窃不可移动文物整体或者可移动部分的定罪量刑问题，《解释》第12条作了专门规定。

三是盗掘古文化遗址、古墓葬罪既遂的认定标准。实践中，对本罪的既遂标准存在争议。有观点主张以盗取到文物为既遂标准，对盗掘行为未实际盗取到文物的，应当认定为未遂。经研究认为，《刑法》设立盗掘古文化遗址、古墓葬罪，主要是为了保护古文化遗址、古墓葬的历史、艺术、科学价值。只要盗掘行为已涉及古文化遗址、古墓葬的文化层，损害了古文化遗址、古墓葬的历史、艺术、科学价值，即使未盗取到文物的，也应当认定为既遂。因此，《解释》第8条第2款作了专门规定。

六、失职造成珍贵文物损毁、流失罪的定罪量刑标准

根据《刑法》第419条的规定，失职造成珍贵文物损毁或者流失，后果严重的，构成失职造成珍贵文物损毁、流失罪。《解释》第10条对“后果严重”的具体情形作出明确。需要说明的是，2006年《最高人民检察院关于渎职侵权犯罪案件立案标准的规定》将失职造成珍贵文物损毁、流失罪的入罪标准之一规定为“导致国家一、二、三级珍贵文物损毁或者流失的”。而根据《刑法》第419条的规定，失职造成珍贵文物损毁、流失罪的入罪要件为“造

成珍贵文物损毁或者流失，后果严重”。因此，“导致国家一、二、三级珍贵文物损毁或者流失”实际只是重复了“造成珍贵文物损毁或者流失”的规定，并未对“后果严重”作出解释。因此,《解释》第 10 条第 1 项规定“导致二级以上文物或者五件以上三级文物损毁或者流失的”才认定为造成珍贵文物损毁或者流失“后果严重”，构成失职造成珍贵文物损毁、流失罪。

七、文物犯罪专门性问题的认定

《解释》第 15 条对文物犯罪专门性问题的认定作了规定：

一是明确了依照文物认定决定认定案件事实的规则。《解释》第 15 第 1 款规定，在行为人实施有关行为前，文物行政部门已作出文物认定（认定是否属于文物）和定级（将可移动文物确定为一级文物、二级文物、三级文物、一般文物；将不可移动文物确定为全国重点文物保护单位，省级文物保护单位，市、县级文物保护单位）的，可以直接对有关案件事实作出认定。

二是规定了文物专门性问题的鉴定和检验规则。对于文物专门性问题，如涉案的文物是否属于文物以及等级认定、价值认定、损害程度评估等，应当由司法鉴定机构出具鉴定意见。但是，目前具有文物司法鉴定资质的机构极少，难以满足办案实践需求。鉴此,《解释》第 15 第 2 款借鉴以往司法解释的规定，确立了“鉴定与检验两条腿走路”原则，即对案件涉及的有关文物鉴定、价值认定等专门性问题难以确定的，由司法鉴定机构出具鉴定意见，或者由国务院文物行政部门指定的机构出具报告。其中，对于文物价值，也可以由有关价格认证机构作出价格认证并出具报告。

八、文物犯罪的其他问题

根据司法实践的情况,《解释》还对文物犯罪的其他问题作了明确：

一是单位实施有关文物犯罪的处理。《解释》第 11 条对单位实施有关文物犯罪的处理作了明确。第 1 款规定单位实施相关文物犯罪的，适用自然人犯罪的定罪量刑标准。而根据有关立法解释的规定，公司、企业、事业单位、机关、团体等单位实施《刑法》规定的危害社会的行为,《刑法》分则和其他法律未规定追究单位的刑事责任的，对组织、策划、实施该危害社会行为的人依法追究刑事责任。据此，第 2 款进一步明确，公司、企业、事业单位、机关、团体等单位实施盗窃文物，故意损毁文物、名胜古迹，过失损毁文物，盗掘古文化遗址、古墓葬等行为的，依照《解释》规定的相应定罪量刑标准，追究组织者、策划者、实施者的刑事责任。

二是针对不可移动文物犯罪的定罪量刑标准。《解释》第 12 条对针对不可移动文物实施走私、盗窃、倒卖行为的定罪量刑标准作了明确。具体而言：

第 1 款对针对不可移动文物整体实施走私、盗窃、倒卖行为的定罪量刑标准作了规定。一些核定公布为文物保护单位或者尚未核定公布为文物保护单位的不可移动文物的单体文物，如石碑、石刻、经幢、石塔等，完全可以成为走私文物、盗窃文物、倒卖文物的对象。[①] 为统一司法适用，《解释》规定针对不可移动文物整体实施走私、盗窃、倒卖等行为的，根据所属不可移动文物的等级定罪量刑：尚未被确定为文物保护单位的不可移动文物，适用一般文物的定罪量刑标准；市、县级文物保护单位，适用三级文物的定罪量刑标准；全国重点文物保护单位、省级文物保护单位，适用二级以上文物的定罪量刑标准。

第 2 款对针对不可移动文物的可移动部分实施走私、盗窃、倒卖行为的定罪量刑标准作了规定。绝大多数不可移动文物难以整体成为走私、盗窃、倒卖的对象。但是，从实践来看，不可移动文物的可移动部分，如建筑构件、壁画、雕塑、石刻等，完全可以成为走私、盗窃、倒卖的对象。而这些可移动部分依附于不可移动文物整体价值存在的，一般不予单独定级。因违法犯罪行为使其脱离不可移动文物，其不可移动文物的整体价值必然会受到影响。而脱离不可移动文物成为独立物存在的建筑构件、雕塑、壁画、碑刻等，依然具有历史、艺术或科学价值，则可以作为可移动文物对其认定等级。这是对这类文物涉案后进行认定的通常做法。因此，《解释》规定走私、盗窃、倒卖不可移动文物的可移动部分的，可以依照有关走私、盗窃、倒卖可移动文物的规定定罪量刑，并专门规定所属的不可移动文物等级（全国重点文物保护单位，省级文物保护单位，市、县级文物保护单位）应当作为量刑情节予以考虑。

---

① 例如，2013 年，位于河南新乡的全国重点文物保护单位“尊胜陀罗尼经幢”被整体盗走。

三是不同等级文物的折算规则。《解释》第13条完善了《最高人民法院、最高人民检察院关于办理盗窃刑事案件适用法律若干问题的解释》第9条第2款“盗窃多件不同等级国有馆藏文物的，三件同级文物可以视为一件高一级文物”的规定。一方面，将多件同级文物折算为高一级文物的标准由“三件”提升为“五件”，以更符合不同等级文物之间的实际价值差别。另一方面，从实践来看，个别情形下，可能存在五件同级文物的价值与一件高一级文物的价值明显不相当的情形，如五枚铜钱（一般文物）的价值明显与一件三级文物不相当。为此，专门规定了“但是价值明显不相当的除外”的规定，以便于司法实践中根据具体案情裁量处理。

四是文物价值认定规则。《解释》第14条对走私、盗窃的文物数额的认定规则作了明确。具体而言，对于涉案文物有有效价格证明的（如购买文物不久即被盗），则直接依据价格证明认定数额；如果无法或者不宜依据价格证明认定盗窃数额，但能查清销赃数额的，可以按照销赃数额认定；无法查清销赃数额或者不宜按照销赃数额认定（如销赃数额过低）的，则可以依照《解释》的规定出具鉴定意见或者由有关部门出具报告。

五是不起诉或者免予刑事处罚的情形。为了贯彻落实“完善刑事诉讼中认罪认罚从宽制度”，考虑到司法实践中的复杂情况，《解释》第16条对实施相关文物犯罪（失职造成珍贵文物损毁、流失罪除外）情节轻微的情形规定可以不起诉或者免予刑事处罚。具体限定为如下条件：（1）行为人系初犯，认罪认罚，确有悔改表现；（2）达到入罪标准，不包括情节或者结果加重情形；（3）未造成实际损失或者积极挽回损失，如未造成文物损毁，或者积极赔偿损毁文物的。

六是化石犯罪的定罪量刑标准问题。《刑法》第328条第2款和有关立法解释规定，《刑法》有关文物的规定，适用于具有科学价值的古脊椎动物化石、古人类化石。据此，《解释》第17条进一步明确，走私、盗窃、损毁、倒卖、盗掘或者非法转让具有科学价值的古脊椎动物化石、古人类化石的，依照《刑法》和《解释》的有关规定定罪量刑。

七是《解释》的时间效力问题。《解释》自2016年1月1日起施行。《解释》公布施行后，《1987年解释》同时废止；之前发布的司法解释与《解释》不一致的，以《解释》为准。需要注意的是，根据“举重以明轻”的法理，之前发布的规范性文件与《解释》不一致的，也应当以《解释》为准。

（撰稿人：喻海松）

五、危害公共卫生罪

最高人民法院　最高人民检察院
关于办理非法采供血液等刑事案件具体应用法律若干问题的解释

法释〔2008〕12号

（2008年2月18日最高人民法院审判委员会第1444次会议、
2008年5月8日最高人民检察院第十一届检察委员会
第1次会议通过　2008年9月22日最高人民法院、
最高人民检察院公告公布　自2008年9月23日起施行）

为保障公民的身体健康和生命安全，依法惩处非法采供血液等犯罪，根据刑法有关规定，现对办理此类刑事案件具体应用法律的若干问题解释如下：

第一条　对未经国家主管部门批准或者超过批准的业务范围，采集、供应血液或者制作、供应血液制品的，应认定为刑法第三百三十四条第一款规定的“非法采集、供应血液或者制作、供应血液制品”。

第二条　对非法采集、供应血液或者制作、供应血液制品，具有下列情形之一的，应认定为刑法第三百三十四条第一款规定的“不符合国家规定的标准，足以危害人体健康”，处五年以下有期徒刑或者拘役，并处罚金：

（一）采集、供应的血液含有艾滋病病毒、乙型肝炎病毒、丙型肝炎病毒、梅毒螺旋体等病原微生物的；

（二）制作、供应的血液制品含有艾滋病病毒、乙型肝炎病毒、丙型肝炎病毒、梅毒螺旋体等病原微生物，或者将含有上述病原微生物的血液用于制作血液制品的；

（三）使用不符合国家规定的药品、诊断试剂、卫生器材，或者重复使用一次性采血器材采集血液，造成传染病传播危险的；

（四）违反规定对献血者、供血浆者超量、频繁采集血液、血浆，足以危害人体健康的；

（五）其他不符合国家有关采集、供应血液或者制作、供应血液制品的规定标准，足以危害人体健康的。

第三条 对非法采集、供应血液或者制作、供应血液制品，具有下列情形之一的，应认定为刑法第三百三十四条第一款规定的“对人体健康造成严重危害”，处五年以上十年以下有期徒刑，并处罚金：

（一）造成献血者、供血浆者、受血者感染乙型肝炎病毒、丙型肝炎病毒、梅毒螺旋体或者其他经血液传播的病原微生物的；

（二）造成献血者、供血浆者、受血者重度贫血、造血功能障碍或者其他器官组织损伤导致功能障碍等身体严重危害的；

（三）对人体健康造成其他严重危害的。

第四条 对非法采集、供应血液或者制作、供应血液制品，具有下列情形之一的，应认定为刑法第三百三十四条第一款规定的“造成特别严重后果”，处十年以上有期徒刑或者无期徒刑，并处罚金或者没收财产：

（一）因血液传播疾病导致人员死亡或者感染艾滋病病毒的；

（二）造成五人以上感染乙型肝炎病毒、丙型肝炎病毒、梅毒螺旋体或者其他经血液传播的病原微生物的；

（三）造成五人以上重度贫血、造血功能障碍或者其他器官组织损伤导致功能障碍等身体严重危害的；

（四）造成其他特别严重后果的。

第五条 对经国家主管部门批准采集、供应血液或者制作、供应血液制品的部门，具有下列情形之一的，应认定为刑法第三百三十四条第二款规定的“不依照规定进行检测或者违背其他操作规定”：

（一）血站未用两个企业生产的试剂对艾滋病病毒抗体、乙型肝炎病毒表面抗原、丙型肝炎病毒抗体、梅毒抗体进行两次检测的；

（二）单采血浆站不依照规定对艾滋病病毒抗体、乙型肝炎病毒表面抗原、丙型肝炎病毒抗体、梅毒抗体进行检测的；

（三）血液制品生产企业在投料生产前未用主管部门批准和检定合格的试剂进行复检的；

（四）血站、单采血浆站和血液制品生产企业使用的诊断试剂没有生产单位名称、生产批准文号或者经检定不合格的；

（五）采供血机构在采集检验标本、采集血液和成分血分离时，使用没有生产单位名称、生产批准文号或者超过有效期的一次性注射器等采血器材的；

（六）不依照国家规定的标准和要求包装、储存、运输血液、原料血浆的；

（七）对国家规定检测项目结果呈阳性的血液未及时按照规定予以清除的；

（八）不具备相应资格的医务人员进行采血、检验操作的；

（九）对献血者、供血浆者超量、频繁采集血液、血浆的；

（十）采供血机构采集血液、血浆前，未对献血者或供血浆者进行身份识别，采集冒名顶替者、健康检查不合格者血液、血浆的；

（十一）血站擅自采集原料血浆，单采血浆站擅自采集临床用血或者向医疗机构供应原料血浆的；

（十二）重复使用一次性采血器材的；

（十三）其他不依照规定进行检测或者违背操作规定的。

第六条　对经国家主管部门批准采集、供应血液或者制作、供应血液制品的部门，不依照规定进行检测或者违背其他操作规定，具有下列情形之一的，应认定为刑法第三百三十四条第二款规定的“造成危害他人身体健康后果”，对单位判处罚金，并对其直接负责的主管人员和其他直接责任人员，处五年以下有期徒刑或者拘役：

（一）造成献血者、供血浆者、受血者感染艾滋病病毒、乙型肝炎病毒、丙型肝炎病毒、梅毒螺旋体或者其他经血液传播的病原微生物的；

（二）造成献血者、供血浆者、受血者重度贫血、造血功能障碍或者其他器官组织损伤导致功能障碍等身体严重危害的；

（三）造成其他危害他人身体健康后果的。

第七条　经国家主管部门批准的采供血机构和血液制品生产经营单位，

应认定为刑法第三百三十四条第二款规定的“经国家主管部门批准采集、供应血液或者制作、供应血液制品的部门”。

第八条 本解释所称“血液”，是指全血、成分血和特殊血液成分。

本解释所称“血液制品”，是指各种人血浆蛋白制品。

本解释所称“采供血机构”，包括血液中心、中心血站、中心血库、脐带血造血干细胞库和国家卫生行政主管部门根据医学发展需要批准、设置的其他类型血库、单采血浆站。

【导读及适用要点】

一、关于“非法采集、供应血液或者制作、供应血液制品，不符合国家规定的标准，足以危害人体健康”行为的理解

《刑法》第334条第1款规定了“非法采集、供应血液或者制作、供应血液制品，不符合国家规定的标准，足以危害人体健康的”的行为是非法采集、供应血液、制作、供应血液制品罪的客观表现。对此，《最高人民法院、最高人民检察院关于办理非法采供血液等刑事案件具体应用法律若干问题的解释》（以下简称《关于办理非法采供血液刑事案件解释》）第1条和第2条分别进行了解释。

《关于办理非法采供血液刑事案件解释》第1条有两层意思：首先，行为人非法采集、供应血液、制作、供应血液制品未经国家主管部门批准，不具有采集供应血液、制作供应血液制品的资格。例如，未经批准，擅自设立采血点、血站，违法采集、供应血液的行为，违反了《献血法》第8条关于“设立血站向公民采集血液，必须经国务院卫生行政部门或者省、自治区、直辖市人民政府卫生行政部门批准”的规定。同时，违反了《血站管理办法》第4条、第11条的规定。行为人未经批准，擅自设立单采血浆站或者血液制品生产单位的行为，违反了《血液制品管理条例》第二章的相关规定。其次，超过国家有关主管部门批准的范围，采集供应血液或者制作供应血液制品的行为也属于“非法采集、供应血液或者制作、供应血液制品”。

“不符合国家规定的标准，足以危害人体健康”，是指非法采集、供应的血液或者制作、供应的血液制品不符合国家规定的质量标准，或者在采供血液、制供血液制品的过程中违反国家规定的操作规程，致使血液或者血液制品一旦被使用，使用者就有可能感染疾病，供血者的身体健康可能遭受严重侵害。关于什么情形属于“不符合国家规定的标准，足以危害人体健康”，《关于办理非法采供血液刑事案件解释》第 2 条作出了规定。对第 2 条的理解可以分为以下两个层次：一是血液或者血液制品含有经血液途径传播的病原微生物，导致受血者或者血液制品的使用者的身体健康可能受到严重侵害的情形，即《关于办理非法采供血液刑事案件解释》第 2 条第 1 项、第 2 项的规定“（一）采集、供应的血液含有艾滋病病毒、乙型肝炎病毒、丙型肝炎病毒、梅毒螺旋体等病原微生物的；（二）制作、供应的血液制品含有艾滋病病毒、乙型肝炎病毒、丙型肝炎病毒、梅毒螺旋体等病原微生物，或者将含有上述病原微生物的血液用于制作血液制品的”。二是行为人在采集、供应血液或者制作、供应血液制品的活动中违反国家规定的操作规程的标准，有可能造成传染病传播危险或者导致可能危害人体健康的情形，即《关于办理非法采供血液刑事案件解释》第 2 条第 3 项、第 4 项、第 5 项的规定。

二、关于“对人体造成严重危害”的情形

“对人体健康造成严重危害”，是指不符合国家规定的卫生标准的血液、血液制品，在医疗应用中让受血者或者血液制品的使用者感染严重疾病的情形，例如因输血感染乙型肝炎病毒等。《关于办理非法采供血液刑事案件解释》第 3 条列举了三种情形。目前医学证明，通过血液传播的病原微生物包括：艾滋病病毒、乙肝、丙肝病毒和梅毒螺旋体四种。上述第 1 项只规定了后三种，关于造成人员感染艾滋病病毒的情况，因其后果和死亡相当，故将其规定在了第 4 条“造成特别严重后果”情形中。对于规定“其他经血液传播的病原微生物的”情形，主要是考虑到随着医学的发展，将来可能还会发现新类型病原微生物的情况。关于上述第 2 项中规定的功能障碍和严重损伤导致功能障碍的标准参照卫生部[①]2002 年 7 月《医疗事故分级标准（试行）》

① 现为国家卫生健康委员会。

的有关规定执行。

三、关于“造成特别严重后果”的情形

“造成特别严重后果”，是指非法采集、供应的血液或者制作、供应的血液制品，由于不符合国家规定的标准，受血者或者使用血液制品者使用后造成死亡、感染艾滋病病毒或者致使多人感染严重的血源性传染病等情形。《关于办理非法采供血液刑事案件解释》第4条列举了四种情形，因《刑法》第334条第1款第三个量刑档次的规定是结果加重犯，所以，《关于办理非法采供血液刑事案件解释》的规定主要从结果或者后果方面考虑，第1项指死亡或者感染艾滋病病毒的后果，第2项和第3项主要考虑对多人造成的严重危害人体健康的情形。

四、关于《刑法》第334条第2款中“不依照规定进行检测或者违背其他操作规定”“造成危害他人身体健康后果”问题

《刑法》第334条第2款是关于采集、供应血液、制作、供应血液制品罪的规定，主要指经国家主管部门批准采集、供应血液或者制作、供应血液制品的单位，不依照规定进行检测，或者违背其他操作规定，造成危害他人身体健康后果的行为，该罪是单位过失犯罪。该罪名是1997年修订《刑法》时新增罪名，主要针对血液及血液制品各个环节的违规操作，导致了出现危害人体健康的情况。因为血液和血液制品是不同于其他药品的特殊药品，从采集到使用的每个环节都有严格的操作规程，以确保受血者、献血者和使用血液制品者的人身安全。目前有关采集、供应血液、制作、供应血液制品方面的法律法规主要是《献血法》《血液制品管理条例》《血站管理办法》《药品管理法》《药品管理法实施条例》《血站基本标准》《血站质量管理规范》《血站实验室质量管理规范》《单采血浆站基本标准》，等等。

采集、供应血液、制作、供应血液制品罪的客观方面表现为不依照规定进行检测或者违背其他操作规定，造成危害他人身体健康后果的行为。“不依照规定进行检测”是指采供血和制作、供应血液的单位不按照法律法规规定的检测程序进行检测。“其他操作规定”应指血液业务活动中检测之外的有关规定，例如，血液的储存、保管、血液制品的制作等。“不依照规定进行检

测”和“违背其他操作规定”在内容上有区别也有联系，最初《关于办理非法采供血液刑事案件解释》的初稿是分别进行规定的，后来大家在讨论过程中认为，有的内容可以说是不依照规定进行检测，如血站对血液的检测，血液制品企业对原料的检测等，但有些内容很难区分是“检测”还是“其他规定”，例如献血法规定的对献血者的身体检查，采供血机构在检测时没有按照规定适用合格试剂等，故将上述两个方面放在一个条文中解释为宜。即《关于办理非法采供血液刑事案件解释》第 5 条对“不依照规定进行检测或者违背其他操作规定”情形的规定。

《关于办理非法采供血液刑事案件解释》第 6 条明确了“造成危害他人身体健康后果”的情形。

依照《刑法》的规定，《关于办理非法采供血液刑事案件解释》对采集、供应血液、制作、供应血液制品事故罪的主体进行了规定，即《刑法》第 334 条第 2 款规定的“经国家主管部门批准采集、供应血液或者制作、供应血液制品的部门”是指经国家主管部门批准的采供血机构和血液制品生产经营单位。对于采供血机构都包括哪些部门，为避免司法实践中对此问题的理解不一，《关于办理非法采供血液刑事案件解释》第 8 条第 3 款进行了规定，包括血液中心、中心血站、中心血库、脐带血造血干细胞库和国家卫生行政主管部门根据医学发展需要批准、设置的其他类型血库、单采血浆站。

（撰稿人：李　晓）

最高人民法院
关于审理非法行医刑事案件具体应用法律若干问题的解释

（2008年4月29日最高人民法院公布　根据2016年12月16日最高人民法院公布的《最高人民法院关于修改〈关于审理非法行医刑事案件具体应用法律若干问题的解释〉的决定》修正）

为依法惩处非法行医犯罪，保障公民身体健康和生命安全，根据刑法的有关规定，现对审理非法行医刑事案件具体应用法律的若干问题解释如下：

第一条　具有下列情形之一的，应认定为刑法第三百三十六条第一款规定的“未取得医生执业资格的人非法行医”：

（一）未取得或者以非法手段取得医师资格从事医疗活动的；

（二）被依法吊销医师执业证书期间从事医疗活动的；

（三）未取得乡村医生执业证书，从事乡村医疗活动的；

（四）家庭接生员实施家庭接生以外的医疗行为的。

第二条　具有下列情形之一的，应认定为刑法第三百三十六条第一款规定的“情节严重”：

（一）造成就诊人轻度残疾、器官组织损伤导致一般功能障碍的；

（二）造成甲类传染病传播、流行或者有传播、流行危险的；

（三）使用假药、劣药或不符合国家规定标准的卫生材料、医疗器械，足以严重危害人体健康的；

（四）非法行医被卫生行政部门行政处罚两次以后，再次非法行医的；

（五）其他情节严重的情形。

第三条　具有下列情形之一的，应认定为刑法第三百三十六条第一款规定的“严重损害就诊人身体健康”：

（一）造成就诊人中度以上残疾、器官组织损伤导致严重功能障碍的；

（二）造成三名以上就诊人轻度残疾、器官组织损伤导致一般功能障碍的。

第四条　非法行医行为系造成就诊人死亡的直接、主要原因的，应认定为刑法第三百三十六条第一款规定的“造成就诊人死亡”。

非法行医行为并非造成就诊人死亡的直接、主要原因的，可不认定为刑法第三百三十六条第一款规定的“造成就诊人死亡”。但是，根据案件情况，可以认定为刑法第三百三十六条第一款规定的“情节严重”。

第五条　实施非法行医犯罪，同时构成生产、销售假药罪，生产、销售劣药罪，诈骗罪等其他犯罪的，依照刑法处罚较重的规定定罪处罚。

第六条　本解释所称“医疗活动”“医疗行为”，参照《医疗机构管理条例实施细则》中的“诊疗活动”“医疗美容”认定。

本解释所称“轻度残疾、器官组织损伤导致一般功能障碍”“中度以上残疾、器官组织损伤导致严重功能障碍”，参照《医疗事故分级标准（试行）》认定。

【导读及适用要点】

一、关于非法行医罪的主体问题

对于非法行医罪主体的认定，我们主要考虑了以下几个方面的因素：既要严厉打击严重危害人民群众生命健康的非法行医行为，又要考虑到目前医疗网点不能满足人民群众需要的现实情况，尤其是广大农村和城乡接合部的医疗卫生状况。既不能打击面过宽，又不能轻纵罪犯。既不能仅限于无医疗教育背景的人，也不能对于执业医师超范围、类别、地点的诊疗活动一律按照非法行医来定罪。要严格区分刑法意义上的非法行医罪和行政法规规定的非法行医行为。

综合考虑《刑法》《执业医师法》《医疗机构管理条例》《乡村医生从业管理条例》和《母婴保健法》的规定，《最高人民法院关于审理非法行医刑事案件具体应用法律若干问题的解释》（以下简称《非法行医刑事案件解释》）第1条对《刑法》第336条第1款规定的未取得医生执业资格的人非法行医列举了以下五种情形：

第一种情形是未取得或者以非法手段取得医师资格从事医疗活动的。通过医师资格考试，取得了执业医师资格或者执业助理医师资格，即视为取得医师资格。对取得医师资格但尚未进行医师注册取得执业证书的人从事诊疗活动，可以进行行政处罚，不宜一律按照非法行医罪处理。同时规定了以非法手段取得医师资格的人，等同于未取得医生执业资格的人，主要指以伪造、欺骗、行贿等手段取得资格证书的行为。

第二种情形是针对个人未取得医疗机构执业许可证开办医疗机构的行为。个人开办私立医院或者私立诊所，按照《医疗卫生管理条例》的有关规定，取得医疗机构执业许可证后，方能开展诊疗活动。该项规定主要打击一些非法诊所，如地下性病诊所等。根据《刑法》第336条第1款的规定，单位不能成为非法行医罪的主体。

第三种情形是针对受到吊销医师执业证书行政处罚的人。依据《执业医师法》的有关规定，被吊销医师执业证书的人，等同于未取得医师执业资格的人，非法行医的，可以构成非法行医罪的主体。这种情况与一般的有医师资格没有进行执业注册的情况有本质的区别。根据《执业医师法》[①]第37条的规定，具有下列行为之一，情节严重的，可以吊销执业证书："（一）违反卫生行政规章制度或者技术操作规范，造成严重后果的；（二）由于不负责任延误急危患者的抢救和诊治，造成严重后果的；（三）造成医疗责任事故的；（四）未经亲自诊查、调查，签署诊断、治疗、流行病学等证明文件或者有关出生、死亡等证明文件的；（五）隐匿、伪造或者擅自销毁医学文书及有关资料的；（六）使用未经批准使用的药品、消毒药剂和医疗器械的；（七）不按照规定使用麻醉药品、医疗用毒性药品、精神药品和放射性药品的；（八）未经患者或者其家属同意，对患者进行实验性临床医疗的；（九）泄露患者隐私，造成严重后果的；（十）利用职务之便，索取、非法收受患者财物或者牟取其他不正当利益的；（十一）发生自然灾害、传染病流行、突发重大伤亡事故以及其他严重威胁人民生命健康的紧急情况时，不服从卫生行政部门调遣

① 已失效。

的；（十二）发生医疗事故或者发现传染病疫情，患者涉嫌伤害事件或者非正常死亡，不按照规定报告的。”被吊销医师执业证书满两年以后，可以向县级以上人民政府卫生行政部门申请注册。

第四种情形是依据《乡村医生从业管理条例》的规定，对尚未取得执业医师资格，经注册在村医疗机构从事预防、保健和一般医疗服务的乡村医生作出的规定。目前，我国有乡村医生 90 多万人，大多工作在乡村医疗卫生机构，在为广大农民提供预防、保健和一般医疗服务方面发挥着重要作用。但是，这些乡村医生的学历和业务水平参差不齐，如果强制他们也要取得执业医师资格，不符合我国国情。考虑到农村广大人民群众的医疗卫生状况，有必要把对乡村医生的规定单独列出来，即虽未取得执业医师资格，但根据国务院《乡村医生从业管理条例》的规定，经县级卫生行政管理部门注册后，在乡村医疗机构从事一般医疗服务的，不能按照非法行医处理。

第五种情形是针对《母婴保健法》规定的家庭接生人员的规定。依照法律规定，取得家庭接生员资格的人，除从事家庭接生外，未取得从事其他行医行为的资格，这些人员如果从事接生以外的行医活动，情节严重的，可按非法行医罪追究刑事责任。

对于违反《执业医师法》的规定，超过注册的执业地点、执业类别、执业范围从事诊疗活动的，目前不宜作为刑事犯罪处理。

二、关于情节严重的问题

非法行医罪侵犯的是复杂客体，即国家对医疗机构和医务从业人员的管理秩序和就诊人的身体健康、生命安全。《刑法》第 336 条第 1 款规定了非法行医情节严重的才构成犯罪，情节是否严重，是罪与非罪的重要标准。如何判定其非法行医属于情节严重？《非法行医刑事案件解释》第 2 条从后果、对公共卫生的危害程度和行为人的主观恶性等方面加以考虑，对情节严重的情形进行了规定，即“具有下列情形之一的，应认定为《刑法》第 336 条第 1 款规定的情节严重的行为：（一）造成就诊人轻度残疾、器官组织损伤导致一般功能障碍的；（二）造成甲类传染病传播、流行或者有传播、流行危险的；（三）使用假药、劣药或不符合国家规定标准的卫生材料、医疗器械，足以严重危害人体健康的；（四）非法行医被卫生行政部门行政处罚两次以后，再次非法行医的；（五）其他情节严重的情形”。

第一项关于造成就诊人轻度残疾、器官组织损伤导致一般功能障碍的情形，这是从非法行医造成的严重后果考虑的。该项参照的是国务院《医疗事故处理条例》的规定，相当于三级医疗事故。判断标准依照卫生部《医疗事故分级标准（试行）》认定，三级医疗事故分为甲、乙、丙、丁、戊五个等级，共135种情形。

第二项关于造成甲类传染病传播、流行或者有传播、流行危险的情形，甲类传染病是指《传染病防治法》第3条规定的鼠疫和霍乱。

第三项是指非法行医行为人和非法诊所受经济利益驱动，使用危害人体健康的假药、劣药，或者使用无生产批号、无地址、无检测等地下工厂生产的不符合国家标准的卫生材料、医疗器械等，危害公共卫生安全、人体生命健康的行为。

第四项是指非法行医被行政处罚两次以后再次非法行医的情形。考虑到非法行医行为人在两次被行政处罚以后，明知非法行医的行为扰乱了国家对医疗服务市场和医务人员的管理秩序，仍然无视人民群众的生命权、健康权，受利益驱动再次非法行医的，说明其主观恶性很大，社会危害性也大，这种行为应当视为情节严重。

三、关于严重损害就诊人身体健康的问题

《刑法》第336条第1款规定：“非法行医，严重损害就诊人身体健康的，处三年以上十年以下有期徒刑，并处罚金。”如何认定严重损害就诊人身体健康，《非法行医刑事案件解释》第3条规定：“具有下列情形之一的，应认定为刑法第336条第1款规定的‘严重损害就诊人身体健康’：（一）造成就诊人中度以上残疾、器官组织损伤导致严重功能障碍的；（二）造成三名以上就诊人轻度残疾、器官组织损伤导致一般功能障碍的。”

上述第一项造成就诊人中度以上残疾、器官组织损伤导致严重功能障碍的规定，参照卫生部《医疗事故分级标准（试行）》认定，相当于二级医疗事故。第二项相当于三个以上三级医疗事故。

关于非法行医造成的损害就诊人身体健康的后果按照什么标准认定的问题，在《非法行医刑事案件解释》的起草过程中，曾有不同意见。一种意见

认为，非法行医因其行为的违法性，行为人对就诊人的行为是一种伤害行为，而不是医疗行为，因此，造成的危害后果应当按照1990年的《人体重伤鉴定标准》[①]来界定。另一种意见认为，行医行为和伤害行为明显不同，重伤标准不能涵盖所有损害健康的情形。《非法行医刑事案件解释》采纳了后一种意见，主要理由如下：

1. 非法行医罪客观方面的核心表现是非法行医，也就是一个不合格的主体在实施医疗诊疗活动，行为人的目的是将行医作为其职业反复实施，因此行为人对就诊人实施的是诊疗行为不是伤害行为。

2.《刑法》第335条医疗事故罪和第336条非法行医罪的后果之一均为严重损害就诊人身体健康。因此，不能将两罪后果的判断标准完全割裂开，医疗事故罪中的严重损害就诊人身体健康的判断标准是造成医疗事故；而非法行医罪中的严重损害就诊人身体健康则是造成重伤，显然不符合立法原意。

3.《人体重伤鉴定标准》主要针对外力伤害，并不能全面反映医疗活动中对人体健康所造成的损害程度，例如，一些智力障碍、功能损害等，无法用重伤标准来衡量。

4. 根据卫生行政部门有关资料表明，《医疗事故分级标准（试行）》在起草过程中，已经参照了《人体重伤鉴定标准》《人体轻伤鉴定标准》[②]《道路交通事故受伤人员伤残评定》[③]《职工工伤与职业病致残程度鉴定标准》[④]等，对应伤残等级一至十级。涵盖了上述标准的内容，是目前最全面和权威的一个标准。因此，参照《医疗事故分级标准（试行）》认定损害就诊人身体健康更为科学。

5. 因非法行医行为与严重损害就诊人身体健康的损害结果之间因果关系的判断，需要医学专业知识和专业技能。而司法实践中，非法行医的案件，法院一般是委托医学机构作出鉴定，适用医疗事故分级标准，实践中不存在操作层面的障碍。

---

① 已被最高人民法院、最高人民检察院、公安部等2013年8月30日公布的《人体损伤程度鉴定标准》废止并替代。

② 已失效。

③ 已失效。

④ 已失效。

四、关于实施非法行医犯罪同时构成其他犯罪的处理原则

《非法行医刑事案件解释》第4条规定："实施非法行医犯罪，同时构成生产、销售假药罪，生产、销售劣药罪，诈骗罪等其他犯罪的，依照刑法处罚较重的规定定罪处罚。"行为人在非法行医过程中，自己制作或者销售假药、劣药，或者以行医为名，诈骗就诊人钱财，同时构成生产、销售假药罪，生产、销售劣药罪或者诈骗罪的，按照《刑法》关于处理牵连犯的处罚原则，以处罚较重的犯罪论处。

（撰稿人：李　晓）

六、破坏环境资源保护罪

（一）涉污染环境犯罪

最高人民法院　最高人民检察院
关于办理环境污染刑事案件
适用法律若干问题的解释

法释〔2023〕7号

（2023年3月27日最高人民法院审判委员会第1882次会议、
2023年7月27日最高人民检察院第十四届检察委员会
第10次会议通过　2023年8月8日最高人民法院、
最高人民检察院公告公布　自2023年8月15日起施行）

为依法惩治环境污染犯罪，根据《中华人民共和国刑法》、《中华人民共和国刑事诉讼法》、《中华人民共和国环境保护法》等法律的有关规定，现就

办理此类刑事案件适用法律的若干问题解释如下：

第一条　实施刑法第三百三十八条规定的行为，具有下列情形之一的，应当认定为“严重污染环境”：

（一）在饮用水水源保护区、自然保护地核心保护区等依法确定的重点保护区域排放、倾倒、处置有放射性的废物、含传染病病原体的废物、有毒物质的；

（二）非法排放、倾倒、处置危险废物三吨以上的；

（三）排放、倾倒、处置含铅、汞、镉、铬、砷、铊、锑的污染物，超过国家或者地方污染物排放标准三倍以上的；

（四）排放、倾倒、处置含镍、铜、锌、银、钒、锰、钴的污染物，超过国家或者地方污染物排放标准十倍以上的；

（五）通过暗管、渗井、渗坑、裂隙、溶洞、灌注、非紧急情况下开启大气应急排放通道等逃避监管的方式排放、倾倒、处置有放射性的废物、含传染病病原体的废物、有毒物质的；

（六）二年内曾因在重污染天气预警期间，违反国家规定，超标排放二氧化硫、氮氧化物等实行排放总量控制的大气污染物受过二次以上行政处罚，又实施此类行为的；

（七）重点排污单位、实行排污许可重点管理的单位篡改、伪造自动监测数据或者干扰自动监测设施，排放化学需氧量、氨氮、二氧化硫、氮氧化物等污染物的；

（八）二年内曾因违反国家规定，排放、倾倒、处置有放射性的废物、含传染病病原体的废物、有毒物质受过二次以上行政处罚，又实施此类行为的；

（九）违法所得或者致使公私财产损失三十万元以上的；

（十）致使乡镇集中式饮用水水源取水中断十二小时以上的；

（十一）其他严重污染环境的情形。

第二条　实施刑法第三百三十八条规定的行为，具有下列情形之一的，应当认定为“情节严重”：

（一）在饮用水水源保护区、自然保护地核心保护区等依法确定的重点保护区域排放、倾倒、处置有放射性的废物、含传染病病原体的废物、有毒物质，造成相关区域的生态功能退化或者野生生物资源严重破坏的；

（二）向国家确定的重要江河、湖泊水域排放、倾倒、处置有放射性的废物、含传染病病原体的废物、有毒物质，造成相关水域的生态功能退化或者水生生物资源严重破坏的；

（三）非法排放、倾倒、处置危险废物一百吨以上的；

（四）违法所得或者致使公私财产损失一百万元以上的；

（五）致使县级城区集中式饮用水水源取水中断十二小时以上的；

（六）致使永久基本农田、公益林地十亩以上，其他农用地二十亩以上，其他土地五十亩以上基本功能丧失或者遭受永久性破坏的；

（七）致使森林或者其他林木死亡五十立方米以上，或者幼树死亡二千五百株以上的；

（八）致使疏散、转移群众五千人以上的；

（九）致使三十人以上中毒的；

（十）致使一人以上重伤、严重疾病或者三人以上轻伤的；

（十一）其他情节严重的情形。

第三条 实施刑法第三百三十八条规定的行为，具有下列情形之一的，应当处七年以上有期徒刑，并处罚金：

（一）在饮用水水源保护区、自然保护地核心保护区等依法确定的重点保护区域排放、倾倒、处置有放射性的废物、含传染病病原体的废物、有毒物质，具有下列情形之一的：

1. 致使设区的市级城区集中式饮用水水源取水中断十二小时以上的；

2. 造成自然保护地主要保护的生态系统严重退化，或者主要保护的自然景观损毁的；

3. 造成国家重点保护的野生动植物资源或者国家重点保护物种栖息地、生长环境严重破坏的；

4. 其他情节特别严重的情形。

（二）向国家确定的重要江河、湖泊水域排放、倾倒、处置有放射性的废物、含传染病病原体的废物、有毒物质，具有下列情形之一的：

1. 造成国家确定的重要江河、湖泊水域生态系统严重退化的；

2. 造成国家重点保护的野生动植物资源严重破坏的；

3. 其他情节特别严重的情形。

（三）致使永久基本农田五十亩以上基本功能丧失或者遭受永久性破坏的；

（四）致使三人以上重伤、严重疾病，或者一人以上严重残疾、死亡的。

第四条　实施刑法第三百三十九条第一款规定的行为，具有下列情形之一的，应当认定为“致使公私财产遭受重大损失或者严重危害人体健康”：

（一）致使公私财产损失一百万元以上的；

（二）具有本解释第二条第五项至第十项规定情形之一的；

（三）其他致使公私财产遭受重大损失或者严重危害人体健康的情形。

第五条　实施刑法第三百三十八条、第三百三十九条规定的犯罪行为，具有下列情形之一的，应当从重处罚：

（一）阻挠环境监督检查或者突发环境事件调查，尚不构成妨害公务等犯罪的；

（二）在医院、学校、居民区等人口集中地区及其附近，违反国家规定排放、倾倒、处置有放射性的废物、含传染病病原体的废物、有毒物质或者其他有害物质的；

（三）在突发环境事件处置期间或者被责令限期整改期间，违反国家规定排放、倾倒、处置有放射性的废物、含传染病病原体的废物、有毒物质或者其他有害物质的；

（四）具有危险废物经营许可证的企业违反国家规定排放、倾倒、处置有放射性的废物、含传染病病原体的废物、有毒物质或者其他有害物质的；

（五）实行排污许可重点管理的企业事业单位和其他生产经营者未依法取得排污许可证，排放、倾倒、处置有放射性的废物、含传染病病原体的废物、有毒物质或者其他有害物质的。

第六条　实施刑法第三百三十八条规定的行为，行为人认罪认罚，积极修复生态环境，有效合规整改的，可以从宽处罚；犯罪情节轻微的，可以不起诉或者免予刑事处罚；情节显著轻微危害不大的，不作为犯罪处理。

第七条　无危险废物经营许可证从事收集、贮存、利用、处置危险废物经营活动，严重污染环境的，按照污染环境罪定罪处罚；同时构成非法经营罪的，依照处罚较重的规定定罪处罚。

实施前款规定的行为，不具有超标排放污染物、非法倾倒污染物或者其他违法造成环境污染的情形的，可以认定为非法经营情节显著轻微危害不大，不认为是犯罪；构成生产、销售伪劣产品等其他犯罪的，以其他犯罪论处。

第八条 明知他人无危险废物经营许可证，向其提供或者委托其收集、贮存、利用、处置危险废物，严重污染环境的，以共同犯罪论处。

第九条 违反国家规定，排放、倾倒、处置含有毒害性、放射性、传染病病原体等物质的污染物，同时构成污染环境罪、非法处置进口的固体废物罪、投放危险物质罪等犯罪的，依照处罚较重的规定定罪处罚。

第十条 承担环境影响评价、环境监测、温室气体排放检验检测、排放报告编制或者核查等职责的中介组织的人员故意提供虚假证明文件，具有下列情形之一的，应当认定为刑法第二百二十九条第一款规定的“情节严重”：

（一）违法所得三十万元以上的；

（二）二年内曾因提供虚假证明文件受过二次以上行政处罚，又提供虚假证明文件的；

（三）其他情节严重的情形。

实施前款规定的行为，在涉及公共安全的重大工程、项目中提供虚假的环境影响评价等证明文件，致使公共财产、国家和人民利益遭受特别重大损失的，应当依照刑法第二百二十九条第一款的规定，处五年以上十年以下有期徒刑，并处罚金。

实施前两款规定的行为，同时索取他人财物或者非法收受他人财物构成犯罪的，依照处罚较重的规定定罪处罚。

第十一条 违反国家规定，针对环境质量监测系统实施下列行为，或者强令、指使、授意他人实施下列行为，后果严重的，应当依照刑法第二百八十六条的规定，以破坏计算机信息系统罪定罪处罚：

（一）修改系统参数或者系统中存储、处理、传输的监测数据的；

（二）干扰系统采样，致使监测数据因系统不能正常运行而严重失真的；

（三）其他破坏环境质量监测系统的行为。

重点排污单位、实行排污许可重点管理的单位篡改、伪造自动监测数据或者干扰自动监测设施，排放化学需氧量、氨氮、二氧化硫、氮氧化物等污染物，同时构成污染环境罪和破坏计算机信息系统罪的，依照处罚较重的规定定罪处罚。

从事环境监测设施维护、运营的人员实施或者参与实施篡改、伪造自动监测数据、干扰自动监测设施、破坏环境质量监测系统等行为的，依法从重处罚。

第十二条　对于实施本解释规定的相关行为被不起诉或者免予刑事处罚的行为人，需要给予行政处罚、政务处分或者其他处分的，依法移送有关主管机关处理。有关主管机关应当将处理结果及时通知人民检察院、人民法院。

第十三条　单位实施本解释规定的犯罪的，依照本解释规定的定罪量刑标准，对直接负责的主管人员和其他直接责任人员定罪处罚，并对单位判处罚金。

第十四条　环境保护主管部门及其所属监测机构在行政执法过程中收集的监测数据，在刑事诉讼中可以作为证据使用。

公安机关单独或者会同环境保护主管部门，提取污染物样品进行检测获取的数据，在刑事诉讼中可以作为证据使用。

第十五条　对国家危险废物名录所列的废物，可以依据涉案物质的来源、产生过程、被告人供述、证人证言以及经批准或者备案的环境影响评价文件、排污许可证、排污登记表等证据，结合环境保护主管部门、公安机关等出具的书面意见作出认定。

对于危险废物的数量，依据案件事实，综合被告人供述，涉案企业的生产工艺、物耗、能耗情况，以及经批准或者备案的环境影响评价文件等证据作出认定。

第十六条　对案件所涉的环境污染专门性问题难以确定的，依据鉴定机构出具的鉴定意见，或者国务院环境保护主管部门、公安部门指定的机构出具的报告，结合其他证据作出认定。

第十七条　下列物质应当认定为刑法第三百三十八条规定的“有毒物质”：

（一）危险废物，是指列入国家危险废物名录，或者根据国家规定的危险废物鉴别标准和鉴别方法认定的，具有危险特性的固体废物；

（二）《关于持久性有机污染物的斯德哥尔摩公约》附件所列物质；

（三）重金属含量超过国家或者地方污染物排放标准的污染物；

（四）其他具有毒性，可能污染环境的物质。

第十八条　无危险废物经营许可证，以营利为目的，从危险废物中提取物质作为原材料或者燃料，并具有超标排放污染物、非法倾倒污染物或者其他违法造成环境污染的情形的行为，应当认定为“非法处置危险废物”。

第十九条　本解释所称“二年内”，以第一次违法行为受到行政处罚的生效之日与又实施相应行为之日的时间间隔计算确定。

本解释所称“重点排污单位”，是指设区的市级以上人民政府环境保护主管部门依法确定的应当安装、使用污染物排放自动监测设备的重点监控企业及其他单位。

本解释所称“违法所得”，是指实施刑法第二百二十九条、第三百三十八条、第三百三十九条规定的行为所得和可得的全部违法收入。

本解释所称“公私财产损失”，包括实施刑法第三百三十八条、第三百三十九条规定的行为直接造成财产损毁、减少的实际价值，为防止污染扩大、消除污染而采取必要合理措施所产生的费用，以及处置突发环境事件的应急监测费用。

本解释所称“无危险废物经营许可证”，是指未取得危险废物经营许可证，或者超出危险废物经营许可证的经营范围。

第二十条　本解释自2023年8月15日起施行。本解释施行后，《最高人民法院、最高人民检察院关于办理环境污染刑事案件适用法律若干问题的解释》（法释〔2016〕29号）同时废止；之前发布的司法解释与本解释不一致的，以本解释为准。

【导读及适用要点】

一、关于污染环境罪的定罪量刑标准

《刑法修正案（十一）》对《刑法》第338条作了修改，将原来的两档法定刑（“三年以下有期徒刑或者拘役”“三年以上七年以下有期徒刑”）调整为三档法定刑（“三年以下有期徒刑或者拘役”“三年以上七年以下有期徒刑”“七年以上有期徒刑”）；在维持严重污染环境的入罪门槛的基础上，将第

二档法定刑适用条件由原来的“后果特别严重”修改为“情节严重”，并明确了第三档法定刑适用的 4 种具体情形。根据修法精神和修改后《刑法》第 338 条的规定，《最高人民法院、最高人民检察院关于办理环境污染刑事案件适用法律若干问题的解释》(以下简称《环境污染刑事案件解释》)重新设置了污染环境罪的定罪量刑标准。

1．关于污染环境罪的入罪门槛

《最高人民法院、最高人民检察院关于办理环境污染刑事案件适用法律若干问题的解释》(以下简称《2016 年解释》)第 1 条对污染环境罪的入罪门槛“严重污染环境”共列出 18 项具体情形：第 1 项至第 7 项为行为入罪，第 8 项至第 17 项基本为结果入罪，第 18 项为兜底项。为体现加大污染环境犯罪惩治力度的立法精神，《环境污染刑事案件解释》第 1 条将污染环境罪的入罪门槛由“行为入罪 + 结果入罪”调整为主要以行为入罪。修改后，污染环境罪的入罪标准“严重污染环境”共列有 11 项情形，与《2016 年解释》相比：

（1）有 7 项是沿用《2016 年解释》规定。具体包括第 2 项“非法排放、倾倒、处置危险废物 3 吨以上的”；第 3 项“排放、倾倒、处置含铅、汞、镉、铬、砷、铊、锑的污染物，超过国家或者地方污染物排放标准 3 倍以上”；第 4 项“排放、倾倒、处置含镍、铜、锌、银、钒、锰、钴的污染物，超过国家或者地方污染物排放标准 10 倍以上”；第 8 项“2 年内曾因违反国家规定，排放、倾倒、处置有放射性的废物、含传染病病原体的废物、有毒物质受过 2 次以上行政处罚，又实施此类行为的”；第 9 项“违法所得或者致使公私财产损失 30 万元以上的”；第 10 项“致使乡镇集中式饮用水水源取水中断 12 小时以上的”；第 11 项“其他严重污染环境的情形”。

（2）有三项规定在《2016 年解释》基础上作了修改完善。一是第 1 项，为了加大对饮用水水源和自然保护地的保护，将《2016 年解释》规定的“在饮用水水源一级保护区、自然保护区核心区等依法确定的重点保护区域排放、倾倒、处置有放射性的废物、含传染病病原体的废物、有毒物质的”，修改为“在饮用水水源保护区、自然保护地核心保护区等依法确定的重点保护区域……”。需要说明的是，《刑法修正案（十一）》共新增 4 项污染环境罪的第三档量刑条件，除涉及上述关于在依法确定的重点保护区域污染环境的情形外，还包括向国家确定的重要江河、湖泊水域非法排污情节特别严重、大量毁坏基本农田和致使人员伤亡三项。《环境污染刑事案件解释》未针对后3项设置相关入罪情形，主要考虑是：国家确定的重要江河、湖泊水域面积广大，实际覆盖我国大部分国土，远超饮用水水源保护区、自然保护地核心保护区涉及范围，如采行为入罪模式，处罚范围过宽，难以保证罪刑均衡，故未将在相关水域非法排污的行为直接作为污染环境犯罪处理；对于毁坏基本农田和致使人员伤亡，《2016年解释》均将其作为结果入罪的情形，考虑到实践中相关案件并不多见，为进一步提升条文的针对性，《环境污染刑事案件解释》将此两项调整为升档量刑情形，切实贯彻《刑法》修改精神、加大处罚力度。

二是第5项，为加大对隐蔽排污的规制力度，进一步严惩以逃避监管方式排放大气污染物的行为，在《2016年解释》规定的“通过暗管、渗井、渗坑、裂隙、溶洞、灌注等逃避监管的方式排放、倾倒、处置有放射性的废物、含传染病病原体的废物、有毒物质的”基础上，新增通过“非紧急情况下开启大气应急排放通道”隐蔽排污情形。《大气污染防治法》第20条第2款规定：“禁止通过偷排、篡改或者伪造监测数据、以逃避现场检查为目的的临时停产、非紧急情况下开启应急排放通道、不正常运行大气污染防治设施等逃避监管的方式排放大气污染物。”对《环境污染刑事案件解释》作出以上修改，可以更好衔接大气污染防治法的相关规定。

三是第7项，为进一步规制妨碍、破坏自动监测，污染环境的行为，在《2016年解释》规定的“重点排污单位篡改、伪造自动监测数据或者干扰自动监测设施，排放化学需氧量、氨氮、二氧化硫、氮氧化物等污染物的”基础上，新增“实行排污许可重点管理的单位”的行为主体。《排污许可管理条例》第20条第1款规定：“实行排污许可重点管理的排污单位，应当依法安装、使用、维护污染物排放自动监测设备，并与生态环境主管部门的监控设备联网。”《环境污染刑事案件解释》作出上述补充，有利于与前置法规定更好衔接，保障环境自动监测制度严格落实。

（3）新增一项规定。即第6项“2年内曾因在重污染天气预警期间，违反国家规定，超标排放二氧化硫、氮氧化物等实行排放总量控制的大气污染物，受过2次以上行政处罚，又实施此类行为的”。增加该项规定，旨在推动解决人民群众感受最为直接、反映最为强烈的大气污染问题，为打赢蓝天保卫战提供有力刑事司法保障。需要注意的是，“实行排放总量控制的大气污染物”，目前主要为二氧化硫和氮氧化物，这一规定能否扩展适用于其他大气污染物，应严格依据相关国家政策和法律法规的明确规定，结合污染物检测技术水平依法作出判断。如果没有明确的国家政策和法律法规依据，或者不具备与上述两类污染物相当的检测技术，无法准确识别、有效检测的，不宜直接作为实行排放总量控制的大气污染物，以防不当扩大污染环境罪的适用范围，偏离罪责刑相适应原则。

（4）删去二项入罪情形。一是“造成生态环境严重损害的”。生态环境损害是指因污染环境、破坏生态造成大气、地表水、地下水、土壤、森林等环境要素和植物、动物、微生物等生物要素的不利改变，以及上述要素构成的生态系统功能退化。根据《最高人民法院关于审理生态环境损害赔偿案件的若干规定（试行）》（法释〔2019〕8号，2020年修正）第12条第2款的规定，“生态环境修复费用包括制定、实施修复方案的费用，修复期间的监测、监管费用，以及修复完成后的验收费用、修复效果后评估费用等”。因此，生态环境损害程度的认定情况，往往与公私财产损失存在交叉关系，也与违法所得存在一定关联，故另行依据生态环境损害程度入罪必要性不大。而且，生态环境损害程度的认定程序复杂、周期长、费用高，是办理环境污染案件公认的难题。正因如此，实践中迄今尚无依据生态环境损害程度入罪的污染环境刑事案件。该项规定的象征意义大于实际意义，基于此，根据司法实务部门的建议，《环境污染刑事案件解释》删去“造成生态环境严重损害”的入罪要件。

二是“违法减少防治污染设施运行支出100万元以上的”规定。起草过程中，有意见提出是否减少防治污染设施运行支出以及减少的数额与严重污染环境之间并无必然联系；对于违法减少防治污染设施运行支出的行为，完全可以通过加强行政监管解决，建议删去《2016年解释》第1条“违法减少防治污染设施运行支出100万元以上的”的规定。经研究，考虑到实践中少有根据“违法减少防治污染设施运行支出100万元以上”入罪的情况，故删去这一规定。

此外，为适应《刑法修正案（十一）》对污染环境罪的修改，合理确定污染环境罪的定罪量刑体系、标准，《环境污染刑事案件解释》第1条将《2016年解释》第1条规定中的部分结果入罪情形，如农田、森林毁坏，人员疏散、转移、中毒等，规定为加重法定刑情形。

2. 关于污染环境罪的升档量刑标准

如前所述，《刑法修正案（十一）》将《刑法》第338条规定的污染环境罪由原来的两档法定刑增加为三档，并将第二档法定刑（三年以上七年以下有期徒刑）的适用条件由"后果特别严重"修改为"情节严重"。在此情形下，污染环境罪第二档法定刑"情节严重"的适用标准不能继续适用《2016年解释》第3条关于"后果特别严重"的具体情形。据统计，近10年来（2013年至2022年），污染环境刑事案件基本适用第一档法定刑，升档量刑的不足7%，确有必要降低升档量刑标准，以加大惩治力度，贯彻《刑法》修改精神。基于此，《环境污染刑事案件解释》重新设置污染环境罪第二档法定刑适用标准"情节严重"的具体情形，修改后的升档量刑情形也有11项，除兜底项外，还包括：第一，针对排放危险废物、违法所得或致公私财产损失以及致饮用水水源取水中断三项入罪情形，分别设置升档量刑标准；第二，针对污染环境罪新增的4项第三档量刑情形，相应规定所涉行为适用第二档法定刑的标准；第三，沿用《2016年解释》相关规定，针对森林毁坏、疏散、转移群众以及致人中毒三种情况，设置相关升档量刑情形，并对数量标准作出完善。

需要重点说明的问题有：

（1）《环境污染刑事案件解释》调整《2016年解释》第3条关于后果特别严重的相关适用情形，适当加大刑罚力度。例如，将原规定"致使100人以上中毒"才可以适用三年以上七年以下有期徒刑的标准，调整为"致使30人以上中毒"；同理，将"致使3人以上重伤、中度残疾或者器官组织损伤导致严重功能障碍"，调整为"致使1人以上重伤、严重疾病或者3人以上轻伤"。

（2）补充相应适用情形，实现三个量刑档次的有序衔接。保护区域内的生态功能和野生生物资源，是依法确定相关重点保护区域和重要江河、湖泊水域的重要目的，污染环境行为造成相关区域内生态功能退化、野生生物资源破坏程度，是评价行为社会危害的重要考量。基于此，设置"在饮用水水源保护区、自然保护地核心保护区等依法确定的重点保护区域排放、倾倒、处置有放射性的废物、含传染病病原体的废物、有毒物质，造成相关区域的生态功能退化或者野生生物资源严重破坏的"（第1项）、"向国家确定的重要江河、湖泊水域排放、倾倒、处置有放射性的废物、含传染病病原体的废物、有毒物质，造成相关水域的生态功能退化或者水生生物资源严重破坏的”（第2项）两项升档量刑情形，以衔接污染环境罪第三档法定刑的相应适用情形，进一步完善对相关重点保护区域的司法保护措施。

（3）调整涉土地数量的量刑标准，确保与其他环境资源犯罪处罚平衡。与非法占用农用地罪（五年以下有期徒刑）的入罪标准相比，《2016年解释》关于污染环境罪“致使永久基本农田、公益林地5亩以上，其他农用地10亩以上，其他土地20亩以上基本功能丧失或者遭受永久性破坏的”升档量刑（三年以上七年以下有期徒刑）标准设置，可能导致两罪对涉及毁坏农用地的行为处罚不够平衡。基于此，《环境污染刑事案件解释》将污染环境罪的相关升档量刑标准由致使永久基本农田、公益林地，其他农用地，其他土地基本功能丧失或者遭受永久性破坏“5亩以上”“10亩以上”“20亩以上”，分别提升至“10亩以上”“20亩以上”“50亩以上”，以与非法占用农用地的入罪标准形成合理的梯度，保持必要协调。

此外，根据《环境污染刑事案件解释》第1条关于入罪情形的规定，对第2条升档量刑情形作出相应调整，删去“造成生态环境特别严重损害”的升档量刑情节。

3．关于污染环境罪第三档法定刑的具体适用情形。《刑法修正案（十一）》有针对性地提高了部分严重污染环境犯罪的法定刑，明确列举了应当处七年以上有期徒刑的行为类型，画出不得触碰的高压线，体现了刚性约束，同时也有利于司法实践中的具体认定。据此，根据修改后《刑法》规定，结合司法实践，《环境污染刑事案件解释》第3条对适用七年以上有期徒刑的情形作了明确，具体而言：

（1）针对“在饮用水水源保护区、自然保护地核心保护区等依法确定的重点保护区域排放、倾倒、处置有放射性的废物、含传染病病原体的废物、有毒物质，情节特别严重的”规定，从取水中断情况、生态系统影响、国家重点保护物种及其栖息地、生长环境破坏等方面，细化为“情节特别严重”的具体适用情形；同时考虑实践情况复杂，设置兜底规定交由司法实践裁量把握。相对于《环境污染刑事案件解释》第2条规定的相应升档量刑情形，第三档量刑情形对应的行为社会危害性更为严重，对生态环境、生态系统结构及其要素的损害程度更深。例如，“造成自然保护地主要保护的生态系统严重退化”，已突破对一般生态功能的损害，危及生态系统本身，生态环境功能、质量的恢复更加困难；再如，“造成国家重点保护的野生动植物资源或者国家重点保护物种栖息地、生长环境严重破坏的”，涉及对珍贵濒危野生生物资源的破坏，可能引发其他多物种连锁衰退甚至灭绝，对生物多样性、生态平衡的影响较之损害其他野生生物资源更为严重、明显。

（2）针对“向国家确定的重要江河、湖泊水域排放、倾倒、处置有放射性的废物、含传染病病原体的废物、有毒物质，情节特别严重的”规定，从对生态系统影响、国家重点保护野生动植物种危害等方面，细化了情节特别严重的适用情形，明确为“造成国家确定的重要江河、湖泊水域生态系统严重退化的”“造成国家重点保护的野生动植物资源严重破坏的”两类，并作了兜底规定。

（3）针对“致使大量永久基本农田基本功能丧失或者遭受永久性破坏的”规定，将“大量”量化为“50 亩以上”。同时，这一规定也与第二档法定刑适用情形“致使永久基本农田、公益林地 10 亩以上……基本功能丧失或者遭受永久性破坏”之间形成 5 倍的倍数关系，实现有序衔接。

（4）针对“致使多人重伤、严重疾病，或者致人严重残疾、死亡的”规定，将“致使 3 人以上重伤、严重疾病，或者 1 人以上严重残疾、死亡”明确为第三档刑的适用情形之一，彰显依法严惩污染环境犯罪、保障人民群众生命健康安全的坚定立场。

起草过程中，有意见提出吸收完善《最高人民法院、最高人民检察院、公安部、司法部、生态环境部关于办理环境污染刑事案件有关问题座谈会纪要》（高检会〔2019〕3 号）第 10 条的规定，增加“跨省（自治区、直辖市）向国家确定的重要江河、湖泊水域排放、倾倒、处置有放射性废物、含传染病病原体的废物、有毒物质的”规定，作为污染环境罪第三档法定刑的适用情形。

经研究认为，有的污染行为本就发生在省界附近，极易造成跨省界污染，此种行为与普通的污染环境犯罪行为在社会危害性程度方面并无明显差异，作为从重处罚情节尚无问题，但作为升档量刑情节则明显不妥。据此，未将上述跨省界向重要江河、湖泊排污的行为设置为污染环境罪第三档法定刑的适用情形，以保证案件处理符合罪责刑相适应原则的要求。

二、关于涉危险废物环境污染行为的处理规则

如前所述，危险废物损害环境、危害健康的风险极大，实践中相关污染环境案件高发多发，有效规制非法处置危险废物等行为，对于遏制污染环境犯罪、提升生态环境治理成效意义重大。基于此，《环境污染刑事案件解释》多个条文对涉危险废物行为的处理作出规定。除污染环境罪、非法处置进口的固体废物罪之中涉危险废物行为的定罪量刑标准之外，还主要包括：

1. 关于危险废物的含义

《环境污染刑事案件解释》第 17 条根据固体废物污染环境防治法修订情况，专门对危险废物的定义作出调整，将“具有危险特性的废物”修改为“具有危险特性的固体废物”。危险废物是《固体废物污染环境防治法》规定的一种特定类型的固体废物，《刑法》规制的危险废物应当与前置法的规定保持一致，不能超出固体废物的范围。需要说明的是，固体废物并不限于物理上的固态废物，根据《固体废物污染环境防治法》规定，还包括半固态和置于容器中的气态的物品、物质以及法律、行政法规规定纳入固体废物管理的物品、物质。

2. 关于危险废物的认定

对于危险废物如何认定，特别是对于危险废物是否需要鉴别，甚至鉴定或者检验，往往存在不同认识。考虑到《国家危险废物名录》对于废物类别、行业来源（危险废物的产生源）、废物代码、危险特性（指腐蚀性、毒性、易燃性、反应性和感染性）以及产生阶段均有明确描述，原则上，对于列入《国家危险废物名录》的废物，可以直接依据目录认定。但是，如果该危险废物已经同非危险废物混合，或者系未列入目录的，则原则上应当对物品的特征进行鉴别，符合相应特征的，才能认定为危险废物。基于此，《2016 年解释》对《国家危险废物名录》所列废物的认定依据作了规定。

《环境污染刑事案件解释》起草过程中，有意见建议将环境保护设施验收报告、排污许可证或者排污登记表增加规定作为认定相关危险废物的依据。经研究，目前，环境保护设施验收可由企业自行组织或者委托第三方进行，实践中，此种验收结论还存在一些问题，权威性难以完全保证，故不宜一概

纳入认定危险废物的依据。而生态环境部发布的《排污许可证申请与核发技术规范 工业固体废物（试行）》（HJ 1200—2021）等技术标准，规定了产生工业固体废物的排污单位与工业固体废物相关的基本情况填报要求、污染防控技术要求、环境管理台账及排污许可证执行报告编制要求、合规判定方法等，故排污许可证、排污登记表对相关企业排放危险废物情况具有一定证明功能。基于此，《环境污染刑事案件解释》采纳这一建议，在第15条第1款规定："对《国家危险废物名录》所列的废物，可以依据涉案物质的来源、产生过程、被告人供述、证人证言以及经批准或者备案的环境影响评价文件、排污许可证、排污登记表等证据，结合环境保护主管部门、公安机关等出具的书面意见作出认定。"

3．关于危险废物数量的认定

对于行为人非法排放、倾倒、处置危险废物的数量，除当场查获的外，还可以依据其他证据材料予以综合认定。为了加大对危险废物产生企业非法处置等行为的规制力度，《环境污染刑事案件解释》第15条第2款沿用《2016年解释》的规定，重申了对危险废物数量的认定规则，规定："对于危险废物的数量，依据案件事实，综合被告人供述，涉案企业的生产工艺、物耗、能耗情况，以及经批准或者备案的环境影响评价文件等证据作出认定。"

4．关于非法利用危险废物行为的定性

司法实践中，对于非法处置危险废物的行为，特别是处置行为与利用行为之间的关系，存在不同认识。经研究认为，利用本身也是一种处置行为，但核心在于判断是否违法造成环境污染。为统一认识，《环境污染刑事案件解释》第18条沿用《2016年解释》的规定，明确："无危险废物经营许可证，以营利为目的，从危险废物中提取物质作为原材料或者燃料，并具有超标排放污染物、非法倾倒污染物或者其他违法造成环境污染的情形的行为，应当认定为'非法处置危险废物'。"

5．关于非法处置危险废物行为的处理

非法处置危险废物以未取得经营许可证为前提，对于是否以违法造成环境污染为要件，则存在不同认识。

经研究认为，污染环境罪的社会危害性主要体现在对生态环境的破坏上，如果未取得经营许可证处置危险废物，在处置过程中没有违法造成环境污染的，无疑不应以污染环境罪论处。

此外，对于无资质处置危险废物，没有违法造成环境污染，不构成污染环境罪的情形，是否可以非法经营罪论处，实践中亦存在不同认识。

考虑到无资质处置危险废物，未违法造成环境污染的，适用非法经营罪，通常情况下可能会比污染环境罪判处更重的刑罚，为避免罪刑失衡，统一法律适用，《环境污染刑事案件解释》沿用《2016 年解释》的规定，在第 7 条规定："无危险废物经营许可证从事收集、贮存、利用、处置危险废物经营活动，严重污染环境的，按照污染环境罪定罪处罚；同时构成非法经营罪的，依照处罚较重的规定定罪处罚。实施前款规定的行为，不具有超标排放污染物、非法倾倒污染物或者其他违法造成环境污染的情形的，可以认定为非法经营情节显著轻微危害不大，不认为是犯罪；构成生产、销售伪劣产品等其他犯罪的，以其他犯罪论处。"

申言之，《环境污染刑事案件解释》坚持对环境法益的实质考量：

一方面，确立无危险废物经营许可证从事收集、贮存、利用、处置危险废物经营活动的入罪以违法造成环境污染为实质要件，未违法造成环境污染的，可以认定为情节显著轻微危害不大，不认为是犯罪（当然，构成生产、销售伪劣产品等其他犯罪的，可以其他犯罪论处）；

另一方面，针对当前危险废物污染环境犯罪的严峻形势，加大对此类行为的刑事惩处力度，对无资质处置危险废物、违法造成环境污染的情形允许适用非法经营罪，对同时符合污染环境罪和非法经营罪的情形择一重罪处断。

6. 关于涉危险废物共同犯罪的认定

实践中，一些单位、个人非法排放、倾倒、处置危险废物，以降低生产成本、牟取不法利益。而且，行为人分工明确，相互配合，呈现"一条龙"作业、明显的产业化迹象。对此，不仅要依法惩治直接污染环境的行为人，更要打源头、追幕后，依法追究危险废物提供者的刑事责任。为此，《环境污染刑事案件解释》第 8 条重申《2016 年解释》的规定，明确对此类共同犯罪的处理规则："明知他人无危险废物经营许可证，向其提供或者委托其收集、贮存、利用、处置危险废物，严重污染环境的，以共同犯罪论处。"考虑到此种情形可能构成非法经营罪的共同犯罪，故未再限制为以污染环境罪的共同犯罪论处。

三、关于环境污染关联犯罪的处理规则

《环境污染刑事案件解释》对环境污染关联犯罪的规定，主要涉及环境领域的提供虚假证明文件罪和破坏计算机信息系统罪，现结合实践情况，分述如下：

1. 关于环境领域提供虚假证明文件罪的适用规则

为有效惩治环境影响评价机构及其人员提供虚假证明文件行为，《2016年解释》立足当时《刑法》规定，明确："环境影响评价机构或其人员，故意提供虚假环境影响评价文件，情节严重的，或者严重不负责任，出具的环境影响评价文件存在重大失实，造成严重后果的，应当依照刑法第229条、第231条的规定，以提供虚假证明文件罪或者出具证明文件重大失实罪定罪处罚。"《刑法修正案（十一）》吸收上述规定，对《刑法》第229条作出修改完善，明确对承担环境影响评价、环境监测等职责的中介组织人员适用该条规定；同时，增加一档法定刑（"五年以上十年以下有期徒刑"）。根据修改后《刑法》第229条的规定，《环境污染刑事案件解释》在《2016年解释》规定的基础上，对环境领域提供虚假证明文件罪的适用规则作了进一步完善。具体而言：

（1）明确行为主体。《环境污染刑事案件解释》第10条第1款规定："承担环境影响评价、环境监测、温室气体排放检验检测、排放报告编制或者核查等职责的中介组织的人员故意提供虚假证明文件，具有下列情形之一的，应当认定为刑法第229条第1款规定的'情节严重'：……"，明确将承担环境影响评价、环境监测等职责的中介组织的人员纳入提供虚假证明文件罪的规制范围，切实贯彻《刑法》修改精神。

（2）将涉碳排放数据造假行为纳入刑事规制范围。为应对气候变化和促进绿色低碳发展，推动运用市场机制实现控制温室气体排放行动目标，我国建立了碳排放权交易市场，并于2021年7月16日正式启动上线。碳排放权交易市场的健康运行对于实现"双碳"目标具有重要意义，而温室气体排放报告及相关检测检验结论的真实性、可靠性，则是保证碳排放权交易公平公正的重要基础。当前，相关技术服务机构在编制、核查温室气体排放报告或者就温室气体排放情况进行检验检测过程中，故意伪造、篡改相关检测、报

告数据的问题较为突出，严重影响碳排放权交易市场健康运行。有意见建议，对此类与温室气体排放相关的造假行为，也应当依法适用提供虚假证明文件罪。经研究，采纳上述建议，将承担“温室气体排放检验检测、排放报告编制或者核查等职责的中介组织的人员故意提供虚假证明文件”的行为，纳入《环境污染刑事案件解释》规定的提供虚假证明文件罪的适用范围。

主要考虑：

第一，中介组织及其人员就温室气体排放提供的技术服务与环境影响评价、环境监测的性质、功能具有相当性：一是相关中介服务的内容均涉及污染物排放水平、环境质量或者生态服务功能；二是就环境保护而言，相关中介组织提供的技术服务均具有一定的公共属性，涉及与生态环境相关的公共利益。

第二，涉碳排放造假行为具有一定社会危害性，依法规制确有必要。相关技术服务机构及其人员在编制、核查温室气体排放报告或者与温室气体排放相关的检测检验过程中，实施伪造数据等造假行为，逃避履约义务、甚至骗取碳排放权配额盈余牟利，破坏碳排放权交易市场秩序，不利于碳排放权交易市场长远健康运行，依法规制此类造假行为，已成为实践的迫切需要。

第三，将涉碳排放造假行为纳入刑事规制范围符合《刑法》修改精神。《刑法修正案（十一）》将“承担环境影响评价、环境监测等职责的中介组织的人员”纳入《刑法》第 229 条规定的提供虚假证明文件罪的主体范围，进一步强化对环境保护领域提供虚假证明文件行为的惩治力度，有利于促进相关中介组织及其人员依法履职，推动环境保护事业健康发展。将针对温室气体排放提供技术服务的机构作为承担环境影响评价、环境监测等职责的中介组织，符合推动环境保护领域中介服务公信公平的实践需要，对规范碳排放权交易市场秩序、落实“双碳”目标具有重要意义，有利于贯彻《刑法》修改精神。

（3）规定定罪量刑标准。第一，明确了环境领域提供虚假证明文件罪的入罪条件。《环境污染刑事案件解释》第 10 条第 1 款从违法所得数额（第 1 项）、前科情况（第 2 项）两方面设置了入罪标准，考虑到司法实践的复杂情况，专门设置了兜底项（第 3 项）。需要说明的是，根据《最高人民检察院、公安部关于公安机关管辖的刑事案件立案追诉标准的规定（二）》(以下简称

《立案追诉标准（二）》）的规定，提供虚假证明文件行为违法所得数额在10万元以上的，即应立案追诉；而《环境污染刑事案件解释》将环境污染罪的入罪标准明确为违法所得或者致公私财产损失30万元以上。一般来说，提供虚假证明文件行为的入罪门槛不宜低于污染环境罪，故直接采用《立案追诉标准（二）》的规定可能存在不协调之处。基于此，《环境污染刑事案件解释》第10条将环境领域提供虚假证明文件罪的入罪数额标准确定为“违法所得30万元以上”。

第二，明确了环境领域提供虚假证明文件罪的升档量刑条件。从《刑法》第229条规定的三项升档量刑情形来看，承担环境影响评价、环境监测等职责的中介组织的人员可能适用的是第3项“在涉及公共安全的重大工程、项目中提供虚假的安全评价、环境影响评价等证明文件，致使公共财产、国家和人民利益遭受特别重大损失的”，故《环境污染刑事案件解释》第10条第2款对上述规定表述略作调整，规定为升档量刑情形。

第三，根据《刑法》第229条第2款“有前款行为，同时索取他人财物或者非法收受他人财物构成犯罪的，依照处罚较重的规定定罪处罚”的规定，《环境污染刑事案件解释》第10条第3款专门规定了择一重罪处断规则。

此外，考虑到环境领域出具证明文件重大失实的情况并不突出，规定该罪定罪量刑标准的必要性不强，且缺乏研究确定相关标准的实践条件，故《环境污染刑事案件解释》未对此问题作出规定。

2. 关于破坏环境质量监测系统行为的处理规则

环境监测数据是环境决策的重要基础。个别地方破坏环境质量监测系统，影响监测系统正常运行，损害政府公信力，误导环境决策，危害严重。对此，《2016年解释》第10条规定对实施修改参数、干扰采样等破坏环境质量监测系统的相关行为，适用破坏计算机信息系统罪。这一规定对于依法惩治破坏环境质量监测系统犯罪、维护环境质量监测数据安全、强化生态环境质量监管，发挥了重要作用。

适用过程中存在的主要问题是，对于干扰环境质量监测系统采样的行为，能否适用破坏计算机信息系统罪，仍存在不同认识。一种意见认为，单纯改变监测系统取样外部物理环境的行为，没有对监测系统本身的功能造成破坏，并造成监测系统不能正常运行，将此类行为认定为破坏计算机信息系统罪，超越了《刑法》条文的文义，建议删除。另一种意见认为，就破坏计算机信息系统功能而言，只要干扰行为与删除、修改和增加行为具相当性，导致计算机信息系统运行失常的，亦可以适用破坏计算机信息系统罪。

经研究，采纳后一种意见，《环境污染刑事案件解释》第11条第1款在《2016年解释》规定的基础上，仅对相关表述作了微调，规定："违反国家规定，针对环境质量监测系统实施下列行为，或者强令、指使、授意他人实施下列行为，后果严重的，应当依照刑法第286条的规定，以破坏计算机信息系统罪定罪处罚：（一）修改系统参数或者系统中存储、处理、传输的监测数据的；（二）干扰系统采样，致使监测数据因系统不能正常运行而严重失真的；（三）其他破坏环境质量监测系统的行为。"

主要考虑是：

（1）根据《最高人民法院、最高人民检察院关于办理危害计算机信息系统安全刑事案件应用法律若干问题的解释》（法释〔2011〕19号）第11条的规定，计算机信息系统是指具备自动处理数据功能的系统，包括计算机、网络设备、通信设备、自动化控制设备等。采用物理方式妨害自动监控系统采样、稀释采集的污染物样等行为，实际上是对计算机信息系统功能进行干扰，造成计算机不能正常运行，符合《刑法》第286条第1款的规定，造成严重后果的，均可以破坏计算机信息系统罪论处。

（2）在此基础上，增加"后果严重的"规定，以与《刑法》第286条关于破坏计算机信息系统罪入罪条件的规定保持一致。

（3）对具体行为方式的表述作了微调，将"修改参数或者监测数据"调整为"修改系统参数或者系统中存储、处理、传输的监测数据"，将"干扰采样，致使监测数据严重失真"调整为"干扰系统采样，致使监测数据因系统不能正常运行而严重失真"。

3. 涉环境监测数据造假犯罪的适用界限

根据《环境污染刑事案件解释》第1条、第10条和第11条的规定，相关伪造环境监测数据的行为，可能涉及三个罪名：污染环境罪、提供虚假证明文件罪和破坏计算机信息系统罪。实践中，宜立足犯罪构成，区分行为主体、行为对象、行为方式等，准确评价行为社会危害性，依法妥当适用相关罪名，保证良好办案效果。

（1）关于污染环境罪与破坏计算机信息系统罪的竞合适用规则。《环境污染刑事案件解释》第 11 条第 2 款规定：“重点排污单位、实行排污许可重点管理的单位篡改、伪造自动监测数据或者干扰自动监测设施，排放化学需氧量、氨氮、二氧化硫、氮氧化物等污染物，同时构成污染环境罪和破坏计算机信息系统罪的，依照处罚较重的规定定罪处罚。”这明确了污染环境罪与破坏计算机信息系统罪的竞合适用规则。实践中，重点排污单位、实行排污许可重点管理的单位所干扰的自动监测设施，主要是企业根据相关法律规定在内部自行设置的污染源监测设施，用于监测企业日常污染物排放情况。理论上而言，如果相关监测设施符合计算机信息系统的认定要求，对相关行为可以适用破坏计算机信息系统罪。对于上述竞合情形，自然应当适用择一重罪处断规则。这也正是《环境污染刑事案件解释》第 11 条第 2 款规定的依据。但是，从直接侵犯的法益来看，适用污染环境罪更能准确评价所涉行为，也更能全面反映行为性质；特别是，所涉行为主要是出于违法排放污染物等动机，造成的后果也是污染环境，实际更为符合污染环境罪的性质。故而，实践中对上述行为通常可以直接适用污染环境罪定罪处罚，仅在适用污染环境罪难以罚当其罪的情形之下，考虑依据择一重罪处断规则适用破坏计算机信息系统罪。

（2）关于提供虚假证明文明罪与破坏计算机信息系统罪的界分。在《刑法修正案（十一）》就承担环境监测职责的中介组织的人员适用提供虚假证明文件罪作出专门规定后，对于《环境污染刑事案件解释》第 11 条针对环境质量监测系统规定的干扰环境监测系统采样、删改环境监测系统数据等行为，能否也适用提供虚假证明文件罪，实践中存在一定困惑。对此，需要厘清行为界限，依法准确定性。

第一，从行为主体上看，两罪存在明显区别。就伪造环境监测数据而言，提供虚假证明文件罪的主体限于《刑法》第 229 条规定的承担环境监测职责的中介组织的人员。根据环保机构监测执法垂直管理改革的要求，“本省（自治区、直辖市）及所辖各市县生态环境质量监测、调查评价和考核工作由省级环保部门统一负责，实行生态环境质量省级监测、考核。”实践中，实施干扰环境质量监测采样、伪造环境质量监测数据的多是环境保护主管部门及其所属监测站点或者受委托对系统设备进行技术运维的人员，与中介组织的人员存在明显不同。

第二，从行为对象上看。根据《环境保护法》《噪声污染防治法》《大气污染防治法》《水污染防治法》及《环境监测管理办法》的相关规定，环境质量监测的对象涉及大气、水、土壤、噪声、辐射等多种环境要素，由环境保护主管部门会同有关部门统一规划建设监测网络，按照统一的标准规范开展监测和评价。《环境污染刑事案件解释》第11条规定的环境质量监测系统，限于自动进行环境采样并统一作数据分析的计算机系统。目前，这一系统由省级以上生态环境主管部门统一管理使用，尚不涉及委托第三方中介组织利用该系统代为监测的问题。故而，从当前实践来看，相关破坏环境质量监测系统的行为，一般不具备适用提供虚假证明文件罪的空间。当然，如果未来环境质量监测体制、机制作出改革、调整，相应监测职责可以委托给第三方中介组织承担，那么对于实际承担环境质量监测职责的中介组织的人员故意提供虚假的监测报告等证明文件的，则可依法适用提供虚假证明文件罪。

四、关于环境污染犯罪宽严相济刑事政策的把握

1. 关于环境污染犯罪的从重处罚情形

《环境污染刑事案件解释》第5条沿用《2016年解释》的规定，列举了4项从重处罚情形。同时，根据自2021年3月1日起施行的《排污许可管理条例》，增加第5项规定："实行排污许可重点管理的企业事业单位和其他生产经营者未依法取得排污许可证，排放、倾倒、处置有放射性的废物、含传染病病原体的废物、有毒物质或者其他有害物质的"，以进一步衔接前置法规定，推动排污许可制度落实，遏制非法排污行为。此外，考虑到《环境污染刑事案件解释》第1条新增了关于重污染天气预警期间相关违规排污行为入罪的规定，删去《2016年解释》第4条第3项"重污染天气预警期间"的表述，以保证司法解释内部条文相互协调。

2. 关于从宽处理规则

刑罚不是目的，只是手段。就环境污染犯罪而言，根据宽严相济刑事政策的要求，要实现对生态环境的有效保护和恢复，应当坚持惩罚犯罪与修复生态并重，全面推行恢复性司法机制。基于此，《环境污染刑事案件解释》第6条根据恢复性司法的要求，进一步完善了对环境污染犯罪的从宽处理规则，

明确："实施刑法第 338 条规定的行为，行为人认罪认罚，积极修复生态环境，有效合规整改的，可以从宽处罚；犯罪情节轻微的，可以不起诉或者免予刑事处罚；情节显著轻微危害不大的，不作为犯罪处理。"

主要考虑：

第一，《2016 年解释》第 5 条规定的"全部赔偿损失""确有悔罪表现"可纳入对行为人认罪认罚的评价之中，为简化表述予以删去。实践中，对环境污染行为造成实际损失的赔偿情况，仍是从宽裁量的重要考量因素；

第二，《2016 年解释》规定的"及时采取措施，防止损失扩大、消除污染"，属积极修复生态环境的题中之义，亦不再专门规定；

第三，当前，不少环境污染犯罪由单位实施，考虑到推进涉案企业合规改革的实践需要，专门增加"有效合规整改"的规定；

第四，环境污染行为实践情况多样复杂，新情况新问题不断涌现，为确保罪责刑相适应，应根据具体案情，结合行为的主客观因素，综合评估行为社会危害性，依法妥当、综合把握相关从宽处罚条件，避免唯数量论、机械失当，故删去"刚达到应当追究刑事责任的标准"表述。

需要说明的是，关于《刑法》第 339 条规定的非法处置进口的固体废物罪、擅自进口固体废物罪，实践中案件较少，近 5 年，仅有两件非法处置进口的固体废物刑事案件。随着我国全面禁止进口固体废物，相关案件势必进一步减少，对其专门规定从宽处罚情节的必要性不强。基于此，不再就《刑法》第 339 条规定专门的从宽处罚情节。

五、关于非法处置进口的固体废物罪的升档量刑

《刑法》第 339 条第 1 款、第 2 款及第 408 条分别规定了非法处置进口的固体废物罪、擅自进口固体废物罪和环境监管失职罪。针对《刑法》第 339 条规定的"致使公私财产遭受重大损失或者严重危害人体健康"和《刑法》第 408 条规定的"致使公私财产遭受重大损失或者造成人身伤亡的严重后果"，《2016 年解释》第 2 条统一规定了具体适用情形。根据实践中的新情况，《环境污染刑事案件解释》第 2 条对相关规定作出调整，具体而言：

（1）不再针对《刑法》第 339 条第 2 款和刑法第 408 条作出规定。《刑法》第 339 条第 2 款规定的擅自进口固体废物罪，实践中已无适用空间。生

态环境部、商务部、发展改革委、海关总署联合发布《关于全面禁止进口固体废物有关事项的公告》，自 2021 年 1 月 1 日起施行，公告规定："禁止以任何方式进口固体废物""生态环境部停止受理和审批限制进口类可用作原料的固体废物进口许可证的申请"。据此，我国自 2021 年起禁止进口固体废物用作原料，相关固体废物已不存在合法进口的问题，《刑法》第 339 条第 2 款规定的擅自进口固体废物罪已无适用空间。基于此，不再就擅自进口固体废物罪的定罪量刑作出专门解释。实践中，对擅自进口固体废物的行为，符合《刑法》第 152 条第 2 款规定的，可以走私废物罪（处刑更重）定罪处罚。此外，对于《刑法》第 408 条规定的环境监管失职罪，考虑到与其他渎职犯罪定罪量刑标准的统一协调问题，亦未在《环境污染刑事案件解释》中作规定，留待未来交由其他司法解释予以明确。

（2）明确《刑法》第 339 条第 1 款"致使公私财产遭受重大损失或者严重危害人体健康"的适用情形。第一，适当提高致使公私财产损失的数额标准。考虑到该款规定的"致使公私财产遭受重大损失或者严重危害人体健康"系非法处置进口的固体废物罪的升档量刑条件，对应的法定刑为五年以上十年以下有期徒刑，相对于《2016 年解释》第 2 条一并规定的擅自进口固体废物罪（第一档刑，五年以下有期徒刑或者拘役）和环境监管失职罪（只一档刑，三年以下有期徒刑或者拘役）量刑更重，适用行为的社危害性相应地也更为严重，为确保罪刑均衡，将"致使公私财产遭受重大损失"的适用情形，由《2016 年解释》第 2 条规定的致使公私财产损失 30 万元以上提升至 100 万元以上。

第二，调整其他适用情形。对于"致使公私财产遭受重大损失或者严重危害人体健康"，《2016 年解释》规定直接适用污染环境罪的相关结果入罪情形。由于《环境污染刑事案件解释》对污染环境罪定罪量刑标准作出调整，《环境污染刑事案件解释》第 4 条第 2 项将相应规定调整为"具有《环境污染刑事案件解释》第 2 条第（5）项至第（10）项规定情形之一的"，并增加兜底项，以适应实践复杂情况。

六、关于环境监测、检测数据的审查适用规则

《环境污染刑事案件解释》第 14 条沿用《2016 年解释》的规定，对环境

保护主管部门收集的监测数据、公安部门提取污染物样品的检测数据等的证据资格问题作出明确，规定："环境保护主管部门及其所属监测机构在行政执法过程中收集的监测数据，在刑事诉讼中可以作为证据使用。公安机关单独或者会同环境保护主管部门，提取污染物样品进行检测获取的数据，在刑事诉讼中可以作为证据使用。"

七、关于有毒物质的适用范围

《环境污染刑事案件解释》第 17 条明确了有毒物质的范围，基本沿用《2016 年解释》第 15 条的规定，并根据实践情况对相关情形作出调整。具体而言：一是调整危险废物定义，如前所述，将"具有危险特性的废物"修改为"具有危险特性的固体废物"，增加"固体"表述。二是将《2016 年解释》第 15 条"含重金属的污染物"的规定，修改为"重金属含量超过国家或者地方污染物排放标准的污染物"。主要考虑：重金属种类多、使用广泛，其毒性和对人体的危害程度差异较大；此外，自然环境中本身就含有部分重金属成分，但并非来源于相关的非法排放、倾倒、处置行为，故含重金属的污染物并非都当然属于有毒物质，而应根据含量或者浓度是否超过相应标准判断。原表述的含义过于宽泛，修改后规定更便于实践操作。

八、关于反向行刑衔接规则

对于实施相关环境污染行为，被不起诉或者免予刑事处罚的行为人，需要给予行政处罚、政务处分或者其他处分的，《环境污染刑事案件解释》第 12 条明确依法移送有关主管机关处理，避免"不刑不罚"、变相放纵环境污染的违法行为，以进一步强化刑事司法与行政执法部门的工作合力，完善"刑""行"双向衔接的治理体系。

九、关于专门性问题的认定规则

《环境污染刑事案件解释》第 16 条明确了环境污染犯罪案件专门性问题的认定规则。具体而言，基于当前司法鉴定机构的现实情况，确立了鉴定与报告"两条腿走路"原则，既可以出具鉴定意见，也允许由国务院环境保护主管部门、公安部门指定的机构出具报告。

十、关于环境污染犯罪的其他问题

根据司法实践的情况，《环境污染刑事案件解释》还对环境污染犯罪的其他问题作了明确。

一是环境污染犯罪的竞合适用规则。违反国家规定，排放、倾倒、处置含有毒害性、放射性、传染病病原体等物质的污染物，可能同时构成污染环境罪、非法处置进口的固体废物罪、投放危险物质罪等犯罪，对此，《环境污染刑事案件解释》第 9 条明确："依照处罚较重的规定定罪处罚。"

二是单位犯罪的处理规则。《环境污染刑事案件解释》第 13 条明确了单位实施相关环境污染犯罪的，适用自然人犯罪的定罪量刑标准，以切实加大对单位环境污染行为的惩治力度。

三是相关术语的涵义。《环境污染刑事案件解释》第 19 条还对"二年内""重点排污单位""违法所得""公私财产损失""无危险废物经营许可证"的涵义作了明确。需要注意的是，《2016 年解释》关于违法所得的界定，并未针对《刑法》第 229 条，考虑到实践所需，此次作了拓展。具体而言，根据《环境污染刑事案件解释》第 19 条的规定，实施《刑法》第 229 条规定的行为，所得和可得的全部违法收入均属于违法所得的范畴。

四是《环境污染刑事案件解释》的时间效力问题。《环境污染刑事案件解释》自 2023 年 8 月 15 日起施行。《环境污染刑事案件解释》施行后，《2016 年解释》同时废止；之前发布的司法解释与《环境污染刑事案件解释》不一致的，以《环境污染刑事案件解释》为准。需要注意的是，根据"举重以明轻"的法理，之前发布的规范性文件与《环境污染刑事案件解释》不一致的，也应当以《环境污染刑事案件解释》为准。

（撰稿人：周加海　喻海松　李振华）

（二）涉野生动植物、林木犯罪

最高人民法院
关于审理破坏森林资源刑事案件适用法律若干问题的解释

法释〔2023〕8号

（2023年6月19日最高人民法院审判委员会第1891次会议通过
2023年8月13日最高人民法院公告公布　自2023年8月15日起施行）

为依法惩治破坏森林资源犯罪，保护生态环境，根据《中华人民共和国刑法》、《中华人民共和国刑事诉讼法》、《中华人民共和国森林法》等法律的有关规定，现就审理此类刑事案件适用法律的若干问题解释如下：

第一条　违反土地管理法规，非法占用林地，改变被占用林地用途，具有下列情形之一的，应当认定为刑法第三百四十二条规定的造成林地“毁坏”：

（一）在林地上实施建窑、建坟、建房、修路、硬化等工程建设的；

（二）在林地上实施采石、采砂、采土、采矿等活动的；

（三）在林地上排放污染物、堆放废弃物或者进行非林业生产、建设，造成林地被严重污染或者原有植被、林业生产条件被严重破坏的。

实施前款规定的行为，具有下列情形之一的，应当认定为刑法第三百四十二条规定的“数量较大，造成耕地、林地等农用地大量毁坏”：

（一）非法占用并毁坏公益林地五亩以上的；

（二）非法占用并毁坏商品林地十亩以上的；

（三）非法占用并毁坏的公益林地、商品林地数量虽未分别达到第一项、第二项规定标准，但按相应比例折算合计达到有关标准的；

（四）二年内曾因非法占用农用地受过二次以上行政处罚，又非法占用林地，数量达到第一项至第三项规定标准一半以上的。

第二条 违反国家规定，非法采伐、毁坏列入《国家重点保护野生植物名录》的野生植物，或者非法收购、运输、加工、出售明知是非法采伐、毁坏的上述植物及其制品，具有下列情形之一的，应当依照刑法第三百四十四条的规定，以危害国家重点保护植物罪定罪处罚：

（一）危害国家一级保护野生植物一株以上或者立木蓄积一立方米以上的；

（二）危害国家二级保护野生植物二株以上或者立木蓄积二立方米以上的；

（三）危害国家重点保护野生植物，数量虽未分别达到第一项、第二项规定标准，但按相应比例折算合计达到有关标准的；

（四）涉案国家重点保护野生植物及其制品价值二万元以上的。

实施前款规定的行为，具有下列情形之一的，应当认定为刑法第三百四十四条规定的“情节严重”：

（一）危害国家一级保护野生植物五株以上或者立木蓄积五立方米以上的；

（二）危害国家二级保护野生植物十株以上或者立木蓄积十立方米以上的；

（三）危害国家重点保护野生植物，数量虽未分别达到第一项、第二项规定标准，但按相应比例折算合计达到有关标准的；

（四）涉案国家重点保护野生植物及其制品价值二十万元以上的；

（五）其他情节严重的情形。

违反国家规定，非法采伐、毁坏古树名木，或者非法收购、运输、加工、出售明知是非法采伐、毁坏的古树名木及其制品，涉案树木未列入《国家重点保护野生植物名录》的，根据涉案树木的树种、树龄以及历史、文化价值等因素，综合评估社会危害性，依法定罪处罚。

第三条 以非法占有为目的，具有下列情形之一的，应当认定为刑法第三百四十五条第一款规定的“盗伐森林或者其他林木”：

（一）未取得采伐许可证，擅自采伐国家、集体或者他人所有的林木的；

（二）违反森林法第五十六条第三款的规定，擅自采伐国家、集体或者他人所有的林木的；

（三）在采伐许可证规定的地点以外采伐国家、集体或者他人所有的林木的。

不以非法占有为目的，违反森林法的规定，进行开垦、采石、采砂、采土或者其他活动，造成国家、集体或者他人所有的林木毁坏，符合刑法第二百七十五条规定的，以故意毁坏财物罪定罪处罚。

第四条 盗伐森林或者其他林木，涉案林木具有下列情形之一的，应当认定为刑法第三百四十五条第一款规定的“数量较大”：

（一）立木蓄积五立方米以上的；

（二）幼树二百株以上的；

（三）数量虽未分别达到第一项、第二项规定标准，但按相应比例折算合计达到有关标准的；

（四）价值二万元以上的。

实施前款规定的行为，达到第一项至第四项规定标准十倍、五十倍以上的，应当分别认定为刑法第三百四十五条第一款规定的“数量巨大”、“数量特别巨大”。

实施盗伐林木的行为，所涉林木系风倒、火烧、水毁或者林业有害生物等自然原因死亡或者严重毁损的，在决定应否追究刑事责任和裁量刑罚时，应当从严把握；情节显著轻微危害不大的，不作为犯罪处理。

第五条 具有下列情形之一的，应当认定为刑法第三百四十五条第二款规定的“滥伐森林或者其他林木”：

（一）未取得采伐许可证，或者违反采伐许可证规定的时间、地点、数量、树种、方式，任意采伐本单位或者本人所有的林木的；

（二）违反森林法第五十六条第三款的规定，任意采伐本单位或者本人所有的林木的；

（三）在采伐许可证规定的地点，超过规定的数量采伐国家、集体或者他人所有的林木的。

林木权属存在争议，一方未取得采伐许可证擅自砍伐的，以滥伐林木论处。

第六条 滥伐森林或者其他林木，涉案林木具有下列情形之一的，应当认定为刑法第三百四十五条第二款规定的“数量较大”：

（一）立木蓄积二十立方米以上的；

（二）幼树一千株以上的；

（三）数量虽未分别达到第一项、第二项规定标准，但按相应比例折算合计达到有关标准的；

（四）价值五万元以上的。

实施前款规定的行为，达到第一项至第四项规定标准五倍以上的，应当认定为刑法第三百四十五条第二款规定的“数量巨大”。

实施滥伐林木的行为，所涉林木系风倒、火烧、水毁或者林业有害生物等自然原因死亡或者严重毁损的，一般不以犯罪论处；确有必要追究刑事责任的，应当从宽处理。

第七条 认定刑法第三百四十五条第三款规定的“明知是盗伐、滥伐的林木”，应当根据涉案林木的销售价格、来源以及收购、运输行为违反有关规定等情节，结合行为人的职业要求、经历经验、前科情况等作出综合判断。

具有下列情形之一的，可以认定行为人明知是盗伐、滥伐的林木，但有相反证据或者能够作出合理解释的除外：

（一）收购明显低于市场价格出售的林木的；

（二）木材经营加工企业伪造、涂改产品或者原料出入库台账的；

（三）交易方式明显不符合正常习惯的；

（四）逃避、抗拒执法检查的；

（五）其他足以认定行为人明知的情形。

第八条 非法收购、运输明知是盗伐、滥伐的林木，具有下列情形之一的，应当认定为刑法第三百四十五条第三款规定的“情节严重”：

（一）涉案林木立木蓄积二十立方米以上的；

（二）涉案幼树一千株以上的；

（三）涉案林木数量虽未分别达到第一项、第二项规定标准，但按相应比例折算合计达到有关标准的；

（四）涉案林木价值五万元以上的；

（五）其他情节严重的情形。

实施前款规定的行为，达到第一项至第四项规定标准五倍以上或者具有其他特别严重情节的，应当认定为刑法第三百四十五条第三款规定的“情节特别严重”。

第九条 多次实施本解释规定的行为，未经处理，且依法应当追诉的，数量、数额累计计算。

第十条 伪造、变造、买卖采伐许可证，森林、林地、林木权属证书以及占用或者征用林地审核同意书等国家机关批准的林业证件、文件构成犯罪的，依照刑法第二百八十条第一款的规定，以伪造、变造、买卖国家机关公文、证件罪定罪处罚。

买卖允许进出口证明书等经营许可证明，同时构成刑法第二百二十五条、第二百八十条规定之罪的，依照处罚较重的规定定罪处罚。

第十一条 下列行为，符合刑法第二百六十四条规定的，以盗窃罪定罪处罚：

（一）盗窃国家、集体或者他人所有并已经伐倒的树木的；

（二）偷砍他人在自留地或者房前屋后种植的零星树木的。

非法实施采种、采脂、掘根、剥树皮等行为，符合刑法第二百六十四条规定的，以盗窃罪论处。在决定应否追究刑事责任和裁量刑罚时，应当综合考虑对涉案林木资源的损害程度以及行为人获利数额、行为动机、前科情况等情节；认为情节显著轻微危害不大的，不作为犯罪处理。

第十二条 实施破坏森林资源犯罪，具有下列情形之一的，从重处罚：

（一）造成林地或者其他农用地基本功能丧失或者遭受永久性破坏的；

（二）非法占用自然保护地核心保护区内的林地或者其他农用地的；

（三）非法采伐国家公园、国家级自然保护区内的林木的；

（四）暴力抗拒、阻碍国家机关工作人员依法执行职务，尚不构成妨害公务罪、袭警罪的；

（五）经行政主管部门责令停止违法行为后，继续实施相关行为的。

实施本解释规定的破坏森林资源行为，行为人系初犯，认罪认罚，积极通过补种树木、恢复植被和林业生产条件等方式修复生态环境，综合考虑涉案林地的类型、数量、生态区位或者涉案植物的种类、数量、价值，以及行为人获利数额、行为手段等因素，认为犯罪情节轻微的，可以免予刑事处罚；认为情节显著轻微危害不大的，不作为犯罪处理。

第十三条　单位犯刑法第三百四十二条、第三百四十四条、第三百四十五条规定之罪的，依照本解释规定的相应自然人犯罪的定罪量刑标准，对直接负责的主管人员和其他直接责任人员定罪处罚，并对单位判处罚金。

第十四条　针对国家、集体或者他人所有的国家重点保护植物和其他林木实施犯罪的违法所得及其收益，应当依法追缴或者责令退赔。

第十五条　组织他人实施本解释规定的破坏森林资源犯罪的，应当按照其组织实施的全部罪行处罚。

对于受雇佣为破坏森林资源犯罪提供劳务的人员，除参与利润分成或者领取高额固定工资的以外，一般不以犯罪论处，但曾因破坏森林资源受过处罚的除外。

第十六条　对于实施本解释规定的相关行为未被追究刑事责任的行为人，依法应当给予行政处罚、政务处分或者其他处分的，移送有关主管机关处理。

第十七条　涉案国家重点保护植物或者其他林木的价值，可以根据销赃数额认定；无销赃数额，销赃数额难以查证，或者根据销赃数额认定明显不合理的，根据市场价格认定。

第十八条　对于涉案农用地类型、面积，国家重点保护植物或者其他林木的种类、立木蓄积、株数、价值，以及涉案行为对森林资源的损害程度等问题，可以由林业主管部门、侦查机关依据现场勘验、检查笔录等出具认定意见；难以确定的，依据鉴定机构出具的鉴定意见或者下列机构出具的报告，结合其他证据作出认定：

（一）价格认证机构出具的报告；

（二）国务院林业主管部门指定的机构出具的报告；

（三）地、市级以上人民政府林业主管部门出具的报告。

第十九条　本解释所称“立木蓄积”的计算方法为：原木材积除以该树种的出材率。

本解释所称“幼树”，是指胸径五厘米以下的树木。

滥伐林木的数量，应当在伐区调查设计允许的误差额以上计算。

第二十条　本解释自2023年8月15日起施行。本解释施行后，《最高人民法院关于滥伐自己所有权的林木其林木应如何处理的问题的批复》（法复〔1993〕5号）、《最高人民法院关于审理破坏森林资源刑事案件具体应用法律若干问题的解释》(法释〔2000〕36号)、《最高人民法院关于在林木采伐许可证规定的地点以外采伐本单位或者本人所有的森林或者其他林木的行为如何适用法律问题的批复》(法释〔2004〕3号)、《最高人民法院关于审理破坏林地资源刑事案件具体应用法律若干问题的解释》(法释〔2005〕15号)同时废止；之前发布的司法解释与本解释不一致的，以本解释为准。

【导读及适用要点】

一、关于非法占用林地犯罪的定罪量刑标准

《刑法》第342条规定："违反土地管理法规，非法占用耕地、林地等农用地，改变被占用土地用途，数量较大，造成耕地、林地等农用地大量毁坏的，处五年以下有期徒刑或者拘役，并处或者单处罚金。"2005年最高人民法院《关于审理破坏林地资源刑事案件具体应用法律若干问题的解释》(以下简称《2005年林地解释》)[①]对"数量较大，造成林地大量毁坏"的适用情形一并作了规定。根据2019年修订《森林法》的相关规定，结合实践反映的问题，《最高人民法院关于审理破坏森林资源刑事案件适用法律若干问题的解释》(以下简称《破坏森林资源刑事案件解释》)第1条对"毁坏"的具体情形和"大量毁坏"的认定标准分别作出规定。具体而言：

1. 明确林地"毁坏"的具体情形

(1)在林地上实施"建窑、建坟、建房、修路、硬化等工程建设"或者"采石、采砂、采土、采矿等活动"，须以覆盖、挖掘等方式使用土地资源，均会对土壤的种植条件造成严重破坏，恢复成本巨大甚至无法恢复，鉴此，《破坏森林资源刑事案件解释》第1条第1款第1项、第2项将该两种情形规定为"毁坏"林地的情形。

(2)针对实践反映的问题，《破坏森林资源刑事案件解释》第1条第1款第3项将"在林地上排放污染物、堆放废弃物或者进行非林业生产、建设，

---

① 已失效。

造成林地被严重污染或者原有植被、林业生产条件被严重破坏的”，亦明确为“毁坏”林地的情形。适用中需要注意的是，相关排放污染物的行为破坏林地的程度存在实际差异，纳入刑法规制的仅限于“造成林地被严重污染”，修复成本巨大甚至难以修复的情形。

2. 明确“数量较大，造成林地大量毁坏”的认定标准

（1）区分林地类型明确入罪数量标准。《森林法》第 6 条规定对公益林和商品林实行分类经营管理，第 47 条进一步规定：“国家根据生态保护的需要，将森林生态区位重要或者生态状况脆弱，以发挥生态效益为主要目的的林地和林地上的森林划定为公益林。未划定为公益林的林地和林地上的森林属于商品林。”据此，《破坏森林资源刑事案件解释》第 1 条第 2 款将《2005 年林地解释》规定的“防护林地、特种用途林地”调整为“公益林地”，将“其他林地”调整为“商品林地”；同时，沿用相关数量标准。具体而言，将“非法占用并毁坏公益林地五亩以上的”“非法占用并毁坏商品林地十亩以上的”分别规定为“造成耕地、林地等农用地大量毁坏”的适用情形，以更好地衔接前置法规定，完善对林地资源的司法保护。

（2）明确入罪数量的折算规则。根据《2005 年林地解释》第 1 条规定，非法占用不同类型的林地，“数量分别达到相应规定的数量标准的百分之五十以上”以及“其中一项数量达到相应规定的数量标准的百分之五十以上，且两项数量合计达到该项规定的数量标准”，构成非法占用农用地罪。《破坏森林资源刑事案件解释》对上述规定作了整合、修改，规定“非法占用并毁坏的公益林地、商品林地数量虽未分别达到第 1 项、第 2 项规定标准，但按相应比例折算合计达到有关标准的”，为“造成耕地、林地等农用地大量毁坏”的情形之一。例如，行为人非法占用并毁坏公益林地 4 亩（5 亩入罪标准的 80%），同时，又非法占用并毁坏商品林地 3 亩（10 亩入罪标准的 30%），则按比例折算合计达到 110%，应当认定为符合非法占用林地“数量较大，造成林地大量毁坏”的适用条件。

（3）明确多次非法占用林地入罪数量减半。实践中，多次少量非法占用林地的行为具有一定普遍性，行为人屡罚屡犯、蚕食林地资源，需要依法规制。为此，《破坏森林资源刑事案件解释》第 1 条第 2 款第 4 项将“二年内曾因非法占用农用地受过二次以上行政处罚，又非法占用林地，数量达到第

1 项至第 3 项规定标准一半以上的”，属于“造成耕地、林地等农用地大量毁坏”。

二、关于危害国家重点保护植物罪的定罪量刑标准

2000 年《最高人民法院关于审理破坏森林资源刑事案件具体应用法律若干问题的解释》(以下简称《2000 年森林解释》) 根据当时《刑法》规定，对《刑法》第 344 条规定的非法采伐、毁坏珍贵树木“情节严重”的认定标准作了明确。《刑法修正案（四）》对《刑法》第 344 条作了修改完善，一是将行为对象由“珍贵树木”修改为“珍贵树木或者国家重点保护的其他植物及其制品”；二是将行为方式由“非法采伐、毁坏”修改为“非法采伐、毁坏”“非法收购、运输、加工、出售”。根据修改后《刑法》的规定，结合司法实践突出问题，《破坏森林资源刑事案件解释》进一步完善了危害国家重点保护植物罪的定罪量刑标准，具体而言：

1. 增加规定入罪门槛

“情节严重”系危害国家重点保护植物罪的升档量刑标准，对于入罪门槛，《2000 年森林解释》未作规定。考虑到国家重点保护植物范围大、种类多，相关植物保护级别有异、珍稀程度不同。对于珍稀程度相对较低的国家二级保护野生植物，尤其是草本植物、灌木而言，“一株即入罪”失之过重，与社会公众一般认知存在差距，影响案件办理效果，为贯彻罪责刑相适应原则，防止刑事处罚泛化，《破坏森林资源刑事案件解释》为危害国家重点保护植物罪设置了入罪门槛。

2. 区分保护级别设置定罪量刑标准

2021 年新调整的《国家重点保护野生植物名录》共列入国家重点保护野生植物 455 种和 40 类；与 1999 年发布的名录相比，仅新增的就达 268 种和 32 类，占比接近 60%，物种数量大幅增加，物种之间的差异性进一步凸显。对于不同等级的国家重点保护的野生植物，适用相同的定罪处罚标准，难以实现罪责刑相适应，亦不符合社会公众的一般认知。基于此，《破坏森林资源刑事案件解释》第 2 条区分保护级别，针对危害国家重点保护的野生植物的行为，分别设置相应的定罪量刑标准，将危害国家一级保护野生植物的入罪标准确定为“一株以上或者立木蓄积一立方米以上”，将危害国家二级保护野

生植物的入罪标准确定为“二株以上或者立木蓄积二立方米以上”；相应地，将升档量刑标准分别确定为“危害国家一级保护野生植物五株以上或者立木蓄积五立方米以上”“危害国家二级保护野生植物十株以上或者立木蓄积十立方米以上”。

3．增设定罪量刑价值标准

对于非法采伐、毁坏珍贵树木行为的定罪量刑标准，《2000 年森林解释》主要按照株数和立木蓄积确定。实践反映，立木蓄积等主要适用于乔木，对于国家重点保护的灌木、苔藓等植物，不能也不宜适用相关标准。为避免形成处罚漏洞，进一步严密对国家重点保护植物的司法保护，《破坏森林资源刑事案件解释》第 2 条增设价值标准，将危害国家重点保护植物罪的入罪标准确定为“涉案国家重点保护野生植物及其制品价值二万元以上的”；将升档量刑标准确定为“涉案国家重点保护野生植物及其制品价值二十万元以上的”。

4．规定危害古树名木行为的处理规则

《城市绿化条例》第 24 条第 1 款规定“百年以上树龄的树木，稀有、珍贵树木，具有历史价值或者重要纪念意义的树木，均属古树名木。”古树名木系野生且同时列入《国家重点保护野生植物名录》的，属于国家重点保护的野生植物，可区分保护级别直接适用《破坏森林资源刑事案件解释》第 2 条第 1 款、第 2 款规定的相应株数、立木蓄积标准。古树名木系人工种植的，或者虽为野生但未列入《国家重点保护野生植物名录》的，则不属于国家重点保护的野生植物，无法适用《破坏森林资源刑事案件解释》第 2 条第 1 款、第 2 款的规定。

根据《城市绿化条例》规定，由“城市人民政府城市绿化行政主管部门”“建立古树名木的档案和标志，划定保护范围”。实践中，对于古树名木的保护管理，存在不同。对于古树，各地因地制宜，结合当地森林资源及其保护实际划分了相应级别，划分标准不尽一致，有的划为两档，有的划为三档。例如，《北京市古树名木保护管理条例》规定：“凡树龄在三百年以上的树木为一级古树；其余的为二级古树。”《四川省古树名木条例》则规定：“树龄五百年以上的树木为一级古树”“树龄三百年以上不满五百年的树木为二级古树”“树龄一百年以上不满三百年的树木为三级古树”。对于名木，则主要依据历史文化和纪念意义确定，一般未专门划分级别。

为此，《破坏森林资源刑事案件解释》第2条第3款规定："违反国家规定，非法采伐、毁坏古树名木，或者非法收购、运输、加工、出售明知是非法采伐、毁坏的古树名木及其制品，涉案树木未列入《国家重点保护野生植物名录》的，根据涉案树木的树种、树龄以及历史、文化价值等因素，综合评估社会危害性，依法定罪处罚。"实践中，对于危害此类古树名木的行为，应当综合涉案树木的树龄、种类及生态、历史、文化价值等，恰当评价社会危害性，依法妥当处理。

需要说明的是，最高人民法院、最高人民检察院《关于适用〈中华人民共和国刑法〉第三百四十四条有关问题的批复》（法释〔2020〕2号）规定："古树名木以及列入《国家重点保护野生植物名录》的野生植物，属于刑法第三百四十四条规定的'珍贵树木或者国家重点保护的其他植物'。人工培育的植物，除古树名木外，不属于刑法第三百四十四条规定的'珍贵树木或者国家重点保护的其他植物'。"对于危害国家重点保护植物罪的对象范围，继续适用这一批复。

三、关于盗伐林木罪的定罪量刑标准

根据《刑法》第345条第1款的规定，盗伐林木罪有三档法定刑，最高可以判处十五年有期徒刑。根据《森林法》修改情况，针对司法实践反映的突出问题，《破坏森林资源刑事案件解释》第3条对盗伐林木行为的定性，以及盗伐林木罪"数量较大""数量巨大""数量特别巨大"的三档量刑标准作出进一步完善，具体而言：

1. 关于盗伐林木的认定

（1）盗伐林木的主观目的。《2000年森林解释》将"以非法占有为目的"作为盗伐林木罪的主观要件，《破坏森林资源刑事案件解释》起草过程中，有意见主张，未经许可、擅自砍伐他人林木的行为，无论是否以非法占有为目的，均同时侵犯了林木所有权和采伐许可制度，故均应当定性为盗伐林木。经研究认为，盗伐林木具有盗窃的一般属性，也应当以非法占有为目的；对于不以非法占有为目的，违反《森林法》的规定，进行开垦、采石、采砂、采土或者其他活动，造成国家、集体或者他人所有的林木毁坏的，以故意毁坏财物罪论处更为适当。为此，《破坏森林资源刑事案件解释》第3条对相关问题作出了明确。

（2）盗伐林木的行为方式。《破坏森林资源刑事案件解释》第3条第1款规定了三种情形，一是“未取得采伐许可证，擅自采伐国家、集体或者他人所有的林木的”，二是“违反森林法第56条第3款的规定，擅自采伐国家、集体或者他人所有的林木的”，三是“在采伐许可证规定的地点以外采伐国家、集体或者他人所有的林木的”。

需要说明的是：其一，《森林法》第56条第3款规定：“非林地上的农田防护林、防风固沙林、护路林、护岸护堤林和城镇林木等的更新采伐，由有关主管部门按照有关规定管理。”对于上述林木的采伐，《公路法》《防洪法》《防沙治沙法》《城市绿化条例》等规定了专门的审批管理制度。例如，《公路法》第42条第2款规定：“公路用地上的树木……应当经县级以上地方人民政府交通主管部门同意后，依照《中华人民共和国森林法》的规定办理审批手续……”；《防洪法》第25条规定：“……采伐护堤护岸林木的，应当依法办理采伐许可手续……”；《城市绿化条例》第20条第2款规定：“砍伐城市树木，必须经城市人民政府城市绿化行政主管部门批准，并按照国家有关规定补植树木或者采取其他补救措施。”根据上述规定，未经相关主管部门批准，擅自采伐《森林法》第56条第3款规定的农田防护林、防风固沙林、护路林、护岸护堤林等非林地上的林木，违反了相关法律法规关于林木采伐的专门规定，与未经林业部门许可擅自采伐森林一样，均破坏了国家林木管理制度。基于此，《破坏森林资源刑事案件解释》将上述情形亦纳入盗伐林木罪规制范围。其二，《森林法》第17条规定：“集体所有和国家所有依法由农民集体使用的林地实行承包经营的，承包方享有林地承包经营权和承包林地上的林木所有权，合同另有约定的从其约定……”第20条第3款规定：“集体或者个人承包国家所有和集体所有的宜林荒山荒地荒滩营造的林木，归承包的集体或者个人所有；合同另有约定的从其约定。”可见，承包经营的林地，林木所有权通常归承包方所有。由此，《破坏森林资源刑事案件解释》删除了《2000年森林解释》有关擅自砍伐“本人承包经营管理的森林或者其他林木”以盗伐林木论的规定。

2. 关于盗伐林木罪的一般定罪量刑标准

《2000年森林解释》对盗伐林木罪的定罪量刑设置了幅度标准，规定，盗伐林木“数量较大”，“以二至五立方米或者幼树一百至二百株为起点”；“数量巨大”，“以二十至五十立方米或者幼树一千至二千株为起点”；“数量特别巨大”，“以一百至二百立方米或者幼树五千至一万株为起点”，并允许各高级人民法院根据本地区的实际情况，在解释规定的数量幅度内，确定本地区执行的具体标准。根据实践反映的问题，结合有关方面意见建议，《破坏森林资源刑事案件解释》对上述规定作出完善，具体而言：

（1）取消入罪幅度标准。从各地发布执行的具体标准来看，绝大多数地区采用了数量幅度的下限，使得幅度标准失去因地制宜、区别适用的实际意义。而且，普遍采用最低标准，使得入罪门槛过低、刑事打击面过宽。基于此，《破坏森林资源刑事案件解释》第4条第1款取消了入罪的幅度标准，将原有幅度标准的上限作为入罪数量起点，即入罪门槛由盗伐林木立木蓄积“二至五立方米”调整为“五立方米”；幼树“一百至二百株”调整为“二百株”。

（2）维持升档量刑的倍率。《2000年森林解释》规定将盗伐林木罪的第二档刑适用标准确定为入罪标准的10倍。据统计，近年来，盗伐林木刑事案件判处三年以上有期徒刑的比例为8.2%，与全部刑事案件的刑罚水平基本持平。考虑到盗伐林木罪不仅破坏森林管理秩序，且侵犯权利人对林木的所有权，对升档量刑的标准不宜作大幅提升，故《破坏森林资源刑事案件解释》第4条沿用《2000年森林解释》规定，将第二档刑的适用标准仍规定为入罪标准的10倍，第三档刑的适用标准仍规定为入罪标准的50倍。

（3）增设定罪量刑的数量折算规则。根据森林采伐技术规程和林业实践，立木蓄积一般适用于成材的乔木，而胸径5厘米以下的幼树没有出材率、无法计算立木蓄积，只能按照株数确定采伐数量。实践中，对于既盗伐成材乔木、又盗伐幼树的情况，如果单独按成材乔木的立木蓄积或者幼树株数均达不到相应标准，则难于追究刑事责任，易形成处罚漏洞，不利于森林资源的严格保护。基于此，《破坏森林资源刑事案件解释》第4条第1款第3项增加了盗伐林木立木蓄积与幼树株数折算入罪的规定，将“数量虽未分别达到第1项、第2规定标准，但按相应比例折算合计达到有关标准的”作为盗伐林木“数量较大”入罪标准的适用情形。例如，行为人盗伐松树立木蓄积达到4立方米（5立方米入罪门槛的80%），同时盗伐胸径不足5厘米的幼松50株

（幼树 200 株入罪门槛的 25%），按比例折算合计达到 105%，应当认定为满足盗伐林木"数量较大"的适用条件。同理，升档量刑也适用相同的折算规则。

（4）增加规定定罪量刑的价值标准。如前所述，被盗伐的林木，如果既不是幼树（无法按株数计算），也无法计算立木蓄积，案件处理则陷入困境。基于此，经调研论证，《破坏森林资源刑事案件解释》第 4 条第 1 款第 4 项增设价值标准，将涉案林木价值"二万元以上"作为盗伐林木"数量较大"的认定情形之一。第二档、第三档量刑的价值标准依照相应倍率分别确定。

此外，对盗伐、滥伐竹林的定罪量刑问题，《2000 年森林解释》授权各高级人民法院参照该司法解释规定，确定本地区的具体标准。2019 年修订《森林法》第 56 条第 1 款规定："……采伐自然保护区以外的竹林，不需要申请采伐许可证，但应当符合林木采伐技术规程。"据此，大部分竹林已不属盗伐林木罪、滥伐林木罪的适用对象，规定专门的定罪量刑标准已无必要，故《破坏森林资源刑事案件解释》未再沿用原有规定。

3．关于盗伐灾害受损树木的特殊处理规则

（1）明确性质认定。实践反映，对于盗伐"风倒、火烧、水毁或者林业有害生物等自然原因死亡或者严重毁损的"林木，应当适用盗伐林木罪还是盗窃罪，实践中存在一定困惑。经研究，《破坏森林资源刑事案件解释》第 4 条第 3 款明确，盗伐"系风倒、火烧、水毁或者林业有害生物等自然原因死亡或者严重毁损的"林木的，属于盗伐林木。主要考虑：其一，国家林业局《关于未申请林木采伐许可证采伐"火烧枯死木"行为定性的复函》（林函策字〔2003〕15 号）明确："根据森林法的规定……凡采伐林木，包括采伐'火烧枯死木'等因自然灾害毁损的林木，都必须申请林木采伐许可证，并按照林木采伐许可证的规定进行采伐……"。据主管部门介绍，之所以有上述要求，是森林资源具有整体性，已死亡或者严重毁损的林木仍具有一定的生态功能，如可防风固沙，或者为野生动物提供栖息之所；森林资源具自然恢复弹性，严重毁损甚至看似已经"死亡"的林木仍然可能重新萌发；林木是否在采伐前确实已经死亡，有时难以识别，如规定采伐此类林木无需许可，则难以避免"浑水摸鱼"，不利于严格保护森林资源。根据上述规定，未经许可，采伐"风倒、火烧、水毁或者林业有害生物等自然原因死亡或者严重毁损的"林木，同样违反采伐许可制度，具有违法性和危害性。其二，从罪责刑相适应原则上看，对于擅自采伐他人所有的上述林木的行为，适用盗窃罪形式上似符合构成要件，但实质对社会危害较轻的行为适用了处罚更重的罪名，将导致罪刑倒挂。

（2）明确从宽处理规则。考虑到上述林木的生态功能相对较小，对于相关盗伐行为不能与盗伐正常生长的林木“一视同仁”，而应实事求是、区别对待，《破坏森林资源刑事案件解释》第4条第3款专门规定“在决定应否追究刑事责任和裁量刑罚时，应当从严把握；情节显著轻微危害不大的，不作为犯罪处理”，以贯彻宽严相济刑事政策精神和罪责刑相适应原则，确保相关案件处理让人民群众充分感受到公平正义。

四、关于滥伐林木罪的定罪量刑标准

从案件数量看，滥伐林木刑事案件占全部破坏林木资源刑事案件的近70%，是破坏森林资源犯罪，乃至全部破坏环境资源犯罪的第一大罪名。为确保此类案件依法妥当审理，根据法律修改和实践情况，对照前述关于盗伐林木罪的相关规定，《破坏森林资源刑事案件解释》对滥伐林木罪的处理规则作出相应完善。具体而言：

1. 关于滥伐林木行为的认定

《破坏森林资源刑事案件解释》第5条对“滥伐森林或者其他林木”作了进一步明确，具体包括三种情形：一是“未取得采伐许可证，或者违反采伐许可证规定的时间、地点、数量、树种、方式，任意采伐本单位或者本人所有的林木的”，二是“违反《森林法》第56条第3款的规定，任意采伐本单位或者本人所有的林木的”，三是“在采伐许可证规定的地点，超过规定的数量采伐国家、集体或者他人所有的林木的”。同时明确，“林木权属存在争议，一方未取得采伐许可证擅自砍伐的，以滥伐林木论处”。

需要说明的是：其一，《破坏森林资源刑事案件解释》起草过程中，有意见提出，“在采伐许可证规定的地点，超过规定的数量采伐国家、集体或者他人所有的林木的”（简称“超量采伐”）与“在采伐许可证规定的地点以外采伐国家、集体或者他人所有的林木的”（简称“超地点采伐”）具有实质类似性，均侵犯了他人的林木所有权，也应以盗伐林木论处。经研究认为，上述观点有一定道理，但从对林木所有权的侵害看，超量采伐毕竟不如超地点采伐明显、直接。且《2000年森林解释》将超量采伐规定为滥伐林木已有二十多年，实践未反映有明显不当，故未采纳上述意见。其二，《破坏森林资源刑事案件解释》起草过程中，有意见认为，对于擅自砍伐权属存在争议的林木的，应当按照查明的实际权属准确定性：如经确权，相关林木本就归行为人所有的，则为滥伐；归他人所有的，则为盗伐。经研究，实践中，受历史遗留原因、相关承包、转让手续不全等因素影响，有的林木权属状况复杂，确权过程耗时较长甚至不断反复，等待最终确权结果不利于案件的及时处理；在权属确实存在争议的情况下，难以认定行为人具有非法占有目的；对上述情形以滥伐林木论处，符合刑法谦抑精神，也是源自《2000年森林解释》，实践效果良好。故也未采纳这一意见。

2．关于滥伐林木罪的定罪量刑标准

如前所述，《破坏森林资源刑事案件解释》对盗伐林木罪的定罪量刑标准作了调整，基于同样思路，《破坏森林资源刑事案件解释》第6条对《刑法》第345条第2款规定的滥伐林木"数量较大""数量巨大"的适用情形亦作出相应完善。具体而言：

关于入罪和升档量刑，采用《2000年森林解释》规定幅度标准的上限，将滥伐林木"数量较大"的标准，由"十至二十立方米或者幼树五百至一千株"调整为"立木蓄积二十立方米以上""幼树一千株以上"；同时，"数量巨大"的升档量刑标准，沿用《2000年森林解释》确定的入罪标准的5倍倍率。作此调整，应能促进改变目前对滥伐林木行为处罚面偏宽、量刑偏重的问题，更好贯彻罪责刑相适应原则。

明确滥伐林木按照立木蓄积、幼树株数的折算入罪标准，以避免形成处罚漏洞。

对滥伐林木罪的定罪量刑也增设价值标准。对价值标准的设定，考虑与立木蓄积、株数的大致平衡，将入罪数额设定为"五万元"，升档量刑数额仍坚持入罪标准的5倍。

行为人擅自砍伐因灾害受损的本人林木，较之擅自砍伐他人所有的此类林木，社会危害性更轻，原则上宜出罪。基于此，《破坏森林资源刑事案件解释》第6条第3款规定："实施滥伐林木的行为，所涉林木系风倒、火烧、水毁或者林业有害生物等自然原因死亡或者严重毁损的，一般不以犯罪论处；

确有必要追究刑事责任的，应当从宽处理。”

五、关于非法收购、运输盗伐、滥伐的林木罪的处理规则

1. 主观明知的认定

根据《刑法》第345条第3款的规定，非法收购、运输盗伐、滥伐的林木罪以行为人“明知是盗伐、滥伐的林木”为主观要件。为便于司法实践操作，《破坏森林资源刑事案件解释》第7条采取“概括+列举”方式对该要件的认定规则作了明确。

（1）明确了主观明知的综合判断规则，《破坏森林资源刑事案件解释》第7条第1款规定：“应当根据涉案林木的销售价格、来源以及收购、运输行为违反有关规定等情节，结合行为人的职业要求、经历经验、前科情况等作出综合判断”。

（2）明确了主观明知的推定情形。《破坏森林资源刑事案件解释》第7条第2款在《2000年森林解释》规定的基础上，列举了五项推定“明知是盗伐、滥伐林木”的具体情形，进一步完善了推定规则：第一，《森林法》取消了木材加工许可制度，故删去《2000年森林解释》规定的“在非法的木材交易场所或者销售单位收购木材的”情形。第二，鉴于《森林法》第65条增加规定了木材经营加工企业应当建立原料和产品出入库台账的制度，故相应增设“木材经营加工企业伪造、涂改产品或者原料出入库台账”的情形。第三，根据执法办案实践，增设“交易方式明显不符合正常习惯”以及“逃避、抗拒执法检查”的情形。《破坏森林资源刑事案件解释》起草过程中，有意见根据《森林法》关于任何单位和个人不得收购、加工、运输明知是盗伐、滥伐等非法来源的林木的规定，建议增加“收购、运输没有合法来源证明的林木的”作为主观明知的推定情形。经研究认为，上述规定本身要求行为人对所涉林木来源的非法性具有认知，以此作为认定刑事犯罪主观明知的推定情形，属循环推定，故未采纳这一建议。

2. 定罪量刑标准

《破坏森林资源刑事案件解释》第8条在《2000年森林解释》规定基础上，按照涉案林木的立木蓄积、株数和价值，对非法收购、运输盗伐、滥伐的林木“情节严重”“情节特别严重”的认定标准作了明确。

（1）《破坏森林资源刑事案件解释》第8条第1款将入罪标准确定为“涉案林木立木蓄积二十立方米以上”“涉案幼树一千株以上”以及“涉案林木价值五万元以上”，与滥伐林木罪的一致；同时，规定了立木蓄积和幼树株数的折算入罪规则，以及兜底项。

（2）按照入罪数量标准的5倍，《破坏森林资源刑事案件解释》第8条第2款规定了非法收购、运输盗伐、滥伐的林木罪的升档量刑标准，并作了“具有其他特别严重情节的”兜底规定。

六、关于涉森林资源关联犯罪的处理规则

1. 关于盗窃林木犯罪的处理规则

盗伐林木犯罪（包括危害国家重点保护植物罪涉及的盗伐国家重点保护的植物的情形）侵害的对象为森林资源，与一般的盗窃对象相比具有特殊性，特别是林木种类繁多、分布广泛，与人民群众生活联系紧密。盗伐林木行为与传统的盗窃等侵财行为相比，背德性、可谴责性相对较小，如果适用盗窃罪，入罪门槛较低、处罚过严，与民众的法感情不符。而且，盗伐林木犯罪主要通过侵犯林木采伐管理制度破坏森林资源，也与盗窃罪在社会危害方面有显著区别。但是，一些涉及林木的盗窃行为，侵犯的主要不是国家对森林资源的管理秩序，而是财产所有权，为确保罚当其罪，则应当适用盗窃罪。基于此，为进一步统一法律适用，《破坏森林资源刑事案件解释》第11条在《2000年森林解释》基础上，对盗窃林木犯罪的处理规则作出完善。具体而言：

（1）涉林木盗窃行为的适用对象。一是“盗窃国家、集体、他人所有并已经伐倒的树木的”。针对已经伐倒的树木实施盗窃，不涉及对采伐许可制度的侵犯，与一般盗窃行为无异，应当适用盗窃罪。二是“偷砍他人在自留地或者房前屋后种植的零星树木的”。根据《森林法》第56条的规定，对于农村居民自留地和房前屋后个人所有的零星树木的采伐，不需要办理采伐许可证，即未纳入采伐许可管理范围。偷砍此类树木，侵犯的主要是财产所有权，并不涉及国家的采伐许可制度，故应当适用盗窃罪而非盗伐林木罪。需要注意的是，与自留地上的零星树木不同，《森林法》第57条第3款规定：“农村居民采伐自留山和个人承包集体林地上的林木，由县级人民政府林业主管部

门或者其委托的乡镇人民政府核发采伐许可证。”

（2）涉林产品盗窃行为的处理规则。实践中，非法采种、采脂、掘根、剥树皮等行为情况复杂。例如，有的涉及山区群众因居住区域被划入自然保护区等保护范围，导致日常生产生活和林业管理发生冲突。对于此类情形应慎重对待，适用盗窃罪须从严把握，宜重点惩治牟利性、经营性行为。应当综合行为动机、获利数额以及对森林资源的实际侵害程度，综合评估社会危害性，不宜当然适用盗窃罪的入罪标准，避免打击过严，背离人民群众的公平正义观念。基于此，《破坏森林资源刑事案件解释》第 11 条第 2 款专门规定：“非法实施采种、采脂、掘根、剥树皮等行为，符合《刑法》第 264 条规定的，以盗窃罪论处。在决定应否追究刑事责任和裁量刑罚时，应当综合考虑对涉案林木资源的损害程度以及行为人获利数额、行为动机、前科情况等情节；认为情节显著轻微危害不大的，不作为犯罪处理。”

2. 明确涉林业证件、文件犯罪的处理规则

《破坏森林资源刑事案件解释》第 10 条明确，伪造、变造、买卖采伐许可证，森林、林地、林木权属证书以及占用或者征用林地审核同意书等国家机关批准的林业证件、文件构成犯罪的，以伪造、变造、买卖国家机关公文、证件罪定罪处罚。买卖允许进出口证明书等经营许可证明，同时构成非法经营罪的，择一重罪处断。需要说明的是，根据 2019 年《森林法》的修订情况，《破坏森林资源刑事案件解释》第 10 条删去了《2000 年森林解释》规定的“木材运输证”“育林基金缴费收据”。

3. 删去涉森林资源渎职犯罪的相关规定

《2000 年森林解释》《2005 年林地解释》还对“违法发放林木采伐许可证罪”“非法批准征收、征用、占用土地罪”等涉森林资源渎职犯罪的定罪量刑标准作了明确。对此，考虑到与其他渎职犯罪定罪量刑标准的协调问题，为确保法律统一适用，《破坏森林资源刑事案件解释》不再作出规定，留待未来由其他司法解释统一解决。

此外，《2000 年森林解释》还规定了哄抢林木行为的处理规则，考虑到目前实践中未见此类案件，《破坏森林资源刑事案件解释》未予沿用。

七、关于办理破坏森林资源刑事案件的宽严相济规则

1. 明确从重处罚情形

《破坏森林资源刑事案件解释》第 12 条第 1 款根据破坏森林资源犯罪的主观恶性、危害后果、行为对象等，设置了从重处罚情形。具体而言，实施破坏森林资源犯罪，具有下列情形之一的，从重处罚：（1）造成林地或者其他农用地基本功能丧失或者遭受永久性破坏的；（2）非法占用自然保护地核心保护区内的林地或者其他农用地的；（3）非法采伐国家公园、国家级自然保护区内的林木的；（4）暴力抗拒、阻碍国家机关工作人员依法执行职务，尚不构成妨害公务罪、袭警罪的；（5）经行政主管部门责令停止违法行为后，继续实施相关行为的。

2. 明确从宽处理规则

《破坏森林资源刑事案件解释》第 12 条第 2 款综合行为人认罪认罚、修复生态环境以及涉案植物的种类、数量、价值等因素，规定了从宽处理规则，以贯彻宽严相济的政策要求，依法妥当处理相关案件，确保良好效果，规定："实施《破坏森林资源刑事案件解释》规定的破坏森林资源行为，行为人系初犯，认罪认罚，积极通过补种树木、恢复植被和林业生产条件等方式修复生态环境，综合考虑涉案林地的类型、数量、生态区位或者涉案植物的种类、数量、价值，以及行为人获利数额、行为手段等因素，认为犯罪情节轻微的，可以免予刑事处罚；认为情节显著轻微危害不大的，不作为犯罪处理。"

3. 明确破坏森林资源共同犯罪的区别处理规则

实践中，破坏森林资源犯罪往往是多人共同实施，既包括相关犯罪的组织者，也包括受雇佣提供劳务的人员。根据宽严相济刑事政策的要求，应当重点惩治前者；对于后者宜区分情况，根据具体案情适当从宽处理，以体现刑法的谦抑性，避免打击面过大。基于此，《破坏森林资源刑事案件解释》第 15 条规定："组织他人实施《破坏森林资源刑事案件解释》规定的破坏森林资源犯罪的，应当按照其组织实施的全部罪行处罚。对于受雇佣为破坏森林资源犯罪提供劳务的人员，除参与利润分成或者领取高额固定工资的以外，一般不以犯罪论处，但曾因破坏森林资源受过处罚的除外。"

八、关于违法所得及其收益的追缴退赔范围

对于盗伐林木犯罪的违法所得，应当依法追缴退赔权利人，对此，并无疑义。但是，对于滥伐林木案件的涉案林木应当如何处理，实践中则存在不同认识。对此，《1993 年批复》规定："……被告人滥伐属于自己所有权的林木，构成滥伐林木罪的，其行为已违反国家保护森林法规，破坏了国家的森林资源，所滥伐的林木……应当作为犯罪分子违法所得的财物……予以追缴。"考虑到上述规定与民法典关于所有权的规定已不一致，为依法妥当处置涉案林木等涉案财物，保证案件处理符合法律规定和人民群众的公平正义观念，《破坏森林资源刑事案件解释》第 14 条对上述批复作出调整，规定："针对国家、集体或者他人所有的国家重点保护植物和其他林木实施犯罪的违法所得及其收益，应当依法追缴或者责令退赔。"

（撰稿人：周加海　喻海松　李振华）

最高人民法院　最高人民检察院
关于适用《中华人民共和国刑法》第三百四十四条有关问题的批复

法释〔2020〕2 号

（2019 年 11 月 19 日最高人民法院审判委员会第 1783 次会议、2020 年 1 月 13 日最高人民检察院第十三届检察委员会第 32 次会议通过　2020 年 3 月 19 日最高人民法院、最高人民检察院公告公布　自 2020 年 3 月 21 日起施行）

各省、自治区、直辖市高级人民法院、人民检察院，解放军军事法院、军事检察院，新疆维吾尔自治区高级人民法院生产建设兵团分院、新疆生产建设兵团人民检察院：

近来，部分省、自治区、直辖市高级人民法院、人民检察院请示适用刑

法第三百四十四条的有关问题。经研究，批复如下：

一、古树名木以及列入《国家重点保护野生植物名录》的野生植物，属于刑法第三百四十四条规定的“珍贵树木或者国家重点保护的其他植物”。

二、根据《中华人民共和国野生植物保护条例》的规定，野生植物限于原生地天然生长的植物。人工培育的植物，除古树名木外，不属于刑法第三百四十四条规定的“珍贵树木或者国家重点保护的其他植物”。非法采伐、毁坏或者非法收购、运输人工培育的植物（古树名木除外），构成盗伐林木罪、滥伐林木罪、非法收购、运输盗伐、滥伐的林木罪等犯罪的，依照相关规定追究刑事责任。

三、对于非法移栽珍贵树木或者国家重点保护的其他植物，依法应当追究刑事责任的，依照刑法第三百四十四条的规定，以非法采伐国家重点保护植物罪定罪处罚。

鉴于移栽在社会危害程度上与砍伐存在一定差异，对非法移栽珍贵树木或者国家重点保护的其他植物的行为，在认定是否构成犯罪以及裁量刑罚时，应当考虑植物的珍贵程度、移栽目的、移栽手段、移栽数量、对生态环境的损害程度等情节，综合评估社会危害性，确保罪责刑相适应。

四、本批复自2020年3月21日起施行，之前发布的司法解释与本批复不一致的，以本批复为准。

【导读及适用要点】

一、关于《刑法》第344条规定的“珍贵树木或者国家重点保护的其他植物”的范围问题

《2000年解释》第1条规定：“刑法第344条规定的‘珍贵树木’，包括由省级以上林业主管部门或者其他部门确定的具有重大历史纪念意义、科学研究价值或者年代久远的古树名木，国家禁止、限制出口的珍贵树木以及列入国家重点保护野生植物名录的树木。”根据该规定，1997年《刑法》第344条规定的“珍贵树木”包括三类树木：一是由省级以上林业主管部门或者其他

部门确定的具有重大历史纪念意义、科学研究价值或者年代久远的古树名木，二是国家禁止、限制出口的珍贵树木，三是列入国家重点保护野生植物名录的树木。鉴于 2002 年《刑法修正案（四）》将《刑法》第 344 条的犯罪对象从“珍贵树木”扩展至“珍贵树木或者国家重点保护的其他植物”，《最高人民法院、最高人民检察院关于适用〈中华人民共和国刑法〉第三百四十四条有关问题的批复》(以下简称《批复》）第 1 条在吸收并完善《2000 年解释》第 1 条规定的基础上，对“珍贵树木或者国家重点保护的其他植物”的范围作了明确。具体而言：

1. 将“由省级以上林业主管部门或者其他部门确定的具有重大历史纪念意义、科学研究价值或者年代久远的古树名木”调整为“古树名木”。从调研情况看，各地对将“古树名木”列为本罪犯罪对象没有争议，但是对确定“古树名木”的方式有争议，有意见提出，古树是按照树龄直接认定的，并非由省级以上林业主管部门或者其他部门确定，建议根据实际情况作出修改。

从行政主管部门的实践来看，古树名木的确定，是由国家设立明确标准，各地按照标准进行认定。保护古树名木的行政法规主要是 1992 年国务院发布的《城市绿化条例》。2000 年，当时的建设部[①]制定了《城市古树名木保护管理办法》，对城市古树名木的保护管理作出具体规定。此后，很多省、市、县出台了关于保护古树名木的地方性法规、意见、办法，均是对《城市绿化条例》规定的细化，但是具体做法不一。2016 年，全国绿化委员会制定了《关于进一步加强古树名木保护管理的意见》，明确规定：“古树是指树龄在 100 年以上的树木。名木是指具有重要历史、文化、景观与科学价值和具有重要纪念意义的树木。”该意见还要求到 2020 年完成第二次全国古树名木资源普查，各地要根据古树名木资源普查结果，及时开展古树名木认定、登记、建档、公布、挂牌等基础工作；此后每 10 年组织开展一次全国性古树名木资源普查，在普查间隔期内，各地对新发现的古树名木资源及时登记建档予以保护。国家林业局 2016 年发布《古树名木鉴定规范》(LY/T2737—2016）和《古树名木普查技术规范》(LY/T2738—2016)，作为开展全国古树名木资源普查的行业标准。2017 年，全国绿化委员会发布《关于开展全国古树名木资源

① 现为住房和城乡建设部。

普查的通知》，明确全国古树名木资源普查工作由全国绿化委员会统一组织领导，全国绿化委员会办公室具体负责组织协调和检查督导。各省（区、市）绿化委员会、新疆生产建设兵团绿化委员会统一组织领导本辖区古树名木资源普查工作，省级绿化委员会办公室具体负责组织实施。以河南省为例，河南省绿化委员会2017年发布的《关于开展全省古树名木资源普查的通知》要求："河南省古树名木资源普查工作，由省绿化委员会办公室统一部署、组织实施；各县（市、区）绿化委员会办公室为本辖区普查工作具体承担单位，市绿化委员会办公室负责协调本辖区的普查工作。"

考虑到我国对古树名木保护的宣传已达20余年，古树名木已经成为森林资源中一个比较特殊的类别，"古树名木"已经有明确的国家标准，在理解上没有歧义，故《批复》中不再对"古树名木"的概念作进一步的界定。司法实践中，司法人员按照《城市绿化条例》以及相关主管部门的文件、各地关于古树名木资源的认定、登记、建档、公布、挂牌情况综合认定即可。

2. 将"列入国家重点保护野生植物名录的树木"修改为"列入《国家重点保护野生植物名录》的野生植物"。这一修改主要是为了将"树木"以外的草本植物包括进来，以与《刑法》第344条的犯罪对象以及1996年国务院《野生植物保护条例》的保护对象保持一致。

《野生植物保护条例》第10第2款规定："国家重点保护野生植物分为国家一级保护野生植物和国家二级保护野生植物。国家重点保护野生植物名录，由国务院林业行政主管部门、农业行政主管部门商国务院环境保护、建设等有关部门制定，报国务院批准公布。"1999年，当时的国家林业局、农业部发布了《国家重点保护野生植物名录（第一批）》，一直沿用至2021年9月（其中，2001年，当时的农业部、国家林业局发布第53号令，将念珠藻科的发菜保护级别由二级调整为一级）。目前，《国家重点保护野生植物名录》正在施行过程中。

3. 删去"国家禁止、限制出口的珍贵树木"。对于这一类植物，《刑法》第三章第二节"走私罪"中的第151条第3款专门规定，走私珍稀植物及其制品的，构成走私国家禁止进出口的货物、物品罪。而《刑法》第六章第六节"破坏环境资源保护罪"中的第344条则主要保护的是我国的生物多样性和生态平衡。这两个罪名所保护的法益侧重点不同，犯罪对象也不宜完全等同。当然，如果某种国家禁止、限制出口的植物确系对我国植物多样性和生态平衡具有重要意义，应当由行政主管部门将其列入《国家重点保护野生植物名录》，从而成为《刑法》第344条的犯罪对象。

关于《濒危野生动植物种国际贸易公约》(我国于1980年12月25日加入，以下简称《CITES公约》）附录一、附录二所列植物，该公约在序言指出，制定公约是"为了保护某些野生动物和植物物种不致由于国际贸易而遭到过度开发利用"而进行的国际合作；在第1条"定义"中明确规定，该公约中的"贸易"指"出口、再出口、进口和从海上引进"。由此可见：首先，《CITES公约》保护的是野生动植物不因国际贸易而遭到过度开发利用，这与《刑法》第344条所保护的法益有一定差别；其次，《CITES公约》规范的是国际贸易，不涉及不进行国际贸易的国内行为；再次，从《CITES公约》附录的具体内容看，列入附录一、附录二的植物多达54个科、约22000种，其中一些甚至涵盖了科下的所有属，或者属下的所有种，例如，兰科所有种（约18000种）都列入了附录一或者附录二，仙人掌科所有种（约2500种）也都列入了附录一或者附录二［而我国《国家重点保护野生植物名录（第一批）》中尚没有兰科植物和仙人掌科植物］。将以上所有植物均纳入《刑法》第344条的规制范围，一律定罪处刑，恐违背人民群众对公平正义的一般认知。基于此，可以得出如下结论：(1)《CITES公约》附录一、附录二中的植物，同时列入《国家重点保护野生植物名录》的，属于《刑法》第344条的犯罪对象；反之，没有列入《国家重点保护野生植物名录》的，不属于《刑法》第344条的犯罪对象。(2）对于列入《CITES公约》附录一、附录二，但没有列入《国家重点保护野生植物名录》的植物，走私入境后有窝藏、转移、收购、代为销售等行为，符合《刑法》第312条规定的，按照掩饰、隐瞒犯罪所得、犯罪所得收益罪追究刑事责任。

二、关于人工培育的植物是否属于《刑法》第344条犯罪对象的问题

《2000年解释》对于人工培育的植物是否属于《刑法》第344条犯罪对象的问题未作明确。《批复》第2条对此作了规定，具体而言，区分两种情况：

1. 除古树名木以外的人工培育的植物，不属于《刑法》第344条规定的"珍贵树木或者国家重点保护的其他植物"。《野生植物保护条例》第2条第2

款明确规定："本条例所保护的野生植物，是指原生地天然生长的珍贵植物和原生地天然生长并具有重要经济、科学研究、文化价值的濒危、稀有植物。"从该条例第 10 条第 2 款的规定看,《国家重点保护野生植物名录》是根据该条例而制定的，对《国家重点保护野生植物名录》的理解当然应当遵守第 2 条第 2 款的规定。据此，对于并非古树名木的涉案植物而言，虽然其物种是《国家重点保护野生植物名录》中的物种，但系人工培育的，不属于《刑法》第 344 条规定的"珍贵树木或者国家重点保护的其他植物"。

在人工繁育（培育）问题上，动物和植物有较大差别。植物的人工培育方式简单、增量快、成活率高，例如，银杏是国家一级保护野生植物，但是在很多城市都已经成为非常普遍的景观树。如果认为这种人工培育的树木也属于《刑法》第 344 条的犯罪对象，恐违背社会公众的一般认知。在司法实践中，通常的做法也都是对人工培育的植物不作为《刑法》第 344 条的犯罪对象。如果非法采伐、毁坏或者非法收购、运输人工培育的植物（古树名木除外），构成盗伐林木罪，滥伐林木罪，非法收购、运输盗伐、滥伐的林木罪等犯罪的，依照相关规定追究刑事责任。

2. 古树名木无论是否人工培育，均属于《刑法》第 344 条规定的"珍贵树木或者国家重点保护的其他植物"。古树名木之所以成为《刑法》第 344 条的犯罪对象，并不是依据《野生植物保护条例》，而是依据《城市绿化条例》，故不受《野生植物保护条例》关于"原生地天然生长"的限制。在实践中，有些古树名木虽属人工培育，但是树龄已逾百年，或者确实具有重要历史、文化、景观与科学价值和具有重要纪念意义，《刑法》第 344 条应当予以保护。

三、关于"非法移栽"是否属于"非法采伐"的问题

实践中存在非法采挖珍贵树木或者国家重点保护的其他植物后移栽到自家院内等非原生地的行为。经研究认为，非法移栽珍贵树木或者国家重点保护的其他植物的行为应当认定为"非法采伐"。主要考虑是：

第一，相关行政法律法规和规范性文件对"移栽"与"采伐"同等管理。例如：《森林法》第 56 条第 4 款明确规定"采挖移植林木按照采伐林木管理。具体办法由国务院林业主管部门制定。"《城市绿化条例》第 25 条第 3 款规定：

“严禁砍伐或者迁移古树名木。”第26条规定：“违反本条例规定，有下列行为之一的，由城市人民政府城市绿化行政主管部门或者其授权的单位责令停止侵害，可以并处罚款；造成损失的，应当负赔偿责任；应当给予治安管理处罚的，依照治安管理处罚法的有关规定处罚；构成犯罪的，依法追究刑事责任：……（三）砍伐、擅自迁移古树名木或者因养护不善致使古树名木受到损伤或者死亡的……”2013年，当时的国家林业局出台的《关于切实加强和严格规范树木采挖移植管理的通知》(林资发〔2013〕186号)[①]明确要求：“采挖树木和运输、经营采挖树木的管理，适用森林法、《森林法实施条例》有关林木采伐、木材运输和经营（加工）管理的规定。”

第二，非法移栽与其他非法采伐行为具有相当性。非法移栽使植物的生物属性处于毁损灭失的危险中。移栽过程中由于树木根系、枝干受损，加上运输等因素，导致植物的成活率和保存率均难以保证；非法移栽使植物原生地自然生态和景观受到损害；将国家重点保护植物移栽到自家花园等地，违反了国家对重点保护植物的管理和保护制度，导致该植物脱离国家管控。并且，《野生植物保护条例》第17条第1款规定：“采集国家重点保护野生植物的单位和个人，必须按照采集证规定的种类、数量、地点、期限和方法进行采集。”移栽行为导致进一步的采集行为也失去国家管控。此外，从司法实践中的已决案件来看，多地均有对非法移栽国家重点保护植物的行为以非法采伐国家重点保护植物罪定罪处刑的案例，社会效果和法律效果良好。

同时，考虑到非法移栽珍贵树木或者国家重点保护的其他植物，在一些情况下毕竟与破坏性砍伐、毁坏珍贵树木或者国家重点保护的其他植物在社会危害性上有所区别，《批复》专门规定，对非法移栽行为的定罪量刑应当坚持综合考量原则，在决定是否追究刑事责任以及如何量刑时，应当综合考虑植物的珍贵程度、移栽目的、移栽手段、移栽数量、对生态环境的损害程度等情节，综合评估社会危害性，确保罪责刑相适应。

（撰稿人：郝方昉）

---

① 已失效。

最高人民法院 最高人民检察院 关于办理破坏野生动物资源刑事案件适用法律若干问题的解释

法释〔2022〕12号

（2021年12月13日最高人民法院审判委员会第1856次会议、2022年2月9日最高人民检察院第十三届检察委员会第89次会议通过 2022年4月6日最高人民法院、最高人民检察院公告公布 自2022年4月9日起施行）

为依法惩治破坏野生动物资源犯罪，保护生态环境，维护生物多样性和生态平衡，根据《中华人民共和国刑法》《中华人民共和国刑事诉讼法》《中华人民共和国野生动物保护法》等法律的有关规定，现就办理此类刑事案件适用法律的若干问题解释如下：

第一条 具有下列情形之一的，应当认定为刑法第一百五十一条第二款规定的走私国家禁止进出口的珍贵动物及其制品：

（一）未经批准擅自进出口列入经国家濒危物种进出口管理机构公布的《濒危野生动植物种国际贸易公约》附录一、附录二的野生动物及其制品；

（二）未经批准擅自出口列入《国家重点保护野生动物名录》的野生动物及其制品。

第二条 走私国家禁止进出口的珍贵动物及其制品，价值二十万元以上不满二百万元的，应当依照刑法第一百五十一条第二款的规定，以走私珍贵动物、珍贵动物制品罪处五年以上十年以下有期徒刑，并处罚金；价值二百万元以上的，应当认定为“情节特别严重”，处十年以上有期徒刑或者无期徒刑，并处没收财产；价值二万元以上不满二十万元的，应当认定为“情节较轻”，处五年以下有期徒刑，并处罚金。

实施前款规定的行为，具有下列情形之一的，从重处罚：

（一）属于犯罪集团的首要分子的；

（二）为逃避监管，使用特种交通工具实施的；

（三）二年内曾因破坏野生动物资源受过行政处罚的。

实施第一款规定的行为，不具有第二款规定的情形，且未造成动物死亡或者动物、动物制品无法追回，行为人全部退赃退赔，确有悔罪表现的，按照下列规定处理：

（一）珍贵动物及其制品价值二百万元以上的，可以处五年以上十年以下有期徒刑，并处罚金；

（二）珍贵动物及其制品价值二十万元以上不满二百万元的，可以认定为“情节较轻”，处五年以下有期徒刑，并处罚金；

（三）珍贵动物及其制品价值二万元以上不满二十万元的，可以认定为犯罪情节轻微，不起诉或者免予刑事处罚；情节显著轻微危害不大的，不作为犯罪处理。

第三条 在内陆水域，违反保护水产资源法规，在禁渔区、禁渔期或者使用禁用的工具、方法捕捞水产品，具有下列情形之一的，应当认定为刑法第三百四十条规定的“情节严重”，以非法捕捞水产品罪定罪处罚：

（一）非法捕捞水产品五百公斤以上或者价值一万元以上的；

（二）非法捕捞有重要经济价值的水生动物苗种、怀卵亲体或者在水产种质资源保护区内捕捞水产品五十公斤以上或者价值一千元以上的；

（三）在禁渔区使用电鱼、毒鱼、炸鱼等严重破坏渔业资源的禁用方法或者禁用工具捕捞的；

（四）在禁渔期使用电鱼、毒鱼、炸鱼等严重破坏渔业资源的禁用方法或者禁用工具捕捞的；

（五）其他情节严重的情形。

实施前款规定的行为，具有下列情形之一的，从重处罚：

（一）暴力抗拒、阻碍国家机关工作人员依法履行职务，尚未构成妨害公务罪、袭警罪的；

（二）二年内曾因破坏野生动物资源受过行政处罚的；

（三）对水生生物资源或者水域生态造成严重损害的；

（四）纠集多条船只非法捕捞的；

（五）以非法捕捞为业的。

实施第一款规定的行为，根据渔获物的数量、价值和捕捞方法、工具等，认为对水生生物资源危害明显较轻的，综合考虑行为人自愿接受行政处罚、积极修复生态环境等情节，可以认定为犯罪情节轻微，不起诉或者免予刑事处罚；情节显著轻微危害不大的，不作为犯罪处理。

第四条　刑法第三百四十一条第一款规定的“国家重点保护的珍贵、濒危野生动物”包括：

（一）列入《国家重点保护野生动物名录》的野生动物；

（二）经国务院野生动物保护主管部门核准按照国家重点保护的野生动物管理的野生动物。

第五条　刑法第三百四十一条第一款规定的“收购”包括以营利、自用等为目的的购买行为；“运输”包括采用携带、邮寄、利用他人、使用交通工具等方法进行运送的行为；“出售”包括出卖和以营利为目的的加工利用行为。

刑法第三百四十一条第三款规定的“收购”“运输”“出售”，是指以食用为目的，实施前款规定的相应行为。

第六条　非法猎捕、杀害国家重点保护的珍贵、濒危野生动物，或者非法收购、运输、出售国家重点保护的珍贵、濒危野生动物及其制品，价值二万元以上不满二十万元的，应当依照刑法第三百四十一条第一款的规定，以危害珍贵、濒危野生动物罪处五年以下有期徒刑或者拘役，并处罚金；价值二十万元以上不满二百万元的，应当认定为“情节严重”，处五年以上十年以下有期徒刑，并处罚金；价值二百万元以上的，应当认定为“情节特别严重”，处十年以上有期徒刑，并处罚金或者没收财产。

实施前款规定的行为，具有下列情形之一的，从重处罚：

（一）属于犯罪集团的首要分子的；

（二）为逃避监管，使用特种交通工具实施的；

（三）严重影响野生动物科研工作的；

（四）二年内曾因破坏野生动物资源受过行政处罚的。

实施第一款规定的行为，不具有第二款规定的情形，且未造成动物死亡或者动物、动物制品无法追回，行为人全部退赃退赔，确有悔罪表现的，按照下列规定处理：

（一）珍贵、濒危野生动物及其制品价值二百万元以上的，可以认定为“情节严重”，处五年以上十年以下有期徒刑，并处罚金；

（二）珍贵、濒危野生动物及其制品价值二十万元以上不满二百万元的，可以处五年以下有期徒刑或者拘役，并处罚金；

（三）珍贵、濒危野生动物及其制品价值二万元以上不满二十万元的，可以认定为犯罪情节轻微，不起诉或者免予刑事处罚；情节显著轻微危害不大的，不作为犯罪处理。

第七条 违反狩猎法规，在禁猎区、禁猎期或者使用禁用的工具、方法进行狩猎，破坏野生动物资源，具有下列情形之一的，应当认定为刑法第三百四十一条第二款规定的“情节严重”，以非法狩猎罪定罪处罚：

（一）非法猎捕野生动物价值一万元以上的；

（二）在禁猎区使用禁用的工具或者方法狩猎的；

（三）在禁猎期使用禁用的工具或者方法狩猎的；

（四）其他情节严重的情形。

实施前款规定的行为，具有下列情形之一的，从重处罚：

（一）暴力抗拒、阻碍国家机关工作人员依法履行职务，尚未构成妨害公务罪、袭警罪的；

（二）对野生动物资源或者栖息地生态造成严重损害的；

（三）二年内曾因破坏野生动物资源受过行政处罚的。

实施第一款规定的行为，根据猎获物的数量、价值和狩猎方法、工具等，认为对野生动物资源危害明显较轻的，综合考虑猎捕的动机、目的、行为人自愿接受行政处罚、积极修复生态环境等情节，可以认定为犯罪情节轻微，不起诉或者免予刑事处罚；情节显著轻微危害不大的，不作为犯罪处理。

第八条 违反野生动物保护管理法规，以食用为目的，非法猎捕、收购、运输、出售刑法第三百四十一条第一款规定以外的在野外环境自然生长繁殖的陆生野生动物，具有下列情形之一的，应当认定为刑法第三百四十一条第三款规定的“情节严重”，以非法猎捕、收购、运输、出售陆生野生动物罪定罪处罚：

（一）非法猎捕、收购、运输、出售有重要生态、科学、社会价值的陆生野生动物或者地方重点保护陆生野生动物价值一万元以上的；

（二）非法猎捕、收购、运输、出售第一项规定以外的其他陆生野生动物价值五万元以上的；

（三）其他情节严重的情形。

实施前款规定的行为，同时构成非法狩猎罪的，应当依照刑法第三百四十一条第三款的规定，以非法猎捕陆生野生动物罪定罪处罚。

第九条　明知是非法捕捞犯罪所得的水产品、非法狩猎犯罪所得的猎获物而收购、贩卖或者以其他方法掩饰、隐瞒，符合刑法第三百一十二条规定的，以掩饰、隐瞒犯罪所得罪定罪处罚。

第十条　负有野生动物保护和进出口监督管理职责的国家机关工作人员，滥用职权或者玩忽职守，致使公共财产、国家和人民利益遭受重大损失的，应当依照刑法第三百九十七条的规定，以滥用职权罪或者玩忽职守罪追究刑事责任。

负有查禁破坏野生动物资源犯罪活动职责的国家机关工作人员，向犯罪分子通风报信、提供便利，帮助犯罪分子逃避处罚的，应当依照刑法第四百一十七条的规定，以帮助犯罪分子逃避处罚罪追究刑事责任。

第十一条　对于"以食用为目的"，应当综合涉案动物及其制品的特征，被查获的地点，加工、包装情况，以及可以证明来源、用途的标识、证明等证据作出认定。

实施本解释规定的相关行为，具有下列情形之一的，可以认定为"以食用为目的"：

（一）将相关野生动物及其制品在餐饮单位、饮食摊点、超市等场所作为食品销售或者运往上述场所的；

（二）通过包装、说明书、广告等介绍相关野生动物及其制品的食用价值或者方法的；

（三）其他足以认定以食用为目的的情形。

第十二条　二次以上实施本解释规定的行为构成犯罪，依法应当追诉的，或者二年内实施本解释规定的行为未经处理的，数量、数额累计计算。

第十三条　实施本解释规定的相关行为，在认定是否构成犯罪以及裁量刑罚时，应当考虑涉案动物是否系人工繁育、物种的濒危程度、野外存活状况、人工繁育情况、是否列入人工繁育国家重点保护野生动物名录，行为手段、对野生动物资源的损害程度，以及对野生动物及其制品的认知程度等情节，综合评估社会危害性，准确认定是否构成犯罪，妥当裁量刑罚，确保罪责刑相适应；根据本解释的规定定罪量刑明显过重的，可以根据案件的事实、情节和社会危害程度，依法作出妥当处理。

涉案动物系人工繁育，具有下列情形之一的，对所涉案件一般不作为犯罪处理；需要追究刑事责任的，应当依法从宽处理：

（一）列入人工繁育国家重点保护野生动物名录的；

（二）人工繁育技术成熟、已成规模，作为宠物买卖、运输的。

第十四条 对于实施本解释规定的相关行为被不起诉或者免予刑事处罚的行为人，依法应当给予行政处罚、政务处分或者其他处分的，依法移送有关主管机关处理。

第十五条 对于涉案动物及其制品的价值，应当根据下列方法确定：

（一）对于国家禁止进出口的珍贵动物及其制品、国家重点保护的珍贵、濒危野生动物及其制品的价值，根据国务院野生动物保护主管部门制定的评估标准和方法核算；

（二）对于有重要生态、科学、社会价值的陆生野生动物、地方重点保护野生动物、其他野生动物及其制品的价值，根据销赃数额认定；无销赃数额、销赃数额难以查证或者根据销赃数额认定明显偏低的，根据市场价格核算，必要时，也可以参照相关评估标准和方法核算。

第十六条 根据本解释第十五条规定难以确定涉案动物及其制品价值的，依据司法鉴定机构出具的鉴定意见，或者下列机构出具的报告，结合其他证据作出认定：

（一）价格认证机构出具的报告；

（二）国务院野生动物保护主管部门、国家濒危物种进出口管理机构或者海关总署等指定的机构出具的报告；

（三）地、市级以上人民政府野生动物保护主管部门、国家濒危物种进出口管理机构的派出机构或者直属海关等出具的报告。

第十七条 对于涉案动物的种属类别、是否系人工繁育，非法捕捞、狩猎的工具、方法，以及对野生动物资源的损害程度等专门性问题，可以由野生动物保护主管部门、侦查机关依据现场勘验、检查笔录等出具认定意见；难以确定的，依据司法鉴定机构出具的鉴定意见、本解释第十六条所列机构出具的报告，被告人及其辩护人提供的证据材料，结合其他证据材料综合审查，依法作出认定。

第十八条　餐饮公司、渔业公司等单位实施破坏野生动物资源犯罪的，依照本解释规定的相应自然人犯罪的定罪量刑标准，对直接负责的主管人员和其他直接责任人员定罪处罚，并对单位判处罚金。

第十九条　在海洋水域，非法捕捞水产品，非法采捕珊瑚、砗磲或者其他珍贵、濒危水生野生动物，或者非法收购、运输、出售珊瑚、砗磲或者其他珍贵、濒危水生野生动物及其制品的，定罪量刑标准适用《最高人民法院关于审理发生在我国管辖海域相关案件若干问题的规定（二）》（法释〔2016〕17号）的相关规定。

第二十条　本解释自2022年4月9日起施行。本解释公布施行后，《最高人民法院关于审理破坏野生动物资源刑事案件具体应用法律若干问题的解释》（法释〔2000〕37号）同时废止；之前发布的司法解释与本解释不一致的，以本解释为准。

【导读及适用要点】

一、走私珍贵动物、珍贵动物制品罪的定罪量刑标准

2014年《最高人民法院、最高人民检察院关于办理走私刑事案件适用法律若干问题的解释》（以下简称《2014年走私犯罪解释》）按珍贵动物的数量对走私珍贵动物罪的定罪量刑标准作了规定，据此，走私珍贵动物的，不论动物种类和珍贵程度，走私1只即构成犯罪。根据司法实践反映的问题，《最高人民法院、最高人民检察院关于办理破坏野生动物资源刑事案件适用法律若干问题的解释》（以下简称《破坏野生动物资源刑事案件解释》）第2条第1款以走私珍贵动物及其制品的价值作为定罪量刑的基本标准。主要考虑：（1）依据价值标准定罪量刑具有行政法律依据和现实可操作性。《野生动物保

护法》第四章“法律责任”部分设置的罚款多以猎获物价值、野生动物及其制品价值作为基数；同时，该法第57条①专门规定：“本法规定的猎获物价值、野生动物及其制品价值的评估标准和方法，由国务院野生动物保护主管部门制定。”2017年11月原国家林业局发布了《野生动物及其制品价值评估方法》，2019年8月农业农村部发布了《水生野生动物及其制品价值评估办法》。这两个评估方法在确定价值时，考虑了相关珍贵、濒危野生动物的珍贵、濒危程度、生态价值和市场价值等，较为科学合理，且可以根据具体实践情况及时调整。这就使得根据涉案野生动物及其制品的价值定罪量刑于法有据，实际可行。（2）依据价值标准定罪量刑更加符合罪责刑相适应原则的要求。对走私珍贵动物的行为依据数量标准定罪量刑，由于数量标准过于绝对化，导致量刑畸重。据统计，2017年至2021年5年间，走私珍贵动物、珍贵动物制品罪的重刑率高达46.07%，远高于全部犯罪的重刑率（10.70%）。而且，动物种类众多、珍贵程度有异，依照数量标准定罪量刑，走私1只双尾褐凤蝶（价值1千元）、1只天鹅（价值1.5万元）和1头黑熊（价值4万元）都要入刑，且都在5年以下有期徒刑的幅度内量刑。而改采价值标准后，根据测算，在2021年新发布的《国家重点保护野生动物名录》中，大概有75%价值较小的动物不再是“一只入刑”，而是需要走私一定数量（累计价值2万元以上）才能入刑；其余25%价值较大且多为大型的一级保护动物，单只价值在2万元以上，仍维持“一只入刑”，如走私1只扬子鳄（价值10万元）、1只穿山甲（价值8万元），即构成犯罪。根据价值大小合理划定量刑档次，更有利于适应动物种类多样和珍贵、濒危程度不同等实际情况，更有利于贯彻罪责刑相适应原则。

为贯彻宽严相济刑事政策，《破坏野生动物资源刑事案件解释》第2条第2款吸收完善《2014年走私刑事案件解释》第9条第3款第3项的规定，设置了从重处罚情节；第3款设置了从宽处罚情节，规定对未造成动物死亡或者动物、动物制品无法追回，行为人全部退赃退赔，确有悔罪表现的案件可以从宽处理。此外，实践反映，《2014年走私刑事案件解释》第9条第4款“不以牟利为目的，为留作纪念而走私珍贵动物制品进境，数额不满10万元

---

① 对应《野生动物保护法》（2022年修订）第62条。

的，可以免予刑事处罚；情节显著轻微的，不作为犯罪处理”适用效果良好。考虑到该款规定的主要内容可为《破坏野生动物资源刑事案件解释》第2条第3款所涵盖，故未再作规定，实践中可以继续沿用相关做法。

二、非法捕捞水产品罪的定罪量刑标准

关于非法捕捞水产品罪的定罪量刑标准，以往司法解释未作规定，但是，《最高人民检察院、公安部关于公安机关管辖的刑事案件立案追诉标准的规定（一）》（公通字〔2008〕36号，以下简称《立案追诉标准（一）》）规定了立案追诉标准，对在内陆水域非法捕捞水产品主要是依据数量、价值标准（500公斤或者5000元以上，特定情形50公斤或者500元以上）和“两禁”标准（在禁渔区、禁渔期内使用禁用的工具或者方法捕捞）决定立案追诉。根据司法实践反映的情况，《破坏野生动物资源刑事案件解释》第3条吸收并完善《立案追诉标准（一）》的相关规定，明确了非法捕捞水产品罪的定罪量刑标准。

一是在沿用数量标准的同时适度上调价值标准。主要考虑：（1）根据物价上涨因素，对价值标准作了适度调整，第1款第1项将5000元调整为1万元，第2项将500元调整为1000元，以使得数量标准与价值标准更加协调。（2）非法捕捞水产品罪的犯罪对象为珍贵、濒危水生野生动物以外的水产品，不存在根据保护级别依照相应水生野生动物的基准价值计算（根据《水生野生动物及其制品价值评估办法》，国家一级、二级保护水生野生动物的价值分别按照基准价值的10倍、5倍计算）的问题，司法实践中一般不依照水生野生动物的基准价值核算上述水产品价值，故非法捕捞水产品案件中渔获物等水产品的价值往往较低。在此情况下，1万元的入罪标准与该罪的社会危害性具有相当性，有利于控制刑事打击范围，不使渔获物数量、价值过低的行为入罪，确保案件处理符合罪责刑相适应原则和社会公众的一般认知。（3）根据对相关案例（裁判文书网随机检索50件非法捕捞水产品案件）的研究，非法捕捞水产品案件绝大部分属于使用禁用方法（32件）和禁用工具（14件）的情形，根据渔获物数量（3件）或者价值（仅1件）定罪的较少，在单纯以渔获物价值定罪的案件中，价值也在1万元以上，故而，1万元的入罪标准符合实践惯常做法。

需要注意的是,《破坏野生动物资源刑事案件解释》第3条第1款第1项、第2项采取了数量标准和价值标准并用的方式。主要考虑:(1)《最高人民法院关于审理发生在我国管辖海域相关案件若干问题的规定(二)》《立案追诉标准(一)》等司法解释、规范性文件在水产资源方面均采取了数量标准和价值标准并用的方式,为保证司法政策的连贯性,继续沿用这种方式;(2)水产资源具有不同于陆地野生动物资源的特点,一些水产品数量很大,但价值很低,如果单纯用价值标准进行评判,恐会削弱对水产资源和生态环境的保护力度。例如,被告人非法捕捞螺蛳62083公斤,非法获利9000余元。人民法院认为被告人行为严重侵犯了国家保护水产资源的管理制度,同时破坏湖区底栖生物栖息地,影响螺蛳及其它水生生物的种群数量,破坏了湖区生物多样性,并一定程度上降低水体自净能力,危害了湖区生态安全,以非法捕捞水产品罪判处多名被告人拘役至有期徒刑一年十个月的刑罚。

二是在沿用"两禁"标准的同时作了适当完善。《破坏野生动物资源刑事案件解释》第3条第1款第3项、第4项沿用"两禁"标准,但是,在符合"两禁"的情形下,行为人捕获的水产品数量差异较大,有的有几百公斤甚至上千公斤,有的则只有几斤,价值只有几十元,而且是初犯,一律入罪,恐失之过严。基于此,《破坏野生动物资源刑事案件解释》专门规定符合"两禁"标准的非法捕捞水产品案件,根据渔获物的数量、价值和捕捞方法、工具等情节,认为对水生生物资源危害明显较轻的,综合考虑行为人自愿接受行政处罚、积极修复生态环境等情节,可以认定为犯罪情节轻微,不起诉或者免予刑事处罚;情节显著轻微危害不大的,不作为犯罪处理。这一规定赋予司法实践一定的自由裁量权,可以综合考虑网具的最小网目尺寸、渔具的功率强度、渔获物中幼鱼比例等情节综合评判行为对渔业资源的具体危害,实现对案件的妥当处理。对于捕捞水产品数量较少、价值较小,但对水产资源破坏较大的,也应当定罪处罚;对于捕捞水产品数量较少、价值较小,且对水产资源危害明显较轻的,不予刑事追究,必要时,可予以行政处罚。

此外,为贯彻宽严相济刑事政策,《破坏野生动物资源刑事案件解释》第3条第2款专门设置从重处罚情节,明确实施非法捕捞水产品犯罪,对暴力抗拒、阻碍国家机关工作人员依法履行职务尚未构成妨害公务罪、袭警罪的,对水产资源或者水域生态造成严重损害的,2年内曾因破坏野生动物资源受过行政处罚的，应当从重处罚。

征求意见过程中，有意见建议吸收《检察机关办理长江流域非法捕捞水产品案件刑事检察工作座谈会纪要》规定，增加“在繁育期非法捕捞”“纠集多条船只非法捕捞”以及“以非法捕捞为业”3个从重处罚情节。我们经研究认为：（1）繁育期往往为禁渔期，一律作为从重处罚的条件，可能存在入罪情节与从重情节的重复评价问题。从重处罚在繁育期内实施的非法捕捞行为，原因在于此类行为对水产资源的破坏更加严重，对此，本条第2款第3项已将“对水生生物资源或者水域生态造成严重损害的”作为从重处罚的情节之一，可以实现罪刑相当。（2）实践中，“纠集多条船只非法捕捞”“以非法捕捞为业”往往会对水产资源造成严重破坏，应作为惩治重点，故吸收规定为从重处罚情节。

三、危害珍贵、濒危野生动物罪的定罪量刑标准

《破坏野生动物资源刑事案件解释》第6条对危害珍贵、濒危野生动物罪的定罪量刑标准作了规定。具体而言，以价值作为定罪量刑的基本标准。2000年《最高人民法院关于审理破坏野生动物资源刑事案件具体应用法律若干问题的解释》（以下简称《2000年破坏野生动物资源案件解释》）规定，非法猎捕、杀害珍贵、濒危野生动物罪、非法收购、运输、出售珍贵、濒危野生动物、珍贵、濒危野生动物制品罪的定罪量刑采取数量标准，且确立“一只入刑”的基本原则，不论动物大小、珍贵程度，只要是珍贵、濒危野生动物，1只即构成犯罪，至少要处五年以下有期徒刑或者拘役，并处罚金。依据数量标准定罪量刑，难以适应司法实践的复杂情况，个别案件的处理结果难以获得社会公众认同，甚至引发炒作。

需要说明的是，本条关于价值标准的具体设置，参考了《2000年破坏野生动物资源案件解释》第5条关于非法收购、运输、出售珍贵、濒危野生动物制品罪的定罪量刑价值标准（数额不满10万元、10万元以上、20万元以上）和《2014年走私刑事案件解释》第9条关于走私动物制品罪的定罪量刑价值标准（数额不满20万元、20万元以上、100百万元以上）。根据司法实践反映的情况，可以20万元作为五年以上有期徒刑升档量刑的门槛，但同时宜设置入罪门槛，并适当提升十年以上有期徒刑的升档量刑标准。基于此，

将本条的定罪量刑价值标准分别设置为2万元以上不满20万元、20万元以上不满200百万元、200百万元以上。

此外，根据宽严相济刑事政策的要求，经吸收《2000年破坏野生动物资源案件解释》第4条的规定，《破坏野生动物资源刑事案件解释》第6条第2款、第3款分别规定了从重处罚情节和从宽处罚情节。

四、非法狩猎罪的定罪量刑标准

《破坏破坏野生动物资源案件资源刑事案件解释》第7条明确了非法狩猎罪的定罪量刑标准。《2000年动物犯罪解释》第6条明确了非法狩猎罪的入罪门槛，主要依据数量标准（非法狩猎野生动物20只以上的）和“两禁”标准。根据司法实践反映的情况，《破坏野生动物资源刑事案件解释》第7条吸收并完善《2000年破坏野生动物资源案件解释》第7条的规定，明确了非法狩猎罪的定罪量刑标准。

一是将数量标准调整为价值标准。根据《2000年破坏野生动物资源案件解释》第6条的规定，非法狩猎野生动物20只以上的，即构成犯罪。这一绝对的数量标准没有考虑动物的体型大小、价值及对环境的破坏程度等因素，不区分情况一概予以刑事处罚，难以适应案件的复杂情况。例如，个别地方对捕捉几十只青蛙的行为予以刑事追究，法律效果和社会效果不佳。根据司法实践反映的问题，本条第1款第1项将数量标准调整为价值标准（价值1万元以上的），以更好地适应案件复杂情况，体现罪责刑相适应原则的基本要求。

二是在沿用“两禁”标准的同时作了适当完善。根据《2000年破坏野生动物资源案件解释》第6条的规定，符合“两禁”标准的，即使非法狩猎的野生动物数量价值只有几十元，也要追究刑事责任，个别案件裁判偏离社会公众的一般认知，未体现罪责刑相适应原则的要求。基于此，在本条第1款第2项、第3项沿用“两禁”标准的同时，增加规定第3款，明确符合“两禁”标准，但根据猎获物的数量、价值和狩猎方法、工具等，认为对野生动物资源危害明显较轻的，综合考虑猎捕的动机、目的、行为人自愿接受行政处罚、积极修复生态环境等情节，可以认定为犯罪情节轻微，不起诉或者免予刑事处罚；情节显著轻微危害不大的，不作为犯罪处理。增加这一规定，有助于避免简单化、“一刀切”，有利于办案人员在综合考虑禁用的狩猎工具、方法的破坏性程度、狩猎对野生动物生息繁衍活动的影响等情节基础上，准确评判非法狩猎行为的社会危害程度，实现对案件的妥当处理。

需要注意的是，《野生动物保护法》第22条[①]规定："猎捕非国家重点保护野生动物的，应当依法取得县级以上地方人民政府野生动物保护主管部门核发的狩猎证，并且服从猎捕量限额管理。"结合该法第10条第3款[②]"地方重点保护野生动物，是指国家重点保护野生动物以外，由省、自治区、直辖市重点保护的野生动物"的规定，《刑法》第341条第2款规定的非法狩猎罪的犯罪对象主要包括地方重点保护野生动物和有重要生态、科学、社会价值的陆生野生动物（即"三有动物"）。当然，如果《野生动物保护法》对狩猎许可制度作出调整，则应当依照法律最新规定执行，妥当把握非法狩猎罪的对象范围。

此外，为贯彻宽严相济刑事政策，《破坏野生动物资源刑事案件解释》第7条第2款专门设置从重处罚情节，明确实施非法狩猎犯罪，暴力抗拒、阻碍国家机关工作人员依法履行职务尚未构成妨害公务罪、袭警罪的，对野生动物资源或者栖息地生态造成严重损害的，2年内曾因非法破坏野生动物资源受过行政处罚的，应当从重处罚。

五、非法猎捕、收购、运输、出售陆生野生动物罪的有关问题

《破坏野生动物资源刑事案件解释》第8条、第11条明确了非法猎捕、收购、运输、出售陆生野生动物罪的犯罪对象、入罪标准及有关问题。

其一，犯罪对象。《刑法》第341条第3款规定的非法猎捕、收购、运输、出售陆生野生动物罪，犯罪对象是除第1款规定的国家重点保护的珍贵、濒危野生动物以外的其他陆生野生动物。我们经研究认为，具体包括两类野生动物：（1）"三有动物"（有重要生态、科学、社会价值的陆生野生动物）和地方重点保护的陆生野生动物。具体而言，针对"三有动物"和地方重点保护的陆生野生动物进行狩猎，构成非法狩猎罪，限于"两禁"情形（违反狩猎法规，在禁猎区、禁猎期或者使用禁用的工具、方法进行狩猎）。故而，以

---

① 对应《野生动物保护法》（2022年修订）第22条。
② 对应《野生动物保护法》（2022年修订）第10条第3款。

食用为目的，非法猎捕“三有动物”和地方重点保护的陆生野生动物，不具有“两禁”情形的，不构成非法狩猎罪，但可能构成《刑法》第341条第3款规定的非法猎捕陆生野生动物罪。此外，以食用为目的，针对此类动物实施非法收购、运输、出售的行为，构成《刑法》第341条第3款规定的非法收购、运输、出售陆生野生动物罪。（2）其他陆生野生动物。从防范公共卫生安全风险的需要考虑，主要指对人类具有动物疫病传播风险的陆生脊椎野生动物，如鼠类、蝙蝠等。以食用为目的，非法猎捕、收购、运输、出售此类野生动物，构成《刑法》第341条第3款规定的非法收购、运输、出售陆生野生动物罪。

其二，定罪量刑标准。《破坏野生动物资源刑事案件解释》第8条第1款还进一步明确了非法猎捕、收购、运输、出售陆生野生动物罪的入罪标准。根据《刑法》第341条第3款的规定，该罪以情节严重作为入罪标准。具体而言，区分“三有动物”、地方重点保护的陆生野生动物和其他陆生野生动物，第1项、第2项分别设置了1万元、5万元的入罪标准，并设置了兜底项。

其三，竞合适用规则。对于以食用为目的，同时违反“两禁”规定，非法猎捕“三有动物”和地方重点保护的陆生野生动物的，可能同时构成《刑法》第341条第2款规定的非法狩猎罪和该条第3款规定的非法猎捕陆生野生动物罪，对此应当适用哪个罪名，《破坏野生动物资源刑事案件解释》起草过程中存在不同认识。一种意见认为，应当适用《刑法》第341条第2款规定的非法狩猎罪，主要考虑：（1）非法狩猎罪并不排斥以食用为目的的主观要件，上述行为的核心特征是违反“两禁”规定，适用非法狩猎罪更有利于准确评价行为的社会危害性；（2）在以“三有动物”和地方重点保护的陆生野生动物为对象的前提下，相较以食用为目的的主观要素，“两禁”情形更易于认定，以是否违反“两禁”规定作为非法狩猎罪和非法猎捕陆生野生动物罪的界分标准，便于实践操作。另一种意见则认为，应当适用《刑法》第341条第3款规定的非法猎捕陆生野生动物罪，主要考虑：（1）《刑法修正案（十一）》增设非法猎捕、收购、运输、出售陆生野生动物罪，旨在惩治以食用为目的破坏陆生野生动物资源的行为，保障公共卫生安全，对上述行为适用非法猎捕陆生野生动物罪，有利于贯彻修法精神，突出对相关以食用为目的行为的规制；（2）如对此类行为适用非法狩猎罪，对下游以食用为目的的收购、运输以及出售行为适用非法收购、运输、出售陆生野生动物罪，体系上不够协调。我们经研究认为，两种意见均有可取之处，且两罪的法定刑完全相同，考虑到与其他条文的协调问题，为切实贯彻刑法修改精神，统一法律适用、避免实践困惑，《破坏野生动物资源刑事案件解释》第 8 条第 2 款对非法狩猎罪和非法猎捕陆生野生动物罪的竞合适用规则作出明确，规定："实施前款规定的行为，同时构成非法狩猎罪的，应当依照《刑法》第 341 条第 3 款的规定，以非法猎捕陆生野生动物罪定罪处罚。"

此外，对于以食用为目的，非法收购、出售"三有动物"和地方重点保护陆生野生动物的行为，可能同时符合掩饰、隐瞒犯罪所得罪的构成，此种情形下应当如何处断，涉及对《刑法》第 341 条第 3 款与《刑法》第 312 条之间的关系问题。我们经研究认为，二者之间系特别法与一般法的关系，应当适用特别法。

其四，主观目的认定。根据《刑法》第 341 条第 3 款的规定，非法猎捕、收购、运输、出售陆生野生动物罪以以食用为目的作为主观要件。为统一司法适用，《破坏野生动物资源刑事案件解释》第 11 条第 1 款明确了以食用为目的的综合认定规则，规定对以食用为目的的认定应当综合考虑在案证据，特别是如下证据：（1）相关标识。有的标识、证明可以说明涉案动物及其制品的来源、用途，应当着重查明；（2）查获地点。有的涉案野生动物在食品销售场所或者运输途中被查获；（3）加工、包装情况。有的加工、包装明显是为了食用，甚至标识食用价值或者方法。

在此基础上，《破坏野生动物资源刑事案件解释》第 11 条第 2 款规定了可以推定为以食用为目的的具体情形。经综合考虑实践情况，对于将相关野生动物及其制品在餐饮单位、饮食摊点、超市等场所作为食品销售或者运往上述场所的（第 1 项），以及通过包装、说明书、广告等介绍相关野生动物及其制品的食用价值或者方法的（第 2 项），允许作上述推定；此外，还设置了兜底项（第 3 项），如对于"涉案动物实践中主要被用于食用"，且根据具体案情确足以排除其他利用可能的，可作为兜底项的适用情形之一。

（撰稿人：周加海　喻海松　李振华）

（三）涉土地资源犯罪

最高人民法院
关于审理破坏土地资源刑事案件具体应用法律若干问题的解释

法释〔2000〕14号

（2000年6月16日最高人民法院审判委员会第1119次会议通过
2000年6月19日最高人民法院公告公布　自2000年6月22日起施行）

为依法惩处破坏土地资源犯罪活动，根据刑法的有关规定，现就审理这类案件具体应用法律的若干问题解释如下：

第一条　以牟利为目的，违反土地管理法规，非法转让、倒卖土地使用权，具有下列情形之一的，属于非法转让、倒卖土地使用权"情节严重"，依照刑法第二百二十八条的规定，以非法转让、倒卖土地使用权罪定罪处罚：

（一）非法转让、倒卖基本农田五亩以上的；

（二）非法转让、倒卖基本农田以外的耕地十亩以上的；

（三）非法转让、倒卖其他土地二十亩以上的；

（四）非法获利五十万元以上的；

（五）非法转让、倒卖土地接近上述数量标准并具有其他恶劣情节的，如曾因非法转让、倒卖土地使用权受过行政处罚或者造成严重后果等。

第二条　实施第一条规定的行为，具有下列情形之一的，属于非法转让、倒卖土地使用权"情节特别严重"：

（一）非法转让、倒卖基本农田十亩以上的；

（二）非法转让、倒卖基本农田以外的耕地二十亩以上的；

（三）非法转让、倒卖其他土地四十亩以上的；

（四）非法获利一百万元以上的；

（五）非法转让、倒卖土地接近上述数量标准并具有其他恶劣情节，如造成严重后果等。

第三条　违反土地管理法规，非法占用耕地改作他用，数量较大，造成耕地大量毁坏的，依照刑法第三百四十二条的规定，以非法占用耕地罪定罪处罚：

（一）非法占用耕地“数量较大”，是指非法占用基本农田五亩以上或者非法占用基本农田以外的耕地十亩以上。

（二）非法占用耕地“造成耕地大量毁坏”，是指行为人非法占用耕地建窑、建坟、建房、挖沙、采石、采矿、取土、堆放固体废弃物或者进行其他非农业建设，造成基本农田五亩以上或者基本农田以外的耕地十亩以上种植条件严重毁坏或者严重污染。

第四条　国家机关工作人员徇私舞弊，违反土地管理法规，滥用职权，非法批准征用、占用土地，①具有下列情形之一的，属于非法批准征用、占用土地“情节严重”，依照刑法第四百一十条的规定，以非法批准征用、占用土地罪②定罪处罚：

（一）非法批准征用、占用基本农田十亩以上的；

（二）非法批准征用、占用基本农田以外的耕地三十亩以上的；

（三）非法批准征用、占用其他土地五十亩以上的；

（四）虽未达到上述数量标准，但非法批准征用、占用土地造成直接经济损失三十万元以上；造成耕地大量毁坏等恶劣情节的。

第五条　实施第四条规定的行为，具有下列情形之一的，属于非法批准征用、占用土地“致使国家或者集体利益遭受特别重大损失”：

（一）非法批准征用、占用基本农田二十亩以上的；

（二）非法批准征用、占用基本农田以外的耕地六十亩以上的；

（三）非法批准征用、占用其他土地一百亩以上的；

---

①　根据2009年8月27日通过的《全国人民代表大会常务委员会关于修改部分法律的决定》，《刑法》第381条、第410条中的“征用”修改为“征收、征用”。故本解释中的“征用”应理解为“征收、征用”。

②　根据最高人民法院、最高人民检察院2015年10月30日发布的《关于执行〈中华人民共和国刑法〉确定罪名的补充规定（六）》（法释〔2015〕20号）之规定，本罪名已修改为“非法批准征收、征用、占用土地罪”。

（四）非法批准征用、占用土地，造成基本农田五亩以上，其他耕地十亩以上严重毁坏的；

（五）非法批准征用、占用土地造成直接经济损失五十万元以上等恶劣情节的。

第六条 国家机关工作人员徇私舞弊，违反土地管理法规，非法低价出让国有土地使用权，具有下列情形之一的，属于“情节严重”，依照刑法第四百一十条的规定，以非法低价出让国有土地使用权罪定罪处罚：

（一）出让国有土地使用权面积在三十亩以上，并且出让价额低于国家规定的最低价额标准的百分之六十的；

（二）造成国有土地资产流失价额在三十万元以上的。

第七条 实施第六条规定的行为，具有下列情形之一的，属于非法低价出让国有土地使用权，“致使国家和集体利益遭受特别重大损失”：

（一）非法低价出让国有土地使用权面积在亩以上，并且出让价额低于国家规定的最低价额标准的百分之四十的；

（二）造成国有土地资产流失价额在五十万元以上的。

第八条 单位犯非法转让、倒卖土地使用权罪、非法占有耕地罪的定罪量刑标准，依照本解释第一条、第二条、第三条的规定执行。

第九条 多次实施本解释规定的行为依法应当追诉的，或者一年内多次实施本解释规定的行为未经处理的，按照累计的数量、数额处罚。

【导读及适用要点】

一、关于非法转让、倒卖土地使用权罪的定罪处罚标准

《最高人民法院关于审理破坏土地资源刑事案件具体应用法律若干问题的解释》（以下简称《破坏土地资源刑事案件解释》）对非法转让、倒卖土地使用权“情节严重”的认定，主要是从非法转让、倒卖土地使用权的面积数量、获利数额两方面加以规定的。其中面积数量标准，是根据土地的性质及近年查处土地违法案件的统计数据为依据确定的，控制在土地违法案件的5%以

下。根据《土地管理法》的规定，土地分为基本农田（按照一定时期人口和社会发展对农产品的需求，依据土地利用总体规划确定的不得占用的耕地）、其他耕地（基本农田以外的种植农作物或者以种植农作物为主并兼有零星果树、桑树或其他树木的土地，或者耕种3年以上的滩涂和海滩以及前3年曾用于种植农作物的土地）、其他土地。同时在实践中，有的违法者虽然非法转让、倒卖土地的面积小但非法获利大，也应给予刑事处罚。因此《破坏土地资源刑事案件解释》规定具备面积数量或者获利数额条件之一的，即构成非法转让、倒卖土地使用权"情节严重"。"情节特别严重"的标准则是在上述数额标准以上1倍确定的。

二、关于非法占用耕地罪的定罪处罚标准

非法占用耕地改作他用，"数量较大"和"造成耕地大量毁坏"是认定构成非法占用耕地罪的必要条件，对此，《破坏土地资源刑事案件解释》作出了规定。其中"数量较大"的标准，既体现从严保护耕地、严厉制裁违法行为的原则，又注意刑事制裁面不宜过宽。同时，《破坏土地资源刑事案件解释》对非法占用耕地"造成耕地大量毁坏"也作出了规定，即"是指行为人非法占用耕地建窑、建坟、建房、挖沙、采石、采矿、取土、堆放固体废弃物或者进行其他非农业建设，造成基本农田五亩以上或者基本农田以外的耕地十亩以上种植条件严重毁坏或者严重污染"。

三、关于非法批准征用、占用土地罪和非法低价出让国有土地使用权罪的定罪处罚标准

这两个罪的定罪标准，主要是参考最高人民检察院《人民检察院直接立案侦查案件立案标准的规定（试行）》（以下简称《直接立案标准》）和国土资源部提供的有关材料确定的。其中，对构成犯罪的数量标准，也是体现从严保护耕地、严厉制裁违法行为的原则，又注意刑事制裁面不宜过宽的原则。如非法批准征用、占用土地案件，据国土资源部调查，最大非法批地面积在100亩以上，最小面积在1亩以下，多发案件的面积数量在10亩以下。因此，《破坏土地资源刑事案件解释》规定定罪的最低标准是10亩。非法低价出让国有土地的定罪标准也是这样确定的。与《直接立案标准》不同的是，构成

非法批准征用、占用土地犯罪的立案标准，最高人民检察院规定造成直接经济损失20万元、非法低价出让国有土地使用权造成国有土地资产流失20万元的就构成犯罪，以与玩忽职守罪的定罪标准一致。我们认为，非法批准征用、占用土地造成的直接经济损失，主要是指因非法批准征用、占用土地致使建筑物拆毁、拆迁需要支付的费用，因构成犯罪的土地数量最低是10亩，如果规定损失数额太低，则容易扩大打击面；同样道理，非法低价出让国有土地使用权造成国有土地资产流失，如果以30亩低于最低价格的60%出让，如果规定造成直接损失20万元构成犯罪也太低。目前，土地的最低价格标准约为每亩地2万元，但案发地的土地价格一般远远高于这一标准。因此，《破坏土地资源刑事案件解释》对上述两个数额标准均规定为30万元。

（撰稿人：熊选国）

最高人民法院
关于审理破坏草原资源刑事案件应用法律若干问题的解释

法释〔2012〕15号

（2012年10月22日最高人民法院审判委员会第1558次会议通过
2012年11月2日最高人民法院公告公布　自2012年11月22日起施行）

为依法惩处破坏草原资源犯罪活动，依照《中华人民共和国刑法》的有关规定，现就审理此类刑事案件应用法律的若干问题解释如下：

第一条　违反草原法等土地管理法规，非法占用草原，改变被占用草原用途，数量较大，造成草原大量毁坏的，依照刑法第三百四十二条的规定，以非法占用农用地罪定罪处罚。

第二条　非法占用草原，改变被占用草原用途，数量在二十亩以上的，或者曾因非法占用草原受过行政处罚，在三年内又非法占用草原，改变被占用草原用途，数量在十亩以上的，应当认定为刑法第三百四十二条规定的

"数量较大"。

非法占用草原，改变被占用草原用途，数量较大，具有下列情形之一的，应当认定为刑法第三百四十二条规定的"造成耕地、林地等农用地大量毁坏"：

（一）开垦草原种植粮食作物、经济作物、林木的；

（二）在草原上建窑、建房、修路、挖砂、采石、采矿、取土、剥取草皮的；

（三）在草原上堆放或者排放废弃物，造成草原的原有植被严重毁坏或者严重污染的；

（四）违反草原保护、建设、利用规划种植牧草和饲料作物，造成草原沙化或者水土严重流失的；

（五）其他造成草原严重毁坏的情形。

第三条　国家机关工作人员徇私舞弊，违反草原法等土地管理法规，具有下列情形之一的，应当认定为刑法第四百一十条规定的"情节严重"：

（一）非法批准征收、征用、占用草原四十亩以上的；

（二）非法批准征收、征用、占用草原，造成二十亩以上草原被毁坏的；

（三）非法批准征收、征用、占用草原，造成直接经济损失三十万元以上，或者具有其他恶劣情节的。

具有下列情形之一，应当认定为刑法第四百一十条规定的"致使国家或者集体利益遭受特别重大损失"：

（一）非法批准征收、征用、占用草原八十亩以上的；

（二）非法批准征收、征用、占用草原，造成四十亩以上草原被毁坏的；

（三）非法批准征收、征用、占用草原，造成直接经济损失六十万元以上，或者具有其他特别恶劣情节的。

第四条　以暴力、威胁方法阻碍草原监督检查人员依法执行职务，构成犯罪的，依照刑法第二百七十七条的规定，以妨害公务罪追究刑事责任。

煽动群众暴力抗拒草原法律、行政法规实施，构成犯罪的，依照刑法第二百七十八条的规定，以煽动暴力抗拒法律实施罪追究刑事责任。

第五条　单位实施刑法第三百四十二条规定的行为，对单位判处罚金，并对其直接负责的主管人员和其他直接责任人员，依照本解释规定的定罪量刑标准定罪处罚。

第六条 多次实施破坏草原资源的违法犯罪行为，未经处理，应当依法追究刑事责任的，按照累计的数量、数额定罪处罚。

第七条 本解释所称“草原”，是指天然草原和人工草地，天然草原包括草地、草山和草坡，人工草地包括改良草地和退耕还草地，不包括城镇草地。

【导读及适用要点】

一、非法占用草原行为的定性

针对司法实践中存在的非法占用草原的行为能否追究刑事责任的认识模糊问题，《最高人民法院关于审理破坏草原资源刑事案件应用法律若干问题的解释》(以下简称《破坏草原资源刑事案件解释》) 第1条明确规定违反草原法等土地管理法规，非法占用草原，改变被占用草原用途，数量较大，造成草原大量毁坏的，依照《刑法》第342条的规定，以非法占用农用地罪定罪处罚。

二、非法占用草原行为的定罪量刑标准

《破坏草原资源刑事案件解释》第2条主要规定了《刑法》第342条规定的“数量较大”和“造成耕地、林地等农用地大量毁坏”的情形。非法占用草原“数量较大”的标准一般为“二十亩以上”；曾因非法占用草原受过行政处罚，在三年内又非法占用草原的，则为“十亩以上”。

关于造成草原“大量毁坏”的认定标准，根据《刑法》第342条规定，非法占用草原，构成非法占用农用地罪，不仅以“改变被占用土地用途，数量较大”为条件，还需造成草原大量“毁坏”。对草原“毁坏”的认定标准，《破坏草原资源刑事案件解释》区分了两种不同情形：

第一，对于非法开垦草原种植粮食作物、经济作物、林木，或者在非法占用的草原上建窑、建房、修路、挖砂、采石、采矿、取土、剥取草皮的，采取“改变用途即毁坏”的认定标准，即只要在非法占用的草原上实施以上

行为的，即应认定已对草原造成毁坏。这是因为，草原与耕地、林地不同，草原生态十分脆弱，一旦改变其用途，用于种粮、采矿等非草原建设，即会造成草原严重毁坏。以非法开垦草原为例，草原被开垦后，即便在降水条件好的地区，植被恢复也需要十年以上时间，且要花费上百倍于开垦草原的成本。考虑到草原的特殊性，结合司法实践，采取“改变用途即毁坏”的原则，改变被占用草原用途即意味着已对草原造成毁坏。

第二，对于在非法占用的草原上堆放或者排放废弃物，或者违反草原保护、建设、利用规划种植牧草和饲料作物的，分别以“造成草原的原有植被严重毁坏或者严重污染”或者“造成草原沙化或者水土严重流失”作为造成草原“毁坏”的认定标准。

三、国家机关工作人员非法批准征用、征收、占用草原行为的定罪量刑标准

《刑法》第 410 条规定的非法批准征用、占用土地罪，是指国家机关工作人员徇私舞弊，违反《土地管理法》《森林法》《草原法》等法律以及有关行政法规中关于土地管理的规定，滥用职权，非法批准征收、征用、占用耕地、林地、草原等农用地以及其他土地，情节严重的行为。《破坏草原资源刑事案件解释》针对实践中存在的国家机关工作人员违反《草原法》的规定，无权批准征收、征用、占用草原而批准，超越批准权限批准征收、征用、占用草原，不按照草原保护、建设、利用总体规划的用途批准占用草原，或者违反法律规定的程序批准占用草原的行为，规定了下列情形为“情节严重”：（一）非法批准征收、征用、占用草原四十亩以上的；（二）非法批准征收、征用、占用草原，造成二十亩以上草原被毁坏的；（三）非法批准征收、征用、占用草原，造成直接经济损失三十万元以上，或者具有其他恶劣情节的。规定具有下列情形之一，应当认定为《刑法》第 410 条规定的“致使国家或者集体利益遭受特别重大损失”：（一）非法批准征收、征用、占用草原八十亩以上的；（二）非法批准征收、征用、占用草原，造成四十亩以上草原被毁坏的；（三）非法批准征收、征用、占用草原，造成直接经济损失六十万元以上，或者具有其他特别恶劣情节的。

（撰稿人：李 晓）

（四）涉矿产资源犯罪

最高人民法院　最高人民检察院
关于办理非法采矿、破坏性采矿刑事案件适用法律若干问题的解释

法释〔2016〕25号

（2016年9月26日最高人民法院审判委员会第1694次会议、2016年11月4日最高人民检察院第十二届检察委员会第57次会议通过　2016年11月28日最高人民法院、最高人民检察院公告公布　自2016年12月1日起施行）

为依法惩处非法采矿、破坏性采矿犯罪活动，根据《中华人民共和国刑法》《中华人民共和国刑事诉讼法》的有关规定，现就办理此类刑事案件适用法律的若干问题解释如下：

第一条　违反《中华人民共和国矿产资源法》《中华人民共和国水法》等法律、行政法规有关矿产资源开发、利用、保护和管理的规定的，应当认定为刑法第三百四十三条规定的“违反矿产资源法的规定”。

第二条　具有下列情形之一的，应当认定为刑法第三百四十三条第一款规定的“未取得采矿许可证”：

（一）无许可证的；

（二）许可证被注销、吊销、撤销的；

（三）超越许可证规定的矿区范围或者开采范围的；

（四）超出许可证规定的矿种的（共生、伴生矿种除外）；

（五）其他未取得许可证的情形。

第三条　实施非法采矿行为，具有下列情形之一的，应当认定为刑法第三百四十三条第一款规定的“情节严重”：

（一）开采的矿产品价值或者造成矿产资源破坏的价值在十万元至三十万元以上的；

（二）在国家规划矿区、对国民经济具有重要价值的矿区采矿，开采国家规定实行保护性开采的特定矿种，或者在禁采区、禁采期内采矿，开采的矿产品价值或者造成矿产资源破坏的价值在五万元至十五万元以上的；

（三）二年内曾因非法采矿受过两次以上行政处罚，又实施非法采矿行为的；

（四）造成生态环境严重损害的；

（五）其他情节严重的情形。

实施非法采矿行为，具有下列情形之一的，应当认定为刑法第三百四十三条第一款规定的“情节特别严重”：

（一）数额达到前款第一项、第二项规定标准五倍以上的；

（二）造成生态环境特别严重损害的；

（三）其他情节特别严重的情形。

第四条　在河道管理范围内采砂，具有下列情形之一，符合刑法第三百四十三条第一款和本解释第二条、第三条规定的，以非法采矿罪定罪处罚：

（一）依据相关规定应当办理河道采砂许可证，未取得河道采砂许可证的；

（二）依据相关规定应当办理河道采砂许可证和采矿许可证，既未取得河道采砂许可证，又未取得采矿许可证的。

实施前款规定行为，虽不具有本解释第三条第一款规定的情形，但严重影响河势稳定，危害防洪安全的，应当认定为刑法第三百四十三条第一款规定的“情节严重”。

第五条　未取得海砂开采海域使用权证，且未取得采矿许可证，采挖海砂，符合刑法第三百四十三条第一款和本解释第二条、第三条规定的，以非法采矿罪定罪处罚。

实施前款规定行为，虽不具有本解释第三条第一款规定的情形，但造成海岸线严重破坏的，应当认定为刑法第三百四十三条第一款规定的“情节严重”。

第六条　造成矿产资源破坏的价值在五十万元至一百万元以上，或者造成国家规划矿区、对国民经济具有重要价值的矿区和国家规定实行保护性开采的特定矿种资源破坏的价值在二十五万元至五十万元以上的，应当认定为刑法第三百四十三条第二款规定的“造成矿产资源严重破坏”。

第七条 明知是犯罪所得的矿产品及其产生的收益，而予以窝藏、转移、收购、代为销售或者以其他方法掩饰、隐瞒的，依照刑法第三百一十二条的规定，以掩饰、隐瞒犯罪所得、犯罪所得收益罪定罪处罚。

实施前款规定的犯罪行为，事前通谋的，以共同犯罪论处。

第八条 多次非法采矿、破坏性采矿构成犯罪，依法应当追诉的，或者二年内多次非法采矿、破坏性采矿未经处理的，价值数额累计计算。

第九条 单位犯刑法第三百四十三条规定之罪的，依照本解释规定的相应自然人犯罪的定罪量刑标准，对直接负责的主管人员和其他直接责任人员定罪处罚，并对单位判处罚金。

第十条 实施非法采矿犯罪，不属于“情节特别严重”，或者实施破坏性采矿犯罪，行为人系初犯，全部退赃退赔，积极修复环境，并确有悔改表现的，可以认定为犯罪情节轻微，不起诉或者免予刑事处罚。

第十一条 对受雇佣为非法采矿、破坏性采矿犯罪提供劳务的人员，除参与利润分成或者领取高额固定工资的以外，一般不以犯罪论处，但曾因非法采矿、破坏性采矿受过处罚的除外。

第十二条 对非法采矿、破坏性采矿犯罪的违法所得及其收益，应当依法追缴或者责令退赔。

对用于非法采矿、破坏性采矿犯罪的专门工具和供犯罪所用的本人财物，应当依法没收。

第十三条 非法开采的矿产品价值，根据销赃数额认定；无销赃数额，销赃数额难以查证，或者根据销赃数额认定明显不合理的，根据矿产品价格和数量认定。

矿产品价值难以确定的，依据下列机构出具的报告，结合其他证据作出认定：

（一）价格认证机构出具的报告；

（二）省级以上人民政府国土资源、水行政、海洋等主管部门出具的报告；

（三）国务院水行政主管部门在国家确定的重要江河、湖泊设立的流域管理机构出具的报告。

第十四条 对案件所涉的有关专门性问题难以确定的，依据下列机构出具的鉴定意见或者报告，结合其他证据作出认定：

（一）司法鉴定机构就生态环境损害出具的鉴定意见；

（二）省级以上人民政府国土资源主管部门就造成矿产资源破坏的价值、是否属于破坏性开采方法出具的报告；

（三）省级以上人民政府水行政主管部门或者国务院水行政主管部门在国家确定的重要江河、湖泊设立的流域管理机构就是否危害防洪安全出具的报告；

（四）省级以上人民政府海洋主管部门就是否造成海岸线严重破坏出具的报告。

第十五条 各省、自治区、直辖市高级人民法院、人民检察院，可以根据本地区实际情况，在本解释第三条、第六条规定的数额幅度内，确定本地区执行的具体数额标准，报最高人民法院、最高人民检察院备案。

第十六条 本解释自2016年12月1日起施行。本解释施行后，《最高人民法院关于审理非法采矿、破坏性采矿刑事案件具体应用法律若干问题的解释》（法释〔2003〕9号）同时废止。

【导读及适用要点】

一、非法采矿罪的定罪量刑标准

《刑法修正案（八）》对非法采矿罪作了重大完善，将入罪门槛由“造成矿产资源破坏”修改为“情节严重”，从而将非法采矿罪由结果犯调整为情节犯。根据法律修改的精神，不宜再将“情节严重”限制在造成实害后果的情形。基于此，在2003年《最高人民法院关于审理非法采矿、破坏性采矿刑事案件具体应用法律若干问题的解释》（以下简称《2003年审理采矿案件解释》）规定的基础上，《最高人民法院、最高人民检察院关于办理非法采矿、破坏性采矿刑事案件适用法律若干问题的解释》（以下简称《审理采矿刑事案件解释》）第 3 条明确了“情节严重”的具体情形。

1. 开采的矿产品价值或者造成矿产资源破坏的价值在十万元至三十万元以上的

开采的矿产品价值是衡量非法采矿行为社会危害性的基础因素，也是认定非法采矿“情节严重”的基本标准。据统计，从 2003 年至 2015 年，我国煤、铁、金、银、铜、铅、锌、铝、锡等主要矿产品的市场价格平均上涨将近 1 倍。因此，经综合考虑矿产品价格上涨因素，将非法采矿罪的入罪标准设定为“开采的矿产品价值在十万元至三十万元以上”。

2. 在国家规划矿区、对国民经济具有很重要价值的矿区采矿，开采国家规定实行保护性开采的特定矿种，矿产品价值或者造成矿产资源破坏的价值在五万元至十五万元以上的

该项标准体现了对“两矿区一矿种”的特殊保护。《矿产资源法》第 15 条规定：“国家对国家规划矿区、对国民经济具有重要价值的矿区和国家规定实行保护性开采的特定矿种，实行有计划的开采；未经国务院有关主管部门批准，任何单位和个人不得开采。”根据《矿产资源法实施细则》第 6 条的规定，对“两矿区一矿种”的范围应作如下把握：（1）国家规划矿区，是指国家根据建设规划和矿产资源规划，为建设大、中型矿山划定的矿产资源分布区域。（2）对国民经济具有重要价值的矿区，是指国家根据国民经济发展需要划定的，尚未列入国家建设规划的，储量大、质量好、具有开发前景的矿产资源保护区域。（3）国家规定实行保护性开采的特定矿种，是指国务院根据国民经济建设和高科技发展的需要，以及资源稀缺、贵重程度确定的，由国务院有关主管部门按照国家计划批准开采的矿种。根据有关规定，具体包括黄金、钨、锡、锑、离子型稀土。

3. 二年内曾因非法采矿受过两次以上行政处罚，又实施非法采矿行为的

一方面，实践中出现“蚂蚁搬家”式的非法采矿行为，在被查获后行为人往往否认在被抓前存在开采行为，而被查获的矿产品达不到入罪标准。而且，此种情形的矿产品交易往往采取现金交易的方式，收集交易单据等其他证据也十分困难。因此，对于此种行为，只能予以行政处罚，对屡罚屡犯者难以起到效果。另一方面，实践中一些犯罪分子是长期从事非法采矿的惯犯，

特别是其中有一些在受过多次行政处罚甚至刑事处罚后还屡教不改，继续进行非法采矿，应加大对该类人员的打击力度，以起到震慑效果。因此，以因非法采矿受过的刑事处罚次数作为考量情节，将多次实施者认定为“情节严重”，纳入刑事处罚范围。

需要注意的是，借鉴《最高人民法院、最高人民检察院关于办理走私刑事案件适用法律若干问题的解释》第17条“刑法第一百五十三条第一款规定的‘一年内曾因走私被给予二次行政处罚后又走私’中的‘一年内’，以因走私第一次受到行政处罚的生效之日与‘又走私’行为实施之日的时间间隔计算确定”的规定，“二年内”宜以第一次违法行为受到行政处罚的生效之日与又实施相应行为之日的时间间隔计算确定。此外，“两次以上行政处罚”，包括但不限于国土资源主管部门的行政处罚，只要是有关部门依法对非法采矿行为给予的行政处罚即可。

4. 造成生态环境严重损害的

《审理采矿刑事案件解释》第3条将“环境价值”明确纳入判断“情节严重”的考量因素。实践中应当根据造成生态环境损害的程度判断是否达到“情节严重”的标准，对于达到严重损害程度的应当以非法采矿罪定罪处罚。

5. 其他情节严重的情形

《审理采矿刑事案件解释》第3条第1款第5项为兜底项，需要由司法实践根据具体情况裁量适用。司法适用中，既要敢于根据具体案情适用兜底项，同时也要持慎重态度，考虑与前述具体情形之间的相当性。

此外，《审理采矿刑事案件解释》第3条第2款明确了“情节特别严重”的认定标准。通常情况下，“情节特别严重”和“情节严重”之间为五倍的倍数关系。造成生态环境特别严重损害的，也可以认定为“情节特别严重”。

二、破坏性采矿罪的定罪量刑

1. “采取破坏性的开采方法开采矿产资源”的认定

《2003年审理采矿案件解释》第4条规定：“刑法第三百四十三条第二款规定的破坏性采矿罪中‘采取破坏性的开采方法开采矿产资源’，是指行为人违反地质矿产主管部门审查批准的矿产资源开发利用方案开采矿产资源，并造成矿产资源严重破坏的行为。”《2003年审理采矿案件解释》以违反矿产资源开发利用方案作为认定破坏性的开采方法的依据，有其合理性。但是，从司法适用的情况来看，也存在不足之处：其一，现行法律并未规定“矿产资源开发利用方案”，只有《矿产资源开采登记管理办法》第5条规定采矿权申请人申请办理采矿许可证中提及“矿产资源开发利用方案”。而《矿产资源开采登记管理办法》属于行政法规，效力位阶不如法律。其二，在开采过程中，受制于地质等因素影响，采矿权人可能违反矿产资源开发利用方案，但未必会造成矿产资源严重破坏，故以矿产资源开发利用方案作为认定破坏性的开采方法的依据，可能存在不妥。《审理采矿刑事案件解释》起草过程中，有意见提出，有关法律明确提及“矿山设计”，如《矿产资源法》第15条规定：“设立矿山企业，必须符合国家规定的资质条件，并依照法律和国家有关规定，由审批机关对其矿区范围、矿山设计或者开采方案、生产技术条件、安全措施和环境保护措施等进行审查；审查合格的，方予批准”。《煤炭法》第18条规定，开办煤矿企业，应当有符合煤矿安全生产和环境保护要求的矿山设计。[①] 因此，建议以违反矿山设计作为认定破坏性的开采方法的依据。但是，对此也存在不同认识。而且，从技术层面而言，对于破坏性的开采方法的认定，可能会随着技术的发展而不断完善。经慎重研究，《审理采矿刑事案件解释》暂不对“采取破坏性的开采方法开采矿产资源”的认定标准作出明确。但是，考虑到其认定的专业性较强，为确保相关案件依法得到稳妥、正确处理，《审理采矿刑事案件解释》第14条仍对其认定程序作出明确，即对是否属于破坏性的开采方法难以确定的，依据省级以上人民政府国土资源主管部门出具的报告，结合其他证据作出认定。

2. 破坏性采矿罪的定罪量刑

根据《刑法》第343条第2款的规定，非法采矿罪只设有一个法定刑档次，即造成矿产资源严重破坏的，处五年以下有期徒刑或者拘役，并处罚金。在适当考虑矿产品价格上涨因素的基础上，《审理采矿刑事案件解释》对入罪标准作了适当提升，同时突出了对“两矿区一矿种”的特殊保护，在第6条规定：“造成矿产资源破坏的价值在五十万元至一百万元以上，或者造成国家规划矿区、对国民经济具有重要价值的矿区和国家规定实行保护性开采的特

---

① 《煤炭法》（2016年修正）已删除本条规定。

定矿种资源破坏的价值在二十五万元至五十万元以上的，应当认定为刑法第三百四十三条第二款规定的‘造成矿产资源严重破坏’。”

三、非法采砂犯罪的法律适用

对于非法采砂行为的定性，司法实践中存在较大的认识分歧。而且，地方法院曾就非法采砂行为的定性问题请示最高人民法院。为统一法律适用，有必要通过司法解释对河道非法采砂和非法采挖海砂的定性作出明确。经反复征求意见和慎重研究，《审理采矿刑事案件解释》明确对非法采砂行为适用非法采矿罪，并对定罪量刑标准及有关法律适用问题作了规定。

1. 非法采矿罪行为的定性

《矿产资源法实施细则》第 2 条第 1 款规定：“矿产资源是指由地质作用形成的，具有利用价值的，呈固态、液态、气态的自然资源。”砂属于矿产资源，可以成为非法采矿罪的对象。例如，河（江）砂属河流相沉积天然石英砂，主要化学成分为二氧化硅，经长期地质作用形成。《矿产资源分类细目》将河（江）砂归属到非金属矿产天然石英砂中。可见，砂受《矿产资源法》的调整，可以成为非法采矿罪的对象。而且，《水法》第 39 条第 1 款规定“国家实行采砂许可制度”。《河道管理条例》第 25 条规定，在河道管理范围内进行采砂活动，必须报经河道主管机关批准，涉及其他部门的，由河道管理机关会同有关部门批准。因此，对于未取得许可证非法采砂的行为，实质上是“未取得采矿许可证擅自采矿”，应当适用非法采矿罪。

2. “未取得采矿许可证”的认定

从实践来看，对非法采砂适用非法采矿罪，可能适用的客观行为方式主要为“未取得采矿许可证擅自采矿”。为避免法律适用的漏洞，《审理采矿刑事案件解释》第 4 条第 1 款、第 5 条第 1 款对《刑法》第 343 条第 1 款规定的“采矿许可证”作扩大解释，将开采河砂需要申请的采矿许可证、河道采砂许可证和开采海砂需要申请的采矿许可证、海砂开采海域使用权证均涵括在内。

《水法》第 39 条第 1 款规定：“国家实行河道采砂许可制度。河道采砂许可制度实施办法，由国务院规定。”目前，国务院尚未对河道采砂许可制度实施办法作出统一规定，仅通过《长江河道采砂管理条例》明确了长江宜宾以下干流河道内从事开采砂石的许可办法。《长江河道采砂管理条例》第9条第1款、第2款规定："国家对长江采砂实行采砂许可制度。河道采砂许可证由沿江省、直辖市人民政府水行政主管部门审批发放；属于省际边界重点河段的，经有关省、直辖市人民政府水行政主管部门签署意见后，由长江水利委员会审批发放；涉及航道的，审批发放前应当征求长江航务管理局和长江海事机构的意见。省际边界重点河段的范围由国务院水行政主管部门划定。"据此，长江干流河道采砂实行"一证"，即长江河道采砂许可证由长江水利委员会和沿江省、直辖市人民政府水行政主管部门审批发放（省际边界重点河段由长江水利委员会发放）。

近年来，为扭转河道采砂秩序混乱、非法采砂活动猖獗的现象，在国务院对河道采砂许可制度实施办法作出具体规定前，各地理顺管理体制，加强河道采砂管理工作。经对地方省级地方性法规、政府规章及规范性文件梳理，河道采砂许可情况如下：（1）由水行政主管部门发放采砂许可证。对此有的通过省级地方性法规作出规定，有的通过省级政府规章作出规定，还有的通过规范性文件作出规定。（2）发放采砂许可证和采矿许可证。

采砂海砂需要取得海砂开采海域使用权证（由海洋主管部门发放）和采矿许可证（由国土资源主管部门发放）。《海域使用管理法》第3条第2款规定："单位和个人使用海域，必须依法取得海域使用权。"《矿产资源开采登记管理办法》第3条第1款明确规定，开采领海及中国管辖的其他海域的矿产资源，由国务院地质矿产主管部门审批登记，颁发采矿许可证。因此，开采海砂的，除了申请海砂开采海域使用权证外，还应向国土资源部申请采矿许可证。

如前所述，《审理采矿刑事案件解释》将《刑法》第343条规定的"采矿许可证"扩大解释为除采矿许可证外，还涵括采砂许可证、海砂开采海域使用权证等开采河砂、海砂所应取得的许可证。由此带来的问题是，如何准确认定"未取得采矿许可证擅自采矿"。对于实行一证管理的区域，这一问题并不存在。但是，对于实行"两证"管理的区域，由于两证之间没有先后之分，取得其中一个证并非申领另一个证的前置程序，且实践中经常会出现取得其中一个证但无法取得另一个证的情形。例如，行为人已经申领了海域开采使用权证，并缴纳了海域使用金；但是行为人继而向有关部门申领采矿许可证，未被批准。经研究认为，这一现象与现行的采砂管理体制不无关系，如果统一许可证发放或者明确两证之间的衔接关系完全可以避免上述现象。此种情况下对行为人开采海砂的行为以非法采矿罪追究刑事责任，并不合适。总之，不应由行为人承担由于现行采砂管理体制带来的不利后果，上述情形不宜认定为《刑法》第 343 条第 1 款规定的“未取得采矿许可证擅自采矿”，不应以非法采矿罪论处。

基于上述考虑，《审理采矿刑事案件解释》第 4 条第 1 款规定：“在河道管理范围内采砂，具有下列情形之一，符合《刑法》第 434 条第 1 款和《审理采矿刑事案件解释》第 2 条、第 3 条规定的，以非法采矿罪定罪处罚：（一）依据相关规定应当办理河道采砂许可证，未取得河道采砂许可证的；（二）依据相关规定应当办理河道采砂许可证和采矿许可证，既未取得河道采砂许可证，又未取得采矿许可证的。”第 5 条第 1 款规定：“未取得海砂开采海域使用权证，且未取得采矿许可证，采挖海砂，符合刑法第三百四十三条第一款和《审理采矿刑事案件解释》第二条、第三条规定的，以非法采矿罪定罪处罚。”申言之，对于实行一证管理的区域，以是否取得该许可证为认定非法采矿的标准；对于实行两证管理的区域，只要取得一个许可证的，即不能认定为非法采矿，不宜以非法采矿罪论处。

需要注意的是，由于《审理采矿刑事案件解释》第 2 条对“未取得采矿许可证”作了明确，故第 4 条第 1 款、第 5 条第 1 款明确对于采砂领域“未取得采矿许可证擅自采矿”的认定要适用第 2 条的规定。对此司法实务要注意把握。例如，在实行一证管理的区域，虽然取得了河道采砂许可证，但是许可证被注销、吊销、撤销后继续采砂的，符合《审理采矿刑事案件解释》第 2 条第 2 项、第 3 项的规定，也应当认定为“未取得采矿许可证擅自采矿”。

3．非法采砂犯罪的定罪量刑标准

非法采砂是非法采矿的类型之一，自然应当适用非法采矿罪的定罪量刑标准。故而，《审理采矿刑事案件解释》第 4 条第 1 款、第 5 条第 1 款明确规定，对非法采砂的定罪量刑适用第 3 条关于非法采矿罪的定罪量刑标准。

此外，非法采砂行为具有特殊性。对在河道管理范围内非法采砂行为予以刑事规制，除了其对砂资源的破坏外，更为重要的是非法采砂行为对河势稳定和防洪安全的危害。严格规范河砂开采的目的，不仅仅是维护其经济价值，更重要的是维护防洪安全和生态安全等公共利益。因此，不应单纯以矿产品价值作为非法采砂的入罪标准，还应当同时考虑非法采砂行为对防洪安全的危害。为了有效防范非法采砂对防洪安全的危害，应当实现刑法防线的适度前移，在非法采砂行为影响河势稳定，危害防洪安全，但尚未达到危害公共安全程度时加以规制。基于上述考虑，《审理采矿刑事案件解释》第 4 条第 2 款规定："实施前款规定行为，虽不具有本解释第三条第一款规定的情形，但严重影响河势稳定，危害防洪安全的，应当认定为刑法第三百四十三条第一款规定的'情节严重'。"

同理，非法采挖海砂不仅破坏矿产资源，还可能严重破坏海岸线。特别是在入海口、滨海湿地、海岛、红树林、珊瑚礁、濒危海洋栖息地等典型、敏感海域开采海砂，极易造成海岸线改变。基于对海岸线和海洋生态环境的特殊保护，《审理采矿刑事案件解释》第 5 条第 2 款规定："实施前款规定行为，虽不具有《审理采矿刑事案件解释》第三条第一款规定的情形，但造成海岸线严重破坏的，应当认定为刑法第三百四十三条第一款规定的'情节严重'。"

四、矿产资源犯罪专门性问题的认定

办理非法采矿刑事案件，通常涉及非法开采的矿产品价值计算等专门性问题。《审理采矿刑事案件解释》第 13 条、第 14 条通过总结司法经验，对相关专门性问题认定规则作了明确。具体而言：

1. 非法开采的矿产品价值的认定规则

根据《审理采矿刑事案件解释》第 13 条的规定，非法开采的矿产品价值，根据销赃数额认定；无销赃数额，销赃数额难以查证，或者根据销赃数额认定明显不合理的，根据矿产品价格和数量认定。矿产品价值难以确定的，依据下列机构出具的报告，结合其他证据作出认定：（1）价格认证机构出具的报告；（2）省级以上人民政府国土资源、水行政、海洋等主管部门出具的报告；（3）国务院水行政主管部门在国家确定的重要江河、湖泊设立的流域管理机构出具的报告。

2. 其他专门性问题的认定规则

根据《审理采矿刑事案件解释》第 14 条的规定，对案件所涉的有关专门性问题难以确定的，依据下列机构出具的鉴定意见或者报告，结合其他证据作出认定：（1）司法鉴定机构就生态环境损害出具的鉴定意见；（2）省级以上人民政府国土资源主管部门就造成矿产资源破坏的价值、是否属于破坏性开采方法出具的报告；（3）省级以上人民政府水行政主管部门或者国务院水行政主管部门在国家确定的重要江河、湖泊设立的流域管理机构就是否危害防洪安全出具的报告；（4）省级以上人民政府海洋主管部门就是否造成海岸线严重破坏出具的报告。

（撰稿人：喻海松）

七、走私、贩卖、运输、制造毒品罪

最高人民法院
关于审理毒品犯罪案件适用法律若干问题的解释

法释〔2016〕8 号

（2016 年 1 月 25 日最高人民法院审判委员会第 1676 次会议通过
2016 年 4 月 6 日最高人民法院公告公布　自 2016 年 4 月 11 日起施行）

为依法惩治毒品犯罪，根据《中华人民共和国刑法》的有关规定，现就审理此类刑事案件适用法律的若干问题解释如下：

第一条　走私、贩卖、运输、制造、非法持有下列毒品，应当认定为刑法第三百四十七条第二款第一项、第三百四十八条规定的“其他毒品数量大”：

（一）可卡因五十克以上；

（二）3，4—亚甲二氧基甲基苯丙胺（MDMA）等苯丙胺类毒品（甲基苯

丙胺除外)、吗啡一百克以上;

(三)芬太尼一百二十五克以上;

(四)甲卡西酮二百克以上;

(五)二氢埃托啡十毫克以上;

(六)哌替啶(度冷丁)二百五十克以上;

(七)氯胺酮五百克以上;

(八)美沙酮一千克以上;

(九)曲马多、γ—羟丁酸二千克以上;

(十)大麻油五千克、大麻脂十千克、大麻叶及大麻烟一百五十千克以上;

(十一)可待因、丁丙诺啡五千克以上;

(十二)三唑仑、安眠酮五十千克以上;

(十三)阿普唑仑、恰特草一百千克以上;

(十四)咖啡因、罂粟壳二百千克以上;

(十五)巴比妥、苯巴比妥、安钠咖、尼美西泮二百五十千克以上;

(十六)氯氮卓、艾司唑仑、地西泮、溴西泮五百千克以上;

(十七)上述毒品以外的其他毒品数量大的。

国家定点生产企业按照标准规格生产的麻醉药品或者精神药品被用于毒品犯罪的,根据药品中毒品成分的含量认定涉案毒品数量。

第二条 走私、贩卖、运输、制造、非法持有下列毒品,应当认定为刑法第三百四十七条第三款、第三百四十八条规定的“其他毒品数量较大”:

(一)可卡因十克以上不满五十克;

(二)3,4—亚甲二氧基甲基苯丙胺(MDMA)等苯丙胺类毒品(甲基苯丙胺除外)、吗啡二十克以上不满一百克;

(三)芬太尼二十五克以上不满一百二十五克;

(四)甲卡西酮四十克以上不满二百克;

(五)二氢埃托啡二毫克以上不满十毫克;

(六)哌替啶(度冷丁)五十克以上不满二百五十克;

(七)氯胺酮一百克以上不满五百克;

(八)美沙酮二百克以上不满一千克;

（九）曲马多、γ-羟丁酸四百克以上不满二千克；

（十）大麻油一千克以上不满五千克、大麻脂二千克以上不满十千克、大麻叶及大麻烟三十千克以上不满一百五十千克；

（十一）可待因、丁丙诺啡一千克以上不满五千克；

（十二）三唑仑、安眠酮十千克以上不满五十千克；

（十三）阿普唑仑、恰特草二十千克以上不满一百千克；

（十四）咖啡因、罂粟壳四十千克以上不满二百千克；

（十五）巴比妥、苯巴比妥、安钠咖、尼美西泮五十千克以上不满二百五十千克；

（十六）氯氮卓、艾司唑仑、地西泮、溴西泮一百千克以上不满五百千克；

（十七）上述毒品以外的其他毒品数量较大的。

第三条　在实施走私、贩卖、运输、制造毒品犯罪的过程中，携带枪支、弹药或者爆炸物用于掩护的，应当认定为刑法第三百四十七条第二款第三项规定的“武装掩护走私、贩卖、运输、制造毒品”。枪支、弹药、爆炸物种类的认定，依照相关司法解释的规定执行。

在实施走私、贩卖、运输、制造毒品犯罪的过程中，以暴力抗拒检查、拘留、逮捕，造成执法人员死亡、重伤、多人轻伤或者具有其他严重情节的，应当认定为刑法第三百四十七条第二款第四项规定的“以暴力抗拒检查、拘留、逮捕，情节严重”。

第四条　走私、贩卖、运输、制造毒品，具有下列情形之一的，应当认定为刑法第三百四十七条第四款规定的“情节严重”：

（一）向多人贩卖毒品或者多次走私、贩卖、运输、制造毒品的；

（二）在戒毒场所、监管场所贩卖毒品的；

（三）向在校学生贩卖毒品的；

（四）组织、利用残疾人、严重疾病患者、怀孕或者正在哺乳自己婴儿的妇女走私、贩卖、运输、制造毒品的；

（五）国家工作人员走私、贩卖、运输、制造毒品的；

（六）其他情节严重的情形。

第五条　非法持有毒品达到刑法第三百四十八条或者本解释第二条规定

的“数量较大”标准，且具有下列情形之一的，应当认定为刑法第三百四十八条规定的“情节严重”：

（一）在戒毒场所、监管场所非法持有毒品的；

（二）利用、教唆未成年人非法持有毒品的；

（三）国家工作人员非法持有毒品的；

（四）其他情节严重的情形。

第六条 包庇走私、贩卖、运输、制造毒品的犯罪分子，具有下列情形之一的，应当认定为刑法第三百四十九条第一款规定的“情节严重”：

（一）被包庇的犯罪分子依法应当判处十五年有期徒刑以上刑罚的；

（二）包庇多名或者多次包庇走私、贩卖、运输、制造毒品的犯罪分子的；

（三）严重妨害司法机关对被包庇的犯罪分子实施的毒品犯罪进行追究的；

（四）其他情节严重的情形。

为走私、贩卖、运输、制造毒品的犯罪分子窝藏、转移、隐瞒毒品或者毒品犯罪所得的财物，具有下列情形之一的，应当认定为刑法第三百四十九条第一款规定的“情节严重”：

（一）为犯罪分子窝藏、转移、隐瞒毒品达到刑法第三百四十七条第二款第一项或者本解释第一条第一款规定的“数量大”标准的；

（二）为犯罪分子窝藏、转移、隐瞒毒品犯罪所得的财物价值达到五万元以上的；

（三）为多人或者多次为他人窝藏、转移、隐瞒毒品或者毒品犯罪所得的财物的；

（四）严重妨害司法机关对该犯罪分子实施的毒品犯罪进行追究的；

（五）其他情节严重的情形。

包庇走私、贩卖、运输、制造毒品的近亲属，或者为其窝藏、转移、隐瞒毒品或者毒品犯罪所得的财物，不具有本条前两款规定的“情节严重”情形，归案后认罪、悔罪、积极退赃，且系初犯、偶犯，犯罪情节轻微不需要判处刑罚的，可以免予刑事处罚。

第七条 违反国家规定，非法生产、买卖、运输制毒物品、走私制毒物品，达到下列数量标准的，应当认定为刑法第三百五十条第一款规定的“情节较重”：

（一）麻黄碱（麻黄素）、伪麻黄碱（伪麻黄素）、消旋麻黄碱（消旋麻黄素）一千克以上不满五千克；

（二）1—苯基—2—丙酮、1—苯基—2—溴—1—丙酮、3，4—亚甲基二氧苯基—2—丙酮、羟亚胺二千克以上不满十千克；

（三）3—氧—2—苯基丁腈、邻氯苯基环戊酮、去甲麻黄碱（去甲麻黄素）、甲基麻黄碱（甲基麻黄素）四千克以上不满二十千克；

（四）醋酸酐十千克以上不满五十千克；

（五）麻黄浸膏、麻黄浸膏粉、胡椒醛、黄樟素、黄樟油、异黄樟素、麦角酸、麦角胺、麦角新碱、苯乙酸二十千克以上不满一百千克；

（六）N－乙酰邻氨基苯酸、邻氨基苯甲酸、三氯甲烷、乙醚、哌啶五十千克以上不满二百五十千克；

（七）甲苯、丙酮、甲基乙基酮、高锰酸钾、硫酸、盐酸一百千克以上不满五百千克；

（八）其他制毒物品数量相当的。

违反国家规定，非法生产、买卖、运输制毒物品、走私制毒物品，达到前款规定的数量标准最低值的百分之五十，且具有下列情形之一的，应当认定为刑法第三百五十条第一款规定的“情节较重”：

（一）曾因非法生产、买卖、运输制毒物品、走私制毒物品受过刑事处罚的；

（二）二年内曾因非法生产、买卖、运输制毒物品、走私制毒物品受过行政处罚的；

（三）一次组织五人以上或者多次非法生产、买卖、运输制毒物品、走私制毒物品，或者在多个地点非法生产制毒物品的；

（四）利用、教唆未成年人非法生产、买卖、运输制毒物品、走私制毒物品的；

（五）国家工作人员非法生产、买卖、运输制毒物品、走私制毒物品的；

（六）严重影响群众正常生产、生活秩序的；

（七）其他情节较重的情形。

易制毒化学品生产、经营、购买、运输单位或者个人未办理许可证明或者备案证明，生产、销售、购买、运输易制毒化学品，确实用于合法生产、生活需要的，不以制毒物品犯罪论处。

第八条 违反国家规定，非法生产、买卖、运输制毒物品、走私制毒物品，具有下列情形之一的，应当认定为刑法第三百五十条第一款规定的“情节严重”：

（一）制毒物品数量在本解释第七条第一款规定的最高数量标准以上，不满最高数量标准五倍的；

（二）达到本解释第七条第一款规定的数量标准，且具有本解释第七条第二款第三项至第六项规定的情形之一的；

（三）其他情节严重的情形。

违反国家规定，非法生产、买卖、运输制毒物品、走私制毒物品，具有下列情形之一的，应当认定为刑法第三百五十条第一款规定的“情节特别严重”：

（一）制毒物品数量在本解释第七条第一款规定的最高数量标准五倍以上的；

（二）达到前款第一项规定的数量标准，且具有本解释第七条第二款第三项至第六项规定的情形之一的；

（三）其他情节特别严重的情形。

第九条 非法种植毒品原植物，具有下列情形之一的，应当认定为刑法第三百五十一条第一款第一项规定的“数量较大”：

（一）非法种植大麻五千株以上不满三万株的；

（二）非法种植罂粟二百平方米以上不满一千二百平方米、大麻二千平方米以上不满一万二千平方米，尚未出苗的；

（三）非法种植其他毒品原植物数量较大的。

非法种植毒品原植物，达到前款规定的最高数量标准的，应当认定为刑法第三百五十一条第二款规定的“数量大”。

第十条 非法买卖、运输、携带、持有未经灭活的毒品原植物种子或者幼苗，具有下列情形之一的，应当认定为刑法第三百五十二条规定的“数量较大”：

（一）罂粟种子五十克以上、罂粟幼苗五千株以上的；

（二）大麻种子五十千克以上、大麻幼苗五万株以上的；

（三）其他毒品原植物种子或者幼苗数量较大的。

第十一条　引诱、教唆、欺骗他人吸食、注射毒品，具有下列情形之一的，应当认定为刑法第三百五十三条第一款规定的“情节严重”：

（一）引诱、教唆、欺骗多人或者多次引诱、教唆、欺骗他人吸食、注射毒品的；

（二）对他人身体健康造成严重危害的；

（三）导致他人实施故意杀人、故意伤害、交通肇事等犯罪行为的；

（四）国家工作人员引诱、教唆、欺骗他人吸食、注射毒品的；

（五）其他情节严重的情形。

第十二条　容留他人吸食、注射毒品，具有下列情形之一的，应当依照刑法第三百五十四条的规定，以容留他人吸毒罪定罪处罚：

（一）一次容留多人吸食、注射毒品的；

（二）二年内多次容留他人吸食、注射毒品的；

（三）二年内曾因容留他人吸食、注射毒品受过行政处罚的；

（四）容留未成年人吸食、注射毒品的；

（五）以牟利为目的容留他人吸食、注射毒品的；

（六）容留他人吸食、注射毒品造成严重后果的；

（七）其他应当追究刑事责任的情形。

向他人贩卖毒品后又容留其吸食、注射毒品，或者容留他人吸食、注射毒品并向其贩卖毒品，符合前款规定的容留他人吸毒罪的定罪条件的，以贩卖毒品罪和容留他人吸毒罪数罪并罚。

容留近亲属吸食、注射毒品，情节显著轻微危害不大的，不作为犯罪处理；需要追究刑事责任的，可以酌情从宽处罚。

第十三条　依法从事生产、运输、管理、使用国家管制的麻醉药品、精神药品的人员，违反国家规定，向吸食、注射毒品的人提供国家规定管制的能够使人形成瘾癖的麻醉药品、精神药品，具有下列情形之一的，应当依照刑法第三百五十五条第一款的规定，以非法提供麻醉药品、精神药品罪定罪处罚：

（一）非法提供麻醉药品、精神药品达到刑法第三百四十七条第三款或者本解释第二条规定的“数量较大”标准最低值的百分之五十，不满“数量较大”标准的；

（二）二年内曾因非法提供麻醉药品、精神药品受过行政处罚的；

（三）向多人或者多次非法提供麻醉药品、精神药品的；

（四）向吸食、注射毒品的未成年人非法提供麻醉药品、精神药品的；

（五）非法提供麻醉药品、精神药品造成严重后果的；

（六）其他应当追究刑事责任的情形。

具有下列情形之一的，应当认定为刑法第三百五十五条第一款规定的“情节严重”：

（一）非法提供麻醉药品、精神药品达到刑法第三百四十七条第三款或者本解释第二条规定的“数量较大”标准的；

（二）非法提供麻醉药品、精神药品达到前款第一项规定的数量标准，且具有前款第三项至第五项规定的情形之一的；

（三）其他情节严重的情形。

第十四条　利用信息网络，设立用于实施传授制造毒品、非法生产制毒物品的方法，贩卖毒品，非法买卖制毒物品或者组织他人吸食、注射毒品等违法犯罪活动的网站、通讯群组，或者发布实施前述违法犯罪活动的信息，情节严重的，应当依照刑法第二百八十七条之一的规定，以非法利用信息网络罪定罪处罚。

实施刑法第二百八十七条之一、第二百八十七条之二规定的行为，同时构成贩卖毒品罪、非法买卖制毒物品罪、传授犯罪方法罪等犯罪的，依照处罚较重的规定定罪处罚。

第十五条　本解释自2016年4月11日起施行。最高人民法院《关于审理毒品案件定罪量刑标准有关问题的解释》（法释〔2000〕13号）同时废止；之前发布的司法解释和规范性文件与本解释不一致的，以本解释为准。

【导读及适用要点】

一、关于走私、贩卖、运输、制造毒品罪的量刑情节问题

“武装掩护走私、贩卖、运输、制造毒品”和“以暴力抗拒检查、拘留、逮捕，情节严重”，是《刑法》第 347 条第 2 款第 3 项、第 4 项规定的两个应当判处十五年有期徒刑以上刑罚的量刑情节。但对于这两个情节应当如何认定，原有司法解释和规范性文件一直没有作出明确规定，实践中也存在模糊认识，故《最高人民法院关于审理毒品犯罪案件适用法律若干问题的解释》（以下简称《审理毒品犯罪解释》）第 3 条对此作了规定。

1. 关于“武装掩护走私、贩卖、运输、制造毒品”的认定

该问题的核心在于“武装掩护”的界定。《审理毒品犯罪解释》将其明确界定为携带枪支、弹药或者爆炸物用于掩护毒品犯罪的情形。其中，“武装”限定于枪支、弹药、爆炸物，不包括尖刀、棍棒等普通器械；“携带”既包括随身携带、随包携带、随车携带，也包括在制毒场所存放等。考虑到该行为具有高度的危险性，故既不要求显示、出示、使用，对枪支、弹药或者爆炸物的数量亦无要求。之所以强调“用于掩护”，旨在从用途和目的上加以限制，对于只携带子弹而没有携带枪支，不可能实现掩护目的的，不能认定为“武装掩护”。此外，对于枪支、弹药、爆炸物种类的认定，参照《最高人民法院关于审理非法制造、买卖、运输枪支、弹药、爆炸物等刑事案件具体应用法律若干问题的解释》执行。例如，枪支主要包括军用枪支、以火药为动力发射枪弹的非军用枪支、以压缩气体等为动力的其他非军用枪支等。

2. 关于“以暴力抗拒检查、拘留、逮捕，情节严重”的认定

该问题的核心在于“情节严重”的认定。考虑到该情节对应的法定刑为十五年有期徒刑、无期徒刑直至死刑，为体现罚当其罪，《审理毒品犯罪解释》将“情节严重”规定为造成执法人员死亡、重伤、多人轻伤或者具有其他严重情节的情形。“其他严重情节”主要是指严重程度与所列举情形相当的其他情节，如造成执法人员二人轻伤、多人轻微伤或者造成公私财产重大损失等情形。

对于《刑法》第347条第4款中走私、贩卖、运输、制造少量毒品“情节严重”的认定，2000年《最高人民法院关于审理毒品案件定罪量刑标准有关问题的解释》(以下简称《2000年毒品案件解释》)第3条作了规定，但在这些年的执行过程中逐步暴露出一些问题，《审理毒品犯罪解释》第4条对此作了修改、完善和补充。

1.《审理毒品犯罪解释》第4条第1项源自《2000年毒品案件解释》第3条第4项规定的“向多人贩毒或者多次贩毒”

此次修改为“向多人贩卖毒品或者多次走私、贩卖、运输、制造毒品”，主要是为了应对实践中存在的其他情形。起草过程中，有意见提出，实践中很多零包贩毒案件，被告人虽然具有向多人贩毒或者多次贩毒的情节，但累计贩卖毒品的数量却不足1克，如果将这种情况认定为“情节严重”，处三年以上七年以下有期徒刑，会出现罪刑不相适应，故应当设定最低毒品数量限制。经研究认为，向多人贩卖毒品或者多次走私、贩卖、运输、制造毒品的，具有较大的社会危害性，也体现了犯罪分子较深的主观恶性，应重点打击、从严惩处，故不再设定最低数量限制。

2.《审理毒品犯罪解释》第4条第2项将《2000年毒品案件解释》第3条第3项中的“戒毒监管场所”修改为“戒毒场所、监管场所”，扩大了条文覆盖面

“戒毒场所”包括强制隔离戒毒所、自愿戒毒所、社区戒毒治疗门诊、戒毒医院等，“监管场所”包括拘留所、看守所、监狱等。

3.《审理毒品犯罪解释》第4条第3项是结合实践新增的内容

近年来，毒品逐步向校园蔓延，严重侵害了在校学生的身心健康，破坏了学校的教学管理秩序。为体现对在校学生的特殊保护，严厉打击向在校学生贩卖毒品的犯罪活动，《审理毒品犯罪解释》新增了此项规定。这里的“在校学生”包括中小学、中等职业学校学生和普通高等学校中的本科、专科学生（不包括研究生）。其中，中等职业学校包括中专、职高、技校，普通高等学校包括全日制大学、学院、职业技术学院、高等专科学校。《审理毒品犯罪解释》的本项规定与《刑法》第347条第6款“向未成年人出售毒品的，从重处罚”的规定之间不存在矛盾，如果贩卖对象既是未成年人又是在校学生的，适用本项的规定处罚。

4.《审理毒品犯罪解释》第4条第4项也是新增内容

实践中，部分犯罪分子组织、利用残疾人、艾滋病人、乙肝病人、尿毒症患者、癌症病人以及怀孕或者正在哺乳自己婴儿的妇女等特殊群体走私、贩卖、运输、制造毒品，加大了查缉工作的难度。而且，由于上述人员普遍存在“收押难”问题，经常是“抓了放、放了抓”，流散社会再次甚至多次实施毒品犯罪，严重影响了打击毒品犯罪的力度和效果，故将利用上述特殊群体实施毒品犯罪的行为增列为“情节严重”情形。

5.《审理毒品犯罪解释》第4条第5项是《2000年毒品案件解释》的原有内容

起草过程中，有意见认为，国家工作人员没有利用职务或工作上的便利实施毒品犯罪的，不应当认定为“情节严重”。经研究认为，毒品犯罪属于严重妨害社会管理秩序、危害人民群众身心健康的犯罪，国家工作人员本应自觉抵制毒品、积极与毒品犯罪作斗争，而具有该特定身份的人员转而实施毒品犯罪，无疑具有更为恶劣的社会影响和更大的社会危害，应当从严惩处，故无需额外设定国家工作人员“利用职务或者工作便利”的条件。

需要特别说明的是，《审理毒品犯罪解释》删去了《2000年毒品案件解释》第3条第1项根据毒品数量认定“情节严重”的规定。关于《刑法》第347条第4款中的“情节严重”是包括毒品数量还是指毒品数量之外的其他情节，起草过程中主要有两种意见：一种意见认为，《刑法》已经规定走私、贩卖、运输、制造少量毒品的，处三年以下有期徒刑、拘役或者管制，但《2000年毒品案件解释》第3条第1项却将毒品数量仍在这一幅度范围内的情形，即“走私、贩卖、运输、制造鸦片一百四十克以上不满二百克、海洛因或者甲基苯丙胺七克以上不满十克或者其他数量相当毒品的”规定为“情节严重”，判处三年以上七年以下有期徒刑，与《刑法》规定之间存在明显逻辑矛盾。故《刑法》第347条第4款中的“情节严重”应当是指除毒品数量之外的其他情节，不应再单纯用数量去解释数量，建议起草新的司法解释时删去该项规定。另一种意见认为，毒品数量是认定毒品犯罪“情节严重”的重要标准之一，《刑法》第347条第3款与第4款的规定之间缺乏一档数量标准的衔接，如第3款规定，走私海洛因十克以上不满五十克的，处七年以上有期徒刑；第4款规定，走私海洛因不满十克的，处三年以下有期徒刑、拘役或者管制；而三年以上七年以下有期徒刑的量刑档次只有“情节严重”作为条件，并无数量标准的规定，故有必要将毒品数量规定为《刑法》第 347 条第 4 款“情节严重”中的一个情节。此外，直接将毒品数量作为认定“情节严重”的标准，非常便于执行，也已经为实践普遍接受，故建议保留该项规定。经研究认为，第一种意见更符合现行《刑法》的规定，且征求意见过程中立法机关也赞同第一种意见，故《审理毒品犯罪解释》最终删去了《2000 年毒品案件解释》第 3 条第 1 项将毒品数量认定为“情节严重”的规定。

二、关于包庇毒品犯罪分子罪和窝藏、转移、隐瞒毒品、毒赃罪“情节严重”的认定问题

关于包庇毒品犯罪分子罪“情节严重”的认定，以往司法解释和规范性文件均未作规定，《审理毒品犯罪解释》第 6 条第 1 款从不同角度对此作出规定。第 1 项从包庇对象的角度加以规定。走私、贩卖、运输、制造毒品罪是性质最为严重的毒品犯罪，十五年有期徒刑以上刑罚是该罪的最高法定刑幅度，包庇因犯该罪依法应当判处十五年有期徒刑以上刑罚的毒品犯罪分子，体现了包庇行为的严重性，故属于“情节严重”。第 2 项从包庇情节的角度加以规定。包括多次实施包庇行为和虽未达多次但包庇人数达到多人的情形。第 3 项从包庇行为的后果角度加以规定。“严重妨害”是指包庇者毁灭重要证据导致司法机关难以认定犯罪，作伪证严重影响司法机关准确认定犯罪事实，以及帮助犯罪分子藏匿、潜逃严重妨害其及时到案等情形。

《审理毒品犯罪解释》第 6 条第 2 款从不同角度规定了窝藏、转移、隐瞒毒品、毒赃罪“情节严重”的认定问题。该罪与包庇毒品犯罪分子罪对应的法定刑相同，但犯罪对象不同，故对该罪“情节严重”的规定，既要体现两罪量刑情节的相当，也要考虑到两罪犯罪对象的差异。第 1 项是从窝藏、转移、隐瞒毒品数量的角度加以规定。考虑到本项中的犯罪对象是毒品，危害性大于一般的窝藏赃物行为，故设定的毒品数量标准不宜过高。同时，从不同罪名法定刑衔接的角度考虑，将窝藏、转移、隐瞒毒品“数量大”规定为“情节严重”，判处三年以上十年以下有期徒刑，较好体现了该罪与走私、贩卖、运输、制造毒品罪、非法持有毒品罪在犯罪性质上的差异。并且，这也与前款第 1 项包庇依法应当判处十五年有期徒刑以上刑罚的毒品犯罪分子属

于“情节严重”的规定相对应。第2项是从窝藏、转移、隐瞒毒赃数额的角度加以规定。窝藏、转移、隐瞒毒赃行为的危害性要小于窝藏、转移、隐瞒毒品行为，但大于一般的掩饰、隐瞒犯罪所得行为。最高人民法院2015年制定的《关于审理掩饰、隐瞒犯罪所得、犯罪所得收益刑事案件适用法律若干问题的解释》[①]第3条规定，一般情况下，掩饰、隐瞒犯罪所得及其产生的收益价值总额达到十万元以上的属于“情节严重”，但掩饰、隐瞒救灾、扶贫等特定款物价值达五万元的即为“情节严重”。最高人民法院、最高人民检察院2011年制定的《关于办理危害计算机信息系统安全刑事案件应用法律若干问题的解释》第7条也规定，涉及此类犯罪而掩饰、隐瞒违法所得五万元以上的属于“情节严重”。考虑到毒品犯罪的特殊性，为体现依法严惩，将窝藏、转移、隐瞒毒赃“情节严重”的标准规定为五万元以上。第3项是从犯罪情节的角度加以规定，第4项是从行为后果角度作出规定，具体理由不再赘述。

需要特别说明的是，为全面贯彻宽严相济刑事政策，《审理毒品犯罪解释》在第6条第3款规定了实施《刑法》第349条规定的犯罪，可以免予刑事处罚的特定情形。近几年公布的有关掩饰、隐瞒犯罪所得犯罪、盗窃犯罪和诈骗犯罪等司法解释，对于近亲属间实施犯罪的，均规定了不作为犯罪处理或者可以免予刑事处罚的特别条款。《审理毒品犯罪解释》从“亲亲相隐”的诉讼理念出发，参考上述司法解释的规定，对于针对近亲属实施《刑法》第349条规定的犯罪行为的，也设置了可以免予刑事处罚的条款。但考虑到严惩毒品犯罪的政策要求，对适用条件作了严格限制，即需要同时具备以下几个条件：一是不具有本条前两款规定的“情节严重”情形。即被告人犯罪情节较轻，论罪应当判处三年以下有期徒刑、拘役或者管制。二是归案后认罪、悔罪并积极退赃。设置该条件是为了鼓励被告人如实交代犯罪事实，积极退缴毒品、毒赃，以便依法追究走私、贩卖、运输、制造毒品犯罪分子的刑事责任，突出毒品犯罪的打击重点。三是属初犯、偶犯，即可以免予刑事处罚者仅限于初犯、偶犯情形，对于再次犯罪者则应依法惩处。四是综合评价其行为属于《刑法》第37条规定的“犯罪情节轻微不需要判处刑罚的”

① 已被《最高人民法院关于审理掩饰、隐瞒犯罪所得、犯罪所得收益刑事案件适用法律若干问题的解释》（2021年修正）修改。

情形。

三、关于非法生产、买卖、运输制毒物品、走私制毒物品罪的定罪量刑标准问题

《刑法修正案（九）》对《刑法》第350条第1款、第2款作了修订，增加了非法生产、运输制毒物品罪，将该罪的法定刑从两档调整为“情节较重”“情节严重”和“情节特别严重”三档，并将该罪的法定最高刑从十年有期徒刑提高为十五年有期徒刑，财产刑方面增加了没收财产。结合《刑法》修订情况，《审理毒品犯罪解释》第7条、第8条分别对非法生产、买卖、运输制毒物品、走私制毒物品罪的定罪量刑标准作出新的明确规定。

与以往不同的是，《审理毒品犯罪解释》在《2000年毒品案件解释》和2009年《最高人民法院、最高人民检察院、公安部关于办理制毒物品犯罪案件适用法律若干问题的意见》（以下简称《2009年办理制毒物品意见》）等规定的基础上，整体下调了全部33种列管制毒物品的定罪量刑数量标准，以进一步加大对制毒物品犯罪的惩治力度，从源头上遏制毒品犯罪，这也符合《刑法修正案（九）》修订本罪的精神。

1. 关于非法生产、买卖、运输制毒物品、走私制毒物品罪“情节较重”（即定罪标准）的认定

《审理毒品犯罪解释》第7条第1款规定了全部33种已列管制毒物品的定罪数量标准。《审理毒品犯罪解释》在确定制毒物品定罪数量标准时的考虑因素包括：一是在制造毒品过程中发挥的作用。包括该类制毒物品属于主要原料还是配剂，是否具有不可替代性，制造毒品的用量、比例等。二是当前的犯罪形势。包括该类制毒物品流入制毒渠道的数量、走向，在制造毒品犯罪中出现的频率等。三是制成毒品的种类、危害。例如，因甲基苯丙胺与氯胺酮的定罪量刑数量标准差距较大，制造甲基苯丙胺的主要原料麻黄碱与制造氯胺酮的主要原料羟亚胺的定罪量刑标准也要体现一定差别。四是合法用途和管制级别。包括该类制毒物品是否存在合法用途，在工农业生产和日常生活中是否广泛使用，行政管制级别的高低等。为加大对制毒物品犯罪的惩治力度，《审理毒品犯罪解释》下调了麻黄碱、羟亚胺等25种制毒物品的定罪数量起点。同时，为防止《刑法》设定的较高幅度法定刑，出现刑罚虚置

的情况，《审理毒品犯罪解释》将适用三年有期徒刑以下刑罚（“情节较重”）的制毒物品数量标准上限，从以往定罪数量起点的10倍一律下调至5倍。

除单纯的数量标准外，《审理毒品犯罪解释》第7条第2款还从“数量+其他情节”的角度规定了该罪的定罪标准。即制毒物品数量达到该条第1款规定的定罪数量起点的50%，且具有第2款所列几种情形之一的，应当以非法生产、买卖、运输制毒物品、走私制毒物品罪定罪处罚。这几种情形分别从违法犯罪经历、犯罪情节、犯罪主体、危害后果等方面作出规定。其中，第3项将一次组织五人以上实施犯罪和在多个地点非法生产规定为“情节较重”，是考虑到该罪涉案人员、加工窝点众多的具体情况。第6项主要是指生产制毒物品过程中污染水源或者土壤，导致养殖的鱼类、牲畜或者种植的农作物大量死亡等严重影响群众生产、生活秩序的情形。

此外，《审理毒品犯罪解释》第7条第3款规定了非法生产、买卖、运输制毒物品，不以制毒物品犯罪论处的例外情形。该款吸收了《2009年办理制毒物品意见》的相关规定，并对原有规定作了文字调整。绝大部分制毒物品（行政管理领域称之为易制毒化学品）具有双重性，既可能被用于制造毒品，又在工农业生产和人们的日常生活中发挥重要作用。因此，对制毒物品违法犯罪活动的打击，不能影响到正常的生产、生活需要。根据《禁毒法》和《易制毒化学品管理条例》，我国对易制毒化学品的生产、经营、购买、运输和进出口实行严格的分类管理和许可、备案制度。但实践中确实存在未办理许可证明或者备案证明而生产、销售、购买、运输易制毒化学品，且实际用于合法生产、生活需要的情形。但对于此类行为，不应以制毒物品犯罪论处。鉴于实践中对此类行为的定性还存在认识偏差，《审理毒品犯罪解释》专门作出明确规定。

2. 关于非法生产、买卖、运输制毒物品、走私制毒物品罪“情节严重”的认定

《审理毒品犯罪解释》第8条第1款第1项规定了认定该罪“情节严重”的数量标准，该数量标准的起点为定罪数量标准的上限（即定罪数量起点的5倍），该数量标准的上限为起点的5倍（即定罪数量起点的25倍）。第2项规定了认定“情节严重”的“数量+其他情节”标准，即达到“情节较重”数量标准，同时具有第7条第2款第3项至第6项情形之一的，应当认定为

"情节严重"。

3．关于非法生产、买卖、运输制毒物品、走私制毒物品罪"情节特别严重"的认定

《审理毒品犯罪解释》第8条第2款第1项规定了认定该罪"情节特别严重"的数量标准，即达到"情节严重"一档的最高数量标准（定罪数量起点的25倍）以上的，就属于"情节特别严重"。第2项规定了认定"情节特别严重"的"数量+其他情节"标准，即达到"情节严重"的数量标准，同时具有第7条第2款第3项至第6项情形之一的，应当认定为"情节特别严重"。

四、关于容留他人吸毒罪的定罪标准问题

《刑法》第354条并没有为容留他人吸毒罪设定入罪条件。但《禁毒法》第61条规定，容留他人吸食、注射毒品，尚不构成犯罪的，可以由公安机关给予拘留、罚款等行政处罚。为给行政执法保留一定空间，2012年《最高人民检察院、公安部关于公安机关管辖的刑事案件立案追诉标准的规定（三）》（以下简称《立案追诉标准（三）》）第11条为容留他人吸毒罪设定了立案追诉标准，对该罪的定罪处罚起到一定规范作用。但近年来的实践情况表明，《立案追诉标准（三）》为容留他人吸毒罪设定的部分入罪条件偏低，加之一些地方机械执行这一标准，导致一些不完全符合该罪犯罪构成要件的行为，以及一些原本可以通过行政处罚手段处理的容留他人吸毒行为，也被按照刑事犯罪处理。《审理毒品犯罪解释》第12条吸收了《立案追诉标准（三）》的部分合理内容，也结合司法实践情况，完善了容留他人吸毒罪的定罪标准。

《审理毒品犯罪解释》第12条第1款第1项保留了《立案追诉标准（三）》中"一次容留三人以上吸食、注射毒品"的规定，在表述上将"三人以上"调整为"多人"。第2项对《立案追诉标准（三）》中"容留他人吸食、注射毒品两次以上"的规定作了修改，增加了"二年内"的时间限制，并要求是多次容留他人吸食、注射毒品的才入罪，即二年内第三次容留他人吸食、注射毒品的才作为犯罪处理。第3项在《立案追诉标准（三）》原有规定的基础上增加了"二年内"的时间限制。第4项、第5项、第6项保留了《立案追诉标准（三）》的原有规定，因这三项均属于社会危害大、应予追究

刑事责任的情形，故未在时间、人数、次数上设定条件。需要说明的是，第5项中的“以牟利为目的”主要是指为赚取场所使用费或者为了招揽生意而容留他人吸食、注射毒品的情形，如专门开设地下烟馆容留他人吸食、注射毒品并收取场地使用费，或者娱乐场所经营者、管理者为招揽生意而容许顾客在场所内吸食、注射毒品的。需要特别说明的是，在司法工作中，可以将行为人“曾因容留他人吸食、注射毒品受过刑事处罚的”认定为第1款第7项中“其他应当追究刑事责任的情形”。如果行为人不构成累犯的，依法定罪处罚；行为人构成累犯的，可以认定累犯但不予从重处罚，以免违反“禁止重复评价”原则。

实践中，对于向他人贩卖毒品后容留其吸食、注射毒品，或者容留他人吸食、注射毒品并向其贩卖毒品的，有的地方以容留他人吸毒罪与贩卖毒品罪数罪并罚，也有的地方以贩卖毒品罪一罪定罪处罚。经研究认为，通常情况下贩卖毒品行为与容留他人吸毒行为并不具有刑法上的牵连关系，故原则上应单独评价，在容留他人吸毒行为达到定罪标准的情况下，与贩卖毒品罪数罪并罚。对于实践中常见的多次让他人在相关场所“试吸”毒品后又向其贩卖毒品的，因让他人“试吸”毒品的行为属于贩卖毒品的手段行为，故不宜认定为容留他人吸毒罪并数罪并罚。

《审理毒品犯罪解释》第12条第3款规定了容留近亲属吸食、注射毒品行为的处理原则。对于容留近亲属吸食、注射毒品的，实践中普遍认为具有可宽宥性。主要考虑，吸毒是违法行为而不是犯罪行为，容留近亲属吸食、注射毒品的多系不得已而为之，吸毒者的近亲属在某种程度上也是受害人，对此类情形从宽处罚，既能够彰显司法的人性化，也符合宽严相济刑事政策。因此，对于情节显著轻微危害不大的，不作为犯罪处理。如父母二年内多次在自己家中容留已单独居住的成年子女吸食毒品的，或者同胞姐姐在自己家中容留未成年弟弟吸食毒品的，一般可认定为“情节显著轻微危害不大”，不作为犯罪处理。容留近亲属吸食、注射毒品，确实需要追究刑事责任的，除极少数情节恶劣的情形外，一般也应酌情从宽处罚。

需要注意的是，构成容留他人吸毒罪仅限于容留者拥有对场所的支配、控制权，而被容留者未经容留者允许，不享有场所使用权的情形。此外，对场所有共同居住、使用权的一方放任另一方在共同的住所内容留他人吸食、注射毒品的，因放任者不符合认定为犯罪的条件，对其亦不应以容留他人吸毒罪定罪处罚。

五、关于非法提供麻醉药品、精神药品罪的定罪量刑标准问题

关于非法提供麻醉药品、精神药品罪的定罪标准，《立案追诉标准（三）》作了相关规定。《审理毒品犯罪解释》第13条第1款结合实践情况，对《立案追诉标准（三）》的规定加以完善。第1项规定了非法提供麻醉药品、精神药品罪的定罪数量标准。因该罪系向吸食、注射毒品的人无偿提供麻精药品，被告人的主观恶性相对小于贩卖毒品罪，故在设定其定罪量刑数量标准时，需要注意与贩卖毒品罪的协调、衔接问题。《立案追诉标准（三）》将非法提供麻醉药品、精神药品的立案追诉标准设定为《刑法》第347条中“数量较大”标准最低值的10%。但这样一来，在毒品（或者说是麻精药品）数量相同的情况下，非法提供麻醉药品、精神药品罪的量刑就与走私、贩卖、运输、制造毒品罪基本相当，这便与两类犯罪的罪行严重程度不相适应。基于上述考虑，《审理毒品犯罪解释》将该罪的定罪数量起点上调至“数量较大”标准最低值的50%。第2项至第5项规定的是非法提供麻醉药品、精神药品罪的定罪情节标准，即虽未达到定罪数量标准，但具这几项所列情形之一的，也应当定罪处罚。

《审理毒品犯罪解释》第13条第2款规定了非法提供麻醉药品、精神药品罪“情节严重”的认定标准。第1项规定了认定“情节严重”的数量标准。同样是考虑到该罪与贩卖毒品罪的量刑标准衔接问题，《审理毒品犯罪解释》将该罪的“情节严重”数量标准设定为“数量较大”。这样规定，非法提供麻醉药品、精神药品达到“数量较大”标准的，处三年以上七年以下有期徒刑；走私、贩卖、运输、制造毒品达到“数量较大”标准的，处七年以上有期徒刑，两个罪名的法定刑之间实现了较好的衔接。第2项规定了认定非法提供麻醉药品、精神药品罪“情节严重”的“数量+其他情节”标准。达到第1款规定的定罪数量标准，但同时具有前款第3项至第5项规定的情形之一的，即可认定为“情节严重”。

六、关于网络涉毒犯罪的法律适用问题

《刑法修正案（九）》在《刑法》第287条之后增加了两条，作为之一、之二，对利用信息网络实施相关犯罪的定性问题作出规定，其中涉及网络涉毒犯罪的一些问题。

《审理毒品犯罪解释》第14条根据《刑法修正案（九）》的上述新增条款，结合网络涉毒犯罪的各种具体表现形式，对其定性问题作出提示性规定。

《审理毒品犯罪解释》第14条第1款明确了部分网络涉毒犯罪的定性问题。具体包括两类行为：一是利用信息网络设立用于实施涉毒违法犯罪活动的网站、通讯群组的行为。具体包括设立用于传授制造毒品、非法生产制毒物品等犯罪方法的网站、通讯群组；设立用于贩卖毒品、非法买卖制毒物品的网站、通讯群组；设立用于实施组织他人吸食、注射毒品等违法犯罪活动的网站、通讯群组。二是利用信息网络发布实施前述涉毒违法犯罪活动信息的行为。其中，对于利用信息网络组织他人吸食、注射毒品行为的定性，以往存在一些分歧认识，有的意见主张以容留他人吸毒罪定罪处罚，有的意见认为不构成犯罪。

《审理毒品犯罪解释》根据《刑法修正案（九）》第287条之一的规定，对此类行为的定性予以明确，即利用信息网络，设立用于组织他人吸食、注射毒品的网站、通讯群组，发布组织他人吸食、注射毒品的违法活动信息，情节严重的，应当以非法利用信息网络罪定罪处罚。

《审理毒品犯罪解释》第14条第2款明确了罪名竞合情况下的处理原则。就利用信息网络实施毒品犯罪而言，《刑法》第287条之一、之二规定的实际上是传授犯罪方法、贩卖毒品、非法买卖制毒物品等犯罪的预备行为或者帮助行为。因此，当《刑法》第287条之一规定的非法利用信息网络罪和第287条之二规定的帮助信息网络犯罪活动罪，与传授犯罪方法罪、贩卖毒品罪、非法买卖制毒物品罪等发生竞合时，应当依照处罚较重的规定定罪处罚。

（撰稿人：叶晓颖　马岩　方文军　李静然）

八、组织、强迫、引诱、容留、介绍卖淫罪

最高人民法院　最高人民检察院
关于办理组织、强迫、引诱、容留、介绍卖淫刑事案件适用法律若干问题的解释

法释〔2017〕13号

（2017年5月8日最高人民法院审判委员会第1716次会议、2017年7月4日最高人民检察院第十二届检察委员会第66次会议通过　2017年7月21日最高人民法院、最高人民检察院公告公布　自2017年7月25日起施行）

为依法惩治组织、强迫、引诱、容留、介绍卖淫犯罪活动，根据刑法有关规定，结合司法工作实际，现就办理这类刑事案件具体应用法律的若干问题解释如下：

第一条　以招募、雇佣、纠集等手段，管理或者控制他人卖淫，卖淫人员在三人以上的，应当认定为刑法第三百五十八条规定的“组织他人卖淫”。

组织卖淫者是否设置固定的卖淫场所、组织卖淫者人数多少、规模大小，不影响组织卖淫行为的认定。

第二条　组织他人卖淫，具有下列情形之一的，应当认定为刑法第三百五十八条第一款规定的“情节严重”：

（一）卖淫人员累计达十人以上的；

（二）卖淫人员中未成年人、孕妇、智障人员、患有严重性病的人累计达五人以上的；

（三）组织境外人员在境内卖淫或者组织境内人员出境卖淫的；

（四）非法获利人民币一百万元以上的；

（五）造成被组织卖淫的人自残、自杀或者其他严重后果的；

（六）其他情节严重的情形。

第三条　在组织卖淫犯罪活动中，对被组织卖淫的人有引诱、容留、介绍卖淫行为的，依照处罚较重的规定定罪处罚。但是，对被组织卖淫的人以外的其他人有引诱、容留、介绍卖淫行为的，应当分别定罪，实行数罪并罚。

第四条　明知他人实施组织卖淫犯罪活动而为其招募、运送人员或者充当保镖、打手、管账人等的，依照刑法第三百五十八条第四款的规定，以协助组织卖淫罪定罪处罚，不以组织卖淫罪的从犯论处。

在具有营业执照的会所、洗浴中心等经营场所担任保洁员、收银员、保安员等，从事一般服务性、劳务性工作，仅领取正常薪酬，且无前款所列协助组织卖淫行为的，不认定为协助组织卖淫罪。

第五条　协助组织他人卖淫，具有下列情形之一的，应当认定为刑法第三百五十八条第四款规定的“情节严重”：

（一）招募、运送卖淫人员累计达十人以上的；

（二）招募、运送的卖淫人员中未成年人、孕妇、智障人员、患有严重性病的人累计达五人以上的；

（三）协助组织境外人员在境内卖淫或者协助组织境内人员出境卖淫的；

（四）非法获利人民币五十万元以上的；

（五）造成被招募、运送或者被组织卖淫的人自残、自杀或者其他严重后果的；

（六）其他情节严重的情形。

第六条　强迫他人卖淫，具有下列情形之一的，应当认定为刑法第三百五十八条第一款规定的“情节严重”：

（一）卖淫人员累计达五人以上的；

（二）卖淫人员中未成年人、孕妇、智障人员、患有严重性病的人累计达三人以上的；

（三）强迫不满十四周岁的幼女卖淫的；

（四）造成被强迫卖淫的人自残、自杀或者其他严重后果的；

（五）其他情节严重的情形。

行为人既有组织卖淫犯罪行为，又有强迫卖淫犯罪行为，且具有下列情形之一的，以组织、强迫卖淫“情节严重”论处：

（一）组织卖淫、强迫卖淫行为中具有本解释第二条、本条前款规定的“情节严重”情形之一的；

（二）卖淫人员累计达到本解释第二条第一、二项规定的组织卖淫“情节严重”人数标准的；

（三）非法获利数额相加达到本解释第二条第四项规定的组织卖淫“情节严重”数额标准的。

第七条 根据刑法第三百五十八条第三款的规定，犯组织、强迫卖淫罪，并有杀害、伤害、强奸、绑架等犯罪行为的，依照数罪并罚的规定处罚。协助组织卖淫行为人参与实施上述行为的，以共同犯罪论处。

根据刑法第三百五十八条第二款的规定，组织、强迫未成年人卖淫的，应当从重处罚。

第八条 引诱、容留、介绍他人卖淫，具有下列情形之一的，应当依照刑法第三百五十九条第一款的规定定罪处罚：

（一）引诱他人卖淫的；

（二）容留、介绍二人以上卖淫的；

（三）容留、介绍未成年人、孕妇、智障人员、患有严重性病的人卖淫的；

（四）一年内曾因引诱、容留、介绍卖淫行为被行政处罚，又实施容留、介绍卖淫行为的；

（五）非法获利人民币一万元以上的。

利用信息网络发布招嫖违法信息，情节严重的，依照刑法第二百八十七条之一的规定，以非法利用信息网络罪定罪处罚。同时构成介绍卖淫罪的，依照处罚较重的规定定罪处罚。

引诱、容留、介绍他人卖淫是否以营利为目的，不影响犯罪的成立。

引诱不满十四周岁的幼女卖淫的，依照刑法第三百五十九条第二款的规定，以引诱幼女卖淫罪定罪处罚。

被引诱卖淫的人员中既有不满十四周岁的幼女，又有其他人员的，分别以引诱幼女卖淫罪和引诱卖淫罪定罪，实行并罚。

第九条 引诱、容留、介绍他人卖淫，具有下列情形之一的，应当认定为刑法第三百五十九条第一款规定的“情节严重”：

（一）引诱五人以上或者引诱、容留、介绍十人以上卖淫的；

（二）引诱三人以上的未成年人、孕妇、智障人员、患有严重性病的人卖淫，或者引诱、容留、介绍五人以上该类人员卖淫的；

（三）非法获利人民币五万元以上的；

（四）其他情节严重的情形。

第十条　组织、强迫、引诱、容留、介绍他人卖淫的次数，作为酌定情节在量刑时考虑。

第十一条　具有下列情形之一的，应当认定为刑法第三百六十条规定的“明知”：

（一）有证据证明曾到医院或者其他医疗机构就医或者检查，被诊断为患有严重性病的；

（二）根据本人的知识和经验，能够知道自己患有严重性病的；

（三）通过其他方法能够证明行为人是“明知”的。

传播性病行为是否实际造成他人患上严重性病的后果，不影响本罪的成立。

刑法第三百六十条规定所称的“严重性病”，包括梅毒、淋病等。其它性病是否认定为“严重性病”，应当根据《中华人民共和国传染病防治法》《性病防治管理办法》的规定，在国家卫生与计划生育委员会规定实行性病监测的性病范围内，依照其危害、特点与梅毒、淋病相当的原则，从严掌握。

第十二条　明知自己患有艾滋病或者感染艾滋病病毒而卖淫、嫖娼的，依照刑法第三百六十条的规定，以传播性病罪定罪，从重处罚。

具有下列情形之一，致使他人感染艾滋病病毒的，认定为刑法第九十五条第三项“其他对于人身健康有重大伤害”所指的“重伤”，依照刑法第二百三十四条第二款的规定，以故意伤害罪定罪处罚：

（一）明知自己感染艾滋病病毒而卖淫、嫖娼的；

（二）明知自己感染艾滋病病毒，故意不采取防范措施而与他人发生性关系的。

第十三条　犯组织、强迫、引诱、容留、介绍卖淫罪的，应当依法判处犯罪所得二倍以上的罚金。共同犯罪的，对各共同犯罪人合计判处的罚金应当在犯罪所得的二倍以上。

对犯组织、强迫卖淫罪被判处无期徒刑的，应当并处没收财产。

第十四条 根据刑法第三百六十二条、第三百一十条的规定，旅馆业、饮食服务业、文化娱乐业、出租汽车业等单位的人员，在公安机关查处卖淫、嫖娼活动时，为违法犯罪分子通风报信，情节严重的，以包庇罪定罪处罚。事前与犯罪分子通谋的，以共同犯罪论处。

具有下列情形之一的，应当认定为刑法第三百六十二条规定的“情节严重”：

（一）向组织、强迫卖淫犯罪集团通风报信的；

（二）二年内通风报信三次以上的；

（三）一年内因通风报信被行政处罚，又实施通风报信行为的；

（四）致使犯罪集团的首要分子或者其他共同犯罪的主犯未能及时归案的；

（五）造成卖淫嫖娼人员逃跑，致使公安机关查处犯罪行为因取证困难而撤销刑事案件的；

（六）非法获利人民币一万元以上的；

（七）其他情节严重的情形。

第十五条 本解释自2017年7月25日起施行。

【导读及适用要点】

一、组织卖淫罪“情节严重”的认定

1997年《刑法》第358条第1款规定了组织、强迫卖淫罪“情节严重”的五种情形，但对组织卖淫罪的“情节严重”情形没有细化。同时还规定，组织、强迫卖淫情节特别严重的，处无期徒刑或者死刑，并处没收财产。《刑法修正案（九）》取消了组织、强迫卖淫罪的死刑，并取消了该罪关于“情节特别严重”的规定，仅规定“情节严重的，处十年以上有期徒刑或者无期徒刑，并处罚金或者没收财产”。但对何谓“情节严重”没有作出规定。而司法实践亟需对“组织卖淫情节严重”进行细化。为满足这一需要，《最高人民法

院、最高人民检察院关于办理组织、强迫、引诱、容留、介绍卖淫刑事案件适用法律若干问题的解释》(以下简称《办理卖淫刑事案件解释》)从以下几个方面作出了细化的规定：一是从卖淫人员的人数方面进行规定。据对北京市、上海市、天津市、重庆市、江苏省、福建省、广东省、四川省等八个省(市)高级人民法院近五年来(2011—2015年，下同)此类案件的司法统计汇总，组织卖淫案件中，卖淫人员为5人以上的共417件，占同期该类案件数的18.65%；卖淫人员为10人以上的共164件，占同期该类案件数的7.33%；卖淫人员为15人以上的共65件，占同期该类案件数的2.9%；卖淫人员为20人以上的共39件，占同期该类案件数的1.74%。通过对上述八省(市)组织卖淫案件的分析，经研究认为，将卖淫人数累计达到10人以上作为组织卖淫"情节严重"的起点标准，基本能够反映情节严重案件与情节一般案件的比例要求。二是从特殊保护角度进行规定。组织未成年人、孕妇、智障人员、患有严重性病的人员等具有特殊身份的人进行卖淫的，认定"情节严重"的卖淫人数标准，依照组织普通人员卖淫人数标准的50%确认，即累计达到5人以上即构成组织卖淫"情节严重"。三是从社会影响层面考虑而作出相应的规定，即规定"组织境外人员在境内卖淫或者组织境内人员出境卖淫"的，只要构成犯罪，就属于"情节严重"。四是从危害后果方面进行规定，将造成卖淫人员自残、自杀或者其他严重后果作为"情节严重"的情形之一。需要注意的是，这里的严重后果不是基于组织者的故意行为。如果是组织者的故意行为，则应当照《刑法》第358条第3款的规定，以故意杀人、故意伤害罪等对组织者实施数罪并罚。

关于组织卖淫的次数是否可以作为"情节严重"的选项问题。从调研情况看，各地法院普遍赞同不以组织卖淫的次数衡量情节是否严重，而应以管理、控制卖淫的人数、造成被组织卖淫者伤亡后果及卖淫人员自身的情况，如未成年人、孕妇、智障人员、患有严重性病的人等来认定情节是否严重。因为司法实践中，卖淫的次数问题取证通常比较困难，在认定的证据上往往会比较缺乏。另外，组织卖淫的次数与人数相比，显然人数的危害比次数大得多。当然，《办理卖淫刑事案件解释》对次数问题也是有充分考虑的。一是专门设置第10条，将组织、强迫、引诱、容留、介绍他人卖淫的次数，作为在法定刑幅度内的量刑情节。二是将组织卖淫犯罪活动"非法获利人民币一百万元以上”作为“情节严重”的情形之一。组织卖淫活动获利越多，越能在较大程度上反映其组织卖淫的次数，体现其社会危害性的严重。从收集证据角度来看，获利情况相对容易查明，将获利情况作为情节严重与否的标准，也有利于使一些反侦察意识较强、对卖淫者的信息实行一定保护，致使公安机关查处困难的犯罪分子难以逃避打击。那么，获利多少可以认定为“情节严重”？经征求相关方面的意见后，起草小组认为，获利多少不是认定“情节严重”的主要选项，而是在认定组织卖淫人数存在取证困难时的一个补充手段，因此，不宜太高，也不宜太低。其获利情况应当与组织卖淫犯罪活动连续时间或者累计时间一年以上基本相当，因而确定为一百万元。实践中，犯罪分子获利数百万元甚至数千万元的也不在少数。

综上，《办理卖淫刑事案件解释》在第2条将六种情形认定为组织卖淫的情节严重：（1）卖淫人员累计达十人以上的；（2）卖淫人员中未成年人、孕妇、智障人员、患有严重性病的人累计达五人以上的；（3）组织境外人员在境内卖淫或者组织境内人员出境卖淫的；（4）非法获利人民币一百万元以上的；（5）造成卖淫人员自残、自杀或者其他严重后果的；（6）其他情节严重的情形。

二、协助组织卖淫罪出罪问题及“情节严重”的认定

（一）关于协助组织卖淫罪的出罪问题

在查处组织卖淫案件时，公安机关往往不仅抓捕组织卖淫者和协助组织卖淫者，也可能对协助组织卖淫行为性质不明显的人员一并抓获。对此类人员如何处理，在实践中常有困惑。我们认为，应当具体情况具体分析，不能一概而论地都予以定罪处罚。如果行为人协助组织卖淫行为性质明显的，不论其从事何种协助组织行为，均应以协助组织卖淫罪定罪处罚。但对协助组织卖淫行为性质不明显的，则不轻易定罪处罚。如何区分协助组织卖淫行为性质是否明显？一是从其工作场所来区分。如果是在隐蔽场所、非合法经营场所，则不存在协助组织行为性质不明显的问题。行为人明知是非法场所，仍然实施协助组织行为，不能认定为协助组织性质不明显。因此，在会所、洗浴中心等合法经营场所，是认定协助组织行为性质不明显的首要条件。二是以从事的工作性质来区分。充当保镖、打手、管账等工作的，从其平时工

作中就应发现组织卖淫犯罪活动。而从事一般的服务性、劳务性工作，如保洁员、收银员、保安员等，就不一定能在主观上具有协助组织卖淫的故意。三是从所获取的利益来区分。这是认定行为人与组织卖淫者关系密切程度的重要方法之一。仅领取正常的一般性薪酬且无《办理卖淫刑事案件解释》第4条第1款所列协助行为的，与领取高额工资者明显不同。上述三个方面应结合起来，确定协助组织行为性质是否明显，不能仅从某一方面来区分。

（二）关于协助组织卖淫罪的“情节严重”问题

从《刑法》关于组织卖淫罪、协助组织卖淫罪的刑罚幅度配置看，协助组织卖淫罪的刑罚幅度实际上相当于组织卖淫罪从犯的刑罚幅度。因此，其“情节严重”的标准，基本可以参照组织卖淫罪“情节严重”的标准来确定，仅对其中“非法获利”一项作了调整。主要考虑协助组织卖淫的获利，一般情况下明显小于组织卖淫者的获利。因此，《办理卖淫刑事案件解释》按照组织卖淫罪“情节严重”获利起点的一半即五十万元作为协助组织卖淫罪“情节严重”的起点。其他“情节严重”选项的量化标准与组织卖淫罪“情节严重”的量化标准一致。

三、强迫卖淫罪“情节严重”及与强迫卖淫相关行为的定性及罪数问题

（一）关于强迫卖淫罪“情节严重”的认定

1997年《刑法》第358条第1款规定了组织、强迫卖淫罪“情节严重”的五种情形。根据该条规定，强迫他人卖淫“情节严重”是指：（一）强迫不满十四周岁的幼女卖淫的；（二）强迫多人卖淫或者多次强迫他人卖淫的；（三）强奸后迫使卖淫的；（四）造成被强迫卖淫的人重伤、死亡或者其他严重后果的。该条第2款还规定，有前款所列情形之一，情节特别严重的，处无期徒刑或者死刑，并处没收财产。《刑法修正案（九）》取消了组织、强迫卖淫罪的死刑，并取消了关于“情节特别严重”的规定，仅规定“情节严重”的量刑幅度。同时对强奸后迫使卖淫的，规定应当以强奸罪和强迫卖淫罪数罪并罚，不再认定为强迫卖淫“情节严重”；杀害被强迫卖淫人员的，应当以故意杀人罪和强迫卖淫罪并罚，不再认定为强迫卖淫“情节严重”。因此，如何在《刑法修正案（九）》的框架内确定强迫卖淫情节严重的问题，也显得非

常迫切。

起草小组参考1997年《刑法》对强迫卖淫罪“情节严重”的有关规定，基于《刑法修正案（九）》取消“情节严重”具体规定、取消强迫卖淫罪死刑条款的实际情况，认为仍然应当规定强迫卖淫罪“情节严重”的具体情形，但必须遵循《刑法修正案（九）》规定的精神，并且强迫卖淫罪的“情节严重”标准应当在门槛设置上低于组织卖淫罪。主要原因是强迫卖淫罪的行为人对卖淫人员的人身具有更大的侵害性。以此为立足点，起草小组提出了强迫卖淫罪“情节严重”的以下内容：（1）卖淫人员累计达五人以上。此标准参照组织卖淫罪人员的一半标准设置，体现对强迫卖淫罪更严厉打击的精神。（2）卖淫人员中未成年人、孕妇、智障人员、患有严重性病的人累计达三人以上。本项规定对未成年人、孕妇、患有严重性病的人而言，人数标准参照组织卖淫罪人员的一半标准设置，体现对强迫卖淫罪更严厉打击的精神。（3）强迫不满十四周岁的幼女卖淫。本项对于强迫幼女卖淫的问题专门作出规定，即强迫幼女卖淫的，不需要人数的限定，只要强迫幼女卖淫的，即属于“情节严重”。理由有二：其一，与组织卖淫的构成要件要求组织三人以上卖淫不同的是，强迫卖淫罪的构成要件没有人数限制，只要卖淫人员是被强迫卖淫的即可。其二，《刑法》第359条第2款规定的引诱幼女卖淫罪的量刑幅度，相当于引诱他人卖淫“情节严重”的量刑幅度。此规定所蕴含的立法精神是，针对幼女实施的犯罪行为应当作为加重处罚情节。据此，强迫幼女卖淫也应当体现比强迫其他人员卖淫更严厉的处罚。（4）造成被强迫卖淫者自残、自杀或者其他严重后果的。此规定，与组织卖淫罪理由相同。

（二）关于组织、强迫卖淫罪“情节严重”的认定

司法实践中，常有行为人实施组织卖淫行为的同时又实施强迫卖淫行为的情形。对此类行为人的犯罪“情节严重”标准如何确定？特别是组织卖淫未达到“情节严重”标准，强迫卖淫亦未达到“情节严重”标准的情况下，能否综合考虑认定为组织、强迫卖淫“情节严重”的情节？经研究认为，组织、强迫卖淫犯罪是选择性罪名，如果行为人既实施组织卖淫行为又实施强迫卖淫行为的，应当以组织、强迫卖淫罪定罪处罚。其“情节严重”的标准，应当依照《办理卖淫刑事案件解释》关于组织卖淫罪“情节严重”、强迫卖淫罪“情节严重”的标准综合考虑。在组织卖淫、强迫卖淫分别均未达到“情

节严重”标准的情况下，如果符合规定情形的，依然能综合认定为组织、强迫卖淫“情节严重”。为此，《办理卖淫刑事案件解释》第6条第2款规定，行为人既有组织卖淫犯罪行为，又有强迫卖淫犯罪行为，且具有以下情形之一的：以组织、强迫卖淫“情节严重”论处：（一）组织卖淫、强迫卖淫行为中具有《办理卖淫刑事案件解释》第二条、第六条第一款规定的“情节严重”情形之一的；（二）卖淫人员累计达到《办理卖淫刑事案件解释》第二条第一、二项规定的组织卖淫“情节严重”人数标准的；（三）非法获利数额相加达到《办理卖淫刑事案件解释》第二条第四项规定的组织卖淫“情节严重”数额标准的。

（三）关于组织、强迫卖淫行为人及协助组织卖淫行为人实施杀害、伤害、强奸、绑架等犯罪行为的处理

《刑法修正案（九）》取消了组织、强迫卖淫罪的死刑，对犯罪分子实施杀人、伤害、强奸、绑架行为的，进行了立法上的技术处理，即由原来的一罪处罚改为数罪并罚。这样，可以确保取消组织、强迫卖淫罪的死刑后，对有杀害、伤害、强奸、绑架等犯罪行为的犯罪分子，如果应当判处死刑时，可以依法判处死刑。《办理卖淫刑事案件解释》第7条第1款对此作了重申。

由于《刑法》对协助组织卖淫者参与上述杀害、伤害、强奸、绑架行为如何处理没有明确规定，《办理卖淫刑事案件解释》第7条第1款对此予以明确，即以共同犯罪论处。在杀人、伤害、强奸、绑架犯罪中，由于《刑法修正案（九）》已经将这些行为从组织、强迫卖淫中剥离出来，作为一个独立的犯罪处理，因此，组织、强迫卖淫行为人和协助组织卖淫行为人在杀人、伤害、强奸、绑架犯罪中的地位、作用，并不一定依照他们在组织、强迫卖淫犯罪中的地位、作用来认定，而是依照他们在杀人、伤害、强奸、绑架犯罪中的具体情况确定主从犯地位。

四、引诱、容留、介绍卖淫罪情节严重的认定

《办理卖淫刑事案件解释》从人数、非法获利情况等方面对引诱、容留、介绍卖淫“情节严重”问题作了规定。关于人数方面，《办理卖淫刑事案件解释》将引诱他人卖淫与容留、介绍他人卖淫分别对待，将引诱、容留、介绍一般人员卖淫与引诱、容留、介绍特殊人员卖淫区别对待。根据浙江、江苏、

广东、上海等地的经验，一般都将容留、介绍十人卖淫作为“情节严重”的起点，《办理卖淫刑事案件解释》采纳了这一相对比较成熟的做法。同时，引诱他人卖淫的，按照容留、介绍卖淫人数的一半计算，即以五人为起点，引诱、容留、介绍特殊人员卖淫的，减半计算“情节严重”的起点。据此，《办理卖淫刑事案件解释》第9条规定，“引诱五人以上或者引诱、容留、介绍十人以上卖淫的”，应当认定为“情节严重”。“引诱三人以上的未成年人、孕妇、智障人员、患有严重性病的人卖淫，或者引诱、容留、介绍五人以上该类人员卖淫的”，应当认定为“情节严重”。关于以非法获利为依据认定“情节严重”的问题，《办理卖淫刑事案件解释》以构成犯罪基数的五倍即一万元的五倍五万元作为“情节严重”的起点标准。

需要说明的是，引诱、容留、介绍卖淫是选择性罪名。如果被引诱卖淫的人数达到五人以上的，即构成“情节严重”。如果被引诱卖淫的人数不到五人，但被引诱、容留、介绍卖淫的人数达到十人以上的，也构成“情节严重”。

五、传播性病罪的认定及故意传播艾滋病的处理

（一）关于传播性病罪的有关问题

1. 如何界定行为人对自己患有性病的“明知”。传播性病罪以行为人明知自己患有严重性病为前提，但司法实践中，行为人常否认知道自己患有性病，因此有必要对哪些情况下能够认定行为人明知自己患有性病予以明确。为此，《办理卖淫刑事案件解释》第11条第1款规定了应当认定为明知自己患有性病的三种情形，即（一）有证据证明曾到医院或者其他医疗机构就医或者检查，被诊断为患有严重性病的；（二）根据本人的知识和经验，能够知道自己患有严重性病的；（三）通过其他方法能够证明行为人是“明知”的。

2. 关于严重性病的范围。《刑法》关于“严重性病”仅列举了梅毒、淋病，其他严重性病未作明确规定。全国人大常委会法制工作委员会刑法室编著的《中华人民共和国刑法修正案（九）解读》认为，对其他“严重性病”，司法机关应在《传染病防治法》中规定的性病和卫生部规定实行性病监测的性病范围内从严掌握，不能将普通性病都作为严重性病，防止扩大打击面。也就是说，该性病必须是与梅毒、淋病的危害特点相当的性病。《办理卖淫刑

事案件解释》采用了这一观点，并据此规定：其他性病是否认定为“严重性病”，应当根据《传染病防治法》《性病防治管理办法》的规定，在国家卫生与计划生育委员会[1]规定实行性病监测的性病范围内，依照其危害、特点与梅毒、淋病相当的原则，从严掌握。

3. 传播性病罪是否属结果犯？行为人明知自己患有严重性病而卖淫、嫖娼后，被害人是否实际染上严重性病，取决于多方面的原因，同时，性病的发作也有个过程，有的个体潜伏期甚至达数年。因此，如果将发生严重性病的传染结果作为传播性病罪的构成要件，容易使犯罪分子逃避打击。因此，《办理卖淫刑事案件解释》规定，传播性病行为是否实际造成他人染上性病的后果，不影响本罪的成立。

需要说明的是，有的行为人虽然明知自己患有严重性病而卖淫、嫖娼，但注意采取了防护措施，又确实没有致他人染上严重性病的，一般不以传播性病罪处理。

（二）关于故意传播艾滋病的定罪问题

《刑法》第360条所列举的严重性病中，并未列举出艾滋病。而艾滋病的危害，实际上远远大于梅毒、淋病等。梅毒、淋病等严重性病，基本可以经过治疗而痊愈，艾滋病则很难根治，且易致人死亡。全国人大常委会法制工作委员会刑法室编著的《刑法修正案（九）解读》认为，性病包括艾滋病。司法实践中，对此争议比较大。有学者及司法工作者提出，考虑到传播艾滋病与其他性病在侵害法益、侵害方式及所涉及人群等方面的相似性，以及艾滋病的高度传染性、对人体的严重危害性和不可治愈性，建议将传播艾滋病认定为传播性病罪为宜，但在量刑上，对故意传播艾滋病的行为人，予以从重处罚。也有的提出，对故意传播艾滋病的行为应当以故意伤害罪等罪名定罪处罚。

我们经研究认为：

1. 关于艾滋病的性质，应当认定为严重性病。根据有关法规、规章的规定，并征询国家卫生与计划生育委员会意见后，我们认为，艾滋病属于性病，而且是最严重的性病。卫生部1991年8月12日发布的《性病防治管理

① 现为国家卫生健康委员会。

办法》第2条明确将艾滋病规定为性病的一种，并列于淋病、梅毒之前。国务院2006年1月18日通过的《艾滋病防治条例》表明，国家把对艾滋病的防治放到了更加重要的战略高度，以将艾滋病与其他性病区别开来。《艾滋病防治条例》第62条规定，艾滋病病毒感染者或者艾滋病病人故意传播艾滋病的，依法承担民事赔偿责任；构成犯罪的，依法追究刑事责任。2013年1月1日起施行的修改后的《性病防治管理办法》更加重视艾滋病的防治。该办法在艾滋病的防治机制、咨询及疫情上报方面均与一般性病一起规定，并突出艾滋病的预防工作。如该办法第4条规定，"性病防治工作与艾滋病防治工作相结合，将性病防治工作纳入各级艾滋病防治工作协调机制，整合防治资源，实行性病艾滋病综合防治"。国家卫计委在复函中也称：根据艾滋病的危害程度和特点，当前艾滋病较梅毒、淋病属于危害更加严重的性病。

2. 关于故意传播艾滋病的定性。由于艾滋病属于最严重的性病，因此，《办理卖淫刑事案件解释》规定，明知自己患有艾滋病或者感染艾滋病病毒而卖淫、嫖娼的，以传播性病罪，从重处罚。

在调研中，有意见提出，有的行为人通过卖淫、嫖娼传播艾滋病的目的，就是报复社会或者使被传播者得病死亡或者无法治愈。有的艾滋病患者不一定通过卖淫嫖娼的途径，而是通过其他方式传播，如"一夜情"、通奸等，这些行为危害极大。对此，如何适用法律，司法实践中存在困惑。如果有证据能够证明行为人是出于故意伤害等目的而传播艾滋病的，仅以传播性病罪处罚，明显有轻纵犯罪之嫌。为此，《办理卖淫刑事案件解释》将故意传播艾滋病行为，分两种情况予以规定。一种情况是，明知自己患有艾滋病或者感染艾滋病病毒而卖淫、嫖娼，但没有致使他人感染艾滋病病毒的，以传播性病罪定罪处罚。另一种情况下，故意传播艾滋病病毒致使他人感染艾滋病病毒的，以故意伤害罪定罪处罚。其中，卖淫、嫖娼以外的性行为，以"故意不采取防范措施"为前提。这主要是考虑到艾滋病患者的生活、交友等方面不应受到歧视，而应当受到尊重。只要采取防范措施，其正当的性权利应当得到法律保护。但是由于艾滋病病毒的易传染性，这类人与他人发生性关系时，应当采取防范措施，确保不致艾滋病病毒的传染。

关于致使他人染上艾滋病病毒的伤情问题。经研究，并经征求国家卫生与计划生育委员会等部门及部分专家的意见，认为，《刑法》第95条对重伤的定义中，第3项“其他对于人身健康有重大伤害的”，可以适用于故意将艾滋病传染给他人，并致使他人染上艾滋病的情形，即染上艾滋病病毒的，可以认定为重伤。如果致人死亡的，则可在“十年以上有期徒刑、无期徒刑或者死刑”的幅度内量刑，但适用死刑应当格外慎重。

六、此罪与彼罪、一罪与数罪的问题

1. 关于既组织卖淫，又强迫卖淫，如何定罪的问题。行为人既有组织卖淫行为，又有强迫卖淫行为的，依照组织、强迫卖淫罪定罪处罚，其“情节严重”的认定，依照《办理卖淫刑事案件解释》第6条第2款确定。

2. 关于组织卖淫活动中有引诱、容留、介绍卖淫行为的定罪问题。一种情况是对被组织卖淫的人有引诱、容留、介绍卖淫行为的，依照处罚较重的规定处罚。一般情况下，组织卖淫罪的处罚重于引诱、容留、介绍卖淫罪，但引诱的对象是不满十四周岁的幼女时，则存在引诱幼女卖淫罪重于组织卖淫罪的可能，即：组织卖淫未达到情节严重时，其法定刑幅度为五年以上十年以下有期徒刑，而引诱幼女卖淫罪的法定刑幅度为五年以上（十五年以下）有期徒刑，此时，引诱幼女卖淫罪的处罚重于组织卖淫罪，应依照引诱幼女卖淫罪定罪处罚，组织卖淫行为作为犯罪情节考虑。如果组织卖淫犯罪达到“情节严重”时，因其法定最高刑为无期徒刑，应当以组织卖淫罪一罪定罪处罚。另一种情况是，对被组织卖淫者以外的其他人实施引诱、容留、介绍卖淫行为的，则仍应当分别定罪，实行数罪并罚。

3. 引诱、容留、介绍卖淫罪的罪名确定。应当根据行为人实施的具体行为确定罪名。如行为人既引诱又容留又介绍卖淫的，定引诱、容留、介绍卖淫罪，只实施其中两项或一项行为的，以行为性质定。

4. 行为人既引诱他人卖淫，又引诱幼女卖淫的定罪问题。依照《办理卖淫刑事案件解释》第8条第5款的规定，以引诱幼女卖淫罪和引诱卖淫罪并罚。

（撰稿人：周峰　党建军　陆建红　杨华）

九、制作、贩卖、传播淫秽物品罪

最高人民法院　最高人民检察院
关于办理利用互联网、移动通讯终端、声讯台制作、复制、出版、贩卖、传播淫秽电子信息刑事案件具体应用法律若干问题的解释

法释〔2004〕11号

（2004年9月1日最高人民法院审判委员会第1323次会议、2004年9月2日最高人民检察院第十届检察委员会第26次会议通过　2004年9月3日最高人民法院、最高人民检察院公告公布　自2004年9月6日起施行）

为依法惩治利用互联网、移动通讯终端制作、复制、出版、贩卖、传播淫秽电子信息、通过声讯台传播淫秽语音信息等犯罪活动，维护公共网络、通讯的正常秩序，保障公众的合法权益，根据《中华人民共和国刑法》、《全国人民代表大会常务委员会关于维护互联网安全的决定》的规定，现对办理该类刑事案件具体应用法律的若干问题解释如下：

第一条　以牟利为目的，利用互联网、移动通讯终端制作、复制、出版、贩卖、传播淫秽电子信息，具有下列情形之一的，依照刑法第三百六十三条第一款的规定，以制作、复制、出版、贩卖、传播淫秽物品牟利罪定罪处罚。

（一）制作、复制、出版、贩卖、传播淫秽电影、表演、动画等视频文件二十个以上的；

（二）制作、复制、出版、贩卖、传播淫秽音频文件一百个以上的；

（三）制作、复制、出版、贩卖、传播淫秽电子刊物、图片、文章、短信息等二百件以上的；

（四）制作、复制、出版、贩卖、传播的淫秽电子信息，实际被点击数达

到一万次以上的；

（五）以会员制方式出版、贩卖、传播淫秽电子信息，注册会员达二百人以上的；

（六）利用淫秽电子信息收取广告费、会员注册费或者其他费用，违法所得一万元以上的；

（七）数量或者数额虽未达到第（一）项至第（六）项规定标准，但分别达到其中两项以上标准一半以上的；

（八）造成严重后果的。

利用聊天室、论坛、即时通信软件、电子邮件等方式，实施第一款规定行为的，依照刑法第三百六十三条第一款的规定，以制作、复制、出版、贩卖、传播淫秽物品牟利罪定罪处罚。

第二条　实施第一条规定的行为，数量或者数额达到第一条第一款第（一）项至第（六）项规定标准五倍以上的，应当认定为刑法第三百六十三条第一款规定的“情节严重”；达到规定标准二十五倍以上的，应当认定为“情节特别严重”。

第三条　不以牟利为目的，利用互联网或者移动通讯终端传播淫秽电子信息，具有下列情形之一的，依照刑法第三百六十四条第一款的规定，以传播淫秽物品罪定罪处罚：

（一）数量达到第一条第一款第（一）项至第（五）项规定标准二倍以上的；

（二）数量分别达到第一条第一款第（一）项至第（五）项两项以上标准的；

（三）造成严重后果的。

利用聊天室、论坛、即时通信软件、电子邮件等方式，实施第一款规定行为的，依照刑法第三百六十四条第一款的规定，以传播淫秽物品罪定罪处罚。

第四条　明知是淫秽电子信息而在自己所有、管理或者使用的网站或者网页上提供直接链接的，其数量标准根据所链接的淫秽电子信息的种类计算。

第五条　以牟利为目的，通过声讯台传播淫秽语音信息，具有下列情形之一的，依照刑法第三百六十三条第一款的规定，对直接负责的主管人员和其他直接责任人员以传播淫秽物品牟利罪定罪处罚：

（一）向一百人次以上传播的；

（二）违法所得一万元以上的；

（三）造成严重后果的。

实施前款规定行为，数量或者数额达到前款第（一）项至第（二）项规定标准五倍以上的，应当认定为刑法第三百六十三条第一款规定的“情节严重”；达到规定标准二十五倍以上的，应当认定为“情节特别严重”。

第六条 实施本解释前五条规定的犯罪，具有下列情形之一的，依照刑法第三百六十三条第一款、第三百六十四条第一款的规定从重处罚：

（一）制作、复制、出版、贩卖、传播具体描绘不满十八周岁未成年人性行为的淫秽电子信息的；

（二）明知是具体描绘不满十八周岁的未成年人性行为的淫秽电子信息而在自己所有、管理或者使用的网站或者网页上提供直接链接的；

（三）向不满十八周岁的未成年人贩卖、传播淫秽电子信息和语音信息的；

（四）通过使用破坏性程序、恶意代码修改用户计算机设置等方法，强制用户访问、下载淫秽电子信息的。

第七条 明知他人实施制作、复制、出版、贩卖、传播淫秽电子信息犯罪，为其提供互联网接入、服务器托管、网络存储空间、通讯传输通道、费用结算等帮助的，对直接负责的主管人员和其他直接责任人员，以共同犯罪论处。

第八条 利用互联网、移动通讯终端、声讯台贩卖、传播淫秽书刊、影片、录像带、录音带等以实物为载体的淫秽物品的，依照《最高人民法院关于审理非法出版物刑事案件具体应用法律若干问题的解释》的有关规定定罪处罚。

第九条 刑法第三百六十七条第一款规定的“其他淫秽物品”，包括具体描绘性行为或者露骨宣扬色情的诲淫性的视频文件、音频文件、电子刊物、图片、文章、短信息等互联网、移动通讯终端电子信息和声讯台语音信息。

有关人体生理、医学知识的电子信息和声讯台语音信息不是淫秽物品。包含色情内容的有艺术价值的电子文学、艺术作品不视为淫秽物品。

【导读及适用要点】

一、关于以牟利为目的实施的淫秽电子信息犯罪的定罪量刑标准

淫秽电子信息犯罪不同于传统的以实物为载体的淫秽物品犯罪，其行为方式和造成的社会危害都更为严重。因此，不宜适用原有关于淫秽物品犯罪的标准追究刑事责任，而应该适用符合淫秽电子信息犯罪特点的标准来追究刑事责任。基于此种考虑，《最高人民法院、最高人民检察院关于办理利用互联网、移动通讯终端、声讯台制作、复制、出版、贩卖、传播淫秽电子信息刑事案件具体应用法律若干问题的解释》(以下简称《办理淫秽电子信息刑事案件解释》)第8条作出了规定。至于符合淫秽电子信息犯罪特点的以牟利为目的的淫秽电子信息犯罪的定罪量刑标准，《办理淫秽电子信息刑事案件解释》在第1条、第2条进行了具体规定。

关于淫秽电子信息的数量标准。《办理淫秽电子信息刑事案件解释》第1条第1款第1项至第3项分别规定了制作、复制、出版、贩卖、传播淫秽电影、表演、动画等视频文件，淫秽音频文件，淫秽电子刊物、图片、文章、短信息等的定罪量刑标准。《办理淫秽电子信息刑事案件解释》将这些淫秽电子信息分别规定了统一的数量标准，即淫秽电影、表演、动画等视频文件20个以上，淫秽音频文件100个以上，淫秽电子刊物、图片、文章、短信息等200件以上。无论淫秽电影、表演、动画等视频文件的持续时间长短，只要属于这类视频文件，就共同计算数量。1件淫秽期刊可能包括许多淫秽图片、文章，仍然按照1件计算。按件计算的淫秽期刊，与单独成张的淫秽照片、单独成篇的淫秽文章共同计算数量。

需要注意的是，制作、复制、出版、贩卖、传播五种行为方式之间属于并列关系，上述第1项列举的几类淫秽视频文件之间、第3项列举的几类淫秽电子信息之间也属于并列关系，在计算淫秽电子信息的数量时，要综合考虑这些并列关系，具体分析，不能一概而论。例如，行为人制作出了20个动画视频文件，又将其传播的，视频文件的数量不能重复计算，只计算20个即可。再如，行为人复制了100张淫秽图片，又传播了150篇淫秽文章的，该

类淫秽电子信息的数量应该累计计算，行为人共计复制、传播了250件淫秽电子信息。

关于淫秽电子信息的被点击数。根据《办理淫秽电子信息刑事案件解释》第1条第1款第4项的规定，制作、复制、出版、贩卖、传播的淫秽电子信息，实际被点击数达到1万次以上，是追究行为人制作、复制、出版、贩卖、传播牟利罪刑事责任的情形之一。有一种观点认为，被点击数不能作为定罪量刑的标准，理由是：点击淫秽电子信息是他人的行为，不能以他人行为的结果作为影响自己行为性质及量刑幅度的标准，否则有客观归罪之嫌。另一种观点认为，被点击数可以作为标准，理由是：行为人制作、复制、出版、贩卖、传播淫秽电子信息，其目的就是希望更多的人来点击，以扩大影响，赚取更多的非法利益，无论他人点击次数多少，均没有超出行为人的主观意志以外。《办理淫秽电子信息刑事案件解释》采纳了第二种观点。需要注意的是，《办理淫秽电子信息刑事案件解释》采用了"实际被点击数"的提法。有些网站为了造势，将计数器设置为从某一个数字如10万次或者1万次开始；有些网页将计数器计数办法设置为别人点击一次计数器计数10次或者5次。还有人出于恶意，在短时间内疯狂计算点击他人的淫秽电子信息，甚至可以在几小时内点击数千次。在计算点击数时，这些虚增的、不正常的数量应该从被点击总数中减去。

关于两项以上半数标准。根据《办理淫秽电子信息刑事案件解释》第1条第1款第7项的规定，"数量或者数额虽未达到第1项至第6项规定标准，但分别达到其中两项以上标准一半以上的"，也是追究行为人相应刑事责任的情形之一。例如，行为人以牟利为目的，制作出了5个淫秽电影文件，传播了6个淫秽动画文件，同时吸收了100人成为注册会员，其数量虽未达到《办理淫秽电子信息刑事案件解释》第1条第1款第1项规定的标准，也没有达到第5项规定的标准，但是分别达到了该两项标准的一半以上，就符合了第7项的要求，应该追究其刑事责任。

二、关于传播淫秽电子信息犯罪的定罪量刑标准

传统的传播淫秽物品罪，传播的内容主要是以实物为载体的录像带、录音带等淫秽物品。根据最高人民法院《关于审理非法出版物刑事案件具体应

用法律若干问题的解释》第10条的规定，传播淫秽物品犯罪主要以被传播人次的多少为定罪量刑标准。考虑到通过互联网或者移动通讯终端传播淫秽电子信息犯罪的特点，我们认为，单纯以传播人次的多少来定罪量刑有失片面，传播淫秽电子信息数量大的，仍然具有严重的社会危害性，也应该追究刑事责任，因此《办理淫秽电子信息刑事案件解释》第3条第1款作出了规定。

三、关于提供与淫秽电子信息有关的链接行为的定罪量刑标准

有些同志提出，互联网淫秽电子信息之所以泛滥成灾，很重要的一个原因就是指向淫秽电子信息的链接太多，任何人只要点击有关链接，就可以浏览、下载相应的淫秽电子信息，因此，提供淫秽电子信息的链接，与提供淫秽电子信息没有本质的不同，应该采用同样的定罪量刑标准。而有些同志提出，互联网之所以发展速度惊人，日新月异，很重要的一个原因就是网站、网页之间的相互链接。如果没有链接，网站就要成为孤岛，互联网也会失去现有的特性和功能。同时，网站和网页的所有人或者管理人，无法做到随时确保与其链接的网站和页面的内容完全合法，链接者可以任意改动自己网站和页面的内容。再者，一般网站上都有搜索引擎，虽然采取了过滤措施，可以将明显的淫秽内容过滤掉，但仍然难以确保搜索出来的内容完全合法，现有的技术水平根本做不到这一点。《办理淫秽电子信息刑事案件解释》综合考虑了两个方面的因素，在第4条对此进行了规定，主要是加入了明知的主观要件，即“明知是淫秽电子信息而在自己所有、管理或者使用的网站或者网页上提供直接链接的，其数量标准根据所链接的淫秽电子信息的种类计算”。这样做，既可以有力打击提供直接指向淫秽电子信息的链接的犯罪行为，又尽可能地缩小打击面，避免打击扩大化。

至于淫秽链接的计算标准，要根据链接直接指向的淫秽电子信息的种类，分别按照《办理淫秽电子信息刑事案件解释》第1条、第3条的有关标准执行。例如，行为人以牟利为目的，在自己的网页上添加了直接指向淫秽动画的链接20个，按照《办理淫秽电子信息刑事案件解释》第1条第1款的规定，达到了其中第1项规定的淫秽动画的数量标准，就应该以传播淫秽物品牟利罪追究刑事责任。再如，行为人为了与他人交流，在某论坛里张贴了400个直接指向淫秽图片的链接，按照《办理淫秽电子信息刑事案件解释》第3

条第 1 款的规定，达到了第 1 条第 1 款第 3 项规定的淫秽电影数量标准两倍以上，就构成了传播淫秽物品罪。这里强调了“直接链接”，如果不是直接指向淫秽电子信息的链接，则不能按照这个标准掌握。

四、关于上网观看、从网上下载淫秽电子信息行为的定性

无论根据《刑法》的条文，还是根据《办理淫秽电子信息刑事案件解释》的规定，不以牟利为目的，在家中上网观看、从网上下载淫秽的电影、动画、图片、文章等淫秽电子信息的行为，均不构成犯罪。当然，如果行为人将下载的淫秽电子信息又以电子邮件或者其他形式转发给了其他人，其行为的性质就属于传播。传播的行为当然具有社会危害性，在达到《办理淫秽电子信息刑事案件解释》规定的标准的，就应该追究刑事责任。

五、关于对未成年人合法权益的保护

淫秽电子信息对未成年人的危害，比对成年人的危害要大得多。有些人甚至说，淫秽电子信息对成年人没有什么害处，只是对未成年人有害。此话显然很片面，但是从一个侧面反映了淫秽电子信息对未成年人的严重危害。一些未成年人涉足淫秽电子信息以后，有书不念，有学不上，丢弃学业，荒废青春，甚至走上违法犯罪道路，危害触目惊心，教训极其深刻。有鉴于此，《办理淫秽电子信息刑事案件解释》着重强调了对未成年人的保护，规定在以下三种情形下，对犯罪分子从重处罚：（1）制作、复制、出版、贩卖、传播具体描绘不满 18 周岁未成年人性行为的淫秽电子信息的；（2）明知是具体描绘不满 18 周岁的未成年人性行为的淫秽电子信息而在自己所有、管理或者使用的网站或者网页上提供直接链接的；（3）向不满 18 周岁的未成年人贩卖、传播淫秽电子信息和语音信息的。

需要注意的是，根据《办理淫秽电子信息刑事案件解释》第 6 条第 4 项的规定，虽然不属于对未成年人的专门保护，但是仍然属于构成犯罪时从重处罚的情形。

六、关于大的互联网站、电信部门、金融机构涉嫌共同犯罪问题

通过互联网、移动通讯终端、声讯台实施的淫秽电子信息犯罪行为，一

般都是小规模的网站或者个人所为，其离不开大的互联网站、电讯经营机构、金融机构的参与。大的互联网站、电讯经营机构提供开办淫秽网站所需要的互联网接入服务、网络存储空间、服务器托管、通讯传输通道、手机代收费等帮助条件，金融机构提供银行转账、网上费用结算等帮助条件。一旦离开大的互联网站、电讯经营机构、金融机构的帮助，淫秽网站几乎不可能收取费用，甚至不可能开办下去。大的互联网站、电讯经营机构、金融机构明知淫秽网站实施淫秽电子信息犯罪行为，仍然提供上述帮助条件的，其帮助行为就成为淫秽电子信息犯罪行为的组成部分，就应该按照共同犯罪的规定来追究直接责任人员的刑事责任。

一般来说，构成共同犯罪的是大的互联网站、电讯经营机构、金融机构的个别人员，例如，为淫秽网站提供技术维护的大的互联网站的技术人员，移动运营商的具体经营人员，银行的网上业务部主管，等等。但是，《办理淫秽电子信息刑事案件解释》并不仅限于这些直接负责的主管人员和其他直接责任人员。如果这些大的互联网站、电讯经营机构、金融机构明知他人实施淫秽电子信息犯罪行为，仍然提供上述帮助条件的，根据《刑法》第366条的规定，应该对单位按照共同犯罪论处，按照单位在共同犯罪中所起作用的大小，对单位判处罚金，并对其直接负责的主管人员和其他直接责任人员追究刑事责任。

（撰稿人：祝二军

审稿人：胡云腾）

最高人民法院　最高人民检察院
关于办理利用互联网、移动通讯终端、声讯台制作、复制、出版、贩卖、传播淫秽电子信息刑事案件具体应用法律若干问题的解释（二）

法释〔2010〕3号

（2010年1月18日最高人民法院审判委员会第1483次会议、2010年1月14日最高人民检察院第十一届检察委员会第28次会议通过　2010年2月2日最高人民法院、最高人民检察院公告公布　自2010年2月4日起施行）

为依法惩治利用互联网、移动通讯终端制作、复制、出版、贩卖、传播淫秽电子信息，通过声讯台传播淫秽语音信息等犯罪活动，维护社会秩序，保障公民权益，根据《中华人民共和国刑法》、《全国人民代表大会常务委员会关于维护互联网安全的决定》的规定，现对办理该类刑事案件具体应用法律的若干问题解释如下：

第一条　以牟利为目的，利用互联网、移动通讯终端制作、复制、出版、贩卖、传播淫秽电子信息的，依照《最高人民法院、最高人民检察院关于办理利用互联网、移动通讯终端、声讯台制作、复制、出版、贩卖、传播淫秽电子信息刑事案件具体应用法律若干问题的解释》第一条、第二条的规定定罪处罚。

以牟利为目的，利用互联网、移动通讯终端制作、复制、出版、贩卖、传播内容含有不满十四周岁未成年人的淫秽电子信息，具有下列情形之一的，依照刑法第三百六十三条第一款的规定，以制作、复制、出版、贩卖、传播淫秽物品牟利罪定罪处罚：

（一）制作、复制、出版、贩卖、传播淫秽电影、表演、动画等视频文件十个以上的；

（二）制作、复制、出版、贩卖、传播淫秽音频文件五十个以上的；

（三）制作、复制、出版、贩卖、传播淫秽电子刊物、图片、文章等一百件以上的；

（四）制作、复制、出版、贩卖、传播的淫秽电子信息，实际被点击数达到五千次以上的；

（五）以会员制方式出版、贩卖、传播淫秽电子信息，注册会员达一百人以上的；

（六）利用淫秽电子信息收取广告费、会员注册费或者其他费用，违法所得五千元以上的；

（七）数量或者数额虽未达到第（一）项至第（六）项规定标准，但分别达到其中两项以上标准一半以上的；

（八）造成严重后果的。

实施第二款规定的行为，数量或者数额达到第二款第（一）项至第（七）项规定标准五倍以上的，应当认定为刑法第三百六十三条第一款规定的“情节严重”；达到规定标准二十五倍以上的，应当认定为“情节特别严重”。

第二条　利用互联网、移动通讯终端传播淫秽电子信息的，依照《最高人民法院、最高人民检察院关于办理利用互联网、移动通讯终端、声讯台制作、复制、出版、贩卖、传播淫秽电子信息刑事案件具体应用法律若干问题的解释》第三条的规定定罪处罚。

利用互联网、移动通讯终端传播内容含有不满十四周岁未成年人的淫秽电子信息，具有下列情形之一的，依照刑法第三百六十四条第一款的规定，以传播淫秽物品罪定罪处罚：

（一）数量达到第一条第二款第（一）项至第（五）项规定标准二倍以上的；

（二）数量分别达到第一条第二款第（一）项至第（五）项两项以上标准的；

（三）造成严重后果的。

第三条　利用互联网建立主要用于传播淫秽电子信息的群组，成员达三十人以上或者造成严重后果的，对建立者、管理者和主要传播者，依照刑法

第三百六十四条第一款的规定，以传播淫秽物品罪定罪处罚。

第四条 以牟利为目的，网站建立者、直接负责的管理者明知他人制作、复制、出版、贩卖、传播的是淫秽电子信息，允许或者放任他人在自己所有、管理的网站或者网页上发布，具有下列情形之一的，依照刑法第三百六十三条第一款的规定，以传播淫秽物品牟利罪定罪处罚：

（一）数量或者数额达到第一条第二款第（一）项至第（六）项规定标准五倍以上的；

（二）数量或者数额分别达到第一条第二款第（一）项至第（六）项两项以上标准二倍以上的；

（三）造成严重后果的。

实施前款规定的行为，数量或者数额达到第一条第二款第（一）项至第（七）项规定标准二十五倍以上的，应当认定为刑法第三百六十三条第一款规定的"情节严重"；达到规定标准一百倍以上的，应当认定为"情节特别严重"。

第五条 网站建立者、直接负责的管理者明知他人制作、复制、出版、贩卖、传播的是淫秽电子信息，允许或者放任他人在自己所有、管理的网站或者网页上发布，具有下列情形之一的，依照刑法第三百六十四条第一款的规定，以传播淫秽物品罪定罪处罚：

（一）数量达到第一条第二款第（一）项至第（五）项规定标准十倍以上的；

（二）数量分别达到第一条第二款第（一）项至第（五）项两项以上标准五倍以上的；

（三）造成严重后果的。

第六条 电信业务经营者、互联网信息服务提供者明知是淫秽网站，为其提供互联网接入、服务器托管、网络存储空间、通讯传输通道、代收费等服务，并收取服务费，具有下列情形之一的，对直接负责的主管人员和其他直接责任人员，依照刑法第三百六十三条第一款的规定，以传播淫秽物品牟利罪定罪处罚：

（一）为五个以上淫秽网站提供上述服务的；

（二）为淫秽网站提供互联网接入、服务器托管、网络存储空间、通讯传输通道等服务，收取服务费数额在二万元以上的；

（三）为淫秽网站提供代收费服务，收取服务费数额在五万元以上的；

（四）造成严重后果的。

实施前款规定的行为，数量或者数额达到前款第（一）项至第（三）项规定标准五倍以上的，应当认定为刑法第三百六十三条第一款规定的“情节严重”；达到规定标准二十五倍以上的，应当认定为“情节特别严重”。

第七条　明知是淫秽网站，以牟利为目的，通过投放广告等方式向其直接或者间接提供资金，或者提供费用结算服务，具有下列情形之一的，对直接负责的主管人员和其他直接责任人员，依照刑法第三百六十三条第一款的规定，以制作、复制、出版、贩卖、传播淫秽物品牟利罪的共同犯罪处罚：

（一）向十个以上淫秽网站投放广告或者以其他方式提供资金的；

（二）向淫秽网站投放广告二十条以上的；

（三）向十个以上淫秽网站提供费用结算服务的；

（四）以投放广告或者其他方式向淫秽网站提供资金数额在五万元以上的；

（五）为淫秽网站提供费用结算服务，收取服务费数额在二万元以上的；

（六）造成严重后果的。

实施前款规定的行为，数量或者数额达到前款第（一）项至第（五）项规定标准五倍以上的，应当认定为刑法第三百六十三条第一款规定的“情节严重”；达到规定标准二十五倍以上的，应当认定为“情节特别严重”。

第八条　实施第四条至第七条规定的行为，具有下列情形之一的，应当认定行为人“明知”，但是有证据证明确实不知道的除外：

（一）行政主管机关书面告知后仍然实施上述行为的；

（二）接到举报后不履行法定管理职责的；

（三）为淫秽网站提供互联网接入、服务器托管、网络存储空间、通讯传输通道、代收费、费用结算等服务，收取服务费明显高于市场价格的；

（四）向淫秽网站投放广告，广告点击率明显异常的；

（五）其他能够认定行为人明知的情形。

第九条　一年内多次实施制作、复制、出版、贩卖、传播淫秽电子信息行为未经处理，数量或者数额累计计算构成犯罪的，应当依法定罪处罚。

第十条 单位实施制作、复制、出版、贩卖、传播淫秽电子信息犯罪的，依照《中华人民共和国刑法》、《最高人民法院、最高人民检察院关于办理利用互联网、移动通讯终端、声讯台制作、复制、出版、贩卖、传播淫秽电子信息刑事案件具体应用法律若干问题的解释》和本解释规定的相应个人犯罪的定罪量刑标准，对直接负责的主管人员和其他直接责任人员定罪处罚，并对单位判处罚金。

第十一条 对于以牟利为目的，实施制作、复制、出版、贩卖、传播淫秽电子信息犯罪的，人民法院应当综合考虑犯罪的违法所得、社会危害性等情节，依法判处罚金或者没收财产。罚金数额一般在违法所得的一倍以上五倍以下。

第十二条 《最高人民法院、最高人民检察院关于办理利用互联网、移动通讯终端、声讯台制作、复制、出版、贩卖、传播淫秽电子信息刑事案件具体应用法律若干问题的解释》和本解释所称网站，是指可以通过互联网域名、IP 地址等方式访问的内容提供站点。

以制作、复制、出版、贩卖、传播淫秽电子信息为目的建立或者建立后主要从事制作、复制、出版、贩卖、传播淫秽电子信息活动的网站，为淫秽网站。

第十三条 以前发布的司法解释与本解释不一致的，以本解释为准。

【导读及适用要点】

一、利用互联网建立主要用于传播淫秽电子信息的群组行为的定罪量刑标准

《最高人民法院、最高人民检察院关于办理利用互联网、移动通讯终端、声讯台制作、复制、出版、贩卖、传播淫秽电子信息刑事案件具体应用法律若干问题的解释（二）》（以下简称《办理淫秽电子信息刑事案件解释（二）》）第 3 条明确了利用互联网建立主要用于传播淫秽电子信息的群组行为的定罪量刑标准。

利用互联网建立群组并传播淫秽电子信息（主要是淫秽图片），是传播淫秽物品的常见形式。然而，对上述行为如何定罪量刑，标准尚不明确。例如，点击率如何计算？传播图片的数量是按照接收的人数还是传播的实际图片数量计算？如果群组主要是用于传播淫秽电子信息的，对建立者、管理者和主要传播者能否以发展成员的数量为标准定罪处罚？经过反复研究，决定将群组的成员人数和造成严重后果作为定罪量刑的标准。主要理由如下：该种方案具有较强的操作性，而其他方案具有明显弊端。如果将传播的图片数量按照接收的人数计算，则在一个成员为 50 人的群组中，只需要发 8 张图片，即可构成传播淫秽物品罪。这显然不符合罪责刑相适应的原则，因为同在网站上发布可以供全球上网用户查看的淫秽图片相比，前者的社会危害性不会更大，但对其的处罚却更为严厉。而如果按照传播的实际图片数量计算，则又会导致标准过松，对此类行为打击不力。从司法实践的情况来看，大部分群组的成员数不超过 50 人，建立主要用于传播淫秽电子信息的群组，其发展成员超过 30 人或者造成其他严重后果的，具有较大的社会危害性，应予以刑事打击。

二、网站建立者、直接负责的管理者构成传播淫秽物品牟利罪的定罪量刑标准

《办理淫秽电子信息刑事案件解释（二）》第 4 条共分两款，明确了以牟利为目的，允许或者放任他人在自己所有、管理的网站或者网页上发布淫秽电子信息行为的定罪量刑标准。

在很多传播淫秽物品案件中，网站建立者和管理者自身并不发布淫秽电子信息，而是允许或者放任他人在自己所有、管理的网站或者网页上发布淫秽电子信息。例如，当前传播淫秽电子信息最为广泛的渠道是 P–P（又称 P2P）网站，通常 P–P 网站的提供者自身并不传播淫秽电子信息，而是由网民自行上传。根据以往的司法解释，每个上传者上传的淫秽电子信息往往都未达到定罪的标准，虽总数量巨大，仍难以对 P–P 网站的提供者定罪处罚，这也是 P–P 网站上淫秽电子信息最为泛滥的原因之一。因此，有必要对以牟利为目的，允许或者放任他人在自己所有、管理的网站或者网页上发布淫秽电子信息的定性予以明确。经研究认为，上述行为系传播淫秽物品，理由如

下：按照全国人大常委会《关于维护互联网安全的决定》及其他相关规定，网站建立者、管理者对其所有、管理的网站或者网页负有法定管理职责，而其以牟利为目的，不履行管理职责，致使淫秽电子信息在其所有、管理的网站或者网页上传播，情节严重的，可以构成传播淫秽物品牟利罪。

需要特别说明的是，考虑到上述行为是通过不作为方式实施，与直接的传播淫秽物品的行为存有较大差异，第4条将犯罪主体限制为网站建立者和直接负责的管理者，并在定罪量刑标准上适当放宽，将标准大体上调至直接传播淫秽物品牟利行为的定罪量刑标准的二至三倍。此外，本条的起刑点、情节严重标准之间为五倍的倍数关系；考虑到基数较大，情节严重和情节特别严重的标准之间设置为四倍的倍数关系。

三、网站建立者、直接负责的管理者构成传播淫秽物品罪的定罪量刑标准

《办理淫秽电子信息刑事案件解释（二）》第5条明确了不以牟利为目的，允许或者放任他人在自己所有、管理的网站或者网页上发布淫秽电子信息行为的定罪量刑标准。在实践中，网站建立者、直接负责的管理者允许或者放任他人在自己所有、管理的网站或者网页上发布淫秽电子信息的行为，也存在着不以牟利为目的的情形。因此，第5条对这种行为予以规定，并将定罪量刑标准相应放宽，将标准大体上调至直接传播淫秽物品行为的定罪量刑标准的二至三倍。

四、电信业务经营者、互联网信息服务提供者构成传播淫秽物品牟利罪的定罪量刑标准

《办理淫秽电子信息刑事案件解释（二）》第6条共分两款，明确了为淫秽网站提供互联网接入、服务器托管、网络存储空间、通讯传输通道、代收费等服务，并收取服务费行为的定罪量刑标准，为《办理淫秽电子信息刑事案件解释（二）》的核心条款之一。

切断淫秽网站的利益链，是《办理淫秽电子信息刑事案件解释（二）》制定过程中的核心考虑点。唯有如此，才能真正遏制淫秽网站泛滥的趋势，构建打击淫秽网站的长效机制。从实践来看，为淫秽网站提供互联网接入、服

务器托管、网络存储空间、通讯传输通道、代收费等服务，并从中获利的现象较为突出。在资金通过利益链条层层分成的过程中，各中间环节往往通过声称自己并不明知是淫秽网站以规避打击并牟取暴利。而且，建立淫秽网站还需要租用服务器、注册网络域名等，这些互联网信息服务提供者也会向淫秽网站收取一定的费用。

当前利用互联网制作、复制、出版、贩卖、传播淫秽电子信息案件高发，电信业务经营者、互联网信息服务提供者受巨大经济利益驱动，不履行法定管理职责是其中的一个重要原因，一定程度上起到了推波助澜的作用。依照《全国人大常委会关于维护互联网安全的决定》及其他相关规定，电信业务经营者、互联网信息服务提供者对于所服务的网站负有安全管理职责。例如，根据《全国人大常委会关于维护互联网安全的决定》第 7 条，《电信条例》第 57 条、第 62 条，《互联网信息服务管理办法》第 15 条、第 16 条的规定，在公共信息服务中，电信业务经营者、互联网信息服务提供者发现电信网络中传输的信息明显含有淫秽、色情内容的，应当立即停止传输，保存有关记录，并向国家有关机关报告。因此，明知是淫秽网站，不履行法定管理职责，却为其提供互联网接入、服务器托管、网络存储空间、通讯传输通道、代收费等服务，并收取费用，情节严重的，可以构成传播淫秽物品牟利罪。考虑到该类行为同一般的直接传播淫秽物品的行为有所区别，本条设置了独立的定罪量刑标准。

第 1 款从如下几个方面具体规定了入罪标准：第 1 项以提供服务的网站数量为基准，即为五个以上淫秽网站提供互联网接入、服务器托管、网络存储空间、通讯传输通道、代收费等服务的，构成传播淫秽物品牟利罪；第 2 项以提供服务所收取的服务费数额为基准，即为淫秽网站提供互联网接入、服务器托管、网络存储空间、通讯传输通道等服务，并收取费用，构成传播淫秽物品牟利罪的起刑点为收取服务费数额在 2 万元以上；第 3 项以为淫秽网站提供代收费服务所收取的服务费数额为标准，即为淫秽网站提供代收费服务，收取服务费数额在 5 万元以上的，构成传播淫秽物品牟利罪；第 4 项是关于兜底条款的规定。

第 2 款明确了情节严重和情节特别严重的认定标准。本条的起刑点、情节严重和情节特别严重的标准之间为五倍的关系。

五、通过投放广告等方式向淫秽网站直接或者间接提供资金，或者提供费用结算服务行为的定罪量刑标准

《办理淫秽电子信息刑事案件解释（二）》第7条共分两款，明确了以牟利为目的，通过投放广告等方式向淫秽网站直接或者间接提供资金，或者提供费用结算行为的定性问题，为《办理淫秽电子信息刑事案件解释（二）》的核心内容之一。

淫秽网站的犯罪成本虽然较低，但仍然需要一定的资金来源以维护其日常运作。从司法实践来看，除了部分收费网站（主要为电脑网站）采取收受会员费等方式牟取利益外，大部分淫秽网站靠加盟广告联盟，在自己的网站上为广告联盟的广告代码提供链接以获取利益。合作的方式有点击合作，即淫秽网站获取广告代码，如果有人点击广告则自动记录，由广告联盟或广告主付费给网站；而更多的是分成合作，即用户下载淫秽网站广告所链接的服务，淫秽网站就能获取相应的分成。通过这种方式，广告商（广告联盟）和广告主往往获取巨大利润。因此，有必要严厉打击向淫秽网站投放广告及其他提供资金的行为，才能真正切断通过传播淫秽电子信息获取利益的链条。此外，淫秽网站经常采用第三方支付平台进行支付，支付平台从中收取服务费。因此，对明知是淫秽网站仍然为其提供资金结算帮助的支付平台进行打击，也是切断其利益链条的有效途径。总之，对明知是淫秽网站，以牟利为目的，通过投放广告等方式向其直接或者间接提供资金，或者提供费用结算，情节严重的，有必要对直接负责的主管人员和其他直接责任人员，以制作、复制、出版、贩卖、传播淫秽物品牟利罪的共同犯罪论处。

在此，有两个问题需要特别说明：

（1）这里涉及隔地共同犯罪的情况。在这种情况下，可能存在对实行犯的刑事管辖权实际无法行使的情况。经研究，以牟利为目的，通过投放广告等方式向淫秽网站直接或者间接提供资金，或者提供费用结算的行为具有较大社会危害性，在实行犯未归案的情况下，对其他犯罪人可以共同犯罪予以定罪处罚。

（2）基于宽严相济刑事政策的考量，对于此条共犯的成立应设立单独的定罪量刑标准，只对情节严重的行为予以惩治。

第1款对实施上述行为构成制作、复制、出版、贩卖、传播淫秽物品牟利罪的共同犯罪设置了独立的标准：第1项以提供资金的网站数量为标准，即向10个以上淫秽网站投放广告或者以其他方式提供资金的构成犯罪；第2项以投放广告数量为标准，即向淫秽网站投放广告在20条以上的构成犯罪；第3项以为淫秽网站提供费用结算服务的网站数量为标准，即向10个以上淫秽网站提供费用结算服务的构成犯罪；第4项以提供资金的数量为标准，即以投放广告或者其他方式向淫秽网站提供资金数额在5万元以上的构成犯罪；第5项以提供费用结算服务所收取服务费数额为标准，即为淫秽网站提供费用结算服务，收取服务费数额在2万元以上的构成犯罪；第6项是关于兜底条款的规定。

第2款规定了情节严重和情节特别严重的认定标准。本条的起刑点、情节严重和情节特别严重的标准之间为五倍的关系。

六、“明知”的认定标准

《办理淫秽电子信息刑事案件解释（二）》第8条明确了明知的认定标准，是《办理淫秽电子信息刑事案件解释（二）》的核心内容之一。

从司法实践看，明知的认定是打击淫秽电子信息犯罪中的难点，行为人往往通过声称自己不明知以规避打击并牟取暴利。对此，存在两种情形：一种情形是确实不知道，只是疏于管理；另一种情形则是虽然明知，但放任或者允许上述行为的发生，而司法机关又难以获得其明知的证据。因此，有必要在《办理淫秽电子信息刑事案件解释（二）》中设置专条明确规定应当认定行为人主观上属于明知的情形。

《办理淫秽电子信息刑事案件解释（二）》第8条根据刑法理论和刑事司法实践的一贯做法，明确了明知的认定标准。本条根据实践中的具体情况设置了应当认定行为人主观上属于明知的情形，形成4种具体情形和一个兜底条款。第1项是指公安机关等行政主管机关，告知网站建立者、直接负责的管理者，他人在其所有、管理的网站或者网页上发布淫秽电子信息后，其仍然实施允许或者放任行为的，或者告知电信业务经营者、互联网信息服务提供者某一网站是淫秽网站后，其仍然提供服务的，应当认定为明知。第2项是指网站建立者、直接负责的管理者、电信业务经营者、互联网服务提供者，接到有关人员或者单位举报淫秽信息或者淫秽网站后，不履行《电信条例》《互联网信息服务管理办法》规定的法定管理职责的，应当认定为明知。第3项是指电信业务经营者、互联网信息服务提供者、第三方支付平台等，为淫秽网站提供互联网接入、服务器托管、网络存储空间、通讯传输通道、代收费、费用结算等服务，如果收取服务费明显高于市场价格的，也应当认定为明知。第4项是指广告主、广告商投放广告，如果广告点击率明显异常的，也应当认定为明知。淫秽网站在设置广告链接后，往往以点击广告作为获取淫秽电子信息的前提条件，从而其点击率明显高于投放到普通网站的广告。第5项是关于兜底条款的规定。

考虑到司法实践中的情形比较复杂，可能存在虽然具有第8条规定的各种情形，但有证据证明行为人确实不知道的情况，本条特别规定了例外原则。

（撰稿人：喻海松）

最高人民法院　最高人民检察院
关于利用网络云盘制作、复制、贩卖、传播淫秽电子信息牟利行为定罪量刑问题的批复

法释〔2017〕19号

（2017年8月28日最高人民法院审判委员会第1724次会议、2017年10月10日最高人民检察院第十二届检察委员会第70次会议通过　2017年11月22日最高人民法院、最高人民检察院公告公布　自2017年12月1日起施行）

各省、自治区、直辖市高级人民法院、人民检察院，解放军军事法院、军事检察院，新疆维吾尔自治区高级人民法院生产建设兵团分院、新疆生产建设兵团人民检察院：

近来，部分高级人民法院、省级人民检察院就如何对利用网络云盘制作、复制、贩卖、传播淫秽电子信息牟利行为定罪量刑的问题提出请示。经研究，

批复如下：

一、对于以牟利为目的，利用网络云盘制作、复制、贩卖、传播淫秽电子信息的行为，是否应当追究刑事责任，适用刑法和最高人民法院、最高人民检察院《关于办理利用互联网、移动通讯终端、声讯台制作、复制、出版、贩卖、传播淫秽电子信息刑事案件具体应用法律若干问题的解释》（法释〔2004〕11号）、《最高人民法院、最高人民检察院关于办理利用互联网、移动通讯终端、声讯台制作、复制、出版、贩卖、传播淫秽电子信息刑事案件具体应用法律若干问题的解释（二）》（法释〔2010〕3号）的有关规定。

二、对于以牟利为目的，利用网络云盘制作、复制、贩卖、传播淫秽电子信息的行为，在追究刑事责任时，鉴于网络云盘的特点，不应单纯考虑制作、复制、贩卖、传播淫秽电子信息的数量，还应充分考虑传播范围、违法所得、行为人一贯表现以及淫秽电子信息、传播对象是否涉及未成年人等情节，综合评估社会危害性，恰当裁量刑罚，确保罪责刑相适应。

此复

【导读及适用要点】

一、利用网络云盘制作、复制、贩卖、传播淫秽电子信息牟利行为的入罪标准

《最高人民法院、最高人民检察院关于利用网络云盘制作、复制、贩卖、传播淫秽电子信息牟利行为定罪量刑问题的批复》（以下简称《批复》）规定："对于以牟利为目的，利用网络云盘制作、复制、贩卖、传播淫秽电子信息的行为，是否应当追究刑事责任，适用刑法和《最高人民法院、最高人民检察院关于办理利用互联网、移动通讯终端、声讯台制作、复制、出版、贩卖、传播淫秽电子信息刑事案件具体应用法律若干问题的解释》（法释〔2004〕11号）、《最高人民法院、最高人民检察院关于办理利用互联网、移动通讯终端、声讯台制作、复制、出版、贩卖、传播淫秽电子信息刑事案件具体应用法律若干问题的解释（二）》（法释〔2010〕3号）的有关规定。"从实践来看，利

用网络云盘制作、复制、贩卖、传播淫秽电子信息牟利案件所涉的淫秽视频往往数量较大（通常会远多于20个视频的入罪标准），故适用《办理淫秽电子信息刑事案件解释》《办理淫秽电子信息刑事案件解释（二）》规定的入罪标准，并不存在问题。当然，对于此类案件，虽然达到《办理淫秽电子信息刑事案件解释》《办理淫秽电子信息刑事案件解释（二）》规定的入罪标准，但根据具体情况属于犯罪情节轻微的，也可以不起诉或者免予刑事处罚。

二、利用网络云盘制作、复制、贩卖、传播淫秽电子信息牟利行为的量刑标准

《批复》规定："对于以牟利为目的，利用网络云盘制作、复制、贩卖、传播淫秽电子信息的行为，在追究刑事责任时，鉴于网络云盘的特点，不应单纯考虑制作、复制、贩卖、传播淫秽电子信息的数量，还应充分考虑传播范围、违法所得、行为人一贯表现以及淫秽电子信息、传播对象是否涉及未成年人等情节，综合评估社会危害性，恰当裁量刑罚，确保罪责刑相适应。"据此，对于利用网络云盘制作、复制、贩卖、传播淫秽电子信息牟利行为的量刑，基于网络云盘的特点，不应唯数量量刑，特别是升档量刑，而应综合考虑有关情节量刑，确保罪责刑相适应。主要考虑如下：

其一，《办理淫秽电子信息刑事案件解释》《办理淫秽电子信息刑事案件解释（二）》制定之时，无法预见到利用网络云盘制作、复制、贩卖、传播淫秽电子信息的情形，将其量刑标准，特别是升档量刑标准直接适用于相关案件，存在不妥。

其二，从实践来看，由于网络云盘存储量大，利用网络云盘制作、复制、贩卖、传播淫秽电子信息的案件，涉案淫秽电子信息往往数量巨大，以淫秽视频为例，普遍在五百个以上，甚至成千上万个。但由于网络云盘系相对封闭的网络空间，利用其制作、复制、贩卖、传播淫秽物品，往往传播范围、获利数额又不大。特别是，有的案件传播人数、违法所得极少（仅限一两人传播，获利仅数百元、甚至数十元）。如果适用《办理淫秽电子信息刑事案件解释》《办理淫秽电子信息刑事案件解释（二）》的量刑标准，则对于此类案件应当在十年以上量刑，明显畸重。

其三，《批复》明确，对利用网络云盘制作、复制、贩卖、传播淫秽电子

信息牟利案件，量刑时，不应单纯考虑制作、复制、贩卖、传播淫秽电子信息的数量，还应充分考虑传播范围、违法所得、行为人一贯表现以及淫秽电子信息、传播对象是否涉及未成年人等情节，综合评估社会危害性，恰当裁量刑罚，确保罪责刑相适应。这为此类案件处理提供了量刑指引。根据规定，如行为人具有利用网络云盘传播淫秽电子信息范围广、获利多或者有前科等严重情节的，仍可判处重刑，不会导致轻纵犯罪。

（撰稿人：周加海　喻海松）

第二部分　司法观点

一、扰乱公共秩序罪

1.聚众以暴力手段抢回被依法查扣的制假设备的行为构成妨害公务罪

江某田等妨害公务案（《刑事审判参考》指导案例第 205 号）

裁判要点：行为人以对抗执法的故意和目的，聚众以暴力在中途拦截执法车辆，公然夺回被依法查扣的制假设备，符合妨害公务罪的构成特征，应以妨害公务罪定罪处罚。

《刑法》第 277 条第 1 款规定："以暴力、威胁方法阻碍国家机关工作人员依法执行职务的，构成妨害公务罪，处三年以下有期徒刑、拘役、管制或者罚金。"妨害公务罪侵犯的主要客体是国家机关依法进行的管理活动。国家机关依法进行的管理活动，主要是通过国家机关工作人员的执行职务行为来实现。只有国家机关工作人员依法执行职务时对其实施暴力或威胁阻碍的，才可能存在妨害公务问题，也才有可能构成妨害公务罪。所谓执行职务时，包括从开始实际执行职务时至职务执行完毕的全过程。实践中，执行职务行为通常表现为一个连续性的过程，判断一个职务行为的执行开始和执行完毕，必须根据职务行为执行的具体情况而论。从查扣制假设备到案发时的返回途中，均应视为在执行职务的过程中，而非执行职务完毕。行为人以对抗执法的故意和目的，聚众以暴力在中途拦截执法车辆，公然夺回被依法查扣的制假设备，符合妨害公务罪的构成特征，应以妨害公务罪定罪处罚。

——最高人民法院刑事审判第一庭、第二庭编：《刑事审判参考》2002 年第 5 辑（总第 28 集），法律出版社 2003 年版，第 53~58 页。

2.以放火的方式阻碍国家工作人员执行职务，并非针对不特定多数人的行为，构成妨害公务罪

周某宝妨害公务案（《刑事审判参考》指导案例第 731 号）

裁判要点：以放火的方式阻碍国家工作人员执行职务，行为并非针对不特定多数人，在行为当时特定的客观环境下该行为不可能形成引发危害公共安全的燃烧状态，且主观上并无危害公共安全的故意的，应以妨害公务罪论处。

以放火的方式实现其他犯罪目的的行为属牵连犯，处理原则是择一重罪论处，但适用该原则应以一行为触犯数罪名为前提，即该行为须同时符合数罪的构成要件。本案中，周某宝投掷点燃汽油瓶的行为明确指向在场执行公务的行政机关工作人员这一特定对象，且在当时的客观环境下尚不足以产生危害公共安全的结果，故不构成放火罪；又因该行为没有造成重伤后果，也不构成故意伤害罪。因此，本案是单纯的妨害公务案件。具体理由如下：

（一）从客观方面看，周某宝的行为不具有危害公共安全的性质

1. 周某宝的行为针对的是特定的被害人。放火罪中的放火行为具有针对不特定多数人的生命、身体或财产的公共危险性，而本案中周某宝的行为明确、直接指向特定的被害人。案发当时，围观群众已被疏散至警戒线外的安全地带，周某宝投掷燃烧瓶的行为直接指向正在实施强拆的城管队员周某伟。从其他围候在周某伟半米至一米开外的城管队员均未受到伤害这一点上可以看出，投掷点燃汽油瓶的行为在客观上没有危及不特定多数人的生命、健康或者重大公私财产安全。

2. 周某宝投掷点燃汽油瓶的行为在当时特定的客观环境下不可能形成引发危害公共安全的燃烧状态：放火罪中的放火行为必须足以引起在时间上和空间上失去控制的燃烧状态，这种引发失去控制的燃烧状态是危害公共安全的体现。就本案而言，当时的客观环境因素使得周某宝的行为根本不足以导致大面积的火灾发生。周某宝使用的是装有大半瓶汽油的二锅头酒瓶，插入布条点燃后扔向其修理棚所在的人行道，人行道上相对空旷，没有易燃物品，客观上也只造成以酒瓶破碎后洒落在地上的汽油为燃烧物所形成的 2 平方米

至3平方米的火焰，范围有限，不足以造成大规模的公共危害。放火的基本方式为焚烧财物，但焚烧财物不一定危害公共安全。在审理过程中，有观点认为，周某宝的放火行为已经形成2平方米至3平方米的火焰，已经构成放火罪既遂。我们认为，构成放火罪的放火行为必须具有足以危害公共安全的属性，并不是一形成“独立燃烧”就构成放火罪。是否足以危害公共安全、危及不特定多数人的人身、财产安全，是放火罪与其他用放火方法实施犯罪的主要区别。

综上，周某宝的行为不具有足以危害公共安全的性质，周某宝以投掷点燃汽油瓶的方式阻止城管队员强拆其违章搭建的修理棚，是一种以暴力方法阻碍国家机关工作人员依法执行职务的行为，侵犯了国家机关正常的公务活动，符合妨害公务罪的构成要件。

（二）从主观方面看，周某宝的行为没有危害公共安全的主观故意

放火罪的主观故意要求行为人必须是明知自己的行为会发生一定的危害社会的结果，并且希望或放任这种结果的发生。本案被告人周某宝既没有危害公共安全的犯罪动机和犯罪目的，也没有任何证据证明其希望或放任危害公共安全的结果发生。周某宝投掷点燃汽油瓶的目的在于阻止正在进行的强拆，没有报复社会、危害不特定多数人的犯罪动机，并且其自始辩解从未想过要制造火灾，其不希望也并不放任燃烧瓶引发大规模燃烧进而蔓延到他人房屋，甚至危害他人的生命安全。根据周某宝所使用的助燃物的状况、焚烧对象的性质及所处的环境，都能够印证周某宝关于其行为只是意图对正在依法执行职务的国家机关工作人员的身体进行打击，以阻碍执行公务行为。对此，以妨害公务罪定罪处罚符合主客观相一致的《刑法》基本原则。

（三）以放火罪追究本案被告人的刑事责任，容易造成罪责刑不相适应，也不利于社会矛盾的化解

放火罪是刑事犯罪中社会危害性较大的一类犯罪，在量刑上与妨害公务罪差距较大，在实践中对此类案件的认定应当慎重。周某宝家庭经济困难，其从事简单的车辆维修工作所获得的报酬是家庭的主要生活来源，违章修理棚的拆除必将直接影响其收入，这也是周某宝如此强烈地抵制拆除的重要原因。在当下社会保障尚不到位的情况下，周某宝的行为虽然为法律所否定，但其维护自身利益的动机容易获得他人的同情。法律具有社会性，它的施行

只有越接近社会目的，才能获得更大的社会效益。由此，司法机关在处理案件时，应对案件所涉及的经济、道德、政治因素给予必要的关注，从社会主流价值取向、社会整体道德情感等方面对司法裁判的社会效果、可能对现实生活造成的各种影响给予应有的关注与考量。本案中，若以放火罪对周某宝判处有期徒刑三年，不仅罪责刑不尽一致，而且将使其家庭陷入绝境，可能会激发新的矛盾，甚至增加社会不安定因素。而以妨害公务罪对周某宝处以较短的一年有期徒刑，符合罪责刑相适应的刑法原则，在实现个别惩治与威慑的同时，也易使裁判获得当事人、社会公众更多的认同和支持，有利于实现法律效果和社会效果的统一。

——最高人民法院刑事审判第一、二、三、四、五庭主办：《刑事审判参考》2011 年第 5 集（总第 82 集），法律出版社 2003 年版，第 53~58 页。

3.冒名但未顶替考试资格的行为，不宜认定为冒名顶替罪

这类行为是单纯冒名行为，例如冒名者利用被冒名者退学的学籍取得普通高等学校入学考试资格，但并不冒用被冒名者的成绩等其他事项；由于一些历史的原因，在普通高等教育招录中曾要求，上年度已被普通高等学校录取的学生，因故不能报到或者自动放弃入学资格的，不能再报名参加高考。一些高中生考取的成绩不理想或者考取的学校达不到预期的，按照政策不能复读，但个人为了争取更好的升学机会，学校为追求升学率，这些复读生往往以他人的名义再报名参加高考。这种情形下，行为人虽然有冒名行为，但其成绩是通过自己考取的，获取的入学资格是自己真实水平取得的，并不存在顶替行为。同理，在公务员考试中，虽有冒名但是成绩不虚假的行为；在就业安置待遇方面，有的人冒用他人参军资格，服兵役后获取的就业安置待遇资格，都属于虽有冒名，但不存在顶替的行为，不宜认定为本罪。

——胡云腾主编：《刑法罪名精释（第五版）》，人民法院出版社 2022 年版，第 917 页。

4.冒充国家机关工作人员诈骗数额较大以上财物的，属于法条竞合，适用重法条论处

李某远招摇撞骗、诈骗案（《刑事审判参考》指导案例第 162 号）

裁判要点：冒充国家机关工作人员以骗取他人信任，非法占有他人数额较大的财物的行为，既符合诈骗罪的犯罪构成，又符合招摇撞骗罪的犯罪构成，这种情况属于法条竞合。总的来说，是只能适用其中一个法条定罪量刑，而排斥其他法条的重复适用。

比较《刑法》第 266 条和第 279 条所规定的两个罪的犯罪构成，不难看出：在犯罪手段上，诈骗罪可以采取任何一种虚构事实或者隐瞒真相的方法，当然可以涵盖招摇撞骗罪中“冒充国家机关工作人员”这一特殊手段。而在犯罪目的上，招摇撞骗罪的目的可以是骗取多种类型的非法利益，法条中对行为人所骗取的非法利益类型并无明确、特别的限制，因此，自然也可以包含诈骗罪中“骗取公私财物目的”在内。当行为人以冒充国家机关工作人员身份的手段，骗得他人信任，非法占有他人数额较大以上财物时，就会出现既符合诈骗罪的犯罪构成，又符合招摇撞骗罪的犯罪构成的情况，这就是刑法理论上所讲的法条竞合。

当诈骗罪和以骗取财物为目的的招摇撞骗罪出现交叉竞合时，如何适用重法条优于轻法条的原则，可具体分析如下：（1）骗取财物数额较大的。此时，招摇撞骗罪有两档法定刑：情节一般的，法定刑为三年以下有期徒刑、拘役、管制或者剥夺政治权利；情节严重的，法定刑为三年以上十年以下有期徒刑。而诈骗罪的法定刑为三年以下有期徒刑、拘役和管制，并处或者单处罚金，重于情节一般的招摇撞骗罪的法定刑，又轻于情节严重的招摇撞骗罪的法定刑。由此，根据具体案情，如判定属于情节严重的招摇撞骗行为应以招摇撞骗罪论处，反之，则应以诈骗罪论处。通常而言，招摇撞骗罪同时又是一种破坏国家机关公信力的行为，当行为人冒充国家机关工作人员招摇撞骗同时骗取数额较大的财物时，从责任评价上理应重于不是采用冒充国家机关工作人员的方法骗取同等数额财物的普通诈骗罪。因而，在这种情况下，可视为招摇撞骗情节严重，适用招摇撞骗罪的第二档法定刑来定罪量刑。

（2）骗取财物数额巨大的。此时，诈骗罪的法定刑为三年以上十年以下有期徒刑，并处罚金，而招摇撞骗罪没有罚金的规定，因此，诈骗罪是重法条，应以诈骗罪论处。同理，当骗取财物数额特别巨大的，更是应以诈骗罪来论处。当然，如果行为人招摇撞骗行为骗取的财物没有达到数额较大的程度，自然也就没有交叉竞合和诈骗罪适用的余地，如需要定罪处罚的话，直接以招摇诈骗罪论处就可以了。

——最高人民法院刑事审判第一庭、第二庭编：《刑事审判参考》2002 年第 1 集（总第 24 集），法律出版社 2002 年版，第 79~86 页。

5.工作证属于身份证件，机动车号牌不属于身份证件

（1）工作证属于国家机关证件还是居民身份证件？这涉及国家机关证件与居民身份证件的区分，进而影响到是适用《刑法》第 280 条第 1 款规定的刑罚还是第 3 款规定的刑罚。如果认为国家机关制发的证件就属于国家机关证件，由于几乎所有的证件都是由国家机关制发，那么就会得到所有的证件都是国家机关证件的结论，这显然不成立。因此，根据制发的主体难以区分两者。国家机关证件是国家机关制发的用于办理公务事项的凭证，如拘留证、逮捕证等。身份证件虽也由相关国家机关制发，但主要用于证明公民身份，并进而明确公民在办理私人事项时与相应机关之间的权利义务。有些证件兼具公文书和私文书的性质，工作证、持枪证等即是，但这些证件证明身份的用途更大些。毫无疑问，工作证、持枪证能够为办理公务提供便利，但这是证明工作人员身份或者具有持枪资格后的附随结果。因而工作证属于身份证件。《刑事诉讼法》第 117 条第 1 款①规定："对不需要逮捕、拘留的犯罪嫌疑人，可以传唤到犯罪嫌疑人所在市、县内的指定地点或者到他的住处进行讯问，但是应当出示人民检察院或者公安机关的证明文件。对在现场发现的犯罪嫌疑人，经出示工作证件，可以口头传唤，但应当在讯问笔录中注明。"第 122 条②关于询问证人的规定也有类似内容。从上述规定看，"工作证件"与"证明文件"具有严格的区分，二者证明的内容不同。

① 本条现为《刑事诉讼法》（2018 年修正）第 119 条第 1 款。

② 本条现为《刑事诉讼法》（2018 年修正）第 124 条。

（2）关于机动车号牌的性质。机动车号牌是指在法定机关登记的准予机动车在中华人民共和国境内道路上行驶的法定标志。号牌一般在机动车辆的特定位置（车的前后两处）悬挂，其号码是机动车的登记编号，机动车号牌是关于机动车状况的一种证明。虽能通过号牌查询机动车所有者的相关身份信息，但号牌本身难以直观地反映出机动车所有者的姓名、性别、年龄等身份信息，因此，将机动车号牌认定为身份证件的观点值得商榷。

——最高人民法院研究室、最高人民法院刑法修改工作小组办公室编著：《〈刑法修正案（九）〉条文及配套司法解释理解与适用》，人民法院出版社2015年版，第218~219页。

6.“设立用于实施违法犯罪活动的网站、通讯群组”“发布有关违法犯罪信息”的行为成立非法利用信息网络罪

《刑法》第287条之一第1款第1项、第2项规定的情形为“设立用于实施诈骗、传授犯罪方法、制作或者销售违禁物品、管制物品等违法犯罪活动的网站、通讯群组的”以及“发布有关制作或者销售毒品、枪支、淫秽物品等违禁物品、管制物品或者其他违法犯罪信息的”。

1.“违法犯罪”的含义。基于立法技术考虑，《刑法》第287条之一第1款只列举了诈骗，传授犯罪方法，制作或者销售违禁物品、管制物品等违法犯罪活动。从实践来看，常见的还包括传播宣扬恐怖主义、极端主义信息，侵犯知识产权，传销，侵犯公民个人信息，组织考试作弊等违法犯罪活动。

2.用于实施违法犯罪活动的网站。通讯群组的界定。《最高人民法院、最高人民检察院关于办理非法利用信息网络、帮助信息网络犯罪活动等刑事案件适用法律若干问题的解释》明确了《刑法》第287条之一第1款第1项规定的“用于实施诈骗、传授犯罪方法、制作或者销售违禁物品、管制物品等违法犯罪活动的网站、通讯群组”的认定规则。为区别于用于正常活动的网站、通讯群组，《最高人民法院、最高人民检察院关于办理非法利用信息网络、帮助信息网络犯罪活动等刑事案件适用法律若干问题的解释》第8条从网站、通讯群组的设立目的与设立后主要从事的活动两个方面予以明确，规定：“以实施违法犯罪活动为目的而设立或者设立后主要用于实施违法犯罪活

动的网站、通讯群组，应当认定为《刑法》第二百八十七条之一第一款第一项规定的‘用于实施诈骗、传授犯罪方法、制作或者销售违禁物品、管制物品等违法犯罪活动的网站、通讯群组’。”

3. 设立用于实施违法犯罪活动的网站、通讯群组的认定。如前所述，对非法利用信息网络罪的客观行为方式应界定为包括行为人“为自己或者为他人”非法利用信息网络的情形。故而，对于设立有关网站、通讯群组亦应包括为自己和为他人设立网站、通讯群组的情形。从司法实践来看，将建立完整的网站、通讯群组进而转交给他人的行为认定为设立网站、通讯群组，应无问题。但是，网络犯罪的特点是分工细化、各管一段，实践中不少人不从事建立网站、通讯群组的完整工作，仅从事其中的一个环节。故而，为他人设立上述网站、通讯群组提供互联网接入服务器托管、网络存储空间、通讯传输通道等帮助的，也应当认定为设立用于实施诈骗、传授犯罪方法、制作或者销售违禁物品、管制物品等违法犯罪活动的网站、通讯群组。

4. 发布信息的认定。《最高人民法院、最高人民检察院关于办理非法利用信息网络、帮助信息网络犯罪活动等刑事案件适用法律若干问题的解释》明确了《刑法》第287条之一第1款第2项、第3项规定的“发布信息”的含义。实践中，有些行为人为逃避打击，不直接发布信息，而是发布信息的链接地址、截屏，或者将包含信息的文件放到网盘等存储空间后发布访问账号、密码。例如，行为人将大量淫秽视频存入网盘后，在网上发布网盘账号、密码。经研究认为，此种情形与直接发布信息并无差异，应当认定为“发布信息”。基于此，《最高人民法院、最高人民检察院关于办理非法利用信息网络、帮助信息网络犯罪活动等刑事案件适用法律若干问题的解释》第9条规定：“利用信息网络提供信息的链接、截屏、二维码、访问账号密码及其他指引访问服务的，应当认定为《刑法》第二百八十七条之一第一款第二项、第三项规定的‘发布信息’。”

——喻海松：《网络犯罪二十讲》，法律出版社2022年版，第152~153页。

7.帮助信息网络犯罪活动罪中，“犯罪”应理解为相关犯罪查证属实

根据《刑法》第287条之二第1款的规定，帮助信息网络犯罪活动罪的客观方式表现为为他人利用信息网络实施“犯罪”提供技术支持或者帮助。对于此处规定的“犯罪”的理解，将直接影响本罪的适用范围。

根据《刑法》第287条之二第1款的规定，常态情形下，帮助信息网络犯罪活动罪中被帮助对象的行为必须构成犯罪，但是对此处规定的“犯罪”只应理解为相关犯罪查证属实，而不能理解为要求经人民法院生效裁判确认。同时，即使被帮助对象的行为符合《刑法》规定的其他构成要件，但基于行为人未达到刑事责任年龄等原因依法未予追究刑事责任的，也不应影响帮助信息网络犯罪活动罪的认定。基于此，《最高人民法院、最高人民检察院关于办理非法利用信息网络、帮助信息网络犯罪活动等刑事案件适用法律若干问题的解释》第13条规定：“被帮助对象实施的犯罪行为可以确认，但尚未到案、尚未依法裁判或者因未达到刑事责任年龄等原因依法未予追究刑事责任的，不影响帮助信息网络犯罪活动罪的认定。”

从字面意义上理解，“犯罪”应当是指《刑法》分则规定应当受到刑罚处罚的行为。经广泛听取各方意见，慎重考虑，《最高人民法院、最高人民检察院关于办理非法利用信息网络、帮助信息网络犯罪活动等刑事案件适用法律若干问题的解释》第12条第2款作了专门规定，实质上将帮助信息网络犯罪活动罪中的“犯罪”作了扩大解释，从而将符合《刑法》分则规定的行为类型但尚未构成犯罪的行为涵括在内。

——喻海松：《网络犯罪二十讲》，法律出版社2022年版，第162~165页。

8.关于帮助信息网络犯罪活动罪“帮助”行为不包含非法出售个人手机卡的行为

为他人利用信息网络实施犯罪而具有下列行为，可以认定为《刑法》第287条之二规定的“帮助”行为：一是收购、出售、出租信用卡、银行账户、非银行支付账户、具有支付结算功能的互联网账号密码、网络支付接口、网

上银行数字证书的；二是收购、出售、出租他人手机卡、流量卡、物联网卡的。当前，随着电信网络诈骗犯罪链条化、产业化趋势日益凸显，非法交易的“两卡”被大量用于电信网络诈骗犯罪，发挥着基础设施作用，打击治理涉“两卡”违法犯罪势在必行。为此，2020 年 10 月，国务院联席办部署开展“断卡”行动，集中打击非法交易“两卡”的行为。《最高人民法院、最高人民检察院、公安部关于办理电信网络诈骗等刑事案件适用法律若干问题的意见（二）》在总结“断卡”行动经验做法基础上，将非法交易“两卡”相关行为认定为帮助信息网络犯罪活动罪中的“帮助”行为，予以刑事打击。

需要注意的是，《关于办理电信网络诈骗等刑事案件用法律若干问题的意见（二）》对于信用卡、手机卡交易行为作了相应区分。其中，对于信用卡，指向收购、出售、出租本人和他人的信用卡，具体包括信用卡、资金账户、具有支付结算功能的互联网用户账号密码、网络支付接口、网上银行数字证书等；对于手机卡，指向收购、出售、出租他人的电话卡，具体包括手机卡、物联网卡、流量卡等，未将出售自己手机卡的行为纳入犯罪圈。

之所以作出上述区分，主要考虑：一是从地位作用看，信用卡和电话卡都是电信网络诈骗犯罪中的常用工具，但实践中，信用卡多被直接用于转移诈骗资金，此时诈骗行为往往已经既遂，直接危及被害人财产安全。因此，使用非法交易的信用卡与诈骗犯罪的关联度更为紧密，社会危害性更大。而使用非法交易的手机卡，多是用于拨打诈骗电话、发送诈骗短信或是通过即时通讯软件聊天“引流”等，往往是诈骗的预备或者实行行为，是否诈骗成功还有一定的不确定性，相较于信用卡，对合法财产侵害的紧迫程度相对较弱。二是从开办数量看，目前我国基础通讯运营商主要有三家（即移动、电信、联通），每个人能开办的电话卡为每家运营商 5 张，合计最多 15 张。而能开办信用卡的金融机构数量众多，个人能开办的信用卡数量较大。相较于信用卡，对手机卡更易于从源头加强行政管控。《最高人民法院、最高人民检察院、公安部关于办理电信网络诈骗等刑事案件适用法律若干问题的意见（二）》作此规定，既符合刑法谦抑性要求，也给行政执法、信用惩戒预留必要空间。三是与“断卡”行动要求相契合。根据“断卡”行动方案要求，明确非法交易手机卡，主要是打击收购、贩卖团伙，而不是非法出售个人手机卡的个人。

——刘太宗、赵玮、刘涛：《“两高一部”〈关于办理电信网络诈骗等刑事案件用法律若干问题的意见（二）〉解读》，载《人民检察》2021年第13期。

9.对聚众扰乱医疗秩序的行为，符合聚众扰乱社会秩序罪规定的构成要件的，以聚众扰乱社会秩序罪定罪处罚

《刑法》第290条第1款规定的是聚众扰乱社会秩序罪，该罪名是典型的聚众犯罪。聚众犯罪是由首要分子组织策划、聚集纠合多人所实施的犯罪。“聚众”是实施犯罪的形式。聚众犯罪具有如下特点：一是参与人的复杂性，主要表现在必须有首要分子，即在犯罪中起组织、策划、指挥作用的犯罪分子。参与人必须三人以上，可能随时增加或减少，而非处于固定状态。但参与人不一定是犯罪人。二是行为的公然性。聚众犯罪由于人多势众，常使犯罪处于可见可闻的情况，首要分子正是利用这一点来实现自己的犯罪意图。三是行为的多样性。由于参与人复杂，使得聚众犯罪呈现多样性的特点。

对聚众扰乱医疗秩序的行为，符合《刑法》第290条规定的构成要件的，以聚众扰乱社会秩序罪定罪处罚。

本罪侵犯的客体是社会秩序，即正常的工作、生产、营业和教学、科研、医疗秩序。

在客观方面表现为聚众扰乱社会秩序，情节严重，致使工作、生产、营业和教学、科研、医疗无法进行，造成严重损失的行为。“聚众扰乱社会秩序”，是指在首要分子的煽动、策划下，纠集多人共同扰乱国家机关、企事业单位和人民团体的工作、生产、营业和教学、科研、医疗秩序，封闭出入通道，进行纠缠、哄闹、辱骂、打砸等；“情节严重”，是指扰乱正常秩序的时间长，纠集的人数多，造成的影响恶劣等。“造成严重损失”，主要是公私财物或者工作、生产、营业和教学、科研、医疗秩序受到严重的损失和破坏等。需要指出，“情节严重”“致使工作、生产、营业和教学、科研、医疗无法进行”和“造成严重损失”，都是构成本罪的要件，缺一不可。

犯罪主体是一般主体，但并非所有参与扰乱社会秩序的人都构成本罪，构成本罪的只能是扰乱社会秩序的首要分子和其他积极参加者。“首要分子”，

是指在聚众扰乱社会秩序犯罪中起策划、组织和领导作用的犯罪分子；“其他积极参加的”，是指在扰乱社会秩序犯罪中积极、主动参加或者起重要作用的犯罪分子。

主观方面由故意构成。行为人往往企图通过这种扰乱秩序的活动，制造事端，给机关、企事业单位和人民团体施加压力，以实现自己的无理要求或者借机发泄不满情绪。过失不构成本罪。

——最高人民法院研究室、最高人民法院刑法修改工作小组办公室编著：《〈刑法修正案（九）〉条文及配套司法解释理解与适用》，人民法院出版社2015年版，第284~285页。

10.编造虚假恐怖信息罪中“造成严重后果”的认定应考虑对社会秩序的破坏程度，并结合人员伤亡、财产损失、社会恐慌程度加以判断

熊某编造虚假恐怖信息案（《刑事审判参考》指导案例第881号）

正确把握编造虚假恐怖信息罪中“造成严重后果”的认定标准，是处理本案的关键。司法机关在处理此类案件时，应当根据《刑法》规定、刑事政策，结合案情具体掌握。

“严重扰乱社会秩序”，主要是指编造虚假恐怖信息引起社会恐慌，致使工作、生产、经营、教学、科研等活动无法正常进行，这是区分罪与非罪的重要界限。如果行为人编造虚假恐怖信息严重扰乱社会秩序但尚未造成严重后果的，应当在五年有期徒刑以下幅度量刑。司法实践中，具体表现为以下几种情形：（1）致使人员密集场所秩序混乱，或者采取紧急疏散措施的；（2）致使国家机关、社会团体、企事业单位正常的工作、生产、经营、教学、科研等活动被迫中断，如导致商场停止营业、航班无法正常起降的；（3）引起一定范围内的社会公众心理恐慌，感到自身安全受到威胁，无法正常生活，生活秩序严重混乱的，如编造虚假地震信息导致居民举家搬离原住所的；（4）公安、武警、消防、卫生检疫等职能部门正常工作秩序受到严重干扰、破坏，如采取紧急应对措施；等等。

“造成严重后果”，是指严重扰乱社会秩序且造成人员伤亡或者公私财产重大损失等情形。本案处理时，《刑法》及司法解释尚未对“造成严重后果”

的认定明确标准。司法实践中，认定此类犯罪行为是否“造成严重后果”，应当主要考虑对社会秩序的破坏程度，同时结合人员伤亡情况、财产损失状况、社会恐慌程度等方面加以判断。具体而言，行为人编造虚假恐怖信息有以下情形的，可以认定为造成严重后果：

1. 严重扰乱社会秩序，造成人员重大伤亡的，如在人群聚集的公众场所编造虚假恐怖信息，引起秩序大乱，导致人群相互拥挤、践踏而造成人员重大伤亡的。对于人员伤亡程度的把握，司法实践中对将造成重伤、死亡的情形认定为“造成严重后果”无甚争议，但对造成轻伤能否认定为“造成严重后果”存在争议。我们认为，对法条的解释要考虑本罪与他罪的关系，确保罚当其罪、量刑均衡。以放火罪为例，《刑法》第114条规定放火危害公共安全，尚未造成严重后果的，处三年以上十年以下有期徒刑，而第115条规定放火致人重伤、死亡或者使公私财产遭受重大损失的，处十年以上有期徒刑、无期徒刑或者死刑，可见故意放火致人轻伤在放火罪中不属于“造成严重后果”的情形。根据《刑法》罪责刑相当以及法律适用平衡的原则，编造虚假恐怖信息造成轻伤也不应认定为“造成严重后果”的情形，因此在五年以上十五年以下有期徒刑幅度内量刑明显是不适当的。当然，编造虚假恐怖信息造成多人轻伤的，可以考虑认定为“造成严重后果”。

2. 严重扰乱社会秩序，造成公私财产遭受重大损失的。对于公私财产重大损失的数额标准的设定，应当体现《刑法》罪责刑相适应原则，要全面考量可能影响损失认定的相关因素。如国家在打击恐怖活动犯罪方面的刑事政策、案发地区的经济发展水平、与编造虚假恐怖信息类似犯罪所确定的数额标准，等等。同时还要考虑犯罪行为方式、危害对象本身等因素。目前，《刑法》及司法解释关于公私财产重大损失认定的标准规定不尽一致，但从最高人民检察院、公安部2008年6月25日联合发布的《关于公安机关管辖的刑事案件立案追诉标准的规定（一）》分析，对危害公共安全的具体犯罪，大多将《刑法》条文中规定的“使公私财产遭受重大损失”界定为“造成公私财产直接经济损失五十万元”。如失火罪、大型群众性活动重大安全事故罪、危险物品肇事罪等。虽然这些犯罪类型不同，适用的刑罚幅度亦有所区别，但从《刑法》条文将“致人重伤、死亡”与“使公私财产遭受重大损失”并列作为同档量刑情节分析，两者所体现的社会危害性应当相当。而且，虽然编造虚假恐怖信息罪属于妨害社会管理秩序犯罪，从手段上讲一般不可能对生命安全和财产造成实际危害，但往往导致社会公众恐慌、公共秩序混乱，使国家、社会、个人为防止恐怖行为而付出极大的物质和精神代价，其中物质代价就包括不特定多数人的生命健康、财产遭受的损失。从这一角度讲，此类犯罪的危害性质与危害公共安全犯罪相当。正因如此，在《刑法修正案（三）》增设编造虚假恐怖信息罪之前，对于制造、散布恐怖谣言造成公众心理恐慌等行为，根据《最高人民法院、最高人民检察院、公安部关于依法严厉打击恐怖犯罪活动的通知》的有关规定，应当依照《刑法》第114条的规定，以危险方法危害公共安全犯罪追究刑事责任的。因此，在认定编造虚假恐怖信息是否造成公私财产重大损失时，可参照相关司法解释、规范性文件对部分危害公共安全犯罪设定的数额标准五十万元进行考量。此外需要强调的是，司法机关应当对被害人提出的财产损失清单及数额逐一进行审查确认，必要时还应通过价值评估等鉴定程序，尽可能查实被害人因犯罪行为造成的具体损失数额。在财产损失价值查证不清的情况下，应当坚持有利于被告人的原则，从轻判处。

3. 引起严重社会恐慌，造成一定区域的社会正常秩序受到严重破坏等重大社会影响的。如导致一定区域范围的居民为躲避恐怖危害而举家迁移或者采取其他极端措施，或者导致高考、奥运会等重大活动取消、延期或改变地点进行等。这里的严重社会恐慌是被告人犯罪行为本身给社会公众造成的大面积心理恐慌，如果犯罪对象特定、影响范围有限，仅仅是因为新闻、网络等媒体夸大报道引起大面积公众恐慌的，不能认定为造成严重后果。

基于此，最高人民法院发布的《最高人民法院关于审理编造、故意传播虚假恐怖信息刑事案件适用法律若干问题的解释》（以下简称《审理虚假恐怖信息刑事案件解释》）第2条、第4条分别对“严重扰乱社会秩序”“造成严重后果”作了更为明确、具体的规定。

具体到本案，被告人熊某为阻止债主索债而向民航机场编造虚假恐怖信息，造成1个航班紧急备降，9个航班紧急避让，备降机场为此启动二级应急响应程序，调动机场、消防、急救、飞行管制、安检、武警、公安等部门人员200余人、车辆30余台，并给备降航班航空公司造成直接经济损失175098元、间接经济损失30673元，总计205771元。熊某的犯罪行为构成“严重扰乱社会秩序”，但并未达到“造成严重后果”的程度。理由如下：第一，熊某的犯罪行为没有造成人员伤亡。第二，没有在社会公众中引起极度恐慌。本案所造成的社会恐慌程度是较小的，因为熊某仅向深圳机场编造传递了虚假信息，对象特定，且由于相关机场、航空公司及处置部门保密、应对措施及时得当，影响范围仅限于深圳机场、深圳航空公司的管理系统以及航班所行经的空域管制部门和该次航班的机组成员，在飞机安全备降后告知旅客航班上可能有违禁物品时，旅客已基本处于安全状态，后期新闻报道时亦已排除了危险，对公众造成的恐慌心理也是有限的。第三，没有造成重大经济损失。熊某给被害单位深圳航空公司造成的经济损失不足五十万元，而且对于航空行业而言，其本身就是消耗巨大的经济活动，受到安全威胁后备降的经济损失动辄数万元，甚至数十万元，如果认定“严重后果”的数额标准过低，将导致几乎所有的威胁航班飞行的行为都会在五年以上量刑，打击面过大，不符合宽严相济刑事政策的要求。襄阳高新技术产业开发区人民法院认定本案尚未达到“造成严重后果”的程度，在五年有期徒刑以下幅度量刑是正确的。

——何东青、张昊权：《熊某编造虚假恐怖信息案——如何把握编造虚假恐怖信息罪中“造成严重后果”的认定？》，载最高人民法院刑事审判第一、二、三、四、五庭主办：《刑事审判参考》2013年第4集（总第93集），法律出版社2014年版，第61~37页。

11.特定情形下高空抛物行为也可能构成以危险方法危害公共安全罪

在具体情形认定上，对于高空抛物行为没有造成危害后果的，一般认定为高空抛物罪。对于高空抛物行为虽然造成了一定危害后果，但是尚未构成其他犯罪的，如损害的财物价值较小，给路人造成轻微伤的，仍然可认定为高空抛物罪。但是特定情形下高空抛物的行为，也可能构成以危险方法危害公共安全罪。例如在高层建筑物中向密集人群大量泼洒高浓度硫酸、尖锐的物体等具有直接伤害性的物品，实际已经造成对不特定多数人生命、身体健康的危险，且危险性程度与爆炸、决水、投放危险物质相当，符合《刑法》第114条规定的，应按照以危险方法危害公共安全罪追究高空抛掷物品行为的刑事责任。如果以本罪定罪处罚，判处一年以下有期徒刑，处罚明显偏轻，也不符合罪责刑相适应的原则。

——胡云腾主编:《刑法罪名精释（第五版）》，人民法院出版社 2022 年版，第 985~986 页。

12.以轻微暴力强索硬要他人财物的行为构成寻衅滋事罪

张某等寻衅滋事案（《刑事审判参考》指导案例第 517 号）

裁判要点：未成年人以轻微暴力强索硬要他人财物的行为构成寻衅滋事罪。

本案中，被告人张某与被害人秦某松系同学，二人不仅相识，而且曾经非常要好，上学期间，张某还曾给予过秦某松某些帮助。因此，张某自认为其对秦某松有恩，秦某松应当知恩图报。但是，在毕业联系工作时，尽管张某请求秦某松帮忙，可是秦却没有照张某的意思办。同时，张某向秦借钱秦也不给。因此张某遂产生了教训秦的想法。张某在纠集同案被告人韩某、倪某兴时，即明确提出帮忙“修理”秦一顿。三被告人见到被害人秦某松后，所采取的轻微暴力殴打、强行拿走秦的两部手机，并索要钱财等行为，其目的主要是教训、“修理”秦某松。这一点，从其后来的事态发展也能看得出来：张某先是要 1 万元，看秦拿不出，于是退一步让秦“不行的话拿三条帝豪牌香烟也行”（一条帝豪牌香烟价值近 100 元）。后来看到秦身上实在没钱，遂又提出让秦第二天给其 300 元并拿走秦的两部手机作抵押，让秦拿钱换手机。后经受秦索要，张某又退还了其中的一部手机。因此，三被告人实施的暴力殴打和强拿硬要手机行为，其主观上并不单纯是为了非法占有被害人的财物，而是通过这些方式以实现教训、报复被害人的目的。

基于教训被害人的目的，三被告人前去见秦某松时没有携带任何凶器，韩某和倪某兴仅对秦某松实施了简单的拳打脚踢行为（张某没有动手），秦也没有受伤，属于轻微暴力。秦某松当时如欲反抗或者逃跑，都是完全可以的，但是他没有这样做，而只是进行辩解、认错和求饶，并任由被告人拿走他身上的两部手机。手机被拿走后，他也没有当即向公安机关报案，而是采取了事后索要的方式，要回了其中的一部。可见，三被告人实施的暴力、胁迫强度很一般，尚未超出寻衅滋事罪中“随意殴打他人”“强拿硬要”的范围。

通过以上两方面可以看出，寻衅滋事罪虽然是妨害社会管理秩序犯罪，但有时行为人主观上也具有非法占有他人财物的故意，客观上也实施了强拿硬要他人财物的非法占有行为，侵犯了他人的人身权利和财产权利，与抢劫罪的构成特征有些近似。但是，仔细分析其主客观方面的表现，还是能够找出一定差异的。《最高人民法院关于审理抢劫、抢夺刑事案件适用法律若干问题的意见》第9条中对此作了明确阐述，寻衅滋事罪行为人主观上还具有逞强好胜和通过强拿硬要来填补其精神空虚等目的，客观上一般不以严重侵犯他人人身权利的方法强拿硬要财物；抢劫罪行为人一般只具有非法占有他人财物的目的，以暴力、胁迫等方式作为劫取他人财物的手段。

因此，三被告人出于教训、报复他人的目的，使用轻微暴力强拿硬要财物的行为扰乱了正常的社会秩序，其暴力强度并未超出寻衅滋事罪所涵括的程度，符合寻衅滋事罪的构成要件，以寻衅滋事罪定罪评价更为客观和准确。

根据罪刑相适应原则，权衡被告人的主观恶性及犯罪行为的社会危害性，认定为寻衅滋事罪才能罚当其罪

《刑法》第5条规定："刑罚的轻重，应当与犯罪分子所犯罪行和承担的刑事责任相适应。"这就是我国《刑法》中的罪刑相适应原则。作为《刑法》一项基本原则，该原则不但对立法中刑罚的设定、司法中刑罚的具体裁量起着关键的作用，而且在区分不同的犯罪中也具有非常重要的意义。抢劫罪在我国《刑法》中属于重罪，其起刑点就是三年有期徒刑，最高刑是死刑；相对而言，寻衅滋事罪是一种轻罪，只能判处五年以下有期徒刑、拘役或者管制。寻衅滋事罪与抢劫罪的法定刑规定之所以如此轻重悬殊，就在于抢劫犯罪的社会危害性、对被害人人身的危险性以及侦破的难度，都远远高于寻衅滋事罪。寻衅滋事罪的行为人在随意殴打、强拿硬要或任意毁损公私财物时，一般不隐瞒自己身份，通常还多发生在熟人之间，其最终或者说最主要的目的在于寻求一种精神刺激，炫耀自己的威能，故此类案件对被害人造成的伤害比较轻微，司法机关查处起来也较容易。但抢劫罪的行为人往往对被害人隐瞒身份，通常选择陌生人作为作案对象，给被害人造成的人身伤害也往往较严重，侦破查处起来也更加困难。因此，正确区分抢劫罪和寻衅滋事罪，不仅要考量其犯罪构成的迥异，在行为性质不甚明确时，还要依据罪刑相适应原则，凭借社会一般观念，权衡一下行为人应受处罚的轻重和处刑后可能

会产生的社会效果，以期最终准确认定行为人的行为性质和罪名。在抢劫罪与寻衅滋事罪量刑存在巨大差异的情况下，出于保护未成年人的目的，根据《最高人民法院关于审理未成年人刑事案件具体应用法律若干问题的解释》第8条的规定，已满十六周岁不满十八周岁的人出于以大欺小、以强凌弱或者寻求精神刺激，随意殴打其他未成年人、多次对其他未成年人强拿硬要或者任意毁损公私财物，扰乱学校及其他公共场所秩序，只有达到“情节严重”的程度，才以寻衅滋事罪定罪处罚。司法实践中，对于未成年人使用或威胁使用轻微暴力强抢少量财物的行为，一般不以抢劫罪定罪处罚。

——最高人民法院刑事审判第一、二、三、四、五庭主办：《刑事审判参考》2008年第6集（总第65集），法律出版社2009年版，第45~50页。

说明

2011年5月1日起施行的《刑法修正案（八）》对于寻衅滋事罪进行了如下两点修改：第一，对原《刑法》条文中第2项寻衅滋事行为进行扩容，将“恐吓”他人的手段纳入其中；第二，增加第2款，提高法定刑幅度及配置罚金刑，加大了对纠集他人多次实施寻衅滋事行为的犯罪分子的惩治力度。

13.吸毒致幻者持刀拦乘汽车、恐吓驾驶人员的行为可视情况认定为寻衅滋事罪

林某明寻衅滋事案（《刑事审判参考》指导案例第1305号）

裁判要点：吸毒致幻者实施犯罪应承担刑事责任。吸毒致幻后持刀拦乘汽车、恐吓驾驶人员的行为可视情况认定为寻衅滋事罪。

司法部2016年发布的《精神障碍者刑事责任能力评定指南》第5.2.5条规定：“对毒品所致精神障碍者，如为非自愿摄入者按照5.1条款评定其刑事责任能力；对自愿摄入者，如果精神症状影响其辨认或控制能力时，不宜评定其刑事责任能力，可进行医学诊断并说明其作案时精神状态。”从上述规定可见，对毒品所致精神障碍者刑事责任能力的评定比较复杂，难以划定一个简单的认定标准。

本案中，经鉴定，被告人林某明案发时患精神活性物质所致精神障碍为缓解期，暂不评定其刑事责任能力。暂不评定意味着鉴定意见对被告人林某

明的刑事责任能力不作认定。那么，在此情形下，对自愿摄入毒品者进行刑事责任能力评定时，应当在相关精神鉴定意见的基础上，判断精神障碍是否影响其实施犯罪行为时的辨认和控制能力。而对于自陷入精神障碍的行为人，则应当根据其自陷时对危害结果的意识和意志状态认定其对结果所持的主观罪过，即根据原因自由行为理论来认定。原因自由行为是指具有责任能力的行为人，故意或者过失使自己一时陷入丧失或者尚未完全丧失责任能力的状态，并在该状态下实施了符合犯罪构成要件的行为。行为人使自己丧失或者尚未完全丧失责任能力状态的行为，称为原因行为，而在该状态之下实施符合犯罪构成要件的行为，则是结果行为。我国《刑法》虽只规定了醉酒犯罪这一类型，但对于除醉酒之外的吸毒等类型的原因自由行为仍可以通过解释将其纳入。学界对原因自由行为的可罚性根据有不同主张，但毋庸置疑的是，任何人都不能因为自己自陷入丧失或者尚未完全丧失责任能力状态而实施的犯罪行为免责。

本案中，被告人林某明明知吸毒可导致其身体出现精神活动变化，仍然自愿吸毒，神志陷入异常状态，并在此状态下实施了犯罪行为，符合原因自由行为理论，理应对自身行为承担相应的刑事责任。

本案中，被告人持刀拦乘汽车、恐吓驾驶人员，是吸食毒品后的情绪发泄体现出的滋事特性，是前述其随意殴打他人寻衅滋事行为的延续。根据《最高人民法院、最高人民检察院关于办理寻衅滋事刑事案件适用法律若干问题的解释》第3条规定："追逐、拦截、辱骂、恐吓他人，破坏社会秩序，具有下列情形之一的，应当认定为《刑法》第二百九十三条第一款第二项规定的'情节恶劣'：……（二）持凶器追逐、拦截、辱骂、恐吓他人的……"本案被告人林某明的行为属于持凶器恐吓他人的行为，可以依照寻衅滋事犯罪"情节恶劣"的情形予以定罪、量刑。

——王永兴、卢茜撰稿、韩维中审编：《林某明寻衅滋事案——吸毒致幻后持刀拦乘汽车、恐吓驾驶人员的行为定性》，载最高人民法院刑事审判第一、二、三、四、五庭主办：《刑事审判参考》（总第120集），法律出版社2019年版，第53~57页。

14.被告人针对正在违法强拆其合法财产的有关人员，持刀进行驱离，并造成一人轻微伤，不构成寻衅滋事罪

梁某辉寻衅滋事案（《刑事审判参考》指导案例第 1395 号）

裁判要点：为了保护本人的财产免受正在进行的不法拆迁行为的侵害，持刀驱离不法侵害者，其行为属于正当防卫。

具体理由如下：

（1）被告人梁某辉的行为不构成寻衅滋事罪。在矛盾由被害人故意引发或者被害人对矛盾激化负有主要责任的情况下，由于被告人的行为具有相当的正当性，故不宜认定被告人主观上具有无事生非、借故生非的故意，也就不宜认定构成寻衅滋事罪。

（2）被告人梁某辉的行为应认定为正当防卫。被告人梁某辉为了维护果园不被非法侵害而采取防卫措施，主观上具有正当性，行为没有明显超过必要限度并造成重大损害。

综上，二审法院根据本案的事实、性质，情节等，认为被告人梁某辉的行为属于正当防卫，不构成寻衅滋事罪，是正确的。此外，本案定性为正当防卫，有助于维护人民群众的正当利益，也有助于群众更准确理解法律的规定，彰显法律的价值取向，培育良好的社会道德风尚。

——林钟彪撰稿、陆建红审编：《梁某辉寻衅滋事案——持刀驱离正在违法强拆的人员并造成一人轻微伤的，是否构成寻衅滋事罪》，载最高人民法院刑事审判第一、二、三、四、五庭编：《刑事审判参考》(总第 125 辑)，人民法院出版社 2020 年版，第 61~67 页。

15.黑社会性质组织形成的标志性事件的界定为“足以初步形成非法影响”

谢某忠等人组织、领导、参加黑社会性质组织案（《刑事审判参考》指导案例第 1355 号）

裁判要点：在甄别、确定标志性事件时，至少应当从以下三个方面来分

析判断：第一，该事件一般是组织、领导者亲自组织或直接参与实施的违法犯罪事实或者其他重大事件；第二，该事件对于涉案犯罪组织进一步发展做大或者在一定区域或行业内开始初步形成非法影响具有明显作用，客观上为该组织实施后续违法犯罪活动打下基础；第三，标志性事件一般发生在首次有组织犯罪之前或者本身就是首次有组织犯罪。

如果简单地理解法条，则一个犯罪组织只有在“四个特征”同时具备之时，才是真正形成黑社会性质组织之日，但这在司法实务中无法操作，不具有现实可能性。犯罪组织的形成、发展、壮大直至最终成为组织特征、经济特征、行为特征、非法控制特征典型完备的黑社会性质组织，是一个渐进的过程，往往没有明显的性质转变的时间节点。我们认为，认定一个犯罪组织属于黑社会性质组织，指的是它最终必须完全具备上述四个特征，但不能据此要求它在形成伊始就已然完全具备四个特征，最高人民法院、最高人民检察院、公安部、司法部联合发布的《关于办理黑恶势力犯罪案件若干问题的指导意见》(以下简称《黑恶势力犯罪指导意见》) 第 6 条实际上也体现了这一精神。根据该条规定，对于黑社会性质组织的形成时间，有成立仪式的看成立仪式，无成立仪式的看标志性事件，无标志性事件的就看首次有组织犯罪。之所以将成立仪式（或者类似活动）作为最优先确定的判断依据，是因为此类行为可以直接表明犯罪分子已经按照共同的不法宗旨或意图纠合在一起，并且初步确定了组织的层级架构和运行方式，尽管此时可能还不具备一定经济实力或者还未形成具体的危害后果，但如果之后该犯罪组织经过发展、升级已经具备《刑法》第 294 条规定的四个特征，则可以将成立仪式发生的时间点作为黑社会性质组织形成的时间起点。标志性事件与成立仪式有类似的作用和效果，在没有成立仪式（或者类似活动）的情况下，可以将该事件作为判断时间起点的依据。比较《黑恶势力犯罪指导意见》第 6 条中规定的三种审查判断依据，第三种情形（“组织者、领导者与其他组织成员首次共同实施该组织犯罪活动的时间”）在执法办案时运用最多，但成立仪式、标志性事件的优势在于相对更加明确、直观，在司法实践中一般不会引起争议。

成立仪式，是一种意图明确、行为具体的客观事实，判断起来最为简单，而标志性事件的认定则要相对复杂一些，需要司法工作人员结合具体案件事实和证据综合判断。所谓标志性事件，顾名思义，是指具有显著特征并使主体易于识别的事件，《黑恶势力犯罪指导意见》第6条中对标志性事件作了进一步限定，“足以反映其初步形成非法影响”。结合司法实践情况，在黑社会性质组织犯罪的语境下，标志性事件不仅包含对涉案犯罪组织树立恶名、排除竞争等具有重要影响的违法犯罪活动，也包括反映涉案犯罪组织实力壮大，已初步形成较稳定获利来源的重大事件，如为涉足某一行业或领域而成立公司、企业等经济实体，还包括能够反映涉案犯罪组织已经具备一定社会影响的重大事件，如捞取政治光环、把控基层政权、获取政治资本等。我们认为，在甄别、确定标志性事件时，至少应当从以下三个方面来分析判断：第一，该事件一般是组织、领导者亲自组织或直接参与实施的违法犯罪事实或者其他重大事件；第二，该事件对于涉案犯罪组织进一步发展做大或者在一定区域或行业内开始初步形成非法影响具有明显作用，客观上为该组织实施后续违法犯罪活动打下基础；第三，标志性事件一般发生在首次有组织犯罪之前或者本身就是首次有组织犯罪。

——陈小飞、刘锦平撰稿、周川审编：《谢某忠等人组织、领导、参加黑社会性质组织案——如何准确界定涉黑组织形成的标志性事件》，载最高人民法院刑事审判第一、二、三、四、五庭主办：《刑事审判参考》（总第123集），法律出版社2020年版，第16~18页。

16.组织、领导、参加黑社会性质组织罪是行为犯，不以已经实际构成某种犯罪为本罪的构成要件

组织、领导、参加黑社会性质组织罪在犯罪形态上属于行为犯，即只要行为人实施了组织、领导、积极参加黑社会性质组织的行为，就构成犯罪既遂。该罪的构成并不以组织者、领导者、参加者实施的行为已经实际构成某种犯罪作为组织、领导、参加黑社会性质组织罪的构成要件。对于组织、领导、参加黑社会性质组织又有其他犯罪行为的，应当根据《刑法》第294条第3款的规定，依照数罪并罚的规定处罚。在认定黑社会组织成立的前提下，应当对其中的犯罪分子，根据其地位和作用，区分为组织者、领导者、积极参与者及一般参与者。对于组织者、领导者，应当按照其所组织、领导的黑社会性质组织所犯的全部罪行处罚。对于黑社会性质组织的参加者，应当按

照其实际参加的犯罪处罚。对于参加黑社会性质的组织没有实施违法犯罪活动的，或者受蒙蔽、胁迫参加黑社会性质组织，情节显著轻微的，依法可以不作为犯罪处理。

——高憬宏、杨万明主编：《基层人民法院法官培训教材（实务卷·刑事审判篇）》，人民法院出版社2005年版，第335~336页。

17.行为人是否明知是黑社会性质组织，不影响成立包庇、纵容黑社会性质组织罪

黄某华等组织、参加黑社会性质组织，陈某阳、张某洲包庇黑社会性质组织案（《刑事审判参考》指导案例第620号）

裁判要点：只要行为人知道或者应当知道是从事违法犯罪活动的组织，仍对该组织及其成员予以包庇，或者纵容其实施违法犯罪活动，即可认定本罪。至于行为人是否明知该组织系黑社会性质组织，不影响本罪的成立。

包庇、纵容黑社会性质组织罪，是指国家机关工作人员包庇或者纵容黑社会性质的组织进行违法犯罪活动的行为。本罪是1997年《刑法》增设的罪名，其构成要件包括：客体是司法机关同黑社会性质组织犯罪作斗争的正常活动；客观方面表现为包庇或者纵容黑社会性质的组织进行违法犯罪活动的行为。根据《最高人民法院关于审理黑社会性质组织犯罪的案件具体应用法律若干问题的解释》，“包庇”是指国家机关工作人员为使黑社会性质组织及其成员逃避查禁，而通风报信，隐匿、毁灭、伪造证据，阻止他人作证、检举揭发，指使他人作伪证，帮助逃匿，或者阻挠其他国家机关工作人员依法查禁等行为。“纵容”是指国家机关工作人员不依法履行职责，放纵黑社会性质组织及其成员进行违法犯罪活动的行为；犯罪主体是特殊主体，必须是国家机关工作人员，即在国家各级党政机关、权力机关、司法机关和军事机关中依法从事公务的人员；主观方面由故意构成，过失不构成本罪。

包庇、纵容黑社会性质组织罪的主观要件为故意，其中包庇行为只能出自直接故意；而纵容行为，则可能采取听之任之的态度，即纵容行为的主观方面可以是直接故意，也可以是间接故意。然而对于“明知”的内容，是否必须包含“明知是黑社会性质的组织，或者明知是黑社会性质组织的违法犯

罪活动”这一认识因素，理论界和实务界均存在不同的理解。部分学者认为要构成本罪的故意，必须以行为人主观上明确认识到所包庇、纵容的是黑社会性质的组织或是黑社会性质组织的违法犯罪活动为前提，“不明知是黑社会性质的组织及其活动而实施包庇、纵容行为的，不构成本罪”。也有部分学者认为，对“明知”的内容应作宽泛的解释，不需要明知是黑社会组织及其活动，只要行为人知道包庇、纵容的是违法犯罪活动即可，一旦该犯罪组织被认定为黑社会性质组织，就构成本罪。从司法实践来看，黑社会性质组织一般在短时间内难以形成，普通犯罪集团、“恶势力”团伙向黑社会性质组织发展是一个渐进的过程，没有明显的性质转变节点；某些黑社会性质组织为了增强隐蔽性，还会通过开办公司、企业等“合法”方式“以商养黑”，且某些黑社会性质组织的领导者、组织者还有特殊的身份作掩护，如以国家工作人员、人大代表、政协委员等身份作保护伞。所以，司法机关认定一个犯罪集团是否构成，何时形成黑社会性质组织，需要结合案件的具体情况综合认定。正是由于黑社会性质组织在认定上的严格性、形式上的多样性，使得实施包庇、纵容行为的行为人很难明确认识到其包庇、纵容的对象是黑社会性质组织及其活动。如果将明知是黑社会性质组织及其活动作为本罪故意成立不可或缺的认识因素，将给司法认定带来相当的困难，也会成为行为人逃避法律制裁的理由，不利于打黑专项斗争工作的开展。有鉴于此，《最高人民法院、最高人民检察院、公安部办理黑社会性质犯罪案件的座谈会纪要》明确规定：“只要行为人知道或者应当知道是从事违法犯罪活动的组织，仍对该组织及其成员予以包庇，或者纵容其实施违法犯罪活动，即可认定本罪。至于行为人是否明知该组织系黑社会性质组织，不影响本罪的成立。”

——最高人民法院刑事审判第一、二、三、四、五庭主办：《刑事审判参考》2010 年第 3 集（总第 74 集），法律出版社 2010 年版，第 21~29 页。

18.在互联网上散布关于特定犯罪方法的技术知识构成传授犯罪方法罪

冯某钊传授犯罪方法案（《刑事审判参考》指导案例第 688 号）

裁判要点：传授犯罪方法并未限定为特定主体，在互联网上传授技能方法，应当结合社会通常观念予以判断是否属于犯罪方法的范畴，传授犯罪方法的，应以传授犯罪方法罪论处。

（一）"中性方法"是否属于本罪中的"犯罪方法"

《刑法》第295条规定的传授犯罪方法罪，是指故意用语言、文字、动作、图像或者其他方法，将实施犯罪的具体做法、经验传授给他人的行为。本罪的罪状和法定刑借鉴了1983年9月2日《全国人大常委会关于严惩严重危害社会治安的犯罪分子的决定》[①]第2条的规定。本罪中的"犯罪方法"，通常认为，是指犯罪的技能与经验，包括犯罪的手段、步骤、反侦查方法等，并且只能是直接故意犯罪的方法。如果作这样的理解，类似本案中冯某钊从正常渠道获悉的并非专门用于犯罪的炸药制造方法，就可能无法认定为"犯罪方法"，从而缩小了刑法的打击面。因为炸药制造方法本身是"中性"的，具有两面性，既可以用于犯罪行为，也可以用于正当目的。

从实践看，确有一些技能、方法的应用范围只能是违法犯罪，如扒窃技术。对此，只要行为人向他人传授该技术，就应当认定其传授行为具备了传授犯罪方法罪的客观要件。但更多的实际技能、方法都是"中性"的，如同科学技术是"双刃剑"一样，既可以用于违法犯罪，也可以用于正当合法的行为。是否作为"犯罪方法"，取决于其实际运用的具体途径和场合。对于传授此类方法的行为如何认定，需要结合整体传授过程，并根据社会通常观念作出恰当判断。我们认为，在司法实践中应当重点结合以下情况予以认定：（1）行为人的个人情况；（2）向他人传授该种方法的原因；（3）在何种场合下或者利用何种途径传授该方法；（4）被传授人会基于何种原因向行为人学习该种方法；（5）行为人和被传授人言行的倾向性（如有无指明该种方法是实行某种犯罪的方法）等。

（二）如何评价网络传授对象的不特定性

反对本案以传授犯罪方法罪定性的理由之一是，传授犯罪方法罪的传授行为应具有一定的针对性。如果行为人在互联网上向不特定的多数人传播犯罪方法，则不应以犯罪论处。我们认为，此观点值得商榷，这主要基于以下考虑：

首先，《刑法》并未限定传授犯罪方法罪的对象必须为特定主体。一般认

---

① 已失效。

为，传授犯罪方法罪中的“传授”，是指将犯罪的方法教给他人。实践中，传授犯罪方法的方式是多种多样的，可以是口头传授，也可以是书面传授；可以采取公开的方式传授，也可以采取秘密的方式传授；可以用语言、动作传授，即“言传”，也可以具体实施犯罪活动来传授，即“身教”；可以传授一种犯罪方法，也可以传授多种犯罪方法。其中，公开的方式传授包括通过第三人转达或通讯工具传授，以及通过广播、电视、报刊、互联网等公共媒介进行传授，在此种情况下的传授对象就不可能是特定的个人或特定的少数人，而是特定的多人或不特定的人员。事实上，传授犯罪方法罪是行为犯，即只要实施了向他人传授犯罪方法的行为就可以构成传授犯罪方法罪。所以，该罪所强调的是“传”也即“教”的行为，至于学的人是多是少、特定或不特定、学会与否都不是该罪所强调的内容，不应影响该罪的成立。

其次，从社会危害性的比较来看，利用互联网向不特定的人员传授犯罪方法比向特定的人员传授的危害性更大。向特定人员传授犯罪方法的结果是，有限的人员（即使是为数不少）掌握了该犯罪方法，并可能将其应用于实施犯罪行为，从而造成对某些合法利益的侵害或者对社会公共秩序的破坏。但由于学习者是特定的人员，有关部门往往可以通过一定的侦查方式找到他们，有可能在其将所掌握的犯罪方法用于实施具体的犯罪行为之前阻止其行为或者在其实施犯罪行为后很快将其绳之以法。而利用网络向不特定的人员传授犯罪方法，由于其学习者是不特定的，很难将这些人员悉数找出，从而难免会对潜在的犯罪行为疏于防范，亦即这种向不特定的人员传授犯罪方法的行为更容易造成侵害他人合法利益或者破坏社会公共秩序行为的发生，其社会危害性相对更大。

最后，利用互联网传授犯罪方法不过是赋予了传授行为一种新的方式或途径，究其实质，与传统的传授行为无异。目前在网络环境下，传授犯罪方法主要表现为：（1）利用微信、QQ 等即时通讯软件或者电子邮件等方式进行一对一交流；（2）在微博等公共交流平台上发帖，讲解特定犯罪方法；（3）开设专门网站，讲授相关犯罪的技术知识等。对于第一种传授形式，其传授对象是特定的，依法应按照传授犯罪方法罪进行处理，对此已无异议。而对于第二、三种传授形式，虽然其传授对象是不特定的，但在本质上仍符合传统的传授行为的特征，例如，既有传授者，又有被传授者，传授的内容也是属于犯罪方法的技能、经验等，故不能仅因为传授对象的不特定性而否认传授者的行为系“传授”。实际上，这种情形从本质上也可以理解为采取公开课的形式传授犯罪方法。所以，本案中，被告人利用互联网向不特定的多人传授犯罪方法，并不根本地影响其行为构成传授犯罪方法罪。

（三）构成本罪是否要求犯罪方法必须为被传授者所接受

本案审理中有意见认为，因不能确定冯某钊传授的犯罪方法是否为他人所实际接受与使用，故而不宜认定为犯罪。我们认为，此种意见也有一定的不足。从实际看，传授的程度确实对行为危害社会的程度有相当的影响。但从行为构成犯罪的角度来看，刚刚着手实行传授犯罪方法的行为，危害社会的程度不一定就达不到构成犯罪的程度；行为人已经完成了传授的行为，甚至被传授人已经接受了传授的内容，其危害社会的程度并不一定就达到构成犯罪的程度。所以，虽然传授的程度是影响传授行为是否构成犯罪的一个重要因素，但不能过于夸大其对犯罪成立的作用。决定传授行为危害社会程度及是否成立犯罪的因素，不仅有传授的程度，还有传授的是何种犯罪的方法、传授的次数、行为人传授意志坚决的程度、被传授人是否接受传授，以及是否利用传授的犯罪方法实施具体的犯罪等因素。只有对这些因素进行综合考察，才能得出传授行为是否构成犯罪的正确结论。

在利用互联网传授的情况下，因为受众广泛，且传授的犯罪方法可以不受限制地下载、复制，具有“取之不尽，用之不竭”的特点，其影响范围明显要大于传统的传授行为。一旦被别有用心者利用，危害后果将是非常严重的。所以，对于网络传授犯罪方法的行为，不能仅仅关注其现实危险性，而对于具有抽象危险性的行为就不予刑罚规制。就本案而言，被告人制作、传播的《恐怖分子手册》文档被浏览 2000 余次，下载 100 余次，足以表明其受关注的程度。即便无法查实这些被传授者是否已经接受和使用被告人传授的犯罪方法，鉴于其行为的危害性，仍可以依法认定传授犯罪方法罪。

（四）如何认定网络传授者的主观方面

除了决意实施某种特定犯罪的人员之外，利用网络传播犯罪方法的行为人中，有不少类似于本案的被告人。作为普通的网民，其可能并无特别地实施某种犯罪的明确目的或意图，主要是出于“好玩”“出名”或精神无聊、寻求刺激等，而不具有积极追求他人利用其传授的内容实施犯罪的直接故意，最大可能是具有放任危害后果发生的间接故意。就像本案被告人所供述的，“自己当时没想后果，只是觉得好玩”“如果有人用这些东西实施犯罪，那就是他自己的事情了”。那么，这种仅具有放任的间接故意情形能够构成传授犯罪方法罪吗?

传授犯罪方法罪的主观方面是故意而不是过失，一般不论行为人的目的动机，这已是刑法学界的公论。然而，故意这一罪过形态是否包括间接故意，就存在肯定说与否定说两种意见，肯定说认为，应包括间接故意在内，只要明知是犯罪方法故意传授给他人即可成立犯罪，不管行为人是持积极追求还是放任心态；否定说则认为，构成传授犯罪方法罪只能出于直接故意，希望或积极追求他人接受和使用其所传授的犯罪方法。我们认为，肯定说的主张更为合理，更利于网络犯罪的处理。

从立法层面看,《刑法》分则的罪名只区分为故意犯罪和过失犯罪。至于一个犯罪是由何种故意、何种过失构成，则是司法层面的解释和学理层面的理解问题。当然，有些犯罪只能由直接故意构成，这往往限于目的犯的范围之内。而就作为行为犯的传授犯罪方法罪而言，其故意的内容则不宜局限于直接故意。因为在网络环境下，由于信息接受者的不特定性以及传授者与接受者之间联系的非直接性等特点，要求传授者对他人接受其传授的内容全部持积极追求的心态，并不切合实际，必然会存在一些放任的情况。事实上，不限于直接故意构成犯罪，这也是传授犯罪方法罪与教唆犯罪的区别之一。一般认为，教唆犯罪是使无犯意者产生犯意或者使犯意不坚定者决议犯罪，故教唆行为人的主观方面只能是直接故意。而传授犯罪方法罪属于妨害社会管理秩序的行为，它会助长犯罪的发生，危害性在于其使他人犯罪变得易行，而非使他人决议犯罪。他人是否据此实施犯罪，并不影响传授犯罪方法罪的成立。这样，行为人只要对别人据此实施犯罪有认识而持放任心态，就符合了传授犯罪方法罪的主观要件。换言之，间接故意支配下实施传授犯罪方法的行为，也可以成立犯罪。

（五）从政策角度分析网络传授犯罪方法的行为应否受到刑法调整

信息网络的飞速发展造就了与真实的现实空间截然不同的网络空间，而这一空间在短时间内已成为各种犯罪行为滋生的新土壤。所以，网络空间亦应纳入法律调整范畴，而不能仅仅依靠技术及道德准则加以规范，对于在网络空间中实施的具有相当危害性的行为，应予刑罚处罚。就本案而言，被告人冯某钊发布的《恐怖分子手册》是网络不良信息的极端典型，对此如何评判，昭示着刑法的基本立场。如果作为非罪处理，将会使一些潜在的不良信息发布者肆无忌惮，误认为网络上无限自由，从而恶化网络环境。而作为犯罪处理，则能够引导网民的网络观念，正确合理利用网络资源，从而达到净化网络环境的效果。

当然，刑法作为最后、最有力的治理手段，在介入网络空间时，还应当处理好积极介入与适度介入的关系。所谓积极介入，即如果行为的社会危害性已达到一定的严重程度，通过行业治理、民事或者行政调整已不足以制止这种危害行为而需要刑法手段介入，且刑法手段的介入不致违背罪刑法定原则，符合社会公众的价值判断和心理预期时，刑法应当及时介入。所谓适度介入，即对于这类新型领域，不仅刑法介入的范围应适当控制，而且刑法介入的强度亦不宜过大。因为对于这些新型领域的刑法介入，主要是基于公平正义原则，基于对公共利益保护的考量，通过法律的扩张解释方法而作出的，其介入的程度显然不如传统领域。此外，从刑法的功能来分析，刑法的介入既是对某种合法权益的保护，更是对某种行为规范的引导，对于一些新型领域而言，这种引导需要采取循序渐进的方式，如果一开始就过于强烈，不仅当事人始料未及，社会公众也会觉得过于严苛，难以接受，处理效果自然不好，也就达不到预期的目的。

（六）如何正确办理网络传授犯罪方法案件

从实践看，利用互联网传授犯罪方法的行为表现形态复杂多样，既有“一对一”型的向特定对象传授犯罪方法，也有“一对多”型的向不特定对象传授犯罪方法；既可以是传授原创的“犯罪方法”，也可以是转贴他人的“犯罪方法”；既有以牟利为目的的故意传授，也有不以牟利为目的的故意传授，还可能由于过失传播了犯罪方法等。在实际认定中，需要对案件坚持具体情况具体分析，并严格依照《刑法》规定慎重处理。

首先，根据传授对象的特定与否，可分为向特定对象传授犯罪方法的“一对一”型和向不特定对象传授的“一对多”型。如前所述，行为人无论是向特定还是不特定的对象传授犯罪方法，都不影响传授犯罪方法罪的成立。

其次，根据行为人所传授的犯罪方法的性质，可分为传授自己编辑、加工的原创型的“犯罪方法”和转贴他人制作的“犯罪方法”。对于传授原创型的犯罪方法的行为，鉴于其是网上犯罪方法泛滥的源泉，应当在罪刑法定原则的范围内予以从严惩治，可认定为传授犯罪方法罪；对于转贴他人制作的“犯罪方法”的行为，应根据其传授行为的性质、途径、方法、次数及其客观危害后果等，综合衡量判断。如果确属情节显著轻微、危害不大的，可依照《刑法》第13条的规定，不作为犯罪处理。此外，在司法认定中，还应注意行为人转贴时的加工行为，如果原创者传授的某种实际技能、方法虽然可以不当地被运用于犯罪，但其并没有犯罪倾向，只是作为科学知识传授他人，行为人在转贴时通过加工，使该技能、方法与特定犯罪相连接，从而使其类型化为某种犯罪方法，则只能处罚转贴的行为人。

最后，根据行为人是否具有牟利目的，可分为以牟利为目的的传授行为与不以牟利为目的的传授行为。前者如行为人提供有偿浏览、下载服务，利用网络售卖载有犯罪方法的软件、光盘等；后者如行为人提供免费浏览、下载服务。依照我国《刑法》规定，牟利并非传授犯罪方法罪的构成要件，该罪所关注的只是行为人是否具有传授的故意。因此，无论行为人是否出于牟利目的，也不论实际是否谋取到利益，只要其具有传授方法的故意，并且实施了向他人传授该犯罪方法的行为，就可以构成传授犯罪方法罪。当然，过失导致某种或某些犯罪方法被散布、传播的，应不构成该罪；如成立其他犯罪，则依法定罪处罚。

——最高人民法院刑事审判第一、二、三、四、五庭主办：《刑事审判参考》2011年第2集（总第79集），法律出版社2011年版，第60~69页。

19.盗窃他人遗骨的行为构成盗窃尸体罪

问题：李某的弟弟因交通肇事死亡。李某迷信“神医”为其弟弟“结阴亲”，偷挖他人坟墓将遗骨盗走。对李某是否构成盗窃、侮辱尸体罪，存在两种意见。第一种意见认为构成盗窃、侮辱尸体罪，因为李某的行为侵犯的客体是社会公共秩序。第二种意见认为不构成盗窃、侮辱尸体罪，因本罪的行为对象是尸体。尸体是指自然人死亡后所遗留的躯体，无生命的尸体，如已蜕化分离的则为遗骨或遗发，不能称为尸体。李某盗窃的是遗骨，因而不构成本罪。

《人民司法》研究组认为：考虑到我国土葬与火葬相结合的实际情况，以及自然死亡、意外死亡（尸体可能不完整）等特殊情况，对《刑法》第302条规定的“尸体”应当理解为：既包括完整或不完整的遗体，也包括遗体腐化、蜕变、火化后形成的骨骸、遗发、骨灰等。因此，被告人李某为了给其亡弟“结阴亲”，偷挖他人坟墓盗走遗骨，应当依照《刑法》第302条的规定定罪处罚。

本罪属于选择性罪名，具体罪名应根据被告人实施的特定行为确定，如果仅仅是盗窃他人遗骨，则应以盗窃尸体罪定罪处罚。

——《人民司法》2003年第11期（总第478期）。

20.开设赌场的犯罪中不参与“分红”，仅领取报酬而实施帮助行为的人应当构成赌博罪的共犯

陈某林等赌博案（《刑事审判参考》指导案例第351号）

裁判要点：开设赌场的犯罪中不参与“分红”，仅领取报酬而实施帮助行为的人应当构成赌博罪的共犯。网络赌博犯罪中所谓“开设赌场”是指以营利为目的，在计算机网络上建立赌博网站，招引赌博客户或通过发展网络赌博代理人招引赌博客户，接受投注的；或者为赌博网站充当地区代理人招引赌博客户或通过发展下级代理人招引赌博客户，接受投注的；或者充当赌博网站地区代理人的下级代理人通过发展下级代理人招引赌博客户或同时招引赌博客户，接受投注的。

（一）开设赌场的犯罪中不参与“分红”，仅领取报酬而实施帮助行为的人应当构成赌博罪的共犯

我们认为上述情况应当区别对待，对于那些在赌博犯罪团伙中，对从事开设赌场的犯罪起着直接的、必不可少的作用的人员应当依法追究刑事责任；对于那些对开设赌场犯罪无足轻重的人员可以不追究刑事责任。例如，受赌博犯罪组织者雇用，为犯罪分子提供后勤保障的服务人员或者偶尔几次为赌博犯罪分子提供帮助的人员等对开设赌场犯罪无足轻重的人员，情节显著轻微的，一般不追究其刑事责任。这种处理办法也符合《刑法》第13条但书规

定——“但是情节显著轻微危害不大的，不认为是犯罪”——的立法精神之要求。有一种观点认为，对有些被告人在开设赌场的赌博犯罪中不参与“分红”，即不参与开设赌场盈利的分成，仅领取报酬而实施帮助行为的人不构成赌博罪的共犯。其理由是：被告人在开设赌场的赌博犯罪中只领取“工资”，不参与赌博盈利分红，他们在主观上没有“以营利为目的”，没有完全具备赌博犯罪构成的诸要素。我们认为，上述观点是错误的。共同犯罪是一个整体，在多数情况下各犯罪参与人的犯罪主观方面的内容是一致的，其犯罪目的是相同的；但是，也存在共同犯罪人的犯罪主观方面不一致的情况，特别是犯罪目的不相同的情况更为常见。对于一般的故意犯罪来说，共同犯罪人的犯罪目的不同并不影响犯罪行为性质的认定；但是，就目的犯罪而言，共同犯罪人在犯罪目的不同的情况下是否就影响对行为性质的认定呢？我们认为，只要正犯的犯罪目的明确，即使其他共犯（此处共犯指的是狭义的共犯，即除正犯之外的共同犯罪人，以下亦同）的犯罪目的不同也不影响犯罪行为性质的认定。因为，共同犯罪作为一个犯罪整体，正犯的行为及主观方面决定了犯罪行为的类型，共犯只要明知正犯的行为性质及主观意图并实施了帮助行为，就可以构成正犯所犯之罪。申言之，在目的犯之共同犯罪中，共犯的犯罪目的不影响共同犯罪的行为性质。例如，在共同盗窃犯罪中，正犯的犯罪目的是“非法占有他人的财物”，共犯本人的犯罪目的可能是“非法占有他人财物”的犯罪目的之外的其他目的，如有的为了替朋友（即正犯）帮忙、有的为了从正犯处获取报酬、有的为了报复被害人等，但是，共犯在不具有“非法占有他人财物”之犯罪目的时，明知正犯实施盗窃行为而为其提供帮助或者教唆的行为同样构成盗窃犯罪。这是共同犯罪理论中，共犯从属说理论的必然结论。

（二）网络赌博中“开设赌场”的认定

根据《刑法》的规定结合网络赌博犯罪的实际情况，我们认为，在网络赌博犯罪中所谓“开设赌场”是指以营利为目的，在计算机网络上建立赌博网站，招引赌博客户或通过发展网络赌博代理人招引赌博客户，接受投注的；或者为赌博网站充当地区代理人招引赌博客户或通过发展下级代理人招引赌博客户，接受投注的；或者充当赌博网站地区代理人的下级代理人通过发展下级代理人招引赌博客户或同时招引赌博客户，接受投注的。将上述第三种行为认定为“开设赌场”与《最高人民法院、最高人民检察院关于办理赌博刑事案件具体应用法律若干问题的解释》第2条[①]规定的精神也是相符的。因为第三种“开设赌场”的行为人，表面上看是为赌博网站的地区代理人充当下级代理人，但是实质上该行为人本质上还是为赌博网站充当代理人，只不过中间介入了地区代理人一定程度的管理行为。在网络赌博犯罪中“开设赌场”的前两种行为与“聚众赌博”行为的区分是明显的，第三种“开设赌场”的行为与“聚众赌博”行为的区分不是十分明显，值得我们注意。“聚众赌博”行为与“开设赌场”行为的区别在于行为人是否发展了下级代理人，如果行为人只是充当赌博网站地区代理人的下级代理人，通过提供赌博网站的账户和密码招引赌博客户，没有再发展下级代理人的，其行为就应当认定为“聚众赌博”行为。如果不作此区分，那么在网络赌博中就没有“聚众赌博”行为存在的余地。

——最高人民法院刑事审判第一庭、第二庭编：《刑事审判参考》2005年第3集（总第44集），法律出版社2006年版，第85~91页。

21.参赌者以所输赌资为抢劫对象，不认定为抢劫罪

如果没有参加赌博的人，使用暴力或者胁迫的方法抢赌场的，或者参赌者使用暴力抢劫他人赌资、有预谋抢劫赌场的，均应以抢劫罪处罚。如果参赌者仅以其所输赌资为抢劫对象，不宜按抢劫罪定罪处罚。构成赌博、故意伤害等其他犯罪的，依照《刑法》的相关规定处罚。

——胡云腾主编：《刑法罪名精释（第五版）》，人民法院出版社2022年版，第1054页。

---

① 《最高人民法院、最高人民检察院关于办理赌博刑事案件具体应用法律若干问题的解释》第2条规定：以营利为目的，在计算机网络上建立赌博网站，或者为赌博网站担任代理，接受投注的，属于刑法第三百零三条规定的“开设赌场”。

二、妨害司法罪

22.被害人报案时故意夸大犯罪事实并指使他人作伪证行为不构成伪证罪和诬告陷害罪，指使他人作伪证情节达犯罪程度的，以妨害作证罪处理

金某伪证案（《刑事审判参考》指导案例第93号）

裁判要点：被害人在向司法机关报案时故意夸大犯罪事实的行为不构成伪证罪和诬告陷害罪，被害人指使他人作伪证的行为性质属于妨害作证，如果情节达到犯罪的程度，应当以妨害作证罪处理。

（一）被害人在向司法机关报案时故意夸大犯罪事实的行为不构成伪证罪和诬告陷害罪

我们认为，从证人和被害人这两个概念的内涵来看，被害人是指遭受犯罪行为直接侵害的人，既可以是自然人，还可以是法人或者不具有法人资格的其他组织；证人是指除当事人以外了解案件情况并向司法机关陈述自己知道的案件情况的诉讼参与人，且只能是自然人。从《刑事诉讼法》的规定来看，证人和被害人是两个独立的概念，二者不存在种属包含关系。也就是说，证人不可能包含作为当事人之一的被害人。即使对证人作广义的理解，也不能将被害人列入证人范畴。被害人属于当事人范畴，证人属于其他诉讼参与人。证人和被害人通过各自不同的方式参加到刑事诉讼中，他们在刑事诉讼中的地位、作用不同，即证人通过听到、看到了什么的证言、被害人通过遭受犯罪分子哪些侵害的陈述来发挥各自的诉讼功能，因而决定了证人和被害人的诉讼权利、义务方面都存在差别，两者的证明作用、证明手段、证明效力均不同，因而不能等同看待。故被害人向司法机关报案的同时又夸大部分犯罪事实，属于被害人向司法机关提供了虚假陈述，而不是伪证罪中的“证人作虚假的证言”，因此，其行为不构成伪证罪。

我们认为：“捏造事实”应仅指无中生有，任意虚构和编造根本不存在的

犯罪事实的情形；至于司法实践中常见的行为人借题发挥，扩大事实，将他人的不道德行为、错误行为或违法违纪行为等犯罪事实扩大或上升为犯罪事实；或把构成轻罪的事实夸大成为构成重罪的事实的行为，不宜包括在“捏造事实”之内。首先，《刑法》规定诬告陷害罪的主要目的是保障无辜的人不受刑事追究，也不使司法机关的正常活动受到虚假告发的影响。但我国法律也充分保障公民依法享有对违法犯罪行为向有关国家机关提出控告或者检举的权利。公民对犯罪的控告和检举，只是给司法机关侦查提供一个线索，不可能要求其在控告、检举的时候对犯罪行为事实的描述与客观情况完全一致，毫无偏差。因此，《刑法》第 243 条第 3 款规定：“不是有意诬陷，而是错告，或者检举失实的”，不能以诬告陷害定罪处罚。其次，被害人是受到犯罪行为侵害的当事人，在整个诉讼过程中，由于受到各方面因素的影响，其陈述往往带有浓厚的感情色彩，而且由于案件的处理结果与其有直接的利害关系，如对被告人的量刑轻重、经济赔偿数额的多少等，因而被害人的陈述有可能出现夸大事实的情况，影响其反映事实的真实性。但只要不是无中生有，不是意图他人无罪于有罪，就不应当以诬告陷害罪追究刑事责任。因此，对诬告陷害中的“捏造事实”，应当作严格的限定，不能作扩大解释。

（二）被害人指使他人作伪证的行为性质属于妨害作证

如果被害人出于报复的动机，在自己向公安机关报案并作了虚假陈述的情况下，又指使他人作伪证，以证实其虚假陈述。这一行为妨害了司法机关的正常诉讼活动。构成犯罪的，应当按照《刑法》第 307 条第 1 款的规定，以妨害作证罪定罪处罚。

——最高人民法院刑事审判第一庭、第二庭编：《刑事审判参考》2001 年第 4 辑（总第 15 辑），法律出版社 2001 年版，第 18~24 页。

23.检察人员为犯罪嫌疑人伪造自首情节的行为应以帮助伪造证据罪从重处罚

问题：被告人李某原任检察官，在办理一起刑事案件时，利用职务之便，为犯罪嫌疑人伪造自首情节，欲使其得到从轻或减轻处罚。对本案如何处理有两种意见：一种意见认为不构成徇私枉法罪。该罪的认定应符合《刑法》

第399条关于“无罪而追诉或有罪不追诉……”的规定，被告人的行为只是伪造从轻、减轻情节，并非不追诉。根据罪刑法定原则，被告人不构成犯罪。另一种意见认为构成徇私枉法罪。被告人的行为虽与《刑法》第399条相关表述不完全一致，但司法工作人员利用职务之便为疑犯伪造自首情节的行为，不仅具有相当的社会危害性，而且严重破坏了正常的司法秩序。与普通伪证罪相比，其主观过错程度和社会危害性并不低，甚至更高，为此应广义理解《刑法》第399条的规定，认定被告人构成徇私枉法罪。

《人民司法》研究组认为：根据《刑法》第399条的规定，徇私枉法罪是指司法工作人员徇私枉法、徇情枉法，对明知是无罪的人而使他受追诉、对明知是有罪的人而故意包庇不使他受追诉，或者在刑事审判活动中故意违背事实和法律作枉法裁判的行为。被告人李某利用身为检察官的职务便利，在办理刑事案件时为疑犯伪造自首情节，虽意欲使其获得从轻或减轻处罚，但不属于“对明知是有罪的人而故意包庇不使他受追诉”的情节，故其行为不构成徇私枉法罪。但是，被告人李某的行为具有社会危害性，应当受到刑罚处罚。根据《刑法》第307条第2款的规定，帮助当事人毁灭、伪造证据，情节严重的，构成帮助毁灭、伪造证据罪，应处3年以下有期徒刑或者拘役。同时，该条第3款规定，司法人员犯前款罪的，从重处罚。被告人李某为疑犯伪造自首情节，符合《刑法》第307条第2款的规定，应以帮助伪造证据罪从重处罚。

——《人民司法》2003年第1期（总第468期）。

24.虚假诉讼犯罪应区分民事法律与刑事法律加以认定

刑事法律和民事法律中均有虚假诉讼的概念，但二者存在明显区别。刑事法律中关于虚假诉讼罪的规定，原则上限于“无中生有”型捏造事实行为，且仅将具有严重社会危害性的行为纳入刑罚打击范围，其外延小于民事法律上的虚假诉讼。为突出打击重点，最高人民法院、最高人民检察院、公安部、司法部2021年3月4日印发《关于进一步加强虚假诉讼犯罪惩治工作的意见》（以下简称《虚假诉讼惩治意见》）将规制对象限定为虚假诉讼犯罪，具体包括行为构成虚假诉讼罪，以及行为符合虚假诉讼罪的构成要件、但基于数罪竞合处罚原则最终被以其他罪名定罪处罚等两种情形。《虚假诉讼惩治意见》第2条采用下定义的方式，对虚假诉讼犯罪的内涵作了界定，规定主要内容与《最高人民法院、最高人民检察院关于办理虚假诉讼刑事案件适用法律若干问题的解释》（以下简称《虚假诉讼犯罪司法解释》）第1条基本相同。对于实践中存在争议、《虚假诉讼犯罪司法解释》未作明确规定的虚假诉讼罪中“民事诉讼”的范围，《虚假诉讼惩治意见》第4条进一步作了列举式规定。实践中应当注意以下几点：

第一，关于认定虚假诉讼罪中“民事诉讼”的总体标准。根据《刑法》规定的虚假诉讼罪的行为方式，虚假诉讼罪的惩治对象原则上是不具有合法诉权的行为人采用欺骗手段提起民事诉讼，致使虚假民事案件进入人民法院诉讼程序的行为，同时，还应考虑部分民事主体通过在民事诉讼过程中提出新的诉讼请求、通过人民法院的民事执行行为实现其实体权利等情形。据此，虚假诉讼罪中的“民事诉讼”大体可分为以下几种情形：（1）案件首次进入民事诉讼程序的起诉行为，包括第一审普通民事程序和简易程序的起诉行为，以及民事诉讼法规定的特别程序和督促程序、公示催告程序的申请行为。（2）当事人在民事诉讼过程中提出新的独立的诉讼请求，包括原告增加独立的诉讼请求、被告提出反诉和有独立请求权的第三人提出与本案有关的诉讼请求。上述三种情形实质上属于诉的合并，与民事原告提出民事起诉并无实质性区别。（3）特殊程序中申请人民法院保护其实体权利的行为，包括在破产案件审理过程中申报债权，民事判决、裁定、调解书生效后案外人申请再审等。（4）民事执行过程中申请人民法院实现其超出原诉范围的实体权利的行为，主要包括申请执行仲裁裁决和公证债权文书，以及案外人对执行标的提出异议、债权人申请参与执行财产分配等情形。

第二，民事二审程序不属于虚假诉讼罪中的“民事诉讼”。根据《最高人民法院关于适用〈中华人民共和国民事诉讼法〉的解释》第323条[①]的规定，我国的民事二审程序采用续审制原则，除特殊情况外，二审审理范围原则上不超出一审之诉和当事人上诉请求的范围。据此，民事诉讼当事人在一审宣判后以捏造的事实提出上诉的，因其上诉请求不超出一审之诉的范围，不符

① 对应《最高人民法院关于适用〈中华人民共和国民事诉讼法〉的解释》（2022年修正）第321条。

合“无中生有”捏造事实的行为特征。因此，民事诉讼当事人在一审宣判后提出上诉、启动民事二审程序的，不宜认定为虚假诉讼罪中的“提起民事诉讼”。

第三，刑事附带民事诉讼是否属于虚假诉讼罪中的“民事诉讼”，应当区分不同情况分别认定。首先，在刑事公诉案件中，行为人提起附带民事诉讼的案由与检察机关提起公诉的犯罪行为属于同一法律事实，附带民事诉讼是基于刑事诉讼衍生出的民事诉讼活动，刑事诉讼的真实性决定了附带民事诉讼的真实性。根据刑事诉讼法的规定，人民检察院向人民法院提起公诉的条件是犯罪事实已经查清，证据确实、充分，依法应当追究刑事责任。在此情况下，被害人及其法定代理人、近亲属以公诉机关提起公诉的事实为案由提起附带民事诉讼，具有一定的事实依据，不能认定为“无中生有”捏造事实，不符合虚假诉讼罪的构成要件。即使公诉机关起诉指控的事实后经人民法院裁判认定不能成立、被告人的行为不构成犯罪，但基于被害人一方对公安、检察机关的信赖心理，亦不能认定其行为属于“无中生有”捏造事实。因此，在刑事公诉案件中提起附带民事诉讼的，不能认定为虚假诉讼罪中的“提起民事诉讼”。其次，刑事自诉案件不以公安机关侦查和检察机关审查起诉为前置程序，自诉人自行承担证明被告人有罪的举证责任，存在自诉人“无中生有”捏造事实的可能性，故刑事自诉人的行为可能构成虚假诉讼罪。刑事自诉人以捏造的事实提起附带民事诉讼的，可以认定为《虚假诉讼惩治意见》第4条第8项规定的“以其他手段捏造民事案件基本事实，虚构民事纠纷，提起民事诉讼的”情形。

——滕伟、叶邵生、丁成飞、李加玺：《〈关于进一步加强虚假诉讼犯罪惩治工作的意见〉的理解与适用》，载最高人民法院刑事审判第一、二、三、四、五庭编：《刑事审判参考》（总第129辑），人民法院出版社2022年版，第152~154页。

25.行为人对同案犯实施包庇行为不构成包庇罪

谢某强等强奸、奸淫幼女案（《刑事审判参考》指导案例第178号）

裁判要点：行为人被公安机关传讯时，又拒不交代同案犯的藏匿地点，实施了包庇同案犯的行为，不构成包庇罪。

行为人被公安机关传讯时，又拒不交代同案犯的藏匿地点，实施了包庇同案犯的行为，其行为在主、客观上与包庇罪的犯罪构成是不同的。首先，行为人包庇同案犯的行为，实际上是害怕同案犯被抓后暴露自己而采取的一种自我保护措施，其表面行为是包庇同案犯，但最终目的是掩盖自己与同案犯的共同犯罪行为，使自己逃避惩罚。其次，行为人的行为在客观上既侵犯了司法机关对同案犯的追诉活动，同时也妨害了司法机关对其本人的追诉活动。对这种为了使自己和同案犯共同逃避司法机关追究而实施的包庇同案犯的行为，在定性时应以其行为的主要目的为依据。行为人为掩盖本人罪行而在案发后包庇同案犯的行为不适用《刑法》关于包庇罪的规定。

——最高人民法院刑事审判第一庭、第二庭编：《刑事审判参考》2002 年第 3 辑（总第 26 辑），法律出版社 2002 年版，第 19~26 页。

26.当单位直接责任人员的行为对外代表企业时，即使该直接责任人员不是单位负责人，也可构成掩饰、隐瞒犯罪所得罪

牡丹江某资源开发有限责任公司第十七收购站及朱某良掩饰、隐瞒犯罪所得案（《刑事审判参考》指导案例第 1109 号）

裁判要点：被告单位作为一个独立经营的企业，其主体符合单位犯罪的构成要件。被告人作为企业职员，具有直接决定收购物资的职权，其虽然不是企业负责人，但其对外收购物资时代表的是企业，所获利益亦归企业。因此，其收购行为体现的是企业的意志，也即其收购行为体现的是单位利益。因此应当对被告单位和直接责任的被告人判处刑罚。

根据《刑法》第 30 条的规定，公司、企业、事业单位、机关、团体实施的危害社会的行为，法律规定为单位犯罪的，应当负刑事责任。据此，对单位而言，必须法律明文规定构成犯罪的行为才能依法追究单位刑事责任。这是罪刑法定原则的重要体现。1997 年修订的《刑法》，对单位掩饰、隐瞒犯罪所得、犯罪所得收益的行为，是不以单位犯罪处理的。但是，《刑法修正案（七）》增加了单位犯罪的规定，即《刑法》第 312 条第 2 款规定："单位犯前款罪的，对单位判处罚金，并对其直接负责的主管人员和其他直接责任人员，

依照前款的规定处罚。”

就本案而言，被告单位第十七收购站作为一个独立经营的企业，其主体符合单位犯罪的构成要件。被告人朱某良作为收购站职员，具有直接决定收购物资的职权，其虽然不是收购站的负责人，但其对外收购物资时代表的是收购站，所获利益亦归收购站。因此，其收购行为体现的是收购站的意志，也就是说，收购行为体现的是单位利益。第十七收购站主客观均符合单位犯罪的构成要件。根据《刑法》第31条规定的双罚制原则，应当对被告单位第十七收购站和直接责任人朱某良判处刑罚。

对被告人朱某良仅单处罚金而没有判处三年以下有期徒刑、拘役或者管制的自由刑，主要是考虑到以下因素：（1）犯罪数额刚好达到犯罪构成的数额。本案审判时，《最高人民法院关于审理掩饰、隐瞒犯罪所得、犯罪所得收益刑事案件适用法律若干问题的解释》（以下简称《解释》）虽然尚未公布实施，但根据被告人所在省份的有关规定，本案犯罪数额为7885元，属于刚达到犯罪构成数额标准的情况。而根据2015年6月1日起实施的《解释》第1条第1款第1项的规定，掩饰、隐瞒犯罪所得及其产生的收益价值3000元至10000元以上的，应当以掩饰、隐瞒犯罪所得、犯罪所得收益罪定罪处罚。[①]（2）被告单位及朱某良在案发后积极退赃，未给被害人造成经济损失，认罪态度较好，可以酌情从轻处罚。综上，某人民法院的判决是正确的。

关于单位犯掩饰、隐瞒犯罪所得、犯罪所得收益罪，在司法实践中，经常遇到一些貌似单位犯罪而实质上属于自然人犯罪的情况。因此，《解释》第9条规定：“盗用单位名义实施掩饰、隐瞒犯罪所得及其产生的收益的行为，违法所得由行为人私分的，依照刑法和司法解释有关自然人犯罪的规定定罪处罚。”其理由就在于：盗用单位名义实施掩饰、隐瞒犯罪所得、犯罪所得收益的行为，违法所得由行为人私分的，本质上仍属于自然人犯罪，应适用自然人犯罪的规定定罪处罚。适用该条解释时需要明确：（1）犯罪主体是自然

---

① 《最高人民法院关于修改〈关于审理掩饰、隐瞒犯罪所得、犯罪所得收益刑事案件适用法律若干问题的解释〉的决定》的规定：“自本决定实施之日起，《关于审理掩饰、隐瞒犯罪所得、犯罪所得收益刑事案件适用法律若干问题的解释》（法释〔2015〕11号）第1条第1款第1项、第2款和第2条第2款规定的掩饰、隐瞒犯罪所得、犯罪所得收益罪的数额标准不再适用。人民法院审理掩饰、隐瞒犯罪所得、犯罪所得收益刑事案件，应综合考虑上游犯罪的性质、掩饰、隐瞒犯罪所得及其收益的情节、后果及社会危害程度等，依法定罪处罚。”

人而不是单位。单位只是名义被盗用，但实质上并未成为犯罪主体，包括经法定代表人同意盖了单位的公章，经单位管理组织研究等，但实质上是为了个人利益而不是为了单位利益的。构成单位犯罪，必须利用单位名义，但不能由此得出凡是利用单位名义实施的犯罪都是单位犯罪。（2）犯罪是为了参与犯罪的自然人的利益，而不是单位利益。区分单位犯罪与自然人犯罪的重要界限就是犯罪所得利益归属单位还是归属参与犯罪的自然人。犯罪所得由单位所得，纳入单位财务体系和分配体系中的，可以认定为犯罪所得归属单位，其他条件符合的，可以认定为单位犯罪。仅仅由参与行为人包括决策人员对犯罪所得进行分配的，不能认定为犯罪所得归属单位，因而就不能认定为单位犯罪，只能依照自然人犯罪的规定定罪处罚。

——最高人民法院刑四庭：《牡丹江某资源开发有限责任公司第十七收购站及朱某良掩饰、隐瞒犯罪所得案》，载最高人民法院刑事审判第一、二、三、四、五庭主办：《刑事审判参考》（总第104集），法律出版社2016年版，第101~102页。

27.上游犯罪行为人对犯罪所得实施收购、销售等掩饰、隐瞒行为的，不能以掩饰、隐瞒犯罪所得罪定罪处罚

杜某军、杜某军非法捕捞水产品，刘某山、严某富掩饰、隐瞒犯罪所得案（《刑事审判参考》指导案例第1219号）

裁判要点：犯罪分子对自己的犯罪所得实施掩饰、隐瞒的行为，因不具有期待可能性，因而不具备刑法上的可罚性。掩饰、隐瞒犯罪所得、犯罪所得收益罪的主体应该是本犯以外的人，掩饰、隐瞒者是本犯的，则不具有掩饰、隐瞒犯罪所得、犯罪所得收益罪的主体资格。

杜某军、杜某军分别在非法捕捞水产品后，收购同伙非法捕捞的水产品，并将上述水产品分别交由被告人刘某山、严某富代为销售的行为是否以掩饰、隐瞒犯罪所得罪定罪处罚？我们认为，对其不能以掩饰、隐瞒犯罪所得罪定罪处罚。主要理由是：

1.犯罪分子对自己的犯罪所得实施掩饰、隐瞒的行为，因不具有期待可能性，因而不具备刑法上的可罚性。通说认为，期待可能性是指根据具体情

况，有可能期待行为人不实施违法行为而实施其他适法行为。期待可能性理论认为，如果不能期待行为人实施其他适法行为，就不能对其进行法的非难，因而不存在刑法上的责任。期待可能性理论在学界尚有不少争论，但缺乏期待可能性，作为责任阻却事由，应该是刑法理论界的共识。本案中，被告人杜某军组织张某洲等人，杜某军组织陆某伟等人非法捕捞水产品行为的目的就是获得非法利益。因此，在实施非法捕捞水产品犯罪行为后，必然要对犯罪所得进行处理，如出售、赠送等。而这些行为，从其性质来说，属于共罚的事后行为，也称不可罚的事后行为（不能独立定罪的事后行为）共罚的事后行为，其实质属于吸收的一罪（数个不同的行为，一行为吸收其他行为，仅成立吸收行为一个罪名的犯罪），即在状态犯罪的场合，利用该犯罪行为的结果的行为。如果孤立地看，符合其他犯罪的犯罪构成，具有可罚性，但由于被综合评价在该状态犯中，故没有必要另行认定为其他犯罪。这一刑事法理，既适用于单个犯罪人对自己犯罪所得的处理，也适用于共同犯罪人对共同犯罪所得的处理。因为《刑法》作出共同犯罪的规定，实际上是基于将共同犯罪人作为一个整体，视同于一个人犯罪，基于共同的犯罪故意内容，视同于一个人的犯罪故意。在此基础上，根据各参与人的行为对法益侵害（危险）结果所起的作用不同，责任程度与范围也不同，因而作出了区别对待。因此，共同犯罪人之间互相掩饰、隐瞒犯罪所得的行为，应视同对自己犯罪所得的掩饰、隐瞒行为，因而不再另行定罪处罚。

2. 掩饰、隐瞒犯罪所得、犯罪所得收益罪的主体应该是本犯以外的人，掩饰、隐瞒者是本犯的，则不具有掩饰、隐瞒犯罪所得、犯罪所得收益罪的主体资格。掩饰、隐瞒犯罪所得、犯罪所得收益罪属于加入犯，而不是本犯。如果与本犯事先通谋或事中加入而不是事后加入的，则成为共同犯罪人。共同犯罪人根据他们在犯罪过程中的关系，在主观上有共同的犯罪故意，客观上有共同的犯罪行为，以他们所实施的共同犯罪行为和在共同犯罪中的作用来定罪处罚，而不能以掩饰、隐瞒犯罪所得、犯罪所得收益罪定罪处罚。因为，共同犯罪人实施的掩饰、隐瞒行为，是共同犯罪行为的组成部分，而且，共同犯罪人之间有意思联络，而事后加入的掩饰、隐瞒行为人与共同犯罪人的本犯之间没有意思联络。

3. 从《刑法》条文的内在逻辑分析，共同犯罪人不属于掩饰、隐瞒犯罪所得、犯罪所得收益罪的犯罪主体。《刑法》第312条第1款描述掩饰、隐瞒犯罪所得、犯罪所得收益罪的罪状时，规定了“明知是犯罪所得及其产生的收益而……”的主观要件。这就说明，明知只能对本犯以外的犯罪人而言，而对本犯而言，使用“明知”一词则毫无意义，因为他自己是本犯的犯罪行为人，当然是明知的。另外，从“窝藏、转移、收购、代为销售或者以其他方法掩饰、隐瞒”的客观要件来看，掩饰、隐瞒犯罪所得、犯罪所得收益罪的主体也是指本犯以外的犯罪人。

——最高人民法院刑事审判第一、二、三、四、五庭主办:《刑事审判参考》(总第111辑)，法律出版社2018年版，第108~118页。

28.刑事诉讼中对“亲亲相隐”问题的处理总体上可予从宽，但应依具体情节适度把握

“亲亲相隐”是中国古代刑律的一项原则，主要内容包括：亲属有罪相隐，不论罪或减刑；控告应相隐的亲属要处刑；国事重罪不适用相隐原则。以儒家思想为主导的中华法系，基于维护伦理道德和家族制度的目的，确立了“亲亲相隐”原则。中华人民共和国成立后，这一原则未在法律中明确规定，司法实践中也有不同做法。实际上，近年来我国立法和司法解释中也有体现“亲亲相隐”原则精神的相应规定。例如，《刑事诉讼法》第193条第1款规定：“经人民法院通知，证人没有正当理由不出庭作证的，人民法院可以强制其到庭，但是被告人的配偶、父母、子女除外。”《最高人民法院关于审理掩饰、隐瞒犯罪所得、犯罪所得收益刑事案件适用法律若干问题的解释》第2条规定，掩饰、隐瞒犯罪所得及其产生的收益行为构成犯罪，但系为近亲属掩饰、隐瞒犯罪所得及其产生的收益行为，且系初犯、偶犯，又认罪、悔罪并退赃、退赔的，可以认定为犯罪情节轻微，免予刑事处罚。又如，《最高人民法院关于审理毒品犯罪案件适用法律若干问题的解释》第6条第3款规定：“包庇走私、贩卖、运输、制造毒品的近亲属，或者为其窝藏、转移、隐瞒毒品或者毒品犯罪所得的财物，不具有本条前两款规定的‘情节严重’情形，归案后认罪、悔罪、积极退赃，且系初犯、偶犯，犯罪情节轻微不需要判处刑罚的，可以免予刑事处罚。”上述规定尚不属于典型的“亲亲相隐”制

度规定。对窝藏、包庇罪中是否要规定“亲亲相隐”，争议很大。调研中不少人认为，目前对“亲亲相隐”原则作出明确的制度化规定，条件尚不成熟；在司法实践中，对犯罪人的近亲属犯窝藏、包庇犯罪的，一般也会从宽处理。因此，司法解释对该原则不明确规定，也不会影响司法办案效果。调研中有人建议，对“亲亲相隐”问题，最高人民法院可以通过发布典型案例或者解读释义的方式，指导司法办案。经慎重考虑，《〈最高人民法院、最高人民检察院关于办理窝藏、包庇刑事案件适用法律若干问题的解释〉的理解与适用》采纳了这一观点。

对亲属间实施的窝藏、包庇行为，我们认为可从以下四个方面把握：第一，近亲属实施窝藏、包庇行为，考虑到这类情况下的犯罪动机，主要是出于亲情，而不是直接出于妨碍司法秩序，总体上可予从宽；第二，近亲属实施窝藏、包庇行为，情节较轻，且认罪悔罪的，可免予刑事处罚或者不起诉；第三，近亲属实施窝藏、包庇行为，属情节严重，但未造成严重妨害司法活动的实际后果，且认罪悔罪，可酌情从宽处罚，具有自首、立功等法定从宽处罚情节的，可以不起诉或者免予刑事处罚；第四，其他亲情和血缘关系密切的人实施窝藏、包庇行为，应与近亲属有所区别，只能参照近亲属的处罚原则适度从宽。

根据《刑事诉讼法》第108条第6项规定，近亲属，是指夫、妻、父、母、子、女、同胞兄弟姊妹。实践中，“其他亲情和血缘关系密切的人”应当是具有下列情形之一的：（1）祖父母、外祖父母、孙子女、外孙子女；（2）三代以内旁系血亲；（3）近姻亲，即近亲属的配偶、配偶的近亲属、配偶近亲属的配偶；（4）共同生活的公婆和丧偶儿媳、岳父母和丧偶女婿；（5）具有亲情或者血缘关系且共同生活的其他亲属。上述所称子女，包括养子女、继子女。

——滕伟、陆建红、田文莎：《〈最高人民法院、最高人民检察院关于办理窝藏、包庇刑事案件适用法律若干问题的解释〉的理解与适用》，载最高人民法院刑事审判第一、二、三、四、五庭编：《刑事审判参考》（总第130辑），人民法院出版社2022年版，第143~144页。

29.隐藏、转移、变卖、故意毁损已被司法机关查封、扣押、冻结的财产，情节严重的，构成非法处置查封的财产罪

新疆维吾尔自治区克拉玛依市克拉玛依区人民检察院诉李某强非法处置查封财产案（一审法院：新疆维吾尔自治区克拉玛依市克拉玛依区人民法院）

裁判要点：隐藏、转移、变卖、故意毁损已被司法机关查封、扣押、冻结的财产，情节严重的，构成非法处置查封的财产罪。

民事诉讼中的查封，是民事诉讼法律制度中的一项临时性强制措施。人民法院通过采取查封措施迫使义务人履行义务，以保证申请人的权利能够实现。从维护国家法律秩序的角度看，查封是一项重要的措施。《刑法》第314条规定："隐藏、转移、变卖、故意毁损已被司法机关查封、扣押、冻结的财产，情节严重的，处三年以下有期徒刑、拘役或者罚金。"《刑法》将破坏查封情节严重的行为规定为非法处置查封财产罪，有利于确保法律的尊严得以实现。被告人李某强在经济活动中拖欠货款不还，当被权利人起诉到人民法院后，又无视国家法律制度，竟敢将被人民法院依法查封的财产出卖了大部分，其行为破坏了国家的司法制度，扰乱了民事诉讼活动，情节严重。如果对李某强的行为不以罪论处，公民对国家法律的信仰就会落空，法律的尊严地位将会动摇。

——《最高人民法院公报》2001年第4期。

30.依法被刑事拘留、逮捕的犯罪嫌疑人不能成为破坏监管秩序罪的主体

问题：陈某因涉嫌犯抢劫罪被依法逮捕，羁押在看守所。陈某在看守所羁押期间，多次实施破坏监管秩序的行为，且情节严重。根据《刑法》第315条规定，破坏监管秩序罪的主体是依法被关押的罪犯。据此，有观点认为陈某不属于破坏监管秩序罪的主体，但有观点认为陈某是否属于破坏监管秩序罪的主体，要看法院最终依法作出的结论。如果陈某被认定为有罪，又实施了破坏监管秩序行为，就构成破坏监管秩序罪。请问哪种意见正确？

《人民司法》研究组认为：根据《刑法》第 315 条的规定，只有依法被关押的罪犯才能构成破坏监管秩序罪的主体。依照《刑事诉讼法》的有关规定，罪犯是指经人民法院依法判决有罪的人。《刑事诉讼法》第 12 条规定：“未经人民法院依法判决，对任何人都不得确定有罪。”可见，犯罪嫌疑人、被告人在经人民法院判决有罪以前，还不属于罪犯。陈某因抢劫犯罪嫌疑被依法逮捕，尚未经法院审判，故其不属于依法被关押的罪犯，不构成破坏监管秩序罪的主体。即使此后陈某被法院判决有罪，也不能对其不具备罪犯身份时实施的破坏监管秩序的行为，以破坏监管秩序罪定罪处罚。

——《人民司法》2001 年第 3 期（总第 446 期）。

三、妨害国（边）境管理罪

31.以旅游名义骗取出境证件，非法组织他人出境劳务，构成组织他人偷越国（边）境罪

顾某均、王某忠组织他人偷越国境案（《刑事审判参考》指导案例第 304 号）

裁判要点：以旅游名义骗取出境证件，非法组织他人出境劳务，构成组织他人偷越国（边）境罪。

首先，不具备合法出境资格，而以骗得的合法出境证件出境，属于偷越国境行为。

当前，在利益的驱使下，越来越多的人向往出境打工，他们多以旅游、考察等名义，弄虚作假，骗取出境证件后出境，非法滞留国外打工。该类行为不仅造成了极坏的国际影响，而且严重破坏了我国国（边）境管理秩序，应予惩戒。若仅因其形式“合法”，而将其排除在“偷越”之外，显然不妥。

据此，我们认为，“偷越”应指不具备合法出入境资格而出入境，侵犯我国国（边）境管理秩序的行为。“偷越”的方法和手段亦多种多样，既有不在规定的口岸、关卡偷越国（边）境，或以假证件或其他蒙骗手段在关口蒙混

出入境的，也有骗取出境证件，以所谓的“合法”的形式“非法”越境的。

其次，以旅游名义骗取出境证件，非法组织他人出境劳务，构成组织他人偷越国（边）境罪。根据《刑法》及相关司法解释的规定，组织他人偷越国（边）境罪是指违反国（边）境管理法规，采取煽动、拉拢、诱使、串联等方式，有计划地策划、指挥他人偷越国（边）境的行为。骗取出境证件罪，是指以劳务输出、经贸往来或者其他名义，弄虚作假，骗取护照、签证等出境证件，为组织他人偷越国（边）境使用的行为。可见，作为不同的犯罪，组织他人偷越国（边）境罪与骗取出境证件罪有着明显不同。然而，由于骗取出境证件罪的成立以行为人具有“为组织他人偷越国（边）境罪使用”的目的为必要，现实中骗取出境证件与组织他人偷越国（边）境往往密切交织在一起，因此，正确把握两罪的关系，对区别此罪与彼罪，一罪与数罪，显得尤为重要。

我们以为，组织他人偷越国（边）境罪与骗取出境证件罪是不同的罪名，二者在犯罪构成上有着明显的区别，不存在普通与特殊的关系。因为，从立法上看，罪与罪之间普通与特殊的关系，体现为一个法条所包含的构成要件在范围上为另一个法条的要件所包括。而组织他人偷越国（边）境罪与骗取出境证件罪在犯罪构成上有着明显不同：首先，侵犯的直接客体不同。其次，犯罪客观方面不同。再次，犯罪主体不同。前罪为自然人犯罪，而后罪则自然人和单位均可构成。另外，两罪的主观方面亦有不同。即两罪虽均为故意犯罪，但构成骗取出境证件罪，行为人主观上还须具有为组织他人偷越国（边）境使用的目的，若行为人为其他目的骗取出境证件，则不成立骗取出境证件罪。因此，虽然实践中“骗取出境证件”可成为组织他人偷越国（边）境的方法之一，但就构成要件而言，组织他人偷越国（边）境罪与骗取出境证件罪不存包含与被包含的关系。所以，二者不具有普通与特殊的关系，骗取出境证件罪并非为组织他人偷越国（边）境罪的特殊形式。行为人骗取出境证件后又组织他人偷越国（边）境的，不能仅以骗取出境证件罪定罪。此种情况下，骗取出境证件的行为，构成骗取出境证件罪；而利用骗得的证件组织他人偷越国（边）境的，同时又触犯组织他人偷越国（边）境罪成立牵连犯。因为，根据《刑法》的规定，组织他人偷越国（边）境是行为人骗取出境证件的目的，当骗取出境证件后，行为人又实际组织他人偷越国（边）

境，则组织他人偷越的行为是实现其骗取出境证件之目的行为，“骗证”与组织他人“偷越”的行为间显然是手段行为与目的行为的关系。因此，虽然从犯罪的发展阶段看，骗取出境证件为组织他人偷越国（边）境的预备行为，但由于两者间手段与目的的关系，使之更符合牵连犯的特征，因此，应根据牵连犯“从一重罪处罚”的原则，以组织他人偷越国（边）境罪论。

——最高人民法院刑事审判第一庭、第二庭编：《刑事审判参考》2004 年第 3 集（总第 38 集），法律出版社 2004 年版，第 143~152 页。

32.对组织他人偷越国（边）境的外国籍被告人和港澳台籍被告人独立适用驱逐出境，可由法官根据案件情况裁定

我们认为，我国《刑法》总则是对犯罪和刑罚的一般性规定，《刑法》分则是对具体的犯罪行为及其如何处罚的规定。我国《刑法》第 101 条规定：“本法总则适用于其他有刑罚规定的法律”，这说明，《刑法》总则不仅适用于《刑法》以外的其他刑事方面的法律，同样也适用于《刑法》分则。总则中关于各种刑罚种类以及适用刑罚的一些量刑原则的规定，在对各种犯罪使用刑罚时都应当遵循。总则中关于对犯罪的外国人可以独立适用驱逐出境的规定表明，对一切犯罪的外国人，均可以独立适用驱逐出境。所谓“可以”，即可以选择独立适用驱逐出境，也可以选择适用《刑法》分则中对各种犯罪规定的主刑。至于在何种情况下将驱逐出境刑罚作为主刑适用，则由法官根据案件的具体情况裁定。

关于对外国籍被告人单独适用驱逐出境如何引用《刑法》条文的问题，我们认为，应引用《刑法》第 6 条的规定；其次，应引用《刑法》第 318 条，依据该条定罪，再依据《刑法》第 35 条和第 318 条处刑。

——高憬宏、杨万明主编：《基层人民法院法官培训教材（实务卷·刑事审判篇）》，人民法院出版社 2005 年版，第 378~379 页。

四、妨害文物管理罪

33.行为人明知文物系他人盗掘所得，居中促成非法文物交易行为构成倒卖文物罪

天津市人民检察院第一分院诉刘某力、曹某庆、赵某永等盗掘古文化遗址、倒卖文物、转移赃物案

裁判摘要：行为人明知文物系他人盗掘所得，为从中牟取非法利益而帮助他人积极联系买主，居中促成非法文物交易的，其行为不构成销赃罪，应以倒卖文物定罪处罚。

天津市高级人民法院二审认为：上诉人曹某庆、赵某海、曹某及原审被告人刘某力、赵某永、孝某、韩某亚、王某民违反国家文物保护法规，以非法占有为目的，盗掘列入省级文物保护单位的古文化遗址，破坏古文化遗址，其行为均已构成盗掘古文化遗址罪，且将大部分所盗文物卖出无法追回，给国家造成重大损失，犯罪情节和后果特别严重。上诉人申某虎、周某安以牟利目的，帮助刘某利等人倒卖国家禁止经营的文物，情节严重，其行为均已构成倒卖文物罪。原审被告人张某峰、邵某强明知是刘某力犯罪所得的赃物予以转移，其行为已构成转移赃物罪。

在盗掘古文化遗址共同犯罪中，原审被告人刘某力首先提议并组织策划，联系出售文物，销赃后主持分赃且分赃数额大，上诉人曹某庆、赵某海、原审被告人赵某永共同参与预谋，提供资金或者提供技术指导，相互配合，均起主要作用，系主犯，应按照其各自参与的全部的犯罪分别予以处罚。原审被告人孝某、韩某亚、王某民、上诉人曹某被纠集后积极参与犯罪，均起次要作用，系从犯，应按照其各自参与的程度分别减轻处罚。上诉人申某虎、周某安在帮助刘某力等人出售文物的共同犯罪中，联系买主，起辅助作用，均系从犯，应分别予以从轻处罚。周某安因犯盗掘古墓葬罪被判处缓刑，在缓刑考验期内又犯新罪，但考虑到周某安归案后，协助公安机关抓捕同案犯，

有立功表现，依法可予以从轻处罚。原审被告人张某峰、邵某强在共同转移赃物犯罪中地位相当，应依法予以处罚。

对于上诉人曹某庆及其辩护人的上诉意见，原审被告人刘某力、赵某永、孝某、韩某亚等人的供述能够相互印证曹某庆参与预谋，纠集他人犯罪，且提供技术指导，提议对文物进行拍照，并分得赃款20余万元，其在共同犯罪中起主要作用的事实清楚，证据确实、充分。因此，对曹某庆关于一审判决认定主要犯罪事实证据不足，以及未参与预谋、未进行现场指挥和没有分得赃款的辩护意见，及其辩护人关于曹某庆在共同犯罪中作用小，仅获赃款20000元的辩护意见，与事实不符，不予采纳。对于曹某庆关于一审程序违法及请求改判或者撤销一审判决发回重审的意见，经查，一审在法庭调查中对卷内定案证据包括各同案犯在侦查阶段的供述进行举证和质证，审判公正，程序合法，故对曹某庆以上辩护意见，不予采纳。

——《最高人民法院公报》2009年第5期。

34.对名胜古迹的损毁程度，在没有法定鉴定机构可以鉴定的情况下，专家意见可以作为定罪量刑的参考

张某明、毛某明、张某故意损毁名胜古迹案（《刑事审判参考》指导案例第1427号）

裁判要点：参照2013年5月起施行的《最高人民法院、最高人民检察院关于办理危害食品安全刑事案件适用法律若干问题的解释》第21条的规定，可以将专家意见直接作为定案的参考；对于专家意见中检验程序规范、论证过程充分、结论让人信服、符合检验报告形式的，可以作为检验报告予以采信。

《刑法》第324条第2款规定，故意损毁国家保护的名胜古迹情节严重的，处五年以下有期徒刑或者拘役，并处或者单处罚金。也就是说，此类犯罪以“情节严重”作为入罪条件。对于情节严重的认定，2016年1月起施行的《最高人民法院、最高人民检察院关于办理妨害文物管理等刑事案件适用法律若干问题的解释》第4条第2款规定，故意损毁国家保护的名胜古迹具有下列情形之一的，应当认定为《刑法》第324条第2款规定的“情节严

重”:（1）致使名胜古迹严重损毁或者灭失的;（2）多次损毁或者损毁多处名胜古迹的;（3）其他情节严重的情形。本案中，被告人张某明等三人采用破坏性方式攀爬三清山风景名胜区核心景观、世界地质遗迹巨蟒峰并打入26个岩钉的行为，显然不属于造成名胜古迹灭失，也不属于多次损毁或者损毁多处名胜古迹的情形，故需要分析其行为是否构成“严重损毁”。

对如何认定“严重损毁”，上述司法解释没有作出进一步规定，全国也没有法定的司法鉴定机构能够就此问题进行鉴定。而能否认定为“严重损毁”又是三被告人的行为是否构成犯罪的关键。本案侦查过程中，侦查机关委托四名地学专家就巨蟒峰的损毁程度出具了专家意见，一致认为构成“严重损毁”。由此，如何看待本案专家意见的证据效力，以及三被告人的行为是否构成“严重损毁”，就成为审理过程中最重要的两个问题。现分析如下：

在本案审理过程中，对于专家意见是否可以采信为证据，存在不同意见。第一种意见认为，专家意见不属于法定证据种类，在“法无明文规定”的情况下，专家意见不能作为定罪量刑的根据。第二种意见认为，专家意见是具有专门知识的人提供的特殊的证人证言，可以将其纳入证人证言范畴予以采信。第三种意见认为，参照2013年5月起施行的《最高人民法院、最高人民检察院关于办理危害食品安全刑事案件适用法律若干问题的解释》(以下简称《危害食品安全刑事案件解释》) 第21条的规定，可以将专家意见直接作为定案的参考；并且，对于专家意见中检验程序规范、论证过程充分、结论让人信服、符合检验报告形式的，可以作为检验报告予以采信。

经过深入研究，本案审理过程中采纳了第三种意见，即参照《危害食品安全刑事案件解释》第21条，并结合本案专家意见形成过程、具体内容和形式，本案专家意见不仅可以作为定罪量刑的重要参考，而且可以作为检验报告予以采信。具体理由如下：

首先，根据《刑事诉讼法》，专家意见在刑事诉讼中可以以多种证据类型出现，并作为定罪量刑的根据或者参考。《刑事诉讼法》规定的证据种类主要有物证，书证，证人证言，被害人陈述，犯罪嫌疑人、被告人的供述和辩解，鉴定意见，勘验、检查、辨认、侦查实验等笔录和视听资料、电子数据八类。从证据分类看，专家意见不是法定的证据种类，但《刑事诉讼法》及相关司法解释中多处规定了“有专门知识的人”(注：专家即“有专门知识的人”，前者是俗称，后者是规范用语）可以参加刑事诉讼活动，其意见表现为相应的证据种类。例如，《刑事诉讼法》第128条规定，侦查人员对于与犯罪有关的场所、物品、人身、尸体应当进行勘验或者检查，必要时可以指派或聘请具有专门知识的人在侦查人员的主持下进行勘验、检查。在这种情形下，专家意见的证据形式是勘验、检查笔录。又如，《刑事诉讼法》第146条规定，为了查明案情，需要解决案件中某些专门性问题的时候，应当指派、聘请有专门知识的人进行鉴定。这里的专家意见表现为鉴定意见，专家就是鉴定人。再如，《刑事诉讼法》第197条第2款规定，公诉人、当事人和辩护人、诉讼代理人可以申请法庭通知有专门知识的人出庭，就鉴定人作出的鉴定意见提出意见。这里“有专门知识的人”是鉴定人之外相同领域的专家，其在法庭上的身份类似于特殊证人，其提出的意见相当于证人证言。可见，专家（有专门知识的人）根据自己的专业知识出具的意见，通过转换成相应的证据种类，可以作为证据或者定罪量刑的根据或者参考。

其次，本案中的专家意见可以作为检验报告予以采信。如前所述，专家意见可以体现为多种证据类型，包括勘验检查笔录、鉴定意见、特殊证言等。检验报告不是《刑事诉讼法》规定的证据种类，而是出现在2012年《最高人民法院关于适用〈中华人民共和国刑事诉讼法〉的解释》(以下简称2012年《刑事诉讼法解释》)的规定中。2012年《刑事诉讼法解释》第87条①规定：“对案件中的专门性问题需要鉴定，但没有法定司法鉴定机构，或者法律、司法解释规定可以进行检验的，可以指派、聘请有专门知识的人进行检验，检验报告可以作为定罪量刑的参考。”有的司法解释还较为明确地规定了检验报告和专家意见的证据价值。例如，《最高人民法院、最高人民检察院关于办理危害食品安全刑事案件适用法律若干问题的解释》第21条②规定，“足以造成严重食物中毒事故或者其他严重食源性疾病”“有毒、有害非食品原料”难以确定的，司法机关可以根据检验报告并结合专家意见等相关材料进行认定；必要时，人民法院可以依法通知有关专家出庭作出说明。通过上述规定可以

① 该处引用的是审理案件时有效的2012年《刑事诉讼法解释》，对应2021年新发布的解释第100条。

② 对应《最高人民法院、最高人民检察院关于办理危害食品安全刑事案件适用法律若干问题的解释》(2021年)第24条。

看出，专家意见、检验报告、鉴定意见是三种密切相关但又存在区别的证据类型。检验报告和鉴定意见显然都是由专家出具，故而广义上都是专家意见。其中，鉴定意见是最规范、效力最高的专家意见，检验报告也是较为规范的专家意见，其规范性和效力层级略低于鉴定意见，但同样具有证据价值。

本案属于实践中极为少见的损毁自然遗迹刑事案件，目前对于自然遗迹的损毁程度无法进行鉴定。但本案中四名专家出具的《关于“4.15”三名游客攀爬三清山世界级地质遗迹点巨蟒峰损毁情况的意见》，是专家组成员经过实地勘查、证据查验、充分讨论形成的书面意见。2012 年《刑事诉讼法解释》第 87 条规定，对检验报告的审查与认定，参照适用关于鉴定意见的规定。结合相关规定，我们认为本案中四名专家出具的意见已经符合检验报告的证据形式，可以作为检验报告来对待，作为定罪量刑的重要参考。[①]

综上，被告人张某明等三人采用破坏性方式攀爬三清山风景名胜区核心景观、世界地质遗迹巨蟒峰，并打入 26 个岩钉，致使名胜古迹严重损毁，属损毁名胜古迹情节严重，已构成故意损毁名胜古迹罪。本案对三被告人追究刑事责任，不仅是对其所实施行为的否定评价，更是警示世人不得破坏国家保护的名胜古迹，从而引导社会公众树立正确的生态文明观，珍惜和善待人类赖以生存和发展的自然资源和生态环境。人民法院综合考虑三名被告人所实施犯罪行为的性质、造成的危害、在共同犯罪中的地位作用、认罪悔罪态度等各方面因素，依法对被告人张某明判处一年有期徒刑，对被告人毛某明适用缓刑，对被告人张某免予刑事处罚，较好体现了罪责刑相适应的刑法基本原则。

——王慧军、王倩、郑享华撰稿、马岩审编：《张某明、毛某明、张某故意损毁名胜古迹案——在没有法定司法鉴定机构可以鉴定的情况下，专家意见可否作为定罪量刑的参考》，载最高人民法院刑事审判第一、二、三、四、五庭编：《刑事审判参考》（总第 128 辑），人民法院出版社 2021 年版，第 92~97 页。

---

① 此处引用的是修正前的《刑事诉讼法解释》，修正前《刑事诉讼法解释》第 87 条规定，“指派、聘请有专门知识的人进行检验，检验报告可以作为定罪量刑的参考”；修正后《刑事诉讼法解释》第 100 条规定，“指派、聘请有专门知识的人就案件的专门性问题出具的报告，可以作为证据使用”，进一步承认了此类报告的证据效力。

35.盗掘古墓葬罪的既遂应以对古墓葬造成破坏结果为标准进行认定

孙某平等盗掘古墓葬案（《刑事审判参考》指导案例第485号）

裁判要点：盗掘古墓葬罪属于以完成一定的行为作为构成犯罪的行为犯，只要被告人有盗掘古墓葬的主观故意，客观上实施了一定的盗掘行为，就可认定既遂。但一般来说，盗掘古墓葬行为在实践中会有一个实行过程，我们不能认为一着手实施即可构成犯罪，如果盗掘行为刚刚开始，并未触及墓室或未对该墓葬的历史、艺术、科学价值造成一定影响的，可以不以犯罪论处。

本案的被告人连续多次对古墓葬进行盗掘，除在小白山、五福村墓中掘得文物外，盗掘其他古墓葬均未掘得物品，但从被告人的行为来看，违反相关国家规定私自挖掘古墓葬，并且分别掘及墓室的主体或侧墓，已经对古墓葬造成了不可恢复的破坏，从其行为程度看，不仅已着手犯罪，而且其行为已造成了对古墓葬的破坏结果，严重侵犯了国家文物管理秩序，应当说符合《刑法》第328条规定的行为要件，应属既遂。

——最高人民法院刑事审判第一、二、三、四、五庭主办：《刑事审判参考》2008年第2集（总第61集），法律出版社2008年版，第44页。

36.盗掘古墓葬罪中主观认知的认定要求行为人明知所盗掘的是古墓葬

卞某军等盗掘古墓葬案（《刑事审判参考》指导案例第560号）

裁判要点：盗掘古墓葬罪要求行为人应当明知所盗掘的是古墓葬，但不要求行为人确切认识到所盗掘古墓葬的历史、艺术、科学价值。认定“盗窃珍贵文物”情节，必须遵循主客观相一致的原则。

首先，盗掘古墓葬罪的行为人一般不可能确切明知所盗掘古墓葬的历史、艺术、科学价值。由于古墓葬往往被掩埋于地下，其历史、艺术、科学价值的鉴定，需要由专业人员借助专门设备作出。即使是专业人员，在古墓葬被完全挖掘、其中文物被出土前，也很难对其相关价值作出准确评估。司法实践中的盗掘者绝大多数是没有受过专门培训的非专业人员，他们所具有的认知能力和技术装备一般不足以使其确切判断所盗掘古墓葬的历史、艺术、科学价值。据此，在盗掘之前就要求行为人确切明知所盗掘古墓葬的历史、艺术、科学价值既不可能也不合理。其次，从司法操作的角度讲，如果在诉讼中必须证明行为人明知所盗掘的是具有历史、艺术、科学价值的古墓葬，难度较大，不利于对盗掘古墓葬行为的惩治。最后，随着社会文明的发展和文物基本常识的普及，当前社会一般人对于古墓葬属于受国家保护、禁止私自挖掘的常识应当均有所明知，也即只要行为人明知了其盗掘的属于古墓葬，那么就具备了主观违法性认识要件，且从实际情况看，绝大多数盗掘古墓葬的行为人并不是本着对古墓葬历史、艺术、科学价值的追求而实施盗掘行为的，他们关心的主要是文物的经济价值。因此，只要行为人明知其盗掘的是古墓葬，就足以反映出其应受惩罚的主观恶性。

——最高人民法院刑事审判第一、二、三、四、五庭编：《刑事审判参考》2009年第3集（总第68集），法律出版社2009年版，第40~41页。

五、危害公共卫生罪

37.以暴力方法强迫他人卖血，致人死亡或造成严重伤害，同时构成强迫卖血罪与故意伤害（致人死亡或重伤）罪的，择一重罪处罚

根据《刑法》第333条第2款的规定，以暴力、威胁方法强迫他人出卖血液，对他人造成伤害的，依照《刑法》第234条规定的故意伤害罪定罪处罚。由于《刑法》第234条规定了故意伤害致人轻伤、故意伤害致人重伤、故意伤害致人死亡或者以特别残忍手段致人重伤造成严重残疾三种情况，故意伤害致人轻伤的法定最高刑只有三年有期徒刑，故意伤害致人重伤（其中不包括以特别残忍手段致人残疾的）的法定最高刑是十年有期徒刑，法定最低刑是三年有期徒刑；而强迫卖血罪的法定最高刑是十年有期徒刑，法定最低刑是五年有期徒刑，显然不仅重于故意伤害致人轻伤的法定刑，也重于故意伤害致人重伤（不包括以特别残忍手段致人残疾的）的法定刑。按照从一重罪处罚的原则，应当以强迫卖血罪定罪处罚。只有当实施的暴力方法致人

死亡或者造成严重残疾，其法定刑重于强迫卖血罪的法定刑时，才应当按故意伤害罪定罪处罚。例如石某某等强迫卖血案。被告人石某某等人为牟取暴利，在组织无业人员卖血过程中，威逼和殴打不愿意按其指令去卖血的人，造成多人轻伤，其行为构成强迫卖血罪。

——胡云腾主编：《刑法罪名精释（第五版）》，人民法院出版社 2022 年版，第 1184~1185 页。

38.医务人员在医院安排下的违规医疗行为，若存在重大业务过失，可能构成医疗事故罪

梁某医疗事故案（《刑事审判参考》指导案例第 1288 号）

裁判要点：被告人梁某的行为属于其所就职的医院安排的职务行为，但其个人仍然存在重大业务过失，符合医疗事故罪的犯罪构成，可依法构成该罪。

实践中，对于已取得护士资格而未取得医生执业资格的护士，擅自从事诊疗活动损害就诊人身体健康的，以非法行医罪论处争议不大。但是本案中，被害人到合法成立的私立医院就诊，由医生安排手术，被告人梁某在医院的安排下从事超出其护理工作职责的麻醉行为，之所以发生被害人死亡的后果，与医院对医护人员资格、诊疗行为、手术规程等管理存在漏洞明显有关，如以非法行医罪对护士梁某判处有期徒刑十年，既不符合非法行医罪的构成要件，也明显有失公允。我们认为，二审法院综合考虑案件的性质、情节以及医院方面的过错、赔偿等，以医疗事故罪改判梁某有期徒刑二年是正确的。

——蔡五良、贾硕、段凰撰稿、韩维中审编：《梁某医疗事故案——医务人员在医院安排下的违规医疗行为应当如何定性》，载最高人民法院刑事审判第一、二、三、四、五庭主办：《刑事审判参考》（总第 117 集），法律出版社 2019 年版，第 35~41 页。

39.未取得医生执业资格，在诊所负责人默许的情况下长期独立从事医疗活动，造成死亡的，构成非法行医罪

侯某英非法行医案（《刑事审判参考》指导案例第 1382 号）

裁判要点：未取得医生执业资格，在诊所负责人默许下长期独立从事医疗活动，造成一名就诊人员死亡，其行为符合非法行医罪的犯罪构成，依法构成非法行医罪。

（一）未取得医师资格的医学专业毕业生独立从事临床工作，造成患者损害的，不能一律按照医疗事故处理

根据《医疗事故处理条例》的规定，医疗事故是指医疗机构及其医务人员在医疗活动中，违反医疗卫生管理法律、行政法规、部门规章和诊疗护理规范、常规，过失造成患者人身损害的事故。而 2005 年 9 月 5 日卫生部[①]的《诊疗活动批复》规定，医学专业毕业生在毕业第一年后未取得医师资格的，可以在执业医师指导下进行临床实习，但不得独立从事临床活动，包括不得出具任何形式的医学证明文件和医学文书。医疗机构违反规定安排未取得医师资格的医学专业毕业生独立从事临床工作的，按照 1994 年《医疗机构管理条例》第 48 条[②]的规定处理；造成患者人身损害的，按照《医疗事故处理条例》处理。未取得医师资格的医学专业毕业生违反规定擅自在医疗机构中独立从事临床工作的，按照《执业医师法》第 39 条[③]的规定处理；造成患者人身损害的，按照 1994 年《医疗事故处理条例》第 61 条[④]的规定处理。《医疗机构管理条例》第 48 条规定了对相关医疗机构的处罚，而《医疗事故处理条例》第 61 条规定，非法行医，造成患者人身损害，不属于医疗事故，触犯刑律的，依法追究刑事责任；有关赔偿，由受害人直接向人民法院提起诉讼。因而根据该《诊疗活动批复》并不能得出未取得医师资格的医学专业毕业生独立从事临床工作一律按照医疗事故处理的结论。

---

① 现国家卫生健康委员会。

② 对应《医疗机构管理条例》（2022 年修订）第 47 条。

③ 对应《医师法》第 59 条。

④ 对应《医疗事故处理条例》（2002）第 61 条。

（二）被告人的行为符合非法行医罪的构成要件

根据《刑法》第336条的规定，未取得医生执业资格的人非法行医，情节严重或严重损害就诊人身体健康、造成就诊人死亡，构成非法行医罪。故被告人是否构成非法行医罪，应当从该罪的构成要件进行分析。

1. 就犯罪主体而言，非法行医罪的主体是特殊主体，即未取得医师执业资格的人。《最高人民法院关于审理非法行医刑事案件具体应用法律若干问题的解释》第1条规定，未取得医生执业资格包括未取得医师资格或者以非法手段取得医师资格等情形。本案中，被告人侯某英从医学成人中等专业学校毕业后，未能通过医师资格考试，未取得医生执业资格，符合本罪的“身份”要求。

2. 就犯罪行为而言，非法行医罪要求非法从事医疗行为，并且以此为业。本案中，首先，侯某英的行为属于医疗行为。医疗行为有广义和狭义之分，广义的医疗行为是指出于医疗目的所实施的行为，包括疾病的预防与治疗、生育的处置、按摩、针灸等符合医疗目的的行为；狭义的医疗行为则是指在广义的医疗行为中，只能由医师根据医学知识与技能操作实施，否则可能对个体产生危险的行为。侯某英的行为属于典型的、狭义的医疗行为。其次，侯某英的行医行为不具有合法性。侯某英长期在没有执业医师的监督、指导的情况下，独自开展临床诊疗活动，这些治疗活动与一名执业医生所进行的医疗活动并无差别，并非属于一些辅助、次要环节。最后，侯某英的行医行为具有反复性、长期性的特征。非法行医罪属于职业犯，要求行为人反复、连续从事医疗、预防、保健活动。本案中，被告人侯某英在长达一年多的时间内，反复、多次实施医疗行为，并收取相应报酬，属于以非法行医为业的情形。

3. 就犯罪结果而言，病患孟某海经过治疗后，出现了死亡的后果。被告人侯某英在没有医师资格、没有独自开具处方药物权力的情况下，擅自为孟某海诊疗，并开具药物头孢呋辛钠，由他人为孟某海输液，导致头孢呋辛钠进入了孟某海的体内，孟某海在输入头孢呋辛钠后，很快就产生了激烈的不良反应，后经抢救无效死亡。根据鉴定机构意见，孟某海符合注射头孢呋辛钠导致过敏性休克死亡，同时死者也未见致死性疾病改变，无机械性损伤致其死亡的证据。故可以认定被告人侯某英的非法行医行为是孟某海死亡的直接原因。

需要说明的是，本案中鉴定机构以“行医人员是否具有相应资质不是鉴定机构判断范围”及“诊所在对被鉴定人诊疗过程中未有病历材料记载，使本次鉴定无书面材料评价行医人员对被鉴定人的诊断、用药是否合理，并且在使用头孢呋辛钠前是否进行询问，以及在患者出现药物过敏反应时是否进行对应的救治措施”为理由，对被告人侯某英的责任未给出明确意见，对侯某英的行医行为与孟某海死亡结果之间的因果关系亦未给出明确意见。对此，我们认为，即使鉴定机构出具的鉴定意见未就行医行为与死者死亡结果之间的因果关系给出明确意见，司法机关也有权力、有责任判断具体案件中非法行医行为与死者死亡之间是否具有因果关系。根据本案查明的事实及在案证据，足以认定被告人侯某英未取得医生执业资格从事医疗行为的存在过错，并直接导致了孟某海的死亡，二者间存在着因果关系。

4. 就主观要件而言，本罪要求行为人主观上存在故意，即行为人明知自己未取得医生执业资格而非法行医，但对就诊病患死亡的后果至少是持过失的心态。本案中，被告人侯某英在主观上明知自己未取得医生执业资格而非法行医：首先，侯某英供述其未取得医生执业资格；其次，在病患死亡后，民警到诊所调查时，侯某英并未出面向民警如实供述，而是任其丈夫安排有医生执业资格的人员冒充行医人，也从侧面说明侯某英明知自己系非法行医。同时对于孟某海的死亡结果，侯某英明显是不追求、不希望的，在此层面上是过失心态。

综上，我们认为，被告人侯某英未取得医生执业资格，在诊所负责人默许下长期独立从事医疗活动，造成一名就诊人员死亡，其行为符合非法行医罪的犯罪构成，依法构成非法行医罪。

（三）被告人侯某英长期独立行医的行为，不构成医疗事故罪

根据《刑法》第335条的规定，医疗事故罪是指医务人员严重不负责任，造成就诊人死亡或者严重损害就诊人身体健康的行为。一般情况下，非法行医罪与医疗事故罪并不难区分。两者主体有明显区别，前者主体是未取得医生执业资格的人，而后者主体则是医疗机构的医生、护士、药剂人员，以及经主管部门批准开业的个体行医人员。本案中，因为被告人侯某英是医学专业毕业生，且其在诊所默许的情形下行医，故有必要对其是否构成医疗事故

罪进行评析。

在司法实践中，未取得医生执业资格的医护人员，在院方的安排下，并且在医师的授权和指导下，在诊疗活动的某个环节中，实施了执业医生才能实施的医疗行为，因行为人的行为系医院和医师授权下的职务行为，故一般不认定为非法行医罪。在此过程中，如果行为人具有明显过错，并造成了就诊人死亡或者严重损害就诊人身体健康的，则构成医疗事故罪。

但本案中，被告人侯某英的行为与上述情形有明显区别。侯某英长期独立在诊所内行医的行为，虽然得到诊所负责人即其丈夫李某杰的默许，但侯某英的行医行为是在没有任何医师的授权和指导下独立进行的，且实施了整个诊疗过程，而非其中某一环节，不能将这种行为认定为是在医院和医师的授权下的职务行为，而应当认定为侯某英的擅自行医行为，故侯某英的行为不构成医疗事故罪。同时，我们认为，李某杰明知侯某英未取得医生执业资格，仍然允许其在诊所内长期以医生身份独自提供诊疗服务，李某杰与侯某英构成非法行医罪的共犯。

另外，作为一项过失犯罪，医疗事故罪的量刑幅度为三年以下有期徒刑及拘役。而被告人侯某英长期在没有执业医师的监督、指导的情况下，擅自开展临床诊疗活动，给患者带来了严重风险，而且也造成了本案中就诊人孟某海的死亡，其行为严重侵害了国家对医疗秩序的管理及公众的生命健康安全。故从罪责刑相适应的角度而言，认定被告人侯某英构成医疗事故罪也明显不合适。

——赵仁洋撰稿、王晓东审编:《侯某英非法行医案——未取得医生执业资格的人在诊所负责人默许下长期独立从事医疗活动的行为定性》，载最高人民法院刑事审判第一、二、三、四、五庭主办:《刑事审判参考》(总第124集)，法律出版社2020年版，第130~134页。

40.患者“自愿”求医不能阻却非法行医罪的成立

周某某非法行医案(《刑事审判参考》指导案例第316号)

裁判要点：患者“自愿”求医不能阻却非法行医罪的成立。

由此可见，在非法行医案件中，如果行为人隐瞒其未取得医生执业资格的事实，从而致使被害人错误作出同意其对自己实施医疗行为的“承诺”的，则因该项“承诺”并非出自被害人的真实意志，故而不能构成可以排除行为人犯罪性的承诺；即便在行为人已告知被害人其未取得医生执业资格的事实，被害人仍然同意或者请求其为自己医疗的情况下，由于被害人的同意或者请求（承诺）仅是对医疗行为本身的抽象承诺，并不包括对非法医疗行为可能引致的伤亡结果的承诺，也不能构成可以排除行为人犯罪性的承诺；甚至，在行为人已告知被告人其未取得医生执业资格的事实，被害人仍然同意或者请求其为自己医疗，并明确表示自愿承担医疗“风险”的情况下，由于被害人对公共卫生这一社会法益并无承诺权限，其承诺仍然是无效的，仍然不能因此排除行为人非法行医行为的犯罪性。

——最高人民法院刑事审判第一庭、第二庭编：《刑事审判参考》2004 年第 5 集（总第 40 集），法律出版社 2005 年版，第 24~27 页。

六、破坏环境资源保护罪

41.污染环境罪与投放危险物质罪竞合时，依照处罚较重的规定定罪处罚

违规排放、倾倒或者处置有放射性的废物、含传染病病原体的废物、有毒物质，不仅严重污染环境，还可能危害公共安全，此时污染环境罪就可能与投放危险物质罪竞合，宜择一重罪处断。因此，《最高人民法院、最高人民检察院关于办理环境污染刑事案件适用法律若干问题的解释》（以下简称《办理环境污染刑事案件解释》）第 8 条[①]规定：“违反国家规定，排放、倾倒、处置含有毒害性、放射性、传染病病原体等物质的污染物，同时构成污染环境罪、非法处置进口的固体废物罪、投放危险物质罪等犯罪的，依照处罚较重的规定定罪处罚。”在此基础上，《最高人民法院、最高人民检察院、公安部、

① 对应《最高人民法院、最高人民检察院关于办理环境污染刑事案件适用法律若干问题的解释》（2023）第 9 条。

司法部、生态环境部关于办理环境污染刑事案件有关问题座谈会纪要》（以下简称《办理环境污染刑事案件座谈会纪要》）对投放危险物质罪的适用作了专门规定。

一是用足用好《刑法》和《办理环境污染刑事案件解释》的规定。目前，我国一些地方环境违法犯罪活动高发多发，刑事处罚威慑力不强的问题仍然突出。因此，《办理环境污染刑事案件座谈会纪要》要求，现阶段在办理环境污染犯罪案件时必须坚决贯彻落实党中央关于重点治理污染的指示精神，把《刑法》和《办理环境污染刑事案件解释》的规定用足用好，形成对环境污染违法犯罪的强大震慑。

二是准确适用投放危险物质罪。司法适用中，对污染环境的行为应当原则上适用污染环境罪，适用投放危险物质罪的，应当特别慎重，准确查明主客观方面的情况。《办理环境污染刑事案件座谈会纪要》规定："司法实践中对环境污染行为适用投放危险物质罪追究刑事责任时，应当重点审查判断行为人的主观恶性、污染行为恶劣程度、污染物的毒害性危险性、污染持续时间、污染结果是否可逆、是否对公共安全造成现实、具体、明确的危险或者危害等各方面因素。"而且，对污染环境行为适用投放危险物质罪，主要基于罪责刑相适应的刑法原则进行考虑，对此应当特别注意把握。基于此，《办理环境污染刑事案件座谈会纪要》专门规定，对于行为人明知其排放、倾倒、处置的污染物含有毒害性、放射性、传染病病原体等危险物质，仍实施环境污染行为放任其危害公共安全，造成重大人员伤亡、重大公私财产损失等严重后果，以污染环境罪论处明显不足以罚当其罪的，可以依照《办理环境污染刑事案件解释》第8条[①]的规定，以投放危险物质罪定罪量刑。具体而言，实践中此类情形主要是向饮用水水源保护区、饮用水供水单位取水口和出水口、南水北调水库、干渠、涵洞等配套工程、重要渔业水体以及自然保护区核心区等特殊保护区域，排放、倾倒、处置毒害性极强的污染物，危害公共安全并造成严重后果的情形。

——周加海、喻海松：《〈关于办理环境污染刑事案件有关问题座谈会纪

① 对应《最高人民法院、最高人民检察院关于办理环境污染刑事案件适用法律若干问题的解释》（2023）第9条。

要〉的理解与适用》，载《人民司法·应用》2019年第16期（总第855期）。

42.污染环境罪中有害物质应坚持主客观相统一原则并结合常见有害物质形式加以认定

根据《刑法》第338条的规定，构成污染环境罪，排放、倾倒或者处置的须为“有放射性废物、含传染病病原体的废物、有毒物质或者其他有害物质”。鉴于其他有害物质的范围十分宽泛，交由司法机关裁量把握可以更好地适应具体案件的复杂情况，《办理环境污染刑事案件解释》未作明确界定。根据当前司法适用中的具体情况，《办理环境污染刑事案件座谈会纪要》对如何准确认定《刑法》第338条规定的其他有害物质作了专门规定。

一是坚持主客观相一致原则。《办理环境污染刑事案件座谈会纪要》规定：“办理非法排放、倾倒、处置其他有害物质的案件，应当坚持主客观相一致原则，从行为人的主观恶性、污染行为恶劣程度、有害物质危险性毒害性等方面进行综合分析判断，准确认定其行为的社会危害性。”

二是把握常见的有害物质形式。根据《办理环境污染刑事案件座谈会纪要》的规定，实践中常见的有害物质主要有：工业危险废物以外的其他工业固体废物；未经处理的生活垃圾；有害大气污染物、受控消耗臭氧层物质和有害水污染物；在利用和处置过程中必然产生有毒有害物质的其他物质；国务院生态环境保护主管部门会同国务院卫生主管部门公布的有毒有害污染物名录中的有关物质等。

——周加海、喻海松：《〈关于办理环境污染刑事案件有关问题座谈会纪要〉的理解与适用》，载《人民司法·应用》2019年第16期（总第855期）。

43.多次污染环境构成“严重污染环境”的情形关键在于准确认定行政处罚的范围和次数

《办理环境污染刑事案件解释》第1条第6项将“二年内曾因违反国家规定，排放、倾倒、处置有放射性的废物、含传染病病原体的废物、有毒物质受过两次以上行政处罚，又实施前列行为的”[①]作为认定“严重污染环境”的情形之一。司法适用中应当注意：（1）《办理环境污染刑事案件解释》第1条第6项并未将“两次以上行政处罚”的主体范围限定为环境保护主管部门。因此，“两次以上行政处罚”不限于环境保护主管部门的行政处罚，也可能包括其他部门，如水行政主管部门对违反《水污染防治法》行为的行政处罚，甚至是公安机关的行政处罚。（2）关于行政处罚的种类，《环境行政处罚办法》第10条规定：“根据法律、行政法规和部门规章，环境行政处罚的种类有：（一）警告；（二）罚款；（三）责令停产整顿；（四）责令停产、停业、关闭；（五）暂扣、吊销许可证或者其他具有许可性质的证件；（六）没收违法所得、没收非法财物；（七）行政拘留；（八）法律、行政法规设定的其他行政处罚种类。”[②]实践中有争议的问题是，是否所有的行政处罚都属于《办理环境污染刑事案件解释》第1条第6项规定的行政处罚。本评注认为，从整体解释的角度，无法将前述处罚种类中的部分行政处罚措施排除在《办理环境污染刑事案件解释》第1条第6项规定的行政处罚范围之外。（3）按日计罚宜认定为一次行政处罚。《环境保护法》第59条第1款规定：“企业事业单位和其他生产经营者违法排放污染物，受到罚款处罚，被责令改正，拒不改正的，依法作出处罚决定的行政机关可以自责令改正之日的次日起，按照原处罚数额按日连续处罚。”具体而言，环境行政执法部门根据防治污染设施的运行成本、违法行为造成的直接损失或者违法所得等因素，对违法排放污染物的企业事业单位和其他生产经营者确定罚款处罚并责令改正，企业拒不改正的，自责令改正之日的次日起按照原处罚数额按日连续处罚。需要注意的是，此种情形下虽然对环境行为进行按日计划，可能作出多个行政处罚决定，但由于系一个违法行为引起的，宜认定为一次行政处罚。

——喻海松：《实务刑法评注》，北京大学出版社2022年版，第1552~1553页。

---

① 对应《最高人民法院、最高人民检察院关于办理环境污染刑事案件适用法律若干问题的解释》（2023）第1条第8项。

② 已失效。对应《生态环境行政处罚办法》第8条。

44.珍贵、濒危野生动物死体属于珍贵、濒危野生动物

刘某军非法收购珍贵、濒危野生动物案（《刑事审判参考》指导案例第1397号）

裁判要点：珍贵、濒危野生动物死体应认定为珍贵、濒危野生动物。

关于野生动物死体应否认定为野生动物，存在争议。一种观点认为，我国《刑法》第341条将非法猎捕、杀害国家重点保护的珍贵、濒危野生动物和非法收购、运输、出售国家重点保护的珍贵、濒危野生动物及其制品罪规定在一个条文中，具有相同的量刑情节和法定刑，根据逻辑和法理分析，应对“野生动物”的概念保持一致性，即非法猎捕、杀害的珍贵、濒危野生动物应为活体，不可能是死体，那么非法收购、运输、出售的珍贵、濒危野生动物也应为活体，故对死体应认定为该野生动物制品。另一种观点认为，珍贵、濒危野生动物制品是指对捕获或得到的珍贵、濒危野生动物通过某种加工手段而获利的成品与半成品，如标本、皮张和其他有极高经济价值的动物部位、肉食等。珍贵、濒危野生动物的死体如果能够保持完整性，没有经过加工，应认定为珍贵、濒危野生动物。我们认为，根据《最高人民法院、最高人民检察院关于办理破坏野生动物资源刑事案件适用法律若干问题的解释》及《国家林业局、公安部关于森林和陆生野生动物刑事管辖及立案标准》的规定，野生动物与野生动物制品在立案、定罪、量刑采取不同的标准，前者以数量多少为依据，后者以价值大小为依据，不同的认定对行为人的处罚差异较大[①]，故准确认定野生动物死体是否属于野生动物意义重大。我们赞同野生动物死体应认定为野生动物的观点。

一是从立法本义看，我国《刑法》将非法猎捕、杀害国家重点保护珍贵、濒危野生动物与非法收购、运输、出售国家重点保护的珍贵、濒危野生动物规定在同一法条之中，目的是封堵针对珍贵、濒危野生动物的犯罪链条，前

---

① 以广西钦州市中级人民法院审理的陈某非法收购、运输珍贵、濒危野生动物罪一案为例，陈某运送22只死体穿山甲，4只活体穿山甲，法院将查获的22只死体穿山甲认定为野生动物，认为已经达到了《破坏野生动物资源解释》附表中所列举的情节特别严重情形，依法应当判处十年以上有期徒刑，最终陈某被判处十一年有期徒刑。如果将死体穿山甲认定为珍贵、濒危野生动物制品，则其价值为36740元，该价格离情节严重十万元的标准相差甚远。

后犯罪具有关联性和同质性，应当一体理解文条用语。

二是从事实逻辑上看，非法猎捕、杀害国家重点保护珍贵、濒危野生动物进入收购、运输、出售环节，必然有活体和死体两种样态，因此非法收购、运输、出售国家重点保护珍贵、濒危野生动物死体并不违反立法本义和逻辑。

三是从刑罚功能看，如果认为野生动物不包括死体，那么在现实生活中，许多人会将野生动物进行残害后再进行买卖或者运送。这样比直接实施这些行为的危害更大，反而受到的处罚可能更轻，这样规定并不利于对犯罪的打击，也不利于保护野生动物资源。

四是从概念用语的多义性来看，同一用语放在不同的语境下会有不同含义。认为只有活的野生动物是“动物”，而死的野生动物已经不再是“动物”的解释，仅是从生物学意义上所作的浅显理解。我国《刑法》第341条表述的“野生动物”，应从物种和属性方面理解，该条所保护的对象是指野生动物物种，主要区别于人工驯养繁殖的畜禽，前者是指在野外环境下自然生长繁殖的野生动物和经人工驯养或培育仍然保持行为习性和遗传构成的野生动物，后者是指人类为满足肉、蛋、乳、毛皮等需要，经过长期劳动驯化、人工繁育技术成熟稳定的各种动物。只要是属于国家重点保护的野生动物物种，在查获时无论该具体动物是否属于活体，都应给予一体保护，以切断犯罪产业链条。

五是从准确评价犯罪角度看，将野生动物死体区别于野生动物制品，不仅可行，而且必要。《野生动物保护法》明确规定，野生动物及其制品，是指野生动物的整体（含卵、蛋）、部分及其衍生物。而2007年国家林业局发布的《野生动物及其制品价值评估方法》则进一步明确，野生动物，是指陆生野生动物的整体（含卵、蛋）；野生动物制品，是指陆生野生动物的部分及其衍生物，包括产品。从犯罪产业链条看，前者距野生动物保护法益（物种生存）更近，因而社会危害性更大。从生物伦理看，前者更具残忍性，因而主观恶性更强。正因如此，司法解释针对野生动物及其制品的犯罪规定了不同的量刑依据和标准。如果将死体认定为野生动物制品会导致重罪轻判。

六是从司法实践看，将珍贵、濒危野生动物死体认定为野生动物，并不会造成处罚上的失衡。我国《刑法》第341条在设立量刑情节和法定刑方面没有区分具体行为和犯罪对象的状态，但量刑情节和法定刑幅度都有较大的裁量空间，司法机关完全可以根据罪责刑相适应原则针对每个案件的具体情况作出妥当处理，并不会因为立法标准的抽象一致而造成司法裁量的失衡失当。

——魏海、罗嘉亮撰稿、韩维中审编：《刘某军非法收购珍贵、濒危野生动物案——非法收购珍贵、濒危野生动物死体行为的认定》，载最高人民法院刑事审判第一、二、三、四、五庭编：《刑事审判参考》(总第125辑)，人民法院出版社2020年版，第77~82页。

45.非法开采的矿产品价值需运用有关规定，结合相关部门出具的报告和其他证据加以准确认定

《最高人民法院、最高人民检察院关于办理非法采矿、破坏性采矿刑事案件适用法律若干问题的解释》第13条、第14条通过总结司法经验，对非法开采的矿产品价值的认定规则作了明确。司法适用中应当注意：（1）灵活运用相关规定。首先，对于非法采矿案件可以查明销赃数额或者开采的矿产品数量的，可以直接根据销赃数额或者矿产品数量认定非法开采的矿产品价值，不需要再由有关部门出具报告。其次，在矿产品价值难以确定的情况下，并存由有关价格认证机构作出价格认证和由省级以上人民政府国土资源主管部门出具报告两条路径。通常而言，可以选择由价格认证机构进行价格认证这一相对便捷的途径。最后，只有在价格认证不便作出的情况下，才宜考虑由省级以上人民政府国土资源主管部门出具报告。（2）司法实践中，犯罪行为人为了逃避打击，将非法采矿的矿洞炸毁，或者由于无安全设施开采致矿洞倒塌、透水等情形大量存在，这些矿洞已经不具备进洞鉴定条件，对此种情形以何种方式认定矿产品价值，司法实践尚无定论。除了由省级以上人民政府国土资源主管部门出具报告外，还可以考虑将其他能相互印证且可确认犯罪嫌疑人非法采矿价值的证据进行结合（如根据矿产品的价格，结合侦查过程中查获的犯罪嫌疑人的出矿记录、过磅单或者附近同类同源矿洞生产情况确定开采的矿产品数量），综合认定非法开采的矿产品价值。

——喻海松：《实务刑法评注》，北京大学出版社2022年版，第1063页。

七、走私、贩卖、运输、制造毒品罪

46.雇用未成年人从事毒品犯罪应从重处罚

我们认为，《刑法》之所以对利用未成年人从事毒品犯罪规定为从重处罚情节，主要是出于对未成年人的特殊保护。未成年人辨别能力差，往往容易被犯罪分子所利用，进行毒品犯罪活动，从而影响他们的健康成长。利用未成年人从事毒品犯罪，便于隐蔽、伪装，不易暴露，因此，不少毒品犯罪分子，经常利用未成年人从事毒品犯罪，以达到他们进行毒品犯罪并逃避追究和制裁的目的。因此，为打击毒品犯罪，加强对未成年人的保护，《刑法》第347条将此种情况单列一款，作为从重处罚情节加以特别强调。

“利用未成年人走私、贩卖、运输、制造毒品”，既包括被利用者未参与共同犯罪的情形，也包括被利用者参与共同犯罪的情形；既包括被利用者未达到刑事责任年龄的情形，也包括被利用者已经达到刑事责任年龄但尚未满18周岁的情形；既包括被利用者没有参与犯罪所得分赃或者没有得到其他好处的情形，也包括被利用者参与犯罪所得分赃或者得到其他好处的情形。利用的形式是多种的，雇用就是其中一种常见的形式。只要未成年人处于被利用者地位，不论未成年人是否构成共同犯罪，也不论未成年人在从事毒品犯罪中所起的作用如何，利用者均应以“利用未成年人走私、贩卖、运输、制造毒品”论处。雇用已满14周岁未满18周岁的未成年人贩卖毒品的，对于主犯，首先应当依照《刑法》第26条的规定，按照其所参与或者组织、指挥的全部犯罪处罚，同时，根据《刑法》第347条第6款的规定，应当将雇用未成年人贩卖毒品的行为，作为利用未成年人贩卖毒品的情节，从重处罚。

需要指出的是，利用未成年人从事毒品犯罪的，对于主犯依照《刑法》第26条的规定，按照其所参与或者组织、指挥的全部犯罪处罚，是指对毒品犯罪行为本身处罚；又适用《刑法》第347条第6款的规定对主犯从重处罚，是指对其利用未成年人贩卖毒品这一特定行为进行从重处罚。因此，不存在对一个行为作两次处罚评价的问题。

——最高人民法院刑事审判第一、二、三、四、五庭：《雇用未成年人从事毒品犯罪的法律适用问题》，载最高人民法院刑事审判第一、二、三、四、五庭主办：《刑事审判参考》2006年第3集（总第50集），法律出版社2006年版，第138~139页。

47.为贩卖毒品向公安特情人员购买毒品行为的，成立贩卖毒品罪

苏某清贩卖毒品案（《刑事审判参考》指导案例第208号）

裁判要点：为贩卖毒品向公安特情人员购买毒品的，应以贩卖毒品罪处罚。

根据最高人民法院对“贩卖毒品”所作的解释以及司法实践，如果毒品交易的卖方不是公安特情和公安机关，而是其他真正的毒贩，由于交易双方已就毒品交易种类、数量、价格、时间、地点等基本交易事项达成一致，那么，即使交易双方未能实际完成毒品交易而被公安机关当场抓获的，对毒品交易的双方都应以“能犯的”既遂处理。这一点是认定贩卖毒品罪与其他刑事犯罪既未遂问题的一项重要区别。对于出面与行为人进行所谓“毒品交易”，充当毒品“卖方”的实际上是公安特情和公安机关，公安特情和公安机关没有也不可能真正将毒品卖给被告人。换言之，从一开始就不可能实现行为人为贩毒而购毒的犯罪目的。我们认为，对这种因犯罪分子意志以外的因素而不可能实现其贩毒目的的情形，应当根据《刑法》第23条第2款的规定，对其比照既遂犯予以从轻或减轻处罚，以真正贯彻、落实《刑法》第5条规定的“刑罚的轻重，应当与犯罪分子所犯的罪行和承担的刑事责任相适应”，即所谓的罪责刑相适应原则。

——最高人民法院刑事审判第一庭、第二庭编：《刑事审判参考》2002年第5辑（总第28辑），法律出版社2003年版，第70~73页。

48.容留他人吸毒且提供毒品并收取毒品费用的行为，成立贩卖毒品罪

孙某柱贩卖毒品、容留他人吸毒案（《刑事审判参考》指导案例第1384号）

裁判要点：一般情况下，只要行为人有向他人提供毒品、收取费用的行

为即可认定贩卖毒品，无须证明行为人从中获利。

容留他人吸毒罪中行为人的犯罪动机多样，有聚众取乐型，也有牟取利益型。实践中，本罪多发生在旅馆、饭店及茶馆、歌舞厅、棋牌室等休闲娱乐场所，行为人大都是出于招揽生意或者牟取非法收入而容留他人吸毒。容留吸毒的方式一般是仅提供场所，并不包含提供毒品。出于“以牟利为目的”而容留他人吸毒行为的，《最高人民法院关于审理毒品犯罪案件适用法律若干问题的解释》（以下简称《审理毒品犯罪案件解释》）规定，此情形下容留他人吸毒行为构成容留他人吸毒罪的，没有人数、次数及其他后果的限制。根据《审理毒品犯罪案件解释》第12条第1款第5项规定，“以牟利为目的容留他人吸食、注射毒品的”，以容留他人吸毒罪定罪处罚。

问题的关键在于如何理解这里的“以牟利为目的”？在容留他人吸毒的场所向吸毒者提供毒品并收取毒品费用的行为，是贩卖毒品的犯罪行为还是容留他人吸毒行为的定罪量刑情节？我们认为，这里的“以牟利为目的”，指的是通过容留他人吸毒行为而获取场所费用或者管理费用等利益，而不是贩卖毒品所获取的利益。理由如下：（1）符合《审理毒品犯罪案件解释》的规定。根据《审理毒品犯罪案件解释》第12条第2款的规定：“向他人贩卖毒品后又容留其吸食、注射毒品，或者容留他人吸食、注射毒品并向其贩卖毒品，符合前款规定的容留他人吸毒罪的定罪条件的，以贩卖毒品罪和容留他人吸毒罪数罪并罚。”（2）提供场所容留他人吸毒和提供收费毒品是两个互相独立的行为。本案中，被告人孙某柱容留他人吸毒行为与提供收费毒品即贩卖毒品行为，虽然发生在同一个场所，且行为人为同一主体，侵犯的客体从大的方面讲，也都是国家对毒品的管制，但行为的客观方面却是不相同的。前者实施的是提供吸毒场所行为，后者实施的是贩卖毒品行为。（3）符合行为本身的罪质，也有利于突出打击重点。从罪质方面看，贩卖毒品罪的罪质明显重于容留他人吸毒罪的罪质，即使因为法律规定可以作一罪处理，也是重罪吸收轻罪，而不是轻罪吸收重罪。因而认为构成容留他人吸毒罪一罪的观点显然不成立。（4）“以牟利为目的”并非构成容留他人吸毒罪的必要条件。《审理毒品犯罪案件解释》只是规定了行为人在“以牟利为目的”的情形下，对容留他人吸毒行为构成犯罪的条件作了有别于其他情形的规定，但不能因为《审理毒品犯罪案件解释》的这一规定，而将贩卖毒品行为的牟利特征理解为容留他人吸毒罪的必要构成要件。

在实践中，行为人在收取费用时，如果不提供毒品，仅提供场所，对这种情形认定为“以牟利为目的”的容留他人吸毒行为，没有争议。有争议的是，行为人不仅提供吸毒场所，而且提供毒品、收取费用，但却与吸毒者言明，此费用仅是场所费用及其他非毒品费用，如茶水费等，且明确毒品系赠食的情况下，其行为性质应该如何认定？我们认为，对此种情形，要透过现象看本质。在一般情况下，行为人所收取的费用当然包括购买毒品的费用。实际上，这是行为人销售毒品的一种方式，销售毒品的数量就是其提供的毒品数量。根据司法解释的规定，贩卖毒品与容留吸毒均应单独评价。需要注意的是，一般情况下，只要行为人有向他人提供毒品、收取费用的行为即可认定为贩卖毒品，而无须证明行为人从中获利。但同样需要注意，避免对收取费用行为进行重复评价，尤其在“以牟利为目的”构成容留他人吸毒罪的情形中，除非有证据支持行为人收取的费用中既包括贩卖毒品的费用，也包括提供场地、吸毒便利的费用。

——马晓国撰稿、陆建红审编:《孙某柱贩卖毒品、容留他人吸毒案——容留他人吸毒且提供毒品并收取毒品费用的行为如何定性》，载最高人民法院刑事审判第一、二、三、四、五庭主办:《刑事审判参考》(总第124集)，法律出版社2020年版，第145~148页。

八、组织、强迫、引诱、容留、介绍卖淫罪

49.成立组织卖淫罪的关键是有组织性地成立卖淫组织并对卖淫者进行管理、组织

高某霞、郑某本等组织卖淫、协助组织卖淫案（《刑事审判参考》指导案例第78号）

裁判要点：是否有组织性是区分组织卖淫罪和容留卖淫罪的关键。建立了卖淫组织，对卖淫者进行管理，组织、安排卖淫活动的，构成组织卖淫罪。

判定行为人是否有组织行为和居于组织地位应把握以下几个方面：

1. 是否建立了卖淫组织。无论是否具有固定的卖淫场所，组织卖淫罪必然要建立相应的卖淫组织。卖淫组织的建立一般首先是组织者采取各种手段纠集卖淫人员，纠集的方法有多种，如招募、雇佣、强迫、引诱、为多次组织其卖淫而容留等。其次，其实施的行为既可能是暴力性、欺骗性的，也可能是非暴力、非欺骗性的，特别是在一些色情行业泛滥的地区，社会上存在数量较多的自愿从事或已经从事卖淫活动的人员，组织者只需提供相应的条件，如设立变相从事卖淫的发廊、歌舞厅、洗浴按摩场所，就很容易纠集到卖淫人员，再进一步发展成地下卖淫组织。在纠集卖淫人员的过程中，组织者是处于发起人、负责人的地位，其目的是掌握一定的卖淫人员，以实现组织卖淫，从中牟利的目的。

2. 是否对卖淫者进行管理。在纠集到多名从事卖淫活动的人员后，组织者要实施一定的管理行为，支配、监督卖淫人员，使之服从、接受管理安排。组织者通过制定、确立相关的人、财、物管理方法，与卖淫人员之间形成组织和被组织、管理和被管理的关系。需要注意的是，组织者对卖淫人员进行人身和财产控制，是组织卖淫罪的一种典型行为，但并不是该罪的构成要件。凡是组织者采取招募、雇佣、强迫、引诱、容留等手段，使卖淫人员处于自己的管理、支配之下，将其卖淫纳入卖淫组织的约束中，均应视为对卖淫者进行管理。

3. 是否组织、安排卖淫活动。主要是指组织者在卖淫组织中有无参与组织、安排具体的卖淫活动，具体方式有推荐、介绍卖淫女进行卖淫活动，招揽嫖客，为卖淫活动安排相关服务、保障人员，提供物质便利条件等。

容留卖淫罪是仅为卖淫人员提供进行卖淫活动处所的行为。与组织卖淫罪相比较，容留卖淫罪没有形成卖淫组织，行为人没有组织、管理卖淫活动。组织卖淫的行为人有引诱、容留卖淫行为的，均应作为组织卖淫的手段之一，可作为量刑情节考虑，不实行数罪并罚。但是，根据《刑法》第361条的规定，旅馆业、饮食服务业、文化娱乐业、出租汽车业等单位的人员，利用本单位的条件，引诱、容留、介绍他人卖淫的，以组织卖淫罪定罪处罚。

——最高人民法院刑事审判第一庭编：《刑事审判参考》2000年第6辑（总第11辑），法律出版社2000年版，第16~25页。

50.组织、强迫卖淫“造成被组织、强迫卖淫的人自残、自杀或者其他严重后果”指卖淫活动导致的卖淫人员有自残、自杀行为并造成严重残疾、死亡或其他同质后果

根据《最高人民法院、最高人民检察院关于办理组织、强迫、引诱、容留、介绍卖淫刑事案件适用法律若干问题的解释》第2条第5项、第5条第5项、第6条第1款第4项的规定，造成被组织卖淫的人，被招募、运送卖淫的人以及被强迫卖淫的人自残、自杀或者其他严重后果的，应当分别认定为组织卖淫“情节严重”、协助组织卖淫“情节严重”和强迫卖淫“情节严重”。

对此要件的理解，应当明确以下几点：（1）这里的“自残、自杀”不是基于组织卖淫、协助组织卖淫以及强迫卖淫犯罪分子故意的行为。如果是上述犯罪分子的故意行为，则应当依照《刑法》第358条第3款的规定，以故意杀人、故意伤害罪等对犯罪分子数罪并罚。所犯故意杀人罪、故意伤害罪，如果应当判处死刑的，可以依法判处死刑。（2）这里“自残、自杀”是一种结果，而不是行为本身，即卖淫人员的自残、自杀行为必须导致严重残疾或者死亡的结果，如果行为人仅有自残、自杀的行为，但没有造成严重残疾或者死亡结果的，不能认定为造成卖淫人员自残、自杀的情形。（3）这里的其他严重后果，是指与严重残疾、死亡基本同质的后果，如造成卖淫人员严重精神病致不能自理生活的，造成多人重伤的，等等。（4）卖淫人员在卖淫期间发生死亡、严重残疾等严重后果，且该严重后果与卖淫活动有紧密的因果或者条件关系的，应当认定为“其他严重后果”。例如，四川省宜宾市某区人民法院审理被告人胡某友、李某达组织卖淫案，卖淫人员牟某某于2016年8月15日在进行卖淫活动时，因嫖资纠纷被嫖客陈某杀害。在该案中，卖淫人员的死亡既非卖淫人员的自杀引起，也非被告人胡某友、李某达所实施，但发生在卖淫活动期间，且因嫖资纠纷而引发，因此，与卖淫活动有着刑法意义上的紧密联系，应当认定为“其他严重后果”。

——陆建红：《审理组织、强迫、引诱、容留、介绍卖淫等刑事案件若干疑难问题探讨——基于对〈最高人民法院、最高人民检察院关于办理组织、强迫、引诱、容留、介绍卖淫刑事案件适用法律若干问题的解释〉的再次解

读》，载最高人民法院刑事审判第一、二、三、四、五庭主办：《刑事审判参考》（总第117集），法律出版社2019年版，第216页。

51.组织、强迫卖淫行为人及协助组织卖淫行为人实施杀害、伤害、强奸、绑架等犯罪行为的，依照数罪并罚规则处理

《刑法修正案（九）》取消了组织、强迫卖淫罪的死刑，对犯罪分子实施杀人、伤害、强奸、绑架行为的，进行了立法上的技术处理，即由原来的一罪处罚改为数罪并罚。这样，可以确保取消组织、强迫卖淫罪的死刑后，对有杀害、伤害、强奸、绑架等犯罪行为的犯罪分子，如果应当判处死刑时，可以依法判处死刑。《最高人民法院、最高人民检察院关于办理组织、强迫、引诱、容留、介绍卖淫刑事案件适用法律若干问题的解释》（以下简称《解释》）第7条第1款对此作了重申。

由于刑法对协助组织卖淫者参与上述杀害、伤害、强奸、绑架行为如何处理没有明确规定，《解释》第7条第1款对此予以明确，即以共同犯罪论处。在杀人、伤害、强奸、绑架犯罪中，由于《刑法修正案（九）》已经将这些行为从组织、强迫卖淫中剥离出来，作为一个独立的犯罪处理，因此，组织、强迫卖淫行为人和协助组织卖淫行为人在杀人、伤害、强奸、绑架犯罪中的地位、作用，并不一定依照他们在组织、强迫卖淫犯罪中的地位、作用来认定，而是依照他们在杀人、伤害、强奸、绑架犯罪中的具体情况确定主从犯地位。

——周峰、党建军、陆建红、杨华：《〈关于审理组织、强迫、引诱、容留、介绍卖淫刑事案件适用法律若干问题的解释〉的理解与适用》，载《人民司法·应用》2017年第25期（总第792期）。

52.传播性病罪要求行为人明知自己患有法律规定的严重性病而卖淫、嫖娼的

1.如何界定行为人对自己患有性病的“明知”。传播性病罪以行为人明知自己患有严重性病为前提，但司法实践中，行为人常否认知道自己患有性病，因此有必要对哪些情况下能够认定行为人明知自己患有性病予以明确。为

此,《最高人民法院、最高人民检察院关于办理组织、强迫、引诱、容留、介绍卖淫刑事案件适用法律若干问题的解释》第11条第1款规定了应当认定为明知自己患有性病的三种情形,即:(1)有证据证明曾到医院或者其他医疗机构就医或者检查,被诊断为患有严重性病的;(2)根据本人的知识和经验,能够知道自己患有严重性病的;(3)通过其他方法能够证明行为人是“明知”的。

2. 关于严重性病的范围。《刑法》关于“严重性病”仅列举了梅毒、淋病,其他严重性病未作明确规定。全国人大常委会法制工作委员会刑法室编著的《中华人民共和国刑法修正案(九)解读》认为,[①] 对其他“严重性病”,司法机关应在《传染病防治法》中规定的性病和国家卫生健康委员会规定实行性病监测的性病范围内从严掌握,不能将普通性病都作为严重性病,防止扩大打击面。也就是说,该性病必须是与梅毒、淋病的危害特点相当的性病。《最高人民法院、最高人民检察院关于办理组织、强迫、引诱、容留、介绍卖淫刑事案件适用法律若干问题的解释》采用了这一观点,并据此规定:其它性病是否认定为“严重性病”,应当根据《中华人民共和国传染病防治法》《性病防治管理办法》的规定,在国家卫生与计划生育委员会规定实行性病监测的性病范围内,依照其危害、特点与梅毒、淋病相当的原则,从严掌握。

3. 传播性病罪是否属结果犯?行为人明知自己患有严重性病而卖淫、嫖娼后,被害人是否实际染上严重性病,取决于多方面的原因,同时,性病的发作也有个过程,有的个体潜伏期甚至达数年。因此,如果将发生严重性病的传染结果作为传播性病罪的构成要件,容易使犯罪分子逃避打击。因此,《最高人民法院、最高人民检察院关于办理组织、强迫、引诱、容留、介绍卖淫刑事案件适用法律若干问题的解释》规定,传播性病行为是否实际造成他人染上性病的后果,不影响本罪的成立。

需要说明的是,有的行为人虽然明知自己患有严重性病而卖淫、嫖娼,但注意采取了防护措施,又确实没有致他人染上严重性病的,一般不以传播性病罪处理。

---

① 臧铁伟主编:《中华人民共和国刑法修正案(九)解读》,中国法制出版社2015年版,第299页。

——周峰、党建军、陆建红、杨华：《〈关于审理组织、强迫、引诱、容留、介绍卖淫刑事案件适用法律若干问题的解释〉的理解与适用》，载《人民司法·应用》2017年第25期（总第792期）。

53.通过互联网发布卖淫信息的行为构成组织卖淫罪

林某介绍卖淫案（《刑事审判参考》指导案例第193号）

裁判要点：通过电脑、利用互联网发布卖淫信息的行为构成介绍卖淫罪。

根据《刑法》第359条的罪状规定，介绍卖淫罪当属行为犯。对于行为犯既遂、未遂的判断，应以法定的犯罪行为是否完成作为区分标准，并不要求发生特定的结果，更不需要特定目的的实现。当然，这并不等于行为犯不存在未遂的问题，如果行为刚着手实施，尚未完成即停止下来的，也应认定为未遂。行为人利用家中电脑登录互联网上的黄色网站，并发布卖淫女信息，这些信息通过信号传输，使凡登录该网站的人都能接收到卖淫女的信息。随着发布信息行为的完成，行为人介绍卖淫的行为亦已完成，并不存在因其意志以外的原因而导致犯罪停止在未完成形态上的情况。

对于介绍卖淫罪情节严重的认定问题，最高人民法院、最高人民检察院于1992年发布的《关于执行〈全国人大关于严禁卖淫嫖娼的决定〉的若干问题的解答》[①]第7条规定："引诱、容留、介绍他人卖淫，情节严重的，一般有以下几种情形：（一）多次引诱、容留、介绍他人卖淫的；（二）引诱、容留、介绍多人卖淫的；……"第9条第（2）项规定："对《决定》和本《解答》中的'多人'、'多次'，的'多'，是指'三'以上的数（含本数）"。鉴于《全国人民代表大会常务委员会关于严禁卖淫嫖娼的决定》已在1997年纳入《刑法》中，有关条文的实质内容没有变化，因此，根据《最高人民法院关于认真学习宣传贯彻修订的〈中华人民共和国刑法〉的通知》第5条的规定，对于现行《刑法》中关于介绍卖淫罪的"情节严重"的认定问题，仍可参照适用该《解答》的内容。

行为人的介绍卖淫行为是在互联网上完成的，互联网具有传播信息面大，

① 本文件已被《最高人民法院、最高人民检察院关于废止1980年1月1日至1997年6月30日期间制发的部分司法解释和司法解释性质文件的决定》（法释〔2013〕1号）废止。

可接收信息人员众多，人数不确定的特点，具有严重的社会危害性，应认定为情节严重。

——最高人民法院刑事审判第一庭、第二庭编：《刑事审判参考》2002 年第 4 集（总第 27 集），法律出版社 2002 年版，第 42~46 页。

九、制作、贩卖、传播淫秽物品罪

54.在互联网上刊载淫秽物品赚取广告收入行为认定为“以牟利为目的”传播淫秽物品

何某黄、杨某传播淫秽物品牟利案（《刑事审判参考》指导案例第 120 号）

裁判要点：以赚取广告收入为目的，在互联网上刊载淫秽物品的行为，应当认定为“以牟利为目的”传播淫秽物品。

本案如何定性，关键在于对被告人何某黄、杨某所赚取广告收入能否认定为牟利。从我国互联网的发展现状来看，用户访问网站和网页一般是不支付费用的，网站、网页经营者的主要收入来自国内外公司支付的广告费用，而广告的多少、广告费用的高低又取决于用户对该网站、网页的访问量。因此，一些网站、网页的经营者为了获取广告收入，采用各种方法以吸引用户，增加访问人数，从而赚取广告收入。也就是说，网站、网页经营者的广告收入，实际上就是其经营所获得的利润。被告人何某黄、杨某以获取广告收入为目的，在互联网上刊载淫秽物品吸引网民、增加访问人数的行为，应当认定为以牟利为目的传播淫秽物品。

——最高人民法院刑事审判第一庭、第二庭编：《刑事审判参考》2001 年第 8 辑（总第 19 辑），法律出版社 2001 年版，第 39~45 页。

55.淫秽电子信息的实际被点击数应对虚假计数、无效击数、自点击数及重复计数予以排除

罗某等传播淫秽物品牟利案（《刑事审判参考》指导案例第 669 号）

裁判要点：在排除虚假计数、自点击数、无效点击数、重复计数的前提下，本案 28 张淫秽图片的实际点击数系 82973 次，罗某等人依法构成传播淫秽物品牟利罪。

综上，我们认为，在计算实际被点击数时主要需要考虑的是排除人为设置的虚假计数、网站的自点击数、有证据证实的无效点击数以及因为手机 WAP 上网的特性导致的对同一电子文件设置的重复计数，从而得出实际被点击数。对于其他需要排除的计数方式，必须有必要和充分的证据证实才能予以排除，而且实践中这种排除的范围不能过大。一是排除的范围越精确，则法定的点击数越接近甚至等同于传播人数，这样定罪标准与传统介质相比显然过低，不利于对此犯罪行为的打击。二是计算的标准越复杂，越增加法律的适用成本，加大法律适用的难度，实践中难以把握，且易引起不必要的争议。

——最高人民法院刑事审判第一、二、三、四、五庭主办：《刑事审判参考》2011 年第 1 集（总第 78 集），法律出版社 2011 年版，第 49~58 页。

第三部分　指导性案例与人民法院案例库参考案例

一、扰乱公共秩序罪

（一）妨害公务罪

张某甲强制医疗案

——对继续强制医疗决定申请复议人民法院不予受理

裁判要旨

强制医疗案件中，当事人只可以就人民法院首次对被强制医疗的人作出的强制医疗决定，向上一级人民法院申请复议。当事人对于人民法院作出的继续强制医疗决定，没有申请复议的权利。当事人提出复议申请的，上一级人民法院依法不予受理。

周某宝妨害公务案

——以投掷点燃汽油瓶的方式阻碍城管队员依法执行职务的行为，如何定罪处罚

裁判要旨

以放火的方式实现其他犯罪目的的行为属牵连犯，处理原则是择一重罪论处，但适用该原则应以一行为触犯数罪名为前提，即该行为须同时符合数

罪的构成要件。放火罪是刑事犯罪中社会危害性极大的一类犯罪，在量刑上与妨害公务罪差距较大，在实践中对此类案件的认定应当慎重。若投掷点燃汽油瓶的行为明确指向在场执行公务的行政机关工作人员这一特定对象，且在当时的客观环境下尚不足以产生危害公共安全的结果，不构成放火罪；该行为没有造成重伤后果，也不构成故意伤害罪，应以妨害公务罪定罪处罚。

范某某妨害公务案

——依法配合民警执行职务的辅警可以成为妨害公务罪的对象

裁判要旨

在人民警察在场的情况下，辅警配合警察依法执行职务，对辅警进行袭击，符合《刑法》第277条规定的，以妨害公务罪论处。

（二）袭 警 罪

朱某祥袭警案

——在狭小空间内驾车拖拽正在执行公务的警察的行为构成袭警罪的加重犯

裁判要旨

为了更加有效地惩治暴力袭警犯罪，《刑法修正案（十一）》增设袭警罪，设置了升档处罚情节，即对于使用枪支、管制刀具，或者以驾驶机动车撞击等手段，严重危及正在依法执行职务的人民警察人身安全的，可以判处三年以上七年以下有期徒刑。司法实践中，警察因在路面设卡检查遭犯罪分子开车冲卡造成伤害的案件时有发生，包括直接开车撞击值勤警察；在警察意图控制驾驶人员和车辆时强行加速逃跑致警察被撞击、挤压等情形。前一种情形显然属于该罪的升档处罚情节，而后一种情形则需要根据具体行为、周边环境、危险程度和行为人的主观认知等因素综合判断。本案中，被告人系因酒驾被查处，在警察将身体探入驾驶室车窗内进行控制时，被告人突然加速从仅能勉强容纳一辆汽车通过的狭窄空间内冲撞逃离，虽然并非径直撞向警察，但必然导致警察遭受一旁障碍物的撞击、挤压，结合被告人驾车的速度、撞击的情况等具体因素考量，能够认定其主观上明知该行为会危及警察人身安全，且客观上也导致两名警察因撞击、挤压构成轻伤、轻微伤，应对其适用加重处罚条款，判处三年以上七年以下有期徒刑。

周某某袭警案

——驾驶机动车逃避抓捕的行为的认定

裁判要旨

1. 暴力袭击正在依法执行职务的人民警察和配合人民警察执行职务的辅警，同时符合袭警罪和妨害公务罪的，可以按照吸收犯的处理原则，以袭警罪从重处罚，不实行数罪并罚。

2. 在驾驶机动车逃跑过程中撞击人民警察和辅警，严重危及人民警察人身安全的，属于《刑法》第277条第5款规定的“以驾驶机动车撞击，严重危及人身安全”。

（三）招摇撞骗罪

陈某科等招摇撞骗案

——冒充虚构的国家机关工作人员实施招摇撞骗的认定

裁判要旨

行为人冒充国家机关工作人员身份实施招摇撞骗的行为，其本质在于行为人利用国家机关工作人员身份或职权，欺骗一般大众对于国家机关及工作人员管理职权的信赖，行为人采用的是冒充国家机关工作人员的手段致使人民群众以为不法行为是国家机关工作人员所为，因而直接破坏了国家机关的威信及其正常的活动，这也是招摇撞骗罪的实质危害所在。判断冒充虚构的国家机关工作人员招摇撞骗是否构成犯罪时，需要考察行为人是否侵犯了国家机关的信誉，危害一般民众对真实国家机关及工作人员的信任以及是否侵犯了国家机关的形象和正常的秩序。招摇撞骗罪与诈骗罪侵犯的法益不同，二者存在交叉竞合关系，应同时结合在案的证据，判断行为人能够达到诈骗的程度，全面评价法益侵害性，择一重罪处罚。冒充虚构的国家机关工作人员，足以使一般人信以为真，应当视为冒充国家机关工作人员。招摇撞骗罪是结果犯，招摇撞骗行为对国家机关形象及正常工作秩序造成损害，无论行为人是否实际获得目标非法利益，即构成既遂。

（四）伪造、变造、买卖国家机关公文、证件、印章罪

孙某伪造国家机关证件案

——如实供述主要犯罪事实的认定

裁判要旨

自首情节中如实供述主要犯罪事实要件，不要求被告人必须对犯罪数额进行精准供述。受记忆等因素影响，被告人主动投案后，虽未能交待准确的犯罪数额，但通过主动交待赃款、赃物存放地点，认可系犯罪所得，属于如实供述主要犯罪事实的表现形态，应认定具有自首情节。

钟某强伪造国家机关证件案

——二审期间发现超过追诉时效的处理

裁判要旨

根据《刑事诉讼法》第16条规定，犯罪已过追诉时效期限的，应当终止审理。据此，二审程序中，发现犯罪已过追诉时效期限的，应当直接裁定终止审理。

（五）伪造公司、企业、事业单位、人民团体印章罪

许某东伪造公司、事业单位印章案

——伪造电子印章的行为定性

裁判要旨

企业、事业单位同时使用的实体印章和电子印章，均属于《刑法》第280条第2款规定的“企业、事业单位的印章”。

（六）非法获取国家秘密罪

王某军、翁某能等非法获取国家秘密、非法出售、提供试题、答案案

——非法获取属于国家秘密的试题、答案，而后向他人非法出售、提供试题、答案的处理

裁判要旨

1. 非法获取法律规定的国家考试的试题、答案，又非法出售、提供试题、答案，分别符合《刑法》第 282 条和《刑法》第 284 条之一规定的，应当以非法获取国家秘密罪和非法出售、提供试题、答案罪并罚。

2. 对于实施考试作弊犯罪被判处刑罚的，可以根据犯罪情况和预防再犯罪的需要，依法宣告职业禁止；被判处管制、宣告缓刑的，可以根据犯罪情况，依法宣告禁止令。

（七）非法使用窃听、窃照专用器材罪

陈某等非法使用窃听专用器材案

——非法使用窃听专用器材罪中“造成严重后果”的认定

裁判要旨

在涉及公共交通、医疗卫生、食品安全等公共利益的行业性考试中，非法使用窃听、窃照专用器材的行为，不仅破坏了考试秩序，损害了其他考生合法权益，同时对公共利益、公共秩序造成损害，综合设备数量、参与人数、社会影响等因素，可评价为造成严重后果。

（八）组织考试作弊罪

张某杰等组织考试作弊案

——全国会计专业技术中级资格考试应认定为“法律规定的国家考试”

裁判要旨

《刑法》第 284 条之一规定的“法律规定的国家考试”中的“规定”，不应简单理解为法律条文“直接规定”。关键在于相关考试的确定具有法律依据，并非行政规章创设。若某部法律中未对某类国家考试作出直接规定，但明确规定由相关国家机关制定从业机构、人员、工作管理等相关制度，相关国家机关据此制定行政法规或部门规章，对从业人员资格考试作出具体规定的，该考试应认定为法律规定的国家考试。在该考试中组织作弊的，应当以组织考试作弊罪追究其刑事责任。正基于此，2019 年《最高人民法院、最高人民检察院关于办理组织考试作弊等刑事案件适用法律若干问题的解释》第 1 条第 2 款第 3 项明确规定，会计专业技术资格考试属于“法律规定的国家考试”。

刘某博、王某兰等组织考试作弊、代替考试案

——家长为子女寻找“枪手”替考的构成代替考试罪

裁判要旨

1. 组织考试作弊中让他人代替自己考试的行为不应被组织行为所吸收。这是因为在组织考试作弊过程中，让他人代替自己考试的行为，是行为人出于不同的犯罪目的，在不同的主观故意下实施的不同犯罪行为。对于行为人来说，主观上除意图通过组织行为获得经济利益外，还希望通过找人替考使

自己获得受教育的利益，二者在所获利益方面存在区别，应该分别评价，数罪并罚。

2. 家长为自己孩子寻找“枪手”代替考试的，构成代替考试罪。实践中有家长作为居间方为自己的孩子寻找“枪手”代替考试，居间活动的方式包括介绍、沟通应考者与替考者双方的关系，参与传递、拟定谈判条件，甚至帮助报名、采集信息、现场确认等。在此种情形下，对家长行为性质的认定，应着重审查家长在共同犯罪中的作用。

杜某波、马某圆组织考试作弊案
——在地方公务员录用考试中组织作弊的处理

裁判要旨

1. 地方公务员录用考试属于《刑法》第 284 条之一规定的“法律规定的国家考试”。在公务员录用考试组织作弊的，应当以组织考试作弊罪定罪处罚。

2. 对于组织考试作弊共同犯罪的主从犯认定，可以从犯意提出、作弊器材提供、组织作弊行为实施等方面，判断行为人在共同犯罪中所起作用大小。

段某、李某诚等组织考试作弊案
——组织考试作弊罪“情节严重”的认定

裁判要旨

根据《刑法》第 284 条之一的规定，犯组织考试作弊罪，情节严重的，处三年以上七年以下有期徒刑，并处罚金。对于“情节严重”，可以从组织人次、违法所得数额等角度进行判断。其中，组织 30 人次以上作弊，或者违法所得 30 万元以上的，应当认定为“情节严重”。

（九）非法出售、提供试题、答案罪

李某刚非法出售答案案
——非法出售、提供试题、答案罪的认定

裁判要旨

为实施考试作弊行为，向他人非法出售或者提供法律规定的国家考试的试题、答案，试题不完整或者答案与标准答案不完全一致的，不影响非法出售、提供试题、答案罪的认定。当然，如果试题本身错误或者答案与标准答案完全或者较大程度不一致的，不能认定为非法出售、提供试题、答案罪；符合诈骗罪等其他犯罪的，可以适用相应罪名。

（十）代替考试罪

侯某亮、虎某代替考试案
——代替考试罪的认定

裁判要旨

1. 代替他人或者让他人代替自己参加法律规定的国家考试的，应当依照《刑法》第 284 条之一第 4 款的规定，以代替考试罪定罪处罚。

2. 对于代替他人或者让他人代替自己参加法律规定的国家考试的，在决定是否追究刑事责任以及如何追究刑事责任时，应当综合全案有关情况，特别是考试类型等因素。对于所涉考试系招生考试等重要考试的，一般应当追究刑事责任；对于在其他考试中代替考试的，可以根据案件具体情况作出妥当处理。

（十一）非法获取计算机信息系统数据、非法控制计算机信息系统罪

指导性案例 145 号：张某杰等非法控制计算机信息系统案

裁判要点

1. 通过植入木马程序的方式，非法获取网站服务器的控制权限，进而通过修改、增加计算机信息系统数据，向相关计算机信息系统上传网页链接代码的，应当认定为《刑法》第 285 条第 2 款“采用其他技术手段”非法控制计算机信息系统的行为。

2. 通过修改、增加计算机信息系统数据，对该计算机信息系统实施非法控制，但未造成系统功能实质性破坏或者不能正常运行的，不应当认定为破坏计算机信息系统罪，符合《刑法》第 285 条第 2 款规定的，应当认定为非法控制计算机信息系统罪。

何某骏等非法控制计算机信息系统案

——投放木马程序控制应用程序既有功能的行为构成非法控制计算机信息系统罪

裁判要旨

本案行为人投放木马程序控制应用程序既有功能，但未造成计算机系统不能正常运行或影响计算机系统正常运行并造成严重后果，应认定为非法控制计算机信息系统罪，而非破坏计算机信息系统罪。司法实务中，界定两罪应把握以下要点：第一，非法控制计算机信息系统的本质，是未经授权或者

超越授权控制计算机信息系统执行特定操作，在非法侵入或者采取其他技术手段非法控制他人计算机信息系统后，并未破坏计算机系统的功能或者数据，而是通过控制计算机实施特定的操作。第二，破坏计算机信息系统的客观方面表现为违反国家规定，对计算机信息系统功能进行删除、修改、增加、干扰，造成计算机系统不能正常运行；或者对计算机信息系统中存储、处理或者运输的数据和应用程序进行删除、修改、增加的操作，或者故意制作、传播计算机病毒等破坏性程序，影响计算机系统的正常运行，后果严重的行为。前罪的核心在于未经授权或超越授权控制计算机实施特定的操作，而后者的关键在于造成计算机系统不能正常运行或者影响计算机系统正常运行。

韩某非法控制计算机信息系统案

——非法控制他人视频监控行为的定性

裁判要旨

就非法控制计算机信息系统罪而言，非法控制的本质在于未经授权或者超越授权。以购买或交换的方式非法获取他人网络监控摄像头账号、用户名、密码等信息，在未经他人允许的情况下，私自添加到自己手机或电脑中，控制他人监控摄像头，远程观看画面，并将部分登录成功的账号及观看到的监控画面进行截图保存在电脑中，属于“非法控制”，符合《刑法》第 285 条第 2 款规定的，以非法控制计算机信息系统罪论处。

马某某等非法获取计算机信息系统数据案

——非法使用网络爬虫技术获取他人计算机信息数据的行为应如何认定

裁判要旨

2009 年实施的《刑法修正案（七）》增设了非法获取计算机信息系统数据罪，指违反国家规定，采用侵入或其他技术手段非法获取国家事务、国防建设、尖端科学技术领域以外的计算机信息系统中存储、处理或者传输的数据，情节严重的行为。所谓“采用侵入或其他技术手段”主要强调的是未经授权或者他人同意，通过技术手段进入计算机系统。本案被告人在用户不知情，且未经百度网盘授权的情况下，利用“某索云盘搜索”的插件自动抓取用户存储于百度网盘的分享链接的地址和提取码，并将该信息收录于自己研发的网站，符合非法获取计算机信息系统数据罪的客观行为要件；同时，二人违法所得人民币 7 万余元，达到有关司法解释规定的构成“情节特别严重”的标准。

（十二）提供侵入、非法控制计算机信息系统程序、工具罪

丁某提供侵入计算机信息系统程序案

——“专门用于侵入、非法控制计算机信息系统的程序、工具”的认定

裁判要旨

具有避开或者突破网络平台等计算机信息系统安全保护措施，使他人非法获取访问受限的数据的软件，属于刑法第二百八十五条第三款规定的“专门用于侵入计算机信息系统的程序”。行为人提供上述软件，情节严重的，依法以提供侵入计算机信息系统程序罪定罪处罚。

（十三）破坏计算机信息系统罪

指导性案例 102 号：付某豪、黄某超破坏计算机信息系统案

裁判要点

1. 通过修改路由器、浏览器设置、锁定主页或者弹出新窗口等技术手段，强制网络用户访问指定网站的“DNS 劫持”行为，属于破坏计算机信息系统，后果严重的，构成破坏计算机信息系统罪。

2. 对于“DNS 劫持”，应当根据造成不能正常运行的计算机信息系统数量、相关计算机信息系统不能正常运行的时间，以及所造成的损失或者影响等，认定其是“后果严重”还是“后果特别严重”。

指导性案例 103 号：徐某破坏计算机信息系统案

裁判要点

企业的机械远程监控系统属于计算机信息系统。违反国家规定，对企业的机械远程监控系统功能进行破坏，造成计算机信息系统不能正常运行，后果严重的，构成破坏计算机信息系统罪。

指导性案例104号：李某、何某民、张某勃等人破坏计算机信息系统案

裁判要点

环境质量监测系统属于计算机信息系统。用棉纱等物品堵塞环境质量监测采样设备，干扰采样，致使监测数据严重失真的，构成破坏计算机信息系统罪。

孙某虎破坏计算机信息系统案

——如何认定破坏计算机信息系统罪中的“经济损失”和“违法所得”

裁判要旨

1. 危害计算机信息系统安全犯罪中的经济损失包括犯罪行为给用户直接造成的经济损失，以及用户为恢复数据、功能而支出的必要费用。间接经济损失或者实施犯罪行为时尚未实际发生的可能经济损失，不应认定为犯罪行为造成经济损失的数额。

2. 违法所得和经济损失均是破坏计算机信息系统犯罪定罪量刑的标准，若经济损失数额因证据不充分而无法准确认定，即使违法所得数额远低于可能经济损失，也应根据证据存疑时有利于被告人原则，以违法所得作为定罪量刑的标准。

乐某等破坏计算机信息系统案
——在无法准确认定经济损失、用户数量的情况下，
认定破坏计算机信息系统罪“后果严重”
要结合技术和法律进行综合审查

裁判要旨

在无法准确认定经济损失、用户数量的情况下，应当结合技术和法律两个层面进行综合审查，准确认定破坏计算机信息系统的“后果严重”。对于行为人所实施的具体行为，既必然造成经济损失，又导致众多计算用户受影响，且影响时间较长，较《最高人民法院、最高人民检察院关于办理危害计算机信息系统安全刑事案件应用法律若干问题的解释》所规定的“造成经济损失一万元以上”或者“造成为一万以上用户提供服务的计算机信息系统不能正常运行累计一小时以上”的入罪条件，在性质、情节、社会危害程度等方面均明显超过的，可认定为破坏计算信息系统“造成其他严重后果”的情形。

张某破坏计算机信息系统案
——行为人采用分布式拒绝服务攻击方式，对计算机信息系统功能
进行干扰，造成相应后果的，构成破坏计算机信息系统罪

裁判要旨

行为人采用分布式拒绝服务攻击（DDoS）方式，对计算机信息系统功能进行干扰，造成计算机信息系统不能正常运行，后果严重的，以破坏计算机信息系统罪论处。

罗某某破坏计算机信息系统案

——破坏计算机信息系统罪对直接经济损失的认定与路径

裁判要旨

破坏计算机信息系统罪中，对经济损失的认定一直存有争议。依照法律规定及其应有之义，经济损失的内涵为直接经济损失；外延首先是“硬件损失”+“恢复数据、功能的必要费用”+“因不能及时修复或替代而不能正常运行的合理时段内的直接关联损失”，其次是穷尽所有合理合法手段后，被害人确已无法履行合同或其他法定义务，因承担违约责任或其他法定责任而实际依法应承担的赔偿金额，不包括其他可得利益的损失。

具体到本案中，认定被告人罗某某的行为造成直接经济损失数额应按照以下顺序考量判断：第一，为及时恢复删除的图片而支出的必要费用。对恢复性费用，法律规定强调“必要”二字。第二，若是图片无法恢复，则“及时”重新收集参赛选手的图片而支出的必要费用，成为替代性费用。同理，若被破坏的是系统功能或应用程序，在无法恢复的情况下，重新更换系统功能或者程序所需要支出的费用为替代性费用。第三，穷尽所有合理合法手段后，系统数据、功能、应用程序均无法恢复或者替换，被害人确已无法履行合同，因承担违约责任而实际应向合同相对方支付的赔偿金额。

（十四）帮助信息网络犯罪活动罪

王某胜等帮助信息网络犯罪活动案

——行为人明知他人利用信息网络实施犯罪，仍为其提供广告推广帮助，情节严重的，构成帮助信息网络犯罪活动罪

裁判要旨

本案主要涉及两个争议点：第一，为虚假贷款网站提供广告推广服务的行为应认定为非法利用信息网络罪中的“为实施诈骗等违法犯罪活动发布信息”，还是帮助信息网络犯罪活动罪（以下简称帮信罪）中“为他人利用信息网络实施犯罪提供广告推广等帮助”。从行为方式上看，前者强调为实施诈骗等违法犯罪活动发送诈骗短信、发布诈骗信息等，属于信息通讯层面的行为；而后者强调为利用网络实施犯罪的人作广告、拉客户或为他人设立的犯罪网站投放广告以推广网站、扩大犯罪活动范围，属于网络平台层面的行为。本案中王某胜等人通过网络平台为虚假贷款网站提供广告推广服务，符合帮信罪的客观行为方式。第二，为帮助网络犯罪推广而注册成立公司，后与公司其他人员共同实施广告推广的行为，应认定为单位犯罪还是个人犯罪。单位犯罪是指单位为谋取非法利益，由单位决策机构决策后，由直接负责人实施的刑法明文规定单位应受刑罚处罚的犯罪。刑法中规定的单位犯罪主体必须是依法成立、拥有一定财产或经费、能以自己名义承担责任的组织。为进行违法犯罪活动而设立的单位，或是单位设立后以实施犯罪为主要活动，均不构成单位犯罪，而属于个人的共同犯罪行为。本案中王某胜以招揽非法网络软件推广为目的注册成立网络公司，公司成立后亦以通过网络平台为非法软件提供网络推广为主要经营业务，应认定为个人犯罪行为。

董某等帮助信息网络犯罪活动案

——帮助犯罪分子设置并运行伪基站的行为应定性为帮助信息网络犯罪活动罪

裁判要旨

被告人帮助犯罪分子设置并运行伪基站的行为应定性为帮助信息网络犯罪活动罪。首先，本案中三被告人事前没有与上游犯罪分子共谋，且获得好处费的方式是按天收取固定费用，并不参与上游犯罪违法所得的分成，实施犯罪行为的时间较短，无法掌握上游犯罪分子实施犯罪的具体情况，对上游犯罪行为参与程度较低，不能认定三被告人与上游犯罪构成共犯，对三被告人以帮助信息网络犯罪活动罪论处更为适宜。其次，帮助信息网络犯罪活动罪的构成要求上游犯罪事实成立为前提，但不要求上游犯罪分子被查处或依法裁判。三被告人将伪基站设置完成后，在调试并运行伪基站让上游犯罪分子使用期间，为逃避风险，开车搭载伪基站先后在多个城市不停地转移位置，能够证明三被告人主观上应当明知上游犯罪分子利用该伪基站是为了实施网络犯罪活动，但为获取非法利益，客观上仍实施上述行为，为犯罪分子提供通讯传输等技术支持，符合帮助信息网络犯罪活动罪的构成要件。

张某等人帮助信息网络犯罪活动案

——明知用于信息网络犯罪仍办理多张信用卡但尚未交付的行为不应入罪

裁判要旨

公诉机关认为，本案被告人具有出售目的且出售信用卡达到5张以上，符合《最高人民法院、最高人民检察院关于办理电信网络诈骗等刑事案件适用法律若干问题的意见（二）》[以下简称《办理电诈案件意见（二）》]中情节严重的认定标准，构成帮助信息网络犯罪活动罪（以下简称帮信罪）。法院认为，帮信罪的构成应区分被帮助行为的具体情况，不能简单独立构成本罪。具体理由如下：

第一，从立法设置上看，帮信罪的成立需要具备被帮助的正犯。帮信罪于2015年《刑法修正案（九）》中增设，其设置目的是在网络犯罪泛滥的时代背景下更加有效地惩治相关犯罪，维护人民群众合法权益及正常网络秩序。《刑法》第287条之二规定，明知他人利用信息网络实施犯罪，为其犯罪提供各种类型帮助且情节严重的行为应当认定帮信罪，示明了本罪罪状中所帮助"犯罪"系帮信罪构成的考量要素。学术界认为，帮信罪惩治为"犯罪"提供帮助的帮助行为，系被帮助正犯的帮助犯，但对于如何界定帮信罪的理论定位则存在多种分歧，主要包括"帮助行为正犯化""独立构罪""量刑规则""积量构罪"等观点。其中前两种观点认为帮信罪单独设立后已经独立构罪，具有自身独立的构成要件，应当更多地从"共犯独立论"角度，削弱帮信罪对正犯主观明知、正犯是否构罪的依赖，定罪量刑取决于帮助行为本身的犯罪情节而独立于正犯的犯罪情节；而"量刑规则"说则更多以"共犯从属论"为理论基础，认为帮信罪的构成需要严格以正犯样态作为标准，帮信罪的单独成罪系出于量刑规则设置，不再适用《刑法》总则关于帮助犯的处罚规定，以便于刑事处罚需要及轻重罪衔接，但帮信罪的成立不以正犯是否具有刑事责任能力等为基础；"积量构罪"说认为本罪危害行为的单次危害量底限低，具有"海量基数 × 低量损害"的罪行构造，受刑法处罚性源于帮助行为的累计达到"情节严重"。上述观点虽然对帮信罪的理论定位认定不一、对应正犯对帮信罪的认定约束力或强或弱，但均反映出：帮信罪的成立是需要存在正犯并对其加以考量，仅仅具有帮助行为却缺失"犯罪"，则不能认定构成帮信罪，这与其本身帮助犯的根本属性相背离。此外，《最高人民法院、最高人民检察院关于办理非法利用信息网络、帮助信息网络犯罪活动等刑事案件适用法律若干问题的解释》（以下简称《办理信息网络犯罪案件解释》）第12条对帮信罪"情节严重"进行了具体解释，无论是第2项"支付结算金额20万元以上的"，还是第6项"被帮助对象实施的犯罪造成严重后果的"都表明"情节严重"是指所帮助正犯已经实际达到犯罪程度，暗含了帮信罪的情节严重认定需以被帮助的正犯行为实际存在并达到犯罪程度为前提，并非单纯提供了帮助行为即可。具体到本案中，公诉机关试图在不考虑被帮助正犯是否存在的情况下，单纯以帮助行为认定构成帮信罪，是对帮信罪法条设置、相应司法解释的误读。

第二，从行为模式上看，尚未将信用卡交付给与下游犯罪联系紧密的收卡人系未完成的“出售”行为。公诉机关认为被告人张某等6人主观上以出售为目的，客观上处于中间人何某的支配状态下办理信用卡，应当视为完成了出售，办理的信用卡均应当计算入内。但在案证据显示，中间人何某并非信息网络犯罪环节成员，其作用仅为组织他人办卡并统一出售给收卡人，收卡人是实际收购并使用信用卡的被帮助对象。因此，张某等人刚办卡后就被公安机关查获，相关信用卡未到达与下游具体信息网络犯罪联系紧密的收卡人手中，出售行为尚未完成。事实上，办卡人前往银行机构办理信用卡的行为系符合其自我意愿、合法有效的中立行为，单纯开办信用卡与出售信用卡在帮助程度、帮助阶段上具有明显的不同，难以类比。退一步讲，即使真能到达出售给收卡人的环节，现有证据显示张某办理的个别信用卡不符合收卡人对信用卡额度的要求，客观上何某也告诉了张某收卡人对不符合额度要求的信用卡不会收购，故能否实际完成出售并达到5张以上的要求亦未可知，不能就此作出对被告人不利的推定。

第三，从危害结果上看，出售信用卡型帮助行为需要相关信用卡关联信息网络犯罪。司法实践中，办卡人出售、出租个人信用卡的帮信行为十分普遍，认定涉信用卡的帮信行为构成“情节严重”一般存在两种思路：一种是按照信用卡内信息网络犯罪实际转移赃款的数量认定为“支付结算”行为，另一种则是在赃款无法具体查清的情况下以信用卡数量认定。对于认定“支付结算”型情节严重，相关信用卡必然关联具体的信息网络犯罪，问题在于以数量认定情节严重时是否对信用卡关联具体犯罪存在要求。最高人民检察院在对《办理电诈案件意见（二）》的解读一文中提出，出售信用卡5张的行为要求查实被帮助对象达到信息网络犯罪的程度，例如，非法收购、出租、出售信用卡被用于实施电信网络诈骗的，除了要认定非法收购、出租、出售信用卡5张外，还需要查实通过上述信用卡支付结算涉嫌诈骗金额达到犯罪的程度，即3000元以上。这表明以信用卡数量认定情节严重同样暗含信用卡必须进入到实际的信息网络犯罪环节、关联具体的信息网络犯罪，且能够达到涉嫌罪名入罪数额的要求。同时，《办理电诈案件意见（二）》中“出售信用卡5张以上”的情节，属于《办理信息网络犯罪案件解释》第12条第1款第7项“其他情节严重的情形”，同样不符合该条第2款所规定的可以不查证帮助对象是否达到犯罪程度的情形。因此，出售信用卡的帮助行为构成帮信罪情节严重，无论前文所述哪种思路，均需要以相应信用卡关联具体信息网络犯罪为前提。具体到本案中，被告人在办卡后就被查获，相关信用卡被随身起获，未实际进入信息网络犯罪活动环节，没有关联的具体信息网络犯罪，不构成情节严重。

第四，从刑事政策上看，本案被告人不属于“断卡”行动的重点打击人员。“断卡”行动以电信网络诈骗为切入点，重点打击跨境组织、参与电信网络诈骗犯罪人员、贩卖“两卡”团伙及职业“卡商”、行业“内鬼”等，在持续释放从严打击信号的同时也强调坚持宽严相济，对情节轻微的人员以教育挽救、惩戒警示为主，确保取得良好法律、社会效果。本案中，张某等6名被告人年纪尚轻，其中2人刚满18岁，均属于学生或农民工等弱势群体，系初次参与办卡，大部分人无前科劣迹，办卡亦未造成严重后果，情节显著轻微。因此，本案6名办卡人并非专项行动重点打击对象，审慎的刑事处罚可有效避免产生社会对立及舆情风险，防止帮信罪被过度滥用沦为口袋罪，维护刑法的谦抑性。但办卡人明知可能违法的主观心态与积极参与的客观行为应当受到负面评价，对此可比照《刑法》第37条之规定有条件的予以训诫或责令悔过，或由公安机关警告教育、银行业机构设置业务限制等形式进行惩处。

王某帮助信息网络犯罪活动案

——明知他人利用信息网络实施犯罪，仍提供本人支付账户供他人使用，情节严重的，应认定为帮助信息网络犯罪活动罪

裁判要旨

根据《刑法》第287条之二和《最高人民法院、最高人民检察院关于办理非法利用信息网络、帮助信息网络犯罪活动等刑事案件适用法律若干问题的解释》的相关规定，帮助信息网络犯罪活动罪需满足三个方面条件：一是

行为人明知他人（即被帮助对象）利用信息网络实施犯罪；二是行为人实施了帮助他人利用信息网络实施犯罪的行为；三是行为人为他人提供帮助达到“情节严重”的标准。本案中被告人王某明知田某洋使用银行卡实施犯罪，说明其主观上对他人利用信息网络实施犯罪具有明确的明知；王某将本人名下的银行账户等支付账户提供给田某洋使用，上述银行账户共接收非法资金人民币 46 万余元，其中涉诈 3 万余元，王某非法获利 1300 元，说明王某客观上为他人实施信息网络犯罪提供了帮助，且其提供的银行账户数量、相关涉案资金数额已达到“情节严重”的标准，故王某的行为依法构成帮助信息网络犯罪活动罪。

（十五）扰乱无线电通讯管理秩序罪

李某剑等扰乱无线电通讯管理秩序案
——利用“伪基站”群发短信行为的定罪处罚问题

裁判要旨

使用“伪基站”行为通常难以构成破坏公用电信设施罪，应当以扰乱无线电通讯管理秩序罪定罪处罚。首先，使用“伪基站”的行为不构成“破坏”行为。第一，以“伪基站”作为工具占用移动等合法基站的频率的行为并没有截断通信线路。第二，利用“伪基站”占用移动等正规基站的频率也不符合“删除、修改、增加电信网计算机信息系统中存储、处理或者传输的数据和应用程序”这一行为特征。其次，从侵害的法益看，使用“伪基站”行为对相关法益是干扰而非破坏。一方面，大多数“伪基站”发送的信息内容涉及房产、股票推销等商业推广，更多的是对无线电通讯秩序和居民的生活安定造成了一定的干扰，达不到危害公共安全的程度；另一方面，此类案件中对于危害公共安全的认定和取证也存在一定的困难。根据“伪基站”的工作原理，虽然发送垃圾短信等确实可以造成正常通信的中断，但是这种截断的时间往往很短且有地域局限性。

（十六）聚众扰乱社会秩序罪

章某某等聚众扰乱社会秩序案
——法官、检察官离任后在原任职单位办理的案件中担任辩护人、诉讼代理人的回避处置

裁判要旨

1. 离任法官、检察官担任辩护人、诉讼代理人回避的问题。《法官法》和《检察官法》对离任法官、检察官担任原任职单位办理案件的辩护人、诉讼代理人作出禁止性规定，目的在于防止司法腐败，确保司法审判实体和程序公正。离任的法官、检察官担任原任职单位办理案件的诉讼代理人、辩护人的，应当自行回避。当事人及其法定代理人、检察人员有权要求其回避。但作为当事人的监护人或者近亲属代理诉讼或者进行辩护的除外。

2. 离任法官、检察官违反离职回避规定参与案件审理问题的处置。第二审人民法院发现第一审人民法院审理期间，离任法官、检察官担任原任职单位办理案件的辩护人或者诉讼代理人参与案件审理，第一审人民法院未决定其回避并作出判决的，应当以案件审理程序违反回避制度裁定撤销原判，发回原审法院重新审判。

（十七）编造、故意传播虚假恐怖信息罪

卫某臣编造虚假恐怖信息案

——编造虚假恐怖信息致使航班无法正常起降的，属于严重扰乱社会秩序

裁判要旨

认定《中华人民共和国刑法》第二百九十一条之一规定的“严重扰乱社会秩序”，应当结合行为对正常的工作、生产、生活、经营、教学、科研等秩序的影响程度、对公众造成的恐慌程度以及处置情况等因素进行综合判断。对于编造、故意传播虚假恐怖信息威胁民航安全，引起公众恐慌，或者致使航班无法正常起降的，应当认定为“严重扰乱社会秩序”。

李某强编造、故意传播虚假恐怖信息案

——编造、故意传播虚假恐怖信息罪的罪名确定和罪数处断

裁判要旨

1. 编造、故意传播虚假恐怖信息罪是选择性罪名。编造恐怖信息以后向特定对象散布，严重扰乱社会秩序的，构成编造虚假恐怖信息罪。编造恐怖信息以后向不特定对象散布，严重扰乱社会秩序的，构成编造、故意传播虚假恐怖信息罪。

2. 对于实施数个编造、故意传播虚假恐怖信息行为的，不实行数罪并罚，但应当将其作为量刑情节予以考虑。

（十八）编造、故意传播虚假信息罪

王某某编造、故意传播虚假信息案
——以发布“研究成果”为名编造、传播虚假地震预警信息，严重扰乱社会秩序的，构成编造、故意传播虚假信息罪

裁判要旨

违反国家地震预报管理规定，以发布“研究成果”为名擅自发布虚假地震预测信息，引发社会恐慌，严重扰乱社会秩序，符合《刑法》第291条之一规定的，以编造、故意传播虚假信息罪论处。

（十九）高空抛物罪

王某某高空抛物案
——高空抛物行为的准确认定

裁判要旨

高空抛物行为符合“其他危险方法”属性且“危害公共安全”时，应以以危险方法危害公共安全罪定罪处罚；若高空抛物行为本身不具有与放火、爆炸等同等程度的危害性，或虽然其行为手段具有相当的危险性，但结合案发时间、地点等因素尚不足以危害公共安全时，应以高空抛物罪定罪处罚。实施高空抛物行为与其他犯罪行为发生竞合时，依照处罚较重的规定定罪处罚。

（二十）聚众斗殴罪

刘某惠、胡某等聚众斗殴案

——恶势力犯罪集团成员如何认定

裁判要旨

1. 恶势力集团犯罪中，犯罪分子参与违法犯罪活动较少，但知道或者应当知道与他人经常纠集系为共同实施违法犯罪，仍按照纠集者的组织、策划、指挥参与的，应当认定为恶势力犯罪集团成员。

2. 由恶势力犯罪集团部分成员实施的违法犯罪，首要分子事后赔偿对方损失、安排人员报复对方或者安排己方人员道歉的，应当认定为犯罪集团实施的违法犯罪行为，首要分子应当依法承担责任。

3. 为斗殴实施了聚众行为，因对方未赴约没有实际实施斗殴行为的，属于聚众斗殴未遂。

（二十一）寻衅滋事罪

李某甲、李某乙、王某某寻衅滋事案

——未成年人多次强取其他未成年人少量财物行为的定性

裁判要旨

《最高人民法院关于审理抢劫、抢夺刑事案件适用法律若干问题的意见》第 9 条规定："对于未成年人使用或威胁使用轻微暴力强抢少量财物的行为，一般不宜以抢劫罪定罪处罚。其行为符合寻衅滋事罪特征的，可以寻衅滋事罪定罪处罚。"

1. 未成年人强拿硬要他人财物的行为是否属于“轻微暴力”，可以从其实施暴力的方式、强度，以及是否造成被害人身体伤害后果来分析判断，并应注意与成年人相区分。未成年人持刀强抢的，要结合其是否实际动刀伤人，是否造成被害人轻微伤以上或其他危害后果，综合认定是否属于“轻微暴力”。

2. 未成年人强拿硬要的他人财物是否属于“少量财物”，可以参考盗窃罪数额较大的标准，以1000元以下的财物为标准。但根据《最高人民法院、最高人民检察院关于办理寻衅滋事刑事案件适用法律若干问题的解释》第4条的规定，强拿硬要他人财物1000元以上，符合寻衅滋事罪特征的，亦认定为寻衅滋事罪。

3. 未成年人强拿硬要他人少量财物，符合《最高人民法院、最高人民检察院关于办理寻衅滋事刑事案件适用法律若干问题的解释》第4条规定的“情节严重”的情形的，依法认定为寻衅滋事罪。在审理此类案件时，应当综合考虑未成年人实施强拿硬要行为的次数、手段、危害后果，是否造成恶劣社会影响，是否认罪悔罪以及是否积极退赃等因素，准确把握其行为是否属于“情节显著轻微危害不大，可不认为是犯罪”的情形。

朱某等寻衅滋事案

——校内殴打、辱骂他人造成轻微伤的行为定性

裁判要旨

身体攻击和语言攻击是校园欺凌的两种典型表现形式。校园欺凌者随意殴打、辱骂他人，造成他人轻微伤，虽不构成故意伤害罪，但情节恶劣，破坏社会秩序的，构成寻衅滋事罪。

朱某军寻衅滋事案

——多次拦截儿童强行夺取较低经济价值物品的行为定性

裁判要旨

行为人多次拦截他人强行夺取较低经济价值物品的行为，可能触犯抢劫罪或者寻衅滋事罪。两罪的区别主要体现在主观目的和客观危害程度的差异。在主观目的方面，抢劫罪是通过暴力侵害人身权利达到非法占有他人财物的目的。寻衅滋事罪虽然也侵害了公民的财产权利，但其主观目的更倾向于通过随意夺取他人财物，逞强好胜，耍威风，滋扰他人，以满足不正常的心理感官刺激。在客观危害方面，抢劫罪和寻衅滋事罪均不排斥实施暴力。但就行为的暴力程度而言，抢劫罪要求行为人对他人实施的暴力达到使被害人不敢或不能反抗的地步，而寻衅滋事罪对行为的暴力程度或者被夺取财物的价值要求并不高，需要着重考察的是行为滋扰他人、破坏社会秩序的程度。行为人多次追逐、拦截他人夺取经济价值较低的财物，其主观目的不在于被害人财物自身所附着的经济价值，而是为了满足自身癖好，对被害人造成的心理影响远超于所造成的财物价值损失，实质上是一种破坏正常社会生活秩序的行为，社会影响恶劣，即使未对被害人实施较高程度的暴力，也应当认定为构成寻衅滋事罪。

林某明寻衅滋事案

——吸毒致幻后持刀拦乘汽车、恐吓驾驶人员的行为定性

裁判要旨

1. 吸毒致幻者实施犯罪应承担刑事责任。对于自陷于精神障碍的行为人，应当根据其自陷时对危害结果的意识和意志状态认定其对结果所持的主观罪过，即根据原因自由行为理论来认定。吸毒致幻后持刀拦乘汽车、恐吓驾驶人员的行为可视情认定为寻衅滋事罪。

2. 如果原判定数罪，二审经审查，在不改变原判事实的前提下认为应定为一罪的，可以在不超过原判决定执行刑罚的情形下对一罪可以加重刑罚。

张某等寻衅滋事案

——以轻微暴力强索硬要他人财物的行为如何定性

裁判要旨

寻衅滋事罪虽然是妨害社会管理秩序犯罪，但有时行为人主观上也具有非法占有他人财物的故意，客观上也实施了强拿硬要他人财物的非法占有行为，侵犯了他人的人身权利和财产权利，与抢劫罪的构成特征有些近似，要注意从以下两方面进行区分。首先，要仔细分析其主客观方面的表现差异。《最高人民法院关于审理抢劫、抢夺刑事案件适用法律若干问题的意见》第9条中对此作了明确阐述：寻衅滋事罪行为人主观上还具有逞强好胜和通过强拿硬要来填补其精神空虚等目的，客观上一般不以严重侵犯他人人身权利的方法强拿硬要财物；抢劫罪行为人一般只具有非法占有他人财物的目的，以暴力、胁迫等方式作为劫取他人财物的手段。其次，应当根据罪刑相适应原则，权衡被告人的主观恶性及犯罪行为的社会危害性，做到罚当其罪。《刑法》第5条规定："刑罚的轻重，应当与犯罪分子所犯罪行和承担的刑事责任相适应。"这就是我国刑法中的罪刑相适应原则，其基本含义就是刑罚的轻重应与犯罪的轻重相适应。作为刑法一项基本原则，该原则不但对立法中刑罚的设定、司法中刑罚的具体裁量起着关键的作用，而且在区分不同的犯罪中也具有非常重要的意义。抢劫罪在我国刑法中属于重罪，其起刑点就是三年有期徒刑，最高刑是死刑；相对而言，寻衅滋事罪是一种轻罪，只能判处五年以下有期徒刑、拘役或者管制。寻衅滋事罪与抢劫罪的法定刑规定之所以如此轻重悬殊，其中一个非常重要的原因就在于抢劫犯罪的社会危害性、对被害人人身的危险性以及侦破的难度，都远远高于寻衅滋事罪。寻衅滋事罪的行为人在随意殴打、强拿硬要或任意毁损公私财物时，一般不隐瞒自己身份，通常还多发生在熟人之间，其最终或者说最主要的目的在于寻求一种精神刺激，炫耀自己的威能，故此类案件对被害人造成的伤害比较轻微，司法机关查处起来也较容易。但抢劫罪的行为人则往往对被害人隐瞒身份，通常选择陌生人作为作案对象，给被害人造成的人身伤害也往往较为严重，侦破查处起来也更加困难。因此，正确区分抢劫罪和寻衅滋事罪，不仅要考量其犯罪构成的迥异，在行为性质不甚明确时，还要依据罪刑相适应原则，凭借社会一般观念，权衡一下行为人应受处罚的轻重和处刑后可能会产生的社会效果，以期最终准确认定行为人的行为性质和罪名。在抢劫罪与寻衅滋事罪量刑存在巨大差异的情况下，出于保护未成年人的目的，根据《最高人民法院关于审理未成年人刑事案件具体应用法律若干问题的解释》第8条的规定，已满16周岁不满18周岁的人出于以大欺小、以强凌弱或者寻求精神刺激，随意殴打其他未成年人、多次对其他未成年人强拿硬要或者任意毁损公私财物，扰乱学校及其他公共场所秩序，只有达到“情节严重”的程度，才以寻衅滋事罪定罪处罚。司法实践中，对于未成年人使用或威胁使用轻微暴力强抢少量财物的行为，一般不以抢劫罪定罪处罚。

余某甲等寻衅滋事案

——仅作宣告式认罪表示不适用认罪认罚从宽制度

裁判要旨

1.仅作宣告式认罪表示不适用认罪认罚从宽制度。行为人既没有如实供述自己的罪行，也没有供述同案人的犯罪事实，其相关供述明显具有避重就轻、推卸责任、隐瞒事实的故意，对自己的犯罪行为没有实质性的认识，也没有悔罪认错表现的，其认罪属于宣告式的认罪表示，没有自愿性和真实性，不符合认罪认罚从宽处罚制度的相关要求，对行为人不适用认罪认罚从宽处罚制度。

2.根据《最高人民法院、最高人民检察院、公安部、国家安全部、司法部关于适用认罪认罚从宽制度的指导意见》关于“认罪”的规定，“如实供述”是指对主要客观犯罪事实予以供述，所供述内容应足以查清全部案件事实。宣告式认罪表示是指行为人主观上虽然对所指控的犯罪事实表示认同，且认可检察机关的量刑建议，但是客观上缺乏有效供述，对自己的犯罪行为没有实质性的认识，缺乏自愿性与真实性，不符合认罪认罚从宽制度的“认罪”要求，因此不应适用认罪认罚从宽制度。

孔某某寻衅滋事案

——侵财型寻衅滋事罪与故意毁坏财物罪的区分

裁判要旨

故意毁坏财物罪主观目的仅为毁损财物，侵犯的客体也就是财产的所有权，没有对社会管理秩序造成破坏。而寻衅滋事的犯罪动机多是基于某种扭曲的心理，为发泄负面的情绪而对不特定的对象实施的行为。

行为人针对特定人和物实施报复，主观上并没有寻求精神刺激、填补精神空虚、发泄不良情绪等一般的寻衅滋事罪所要求的心态，不宜认定为寻衅滋事罪。

邢某礼、鞠某智等寻衅滋事、故意毁坏财物案

——犯罪组织尚不具备恶势力的组织性要求和实质要求，犯罪行为尚未达严重危害性要求，不认定为恶势力犯罪

裁判要旨

犯罪行为人系临时纠集，尚不具备恶势力的组织性要求和实质要求，犯罪行为在案件起因、犯罪动机及目的方面并非“形成非法影响，谋求强势地位”，且犯罪行为尚未达到“扰乱经济、社会生活秩序，造成较为恶劣的社会影响”等危害性要求的，不能认定构成恶势力犯罪。

万某寻衅滋事案

——为骚扰、恐吓、威胁他人而故意制造火警，严重影响他人正常的工作、生活，情节恶劣的，构成寻衅滋事罪

裁判要旨

骚扰、恐吓、威胁他人而故意制造火警，明显不致引起火灾，但严重影响他人正常的工作、生活，情节恶劣的，不构成放火罪，应认定为恐吓型寻衅滋事罪。

陈某宝等寻衅滋事案

——鉴定意见与其他证据存在明显矛盾且不能得到合理解释的，对该鉴定意见不予采信

裁判要旨

审查鉴定意见应当在综合全案证据的基础上，着重审查鉴定依据的资料是否全面真实、鉴定的过程和方法是否符合相关专业的规范要求、论证说理是否充分等，对于鉴定意见与其他在案证据存在明显矛盾且不能得到合理解释的，依法不予采信。

王某祥寻衅滋事附带民事公益诉讼案

——故意损害红色遗址、革命文物应当承担刑事责任以及民事赔偿责任

裁判要旨

在行为人故意损毁革命文物引发的刑事案件中，除承担相应的刑事责任外，对人文生态资源造成损害的，还应当同时追究侵权责任。

顾某寻衅滋事案
——强拿硬要型寻衅滋事与抢劫的界分

裁判要旨

“强拿硬要型”寻衅滋事与抢劫的界分问题。“强拿硬要型”寻衅滋事犯罪行为，具有当场使用暴力、当场取得财物的“两个当场”特征，容易与抢劫罪混淆。但是，抢劫罪是严重侵犯公民人身权、财产权的犯罪，采用暴力、威胁或者其他方法，应当达到使侵害对象不能、不敢或者不知反抗的严重程度。虽然行为人使用了轻微暴力、威胁等方法，当场取得了他人少量财物，但是所使用的暴力、威胁方法不足以达到使侵害对象不能、不敢或者不知反抗的程度，没有达到一般人普遍认识的抢劫所具有的严重社会危害性，不应认定为抢劫罪。对于成年人或成年人带领未成年人使用轻微暴力当场强抢他人较少财物的行为，应着重分析行为人的犯罪动机，实施暴力或者威胁的方式、程度，强抢的环境、具体细节，以及强抢财物的数量，造成的后果等因素，准确评价行为的社会危害性，根据罪刑法定和罪责刑相适应原则进行准确定罪，不应不加区分地一律认定为抢劫罪，部分案件认定为寻衅滋事罪更妥当。

曹某某寻衅滋事案
——信息网络空间中寻衅滋事罪的司法认定

裁判要旨

行为人编造虚假信息，在信息网络上散布，依据信息网络的性质、所受影响的范围与程度等因素，综合判断认定造成公共秩序严重混乱的，以寻衅滋事罪定罪处罚。

贾某刚等寻衅滋事案
——减轻处罚时附加刑一并减轻处罚的问题

裁判要旨

《刑法》第63条第1款规定："犯罪分子具有本法规定的减轻处罚情节的，应当在法定刑以下判处刑罚。"当《刑法》分则所规定的某一量刑幅度既有主刑也有附加刑时，附加刑无疑也属于"法定刑"的组成部分。当犯罪分子具有减轻处罚情节，需要在法定刑以下判处刑罚时，显然既要在主刑适用上体现减轻，也要在附加刑适用上体现减轻。如果减轻后的量刑幅度未规定附加刑的，不再适用附加刑。

（二十二）组织、领导、参加黑社会性质组织罪

指导性案例186号：
龚某文等组织、领导、参加黑社会性质组织案

裁判要点

犯罪组织以其势力、影响和暴力手段的现实可能性为依托，有组织地长期采用多种"软暴力"手段实施大量违法犯罪行为，同时辅之以"硬暴力"，"软暴力"有向"硬暴力"转化的现实可能性，足以使群众产生恐惧、恐慌进而形成心理强制，并已造成严重危害后果，严重破坏经济、社会生活秩序的，应认定该犯罪组织具有黑社会性质组织的行为特征。

指导性案例188号：
史某振等组织、领导、参加黑社会性质组织案

裁判要点

在涉黑社会性质组织犯罪案件审理中，应当对查封、扣押、冻结财物及其孳息的权属进行调查，案外人对查封、扣押、冻结财物及其孳息提出权属异议的，人民法院应当听取其意见，确有必要的，人民法院可以通知其出庭，以查明相关财物权属。

韩某海等组织、领导、参加黑社会性质组织案
——黑社会性质组织及“套路贷”数额的司法认定

裁判要旨

1.黑社会性质组织应具备四个经济特征：组织特征，表现为人数较多，有明确的组织、领导者，骨干成员基本固定，组织结构较为稳定，层级分工较为明确，组织纪律较为严明，犯罪据点固定等；经济特征，通常表现在有组织地获取经济利益，具有一定的经济实力；组织成员之间经济往来频繁，具有一定的经济互助性；组织将部分收入用于违法犯罪活动；行为特征，表现在以暴力、威胁或者其他手段，有组织地多次进行违法犯罪活动，为非作恶，欺压、残害群众；危害特征，表现在通过实施违法犯罪活动，称霸一方，在一定区域或者行业内，形成非法控制或者重大影响，严重破坏经济、社会生活秩序。

2.“套路贷”认定犯罪数额原则应当从整体上予以否定性评价。“套路贷”的本质特征是以非法占有为目的而实施的违法犯罪，不可能产生合法收入。因此，除犯罪嫌疑人、被告人实际给付被害人的本金数额之外，“虚高债务”和以“利息”“保证金”“中介费”“服务费”“违约金”等名目被非法占有的财

物，均应计入犯罪数额。

谈某甲等人组织、领导、参加黑社会性质组织罪案

——黑社会性质犯罪组织新接任的组织者、领导者在组织更替前罪名及刑事责任的认定

裁判要旨

1. 在审理黑社会性质组织犯罪案件中，如果存在黑社会性质犯罪组织的组织者、领导者更替，组织后期的行为已被查处并判决，对组织前期行为的行为，应客观评价黑社会性质组织犯罪行为的连续性，避免将同一犯罪组织进行割裂，在此基础上对涉黑罪名及相关责任予以准确认定。

2. 对于加入黑社会性质组织之后逐步发展成为组织者、领导者的犯罪分子，应对其本人参与及其实际担任组织、领导者期间该组织所犯的全部罪行承担刑事责任。对被告人在整个组织中的地位应结合前后期进行综合评价，对被告人在不同时期的作用应进行客观区分。如果被告人在前期听命于他人，在他人入狱后成为组织后期的组织、领导者的，针对前期的犯罪，被告人仅属积极参加，应以参与的行为为限要求其承担刑事责任；在组织后期的犯罪行为已经被以组织、领导黑社会性质组织罪等罪名依法判决的，因前期犯罪行为，与后期系同一犯罪组织的犯罪行为，对被告人前期参加的犯罪行为，不再以“组织、领导、参加黑社会性质组织罪”重复判决。

区某狮等组织、领导、参加黑社会性质组织案

——如何界分黑社会性质组织犯罪和成员个人犯罪

裁判要旨

“有组织性”是黑社会性质组织行为方式的主要特征之一，是黑社会性质组织犯罪和组织成员个人犯罪的根本区别所在。界分组织犯罪和成员个人犯罪，主要根据以下标准：一是是否由组织者、领导者直接组织、策划、指

挥、参与实施。组织、领导者是黑社会性质组织的发起者、创建者，或者在组织中实际处于领导地位，对整个组织及其运行、活动起着决策、指挥、协调、管理作用的犯罪分子，由组织者、领导者直接组织、策划、指挥、参与实施的犯罪行为，都应认定为组织犯罪。二是是否基于组织意志实施。黑社会性质组织的犯罪行为应体现组织意志，受组织意志的制约。也就是说，组织成员实施的犯罪行为是得到了组织者、领导者认可或者默许的，抑或是按照组织的纪律、惯例、共同遵守的约定而实施的犯罪活动。三是是否为了组织利益实施。实施犯罪活动是为犯罪组织谋取利益，而不是为了追求个人利益或其他个人目的。对于组织成员为了组织利益而实施的犯罪，并不要求组织者、领导者知情。比如，组织成员为组织争夺势力范围、排除竞争对手、确立强势地位、谋取经济利益、维护非法权威而实施的违法犯罪活动。反之，如果是组织成员仅仅为了个人利益，在组织意志之外单独实施的违法犯罪活动，组织、领导者并不知情，则不应认定为该黑社会性质组织实施的犯罪活动，而应认定为组织成员个人犯罪。

邓某波等组织、领导、参加黑社会性质组织案
——如何把握和认定黑社会性质组织的组织特征

裁判要旨

黑社会性质的组织特征可以从以下三个方面进行理解和把握：第一，审查犯罪组织的目的性。普通共同犯罪、犯罪集团中的各被告人也有可能多次纠集在一起实施违法犯罪活动，但前者违法犯罪的目的是实现组织成员个人的目标和利益，故犯罪目的比较直接、明显。而后者违法犯罪的目的在于维护其组织的利益，是为了组织的安全、稳定和发展，最终实现其对一定区域或者行业的非法控制。第二，审查核心成员的稳定性。办案人员要抓住此类黑社会性质组织“外松内紧”的本质，认真鉴别组织的核心与框架是否具有严密性和稳定性，只要组织头目和对组织的运行、活动起着重要作用的骨干成员相对比较固定、相互之间联系紧密，则不管其组织结构的外在表现是否松散，均不影响组织特征的认定。第三，审查犯罪组织内部的组织性、纪律

性。普通犯罪团伙为了更好地实施犯罪、逃避惩罚，在多次违法犯罪活动中也会总结出自己的经验，但更多的是依靠成员之间的相互配合；对于成员个人的行为，尤其是实施犯罪活动之外的行为，不会进行过多的干涉。黑社会性质组织经历了从普通的犯罪团伙逐步发展壮大的过程，其间必定有一定的组织纪律、活动规约来确保组织自身的生存和发展。“具有一定的组织纪律、活动规约”是认定黑社会性质组织时的重要参考依据。以上是把握组织特征最基本的三个方面，实践中还可以结合该组织其他方面的特点来对组织特征予以更加全面的认定，如犯罪组织的内部分配机制等。

罗某升等人组织、领导、参加黑社会性质组织案
——黑恶势力犯罪案件中如何依法处置涉案物

裁判要旨

1. 在对涉黑恶刑事案件财产处置时，应当贯彻以下几个原则：一是从严处置原则。确立以摧毁犯罪分子经济基础为目标的量刑原则，注重补偿性和惩罚性刑法手段的运用，突出违法所得的全面追缴及财产刑的判罚，不让犯罪分子通过犯罪获益，并剥夺其再犯的经济能力。实践中，有时被告人的违法所得或被害人的财产损失难以准确认定，对此可结合各被告人供述、证人证言、账目材料、银行流水等综合认定；对被告人拒不供认，亦无其他证据材料证明，导致确实无法查清的，也可在财产刑中予以适当考虑，确保被告人不从犯罪中获益。二是依法处置原则。对财产刑的适用应结合被告人在黑恶势力组织中的地位、作用，所参与实施违法犯罪活动的次数、性质、地位、作用、违法所得额及造成损失数额等情节依法判处，对罚金的判处还应综合考虑被告人的缴纳能力。同时，严格区分财产来源、性质、权属，对有证据证明是被告人或其家庭成员的合法财产的，仅能将属于被告人的部分用于执行财产性判项，剩余部分应发还被告人或其家属。三是平衡处置原则。对被告人判罚的财产刑应尽量与其主刑相适应，兼顾各被告人之间的平衡，同时结合具体案情决定财产刑，避免财产刑数额的畸高畸低。

2. 在涉黑恶刑事案件的财产执行中，应坚持“民事优先”原则，补偿性

的刑法手段优于惩罚性的刑法手段，被害人人身损害赔偿优于财产权益补偿。因此，当被执行人承担多种赔偿责任，其财产不足以支付时，应按以下顺序支付：首先，执行附带民事赔偿款和退赔被害人损失。其次，执行追缴违法所得的没收。最后，执行罚金和没收财产刑。对于后续追查到的被告人新的财产线索，亦应按照上述顺序依次执行。对犯罪工具和违禁品的没收，原则上应当独立执行，在有的案件中犯罪工具存在一定价值，可予以变卖，如果涉案财物不足以赔偿被害人人身及财产损失，也可以考虑变卖款作为赔偿被害人损失的执行标的。

陈某东等人组织、领导、参加黑社会性质组织案
——如何准确认定黑社会性质组织的成员

裁判要旨

我国《刑法》采用行为与地位、作用相结合的划分标准，将黑社会性质组织的成员分为组织者、领导者、积极参加者、其他参加者（又称“一般参加者”）等不同类型，并且规定了不同的刑罚。被指控为黑社会性质组织成员的被告人，能否认定其具有组织、领导、参加行为是一个基础性问题，不仅关乎事实认定，更关乎罪与非罪以及如何判处刑罚，必须严格加以区分。2009年《最高人民法院、最高人民检察院、公安部办理黑社会性质组织犯罪案件座谈会纪要》(以下简称2009年《纪要》）对黑社会性质组织的组织者、领导者、积极参加者、其他参加者均作出了较为明确的界定。2015年《全国部分法院审理黑社会性质组织犯罪案件工作座谈会纪要》(以下简称2015年《纪要》）进一步采用反向列举的方式，明确了以下三类人员不属于黑社会性质组织的成员：（1）主观上没有加入黑社会性质组织的意愿，受雇到黑社会性质组织开办的公司、企业、社团工作，未参与或者仅参与少量黑社会性质组织的违法犯罪活动的人员；（2）因临时被纠集、雇用或受蒙蔽为黑社会性质组织实施违法犯罪活动或者提供帮助、支持、服务的人员；（3）为维护或扩大自身利益而临时雇用、收买、利用黑社会性质组织实施违法犯罪活动的人员。同时规定：“上述人员构成其他犯罪的，按照具体犯罪处理。”通观两

份纪要中关于认定黑社会性质组织成员的相关规定，既强调“主客观相一致”的刑法原则，要求审判时应当着重审查行为人主观上有无参加黑社会性质组织的认识因素和意志因素，同时又从客观方面对认定“组织、领导、参加”行为提出了具体标准。从 2009 年《纪要》的规定来看，组织者是指黑社会性质组织的发起者、创建者，领导者是指实际居于领导地位，并对整个组织及其运行、活动起着决策、指挥、协调、管理作用的组织成员。由于该定义十分清楚，组织者、领导者所需具有的客观行为也一目了然。对于积极参加者、其他参加者的认定，2009 年《纪要》除了要求“明知而参加”之外，还要求行为人“接受黑社会性质组织的领导和管理”。应当说，此处的“接受”一词有着主客观两方面的含义：一方面是指主观上有将自己置于黑社会性质组织管控之下的意愿；另一方面也是指客观上有接受黑社会性质组织领导和管理的事实。2015 年《纪要》继承了上述精神，仔细分析后不难发现，所列举的三类人员都是因为在主观或者客观方面尚未达到认定标准而被排除在黑社会性质组织成员之外。

司法实践中，认定被告人有无组织行为、领导行为相对容易，而认定被告人是否有参加黑社会性质组织行为时，情况则显得比较复杂。一般来说，可以将是否举行专门的参加仪式作为重要的认定依据。但当前的实践中多数黑社会性质组织在发展成员时并无此类程序，这就要求在审判时要按照 2009 年《纪要》和 2015 年《纪要》的规定，审慎地结合以下两个方面来判别被告人是否有参加黑社会性质组织的行为：第一，是否参与实施了黑社会性质组织的违法犯罪活动。社会性质组织区别于其他犯罪组织的本质特征，就是依靠有组织的违法犯罪活动来达到对经济、社会生活进行非法控制并进而攫取非法利益的目的。黑社会性质组织的生存离不开有组织的违法犯罪活动，而是否参与有组织的违法犯罪活动又是表明被告人与涉案黑社会性质组织之间存在关系的重要标志。因此，这一点自然是判断参加行为的重要依据。第二，与涉案黑社会性质组织之间有无相对固定的从属关系。所谓相对固定的从属关系，是指在黑社会性质组织中组织者、领导者居于核心地位，积极参加者和其他参加者较稳定地处于被领导、被管理的地位。其中，有些人是直接听命于组织者、领导者，更多的则是在分级管理的体系内听命于其他组织成员。但不管怎样，组织成员在黑社会性质组织中均应具有相对固定的位置，如果与黑社会性质组织没有任何从属关系，如只是临时受邀或基于个人意愿参与某起犯罪，即便其参与了有组织的违法犯罪活动，也不能将其认定为是黑社会性质组织的成员。换言之，如果在黑社会性质组织中找不到可以对应的位置，就说明被告人与该犯罪组织没有从属关系；如果与黑社会性质组织的某一成员之间没有服从与被服从、管理与被管理关系，就不能认定被告人有参加黑社会性质组织的行为。

魏某参加黑社会性质组织案
——涉黑案件财产处置中“高度可能性”证明标准之适用路径

裁判要旨

有证据证明被告人的近亲属及特定关系人在被告人实施黑社会性质组织犯罪期间获得的财产，高度可能属于黑社会性质组织犯罪的违法所得及其孳息、收益，且被告人及其近亲属、特定关系人不能说明合法来源的，应当依法予以追缴、没收。

汪某等人组织、领导、参加黑社会性质组织案
——较长时期内暂停实施违法犯罪活动的，是否可以认定黑社会性质组织仍持续存在

裁判要旨

黑社会性质组织应当是在较长时期内持续存在的犯罪组织。《刑法》第294条第1款尽管没有明文表述黑社会性质组织应当是在较长时期内持续存在的犯罪组织，但该条第5款第1项中所规定的“形成较稳定的犯罪组织”，实际上已经包含了这一要求，“较长时期内持续存在”是认定黑社会性质组织的必然要求。判断犯罪组织是否在“较长时期内持续存在”，主要涉及两方面问题：一是“较长时期”从何时起算、需要持续多久；二是“持续存在”应当如何认定。关于第一个问题，2015年最高人民法院印发的《全国部分法院审

理黑社会性质组织犯罪案件工作座谈会纪要》已有比较明确规定，司法实践中遵照执行即可。关于第二个问题，在确定犯罪组织的形成起点后，只要该犯罪组织以组织名义、为组织利益连续多次实施违法犯罪活动的，就可以认定犯罪组织持续存在。实践中，有以下两种情况值得注意：一是有些黑社会性质组织脱离“打打杀杀”的初级阶段后，往往会以合法行业为主要经济来源，并会为逃避打击而自我“洗白”，有意减少甚至在一定时期内暂时停止实施违法犯罪活动，给人造成犯罪组织已经“转型”或者“解散”的错觉。当需要打击对手、抢夺市场、攫取资源之时，便会恢复本来面目，继续实施违法犯罪活动。二是有些黑社会性质组织在发展过程中，因某些具体的犯罪案件被公安司法机关查破，原有的组织成员或被抓或潜逃，被迫暂时停止实施违法犯罪活动，由此形成组织“溃散”的假象。但经过一段时间以后，组织成员又会重新聚集，或者又有新的成员加入并继续实施有组织违法犯罪活动。在认定黑社会性质组织是否持续存在时，以上两种情况往往会引发争议。相比较而言，在第一种情况下，由于暂停违法犯罪活动期间，组织成员、结构一般不会发生大的变化，故认定起来相对容易。在第二种情况下，判断黑社会性质组织是否持续存在，应当着重审查组织者、领导者、骨干成员等组织的核心成员是否具有延续性，以及组织的非法影响是否具有延续性。组织的核心成员具有延续性，说明犯罪组织的基本构成是稳定的；非法影响具有延续性，说明犯罪组织的行为方式和犯罪宗旨未发生根本变化。需要说明的是，对于《刑法》第 294 条第 5 款第 1 项中的“骨干成员基本固定”，不能理解为骨干成员不变或基本不变。只要不是时聚时散或者频繁地大面积更换，就可以视为“骨干成员基本固定”。正因如此，在判断组织核心成员的延续性时，也并不要求骨干成员全部或者大部分保持不变。

黄某等 196 人黑社会性质组织犯罪案

——准确认定重大涉黑犯罪的组织者、领导者，实现依法精准打击

裁判要旨

1. 一个黑社会性质组织可能存在多个组织者、领导者。对于时间跨度长、

规模大的黑社会性质组织，在黑社会性质组织发起、创建、重组等不同时期起到决策、指挥、协调、管理作用，对组织具有控制力和影响力的被告人，均可以认定为组织者、领导者。

2. 聚众斗殴犯罪中致人死亡的，并非都转化为故意杀人罪，应分析其中犯罪构成、区别不同犯罪行为分别认定为聚众斗殴罪、故意伤害罪或者故意杀人罪。

3. 在黑社会性质组织犯罪中，对实施严重暴力犯罪行为负主要责任，罪行极其严重的组织者、领导者，可以依法判处死刑或者死缓限制减刑。

史某钟等组织、领导、参加黑社会性质组织案

——如何认定黑社会性质组织的形成时间

裁判要旨

关于认定黑社会性质组织形成的时间，2015 年 10 月 13 日，最高人民法院在《全国部分法院审理黑社会性质组织犯罪案件工作座谈会纪要》中规定，黑社会性质组织存续的起点，可以根据涉案犯罪组织举行成立仪式或者进行类似活动的时间来认定。没有前述活动的，可以根据足以反映其初步形成核心利益或者强势地位的重大事件发布时间进行审查判断。没有明显标志性事件的，也可以根据涉案犯罪组织为维护、扩大组织势力、实力、影响、经济基础或者按照组织惯例、纪律、活动规约而首次实施有组织的犯罪活动的时间进行审查判断。但由于黑社会性质组织的成熟程度、严密程度毕竟不同于典型的黑社会组织，通过举行专门仪式来宣告成立的为数很少，故仅此一个判断标准尚不足以应对实践中各类复杂情况。有相当多的黑社会性质组织在发展过程中，都存在对其树立非法权威、争夺势力范围、获取稳定经济来源具有重要意义的违法犯罪活动或其他重大事件。将这些违法犯罪活动或重大事件作为黑社会性质组织的形成起点，不仅易于判断，而且也符合黑社会性质组织的成立宗旨和发展规律。但也有一些案件中不存在明显的标志性事件，在此情况下，可以按照上述纪要规定，将首次实施有组织犯罪活动的时间作为形成起点。应当注意的是，“首次实施有组织犯罪活动”并非仅指实施犯罪

的方式具有组织性，更重要的是看该犯罪是否为了组织利益、按照组织意志而实施，以及犯罪能否体现该组织追求非法控制的意图。

张某超等组织、领导、参加黑社会性质组织案

——如何理解和把握黑社会性质组织罪的非法控制特征

裁判要旨

黑社会性质组织应当同时具备组织特征、经济特征、行为特征及非法控制特征。非法控制特征也被称为危害性特征，是指通过实施违法犯罪活动，或者利用国家工作人员的包庇或者纵容，称霸一方，在一定区域或者行业内，形成非法控制或者重大影响，严重破坏经济、社会生活秩序。非法控制特征是黑社会性质组织最本质、最核心的特征，可从以下三个方面理解和把握：

1. 关于对实现途径的理解和把握。黑社会性质组织所形成的非法控制或者重大影响是通过实施违法犯罪活动或者利用国家工作人员的包庇或者纵容来实现的，即该罪的危害性可以通过"实施违法犯罪"和"寻求非法保护"这两种途径，来实现其对经济、社会生活的非法控制或者重大影响。一是"实施违法犯罪"。这里的"违法"，主要是指黑社会性质组织在实施犯罪活动过程中所伴随的违法活动，如果仅仅是实施了违法活动，而未实施犯罪活动，则不能认定为黑社会性质组织。二是"寻求非法保护"，即"利用国家工作人员的包庇或者纵容"，俗称"保护伞"。"保护伞"并不是黑社会性质组织的必备特征，它只是黑社会性质组织犯罪实现非法控制的途径之一。对仅有非法保护而没有违法犯罪的组织，不能以"黑"定性。但反之，如果存在违法犯罪而没有非法保护的，只要具备其他特征，仍然可以认定为黑社会性质组织。

2. 关于对"一定区域或者行业"的理解和把握。首先，黑社会性质组织的"非法控制"并不表现为对一定区域内领土的占领，而是表现为对这个区域内生活的人以及这个区域内的经济、社会生活秩序有了非法的控制和重大的影响。其次，黑社会性质组织的非法控制必将表现为对某一行业的非法控制。许多黑社会性质组织均以实现对某个行业的控制作为其实施违法犯罪活动的一个重要目标，这也正是其反社会性的具体体现，它必将严重影响当地

经济、社会的生活秩序。从这个角度分析，黑社会性质组织所控制和影响的行业应当既包括合法行业，也包括黄赌毒等可以牟取暴利的非法行业。

3. 关于对“非法控制或者重大影响”的理解和把握。“非法控制”和“重大影响”虽然在本质上都是指对经济、社会生活的干预和影响，但在程度上是有区别的。“非法控制”，顾名思义是指干预已经达到足以控制一定范围内的经济、社会生活的程度；而“重大影响”，是指虽然对于一定区域、一定行业内的社会、经济生活尚未达到任意操控的程度，但已有相当的能力进行干预和施加影响。这种“重大影响”是通过一系列的违法犯罪活动形成的，具有一定的深度和广度，而非个别的、一时的。在理解和把握上，要结合违法犯罪活动的次数、性质、后果、侵害对象的个数、造成的社会影响及群众安全感是否下降等因素综合判断，而不能仅仅理解为具体的违法犯罪活动所造成的严重后果或者在社会上所造成的轰动效应。

朱某辉等组织、领导、参加黑社会性质组织案

——如何准确把握和认定黑社会性质组织的骨干成员

裁判要旨

1. 关于准确把握和认定黑社会性质组织的骨干成员，应分以下几个层次把握：第一，骨干成员是积极参加者中的一部分，应当满足积极参加者的认定条件。2009 年《最高人民法院、最高人民检察院、公安部办理黑社会性质组织犯罪案件座谈会纪要》已经从主客观两方面明确了积极参加者的认定标准。主观方面是指“明知而接受黑社会性质组织的领导和管理”。客观方面则更为复杂一些，既要有“参加”行为，又要符合三种情形之一。其中，第一种情形是指“多次积极参与黑社会性质组织违法犯罪活动”。要求行为人多次积极参与实施黑社会性质组织的违法犯罪活动，且在其参与实施的违法犯罪活动中一般应起主要作用。第二种情形是指“积极参与较严重的黑社会性质组织的犯罪活动且作用突出”。行为人所参与的“较严重的黑社会性质组织的犯罪”，既包括故意杀人、故意伤害、绑架等性质严重的暴力犯罪，也包括其他一些已造成重大财产损失或者恶劣社会影响的犯罪。第三种情形是指“在

黑社会性质组织中起重要作用”。实际上就是专指那些对黑社会性质组织的人、财、物等重要事项具有“主要管理职权”，且对犯罪组织的维系、运行、活动确实起到重要作用的成员。对于“骨干成员”应当首先根据上述规定进行初步判断，不符合积极参加者认定条件的应直接被排除在外。第二，“骨干成员”应当是直接听命于组织者、领导者的积极参加者。全国人大常委会法工委在解读2000年12月出台的《最高人民法院关于审理黑社会性质组织犯罪的案件具体应用法律若干问题的解释》时指出，骨干成员，通常是指从组织者、领导者那里受领任务又指挥和积极参与实施具体的犯罪活动的人。第三，“骨干成员”在黑社会性质组织中所起的作用应当大于一般的积极参加者。只有是“多次指挥或积极参与实施有组织的违法犯罪活动或者其他长时间在犯罪组织中起重要作用”的积极参加者，才能被认定为“骨干成员”。未达到“多次”，即便“积极参与实施较严重的黑社会性质组织的犯罪活动，且作用突出”，也不能认定。同理，未达到“长时间”，即便是对黑社会性质组织的人、财、物等重要事项具有主要管理职权，亦不能认定。最后，“骨干成员”与积极参加者之间是包含与被包含关系，不能混为一谈。组织、领导、参加黑社会性质组织罪属于必要共犯，《刑法》第294条第1款按照三类成员在黑社会性质组织中的地位、作用直接设置了不同幅度的法定刑，准确认定积极参加者的主要意义就在于对被告人公正定罪量刑。而“骨干成员”出现在《刑法》第294条中关于黑社会性质组织构成条件的部分，准确认定“骨干成员”的主要意义，则在于保证黑社会性质组织认定的恰当性。

2. 在裁判文书的“本院认为”部分，由于需要准确叙述罪状和量刑依据，对确属“骨干成员”的被告人，只表述“被告人某某积极参加黑社会性质组织”即可。因为“骨干成员”并没有与之对应的法定刑，积极参加者的身份才是对被告人定罪量刑的适当依据。

林甲等组织、领导、参加黑社会性质组织案
——黑社会性质组织犯罪案件中认罪认罚从宽制度的适用

裁判要旨

1. 认罪认罚从宽制度没有适用罪名和可能判处刑罚的限定，对于符合条件的黑社会性质组织犯罪案件可以适用认罪认罚从宽制度。同时，根据被告人在犯罪中的地位和作用以及认罪认罚的具体情形，坚持宽严相济刑事政策，依法确定是否从宽以及从宽幅度。

2. 案件在审查起诉阶段检察机关未启动认罪认罚相关工作的，在审判阶段人民法院可以决定启动认罪认罚相关工作。

3. 在适用认罪认罚从宽制度过程中要严格遵循证据裁判规则，不能降低证据证明标准和证据裁判标准，对程序规范、事实认定、定罪量刑等方面的相关证据进行全面实质审查。同时要强化被告人诉讼权利保障，可以为未聘请辩护人的被告人指派律师提供法律援助。认罪认罚是对被告人从宽处罚的逻辑起点，审理中应重视审查被告人认罪认罚的自愿性、知悉性及合法性，着重对认罪和认罚两个方面进行实质审查，既实现诉讼效率的提高，又保障案件的公正处理。

贺某某等16人组织、领导、参加黑社会性质组织案
——农村家族宗族黑恶势力犯罪法律适用

裁判要旨

农村家族型黑社会性质组织，应重点从人数、层级、稳定性三方面综合评判是否具备黑社会性质组织的组织特征；从是否通过把持基层政权，有组织地从农村经济领域获取经济利益，并将部分收入用于违法犯罪活动、豢养组织成员、腐蚀和操控基层政权等方面综合判断是否具备黑社会性质组织的

经济特征；从是否以暴力或者“软暴力”为主要手段，依仗家族大、人口多，长期称王称霸，有组织地多次违法犯罪活动，形成对人民群众的欺压、残害综合判断是否构成黑社会性质组织的行为特征；从违法犯罪活动时间、次数、强度、受害人数量、对特定区域内的生产生活秩序影响程度等方面，判断是否侵蚀党的执政基础、危害农村政治安全，对农村经济活动、社会秩序形成非法控制或重大影响、严重扰乱当地经济社会秩序，进而综合认定是否具备黑社会性质组织的危害性特征。

方某等人组织、领导、参加黑社会性质组织案

——“合法公司”外衣下黑社会性质组织的司法认定

裁判要旨

行为人以公司名义实施违法犯罪活动的，应根据黑社会性质组织犯罪构成要件判断是否构成相关犯罪，行为人通过成立公司掩盖犯罪目的、逃避法律打击的，不影响对黑社会性质组织犯罪的认定。

黄耀某等 29 人参加黑社会性质组织案

——对脱离黑社会性质组织成员的追诉期限问题

裁判要旨

确有证据证实被害人在追诉期限内向有管辖权的公安机关提出控告，且该控告明确提出组织具备涉黑性质、指向组织主要成员，且有证据线索反映当时该组织一定程度具备黑社会性质组织的行为特征和非法控制特征，公安机关未予立案的，不受追诉期限的限制。

黄某华等组织、参加黑社会性质组织，陈某阳、张某洲包庇黑社会性质组织案

——如何理解和把握包庇、纵容黑社会性质组织罪的主观要件

裁判要旨

包庇、纵容黑社会性质组织罪，是指国家机关工作人员包庇或者纵容黑社会性质的组织进行违法犯罪活动的行为。其构成要件包括：客体是司法机关同黑社会性质组织犯罪作斗争的正常活动；客观方面表现为包庇或者纵容黑社会性质的组织进行违法犯罪活动的行为。根据《最高人民法院关于审理黑社会性质组织犯罪的案件具体应用法律若干问题的解释》规定，“包庇”是指国家机关工作人员为使黑社会性质组织及其成员逃避查禁，而通风报信，隐匿、毁灭、伪造证据，阻止他人作证、检举揭发，指使他人作伪证，帮助逃匿，或者阻挠其他国家机关工作人员依法查禁等行为。“纵容”，是指国家机关工作人员不依法履行职责，放纵黑社会性质组织及其成员进行违法犯罪活动的行为；犯罪主体是特殊主体，必须是国家机关工作人员，即在国家各级党政机关、权力机关、司法机关和军事机关中依法从事公务的人员；主观方面由故意构成，过失不构成本罪。

包庇、纵容黑社会性质组织罪的主观要件为故意，其中包庇行为只能出自直接故意；而纵容行为，则可能采取听之任之的态度，即纵容行为的主观方面可以是直接故意，也可以是间接故意。然而对于“明知”的内容，是否必须包含“明知是黑社会性质的组织，或者明知是黑社会性质组织的违法犯罪活动”这一认识因素，理论界和实务界均存在不同的理解。从司法实践来看，黑社会性质组织一般在短时间内难以形成，普通犯罪集团、“恶势力”团伙向黑社会性质组织发展是一个渐进的过程，没有明显的性质转变节点；某些黑社会性质组织为了增强隐蔽性，还会通过开办公司、企业等“合法”方式“以商养黑”，且某些黑社会性质组织的领导者、组织者还有特殊的身份作掩护，如以国家工作人员、人大代表、政协委员等身份作保护伞。所以，司法机关认定一个犯罪集团是否构成，何时形成黑社会性质组织，需要结合案

件的具体情况综合认定。正是由于黑社会性质组织在认定上的严格性、形式上的多样化，使得实施包庇、纵容行为的行为人很难明确认识到其包庇、纵容的对象是黑社会性质组织及其活动。如果将明知是黑社会性质组织及其活动作为本罪故意成立不可或缺的认识因素，将给司法认定带来相当的困难，也会成为行为人逃避法律制裁的理由，不利于打黑专项斗争工作的开展。有鉴于此，《最高人民法院、最高人民检察院、公安部办理黑社会性质组织犯罪案件座谈会纪要》明确规定："只要行为人知道或者应当知道是从事违法犯罪活动的组织，仍对该组织及其成员予以包庇，或者纵容其实施违法犯罪活动，即可认定本罪。至于行为人是否明知该组织系黑社会性质组织，不影响本罪的成立。"

王某 1 等组织、领导、参加黑社会性质组织案
——如何认定黑社会性质组织罪的经济特征

裁判要旨

黑社会性质组织罪经济特征的认定方法具体如下：一是黑社会性质组织获取经济利益的手段具有选择性。根据《全国人民代表大会常务委员会关于〈中华人民共和国刑法〉第二百九十四条第一款的解释》第 2 项的规定，黑社会性质组织既可以通过有组织地实施违法犯罪活动敛财，也可以通过形式合法的经营来获取经济利益。需要注意的是，以暴力、威胁为手段是黑社会性质组织的基本行为方式，但在具体的敛财过程中，并不要求前者中的"违法犯罪活动"都具有暴力性。黑社会性质组织既可以通过抢劫、绑架、敲诈勒索等暴力犯罪获取不法利益，又可以通过赌博、贩毒等非暴力犯罪扩充经济实力。二是所获经济利益应足以支持黑社会性质组织生存、发展和实施违法犯罪活动。《全国人民代表大会常务委员会关于〈中华人民共和国刑法〉第二百九十四条第一款的解释》对于"经济实力"只作了原则性规定，《最高人民法院、最高人民检察院、公安部办理黑社会性质组织犯罪案件座谈会纪要》对此也未规定数额标准。笔者认为，考虑到当前我国各地区经济发展的不平衡，不对"经济实力"规定具体数额是符合实践需要的。不过，应当注意的

是，没有明确的数额标准并不等于没有要求。对此，要结合不同地区、不同行业的经济发展水平、利润空间等因素，综合评判黑社会性质组织所获经济利益是否足以支持该组织的生存、发展和实施违法犯罪活动。三是所获经济利益应用于犯罪组织或组织犯罪活动所需。攫取经济利益，具备经济实力，不仅是黑社会性质组织实施违法犯罪活动的主要目标，而且是其非法控制社会并向黑社会组织发展过渡的物质基础。因此，获利之后是否用于支持犯罪组织的生存、发展或者实施违法犯罪活动，历来是认定黑社会性质组织“经济特征”的重要参考指标。同时，由于在发展水平、组织化程度等方面存在差异，不同的黑社会性质组织在分配、使用非法所得时也会有所区别，故根据《最高人民法院、最高人民检察院、公安部办理黑社会性质组织犯罪案件座谈会纪要》的精神，只要将所获经济利益部分用于组织或者组织犯罪即可，并不要求黑社会性质组织将获利的全部或绝大部分用于“犯罪再生产”。四是正确把握经济特征与其他特征的相互关系。如前所述，黑社会性质组织攫取经济利益、扩充经济实力并不是其实施违法犯罪活动的终极目标，而只是其非法控制社会的一个必要步骤。司法实践中，许多黑社会性质组织的经济特征并不是十分典型，因此，在认定方法上要特别注意以“非法控制特征”为核心，用辩证的、联系的观点分析“四个特征”的内在联系。

陈某某组织、领导黑社会性质组织案

——对于有能力履行财产性判项而未履行、未积极消除犯罪行为所产生的社会影响的黑社会性质组织犯罪罪犯，应认定不构成“确有悔改表现”，依法不予减刑

裁判要旨

办理黑社会性质组织犯罪罪犯减刑案件，应综合考量罪犯的主观恶性、改造表现、财产性判项履行以及社会影响等要素，对于有能力履行或者部分履行财产性判项而未履行，未积极消除犯罪行为所产生的社会影响的，应认定不构成“确有悔改表现”，依法不予减刑。

陈某春等 16 人寻衅滋事、聚众斗殴、盗窃、抢劫、非法拘禁、敲诈勒索、故意伤害、非法持有枪支案

——黑社会性质组织与恶势力犯罪集团的界定

裁判要旨

黑社会性质组织和恶势力犯罪集团的区别主要是：（1）组织特征不同。黑社会性质组织一般需要经过较长的发展壮大，通常具有组织、领导者，骨干成员、积极参加者，其他成员三个层级；恶势力犯罪集团要求有三名以上的组织成员，有明显的首要分子，重要成员较为固定，组织成员经常纠集在一起。（2）经济特征不同。黑社会性质组织具有较强的经济实力，所获经济利益全部或部分用于违法犯罪活动或者维系犯罪组织的生存发展；恶势力犯罪集团没有关于经济特征方面的明确要求。（3）对社会的控制和影响不同。黑社会性质组织通过对不特定多人实施大量违法犯罪，在一定区域或行业内形成非法控制或重大影响，恶势力犯罪集团则尚不足以形成对一定区域或行业的非法控制，对生产、生活秩序的影响仅仅是局部和低程度的。

（二十三）包庇、纵容黑社会性质组织罪

岑某明受贿、包庇、纵容黑社会性质组织案

——行为人安排下属包庇、纵容黑社会性质组织行为的定性及“多次实施包庇、纵容行为”的认定

裁判要旨

对于国家机关工作人员安排下属包庇、纵容黑社会性质组织后没有具体指挥，而下属基于该指示多次实施不予查处、通风报信行为的，构成刑法第二百九十四条规定的包庇、纵容黑社会性质组织罪。由于行为人主观上已经

具有多次实施所涉犯罪的故意，也造成了多次危害结果，应当依法认定行为人“多次实施包庇、纵容行为”。

（二十四）传授犯罪方法罪

刘某传授犯罪方法案
——传授犯罪方法行为的认定

裁判要旨

行为人实施传授犯罪方法行为后，被传授人利用该犯罪方法实施犯罪的，不能一概以想象竞合犯定罪处罚，而应结合案件实际情况，分析行为人的主观故意与客观行为。若传授犯罪方法行为人与被传授人没有共同犯罪的犯意联络，对该行为以传授犯罪方法罪进行评价较为适当。

（二十五）侵害英雄烈士名誉、荣誉罪

李某某侵害英雄烈士名誉、荣誉案
——利用信息网络侵害英雄烈士名誉、荣誉犯罪的认定

裁判要旨

人民法院坚决依法惩治侵害英雄烈士名誉、荣誉犯罪。司法实践中，对于行为是否符合《刑法》第299条之一规定的构成要件，应从行为方式、是否损害社会公共利益、是否达到“情节严重”等方面结合案情进行具体分析。行为人利用信息网络侵害英雄烈士名誉、荣誉，引起广泛传播，造成恶劣社会影响的，应当认定为“情节严重”。

罗某侵害英雄烈士名誉、荣誉附带民事公益诉讼案

——在网络平台上侮辱英雄烈士，构成侵害英雄烈士名誉、荣誉罪并应承担民事责任

裁判要旨

英雄烈士既包括个人，也包括群体，既包括有名英雄烈士，也包括无名英雄烈士。中国人民志愿军的英雄事迹是中华民族共同的历史记忆和宝贵的精神财富，伟大的抗美援朝精神跨越时空、历久弥新，是社会主义核心价值观的重要体现，全体中华儿女要永续传承、世代发扬，绝不容许亵渎、诋毁。电影《长津湖》旨在缅怀中国人民志愿军“冰雕连”英烈，罗某却在观看电影后，在网络平台发帖公然歪曲历史，侮辱、抹黑英烈，伤害公众情感，严重破坏社会公共秩序。本案通过司法手段严惩侵害抗美援朝英雄烈士群体名誉、荣誉行为，维护社会公共利益，护航传承和弘扬爱国主义精神，推动培育和践行社会主义核心价值观。

（二十六）赌 博 罪

周某权等赌博案

——在内地利用香港“六合彩”开奖信息聚众下注竞猜行为的定性

裁判要旨

利用一定形式为载体，以财物作注比输赢的，属于赌博。以营利为目的，在内地利用香港“六合彩”开奖信息进行竞猜，聚众以财物作注比输赢，符合刑法第三百零三条第一款规定的，以赌博罪论处。

（二十七）开设赌场罪

指导性案例 105 号：洪某强、洪某沃、洪某泉、李某荣开设赌场案

裁判要点

以营利为目的，通过邀请人员加入微信群的方式招揽赌客，根据竞猜游戏网站的开奖结果等方式进行赌博，设定赌博规则，利用微信群进行控制管理，在一段时间内持续组织网络赌博活动的，属于《刑法》第 303 条第 2 款规定的“开设赌场”。

指导性案例 106 号：谢某军、高某、高某樵、杨某彬开设赌场案

裁判要点

以营利为目的，通过邀请人员加入微信群，利用微信群进行控制管理，以抢红包方式进行赌博，在一段时间内持续组织赌博活动的行为，属于《刑法》第 303 条第 2 款规定的“开设赌场”。

指导性案例 146 号：陈某豪、陈某娟、赵某海开设赌场案

裁判要点

以“二元期权”交易的名义，在法定期货交易场所之外利用互联网招揽“投资者”，以未来某段时间外汇品种的价格走势为交易对象，按照“买涨”“买跌”确定盈亏，买对涨跌方向的“投资者”得利，买错的本金归网站（庄家）所有，盈亏结果不与价格实际涨跌幅度挂钩的，本质是“押大小、赌输赢”，是披着期权交易外衣的赌博行为。对相关网站应当认定为赌博网站。

夏某华等人开设赌场案

——利用微信群抢红包等方式进行赌博的，能否以开设赌场罪定罪处罚

裁判要旨

1. 开设微信赌博群，利用抢红包等方式进行赌博的，可以开设赌场罪定罪处罚。在微信红包赌博中，通常由发起者建立赌博微信群，并制定赌博游戏规则，通过分工合作对群成员参与赌博实施严格控制。发起微信红包赌博且对赌博群施以严格控制的行为，符合开设赌场罪的犯罪构成。

2. 关于组织微信群赌博的“情节严重”如何适用法律。由于组建微信群赌博，无论是人员规模、公开程度、获利途径，还是方式、专业化程度，都与网络赌博中的开设赌场具有高度的一致性，因此，可以参照适用《最高人民法院、最高人民检察院、公安部关于办理网络赌博犯罪案件适用法律若干问题的意见》来认定开设赌场罪的“情节严重”。

3. 凡为赌博目的而投入的资金，均应认定为赌资。对于开设赌场犯罪中用于接收、流转赌资的银行账户内的资金，不能说明合法来源的，可以认定

为赌资。

王某等开设赌场案

——建立赌博网站并接受投注或为赌博网站担任代理并接受投注的，属于“开设赌场”行为

裁判要旨

1. 利用互联网、移动通讯终端等传输赌博视频、数据，组织赌博活动，建立赌博网站并接受投注的、建立赌博网站并提供给他人组织赌博的、为赌博网站担任代理并接受投注的、参与赌博网站利润分成的，属于开设赌场行为。

2. 明知是赌博网站，而为其提供互联网接入、服务器托管、网络存储空间、通讯传输通道、投放广告、发展会员、软件开发、技术支持等服务，收取服务费数额在 2 万元以上的，属于开设赌场的共同犯罪，应当依照《刑法》第 303 条第 2 款的规定处罚。

翁某某开设赌场案

——利用网络棋牌平台开设赌场中“变相牟利”行为的认定

裁判要旨

利用网络应用开展棋牌活动并收取费用的行为是否属于开设赌场变相牟利的行为，应结合行为人主观认知和客观行为综合考量。行为人明知参赌人员系为赌博利用游戏应用，仍为其建立微信群并设定赌博规则，在一定时间内持续组织、管理不特定多数人，通过网络棋牌游戏软件进行赌博，并以限定群内人员虚拟游戏币购买渠道、消耗规则、现金兑换规则等方式变相收取参赌人员费用而非法获利的，属于变相牟利，应视为以营利为目的的开设赌场行为。

邵某等人开设赌场案

——“百家乐”网络赌博犯罪中可以使用洗码量认定赌资数额

裁判要旨

在“百家乐”赌场平台中，洗码量是赌博平台与下级代理之间进行利益分配的基础性数据，可以客观地反映被告人在开设赌场期间操纵参与“百家乐”网络赌博的真实交易量，同时根据行规，账号使用人亦根据洗码量与平台结算。故对于此类案件，应以涉案赌博账号中的洗码量而非最初投入额作为赌资数额及构成“情节严重”的认定依据。

唐某等开设赌场案

——建立聊天群组织他人利用棋牌软件赌博的，构成开设赌场罪

裁判要旨

开设赌场罪必须以赌场为依托从事营利性活动，赌场一般具有专门场所、面向不特定人群、专设赌博项目、提供资金结算、固定盈利方式等要素。行为人是否构成犯罪，不应片面适用“赌资数额”“渔利数额”的单一入罪标准，应综合考虑抽头渔利数额、赌资数额、参赌人数和社会影响等客观情况；当构成开设赌场罪时，还应综合考量上述日均数额、运营时长等，审慎认定“情节严重”，正确量刑。

梁某甲、陈某甲等开设赌场案

——开设赌场罪主犯的认定

裁判要旨

被告人为境外赌博网站提供资金结算服务，虽然该行为在开设赌场犯罪

过程中起到帮助作用，但其在共同犯罪中却起到组织、领导作用，可以认定为主犯。

汪某某开设赌场案

——为赌博网站提供资金支付结算服务行为的定性

裁判要旨

明知是赌博网站，为赌博网站提供资金结算服务，收取的服务费或帮助收取赌资数额达到相关法律规定的，属开设赌场罪的共犯，应当以开设赌场罪定罪处罚。

于某开设赌场案

——为赌博网站担任代理并接受投注，情节严重的，构成开设赌场罪

裁判要旨

2010 年《最高人民法院、最高人民检察院、公安部关于办理网络赌博犯罪案件适用法律若干问题的意见》将为赌博网站担任代理并接受投注，利用互联网、移动通讯终端等传输赌博视频、数据，组织赌博活动，明确认定为开设赌场行为。故利用掌握的赌博网站会员账号行使代理权，聚集多人长期在相对固定的微信群内进行赌博，组织多人并使用同一会员账号在赌博网站投注的，系开设赌场行为，情节严重的，以开设赌场罪定罪处罚。

辛某某、郑某某等开设赌场案

——通过虚假宣传引诱客户参与竞猜赌博行为的司法认定

裁判要旨

行为人运用以销售商品为名的网络平台，通过虚假宣传的方式引诱客户参与平台购物升级活动，实际上是以营利为目的，吸引社会公众参与竞猜赌博，以购物升级的方式变相接受社会公众投注，以开设赌场罪定罪处罚。

张某、裴某某等开设赌场罪案

——跨境网络赌博犯罪案件的证据审查

裁判要旨

在办理网络犯罪案件中，一一对应的证据收集标准确实难以达到。确因客观条件限制无法逐一收集相关言词证据的，人民法院可以根据记录被害人数、被侵害的计算机信息系统数量、涉案资金数额等犯罪事实的电子数据、书证等证据材料，在审查被告人及其辩护人所提辩解、辩护意见的基础上，综合全案证据材料，对相关事实作出认定。

刘某琼等开设赌场案

——利用网站彩票开奖信息作为判断赌博输赢标准，以销售彩票为幌子建立电脑系统接受投注的，属开设赌场行为

裁判要旨

借助正规彩票的信息，为个人赌博提供一个获取非法所得的平台，其行为本质是招引人员竞赌，不具有非法经营、销售的特点。从侵害的法益来看，其违法行为不是扰乱市场交易管理秩序，而是侵害了正常的社会管理秩序，

符合开设赌场罪的构成要件。

宣某某等开设赌场案

——为赌博网站提供资金结算服务的，可认定为开设赌场行为

裁判要旨

开设“网络赌场”一般是指组建赌博网站接受投注、建立赌博网站并提供给他人组织赌博、代理赌博网站并接受投注以及参与赌博网站利润分成等行为。明知系赌博网站的赌资，仍然为其提供资金结算服务，收取服务费的，依法以开设赌场罪定罪处罚。

吴某、樊某开设赌场案

——对使用赌博网站工具、数据进行运营盈利，虽未设置下级账号仍可认定为赌博网站的代理

裁判要旨

在实践中，许多涉及开设网络赌场的案件都存在被告人通过向上线购买赌博网站运营工具、数据并在赌博网站进行运营盈利，但其并未发展下一级账号的情况。该类被告人未设置下级账号，但通过其购买的运营工具和数据进行运营并从中利用差价和网站奖励或提成而获利，虽然《最高人民法院、最高人民检察院、公安部关于办理网络赌博犯罪案件适用法律若干问题的意见》作了“设置有下级账号的，应当认定其为赌博网站的代理”的规定，但并未规定认定赌博网站的代理必须要设有下级账号。也就是说，如果犯罪嫌疑人、被告人的行为符合赌博网站代理特征的，即使没有设置下级账号，同样可以认定为赌博网站的代理。

郑某某、彭某、羊某某开设赌场案

——网络赌博的赌资数额计算

裁判要旨

实践中，网络赌博对赌资累计的认定应坚持“罪责刑相适应”“主客观一致”的原则，不能机械地将其中“实际支付资金数额”扩大理解为“每次转账上分就视为实际支付了一次资金数额”，并以此作为“《最高人民法院、最高人民检察院、公安部关于办理网络赌博犯罪案件适用法律若干问题的意见》第1条第2款第2项中，赌资数额累计的一次资金数额”。更不能将其中“实际支付资金数额”缩小理解为“实际赌本作为赌资数额”，并以此作为“赌资数额累计的资金数额”。

陈某福、易某福等34人开设赌场案

——开设赌场型犯罪团伙的司法认定

裁判要旨

单纯为牟取不法经济利益而开设赌场，没有采取暴力、威胁或者其他手段实施违法犯罪活动，不具有为非作恶、欺压百姓特征的，不应作为恶势力案件处理。

郭某峰等开设赌场案

——准确区分开设赌场行为与诈骗行为

裁判要旨

应准确区分开设赌场与诈骗行为，注重从参与人主观是否陷入错误认识进而处分财物进行判断。两罪在犯罪构成上有本质区别。从主观方面看，参与赌博人员明知赌博活动规则，其处分自己财物时未产生错误认识，交付财物时明知处置后果；而诈骗犯罪的被害人对活动规则或内容并不了解，其在处分财物时产生了错误认识，导致主动交付财物给犯罪分子，且有时并不了解处置后果。

李某某等开设赌场案

——在赌场内不参与决策及投资分红的赌场服务人员的处理

裁判要旨

在赌场内不参与决策及投资分红，仅获得普通劳务性报酬的赌场劳务、服务人员，根据案件具体情节的，依法可不认定为开设赌场罪。

王某某等开设赌场案

——平台设立盲盒游戏构成开设赌场罪的认定

裁判要旨

经营者设立盲盒网站，通过开盲盒获取价值大小不等游戏道具的抽奖活动，实际上是向玩家提供以小博大的中奖机会，博取中奖结果由偶然性决定，属于射幸行为，具有赌博性质。玩家在平台能实现“付费投入—随机抽取—放弃奖品获得折价虚拟货币—再次抽盒”的方式，属于赌博行为。平台运营者为赌博行为提供平台，从网站平台中营利，行为构成开设赌场罪。

二、妨害司法罪

（一）妨害作证罪

肖某泉辩护人妨害作证案
——辩护人妨害作证罪中的“证人”是否包括被害人

裁判要旨

辩护人、诉讼代理人妨害作证罪中的“证人”应当包括被害人。其理由在于：第一，从《刑事诉讼法》规定的证人范围来分析，虽然《刑事诉讼法》将证人证言与被害人陈述、鉴定结论分列为不同的证据种类，但是，这只是出于证据分类角度作的区分，《刑事诉讼法》在对证人的范围作出规定时并没有把被害人排除在证人范围以外，其明确规定：“凡是知道案件情况的人，都有作证的义务。生理上、精神上有缺陷或者年幼，不能辨别是非、不能正确表达的人，不能成为证人。”因此，从广义上来讲，从被害人、鉴定人在刑事诉讼中对于案件事实的证明作用角度讲，也应属于证人范畴。第二，从行为的社会危害性来分析，威胁、引诱被害人、鉴定人违背事实改变证言或者作伪证的与威胁、引诱证人违背事实改变证言或者作伪证的行为，同样妨害了刑事诉讼活动的正常进行，危害了司法机关的正常追诉活动，从侵害法益的同质性来看，两种行为均应受到刑罚处罚。第三，从立法本意来分析，《刑法》第306条的立法目的在于通过刑罚手段惩治辩护人、诉讼代理人的妨害作证的行为，来规范刑事辩护制度，确保刑事诉讼的正常进行。如果不将威胁、引诱被害人、鉴定人违背事实改变证言或者作伪证的行为纳入本罪的惩治范围，就会放纵实践中辩护人、诉讼代理人的此类妨害作证的行为，不能全面有效地维护刑事诉讼秩序，这显然有违立法本意。而且，刑法用语有其特定含义，不能简单照搬刑事诉讼法的概念含义，应当放在特定法条中结合立法本意进行甄明。综上，《刑法》第306条规定辩护人、诉讼代理人妨害作证罪中的“证人”应作广义的理解，被害人、鉴定人应当可以成为本罪的犯罪对象。

董某甲、汤某某妨害作证案
——允诺他人帮忙脱罪的行为认定

裁判要旨

1.“允诺他人帮忙脱罪”行为与暴力、威胁、贿买具有同质性，妨害了司法活动的客观公正性和公民依法作证的权利，应当以妨害作证罪中的其他方法对该行为进行评价。

2.妨害作证罪中的“证人”是指知晓案情的人，即使该知晓案情的人未进入刑事诉讼程序，但其属于“潜在证人”，不影响其所具有的“证人”身份，可以认定其为妨害作证罪中的“证人”。

3.妨害作证罪中的“他人”，由于法条对其没有作明确限制，对其可以作广义理解，包括所有诉讼参与人，同案犯可以认定为妨害作证罪中的“他人”。

（二）帮助毁灭、伪造证据罪

徐某宝、郑某洋帮助伪造证据案
——帮助伪造证据罪中的“证据”和“情节严重”的认定

裁判要旨

1.民事诉讼中当庭所作的虚假证言属于帮助伪造证据罪中的“证据”。当庭所作虚假陈述对法官判断证据及认定事实的影响一般高于物化的证人证言，帮助伪造物化的证人证言可能成立犯罪，而当庭作虚假陈述的行为被排除在犯罪之外，不符合立法本意。且证人当庭所作的证言与物化的证人证言在本质上并无区别。

2. 在庭审过程中对关键证据进行虚假陈述属于帮助伪造证据“情节严重”。对关键证据的虚假陈述，往往会严重扰乱人民法院的正常审判秩序，并严重侵害对方当事人的权益，具有较大的社会危害性，应当认定为“情节严重”。

王某炎帮助伪造证据、胡某光妨害作证案

——“部分篡改型”行为不构成虚假诉讼罪

裁判要旨

根据《刑法》第307条之一的规定，虚假诉讼罪的惩治对象，是在不存在民事法律关系的情况下凭空捏造民事法律关系、虚构民事纠纷并向人民法院提起民事诉讼的“无中生有型”行为。“部分篡改型”行为不符合虚假诉讼罪的构成要件，依法不应认定为虚假诉讼罪。首先，从对《刑法》条文进行文义解释的角度分析，《刑法》第307条之一第1款规定的“捏造”一般是指完全没有依据、无中生有，仅靠自己的凭空想象臆造根本不存在的事物，与“杜撰”“虚构”等基本属于同义词。其次，从立法原意的角度分析，《刑法》增设虚假诉讼罪的目的，是依法惩治不具有合法诉权的行为人故意捏造事实，制造自己具有诉权的假象，意图骗取人民法院裁判文书、达到非法目的的行为，如果民事法律关系客观存在，则行为人依法享有诉权，其对部分证据材料弄虚作假，对债权债务的具体数额、履行期限等进行部分篡改，不属于虚假诉讼罪的处罚对象。再次，将“部分篡改型”行为排除在虚假诉讼罪之外，符合民事诉讼的客观规律，现阶段民事诉讼案件数量巨大，且具体情况比较复杂，部分民事原告采取虚假陈述、伪造证据等手段故意提高诉讼标的额，实际上是出于更好地维护自身合法利益等诉讼策略方面的考虑，如果对这种情况不加区别地认定为虚假诉讼罪，可能会侵害部分民事当事人享有的合法诉权，导致刑罚打击面过大。最后，将“部分篡改型”行为认定为虚假诉讼罪，难以确定明确的定罪标准。综上，将“部分篡改型”行为排除在虚假诉

讼罪之外，既符合《刑法》增设虚假诉讼罪的立法原意，也具有司法实践上的合理性。本案二被告人分别作为民事诉讼的被告和原告，相互恶意串通，在提起民事诉讼之前和民事诉讼过程中，共同实施伪造证据、虚假陈述等弄虚作假行为，骗取人民法院裁判文书，行为构成妨害作证罪或者帮助伪造证据罪。

（三）虚假诉讼罪

柯某某等虚假诉讼案
——虚假诉讼罪中“严重干扰正常司法活动或者严重损害司法公信力”的认定

裁判要旨

被告人虚构债务，转移财产，致使债权人自缢身亡的行为妨害司法秩序，严重损害司法权威和尊严，同时也严重侵害其他债权人的合法利益，社会影响恶劣，严重影响司法公信力，属于情节严重情形。

张某光、张某荣虚假诉讼案
——虚假诉讼犯罪案件中如何正确适用从旧兼从轻原则

裁判要旨

《刑法》第12条和《最高人民法院关于〈中华人民共和国刑法修正案（九）〉时间效力问题的解释》第7条规定中的“处刑较轻”的判断标准，是《刑法》针对各个罪名规定的法定刑，而非人民法院判决确定的宣告刑。如果《刑法》规定的某一罪名的法定刑比另一罪名的法定刑轻，即使人民法院最终判决确定的宣告刑由于存在附加刑而对被告人更为不利，也不能认定法定刑较轻的罪名属于重罪，即在具体判断轻重罪的过程中，应当首先比较不同罪名的主刑，主刑相同的，再比较附加刑。

张某民虚假诉讼案
——如何认定虚假诉讼罪中的“情节严重”

裁判要旨

对于欺诈侵财类虚假诉讼犯罪，行为人实施虚假诉讼犯罪行为，非法占有他人财产数额达到10万元以上的，可以认定为“情节严重”，适用第二个法定刑幅度。对于逃避债务类虚假诉讼行为，致使他人债权无法实现，数额达到100万元以上的，或者在无证据证实他人无法实现的债权具体数额的情况下，法院生效裁判确定的义务人自动履行裁判确定的财产给付义务或者人民法院强制执行财产权益数额达到100万元以上的，可以认定为“情节严重”，适用第二个法定刑幅度。对于行为人出于其他目的实施虚假诉讼行为的情形与逃避债务类行为类似，义务人自动履行财产给付义务或者人民法院强制执行的财产权益数额达到100万元以上的，可以认定为“情节严重”，适用第二个法定刑幅度。

某轴承厂诉单某强虚假诉讼案
——虚假诉讼犯罪被害人应当依照法律规定行使自诉权

裁判要旨

根据有关法律的规定，虚假诉讼案件的被害人享有向人民法院提起刑事自诉的权利。为避免刑事自诉权被滥用、成为部分民事诉讼当事人用以恶意干扰民事诉讼进程的工具，对虚假诉讼犯罪案件的被害人行使自诉权的条件应当依法严格把握。虚假诉讼犯罪案件中的被害人提起刑事自诉，应当同时满足三个方面的条件：第一，自己的人身、财产权利遭到虚假诉讼犯罪行为侵害，这是提起自诉的主体条件。第二，有证据证明对被告人通过虚假诉讼侵犯自己人身、财产权利的行为应当依法追究刑事责任，这是提起自诉的证据条件。第三，有证据证明被害人曾向公安机关或者人民检察院控告被告人实施虚假诉讼犯罪行为，而公安机关或者人民检察院不予追究被告人刑事责任。这是提起自诉的程序条件。

高某虚假诉讼案

——区分普通共同诉讼和必要共同诉讼，正确认定民事共同诉讼案件中的虚假诉讼罪

裁判要旨

实践中，民事案件的具体情况各不相同，对于行为人实施的行为是否属于捏造民事法律关系、虚构民事纠纷的虚假诉讼犯罪行为，应当结合民事诉讼理论和案件具体情况，进行实质性判断，不能作形式化、简单化处理。《民事诉讼法》第52条规定，当事人一方或者双方为二人以上，其诉讼标的是共同的，或者诉讼标的是同一种类、人民法院认为可以合并审理并经当事人同意的，为共同诉讼。根据是否具有共同的诉讼标的，可将民事共同诉讼区分为普通共同诉讼和必要共同诉讼两种。普通共同诉讼，是指当事人一方或者双方为二人以上，其诉讼标的属于同一种类，人民法院认为可以合并审理，并经当事人同意而共同进行的诉讼；必要共同诉讼，是指当事人一方或者双方为二人以上，具有共同诉讼标的的诉讼。认定某一行为是否构成虚假诉讼罪，需要以普通共同诉讼和必要共同诉讼的区分为基础进行判断。具体来讲，必要共同诉讼人具有共同的权利或义务，属于不可分之诉，因此，对于行为人实施的某一行为是否属于《刑法》规定的虚假诉讼行为，只能进行整体评价。但是，在普通共同诉讼中，参加诉讼的各个原告均享有独立的诉权，属于可分之诉，由于一方多个当事人间没有共同的权利或者义务关系，既可以作为共同诉讼合并审理，也可以作为多个独立的诉讼分别审理，即使合并审理，法院也需要作出分别确认各自民事权利义务的判决，共同诉讼人的诉讼权利和义务与独立进行的诉讼完全相同。可以看出，在多个原告共同提起普通共同诉讼的情况下，各原告均享有独立的诉权。虚假诉讼罪的惩治重点，是行为人捏造事实行使虚假诉权的行为，对于普通共同诉讼中各原告行使各

自诉权的行为，原则上应当分别进行评价，确定其中是否存在捏造民事法律关系、虚构民事纠纷的情形，如果答案是肯定的，则应认定该部分行为属于《刑法》规定的虚假诉讼犯罪行为。不能因为其中部分原告的行为属于部分篡改案件事实行为，就对全案均认定为“部分篡改型”行为。

被告人高某指使他人，以22人为原告起诉某建材公司，要求该公司支付劳动报酬，各原告均享有对该公司的独立诉权，仅因诉讼标的属于同一种类，人民法院依法立为一个民事案件进行合并审理，属于普通共同诉讼。在22名原告中，有12人确系某建材公司员工，享有对该公司的劳动报酬追索权，高某通过伪造工资表等方式上调上述人员的工资数额，属于“部分篡改型”行为，不构成虚假诉讼罪。另有10名原告与某建材公司不存在劳动合同关系，无权向该公司索要劳动报酬，高某伪造上述人员的工资表，捏造劳动合同关系和双方因追索劳动报酬产生民事纠纷的事实，属于“无中生有型”行为，依法构成虚假诉讼罪。

傅某甲、吴某甲等人虚假诉讼罪案

——虚构借条骗取民事调解书构成虚假诉讼罪

裁判要旨

债权人与债务人恶意串通，捏造事实，出具虚假债权债务凭证，逃避法院生效裁判文书确定的履行义务的行为，依法构成虚假诉讼罪。债务人以公司名义与多人签订虚假债权债务凭证，向法院提起民事诉讼，在诉讼中达成调解协议，骗取承办法官出具民事调解书，后以该调解书参与公司执行分配，企图稀释其他合法债权人利益，多分款项冲抵个人借款，最终因房产拍卖所得价款尚不足以满足优先受偿权，故普通债权人未能获得实际利益，但已妨害了司法秩序，依法构成虚假诉讼罪。

周某琼等虚假诉讼案

——通过虚假诉讼转移财产逃避履行债务

裁判要旨

行为人与他人恶意串通，捏造债权债务关系向人民法院提起虚假民事诉讼转移财产，以达到逃避履行债务的非法目的，属于《刑法》规定的虚假诉讼行为。此类行为直接侵害债权人合法权益，极大干扰司法秩序，社会危害严重。对于共同实施虚假诉讼行为的多个被告人，要坚持宽严相济刑事政策，突出打击重点，正确区分责任，妥当裁量刑罚。对于其中的犯意提起者、主要实施者和犯罪收益获得者，要依法予以严惩。在对被告人决定是否适用缓刑时，应考虑其犯罪的事实、性质、情节及对社会的危害程度等。

刘某春、杨某勇虚假诉讼案

——通过虚假诉讼阻碍执行被查封财产

裁判要旨

1. 民事执行是实现司法裁判等确定的民事权益的法定程序。民事执行中的执行异议和执行异议之诉也是虚假诉讼相对多发的领域。在被执行人与提出执行异议或者执行异议之诉的案外人存在亲属关系或者其他利害关系的情况下，人民法院要依法加大审查力度，综合考虑案件情况，着重审查判断是否存在虚假诉讼行为。

2. 对于存在虚假诉讼犯罪线索的，在通过民事程序进行纠正的同时，还要依照有关规定及时移送公安机关立案侦查。

胡某利、陶某云虚假诉讼案

——以捏造的事实提出执行异议和执行异议之诉

裁判要旨

案外人在民事执行过程中以捏造的事实提出执行异议或者执行异议之诉，均属于虚假诉讼行为。通过虚假诉讼方式干扰人民法院正常执行活动、为自己或者帮助他人逃避人民法院生效裁判文书确定的执行义务的行为，严重妨害司法秩序，侵害其他债权人合法权益，社会危害严重。此类行为往往以双方恶意串通的形式出现，隐蔽性强，甄别难度大。人民法院要加大审查力度，提高甄别判断能力，重视对被害人报案和控告、群众举报等线索来源的审查，及时发现虚假诉讼违法犯罪并依法惩处。

周某云虚假诉讼案

——虚构职工工资提起虚假诉讼逃避履行债务

裁判要旨

1. 实践中，少数企业控制人、股东为逃避履行债务，与他人恶意串通，捏造劳动合同关系，以虚构的劳动者名义起诉企业要求支付工资劳动报酬，以达到转移企业资产、逃避履行债务的目的，应依法承担相应法律责任。根据《最高人民法院、最高人民检察院、公安部、司法部关于进一步加强虚假诉讼犯罪惩治工作的意见》的规定，民事诉讼当事人、其他诉讼参与人实施虚假诉讼，人民法院向公安机关移送案件有关材料前，可以依照《民事诉讼法》的规定先行予以罚款、拘留；对虚假诉讼刑事案件被告人判处罚金、有期徒刑或者拘役的，人民法院已经依照《民事诉讼法》的规定给予的罚款、拘留，应当依法折抵相应罚金或者刑期。

2. 在审理民事诉讼案件中，人民法院发现民事诉讼当事人有虚假诉讼行为后，在公安机关对虚假诉讼刑事案件立案侦查的同时，可以先行依照《民事诉讼法》的规定对虚假诉讼当事人处以罚款，以充分利用民事、刑事等多种手段，及时有效惩治虚假诉讼违法犯罪行为。

郑某等虚假诉讼案

——利用虚假诉讼申报虚假破产债权

裁判要旨

行为人故意捏造债权债务关系提起民事诉讼，并以法院基于捏造的事实作出的生效法律文书为依据，在企业破产程序中申报虚假债权，意图达到多分配企业财产或者非法转移企业财产、逃避履行债务之目的的，应当认定为《刑法》第 307 条之一第 1 款规定的“以捏造的事实提起民事诉讼”，是典型的虚假诉讼行为。

周某某虚假诉讼案

——虚假诉讼罪的捏造事实的认定

裁判要旨

对于虚假诉讼罪的捏造事实应当坚持实质性判断，不能进行形式化、简单化认定。“事实”是指据以提起民事诉讼的，对启动民事诉讼具有决定性作用的事实，“捏造”是指无中生有、凭空虚构特定事实的行为。

（四）扰乱法庭秩序罪

高某某扰乱法庭秩序案
——扰乱法庭秩序罪的适用

裁判要旨

司法是维护社会公平正义的最后一道防线，审判法庭是人民法院依法行使国家审判权、审判各类案件的重要场所，庭审是人民法院行使国家审判权的重要环节。良好的法庭秩序既是保证诉讼活动顺利进行的需要，更是彰显国家法治尊严、维护司法权威的需要。只有通过规范的法庭秩序和严格的法庭纪律，才能充分保障庭审活动的顺利进行，才能使诉讼参与人的合法权益得到保障。当事人违反《人民法院法庭规则》关于录音录像的规定，公然在法庭上录音录像，且不听劝阻甚至暴力攻击司法人员，导致庭审无法进行的，属于严重妨害正常法庭秩序的行为，构成扰乱法庭秩序罪。

唐某某、张某甲、张某乙扰乱法庭秩序案
——对扰乱法庭秩序行为的认定

裁判要旨

在庭审过程中，旁听人员聚众哄闹、冲击法庭，侮辱、诽谤、威胁司法工作人员或者诉讼参与人，不听法庭制止，严重扰乱法庭秩序的，属于《刑法》第309条规定的扰乱法庭秩序行为。

（五）窝藏、包庇罪

王某元包庇案

——为帮助犯罪的人获得从轻处罚故意作假证明的认定

裁判要旨

1. 作假证明包庇，帮助犯罪分子逃避法律追究的行为，既包括帮助犯罪分子开脱罪责的行为，也包括帮助犯罪分子获得从轻、减轻或者免除处罚即减轻罪责的行为。这些行为可以是掩盖犯罪分子的犯罪事实，也可以是掩盖犯罪分子的行踪；可以是掩盖全部犯罪事实，也可以是掩盖部分犯罪事实；可以是掩盖定罪事实，也可以是掩盖量刑事实。在作假证明帮助犯罪分子减轻罪责的情形下，故意向司法机关提供用以证明犯罪分子具有法定从轻、减轻、免除处罚情节或者不具有法定从重处罚情节等虚假证明，可能会误导司法机关作出较轻的刑罚，从而使犯罪分子逃脱应当承担的较重刑罚。

2. 明知是犯罪的人，为帮助其减轻罪责，故意提供虚假的从宽处罚情节证明，给司法机关查明案情设置障碍，可能误导法院作出错误的裁判，既严重干扰和妨害了司法机关的正常活动，也造成司法资源的浪费，危害性很大，亦应依法予以严惩。

3. 包庇罪中作假证明的目的也应是帮助犯罪分子逃避刑事处罚。如果作假证明的目的是让犯罪的人得到从轻、减轻、免除处罚，如假立功、假自首，则应当以伪证罪定罪处罚。

（六）掩饰、隐瞒犯罪所得、犯罪所得收益罪

王某碗、王某甲、王某兵掩饰、隐瞒犯罪所得案
——掩饰、隐瞒犯罪所得罪中情节加重“次数”的认定

裁判要旨

掩饰、隐瞒犯罪所得罪属于下游犯罪，应结合主观故意、犯罪构成、犯罪客体等方面综合认定情节严重中的“次数”，并把其作为酌定从重处罚情节。

第一，基于掩饰、隐瞒的客体是犯罪所得，“次数”应以相应上游行为达到犯罪程度为前提。从刑法体系来看，作为入罪条件的“次数”与作为情节加重的“次数”具有完全不同的认定标准。司法解释规定 10 次以上应认定情节严重，对此处情节加重的“次”应作严格认定，进行限制性理解。因掩饰、隐瞒的客体是犯罪所得，所以认定情节严重中的“次”应以相应上游行为达到犯罪标准为前提。

第二，基于同一主观故意连续实施多起掩饰、隐瞒行为的，应认定为“一次”。认定“次数”应综合考虑行为人犯罪故意的产生以及犯罪行为实施的时间、地点等因素，客观分析、认定。被告人基于同一犯意实施犯罪的，原则上认定“一次”。如在同一地点，同时对在场的多人收赃的；或基于同一犯意在同一地点连续多次收赃的，如在同一地点连续对途经此地多人收赃的，一般应认定“一次”而不是多次犯罪。

第三，基于同一上游犯罪客体实施掩饰、隐瞒行为的，应认定为“一次”。上游犯罪行为人对处置涉案财物具有主动性或随意性，对同一物品可以一次性或分数十次出售。但无论上游犯罪行为人处置了多少次，相应实施掩饰、隐瞒的犯罪客体只有一个，多次收赃行为实质上属于多次的不能犯，不宜片面认定多次。

第四，基于上游犯罪以情节入罪实施掩饰、隐瞒的，应认定为“一次”。

上游犯罪以情节入罪，意味着对上游犯罪进行了整体性评价。此时，上游犯罪等同于一个整体，可以评价为上述“第一”或“第三”规制的范围，则无论收赃多少次在评价是否属于情节严重的次数时亦应认定为“一次”。

沈某某等人掩饰、隐瞒犯罪所得，帮助信息网络犯罪活动案

——利用网络平台为他人“跑分”行为的定性

裁判要旨

1.“跑分”是指专门利用银行账户或者第三方支付平台账户为他人代收款，再转账到指定账户，从中赚取佣金的行为。作为一种新型犯罪形态，其具有将资金分散、匿名交易的特点，因此被用于黑灰资金的流转，与电信诈骗、网络赌博等犯罪活动密切相关，可能构成非法经营罪，帮助信息网络犯罪活动罪，洗钱罪，掩饰、隐瞒犯罪所得、犯罪所得收益罪，还可能构成诈骗罪、赌博罪、开设赌场罪等上游犯罪的共犯。实践中，应从主客观方面综合分析犯罪事实，准确认定“跑分”行为的性质。行为人明知他人涉嫌犯罪，其所经手的资金应系他人犯罪所得及其收益，仍用本人或收集来的银行卡为他人“跑分”的，依法构成掩饰、隐瞒犯罪所得、犯罪所得收益罪。行为人明知他人涉嫌利用信息网络实施犯罪，仅向他人出租、出售银行卡用于“跑分”的，达到情节严重标准，构成帮助信息网络犯罪活动罪。

2. 在量刑时应注意主从关系。“跑分”团伙一般涉及人员众多，应结合各行为人具体作用大小，从而认定主从犯。“跑分”团伙领导者、主要管理者、操盘手等能够起到决定作用的人应认定为主犯，对于租赁场地、对接“卡农”、维持秩序、买水买饭等，并未参与到“跑分”关键环节或核心领域，仅起到次要辅助作用的，应认定为从犯。作为“跑分”操盘手及“跑分”团伙的管理者，应对所参与的或者组织、指挥的全部犯罪负责。

朱某、刘某掩饰、隐瞒犯罪所得案

——过驳、运输犯罪所得海砂，构成掩饰、隐瞒犯罪所得罪

裁判要旨

1. 认定掩饰、隐瞒犯罪所得、犯罪所得收益罪，以上游犯罪事实成立为前提。上游犯罪尚未依法裁判，但查证属实的，不影响掩饰、隐瞒犯罪所得、犯罪所得收益罪的认定。过驳、运输非法海砂的行为因其环境复杂性与隐蔽性，跨区域且涉多部门协调，举报线索又多在运输环节，造成海砂的具体来源难以查证，具体上游犯罪人情况不清，实践中，过驳、运输非法海砂案件的上游非法采矿罪往往难以立案追查。办案机关应当围绕非法采矿罪的构罪要件，全面收集涉案海砂矿质鉴定、涉案海域是否登记海砂采矿权的情况等，结合相关被告人的口供，证明涉案海砂系非法采矿犯罪行为的犯罪所得，即可认定上游犯罪事实成立，不要求必须掌握具体的犯罪人和事实细节。

2. 关于主观明知的认定。认定行为人构成掩饰、隐瞒犯罪所得罪，其主观上必须明知其非法过驳、运输的海砂系上游犯罪非法采挖的海砂。2023 年 6 月 8 日，最高人民法院、最高人民检察院、中国海警局联合发布的《依法打击涉海砂违法犯罪座谈会纪要》第 3 条明确规定了对于行为人明显违背航海常规操作或者存在明显异常行为，且不能作出合理解释等十种行为，如故意关闭船舶识别系统或船舶上有多套船舶识别系统等，可以推定行为人主观系明知。海警机构、检察机关在收集固定嫌疑船只存在异常关闭 AIS、“甚高频”联络吸砂船等异常行为证据的基础上，结合《自然资源部办公厅关于台湾浅滩相关海域颁发采矿许可证情况的函》，查明涉案时间内过驳海域不存在登记的海砂采矿权，综合推定被告人对过驳、运输的海砂系非法采挖的海砂存在主观明知，符合掩饰、隐瞒犯罪所得罪的主观要件。

陈某、欧阳某掩饰、隐瞒犯罪所得案
——上游犯罪经查证属实，虽尚未依法裁判不影响下游犯罪处理

裁判要旨

认定掩饰、隐瞒犯罪所得、犯罪所得收益罪，应当以上游犯罪事实成立为认定前提。上游犯罪尚未依法裁判，但查证属实的，不影响下游犯罪的审判。

姜某掩饰、隐瞒犯罪所得案
——如何区分掩饰、隐瞒犯罪所得罪与洗钱罪

裁判要旨

明知系他人受贿犯罪所得的现金和银行卡而提供场所藏匿，应认定为掩饰、隐瞒犯罪所得罪。洗钱罪与掩饰、隐瞒犯罪所得、犯罪所得收益罪的区分并不仅仅以上游犯罪的范围为准，还应当兼顾犯罪客体及行为方式、主观明知内容等因素综合判断。行为人明知系他人受贿犯罪所得的现金和银行卡而提供场所藏匿，后又交给他人转移，均属于物理意义上的转移、窝藏行为，行为的落脚点在于掩饰、隐瞒实物本身，而非犯罪所得的性质和来源，不涉及资金形式的“转换”或“洗白”，应限定在掩饰、隐瞒犯罪所得罪这一普通赃物犯罪的范畴里，依法构成掩饰、隐瞒犯罪所得罪。

闻某生掩饰、隐瞒犯罪所得案
——大量回收购物卡并出售获利的行为定性

裁判要旨

1. 掩饰、隐瞒犯罪所得、犯罪所得收益罪要求行为人主观上明知是犯罪

所得及其产生的收益，即对赃物性质有确定性认识。法律对行为人“明知”的推定有严格的规定，以防止客观归罪。根据《刑法》及司法解释关于“明知”认定的规定，可从以下方面综合判断行为人的明知状况：（1）行为或交易时间是否反常；（2）行为或交易地点是否反常；（3）财物交易价格是否反常；（4）财物是否具有特殊标志；（5）行为人对本犯或上游犯罪的知情程度；（6）交易的方式是否反常；（7）行为人是否因此获取了非法利益。

2. 认定《刑法》第225条所规定的非法经营罪第4项“其他严重扰乱市场秩序的非法经营行为”，应当从以下三个方面加以界定：（1）该行为是一种经营行为；（2）该行为是违反国家规定；（3）该行为严重扰乱市场秩序，且情节严重，社会危害性已达到需要刑罚干预的程度。

奥某等4人掩饰、隐瞒犯罪所得案
——上游犯罪认定与掩饰、隐瞒犯罪所得罪认定的关系

裁判要旨

掩饰、隐瞒犯罪所得罪规定在“妨害司法罪”一节中，侵害的法益主要是司法机关对犯罪行为的正常追诉，即由于存在掩饰、隐瞒行为，致使司法机关无法正常追诉上游犯罪，因此从处罚该罪的立法意图来看，并不要求上游犯罪经过司法审判。只要上游犯罪的事实成立，就可认定掩饰、隐瞒的行为构成犯罪。

陈某甲、陈某乙等诈骗，掩饰、隐瞒犯罪所得案
——明知系他人利用医保骗保购买的药品而从其他中间商处收购药品，未事先通谋的，构成掩饰、隐瞒犯罪所得罪

裁判要旨

1. 对倒卖医保骗保药品的中间商的犯罪行为予以界定的关键点是有无事前进行通谋，即审查中间商对上游骗保人员是否具有指使、教唆和授意。对

中间商指使、教唆、授意他人利用医保骗保多开、虚开药品，客观上对上游骗保人员实施骗保行为具有促进作用的，应当认定为上游诈骗罪的共犯；对仅明知系利用医保骗保购买的药品而从其他中间商处收购药品的，因欠缺对上游骗保人员的直接指使、教唆和授意，一般按照掩饰、隐瞒犯罪所得罪定罪。

2. 关于“指使、教唆、授意”的认定与适用。对“指使、教唆、授意”的认定应坚持主客观相统一的原则，综合评判中间商在药品回流过程中所起作用，对虽未有明确的“指使、教唆、授意”，但在长期合作过程中已达到“有药就收”默契的也可认定。“指使、教唆、授意”作为认定倒卖医保骗保药品中间商与上游骗保人员之间是否有事前通谋的重要行为表现之一，在具体认定上需坚持主客观相统一的原则。实践中，更多的药品收购中间商在到案的供述中往往对直接指使、教唆、授意上游骗保人员持医保卡至医院多开虚开药品予以否认，以期避重就轻。该种情况下，需要综合其主客观行为综合评价。比如，对于长期在医院、社区卫生服务中心门口，通过摆放收药牌子收购药品的，虽然言语上未明确告知上游骗保人员持医保卡至医院多开、虚开药品，但其通过出示药品收购清单的模式罗列收购药品的种类、单价，主动要求对方将所开具的药品予以出售，并在交易过程中形成了长期合作的默契，客观上也达到了促使上游骗保人员至医院使用医保卡多开、虚开药品的作用。综合考量其收购药品的地点选择、收购药品的特定种类、长期合作过程中达成的“有药就收”的默契程度以及在药品回流过程中所起到的实际的促进作用，可推定主观上具有指使、教唆、授意他人的故意。

贾某等掩饰、隐瞒犯罪所得案

——掩饰、隐瞒犯罪所得罪与窝藏、转移、隐瞒毒品、毒赃罪的关系

裁判要旨

掩饰、隐瞒犯罪所得罪与窝藏、转移、隐瞒毒品、毒赃罪的在明知的内容、犯罪对象及侵犯的犯罪客体等方面均有较大区别，存在一般规定与特别

规定的关系。《刑法》第 349 条窝藏、转移、隐瞒毒品、毒赃罪的犯罪对象“毒赃”应限定为“走私、贩卖、运输、制造毒品的犯罪分子的犯罪所得”，即《刑法》第 347 条涉及的犯罪所得，而非涵盖《刑法》第 6 章妨害社会管理秩序罪第 7 节涉及的所有毒品犯罪。掩饰、隐瞒犯罪所得罪只要求行为人明知是犯罪所得即可，窝藏、转移、隐瞒毒品、毒赃罪则要求行为人明知被窝藏、转移、隐瞒的物品是走私、贩卖、运输、制造毒品罪的毒品、毒赃。行为人明知系上游犯罪人实施非法买卖制毒物品罪的赃款，仍以运输方式帮助其掩饰、隐瞒的，应适用一般规定，构成掩饰、隐瞒犯罪所得罪。

张某某掩饰、隐瞒犯罪所得案

——掩饰、隐瞒犯罪所得罪适用免予刑事处罚的条件

裁判要旨

1. 掩饰、隐瞒犯罪所得、犯罪所得收益罪必须以“明知”系犯罪所得、犯罪所得收益为前提。此处“明知”的基本含义包括“知道和应当知道”。“知道”是直接认定行为人明知掩饰、隐瞒的对象是犯罪所得及其收益的情形。一般来说，是指被告人在供述时明确承认知道的情形。而“应当知道”是指被告人虽然实施了掩饰、隐瞒行为，却不承认对犯罪所得及其收益的“明知”，司法机关根据被告人的供述，结合其表现于外的行为过程，综合判断所认定的“明知”。对于“应当知道”的情形，司法机关可以根据案件事实的具体情况分析，从行为人已经实施的行为及其相关情节中，综合判断论证其是否明知。只要有充分的间接证据能够证实其知道，或者不可能不知，否则不会实施特定的客观行为，仍然可以认定“明知”。

2. 对掩饰、隐瞒犯罪所得罪，如果行为人不构成“情节严重”，认罪、悔罪并且退赃、退赔，且具有法定从宽处罚情节的可以免予刑事处罚。

吴某等掩饰、隐瞒犯罪所得案

——明知是盗窃所得的农用车而拆解后出售的行为如何定性

裁判要旨

行为人实施拆解农用车的行为，主观上是为了将盗窃来的赃车进行分解，从而便于售卖零件，客观上扰乱了司法秩序，妨害了司法机关对上游盗窃犯罪赃物的追缴。拆解虽然不是《最高人民法院关于审理掩饰、隐瞒犯罪所得、犯罪所得收益刑事案件适用法律若干问题的解释》所直接列举的“其他方法”，但是与《刑法》规定的窝藏、转移、收购和代为销售在罪质上具有相当性，即都是为了扰乱司法机关的追诉活动，便于上游犯罪分子转移、销售赃物，应当认定为掩饰、隐瞒的“其他方法”。

拆解农用车的行为虽然在客观上也造成了农用车毁坏的结果，但其拆解车辆的主观目的不是使财物的效用丧失或者减少，而是便于将赃车转卖牟利。行为人基于掩饰、隐瞒犯罪所得的故意而将犯罪所得的财物损毁，触犯了掩饰、隐瞒犯罪所得罪和故意毁坏财物罪两个罪名。行为人基于一个犯罪故意，实施的一个犯罪行为触犯了数个罪名，且规定该数个罪名的不同法律条文之间没有重合关系，即构成想象竞合犯。按照想象竞合犯从一重罪处罚的原则，掩饰、隐瞒犯罪所得罪和故意毁坏财物罪从法定刑设置来比较，掩饰、隐瞒犯罪所得罪的刑事责任更重，因此应当以掩饰、隐瞒犯罪所得罪来定罪处罚。

陈某等人掩饰、隐瞒犯罪所得案

——网络支付结算型帮助行为“明知”的认定

裁判要旨

1. 主观“明知”认定问题。“明知”是行为人主观故意的内容。在提供帮助类行为的案件中，“明知”是决定行为人是否构成犯罪、构成何种犯罪的关键，是审判过程中运用证据予以证明的重点。但是“明知”属于心理活动，若非自己言明，一般难以为外界所直接认知，所以只有根据行为人的供述，结合其表现于外的行为过程来判断是否“明知”。判断行为人是否“明知”的表征包括：行为人实施掩饰、隐瞒行为的时间、地点、数量、价格、品种以及行为人与上游犯罪行为人之间的关系、了解程度、行为人是否规避调查等因素，要结合一般人的认知水平和行为人的认知能力来判断。比如，行为人与他人商定在秘密地点交付物品，说明有意躲避。本案中，被告人陈某与陈某甲相识，且被拉入陈某甲与上家组建的聊天群内记账、对账，足以说明其对陈某甲及上家的行为性质有所认知，而且其提供银行卡后按照陈某甲等人的安排在夜间频繁将不同账户内的钱款转移到特定账户或者通过购买虚拟货币等方式参与转账，并通过李某甲等人与上线组建的聊天群记账、对账。据此足以推定陈某对所经手的钱款系犯罪所得系“明知”。

2.“明知”是区分帮助信息网络犯罪活动罪与掩饰、隐瞒犯罪所得罪的重要因素。帮助信息网络犯罪活动罪的“明知”内容是“他人利用信息网络实施犯罪”，对于所涉钱款与上游犯罪关联关系的认知程度相对较低，可以理解为一般概括性的知道；掩饰隐瞒犯罪所得、犯罪所得收益罪“明知”的内容是所涉钱款系“他人犯罪所得”，认知程度要求高，包括明确知道或高度盖然性的知道。在区分帮助信息网络犯罪活动罪与掩饰、隐瞒犯罪所得罪时，要坚持主客观相一致的原则。行为人明知他人利用信息网络实施犯罪，仍以提供银行卡等方式予以帮助的，构成帮助信息网络犯罪活动罪，但是不能不加分析论证，仅因提供银行卡后又帮助转账或刷脸验证，即一律升格为掩饰、隐瞒犯罪所得罪。转账行为本身不能说明行为人明知所涉钱款系“他人犯罪所得”。要具体分析案件的客观行为表征是否证实行为人具有更高程度的“明知”，确保罚当其罪。一般来说，对多次或使用多个银行账户帮助他人频繁转账、套现、取现，利用虚拟货币转账、套现、取现，通过非法支付平台、跑分平台转账、套现、取现，就转账、套现、取现行为额外收取异常“手续费”的，可以认定为具备掩饰、隐瞒犯罪所得罪的“明知”。

马某掩饰、隐瞒犯罪所得案
——向办案机关伪报涉案账户资金数额的行为属于“窝藏”

裁判要旨

1. 明知公安机关在追查上游犯罪，仍故意向公安机关提供虚假的上游犯罪人的相关银行账户资金数额，应认定为掩饰、隐瞒犯罪所得犯罪中的“窝藏”行为。

2. 掩饰、隐瞒犯罪所得罪应与上游犯罪量刑保持平衡。掩饰、隐瞒犯罪所得罪属于事后帮助犯，其社会危害性对上游犯罪有一定附属性，量刑时应注重与上游犯罪相平衡，综合考虑掩饰、隐瞒犯罪所得及其收益的情节、后果和妨害司法秩序的程度等，审慎量刑。

元某某掩饰、隐瞒犯罪所得案
——上游犯罪查证属实但依法不追究刑事责任的，不影响掩饰、隐瞒犯罪所得罪的成立

裁判要旨

1. 掩饰、隐瞒犯罪所得、犯罪所得收益罪，应当以上游犯罪事实成立为前提。此处的“上游犯罪事实成立”既指上游犯罪事实有充分证据证明，又指上游犯罪事实达到了犯罪的程度。如果上游行为虽然存在，但依法不构成犯罪的，则掩饰、隐瞒行为也不构成犯罪。

2. 上游犯罪事实成立，但因主体不适格而不予追究刑事责任的，仍然以掩饰、隐瞒犯罪所得、犯罪所得收益罪对掩饰、隐瞒的行为人定罪处罚。

朱某某等诈骗、掩饰、隐瞒犯罪所得案

——洗钱罪与掩饰、隐瞒犯罪所得罪的区分

裁判要旨

1. 根据特别规定优先适用原则，同时符合《刑法》第 191 条和第 312 条规定的，应当优先适用第 191 条的特别规定。两罪区分的关键在于上游犯罪不同，明知是《刑法》第 191 条洗钱罪规定的七类上游犯罪的所得及其产生的收益，并实施洗钱行为，从而掩饰、隐瞒犯罪所得及其收益的来源和性质的，应当认定为洗钱罪。

2. “明知”包括知道和应当知道，不能将明知的认定局限在“知道”的绝对性标准，也可通过推定规则适用“应当知道”的标准。对此，应当根据案件情况综合审查判断。《最高人民法院关于审理洗钱等刑事案件具体应用法律若干问题的解释》第 1 条采取概括加列举的方式规定了“明知”的认定规则。其中，第 1 项（知道他人从事犯罪活动，协助转换或者转移财物的）、第 5 项（没有正当理由，协助他人将巨额现金散存于多个银行账户或者在不同银行账户之间频繁划转的）系可以认定明知是上游犯罪所得的具体情形。

（七）拒不执行判决、裁定罪

指导性案例 71 号：毛某文拒不执行判决、裁定案

裁判要点

有能力执行而拒不执行判决、裁定的时间从判决、裁定发生法律效力时起算。具有执行内容的判决、裁定发生法律效力后，负有执行义务的人有隐藏、转移、故意毁损财产等拒不执行行为，致使判决、裁定无法执行，情节

严重的，应当以拒不执行判决、裁定罪定罪处罚。

杨某荣、颜某英、姜某富拒不执行判决、裁定案

——为逃避执行，在民事裁判前转移财产并持续至执行阶段的行为的定性

裁判要旨

从时间上看，构成拒不执行判决、裁定罪的行为应当是从裁判生效后开始计算，但对于在民事裁判生效前，甚至在进入民事诉讼程序前，转移、隐匿财产等行为是否构成拒不执行判决、裁定罪有争议。应当认为，只要转移、隐匿财产等行为状态持续至民事裁判生效后，且情节严重的，即可构成拒不执行判决、裁定罪。概言之，隐藏、转移财产等行为延续至民事裁判生效后，属于执行阶段中的拒不执行判决、裁定行为，应以拒不执行判决、裁定罪论处。

苏某拒不执行判决、裁定案

——拒不执行判决、裁定罪中转移、隐匿财产“情节严重”的认定

裁判要旨

拒不执行判决、裁定罪是情节犯，情节尚不属于严重，即使行为人实施了拒不执行的行为，也不应以拒不执行判决、裁定罪论处。针对转移、隐匿财产型拒执行为，立法解释将“致使判决、裁定无法执行”作为“情节严重”的标准，要求被执行人实施了隐藏、转移、故意毁损财产等行为，该行为致使判决、裁定无法执行的后果，两者应同时具备，且具有因果关系。

“致使判决、裁定无法执行”，是指因债务人抗拒或逃避执行的行为，致使人民法院无法运用法定强制执行措施，或者虽运用了强制执行措施，仍无法执行判决、裁定内容，致使债权人的合法权益无法实现，破坏了司法秩序和司法权威。对此，应从两方面理解：一方面，从债权人是否最终实现债权

角度来看，当行为人的拒执行为导致债权人权利最终无法得以实现时，应认定拒执行为达到了“情节严重”的程度，依法定罪处罚；另一方面，从人民法院执行工作的角度来看，由于该罪侵犯的法益主要是司法秩序和司法权威，对于因拒执行为致使人民法院无法运用强制措施，或运用强制措施无法继续执行的，仍可认定“致使判决、裁定无法执行”的结果，依法追究刑事责任。

某钢铁公司、林某某拒不执行判决、裁定案
——拒不执行判决、裁定罪中“情节严重”的把握

裁判要旨

拒不执行判决、裁定罪中如何把握是否达到“情节严重”程度。全国人大对《刑法》第313条的立法解释以及最高人民法院关于拒不执行判决、裁定罪的司法解释对“有能力执行而不执行情节严重”作出解释，明确“情节严重”是指“致使判决、裁定无法执行”。“无法执行”，是指即使负有执行义务的人具有阻碍、抗拒执行的行为，而人民法院在穷尽一切强制执行措施后，仍然无法实现判决、裁定所确定的结果。实践中，负有执行义务的人抗拒执行或消极执行的情形大量存在，生效法律文书是否能得到充分执行一定程度上还取决于执行法院是否采取足够的执行措施，不能仅以有抗拒执行或消极执行的行为就认定行为人构成犯罪。

彭某等拒不执行判决案
——达成执行和解能否构罪以及强制执行的范围

裁判要旨

1. 关于转移、隐藏财产等行为发生于执行和解阶段是否构罪的问题。拒不执行判决、裁定罪中规定的“有能力执行而拒不执行”的行为起算时间一般应从民事判决发生法律效力时起算，而不是从执行立案时起算。根据举轻以明重的原则，本案是在执行阶段达成执行和解，被申请执行人在此阶段转

移、隐藏财产，应属于“有能力执行而拒不执行”的情形。

2. 关于案涉170万元是否属于强制执行的范围问题。根据法庭调查情况，170万元本质上是债权，属于执行的范围。人民法院要严格区分账户内被执行人自有资金与客户交易资金，并对被执行人自有资金予以执行。司法实践中，一般不区分经营性收入和非经营性收入，除非被执行单位专款专用的钱款或者涉及第三人的财产等，才不会被强制执行。

苏州市某公司、艾某拒不执行裁定案

——拒不执行判决、裁定罪与非法处置查封、扣押、冻结的财产罪的界分

裁判要旨

在案件进入强制执行阶段，人民法院查封、扣押、冻结的财产被非法处置导致不能执行的，属于拒不执行判决、裁定罪与非法处置查封、扣押、冻结的财产罪的竞合。对此，基于全面评价和罪责刑相适应原则的考量，可以适用拒不执行判决、裁定罪。

（八）非法处置查封、扣押、冻结的财产罪

陆某忠、刘某非法处置扣押的财产案

——窃取本人被司法机关扣押的财物行为的定性

裁判要旨

窃取本人被司法机关查封、扣押、冻结的财物，主观上并无窃取后又找司法机关“索赔”的打算的，因行为人不具有非法占有的目的，不构成盗窃罪；所涉行为属于隐藏、转移已被司法机关查封、扣押、冻结的财产，符合刑法第三百一十四条规定的，应当以非法处置扣押的财产罪论处。

（九）脱逃罪

张某荣脱逃案

——死刑缓期执行期间犯脱逃罪的，追诉时效及死缓执行期间的计算问题

裁判要旨

1. 关于死刑缓期执行期间，被告人犯脱逃罪时效的认定。根据 1997 年 10 月 1 日起施行的《最高人民法院关于适用刑法时间效力规定若干问题的解释》第 1 条的规定，对于行为人 1997 年 9 月 30 日前实施的犯罪行为，在人民检察院、公安机关、国家安全机关立案侦查或者在人民法院受理案件以后，行为人逃避侦查或者审判，超过追诉期限或者被害人在追诉期限内提出控告，人民法院、人民检察院、公安机关应该立案而不立案，超过追诉期限的，是否追究行为人的刑事责任，适用修订前的《刑法》第 77 条的规定，即"在人民法院、人民检察院、公安机关采取强制措施以后，逃避侦查或者审判的，不受追诉期限的限制"。该规定中的"强制措施"应理解为人民法院、人民检察院、公安机关采取的拘留、逮捕等法定刑事强制措施，不能扩大解释为一切被限制人身自由的状态。被告人被羁押属于服刑而非被采取刑事强制措施。脱逃罪法定最高刑为五年有期徒刑，追诉时效应为 10 年。若被告人脱逃后，侦查机关没有及时针对其脱逃犯罪立案侦查和采取强制措施，超过追诉期限后不应再追诉。

2. 脱逃罪因超过追诉时效裁定终止审理后，死刑缓期执行期间应连续计算，在逃期间应扣除，并执行《最高人民法院关于办理减刑、假释案件具体应用法律的规定》第 12 条的规定，即死刑缓期执行罪犯在缓期执行期间不服从监管、抗拒改造，尚未构成犯罪的，在减为无期徒刑后再减刑时应当适当从严。

三、妨害国（边）境管理罪

（一）组织他人偷越国（边）境罪

陆某等组织他人偷越国境案

——对组织他人偷越国境行为的认定

裁判要旨

在组织他人偷越国境罪中，被告人在国内与偷渡组织进行联系，接应被偷渡人员，可将这种与国外组织偷渡人员有共谋的情况下在国内实施的接应行为，视为本罪中的组织行为，有利于打击此类犯罪行为，从而有效维护国边境管理秩序。

（二）骗取出境证件罪

袁某钢、包某敏骗取出境证件案

——具有中国国籍同时又持有外国护照的行为人的国籍认定

裁判要旨

1. 根据国际惯例，对于自然人国籍的积极冲突（包括双重国籍），原始国籍政府对国籍问题有优先管辖权。对于行为人的原始国籍是中国籍的，我国对行为人是否具有或者丧失中国国籍具有优先管辖权。

2. 在审查行为人身份时，对行为人是否具有或者丧失中国国籍，依法应当以我国公安机关确定的为准。根据国籍法第三条“中华人民共和国不承认中国公民具有双重国籍”的规定，对于已依法确定行为人具有中国国籍的，不承认行为人具有其他国家国籍。

（三）出售出入境证件罪

张某某出售出入境证件案

——出售出入境证件罪中“出售”和“出入境证件”的认定

裁判要旨

1. 关于出售出入境证件罪中“出入境证件”的范围问题。根据《出境入境管理法》及相关规定，“出入境证件”应当限于出入境时需要查验、具备出入境许可证明功能的证件和资料。对此，《最高人民法院、最高人民检察院关于办理妨害国（边）境管理刑事案件应用法律若干问题的解释》第 2 条、第 3 条对“出入境证件”的范围作了进一步细化，即包括“护照或者代替护照使用的国际旅行证件，中华人民共和国海员证，中华人民共和国出入境通行证，中华人民共和国旅行证，中国公民往来香港、澳门、台湾地区证件，边境地区出入境通行证，签证、签注，出国（境）证明、名单”，以及其他出入境时需要查验的资料。显然，商务邀请函不属于出入境时需要查验的证件，不具有出入境许可证明的功能，不应纳入“出入境证件”的范围。

2. 关于出售出入境证件罪中“出售”的认定问题。实践中，通过提供虚假证明、邀请函件等方式骗取出入境证件的现象客观存在。《刑法》第 319 条规定了骗取出境证件罪，对于通过上述方式骗取出境证件，为组织他人偷越国（边）境使用的，可以该罪定罪处罚。但是，对于通过提供虚假证明、邀请函件等方式骗取入境证件的行为，自然无法适用骗取出境证件罪。此外，《刑法》第 320 条规定了出售出入境证件罪，该罪的客观行为方式为“出售”。从实践来看，出售出入境证件的行为主要表现为收集、购买他人出入境证件后予以转卖，或者将自己的出入境证件非法出卖等。提供虚假证明、邀请函件等，供他人申领入境证件的，实际是在办证过程中“弄虚作假”，属于骗取入境证件，与“出售”的含义存在明显差异，故不应适用出售出入境证件罪。同理，对于向合法入境的外籍人员提供虚假证明、邀请函件等，供其办理外籍人员居留证件的，虽然居留证件具有出入境证件的属性，但由于所涉行为不宜认定为“出售”，亦不应适用出售出入境证件罪。

3. 关于骗取入境证件行为的定性问题。考虑到骗取入境证件行为的违法性及其对国（边）境管理秩序的妨害程度与骗取出境证件具有一定的相当性，为避免形成处罚漏洞，同时突出惩治重点，《最高人民法院、最高人民检察院、公安部、国家移民管理局关于依法惩治妨害国（边）境管理违法犯罪的意见》第 7 条规定：“事前与组织他人偷越国（边）境的犯罪分子通谋，为其提供虚假证明、邀请函件以及面签培训等帮助，骗取入境签证等入境证件，为组织他人偷越国（边）境使用的，以组织他人偷越国（边）境罪的共同犯罪论处。”据此，对于提供虚假证明、邀请函件等用于骗取入境证件的行为，符合《刑法》第 318 条规定的，可以适用组织他人偷越国（边）境罪。

（四）偷越国（边）境罪

王某偷越国（边）境案

——组织拉拢和个人拉拢的区分与认定

裁判要旨

组织拉拢还是个人拉拢他人一起偷越国（边）境，所涉罪名和量刑均不一致。组织拉拢一般表现为煽动、串连、拉拢、策划、联络他人偷越国（边）境，以及为偷越国（边）境进行准备、制造条件。组织拉拢他人偷越国（边）境的，构成组织他人偷越国（边）境罪。而个人拉拢、引诱他人一起偷越国（边）境，情节严重的，构成偷越国（边）境罪。本案行为人为出国打工，因他人承诺多带人可以给其好处，遂拉拢多人一起偷越国（边）境，但对如何安排偷越国（边）境，如交通工具、时间、路线等均不知情，故其行为不能认定为组织拉拢行为，应以偷越国（边）境罪定罪处罚。

四、妨害文物管理罪

（一）故意损毁文物罪

鲁某等故意损毁文物案

——涉古墓葬群案件中故意损毁文物罪的认定

裁判要旨

对于涉古墓葬群的案件而言，应当主要从有无改变古墓葬群的面貌、性质、形状及损毁的方法、损毁的程度等方面综合判定是否构成“损毁”。在土墩墓群核心区域进行地面清表、开挖沟槽、铺设水管，破坏土墩墓的地表、地貌，且对墓本体造成严重破坏的，构成故意损毁文物罪。

（二）故意损毁名胜古迹罪

指导性案例 147 号：张某明、毛某明、张某故意损毁名胜古迹案

裁判要点

1. 风景名胜区的核心景区属于《刑法》第 324 条第 2 款规定的“国家保护的名胜古迹”。对核心景区内的世界自然遗产实施打岩钉等破坏活动，严重破坏自然遗产的自然性、原始性、完整性和稳定性的，综合考虑有关地质遗迹的特点、损坏程度等，可以认定为故意损毁国家保护的名胜古迹“情节严重”。

2. 对刑事案件中的专门性问题需要鉴定，但没有鉴定机构的，可以指派、聘请有专门知识的人就案件的专门性问题出具报告，相关报告在刑事诉讼中可以作为证据使用。

（三）倒卖文物罪

霍某某等 11 人倒卖文物案

——倒卖文物罪中“倒卖”行为的认定

裁判要旨

1. 出售或者为出售而收购、运输、储存《文物保护法》规定的“国家禁止买卖的文物”的，应当认定为《刑法》第 326 条规定的“倒卖国家禁止经营的文物”。对于无牟利目的，纯粹出于个人兴趣赠与或者收藏的，不应以犯罪论。

2. 倒卖行为中的“出售”并不要求先收后卖，只要行为人出售的文物系国家禁止经营的文物，就构成本罪中倒卖行为。但对收购、运输或者储存行为来说，只有行为人以“出售”为的目而实施前述行为的，才构成本罪中的倒卖行为。

（四）盗掘古文化遗址、古墓葬罪

韩某、胡某俊盗掘古墓葬案

——盗掘古墓葬石像生的行为应如何定罪

裁判要旨

行为人未直接挖掘古墓葬的墓室，而是以非法占有为目的，偷挖古墓葬墓室以外墓道上的石像生的行为构成盗掘古墓葬罪。不能狭义地理解“古墓葬”及“掘”的含义，盗掘古墓葬罪的犯罪对象不仅包括古墓葬的主体——墓室，也包括墓室外的一些重要附属物，如墓道、石像生、碑刻等，对附属物的偷挖同样应当认定为刑法意义上的“盗掘”。对盗挖石像生的行为以盗掘古墓葬罪定罪处罚既符合法理，又便于司法实践操作，更有利于对古墓葬的保护。

卞某军等盗掘古墓葬案

——盗掘古墓葬罪中主观认知的内容和“盗窃珍贵文物”加重处罚情节的适用

裁判要旨

1. 盗掘古墓葬罪要求行为人应当明知所盗掘的是古墓葬，但不要求行为人确切认识到所盗掘古墓葬的历史、艺术、科学价值。只要行为人明知盗掘的对象是古墓葬，即使对该古墓葬的历史、艺术、科学价值没有充分认识，且事实上盗掘了具有历史、艺术、科学价值的古墓葬，就可认定为本罪。

2. 认定“盗窃珍贵文物”情节，并不是在私自挖掘古墓葬时挖掘到了珍贵文物，就可适用加重法定情节，同样必须遵循主客观相一致的原则。从主观方面来讲，行为人必须具有盗窃珍贵文物的故意。这种故意可以是基于对所盗掘古墓葬价值一定认识基础上的相对明确的故意，至少应当是一种不确定的概括故意，即行为人对结果的具体范围及其性质没有确定的认识，而希望、放任这种结果发生的心理态度，简单说就是“能挖什么是什么，挖了多少算多少”的概括故意。司法实践中大多数盗掘古墓葬行为人对古墓葬中是否有珍贵文物及具体品级很难形成明确的认知，其所持一般是概括故意。

王某等 3 人盗掘古墓葬刑事附带民事公益诉讼案
——盗掘古墓葬犯罪案件中恢复性司法的运用

裁判要旨

人民法院审理盗掘古墓葬犯罪案件，应当贯彻全面追责原则，协调刑事责任与民事责任的适用。对于被告人与检察机关达成附带民事公益诉讼赔偿协议，足额赔偿公益损失，及时修复古墓葬及周边环境的，可以作为酌定从轻处罚情节。

色某曲等 5 人盗掘古文化遗址、色某曲等 3 人盗窃文物案
——盗掘古文化遗址罪的理解与适用

裁判要旨

盗掘古文化遗址的犯罪对象为具有历史、艺术、科学价值的古文化遗址。只要行为人实施了盗掘古文化遗址的行为，就构成本罪；相关行为是否使古文化遗址受到严重破坏，只是影响量刑的情节。

张某建等 11 人盗掘古墓葬案
——盗掘古墓葬团伙犯罪中主从犯的认定

裁判要旨

盗掘古墓葬共同犯罪中，负责策划预谋、安排分工，发挥组织、领导作用的，系主犯；既组织预谋又积极参与，在共同犯罪中起主要作用的，系主犯。

陈某强、董某师等盗掘古墓葬案

——盗掘确定为全国重点文物保护单位的古墓葬案件的处理

裁判要旨

对于盗掘古墓葬案件，人民法院应当根据案涉盗掘墓葬的保护等级、盗掘的次数、盗掘文物的等级，以及盗掘行为对原墓葬结构的毁坏和遗存文物缺失的危害后果等情节，准确定罪量刑，体现依法严厉惩治的司法导向。盗掘确定为全国重点文物保护单位的古墓葬的，应当在“十年以上有期徒刑或者无期徒刑，并处罚金或者没收财产”的幅度内裁量刑罚。

廖某1等盗掘古墓葬案

——古文化遗址、古墓葬不以公布为不可移动文物为限

裁判要旨

《刑法》第328条规定的“古文化遗址、古墓葬”不以公布为不可移动文物的古文化遗址、古墓葬为限。盗掘未被公布为不可移动文物的古文化遗址、古墓葬，亦可以构成盗掘古文化遗址、古墓葬罪。

孙某林等15人盗掘古墓葬刑事附带民事公益诉讼案

——破坏文物古迹犯罪案件中损害担责、全面赔偿原则的适用

裁判要旨

人民法院审理盗掘古墓葬犯罪案件，应当贯彻损害担责、全面赔偿原则，依法合理认定民事责任范围，统筹考量被告人的刑事责任和民事责任，同时可以在判项中明确在案文物全部移交文物行政管理部门。

刘某某等盗掘古墓葬，掩饰、隐瞒犯罪所得案
——盗掘古墓葬罪中的既遂和盗掘“多次”的认定

裁判要旨

对古墓葬实施盗掘行为，不以实际盗窃文物作为认定既遂的标准，经鉴定已损害古文化遗址以及古墓葬的历史、艺术、科学价值的，应当认定为盗掘古文化遗址、古墓葬既遂。行为人基于一个犯意，连续多天在同一墓葬的相近地点连续实施盗掘行为，不宜认定为盗掘“多次”。2022年最高人民法院、最高人民检察院、公安部、国家文物局联合印发的《关于办理妨害文物管理等刑事案件若干问题的意见》亦明确，对于行为人基于同一或者概括犯意，在同一古文化遗址、古墓葬本体周边一定范围内实施连续盗掘，已损害古文化遗址、古墓葬的历史、艺术、科学价值的，一般应认定为一次盗掘。

五、危害公共卫生罪

（一）医疗事故罪

梁某医疗事故案
——医务人员在医院安排下的违规医疗行为应当如何定性

裁判要旨

实践中，对于已取得护士资格而未取得医生执业资格的护士，擅自从事诊疗活动损害就诊人身体健康的，以非法行医罪论处争议不大。但是，被害人到合法成立的私立医院就诊，由医生安排手术，护士在医院的安排下从事超出其护理工作的麻醉等行为，之所以发生被害人死亡的后果，与医院对医

护人员资格、诊疗行为、手术规程等管理存在漏洞明显有关，这种情况下护士的行为不应认定为非法行医罪，而应考虑是否符合医疗事故罪的构成要件。医疗事故罪的主体为特殊主体，必须是医务人员。客观上系由于当事人严重不负责任的行为造成了就诊人的死亡。所谓严重不负责任，是指在诊疗护理工作中，严重违反了法律、法规、规章和诊疗护理规范、常规，即医疗中的违法违规行为。该罪在主观方面表现为过失，即行为人主观上对病人伤亡存在重大业务过失。所谓业务过失，是指担任某种职务或从事某种职业的人，违反业务上的特定注意义务的主观心理。综合上述情况，即使被告人的行为属于其所就职医院安排的职务行为，但其个人仍然存在重大业务过错，则符合医疗事故罪的犯罪构成，可依法构成该罪。需要说明的是，医疗事故责任认定书是认定医疗事故罪的充分条件而非必要条件。医疗事故责任认定书只是认定被告人行为是否构成医疗事故罪的其中一个证据，法院可以综合全案证据来认定医疗事故责任。

（二）非法行医罪

贾某某非法行医案

——非法行医案件中医疗行为与危害后果之间因果关系的认定

裁判要旨

就诊人死亡的非法行医案件中，如果行为人的非法行医行为是就诊人死亡后果医学上的直接致害因素，则通常行为人构成非法行医罪的结果加重犯。如果医院没有明显过错的抢救行为，不能中断非法行医行为与死亡后果之间的因果关系。

王某某非法行医案

——行医行为超出执业许可证所确定执业范围的行为定性

裁判要旨

对于已经取得乡村医生执业资格的行为人，未向卫生行政管理部门注册，没有取得《医疗机构执业许可证》，擅自行医的，按现行司法解释的意见，不符合非法行医罪主体方面的要求，不构成非法行医罪。

马某某非法行医案

——未取得医生执业资格开具中医处方并配售“中药材”行为的定性

裁判要旨

没有行医资格的人员根据医书开具诊疗处方并为他人配制、销售“中草药”的行为，应当认定为诊疗行为。行为人未取得医生执业资格，为他人开具中医诊疗处方并配制“中草药”，属于非法行医，符合《刑法》第336条规定的，以非法行医罪定罪处罚。

（三）妨害动植物防疫、检疫罪

吝某富、颜某高妨害动植物防疫、检疫案

——非法购买、运输松材线虫病疫区松木材行为的定性

裁判要旨

行为人违反有关动植物防疫、检疫的国家规定，非法买卖、运输已被划

为松材线虫病疫区内的松木材，有引起重大植物疫情危险的，属于《刑法》第 337 条规定的妨害植物防疫、检疫的行为；情节严重的，构成妨害动植物防疫、检疫罪。

六、破坏环境资源保护罪

（一）污染环境罪

指导性案例 215 号：昆明闽某纸业有限责任公司等污染环境刑事附带民事公益诉讼案

裁判要点

公司股东滥用公司法人独立地位、股东有限责任，导致公司不能履行其应当承担的生态环境损害修复、赔偿义务，国家规定的机关或者法律规定的组织请求股东对此依照《公司法》第 20 条的规定承担连带责任的，人民法院依法应当予以支持。

张某伟污染环境案
——刑事附带民事公益诉讼审判组织的确定

裁判要旨

1. 刑事附带民事公益诉讼审判组织的确定。《最高人民法院关于审理环境民事公益诉讼案件适用法律若干问题的解释》第 6 条规定，第一审环境民事公益诉讼案件原则上应由中级以上人民法院管辖。中级人民法院认为确有必要的，可以在报请高级人民法院批准后，裁定将案件交由基层人民法院审理。

但随着公益诉讼制度的不断推进与完善，刑事附带民事公益诉讼作为一种便捷的特殊公益诉讼形式，逐渐成为检察机关参与公益诉讼的主要途径。对于此类案件的管辖，《最高人民法院、最高人民检察院关于检察公益诉讼案件适用法律若干问题的解释》第 20 条规定，人民检察院对破坏生态环境和资源保护、食品药品安全领域侵害众多消费者合法权益等损害社会公共利益的犯罪行为提起刑事公诉时，可以向人民法院一并提起附带民事公益诉讼，由人民法院同一审判组织审理。根据该解释规定，对于检察机关提起的第一审刑事附带民事公益诉讼，基层人民法院无须层报高级人民法院批准即可直接受理。司法实践中，基层人民法院直接受理的第一审刑事附带民事公益诉讼案件构成了目前公益诉讼的重要组成部分。根据《刑事诉讼法》第 183 条规定，基层人民法院审判第一审案件，应当由审判员三人或者由审判员和人民陪审员共三人或者七人组成合议庭进行，但是基层人民法院适用简易程序、速裁程序的案件可以由审判员一人独任审判。该法第 215 条规定，有重大社会影响的案件，不适用简易程序审理。《人民陪审员法》第 16 条第 2 项规定，人民法院审判根据《民事诉讼法》《行政诉讼法》提起的公益诉讼，由人民陪审员和法官组成七人合议庭进行。

2. 确定环境损害赔偿数额时发挥专家意见的作用。司法实践中对专家意见在裁判中的作用素有争论，但不能据此否认专家意见在法院裁判中的辅助作用，特别是在证据认定、裁量刑罚等方面，具有重要的参考价值。《最高人民法院关于审理环境侵权责任纠纷案件适用法律若干问题的解释》第 9 条为法院采信专家意见提供了明确的依据，即专家意见经合议庭审查后认为科学、公正，可以作为损害赔偿数额确定的根据。需要注意的是，在环境侵权案件审理过程中，对有专门知识的人提出的意见进行认证，要严格参照法定证据形式的认证程序，必须经当事人充分质证，以及法庭的认真论证，确保只有科学的、客观的、严谨的专家意见才能作为认定案件事实的根据。

董某桥等 19 人污染环境案

——数名行为人分别实施污染环境行为，
发生化学反应造成危害后果的责任承担

裁判要旨

1. 数个行为人之间没有意思联络，各自单独实施污染环境行为，虽然上述行为单独发生均不会导致死亡危害结果发生，但如果结合发生了化学反应产生了新的化学物质，进而导致被害人因这种化学物质中毒的，应认定上述行为与死亡结果之间均存在刑法上的因果关系。

2. 数个侵权人的行为虽然是独立的，但如果发生了事实上的联系，并进而导致不可分的损害后果时，应以共同侵权论，承担连带责任。

王某林等污染环境案

——倾倒生活垃圾与建筑垃圾混合物严重污染环境行为的定性

裁判要旨

1. 未经处理的生活垃圾属于《刑法》第 338 条规定的“其他有害物质”。对于建筑垃圾的属性，则需结合鉴定机构出具的关于案涉建筑垃圾具体成分等检测结果及鉴定评估报告，加以准确认定。

2. 将未经处理的生活垃圾和建筑垃圾混合在一起，随意排放、倾倒或者处置，经鉴定案涉混合物属于有害物质的，可以适用《刑法》第 338 条关于污染环境罪的规定。

太原某环卫工程设备有限公司等污染环境案

——非法将处置医疗废物过程中产生的污水倾倒行为的定性

裁判要旨

对于非法倾倒处置医疗废物过程中产生的污水，应当综合行为人客观上未经批准擅自排污行为方式和主观上明知的态度，依法准确定罪量刑。

山西某生化药业有限公司污染环境案

——倾倒过期药品能否认定非法倾倒、处置危险废物犯罪

裁判要旨

根据《国家危险废物名录》的规定，“失效、变质、不合格、淘汰、伪劣的化学药品和生物制品（不包括列入《国家基本药物目录》中的维生素、矿物质类药，调节水、电解质及酸碱平衡药），以及《医疗用毒性药品管理办法》中所列的毒性中药”均为危险废物，属于“有毒物质”。

文某等污染环境案

——名为贮存，实为处置、倾倒危险废物行为的判断

裁判要旨

未采取相应防范措施将没有利用价值的危险废物长期贮存、搁置，放任危险废物或者其有毒有害成分大量扬散、流失、泄漏、挥发，污染环境的，属于名为运输、贮存、利用，实为排放、倾倒、处置的行为，可以依法追究刑事责任。

某公司、沈某某等污染环境案

——明知他人无《危险废物经营许可证》而委托其处置危险废物的行为定性

裁判要旨

1.行为人无危险废物经营资质，违法从事收集、贮存、利用、处置危险废物经营活动，严重污染环境的，按照污染环境罪定罪处罚；同时构成非法经营罪的，依照处罚较重的规定定罪处罚。

2.行为人明知他人无《危险废物经营许可证》，向其提供或者委托其收集、贮存、利用、处置危险废物，严重污染环境的，以共同犯罪论处。案发后，行为人能积极进行整改，降低污染排放，带动上下游产业链减少危险废物量、碳排放量的，人民法院可以综合全案情况，将整改成效作为酌情从轻量刑情节予以考量。

王某等污染环境案

——宽严相济刑事政策在污染环境犯罪中的运用

裁判要旨

行为人在案发后立即停止生产，积极办理环评手续、编制污染治理方案，升级改造废气、废水治理工程，有效解决排污问题，主动担当企业社会责任，实现企业生产方式绿色转型，可对其酌情从轻处罚。

湖北某科技公司等污染环境案
——污染环境罪入罪要件的把握

裁判要旨

《刑法》第338条规定的“严重污染环境”系污染环境罪的入罪要件，其内涵既可以是行为入罪，即所涉行为本身达到严重污染环境的程度，也可以是结果入罪，即所涉行为造成了严重污染环境的后果。可见，污染环境罪应当归入情节犯的范畴。

贵州某化工有限责任公司、张某文、赵某污染环境案
——非法排放、倾倒、处置危险废物的认定

裁判要旨

认定非法排放、倾倒、处置危险废物，应当根据法律和司法解释的有关规定精神，从其行为方式是否违反国家规定或者行业操作规范、污染物是否与外环境接触、是否造成环境污染的危险或者危害等方面进行综合分析判断。

白某等污染环境案
——非法处置含矿物油的包装桶构成污染环境罪

裁判要旨

1. 对于《最高人民法院、最高人民检察院关于办理环境污染刑事案件适用法律若干问题的解释》第7条规定的无《危险废物经营许可证》从事收集、贮存、利用、处置危险废物经营活动“严重污染环境”的判定，可以根据非法处置、利用的危险废物的数量，结合超标排放污染物、倾倒污染物等情节

加以判断。行为人在无《危险废物经营许可证》的情况下，收集、贮存、清洗、切割含有矿物油的包装桶，非法处置的危险废物在3吨以上并将清洗废水排放至外环境的，可以认定为“严重污染环境”。

2. 行为人明知处置危险废物需要相应资质，虽未与他人共谋经营危险废物，但在明知他人无《危险废物经营许可证》的情况下，向其出售提供危险废物，致使所涉危险废物被非法倾倒、处置，严重污染环境的，以污染环境罪的共同犯罪论处。

重庆某环保科技有限公司等污染环境案

——有废水处理资质的企业偷排有毒物质污染长江行为的处理

裁判要旨

对于具有废水处理资质的单位，以渗漏方式偷排有毒物质污染长江的行为，构成污染环境罪的，可以综合全案情节酌情从重处罚，体现严惩立场。

浙江某环保科技公司等污染环境案

——同一环境侵权行为刑事制裁与民事赔偿的统筹衔接

裁判要旨

人民法院审理污染环境民刑交叉案件，可以将民事公益诉讼中侵权人的生态环境损害赔偿责任履行情况和对生态环境的修复程度作为刑事案件定罪量刑的酌定情节，引导其积极主动履行修复、赔偿义务，优化环境公益诉讼履行效果。

长兴某环保科技公司等污染环境案

——违法投加“COD去除剂”干扰自动监测设施排放化学需氧量的，构成污染环境罪

裁判要旨

行为人违法投加“COD去除剂”干扰自动监测设施排放化学需氧量的，构成污染环境罪；行为人是否知道其购买、使用的“COD去除剂”的具体成分和所谓降低COD值的原理，以及所排放废水中COD的具体含量、排放的时长、投加“COD去除剂”的数量、对水体具体造成的危害等，均不影响行为定性，但可以在量刑时予以考虑。

戴某、钟某等污染环境案

——非法处置“副产盐”行为的定性

裁判要旨

1. 对于未列入《国家危险废物名录》，但根据国家规定的危险废物鉴别标准和鉴别方法认定的，具有危险特性的固体废物，亦应认定为危险废物，属于《刑法》第338条规定的“有毒物质”。

2. 行为人在未取得《危险废物经营许可证》的情况下从事副产盐的处置行为，造成副产盐堆放周边土壤、水体污染等严重后果，经鉴别认定案涉副产盐系危险废物的，应当根据《刑法》第338条的规定，以污染环境罪追究刑事责任。

某金属公司、任某某、徐某某污染环境案

——刑事附带民事公益诉讼实现惩罚犯罪与保护公共利益相统一

裁判要旨

对于破坏生态环境的刑事附带民事公益诉讼案件，可以就生态环境损害赔偿等民事部分先行处理，如达成调解协议的，可在刑事部分审理中视协议履行情况对被告人从轻处罚。

江苏某科技有限公司等污染环境案

——消极处置危险废物污染环境行为的定性

裁判要旨

未采取符合国家环保标准的防范措施，以“产品中间体”名义露天堆放危险废物3000余吨，放任有毒有害物质时有泄露、流失、挥发，严重危害生态环境安全，属于《刑法》第338条规定的非法“处置”。

朱某污染环境案

——违规收纳、倾倒生活垃圾污染环境行为的定性

裁判要旨

未经处理的生活垃圾属于《刑法》第338条规定的“其他有害物质”。非法倾倒、收纳生活垃圾，导致涉案生活垃圾的清理、处置费用达30余万元的，应当认定为“严重污染环境”，构成污染环境罪。

重庆某医用输液瓶回收有限公司、关某某等污染环境案
——非法处置医疗废物行为的性质认定

裁判要旨

医疗废物属于危险废物。非法处置医疗废物，严重污染环境的，应当依照《刑法》第 338 条的规定，以污染环境罪定罪处罚。

王某高等污染环境案
——生态环境技术调查官参审案件审理的必要性

裁判要旨

审理污染环境刑事案件时，为促进提升涉案事实、证据、司法鉴定查明等专业技术性问题的审查质效，法院可以聘请生态环境技术调查官参与调查取证、庭前会议、开庭审理、合议庭评议等环节，相关专业技术意见被采纳的可写入裁判文书。

黄某旺、罗某济、陈某育、廖某慧污染环境案
——具有反应性危险特性的固体废物应认定为危险废物

裁判要旨

行为人非法处置、倾倒的固体废物，虽然不属于《国家危险废物名录》中的危险废物，但其与水混合能产生足以危害人体健康或环境的氨气（高毒物质）。根据《危险废物鉴别标准反应性鉴别》进行认定，该固体废物属于具有反应性特性的危险废物。故行为人非法处置、倾倒该具有反应性特性的固体废物的行为，可构成污染环境罪。

（二）非法捕捞水产品罪

指导性案例 213 号：黄某辉、陈某等 8 人非法捕捞水产品刑事附带民事公益诉讼案

裁判要点

1. 破坏环境资源刑事案件中，附带民事公益诉讼被告具有认罪认罚、主动修复受损生态环境等情节的，可以依法从轻处罚。

2. 人民法院判决生态环境侵权人采取增殖放流方式恢复水生生物资源、修复水域生态环境的，应当遵循自然规律，遵守水生生物增殖放流管理规定，根据专业修复意见合理确定放流水域、物种、规格、种群结构、时间、方式等，并可以由渔业行政主管部门协助监督执行。

赵某仓等 3 人非法捕捞刑事附带民事公益诉讼案

——破坏水生动物资源犯罪中的生态环境修复

裁判要旨

人民法院追究破坏水生动物资源犯罪行为人刑事责任的同时，应当贯彻“环境有价，损害担责”原则，依法判令刑事附带民事公益诉讼被告承担生态环境修复责任，并可以根据专业修复意见采取增殖放流方式及时修复受损生态环境。附带民事公益诉讼被告积极承担生态环境修复责任的，人民法院可以在裁量刑罚时依法从轻处罚。

陈某荣、杨某莲非法捕捞水产品刑事附带民事公益诉讼案

——生态环境修复资金和惩罚性赔偿金可公益信托监管使用

裁判要旨

1. 行为人违反保护水产资源法规，未经取得捕捞许可证，在禁渔区、禁渔期，使用禁用工具和方法捕捞水产品，破坏水生生物资源，情节严重，构成非法捕捞水产品罪。非法捕捞水产品的行为人，除依法承担刑事责任外，还应当对水生态系统造成的损害，承担生态修复、赔礼道歉及惩罚性赔偿等责任。

2. 水生态系统的人工修复较为专业，且不得对生态环境造成二次伤害，不宜由实施非法捕捞水产品的侵权人自行修复的，可由其承担生态修复资金，交由具有专业知识和技能的人制定生态修复方案、具体实施修复。附带民事公益诉讼起诉人诉请委托专业第三方公益信托机构代为履行生态环境修复义务的，人民法院经审核后可予支持。

曾某飞等3人非法捕捞水产品刑事附带民事公益诉讼案

——“恢复性司法实践+社会化综合治理”裁判执行机制的适用

裁判要旨

行为人违反国家保护水产资源法规，在禁渔区、禁渔期使用禁用的工具、方法捕捞水产品，构成非法捕捞水产品罪的同时，其行为已影响自然生态平衡，造成渔业资源破坏，损害国家利益和社会公共利益，应当依法承担民事赔偿责任。人民法院依法支持行为人与检察机关、行政执法机关签订生态补偿协议，探索创新“恢复性司法实践+社会化综合治理”的裁判执行机制，维护生物多样性和生态环境安全。

何某焕、孙某秋非法捕捞水产品刑事附带民事公益诉讼案

——生态环境修复责任及其代履行

裁判要旨

1. 行为人在禁渔期、禁渔区开展生产性捕捞，系损害生态环境的直接侵权人，应当在其所涉的生态资源损失范围内承担连带赔偿责任，包括承担生态修复费用、专家鉴定费用等。

2. 行为人不具有修复生态专业能力的，人民法院可以将生态修复费用交付相关行政主管部门组织实施修复，确保受损生态环境及时有效修复。

尹某山等6人非法捕捞水产品刑事附带民事公益诉讼案

——生态环境修复责任中“增殖放流”履行方式的适用

裁判要旨

破坏海洋生态环境的损害后果具有复杂性、潜伏性、持续性、广泛性特点，采取增殖放流方式履行生态环境修复责任的，可以在环境保护行政主管部门监督管理、环境技术机构指导下，选择适宜放流的水产品物种、时期、海域进行，实现科学放流。

张某、王某林非法捕捞水产品刑事附带民事公益诉讼案

——非法捕捞水产品犯罪中替代性修复的适用

裁判要旨

人民法院审理非法捕捞水产品犯罪案件，可以将被告人应当承担的渔业资源损失费用于水域环境治理，拓展丰富生态修复责任承担方式，促进惩罚犯罪与修复生态的有机统一。

毛某彩等13人非法捕捞水产品案

——使用吊杆式机动捕捞螺蛳渔具捕捞行为的定性

裁判要旨

1. “吊杆式机动捕捞螺蛳渔具”属于禁止使用的渔具。使用上述禁用工具捕捞，属于非法捕捞，情节严重的，构成非法捕捞水产品罪。

2. 被告人主动缴纳生态补偿款，履行生态修复义务，且自愿认罪认罚的，可从宽处罚。

吴某东等3人非法捕捞水产品刑事附带民事公益诉讼案

——以劳务方式代偿生态修复费用

裁判要旨

人民法院审理环境资源案件，应当践行恢复性司法理念，积极探索生态修复方式。当事人请求采取劳务方式代偿生态修复费用、替代修复受损生态环境的，经综合考量侵权人的代偿意愿、经济能力、劳动能力、赔偿金额、

当地相应工资标准等因素，可以依法予以准许。

李某九等非法捕捞水产品案

——依法惩治破坏水生生物资源犯罪的同时应当注重生态修复

裁判要旨

非法捕捞水产品犯罪行为破坏了生态资源。对此类案件的审理，既要依法惩治非法捕捞水产品犯罪行为，又要贯彻恢复性司法理念，引导、督促行为人积极履行生态修复责任。

谢某川、谢某城非法捕捞水产品案

——符合缓刑条件被告人以参加可量化公益活动方式补充履行生态修复责任

裁判要旨

对于破坏海洋生态环境、又无法原地修复的案件，应当坚持能动司法，探索“净滩护海”等多元化替代性修复方案，通过异位恢复不同类型但具有同等价值的生态服务功能，达到生态系统结构和总量的平衡。

杨某、陈某非法捕捞水产品刑事附带民事公益诉讼案

——科学增殖放流修复方式的适用

裁判要旨

对于非法捕捞水产品犯罪案件，采取增殖放流方式修复受损生态的，应当依据增殖放流相关规定并参考行政主管部门意见，全面统筹确定增殖放流的物种和数量，实现科学放流。

罗某等非法捕捞水产品案
——非法捕捞水产品共同犯罪的处理

裁判要旨

对于非法捕捞水产品共同犯罪，应当依照《刑法》规定，贯彻落实宽严相济刑事政策的要求，妥当作出处理。具体而言，若行为人系从犯，依法应从轻处罚；若行为人有自首等情形的，依法可从轻处罚；若行为人有前科的，酌情从重处罚。

郭某义非法捕捞水产品刑事附带民事公益诉讼案
——在保护区核心区使用禁用的工具捕捞水产品的责任认定

裁判要旨

1. 被告人违反保护水产资源法规，在自然保护区核心区使用禁用的工具捕捞水产品的，应当认定为《刑法》第340条规定的"情节严重"，以非法捕捞水产品罪定罪处罚。

2. 生态环境侵权人采取增殖放流方式恢复水生生物资源、修复水域生态环境的，应当遵守水生生物增殖放流管理规定，并可以由渔业行政主管部门协助监督执行。

袁某君等非法捕捞水产品，尹某燕等掩饰、隐瞒犯罪所得刑事附带民事公益诉讼案
——收购者与非法捕捞者的连带赔偿责任

裁判要旨

收购者明知其收购的水产品系非法捕捞所得，仍建立固定买卖关系，形

成完整非法捕捞利益链条，共同造成生态资源损害的，应当与非法捕捞者承担渔业资源损害恢复费用的连带赔偿责任。

（三）危害珍贵、濒危野生动物罪

解某某非法出售珍贵、濒危野生动物案

——如何准确把握涉人工繁育野生动物资源刑事案件的定罪量刑

裁判要旨

对于破坏人工繁育野生动物资源的行为，在决定是否追究刑事责任以及如何裁量刑罚时，应当结合案件事实和证据，综合考量涉案动物的濒危程度、野外种群状况、人工繁育情况、用途、行为手段和对野生动物资源的损害程度等情节，综合评估行为的社会危害性，依法作出妥当处理，确保罪责刑相适应。具体而言，应考虑以下因素：

1. 涉案动物的濒危程度和野外种群状况。一般而言，野生动物的濒危程度越高，其保护等级相应就越高，相应犯罪的社会危害性就越大。在定罪量刑时，除涉案动物的保护等级外，其野外种群和人工繁育情况等因素亦应考虑。有些野生动物虽然规定的保护等级较高，但野外种群规模相对较大，濒危程度相对较低，在量刑时可以适当从宽。

2. 涉案动物的人工繁育情况。对于涉案动物系人工繁育技术成熟且养殖规模较大的物种的，在定罪量刑时应与人工繁育技术不成熟、养殖规模较小物种的犯罪有所区别。如果属于濒危程度较高、人工繁育技术不成熟、养殖规模较小的物种，确有特殊情况需要从宽处理的，亦应从严掌握；如果属于人工繁育技术成熟且养殖规模较大的物种，考虑到行为人的主观恶性较小、行为的社会危害性较低，在决定是否追究刑事责任和量刑时应适当从宽。

3. 涉案动物的用途。在办理破坏人工繁育野生动物资源犯罪案件时，应结合涉案动物的用途准确定罪量刑。如涉案动物系用于非法放生或者食用等目的，定罪量刑时应当依法从严。如涉案动物系用于科学研究、物种保护、

展示展演、文物保护或者药用等合法用途的，在量刑时应与前者有所区别。

4. 行为方式、手段和对野生动物资源的损害程度。具有以下情形的，在决定是否从宽量刑时应依法从严掌握：一是武装掩护或者使用军用、警用车辆等特种交通工具实施犯罪的。二是妨害野生动物的科研、养殖等工作。三是造成野生动物死亡或者无法追回等严重后果。四是引起重大疫情或者有引起重大疫情风险。五是非法放生或者因动物逃逸造成他人人身、财产损害或者危害生态系统安全的。

达某某危害珍贵、濒危野生动物案

——对出售《野生动物保护法》实施前已持有的雪豹皮行为的定罪处罚

裁判要旨

非法猎捕、杀害珍贵、濒危野生动物的行为，是《刑法》重点惩治的对象。但是，作为猎捕、杀害行为的延伸，收购、运输、出售珍贵、濒危野生动物及其制品的行为也必须予以严惩才能有效遏制非法猎捕、杀害珍贵、濒危野生动物的行为。对于《野生动物保护法》实施前收购的野生动物制品进行出卖，可依法酌情从宽处罚。

沈某危害珍贵、濒危野生动物案

——无证采捕红珊瑚、无证收购、运输、出售红珊瑚及其制品行为的定性

裁判要旨

红珊瑚系国家一级保护水生野生动物。无证采捕红珊瑚，或者无证收购、运输、出售红珊瑚及其制品的，价值在2万元以上的，应当依照《刑法》第341条的规定，以危害珍贵、濒危野生动物罪论处。

孙某危害珍贵、濒危野生动物案

——破坏野生动物资源犯罪中有关降档处罚情节

裁判要旨

行为人实施《最高人民法院、最高人民检察院关于办理破坏野生动物资源刑事案件适用法律若干问题的解释》第 6 条第 1 款规定的行为，但不具有该条第 2 款规定的情形，且未造成动物死亡或者动物、动物制品无法追回，行为人全部退赃退赔，确有悔罪表现的，可以适用该条第 3 款规定，对行为人“降档处理”。

王某武等 13 人危害珍贵、濒危野生动物刑事附带民事公益诉讼案

——破坏野生动物资源案件中野化放归恢复性措施的适用

裁判要旨

人民法院审理破坏野生动物资源案件，应当结合涉案野生动物的不同状况，确定侵权人的生态环境损害赔偿与修复责任。对于存活且符合放归条件的野生动物，优先采取野化放归方式修复生态环境，由侵权人承担相关饲养救治、放归实施等费用。

贡某平措等 3 人危害珍贵、濒危野生动物刑事附带民事公益诉讼案

——国家野生动物资源损失赔偿责任的适用

裁判要旨

非法猎捕、杀害珍贵、濒危野生动物的被告人，除依法承担刑事责任外，

还应赔偿犯罪行为造成的野生动物资源损失。人民检察院提起刑事附带民事公益诉讼，主张被告人承担野生动物资源损失赔偿责任的，人民法院依法予以支持。

冯某等危害珍贵、濒危野生动物案

——危害珍贵、濒危野生动物罪中涉案动物系野生还是人工繁育的判断

裁判要旨

如果通过技术方法无法对涉案动物系野生还是人工繁育直接作出鉴定，可以结合案件事实和证据，在咨询专家或者野生动物主管部门意见的基础上，从如下方面进行综合考量：（1）涉案动物人工繁育技术是否已成熟并形成规模；（2）人工繁育证照、专用标识是否齐全；（3）对追溯线索和交易价格、方式及地点的选择等交易细节的查证情况。

贾某培等4人危害珍贵、濒危野生动物案

——涉新近调整保护级别野生动物案件的裁判思路

裁判要旨

审理危害珍贵、濒危野生动物犯罪案件，在依照涉案动物价值量刑的同时，要贯彻罪责刑相适应原则，注意综合考量涉案动物受保护级别上调时间、濒危程度、种群数量是否平稳等因素。对于不具有从重处罚情形，且未造成动物死亡或者动物、动物制品无法追回，行为人全部退赃退赔，确有悔罪表现的，可依法从宽处罚。

（四）非法狩猎罪

史某某非法狩猎案
——形成利益链条连带承担生态环境损害赔偿责任

裁判要旨

从他人处购买毒药捕猎野生动物再向其售卖获利，形成利益链条，二者主观上具有实施环境侵权行为的共同故意，共同破坏国家野生动物资源，应在其共同造成的生态环境损失范围内承担连带责任。

施某华非法狩猎刑事附带民事公益诉讼案
——国家资源损失赔偿责任的劳务代偿

裁判要旨

1. 人民法院审理破坏环境资源保护刑事案件，对于无业、家庭生活困难、无力承担生态环境赔偿责任的附带民事公益诉讼被告，可以引导其以环境整治、林业看护等环境保护公益劳动方式替代履行部分国家资源损失赔偿责任。

2. 人民法院在确定劳务代偿方案时，应当明确环境保护公益劳动的地点、时间、期限、内容、属地监管责任等内容，确保劳务代偿工作价值量等值于生态修复费用、劳务代偿方案能够顺利执行，切实体现宽严相济的刑事政策和恢复性司法理念。

易某非法狩猎刑事附带民事公益诉讼案
——生态环境公益劳动在社区矫正中的适用

裁判要旨

环境资源刑事案件的被告人自愿申请参加生态环境保护公益活动，人民法院根据其认罪认罚等情节依法宣告缓刑的，可以在法律文书中明确被告人在缓刑考验期限内从事特定生态环境保护公益活动的具体内容，交由社区矫正机构监督执行。

（五）非法占用农用地罪

福州市某石材有限公司、黄某非法占用农用地案
——民营企业涉生态犯罪案件的处理

裁判要旨

审查民营企业涉生态犯罪，应当综合全案情节作出妥当处理。对于被告单位及相关责任人员具有法定从宽情节，以及具有积极修复生态环境等酌定情节的，可以依法从宽处理，促进企业强化生态环保意识，实现后续依法合规经营。

陈某非法占用农用地案
——环境资源刑事附带民事公益诉讼责任承担方式的厘定

裁判要旨

民事主体从事民事活动，应当有利于节约资源、保护生态环境。环境资

源破坏者实施犯罪行为承担刑事责任的同时，亦应对造成的生态环境损害承担民事侵权责任。生态环境能够修复的，由侵权人优先承担修复责任；侵权人明显怠于履行修复义务的，亦未提供证据证明其具有履行复垦义务的能力和条件，社会公共利益持续处于受损状态的，应令其承担相应的修复费用由他人代为修复。

杨某某非法占用农用地案

——贯彻恢复性司法理念判令行为人补植

裁判要旨

“劳务代偿”是恢复性司法理念中的一种责任承担方式，即判令违法行为人以实际行动积极修复其造成的环境损害。实践中，需要注意明确“劳务代偿”标准，以便执行。

曹某某非法占用农用地案

——行为人主动购买碳汇，自愿履行修复受损生态环境责任的评价

裁判要旨

行为人主动购买林业碳汇修复受损生态环境，有效弥补了补种树木成活期、幼龄期的固碳增汇损失，弥补了生态环境受到损害至修复完成期间的损失，既是自愿履行其应当承担的修复受损生态环境责任的具体行动，也是其真诚悔罪、认罪认罚的具体表现。对此，在刑罚裁量时可以酌情从轻处罚。

张某广非法占用农用地案

——国土行政管理部门就专门性问题出具报告的审查

裁判要旨

本案所涉“鉴定结论”，实际系就专门性问题出具的报告。对于行政机关依据法律、司法解释的规定就专门性问题出具的报告，人民法院应当参照鉴定意见的相关规定进行审查。在相关意见存疑的情况下，可以通知出具报告的人员出庭作证，接受质证询问。

梁某东等非法占用农用地案

——村民小组组长在土地发包过程中违反土地管理法规变更土地用途、毁坏耕地的性质认定

裁判要旨

村民小组随意变更土地性质、用途将土地发包，数量较大，造成耕地、林地等农用地大量毁坏的，可以依法追究作为直接负责的主管人员的村民小组组长的刑事责任。

季某辉、李某非法占用农用地案

——以修建大棚、发展农业养殖为名的非法占用农用地行为认定

裁判要旨

违反土地管理法规，以修建大棚、发展农业养殖为名，针对耕地进行非法取土，造成耕地大量毁坏，符合《刑法》第342条规定的，应以非法占用农用地罪论处。

李某、朱某等非法占用农用地案
——对行政主管部门所出具意见的采信标准

裁判要旨

在非法占用农用地案件审理中，需要结合专业意见对涉案农用地的性质、面积、破坏程度等关键事实进行认定。对行政主管部门依职权就上述事项出具的意见，经法庭查证属实，且程序符合有关规定的，可以依法应予采信。

贵州黄平某实业有限公司等非法占用农用地刑事附带民事公益诉讼案
——采取劳务分包方式转嫁法律责任的，应当对全部非法占用的农用地面积承担刑事责任和民事修复责任

裁判要旨

被告单位虽然取得采矿许可证，但未依法办理土地征用、林地占用手续，采取劳务分包方式化整为零、转嫁法律责任，造成农用地大量毁坏、严重破坏生态环境的，应当对全部非法占用的农用地面积承担刑事责任和民事责任。

张某非法占用农用地案
——非法占用农用地中“擅自改变土地用途”的认定

裁判要旨

行为人未经审批，擅自将其租赁的耕地改造成鱼塘，属于《刑法》第342条所规定的“改变被占用土地用途”的行为，如果数量较大，造成耕地大量毁坏的，则行为人构成非法占用农用地罪。

（六）非法采矿罪

指导性案例212号：
刘某桂非法采矿刑事附带民事公益诉讼案

裁判要点

1. 跨行政区划的非法采砂刑事案件，可以由非法开采行为实施地、矿产品运输始发地、途经地、目的地等与犯罪行为相关的人民法院管辖。

2. 对于采售一体的非法采砂共同犯罪，应当按照有利于查明犯罪事实、便于生态环境修复的原则，确定管辖法院。该共同犯罪中一人犯罪或一环节犯罪属于管辖法院审理的，则该采售一体非法采砂刑事案件均可由该法院审理。

3. 非法采砂造成流域生态环境损害，检察机关在刑事案件中提起附带民事公益诉讼，请求被告人承担生态环境修复责任、赔偿损失和有关费用的，人民法院依法予以支持。

谢某华非法采矿案

——行政机关在行政执法中所作鉴定意见在刑事诉讼中能否作为证据使用

裁判要旨

1. 关于非法采矿罪的认定。违反《矿产资源法》的规定，未取得采矿许可证擅自采矿，情节特别严重的，处三年以上七年以下有期徒刑，并处罚金。开采的矿品价值在50万元以上的，为情节特别严重。根据湖北省相关矿产管理条例的规定，开采零星分散的矿产资源和只能用作普通建筑材料的砂石、石、黏土，由县级地质矿产管理部门审批，并颁发采矿许可证。实践中，因建设需要采挖砂石，无须办理采矿许可证，如因建房挖地基，从而产生的砂石就无须办理采矿许可证。上述观点明确因建设需要采挖砂石无须办理采矿许可证。

被告人谢某华在主观上是为了谋利才提出无偿平整场地并取得政府部门同意，进场采挖砂石；被告人供述政府让其平整的场地只有210万方左右，只需要几个月即可完工。2017年8月，某国土资源局给某工程公司发出因其未办理取土证，责令停产通知后，谢某华仍在近两年时间内持续不断地采挖砂石共计674623.2吨销售给他人谋取利益。上述行为表明其并不是为了建设需要采挖砂石，而是为了牟利非法采挖砂石。综上，被告人的行为构成非法采矿罪。

2. 关于行政机关在行政执法过程中作出的鉴定意见在刑事诉讼中能否作为证据使用。根据《最高人民法院关于适用〈中华人民共和国刑事诉讼法〉的解释》第75条规定，行政机关在行政执法和查办案件过程中收集的物证、书证、视听资料、电子数据等证据材料，经法庭查证属实，且收集程序符合有关法律、行政法规规定的，可以作为定案的根据。根据案件具体情况，进入刑事诉讼程序后，如已经不具备重新鉴定、勘验的条件，且有证据证明行政机关的上述行为程序合法，与其他证据能够相互印证，确有必要作等外解释的，可以个案处理。同样，司法实践中，对行政机关收集的言词证据，在刑事诉讼中作为证据材料使用的，必须作更为严格的限制，即仅限于确实无法重新收集，但又必须使用的，且有证据证明取证程序合法、能与其他证据相互印证的极特殊情形。本案中，采挖的砂石已经被被告人销售给他人，不具备重新鉴定的条件，无法再做鉴定，且行政机关取证程序合法，因此，某地质研究所作出的鉴定报告可以作为刑事证据使用。

万某非法采矿、掩饰、隐瞒犯罪所得案

——掩饰、隐瞒犯罪所得罪与上游犯罪共同犯罪的界分

裁判要旨

行为人在上游犯罪实施前或实施中与上游犯罪人通谋，实施掩饰、隐瞒犯罪所得、犯罪所得收益的，成立上游犯罪的共犯；反之，在上游犯罪实施完毕之后明知系犯罪所得及其产生的收益而予以窝藏、转移、收购、代为销售或者以其他方法掩饰、隐瞒，则成立掩饰、隐瞒犯罪所得、犯罪所得收益罪。

梁某德、梁某明非法采矿案

——超范围采矿的数量及价值认定

裁判要旨

被告人实际采挖数量远超国土资源主管部门的批准量的，系超范围采矿行为，符合《刑法》第343条规定的，应当以非法采矿罪定罪处罚。

奇台县某服务部、林某非法采矿案

——仅获得探矿许可进行采矿行为的定性

裁判要旨

对仅获得探矿许可的采矿行为，在认定行为性质时应综合考量行为人主观恶意、开采矿产品价值或者造成矿产资源破坏的价值、开采时间长短等因素。被告人在取得探矿许可情况下，未办理采矿权证手续，擅自采矿，开采的矿产品价值大，符合《刑法》第343条规定的，应当认定构成非法采矿罪。

曹某波、欧阳某武非法采矿刑事附带民事公益诉讼案

——对环境资源损害鉴定意见的审查使用

裁判要旨

人民法院审理环境资源案件查明的事实与作为鉴定意见变量参数的事实不一致，但不是必须重新鉴定的，可以按照相应比例依法调整后，依据审理查明的事实作出认定。

宋某友非法采矿案

——在承包的农村集体土地上非法采砂构成非法采矿罪

裁判要旨

行为人未取得采矿许可证，在其承包的集体土地上非法采砂，破坏矿产资源和生态环境，符合《刑法》第 343 条第 1 款规定的，构成非法采矿罪。

张某胜等非法采矿案

——在土地复垦过程中非法采矿行为的司法认定

裁判要旨

行为人以土地复垦项目为名，违反矿产资源法的规定，在未取得采矿许可证的情形下擅自采矿，符合《刑法》第 343 条第 1 款规定的，构成非法采矿罪。

杨某平等6人非法采矿案

——行为人盗采湿地泥炭情节严重行为的定性

裁判要旨

被告人违反《矿产资源法》的规定，未取得采矿许可证，擅自开采、贩卖高寒沼泽湿地泥炭，符合《刑法》第343条第1款规定的，构成非法采矿罪。

彭某强等非法采矿案

——参与非法采矿犯罪共同管理、通风报信行为的处理

裁判要旨

在他人拉拢下，为非法采砂活动通风报信，且参与共同管理和利润分成的，综合全案情节，可以认定为主犯。

徐某某非法采矿案

——未取得采矿许可证，对采矿剥离物进行再利用行为的定性

裁判要旨

非法采矿罪的对象矿产资源应系地质作用形成的自然资源。人工开采矿石后的剥离物、废石，并非经地质作用自然形成，不符合自然状态的属性，不属于非法采矿罪的对象。

邓某某非法采矿案

——对非法采砂犯罪破坏河道环境判决进行修复的问题

裁判要旨

行为人违反国家法律规定，在未取得河道采砂许可证的情况下，非法从河道采挖砂石，情节严重的，构成非法采矿罪。行为人非法在河道管理范围内采挖砂石，使非法采砂区域河道管理范围内生态环境和所占用的耕地种植条件遭到破坏，损害了社会公共利益，检察机关据此提起附带民事公益诉讼的，依法应予支持。

缪某林、郭某晶非法采矿案

——非法开采稀土矿行为的定性

裁判要旨

离子型稀土被列为国家实行保护性开采的特定矿种之一。违反《矿产资源法》的规定，未取得采矿许可证擅自开采离子型稀土矿产的，属于《刑法》第 343 条第 1 款规定的“擅自开采国家规定实行保护性开采的特定矿种”；情节严重的，构成非法采矿罪。

王某章、康某川等非法采矿案

——非法采矿共同犯罪中主犯与受雇人员责任的区别认定

裁判要旨

1. 在非法采矿共同犯罪中，组织、领导犯罪集团进行犯罪活动或者在共同犯罪中起主要作用的，是主犯，对其应当按照其所参与的或者组织、指挥的全部犯罪处罚。对于从犯，应当从轻、减轻处罚或者免除处罚。

2. 犯罪分子所有并专门用于非法采矿犯罪的工具，或者长期不作登记或者系“三无”船舶、机动车，但实为犯罪分子所有，并专门用于非法采矿犯罪的工具，一般可以认定为《最高人民法院、最高人民检察院关于办理非法采矿、破坏性采矿刑事案件适用法律若干问题的解释》第 12 条第 2 款规定的应当依法没收“用于非法采矿……犯罪的专门工具”。

黄某某非法采矿刑事附带民事公益诉讼案

——未经许可在河道管理范围内采砂应当承担生态环境损害赔偿责任

裁判要旨

违反国家法律法规规定，未经许可在黄河河道管理范围内非法采砂，沉砂池构筑成的砂场高度在一定程度上形成阻水障碍，影响行洪安全的，构成非法采矿罪。被告人除应依法承担刑事责任之外，还应就其非法采砂行为造成生态环境损害承担侵权责任。就侵权责任的承担方式而言，为保障河道行洪安全，应当清除砂场，恢复河道原貌。

孙某某非法采矿案

——省级以上人民政府国土资源等主管部门出具的测绘报告的使用

裁判要旨

省级以上人民政府国土资源部门出具的违法采砂测绘报告属于就违法采砂砂石量、价值等专门性问题出具的报告，可以作为证据使用。辩护人对报告有异议的，可以申请人民法院通知出具报告的相关人员出庭。经查证属实，上述报告可以作为定案的根据。

汤某某等 3 人非法采矿案

——采矿许可证到期后继续开采的行为不能一律认定为“未取得采矿许可证擅自采矿”

裁判要旨

《最高人民法院、最高人民检察院关于办理非法采矿、破坏性采矿刑事案件适用法律若干问题的解释》第 2 条对《刑法》第 343 条规定的“未取得采矿许可证”有明确的界定，即“无许可证的；许可证被注销、吊销、撤销的；超越许可证规定的矿区范围或者开采范围的；超出许可证规定的矿种的以及其他未取得许可证”的情形，并未将许可证到期列举进去。实践中，采矿许可证到期后继续开采的情形、成因比较复杂，判断其是否属于上述规定的“其他未取得许可证”情形，应当综合行政机关对采矿权延续申请的受理、是否作出决定等情节进行审查。如果依法取得采矿许可证并在到期前向行政机关申请延续，但由于行政机关的执法不规范、不作为而未能在法定期限内获得采矿许可的延续批准的，不应认定为“未取得采矿许可证擅自采矿”。

刘某江非法采矿案

——借合法承包工程之机非法采砂应认定为非法采矿

裁判要旨

在合法承建项目工程施工中，超出项目工程范围，违反《矿产资源法》的规定，未取得采矿许可证而擅自大量采挖项目工程所在地的砂石等矿产资源牟利的，属于非法采矿。

杨某勇、李某非法采矿案

——违法所得的认定与追缴

裁判要旨

在非法采矿犯罪案件中，判决追缴违法所得时，应当按照各被告人实际违法所得，分别确定追缴数额，既不留下获利空间，亦不剥夺合法财产。

李某宝等非法采矿刑事附带民事公益诉讼案

——非法采矿罪中共同犯罪及其责任的认定

裁判要旨

1.被告人事先与非法采矿的犯罪分子联系确定交易时间、地点、价格和交易方式等，指使或者驾驶运输船前往指定地域直接从采砂船过驳并运输销售的，属于事前通谋，应当认定为非法采矿罪共同犯罪。

2.人民法院应当结合被告人参与非法采矿共同犯罪采销一体化的紧密程度、作案次数及涉案矿产价值等因素，综合评价各被告人在共同犯罪中的地位、作用，确定其刑事责任和附带民事公益诉讼赔偿责任。

刘某斌等非法采矿刑事附带民事公益诉讼案

——多份生态环境修复方案的选定

裁判要旨

公益诉讼起诉人、生态环境侵权人分别委托有关机构出具生态环境修复方案的，法院应当着重对方案的生态修复效果进行审查，必要时可以参考专家意见，采纳更加科学、合理，更有利于实现生态环境修复效果的方案。

李某非法采矿案
——对非法开采矿石行为非法性的认定

裁判要旨

在非法采矿案件中，应当准确认定被告人开采矿石行为的非法性。若被告人开采矿石是为了保护财产、排除安全隐患的避险行为，则应当认定其为《刑法》允许实施的合法开采行为，不具有社会危害性和非法性，不构成非法采矿罪。但是，对于同一案件中同一被告人既有避险行为又有非法开采行为的，应当作出明确区分，分别依法进行裁判。

严某贼、曾某年、曾某钢非法采矿案
——专门用于非法采砂的船舶应整体予以没收

裁判要旨

对于行为人购买的专门用于海上非法采砂的船舶，应根据《刑法》第 64 条及《最高人民法院、最高人民检察院关于办理非法采矿、破坏性采矿刑事案件适用法律若干问题的解释》第 12 条第 2 款有关用于非法采矿、破坏性采矿犯罪的专门工具和供犯罪所用的本人财物的相关规定，依法予以没收。

（七）危害国家重点保护植物罪

钟某福等非法采伐国家重点保护植物案
——人工种植列入《国家重点保护野生植物名录》的树种是否属于国家重点保护植物

裁判要旨

1. 从立法文义看，涉案香樟不属于“珍贵树木”。从我国《刑法》第 344 条的立法过程、修正理由及法律解释的区分原则看，纳入国家重点保护植物对象中的树木限于“珍贵树木”。根据《最高人民法院关于审理破坏森林资源刑事案件具体应用法律若干问题的解释》（2000 年 12 月 11 日）第 1 条以及《最高人民检察院、公安部关于公安机关管辖的刑事案件立案追诉标准的规定（一）》（2008 年 6 月 25 日）第 70 条的规定，国家重点保护的“珍贵树木”，包括由省级以上林业主管部门或者其他部门确定的具有重大历史纪念意义、科学研究价值或者年代久远的古树名木，国家禁止、限制出口的珍贵树木以及列入国家重点保护野生植物名录的树木。具体可划分为三类：第一类是古树名木，由省级以上林业主管部门或者其他部门根据树木的历史纪念意义、科学研究价值或者年代鉴定确认、建档挂牌保护。第二类是国家禁止、限制出口的珍贵树木。我国目前尚未出台具体名录，根据《野生植物保护条例》第 20 条的规定，其范围应当包括列入《国家重点保护野生植物名录》《国家珍贵树种名录》和我国参加的限制进出口的《濒危野生动植物种国际贸易公约》附录一、二所列树种以及国家主管部门确定的未定名或者新发现并有重要价值的野生树木。以上名录、附录存在重叠、交叉现象，应取之最大范围。第三类单指列入《国家重点保护野生植物名录》的树木。对于第一类，在文义上没有限制为野生树木，故可解释古树名木无论是野生的，还是人工种植的，均属于国家重点保护的树木。对于第二类，范围比较繁杂，从文义上，并没有全部限定为野生的珍贵树木，故部分人工种植的珍贵树木，如列入《国家珍贵树种名录》的树木，也属于国家重点保护植物。对于第三类列入《国家重点保护野生植物名录》的树木，属于《野生植物保护条例》规制的对象，从文义上理解，原则上应限于野生的即原生地天然生长的珍贵树木和具有重要经济、科学研究、文化价值的濒危、稀有植物。人工种植列入《国家重点保护野生植物名录》的树种，除属于第一类、第二类的珍贵树木，其他均不属于国家重点保护植物。涉案香樟与以上三类树木均不符，不属于刑法所保护的“珍贵树木”。

2. 从立法目的看，涉案香樟不属重点保护植物。我国《刑法》第344条将非法采伐、毁坏、收购、运输、加工、出售国家重点保护植物、国家重点保护植物制品的行为规定为犯罪，目的是保护我国的环境资源不受破坏。该类犯罪作为法定犯、行政犯，其内涵和外延取决于行政法的规定。具体来说，主要是指《野生植物保护条例》的规定。该条例第1条规定立法目的是“为了保护、发展和合理利用野生植物资源，保护生物多样性，维护生态平衡”。第2条规定“本条例所保护的野生植物，是指原生地天然生长的珍贵植物和原生地天然生长并具有重要经济、科学研究、文化价值的濒危、稀有植物”。第9条规定“国家保护野生植物及其生长环境，禁止任何单位和个人非法采集野生植物或者破坏其生长环境”。以上规定说明：（1）立法不仅要保护国家重点保护植物，还要发展和合理利用国家重点保护植物，以实现维护生物多样性和生态平衡这一更高级别的保护目标。如将人工种植列入《国家重点保护野生植物名录》的树种，都纳入国家重点保护植物的范围并予以犯罪化处理，将不利于调动开发利用和经营管理野生植物资源的单位和个人积极性，反而不利于对国家重点保护植物更高层级保护目标的实现。（2）立法确定国家重点保护植物的依据不仅是原生地天然生长植物的珍贵性，还包括原生地天然生长并具有重要经济、科学、文化价值植物的濒危性、稀有性。（3）立法不仅要保护国家重点植物，还要保护其生长环境。相同的树种，在不同的环境下往往具有不同的价值。人工种植《国家重点保护野生植物名录》的树种，并不能等同于原生地天然生长的国家重点保护植物。因此，除了有特别规定的树种外，其他树种不应属于《野生植物保护条例》的保护对象。涉案香樟不在特别规定的树种之列，故不属于刑法予以重点保护植物对象。

3. 从行政法规看，涉案香樟属一般树木管理范围。《国家林业局关于人工培育的珍贵树木采伐管理有关问题的复函》(林策发〔2013〕207号)第2条规定:“除古树名木外,列入国家重点保护野生植物名录、但属于人工培育的树木,可按照一般树木进行采伐利用管理。”在审理此案过程中,广东省高级人民法院再审合议庭曾向广东省林业厅咨询人工种植香樟应否办理《国家重点保护植物采集证》这一问题,他们的答复是:广东省鼓励人工大量种植香樟,各地已按普通用材林管理要求申办《采伐许可证》,不需要按国家重点保护植物的管理要求向省林业厅申办《国家重点保护植物采集证》和《采伐许可证》。刑法是行政法的保障法,在行政执法都没有将人工种植《国家重点保护野生植物名录》的树种纳入国家重点保护植物管理的情况下,刑事司法将其纳入犯罪对象有违刑法谦抑性。涉案香樟在既不属于挂牌保护的古树名木和《国家珍贵树种名录》所列树种,也没有对其是否属于野生香樟进行调查核实并排除人工种植可能的情况下,认定其为国家Ⅱ级重点保护植物依据不足。

王某平危害国家重点保护植物刑事附带民事公益诉讼案

——危害国家重点保护植物案件中“恢复原状”的适用

裁判要旨

人民法院审理危害国家重点保护植物犯罪案件,应当贯彻恢复性司法理念,选择最有利于弥补损害、恢复生态的责任承担方式。对于受损野生植物,恢复原状有必要性和可行性的,可以将野生植物送回原生地进行原地保护恢复。

（八）非法引进、释放、丢弃外来入侵物种罪

易某华非法引进外来入侵物种案
——非法引进外来入侵物种罪的司法认定

裁判要旨

1. 根据法律规定，我国对外来入侵物种实行名录管理制度。对于是否属于外来入侵物种，可以根据国务院农业农村主管部门会同国务院其他有关部门制定的外来入侵物种名录予以确定。

2. 在认定非法引进、释放或者丢弃外来入侵物种的行为是否属于刑法第三百四十四条之一规定的“情节严重”时，应当结合涉案外来入侵物种的种类、数量、价值、行为人违法行为次数、违法所得、涉案生态区位、危害后果等情节进行综合判断。

（九）盗伐林木罪

阿某1等盗伐林木刑事附带民事公益诉讼案
——破坏森林资源环境公益诉讼案件中碳汇认购的适用

裁判要旨

破坏森林资源犯罪案件的被告人自愿通过认购林业碳汇方式替代履行其应当承担的生态环境损害赔偿责任的，人民法院可以依法判决被告人购买林业碳汇并在碳市场注销。

伍某华等15人盗伐林木、滥伐林木、故意毁坏财物、妨害作证、强迫交易等案

——“毁林种茶”等严重破坏生态资源行为的处理

裁判要旨

“毁林种茶”不仅会直接造成森林资源被破坏，长远来看也会因山体裸露造成水土流失，导致水源枯竭，进而甚至可能引发山体滑坡、崩塌等地质灾害。对于相关刑事案件，应当综合考虑主客观方面的情节，准确认定罪名，依法裁量刑罚，有效预防遏制“毁林种茶”等违法犯罪行为现象的蔓延。

黄某琳盗伐林木案

——盗伐林木罪中被告人犯罪既遂标准的认定

裁判要旨

盗伐林木罪保护的法益是国家对森林资源的管理制度以及林木的所有权。只要森林或者其他林木被盗伐，就已经侵害了国家保护森林资源的管理制度，即使被砍伐的林木全部未运离现场，应依法认定构成犯罪既遂。

（十）滥伐林木罪

指导性案例 172 号：秦某学滥伐林木刑事附带民事公益诉讼案

裁判要点

1. 人民法院确定被告人森林生态环境修复义务时，可以参考专家意见及林业规划设计单位、自然保护区主管部门等出具的专业意见，明确履行修复义务的树种、树龄、地点、数量、存活率及完成时间等具体要求。

2. 被告人自愿交纳保证金作为履行生态环境修复义务担保的，人民法院可以将该情形作为从轻量刑情节。

周某滥伐林木刑事附带民事公益诉讼案

——行为人滥伐林木破坏生态构成犯罪需同时承担相应的刑事和民事责任

裁判要旨

行为人违反《森林法》的规定，未经林业行政主管部门批准并核发林木采伐许可证，滥伐林木，符合《刑法》第 345 条第 2 款规定的，构成滥伐林木罪。行为人滥伐林木的行为破坏了生态环境和林业资源，损害了社会公共利益，同时还应承担侵权民事责任。

陈某滥伐林木案

——自愿承担碳汇赔偿弥补生态损害情节的处理

裁判要旨

赔偿碳汇损失是生态环境服务功能修复的一种方式，属于生态修复的范畴。行为人自愿承担碳汇赔偿弥补生态损害的，可在量刑时酌情从宽。

王某等6人滥伐林木、危害国家重点保护植物刑事附带民事公益诉讼案

——滥伐林木罪、危害国家重点保护植物罪的并罚

裁判要旨

既实施滥伐林木的犯罪行为，又实施非法采伐国家重点保护植物的犯罪行为，应当以滥伐林木罪和危害国家重点保护植物罪数罪并罚。

伊某滥伐林木案

——“补植复绿”在环境资源刑事案件中的运用

裁判要旨

滥伐林木类案件中，被告人认罪认罚，积极缴纳补植复绿保证金，并承诺按受损林木倍数补种树木用于生态修复的，人民法院可依法对其从轻处罚。

（十一）非法收购、运输盗伐、滥伐的林木罪

彭某祥非法收购滥伐的林木案
——关于非法收购滥伐的林木行为的处理

裁判要旨

1. 非法收购、运输盗伐、滥伐的林木罪以行为人“明知是盗伐、滥伐的林木”为主观要件。实践中，应当结合行为人对涉案林木的认知能力和涉案交易、运输行为的方式、特点，准确把握上述司法解释规定，妥当认定行为人对于涉案林木来源于盗伐、滥伐是否具有主观明知。对于行为人本身从事木材加工，熟知当地禁伐某类特定林木，且因收购非法采伐的此类林木受过行政处罚

，仍收购同类林木的，应当认定为具有主观明知。

2. 职业化、链条化非法收购盗伐、滥伐的林木行为，辐射范围广，涉案林木数量多，非法获利数额大，不仅对林业资源造成严重损害，还成为持续引发非法采伐的诱因。对此类涉森林资源销赃犯罪行为的认定，应当准确评估实际社会危害，切实贯彻宽严相济刑事政策“严”的要求。符合从重处罚、升档量刑条件的，应当依法从严惩处。

七、走私、贩卖、运输、制造毒品罪

（一）走私、贩卖、运输、制造毒品罪

陈某莲贩卖毒品案

——先前被羁押行为与最终定罪行为并非同一行为时，羁押日期可否折抵刑期

裁判要旨

行为人被先行羁押时间能否最终折抵刑期，不能一概而论。只有先前被羁押行为与最终定罪行为系同一行为，或者虽然不是同一行为，但二者之间存在密切关联时才可以予以折抵。根据“同一行为”和“程序关联性”标准，对于司法实践中出现的如下四种情形，均可以纳入刑期折算的范围：（1）行为人因为甲行为被采取羁押措施（包括刑事强制和行政强制措施），在上述羁押措施执行完毕后，又因甲行为构成犯罪而进入刑事诉讼，最终被判处管制、拘役、有期徒刑的，之前的羁押期限应当折抵刑期。（2）行为人因为甲行为被采取刑事羁押措施，在对甲行为侦查期间，又发现乙行为涉嫌犯罪，但针对乙行为并未采取刑事羁押措施，最终因乙行为被判处管制、拘役、有期徒刑的，先行因甲行为而采取的刑事拘留、逮捕时间应当折抵刑期。（3）行为人因为甲行为被侦查期间，发现了乙行为涉嫌犯罪，如果针对乙行为采取刑事羁押措施，但最终因甲行为被判处管制、拘役、有期徒刑的，先行因乙行为被刑事拘留、逮捕的时间应当折抵刑期。（4）行为人因为甲行为被采取刑事羁押措施，后变更为取保候审或监视居住，其间发现了乙行为涉嫌犯罪并针对乙行为采取刑事拘留、逮捕，最终因乙行为被判处管制、拘役、有期徒刑的，针对甲、乙两个行为所采取的刑事拘留、逮捕时间均应当折抵刑期。需要指出的是，针对行为人所实施的数个行为，公安机关不一定均采取刑事

强制措施，完全可能针对甲行为采取治安处罚等行政强制措施，而对乙行为采取拘留、逮捕等刑事强制措施，此时需要区分情况来折抵刑期。如果甲行为最终构成犯罪，依据“同一行为”或“程序关联性”标准，针对甲行为所采取的行政强制措施也可以折抵刑期。

高某、李某 1 等贩卖、制造毒品案

——加工、生产混合型毒品“麻古”的行为能否认定为制造毒品罪

裁判要旨

“麻古”系泰语的音译，是以甲基苯丙胺和咖啡因等为主要原料，根据一定的配比度，通过物理加工的方式生产出来的一种混合型毒品。实践中，由于生产人员、生产地点等不同，“麻古”中含有的甲基苯丙胺、咖啡因及其他的辅助成分和构成比例会有所差别。虽然生产“麻古”是一种物理加工过程，但并非几种毒品的简单混合，也不同于在毒品中掺杂掺假，而是含有一定技术含量，需要经反复的含量配比试验和质量把关才能制造成功以满足特定人群的吸食要求，因此其加工、生产的行为应该认定为制造毒品罪。主要理由是：

1. 关于制造毒品的定义，我国《刑法》中并无明确规定，1994 年《最高人民法院关于执行全国人民代表大会常务委员会关于禁毒的决定的若干问题的解释》(以下简称《执行关于禁毒的决定的若干问题的解释》) 对制造毒品内涵的界定并不周延。该解释将制造毒品界定为：“非法用毒品原植物或者用化学方法加工、配制毒品的行为。”该解释未提及运用物理的方法加工、生产毒品的行为可以构成制造毒品罪。20 世纪 90 年代初，我国的毒品犯罪形势是“过境贩卖，两头在外”，即毒品制造地和毒品消费地均在境外，国内出现的毒品大部分是从境外流入，毒品的犯罪形式相对单一，制造方式大多是从罂粟等毒品原植物提纯或者运用化学方法加工、配制毒品，故《执行关于禁毒的决定的若干问题的解释》在界定制造毒品的范畴时，根据当时的情势，只是简单列举了用毒品原植物和化学方法加工、配制这两种方式。但是近些年，国内的毒品犯罪呈迅速蔓延之势，不仅有大量的毒品从境外流入境内贩卖，

更为重要的变化是国内生产、制造毒品的形势急剧升温，制造的方式也日益翻新。例如，“摇头丸”“麻古”等通过物理加工、配制方式生产出来的混合型的毒品大量出现。随着这类毒品的出现，社会上又形成了一批具有特定的吸食要求、喜好这类毒品的吸食方式的特定人群，而且此类毒品的危害性并不亚于原有的毒品。但《执行关于禁毒的决定的若干问题的解释》中规定的制造毒品并没有提及这种类型的行为，而目前我国也还没有新的相关司法解释出台，因此有必要对制造毒品行为的内涵进一步加以科学界定。

2. 将以物理方法加工、生产毒品的行为认定为制造毒品罪，在世界范围内有例可循。目前，世界上其他一些国家从严厉打击毒品犯罪的角度考虑界定了制造毒品的范畴。如有的国家对于毒品制造定的罪名是生产毒品罪，其范围非常广泛，凡是混合加工生产成的毒品，即使分子结构没有变化，如从粉末状加工成水质的针剂形态，也定为生产毒品罪。在日本，非法按照一定的处方针对特定人的特定情况调制毒品的这种物理加工的情形也属于制造毒品罪的一种。也就是说，目前世界上其他一些国家的规定是，生产、制造毒品罪不仅仅局限于原植物提纯和化学配制的方式，还包括部分物理加工的方式。

3. 我国理论界对制造毒品行为内涵的界定相比《执行关于禁毒的决定的若干问题的解释》有了新的扩展。现阶段，我国理论界大部分观点认为，制造毒品可归纳为以下几种情形：一是将毒品以外的物作为原料，提取或制作成毒品，如将罂粟制成为鸦片；二是毒品的精制，即去掉毒品中的不纯物，使之成为纯毒品或纯度更高的毒品，如去除海洛因中所含的不纯物；三是使用化学方法使一种毒品变为另一种毒品，如使用化学方法将吗啡制作成海洛因；四是使用化学方法以外的方法使一种毒品变为另一种毒品，如将盐酸吗啡加入蒸馏水，使之成为注射液；五是非法按照一定的处方针对特定人的特定情况调制毒品。根据一定的配方以符合特定人群吸食要求而配制混合型毒品“麻古”的过程，在理论上可以归入上述第五种的情形。

4. 在审判实践中，如排除通过物理方式加工、生产混合型毒品为制造毒品行为，势必会放纵犯罪。实践中，加工、生产混合型毒品的情况很多，危害性很大，制造混合型毒品“麻古”的过程并不是简单地在毒品中掺杂、掺假，也不仅仅是简单的几种毒品的混合，而是具有一定规模和技术含量的加工、配制过程。例如在本案中，被告人李某1专门雇用了相关人员进行加工、生产，并请来具有专门制造“麻古”技术的人员对被雇用者进行技术上的指导，运用自动压片机等机器设备，利用被告人高某提供的甲基苯丙胺和咖啡因为主要原料，根据一定的配方和配比度经过反复试验，并由高某对生产出来的“麻古”进行质量把关后多次返工才制造成功，这个过程具有相当的技术性。虽然在此过程中并没有产生化学变化，但并非几种毒品的简单混合，变化也不仅仅是毒品的口味，混合型毒品服用后会使人体产生不同于单一型毒品的药瘾性反应。此外，在实践中专门雇人生产混合型毒品的情况很普遍，被雇人员往往只是参与了加工、生产过程，并不参与毒品的运输、贩卖等过程，因此，如果加工、生产混合型毒品不认定为制造毒品罪，那么对这部分被雇人员无法追究刑事责任，不能使他们感受到来自刑罚的震慑力。即使原来的雇主因贩卖毒品等罪名被追究刑事责任，而他们由于受现实利益的牵引，还是会投向其他的雇主，继续从事生产、加工混合型毒品的活动，这无疑不利于打击毒品犯罪。例如在本案中被李某1雇用来生产“麻古”的杨某、郝某等人只参与了加工、生产过程而没有参与贩卖过程，如不定制造毒品罪，对这部分明知是要制造毒品而加工、生产的人员往往无法追究其刑事责任，在抓获现行等情形下最大程度上也只能以非法持有毒品罪追究他们的刑事责任，这样显然罪刑不相适应，实质上是放纵犯罪。

因此，参照其他国家惩治毒品犯罪的情况以及结合目前有效惩治我国日益猖獗的毒品犯罪现实考虑，加工、生产“麻古”的行为应当认定为制造毒品罪。

陈某1贩卖、运输毒品案

——共同贩卖毒品案件及同宗毒品案件的死刑政策把握

裁判要旨

1. 对共同犯罪案件如何把握死刑政策，现在普遍的认识和做法是，对于二人或者多人致死一人的案件，原则上只对其中罪责最为突出的被告人判处死刑。对此，2010年《最高人民法院关于贯彻宽严相济刑事政策的若干意见》

有明确的指导意见："对于多名被告人共同致死一名被害人的案件，要进一步分清各被告人的作用，准确确定各被告人的罪责，以做到区别对待；不能以分不清主次为由，简单地一律判处重刑。"当然，作为极少数例外情况，对多人致死一人的，也可能有判处二人死刑的情况。

针对毒品共同犯罪，通常也是依照上述政策把握死刑适用。共同犯罪中能分清主从犯的，不能因为涉案的毒品数量特别巨大，就不分主从犯而一律将被告人认定为主犯或者实际上都按主犯处罚，一律判处重刑甚至死刑；对于共同犯罪中有多个主犯或者共同犯罪人的，要全面考察各主犯或者共同犯罪人在共同犯罪中实际发挥作用的差别，主观恶性和人身危险性方面的差异，对罪责或者人身危险性更大的主犯或者共同犯罪人判处更重的刑罚。如果共同犯罪中毒品数量刚达到实际掌握的死刑数量标准，但各共同犯罪人作用相当，或者责任大小难以区分的，可以不判处死刑立即执行。由此可见，共同贩卖毒品犯罪中，一方面需要考虑毒品数量，另一方面需要认真审查各被告人的地位、作用，要注意从犯意的提起、与毒品源头的紧密程度、出资额、分工等方面进行审查，区分罪责大小。

同时，由于毒品犯罪的特性所决定，在大量毒品犯罪案件中，只抓获部分涉毒人员，甚至有相当一部分案件主犯在逃。此时仍要根据在案证据比较在案被告人与在逃人员的罪责，若在案被告人地位、作用明显大于在逃同案犯或者基本相当时，仍可依法核准在案被告人死刑。

2. 毒品犯罪案件中，也要注意区分共同犯罪与同宗毒品犯罪。被告人李某1委托陈某1代为购买毒品，与陈某1等人系同宗毒品犯罪，而不属于共同犯罪。一般而言，同宗毒品犯罪是指毒品犯罪的上下家，也包括"居间"或者"代购"。在同一宗毒品犯罪中，通常也要区分作用大小，死刑只适用于罪责最为严重的主犯。以毒品上下家为例，不能简单地认为毒品上家的地位、作用就大于毒品下家。同时要注意区分"居间"或者"代购"与上下家的关系，一般而言，"居间"被告人或者"委托他人代购毒品"被告人的地位、作用相对较小。但上述情况不是绝对的，仍要结合具体案情和证据具体问题具体分析。

古某某贩卖、运输毒品，洗钱案

——自洗钱行为的认定

裁判要旨

《刑法修正案（十一）》将自洗钱行为独立入罪，其法益应理解为金融管理秩序与上游犯罪的保护法益。在自洗钱的认定中，其一，以是否“掩饰、隐瞒上游犯罪所得及其产生的收益”来判断是否属于洗钱行为；其二，上游犯罪行为人使用他人账户获取违法所得的，可以通过账户的实际控制人及二者间的财物关联性区分自洗钱与他洗钱；其三，为避免洗钱罪重复评价上游犯罪构成要件，利用他人提供账户接收上游犯罪所得的，在以财物交付、取得为既遂要件的犯罪中一般不再评价洗钱行为；其四，自洗钱行为与刑法特别规定存在竞合的，应择一重罪定罪处罚；其五，上游犯罪行为人与他人在事前进行洗钱合谋的，应以他人是否实质影响洗钱行为的计划制定区分上游犯罪与自洗钱的共犯。

孙某志等贩卖毒品案

——对毒品犯罪上下家如何区分罪责和适用死刑

裁判要旨

1. 关于居间介绍买卖毒品与居中倒卖毒品的区分。居间介绍者在毒品交易中处于中间人地位，发挥介绍联络作用，通常与交易一方构成共同犯罪，但不以牟利为要件；居中倒卖者属于毒品交易主体，与前后环节的交易对象是上下家关系，直接参与毒品交易并从中获利。二者区分的关键在于在毒品交易中所处的地位和作用不同。居间介绍者不是毒品交易的一方主体，在交易中处于中间人地位，对毒品交易起帮助、促成作用；居中倒卖者虽然也处于毒品交易链条的中间环节，但在每一个具体的交易环节中都是一方交易主体，对交易的发起和达成起决定性作用。就量刑而言，对居中倒卖毒品者的处罚一般要重于居间介绍者。

2. 关于毒品上下家的作用区分及死刑适用。在对贩卖毒品上下家决定死刑适用时，犯罪的主动性和对促成交易所发挥的作用，是应着重考虑的因素。此外，并非一律“杀上家不杀下家”，下家对促成交易起更大作用的，也可以考虑判处下家死刑。对于共同犯罪中有多个主犯或者共同犯罪人的，要全面考察各主犯或者共同犯罪人在共同犯罪中实际发挥作用的差别，主观恶性和人身危险性方面的差异，对罪责或者人身危险性更大的主犯或者共同犯罪人判处更重的刑罚。如果共同犯罪中毒品数量刚达到实际掌握的死刑数量标准，但各共同犯罪人作用相当，或者责任大小难以区分的，可以不判处死刑立即执行。在对毒品犯罪从严惩处的同时，亦应全面、准确贯彻宽严相济刑事政策，体现区别对待，做到罚当其罪，量刑时综合考虑毒品数量、犯罪性质、情节、危害后果、被告人的主观恶性、人身危险性及当地的禁毒形势等因素，严格审慎地决定死刑适用，确保死刑只适用于极少数罪行极其严重的犯罪分子。

易某某运输毒品案

——走私、贩卖、运输、制造毒品过程中暴力抗拒检查、抓捕，造成执法人员重伤、死亡的行为定性

裁判要旨

1. 走私、贩卖、运输、制造毒品犯罪过程中，以暴力抗拒检查、拘留、逮捕，情节严重的，《刑法》第 347 条第 2 款第 4 项明确将之规定为加重处罚的情节之一，不实行数罪并罚。

2. 对走私、贩卖、运输、制造毒品犯罪过程中的暴力抵抗行为，作为加重处罚情节的，仅限于“情节严重”的情形。准确理解这里的“情节严重”，需要结合走私、贩卖、运输、制造毒品犯罪过程中，犯罪分子暴力抗拒执法的具体情况而定，其中造成执法人员伤亡的严重后果的，依法应当认定为“情节严重”。

齐某贺等贩卖、运输毒品案

——毒品代购与加价贩卖的区分

裁判要旨

为他人代购毒品一般可分两种情况：一种情况是托购者自己直接或者间接与贩毒者进行联系，但因为时间、地点或其他一些特殊原因，托购者无法或不愿亲自前往，即委托代购者向贩毒者代为购买指定数量、品种或者价格等相对固定的毒品。此种情形下，代购者主观上有帮助托购者购买毒品的故意，客观上充当了托购者的工具，替代托购者去购买了毒品，如果其明知托购者是为贩卖而代购，不论其是否牟利，当然与托购者构成贩卖毒品罪的共犯。另一种情况是托购者不知购毒渠道，但知道代购者有毒品来源，即委托代购者代为购买。此种情形下，虽然代购者并未将毒品买卖双方介绍到一起，看似是一种为他人代买的行为，但此时代购者因为自己认识和熟悉贩毒者，在得知托购者有购毒需求后，即通过自己的撮合让托购者实现了其购毒的需求，也帮助贩毒者顺利找到了买家，故其实质上仍然是一种具有居间性质的行为。如果代购者明知托购者购买毒品的目的是贩卖，则与托购者构成贩卖毒品罪的共犯。如果代购者从中牟利的，对代购者以贩卖毒品罪定罪处罚。

邱某清等走私、运输毒品案

——走私、运输毒品数量大，罪行严重，且有累犯情节，但有证据表明被告人系受雇走私、运输毒品，且受指挥运毒的，是否适用死刑立即执行

裁判要旨

毒品犯罪中，单纯地运输毒品行为具有从属性、辅助性特点，且情况复杂多样。部分涉案人员系受指使、雇佣，只是为了赚取少量运费而为他人运输毒品，他们不是毒品的所有者、买家或者卖家，与幕后的组织、指使、雇

佣者相比，在整个毒品犯罪环节中处于从属、辅助和被支配地位，所起作用和主观恶性相对较小，社会危害性也相对较小。因此，对于运输毒品犯罪中的这部分人员，在量刑标准的把握上，应当与走私、贩卖、制造毒品和具有严重情节的运输毒品犯罪分子有所区别，不应单纯以涉案毒品数量的大小决定刑罚适用的轻重。

骆某某运输毒品案

——对当场查获毒品的案件，被告人拒不认罪的，如何把握有关被告人主观明知的证据要求

裁判要旨

1. 运输毒品罪要求被告人客观上有运输毒品的行为，主观上有明知是毒品并运输的故意。对当场查获毒品的案件，要重点审查被告人的主观明知，不能仅凭现场查获毒品就客观归罪，当然地认定被告人具有运输毒品的故意。

2. 对于运输毒品罪而言，即使被告人否认自己对毒品的明知，但如果根据其行为的过程、方式、毒品被查获时的情形能够推定其主观上是明知的，也不影响定罪。其实质就是要确定犯罪人与毒品之间的一种主客观统一的对应关系，也就是人与毒的对应关系，达到真正的“人毒俱获”。对于可能判处死刑的运输毒品犯罪而言，更要遵循死刑案件证据标准，主要体现在所有的犯罪事实必须均有证据证实，证据之间不能出现无法排除的矛盾，最终得出唯一确定的结论。

姚某跃等贩卖毒品案

——被告人具有吸毒情节的，如何认定贩卖毒品数量

裁判要旨

对具有吸毒情节的贩毒分子，已经被被告人吸食的毒品，不应计入贩卖毒品数量，但必须“确有证据证明”该部分毒品已被被告人吸食。对于如何

认定吸食毒品的数量以及在证明方面的要求，一是对于有吸毒情节的贩毒人员，一般应当按照其购买的毒品数量认定其贩卖毒品的数量，量刑时酌情考虑其吸食毒品的情节。二是购买毒品的数量无法查明的，按照能够证明的贩卖数量及查获的毒品数量认定其贩毒数量。也就是说，以购买毒品数量作为其贩毒数量的依据是原则，只有在购买毒品数量无法查明时，才按照“贩卖数量+查获数量=贩毒数量”的方式确定。三是确有证据证明其购买的部分毒品并非用于贩卖的，不计入其贩毒数量。

邵某天制造毒品案

——跨国犯罪案件管辖权的确定和证据审查

裁判要旨

1.在刑事管辖权问题上，我国刑法采用的是以属地原则为基础，兼采属人原则、保护原则和普遍管辖原则。

2.解决跨国犯罪案件中出现的管辖冲突时，在遵循属地、属人等相关原则的基础上，还应当考虑方便诉讼原则，即以有利于证据的收集、犯罪的侦查以及惩治、改造犯罪分子为原则。同时，案件的优先受理、犯罪嫌疑人的实际控制等特定事实对确定管辖权也起到一定作用。

3.对跨国犯罪案件的证据，要重点审查证据的来源是否正当、合法，对于通过司法协助渠道由被请求国提供的证据材料，可以作为定案的证据使用。

凌某、刘某贩卖、制造毒品案

——如何认定毒品共犯的地位、作用以及制造毒品行为

裁判要旨

1.对毒品共犯的处理要准确贯彻宽严相济刑事政策，在存在多名主犯的犯罪案件中，可从毒资来源情况、财产情况、犯意提起及犯罪模式、毒品再犯及累犯情况准确认定共犯的地位和作用，确定罪责轻重。对于地位和作用

相对较小，属于“可杀可不杀”的，对其判处死刑可不立即执行。

2. 不以改变毒品成分和效用为目的，用混合等物理方法加工、配制毒品以达欺骗购毒者或者逃避查缉等目的的行为不应认定为制造毒品罪。

郭某某运输毒品案
——毒品犯罪中关于主观明知的认定

裁判要旨

毒品犯罪中行为人的主观故意，通过其客观行为表现出来，故对其主观明知的判断，要以客观事实和证据为基础进行审查判断，即通过在案证据所证实的客观事实认定被告人主观上明知所实施的是毒品犯罪。在认定主观明知的过程中要根据被告人供述、视听资料、证人证言等证据进行综合判断，并要认真审查被告人的辩解是否有事实根据、对异常行为的解释是否合理、是否存在被蒙骗的可能等，防止认定错误。

陈某某等贩卖毒品案
——对于代卖毒品行为的认定

裁判要旨

明知他人贩卖毒品，而为其提供帮助、居间介绍，帮助其代卖毒品的，构成贩卖毒品罪的共犯，依法以贩卖毒品罪定罪处罚。

张某、王某贩卖毒品案
——贩卖含有合成大麻素的电子烟油的，以贩卖毒品罪论处

裁判要旨

贩卖含有合成大麻素的电子烟油的，属贩卖毒品行为，向多人贩卖或者

多次贩卖的，属情节严重，应依法以贩卖毒品罪论处。

李某甲、李某乙贩卖毒品案
——在毒品犯罪案件中如何运用非法证据排除规则

裁判要旨

1. 对被告人提出排除非法证据的申请，要严格依照《刑事诉讼法》及司法解释的相关规定处理。被告人及其辩护人申请排除非法证据，人民法院对证据收集的合法性有疑问的，应当召开庭前会议，就收集证据合法性等问题了解情况，听取意见。控辩双方存在较大争议，无法在庭前会议协商解决的，人民法院应当归纳争议焦点，通过法庭调查程序，对证据是否采取非法手段收集的问题进行审查，并决定是否排除相关证据。

2. 人民法院决定对证据收集的合法性进行法庭调查的，应当根据申请人提供的线索、材料，结合侦查机关的讯问笔录、讯问过程的录音录像、看守所管教人员的谈话笔录、驻所检察员的记录、同监室人员的证言、被告人出入看守所的身体检查记录、医院检查病历等材料，综合审查判断被申请排除的证据是否采取合法手段收集。

刘某某贩卖毒品案
——关于被告人强制隔离戒毒期间折抵刑期的认定

裁判要旨

吸毒人员因吸毒成瘾被公安机关作出强制隔离戒毒的决定，在强制隔离戒毒期间又被发现实施毒品犯罪，处以强制隔离戒毒和判处刑罚并非基于同一行为事实，且强制隔离戒毒是行政强制措施而非行政处罚，故强制隔离戒毒期间不能折抵刑期。

窦某某、朱某甲贩卖毒品案

——刑事案件中侦查人员出庭作证的规则适用

裁判要旨

侦查人员出庭作证对证据效力的补足和案件定罪量刑有重大影响的，法院可以依职权决定通知侦查人员出庭作证。侦查人员当庭作出的证言，经控辩双方质证，法庭查证属实的，可以作为定案的根据。

王某贩卖毒品案

——代购毒品后“蹭吸”行为的认定

裁判要旨

代购者加价或者变相加价从中牟利的，以贩卖毒品罪定罪处罚。代购者收取、私自截留部分购毒款、毒品，或者通过在交通、食宿等开销外收取“介绍费”“劳务费”等方式从中牟利的，属于变相加价。如果行为人在代购毒品前就与托购者达成合意，以“蹭吸”作为代购毒品的对价，则可以认定为牟利，或者虽未与托购者达成合意，但多次以“蹭吸”为目的为他人代购毒品，代购者的“蹭吸”行为就相当于是从托购者处购买毒品，进一步促进了毒品的流通，也可以认定是一种牟利行为。

宋某某贩卖毒品案

——相对较短时间内再次购买的，如何认定毒品次数

裁判要旨

相对较短时间内再次购买毒品的行为，应当认定为贩卖毒品两次。对于贩卖次数的认定，应当综合考虑犯罪故意的产生、犯罪行为实施的时间、地

点等因素，客观分析、认定。贩卖毒品是行为犯，凡是具有毒品贩卖行为的，无论该犯罪行为是否达到犯罪目的，都会构成犯罪。当贩卖毒品行为已经实施，且金钱交易已经完成，贩卖行为即已终结，也不存在连续的行为。如果买毒人再次购买毒品，则必须再次向贩毒者提出购毒意愿，达成合意，毒品与金钱的交易等一系列交易行为，这与前次交易的程序相同且相互独立，并且毒品犯罪的社会危害程度大，社会影响范围广，应依法惩处。

王某贩卖毒品案

——贩卖国家管制精神药品案件中被告人主观故意的认定

裁判要旨

含羟考酮复方制剂（泰勒宁）是临床镇痛处方药品，使用不当具有成瘾性。2019 年 9 月 1 日，国家药监局、公安部、国家卫生健康委将含羟考酮复方制剂（泰勒宁）列入二类精神药品管理，一经公布即具有公示效力。对于买卖含羟考酮复方制剂（泰勒宁）行为的定性，不仅需要结合行为人的供述，还应当依据行为人实施毒品犯罪行为的过程、方式、毒品被查获时的情形等证据，结合行为人的年龄、阅历、智力等情况，进行综合分析判断。

臧某雄贩卖毒品案

——对零包贩毒过度机会诱惑侦查的审查

裁判要旨

机会提供型诱惑侦查被普遍适用于侦破贩卖毒品等隐蔽性较强犯罪案件，该侦查措施的合法性得到现行刑事诉讼法和司法实务的认可，但在少数零包贩毒案件中，被告人被反复诱惑，造成其多次贩毒达到“情节严重”，加重了对其量刑，损害被告人的合法权利，影响司法公信和权威。因此，在审判实务中，应注重对诱惑侦查措施适用的必要性、审批程序的规范性和诱惑次数的合理性审查。对于被过度机会诱惑的被告人，予以从宽处罚。

潘某某制造毒品案

——制造毒品罪相关事实的认定

裁判要旨

对于已经着手实施制造毒品，并已经制造出毒品成品、半成品的，如查获的毒品疑似物并非常规形态，应根据毒品成分的含量、外观形态、存放的容器和位置，结合行为人对制毒过程、查获毒品疑似物性质的供述和辩解等证据进行分析判断，必要时可以听取专业机构的意见，综合判断是毒品（包括毒品半成品）还是废液、废料。量刑和处理时应一并统筹考虑，避免"一刀切"、唯数量论。

李某某等贩卖毒品案

——从贩毒人员住所、车辆等处查获的毒品应计入贩卖毒品数量

裁判要旨

贩毒人员被抓获后，对于从其住所、车辆等处查获的毒品，一般均应认定为其贩卖的毒品。被告人购进一定数量的毒品后，将部分毒品分成差不多固定数量的小包毒品存放在住处，且旁边放置有电子秤等称量工具，客观上反映其进行出售包装处理，主观上反映其在为贩卖毒品作积极准备，结合被告人之前有售出过毒品的事实，故将在被告人的房间内查获的毒品数量认定为其贩卖毒品的数量。

黄某、代某贩卖毒品案

——“互联网＋快递”方式贩卖毒品的认定

裁判要旨

行为人利用“互联网＋快递”等非接触手段实施贩卖毒品行为的，以贩卖毒品罪论处。

王某某走私毒品案

——毒品犯罪行为人主观明知的认定

裁判要旨

毒品犯罪案件中，在被告人拒不认罪的情况下，对被告人“主观明知”的认定可运用事实推定的方式进行判断，但这种事实推定是可以通过被告人的反证被推翻的。当被告人对涉案毒品不明知的抗辩具有高度可能性，且公诉机关不能进一步举证证实被告人对毒品主观明知且达到事实清楚，证据确实、充分的标准时，不能认定被告人有罪。

孙某贩卖、运输毒品案

——不同宗毒品犯罪形态不同情形的处理

裁判要旨

当行为人针对不同宗毒品分别实施走私、贩卖、运输、制造毒品罪中的某个行为时，要根据行为人的犯罪行为符合的数个犯罪构成，概括适用选择性罪名。

范某某贩卖毒品案

——新型液态毒品的数量认定与刑罚适用

裁判要旨

γ-羟丁酸是我国规定管制的第一类精神药品，新近发现被添加在饮料、酒水中伪装成饮品，毒品属性辨识度低，易于被青少年滥用，属新型液态毒品。对新型液态毒品犯罪，除了司法解释另有规定或者为了隐蔽运输而临时改变毒品常规形态的情形外，均应将查证属实的毒品数量认定为被告人毒品犯罪的数量。对新型毒品犯罪应注重强化打击处理，依法严惩将新型毒品伪装成饮品、食品等危害青少年健康的犯罪行为。对新型毒品犯罪被告人适用刑罚时应严格把握从宽处罚情节的适用幅度，人民检察院提出的量刑建议明显不当且不调整量刑建议的，人民法院应当依法作出判决。

唐某某走私毒品案

——为“治病”而走私麻精药品的犯罪认定

裁判要旨

麻精药品具有双重属性，无论通过合法还是非法销售渠道流通，只要被正常使用发挥疗效作用的，就属于药品，只有脱离管制被滥用的，才属于毒品。判断行为人的行为属于药物使用还是“毒品”滥用的关键，在于其服用药品是否出于疾病治疗目的，以及其购买、使用数量是否明显超出正常用量范围，是否明显超出疾病治疗所必需，也即其是否构成滥用。行为人无法证明其购买、使用麻醉药品或精神药品系疾病治疗所必需，而是为解决自身瘾癖而滥用的，有可能构成毒品犯罪。行为人没有吸毒史或传统毒品吸食行为，仅是出于治疗疾病需要，购买符合正常治疗使用数量的麻醉药品、精神药品或对其明显超出正常用量能够作出合理解释，且不存在向贩毒分子或吸毒人员进行贩卖行为的，通常不应认为构成毒品犯罪。

赵某运输毒品案

——运输毒品罪中“明知”的认定

裁判要旨

运输毒品犯罪中，被告人及辩护人多以“不明知是毒品”为由进行抗辩。人民法院判断被告人对涉案毒品是否明知，不能仅凭被告人供述，而应当依据被告人实施毒品犯罪行为的过程、方式方法、是否伪装、获得报酬金额、毒品被查获时的情形等，结合被告人的年龄、阅历、智力等情况，进行综合分析判断。

杨某某贩卖毒品、容留他人吸毒案

——侦查人员出庭作证的必要性认定与证言审查

裁判要旨

实践中，判断侦查人员有无出庭的必要性应主要考虑侦查人员的证言对本定罪量刑是否具有关键作用，如侦查人员的证言是认定事实的直接证据，如果不出庭可能导致某个影响定罪的事实无法认定。关于侦查人员出庭作证证言审查的一般规则。首先，侦查人员属于与被告人没有利害关系的人，且通过执行职务了解犯罪事实，其所提供的证言被认为具有更大的证明力，在不存在合理怀疑的情况下应予以采信。其次是坚持逻辑规则和经验法则，对证言的真实性存在合理怀疑时仍应从经验上和逻辑上进行审查。最后是坚持相互印证规则，应注意侦查人员当庭作出的证言是否与庭前证言以及其他在案证据在所包含的事实信息方面一致，使得其真实性能够得到其他证据的印证。

程某兵贩卖毒品案
——对于从被当场抓获的贩毒人员车辆上查获的
毒品原则上应认定为其贩卖的毒品

裁判要旨

1. 贩毒人员被当场抓获后，从其车辆上查获的毒品，如无确凿证据证明系他人所有，可结合被告人的毒品犯罪前科、贩卖毒品的来源等因素，根据经验法则推定被告人具有贩卖的故意，应认定为其贩卖的毒品。

2. 确有证据证明查获的毒品并非贩毒人员用于贩卖，其行为另构成非法持有毒品罪、窝藏毒品罪等其他犯罪的，依法定罪处罚。

巴某、木某走私毒品案
——走私毒品案件中被告人主观明知的认定

裁判要旨

走私毒品犯罪中，被告人拒不供认明知是毒品，又缺乏其他证据证明其明知的，可以根据其实施毒品犯罪的行为方式、毒品隐藏位置、路线、过程及毒品被查获时的反应等，结合其年龄、文化程度、职业、经历、是否有前科等进行综合分析。运用此方法认定明知的，还应当认真审查被告人的辩解是否有事实依据、对异常行为的解释是否合理、是否存在被蒙骗的可能等，确保准确认定。

韩某某走私、贩卖、运输毒品，强奸，传授犯罪方法，张某某走私毒品、强奸案

——走私、贩运精神药品及相关次生犯罪的罪名适用

裁判要旨

明知他人利用精神药品实施抢劫、强奸等犯罪，而从境外购买并走私入境后贩卖、运输给他人，构成走私、贩卖、运输毒品罪；通过网络向他人传授精神药品的使用等犯罪方法，构成传授犯罪方法罪；明知他人正在实施强奸犯罪，仍实时传授迷奸手段提供帮助，构成强奸罪，依法数罪并罚。

张某宣运输毒品案

——吸毒人员在运输毒品过程中被查获数量较大以上的毒品，无证据证明其有实施贩卖毒品等其他犯罪故意的，以运输毒品罪定罪处罚

裁判要旨

吸毒者在运输毒品过程中被查获毒品，没有证据证明其有实施贩卖毒品等其他犯罪的故意，且毒品数量达到《刑法》第347条规定的“数量较大”以上的，一般以运输毒品罪定罪处罚。

刘某某贩卖毒品案

——国家工作人员实施毒品犯罪的，应予严惩

裁判要旨

国家工作人员涉毒品犯罪处罚问题。国家工作人员本应更加自觉地抵制毒品，积极与毒品违法犯罪作斗争。但近年来出现了一些国家工作人员涉足

毒品违法犯罪的情况，造成了不良社会影响。本案被告人刘某某系灌云县自然资源和规划局下属事业单位职工，具有国家工作人员身份，根据《最高人民法院关于审理毒品犯罪案件适用法律若干问题的解释》第4条的规定，其属贩卖少量毒品“情节严重”。人民法院对刘某某依法判处三年有期徒刑，体现了对此类人员毒品犯罪的严惩。

张某等贩卖毒品案

——贩卖毒品案件中部分被告人“零口供”情形下的罪行认定

裁判要旨

在贩卖毒品案件中，被告人“零口供”情形下，可以结合被告人物品交接方式明显违背合法物品交接方式，隐匿物品视频中放置的地点与购毒人员领取毒品的地址完全一致性，且微信、支付宝等转账记录与其贩卖毒品的时间、数量高度契合，吸食毒品人员精神正常情况下的辨认等情况，综合分析后认定其罪行。

张某某制造毒品案

——以扣押在案的制毒原料进行侦查实验可以作为认定被告人制造毒品犯罪的证据，但侦查实验结果一般不能作为认定被告人制作毒品数量的依据

裁判要旨

在涉新型毒品案件中，侦查实验可以增强个案证据的证明力度，但侦查实验结果一般不能作为认定被告人制作毒品数量的依据。由于侦查实验受到环境、操作人员对于专业知识的理解、掌握程度等多种因素的影响，所制造出来的毒品最终状态、精纯度上会有较大的差距。特别是对于被告人尚处于制造毒品初期的案件，在未查获毒品实物的情况下，对于被告人所制造毒品的形态无法进行准确的认定，单纯地将侦查实验所得的数量作为被告人制造

毒品的数量进行认定，缺乏客观和公正性。

徐某某、陈某某贩卖毒品案
——毒品数量不以纯度计，掺假不影响毒品数量认定

裁判要旨

实践中，一些毒贩为了谋取高额利润，往往在毒品中掺杂非毒品成分增加毒品数量进行出售，“掺假”后的毒品数量如何认定成为毒品犯罪案件中定罪量刑所要考量的重要因素。我国《刑法》第357条规定，毒品犯罪案件中，毒品的数量以查证属实的走私、贩卖、运输、制造、非法持有毒品的数量的计算，不以纯度折算，体现了我国从严打击毒品犯罪的一贯宗旨。但考虑到毒品纯度明显低于市场上同类毒品纯度，在量刑时予以适当考虑，既体现了依法从严惩处毒品犯罪的精神，又贯彻了宽严相济的刑事政策，做到区别对待、罚当其罪。

刘某良等贩卖毒品案
——技术侦查证据的法庭调查和使用

裁判要旨

关于技术侦查证据的法庭调查和使用，法庭对证据有疑问的，可以告知公诉机关补充证据。对认定被告人罪与非罪或罪行轻重，尤其是对死刑适用有影响的，应当随案移送技术侦查资料。如果被告人否认其系音频资料中的声音主体，应作声纹鉴定。音频资料应当经过当庭播放的方式进行质证。

马某等贩卖毒品案
——毒品代购行为在上下游犯罪中的共犯认定

裁判要旨

根据《全国法院毒品案件审判工作会议纪要》(《昆明会议纪要》)关于代购毒品行为罪名认定规定，明知他人实施毒品犯罪而为其代购毒品，未从中牟利的，以相关毒品犯罪的共犯论处的精神，对代购行为罪名的认定要根据行为人与上下游犯罪的犯意联络紧密程度，居间代购的具体行为和促成毒品买卖的作用大小以及是否有牟利行为等综合因素考虑，从而认定代购行为是与上游犯罪构成共同犯罪还是与下游犯罪行为构成共同犯罪。

阮某某贩卖、运输毒品案
——利用、教唆未成年人贩卖毒品的死刑适用标准

裁判要旨

未成年人心智不够成熟，分辨是非能力较弱，好奇心强，容易受到不良周边环境的影响，被不法分子利用、教唆参与毒品犯罪，或者成为被引诱、教唆、欺骗吸食毒品以及出售毒品的对象。行为人贩卖、运输毒品数量已达到实际掌握的死刑数量标准，系主犯，系曾因实施严重暴力犯罪被判刑的累犯，违反未成年人特殊、优先保护原则、挑战亲情伦理底线，利用、教唆具有亲属关系的未成年人贩卖、运输毒品的，在不具备法定从轻、减轻处罚情节前提下，可以适用死刑。

陈某、徐某贩卖毒品、洗钱案

——用他人账户转移毒赃的行为定性

裁判要旨

行为人在实施毒品犯罪之后，进一步实施掩饰、隐瞒等“漂白”的二次行为，利用不明真相的他人微信号收取毒赃，并将毒赃转换为现金，属于《刑法》第 191 条第 1 款第 5 项规定的“以其他方法掩饰、隐瞒犯罪所得及其收益的来源和性质的”，构成洗钱罪。

梁某炯运输毒品案

——推定行为人具有运输毒品的明知应有足够的证据支持

裁判要旨

对于运输毒品犯罪，在被告人始终否认明知是毒品而运输，在案又没有其他直接关联证据的情况下，需根据全案证据综合分析。要认真审查被告人的辩解是否有事实根据、对异常行为的解释是否合理、是否存在被蒙骗的可能等，准确认定被告人的主观心态。

萨某某等贩卖毒品案

——贩卖含有合成大麻素类物质混合烟丝的行为应当认定为贩卖毒品罪

裁判要旨

合成大麻素类新精神活性物质于 2021 年 7 月 1 日被我国列入《非药用类麻醉药品和精神药品管制品种增补目录》，该类毒品具有较强的兴奋、致幻、麻醉等效果。对于贩卖含有合成大麻素类物质混合烟丝的行为，应当认定为贩卖毒品罪。

易某走私毒品案

——对走私入境恰特草行为的处理

裁判要旨

根据《精神药品品种目录（2013 年版）》，恰特草被作为第一类精神药品进行管制。故对于非法种植、非法持有、贩卖、走私、服食恰特草的行为均可按照违法犯罪行为处理。对于非法携带恰特草入境我国的行为，应以走私毒品罪论处。

鲍某某走私、运输毒品案

——被告人犯罪时是否满 18 周岁的证据存疑的，对其不适用死刑

裁判要旨

被告人犯罪时是否已满 18 周岁，是能否适用死刑的前提。本案认定被告人犯罪时是否满 18 周岁没有确实、充分证据证明，不应当适用死刑。即使被告人未上诉，对案件也应全面审查，对其依法不适用死刑。

黎某某等贩卖、运输毒品案

——重大毒品犯罪案件中技术侦查证据的移送与质证

裁判要旨

1. 移送技术侦查证据作为定案根据的案件范围。一是对认定犯罪嫌疑人、被告人有罪或者无罪有重要影响的；二是对认定犯罪嫌疑人、被告人的罪行性质有重要影响的；三是对认定犯罪嫌疑人、被告人的罪行轻重，尤其是对死刑适用有重要影响的。对于随案移送的证据材料涉及国家秘密、商业秘密

或者个人隐私的，所涉人员都应当履行保密义务。

2. 技术侦查证据“三性”的审查要点。根据《最高人民法院关于适用〈中华人民共和国刑事诉讼法〉的解释》（以下简称《刑诉法解释》）第119条的规定，对技术侦查证据，除应当依照《刑事诉讼法》对不同种类证据进行分类审查外，还应当着重审查以下内容。一是合法性审查，采取技术侦查措施是否按照法律、有关规定履行批准手续，批准采取技术侦查措施的法律文书是否随案移送；采取技术侦查措施的种类、适用对象和期限是否按照批准决定载明的内容执行。二是真实性审查，对采取技术侦查措施收集的物证、书证、视听资料、电子数据等证据材料的内容是否作出说明，复制件的内容与原件是否一致，与案件事实有关的证据是否全面移送。三是关联性审查，采取技术侦查措施收集的证据与待证事实的关联程度，与其他证据之间是否具有共同指向的内在联系，以及与其他证据存在的矛盾能否得到合理解释等。

3. 作为定案根据的技术侦查证据能否全部在庭外进行核实。如果案件已经达到“事实清楚、证据确实充分”，审判人员为了增强内心确信，或者出于对死刑等重大案件等审慎态度，可以采用单方核实的方式；但如果案件的定罪、量刑依赖于技术侦查证据材料，技术侦查证据应当移送法庭接受质证，庭外核实是在证据已经移送法庭基础上对存疑证据的核实，而非审判人员单方赴收集证据部门对未移送的证据进行核实、认定。

黄某某贩卖毒品案

——贩毒人员住处查获的毒品应认定为其贩卖的毒品

裁判要旨

1. 对于在贩毒人员住处查获的毒品，应当客观看待被告人提出的所查获毒品并非贩毒人员用于贩卖的反证意见，包括其为他人保管用于吸食的毒品，为犯罪分子窝藏毒品，持有捡拾、用于治病的毒品等。对于有证据能够印证被告人主观贩卖毒品的犯罪故意，被告人又不能对其持有毒品作出合理解释的，应认定为贩卖毒品的行为。

2. 因被告人认知错误，贩卖的毒品疑似物经鉴定非毒品的，其贩卖毒品行为属于意志以外的原因未得逞，应当认定为犯罪未遂，可以比照既遂犯减轻处罚。

易某某等贩卖毒品案

——居中型毒品犯罪中如何区分居中介绍行为与居中倒卖行为，如何区分上下家罪责并准确适用死刑

裁判要旨

1. 在居中型毒品犯罪案件中，要准确认定居中者的行为是居中介绍还是居中倒卖，需重点考察居中者与前后环节交易对象之间是否存在共同贩卖毒品的故意以及居中者是否独立实施贩卖行为。居中者在交易过程中如存在加价贩卖行为，与前后环节的交易对象没有共同犯罪故意的，属于独立的毒品交易环节，应当认定为居中倒卖者，与前后环节的交易对象是上下家关系。

2. 买卖同宗毒品的上下家，如果毒品数量刚刚超过实际掌握的死刑数量标准，一般不对上下家同时适用死刑，而是选择对行为更积极、对促成毒品交易所起作用更大、主观恶性更深、行为社会危害性更大者适用死刑。如果下家主动向上家约购毒品，在毒品交易中行为更积极；购得毒品后继续贩卖，且还多次向多名吸毒人员贩卖毒品，反映其主观恶性更深，行为社会危害性更大，应当对下家适用死刑。

孙某某贩卖毒品案

——为他人代购精神类药品的司法认定

裁判要旨

对于为客户代购精神类药品的行为，应当结合代购的频次、贩卖的对象、是否加价或者变相加价、被查获的情况等，综合判断代购人员是否在主观上明知是国家管控的精神药品而为他人代购用作毒品吸食。对于以牟利为目的，明知他人将该类药品用作毒品吸食而为其代购的，以贩卖毒品罪定罪处罚。

马某根等贩卖毒品案

——伪造资质骗购麻醉药品出售给贩毒人员的，构成贩卖毒品罪

裁判要旨

持伪造资料办理麻醉卡从医院骗购哌替啶出售给贩毒人员牟利的构成贩卖毒品罪，其行为不但导致大量医疗用麻醉药品流入涉毒渠道，还严重扰乱了药品经营管理秩序。综合在案证据，认定各被告人具有贩卖毒品罪的主观故意，构成贩卖毒品罪的共犯。对犯罪中起组织、指挥作用的主犯予以严惩；对具有从犯、自首、认罪认罚、积极退赃等法定、酌定从宽处罚情节的其他被告人依法从轻或减轻处罚。

陈某雄运输毒品案

——对证据合法性存疑的，应坚持疑罪从无原则

裁判要旨

被告人主张侦查机关刑讯逼供，并提供了具体线索的，人民法院应当启动非法证据排除程序，准确认定被告人在侦查阶段所作供述的合法性，对证据收集合法性不能得到证明的，应坚持依法排除非法证据。

张某勇贩卖毒品案

——以非接触方式交易毒品且被告人拒不供认的案件中如何综合运用间接证据定案

裁判要旨

对于采取非直接接触方式交易毒品，且被告人“零口供”，缺乏直接证据印证的贩卖毒品案件，要综合全案间接证据，分析是否足以形成完整的证据

链，排除合理怀疑，以证实被告人实施贩卖毒品行为。对于有较好的间接证据证实相关交易环节，且间接证据能形成完整的证据锁链，认定相关手机、银行账户等用于贩毒，被告人系手机、银行账户等实际控制人，银行账户所关联毒品交易均由被告人实施的，可以认定被告人实施了贩毒行为。

字某贩卖毒品案

——代购毒品“蹭吸”并有赚取差价行为的，可认定为“变相加价”，以贩卖毒品罪论处

判要旨

代购者收取、私自截留部分购毒款、毒品，或者通过在交通、食宿等开销外收取“介绍费”“劳务费”等方式从中牟利的，属于变相加价。对于毒品代购者直接克扣部分毒品“蹭吸”，并在代购过程中向托购者索要红包、现金等方式赚取差价的，应视为“变相加价”的牟利行为，以贩卖毒品罪定罪处罚。

唐某贩卖毒品案

——毒品交易未完成的量刑把握

裁判要旨

贩毒者和购毒者前期商谈好毒品种类、数量、价格、交货地点后，双方到达交易地点接头进入毒品交易环节，但未完成毒品交付情况下被抓获的，不宜认定为未遂。

张某某等走私、运输毒品案

——毒品犯罪集团中首要分子立功情节的处理

裁判要旨

对于首要分子立功情节把握标准。被告人张某某在归案后积极配合公安机关，将一正在进行毒品运输的马仔高某抓获并查获毒品。法院认定其具有一般立功情节。同时，在本案侦查过程中，张某某积极向公安机关提供了 19 个涉及毒品犯罪人员的电话及微信号码线索，相关的侦查工作并没有因为一审审结而间断，至张某某死刑复核期间，最高人民法院还确认了公安机关根据张某某的检举，查获甲基苯丙胺片剂 2593 克的事实。张某某在归案后协助公安机关抓捕运毒马仔高某的行为符合《刑法》规定的立功表现，但系特殊的毒品犯罪首要分子协助抓捕马仔的情况，对于毒枭等严重毒品犯罪分子立功的，从轻或者减轻处罚应当从严掌握。如果其罪行极其严重，只有一般立功表现，功不足以抵罪的，可不予从轻处罚；如果协助抓获的只是同案中的从犯或者马仔，功不足以抵罪，或者从轻处罚后全案处刑明显失衡的，不予从轻处罚。

张某贩卖毒品案

——贩卖毒品案件中毒品数量的认定

裁判要旨

1. 贩卖毒品案件中，对于未查获实物的甲基苯丙胺片剂、MDMA 片剂（俗称摇头丸）等混合型毒品，可以根据在案证据证明的毒品粒数，参考本案或者本地区查获的同类毒品的平均重量计算出毒品数量。

2. 毒品数量和将毒品粒数折算为毒品数量，由公诉机关承担举证责任。

黄某某、陈某甲等走私、贩卖毒品案

——非医疗目的走私、贩卖“聪明药”等新型精神药品的定性

裁判要旨

对于非医疗目的的走私、贩卖包括莫达非尼（俗称“聪明药”）等国家规定管制的能够使人形成瘾癖的新型精神药品的行为，应当以走私、贩卖毒品罪论处。但在对于该类毒品数量认定以及定罪量刑情节的把握上，应当在充分考虑该类毒品所具有的毒药双重属性基础上，适当考虑贩卖对象、贩卖次数、贩卖方式、社会危害性等进行综合认定，以体现罪责刑相适应原则。

彭某贩卖毒品案

——贩卖毒品罪中特情引诱犯罪的认定规则

裁判要旨

贩卖毒品犯罪中，公安机关利用特情向有证据证实持有毒品且随时待售的被告人购买毒品的，一般不影响犯罪认定。在公安机关控制下交付的，如特情人员对促成交易或完成交易所起作用较大，可酌情对被告人从宽处罚。

鲁某等制造毒品案

——利用新康泰克感冒药提炼麻黄碱制造甲基苯丙胺的行为定性

裁判要旨

行为人通过各种渠道大量购买新康泰克感冒胶囊作为制毒原料，非法制造毒品的，以制造毒品罪论处。

苏某礼、郑某宏贩卖、运输毒品案

——跨省贩卖、运输毒品数量大，罪行极其严重，应依法从事惩处

裁判要旨

本案是一起跨省运输大宗毒品的典型案件，社会危害性极大。本案涉及两起犯罪事实，第一起苏某礼、郑某宏共同贩卖、运输海洛因15981克、甲基苯丙胺片剂净重19克，虽然郑某宏在该起犯罪中具有坦白情节，但郑某宏还单独实施贩卖697克毒品且拒不认罪，主观恶性大。人民法院根据二被告人犯罪的事实、性质、具体情节以及主观恶性，依法对二被告人均判处死刑，体现了对毒品犯罪严厉惩处的一贯政策，充分发挥了刑罚的威慑作用。

唐某某贩卖毒品案

——对可能有社会危险性的罪犯，不予暂予监外执行

裁判要旨

《刑事诉讼法》第265条第3款规定，对适用保外就医可能有社会危险性的罪犯，或者自伤自残的罪犯，不得保外就医。“可能有社会危险性”主要是指再犯罪的可能性。在暂予监外执行期间再犯罪，如果罪犯有数次故意犯罪的前科，即使其所犯罪行较轻，也可以认为具有较大社会危险性，有再犯罪的可能，应依法不予暂时监外执行。

黄某托等贩卖、运输毒品案

——毒品数量刚超过实际掌握的死刑适用数量标准，
具有酌定从宽处罚情节的，应审慎决定适用死刑

裁判要旨

办理毒品案件，应当坚持“毒品数量+其他情节”的标准，全面考察毒品犯罪的事实、性质、情节、数量、对社会的危害程度以及被告人的主观恶性、人身危险性等因素。在毒品数量刚超过实际掌握的死刑适用数量标准时，应当贯彻“少杀慎杀”政策，严格审慎适用死刑。

刘某红贩卖、制造毒品案

——对于制造毒品行为应结合在案证据综合认定，
废液、废料不应计入制造毒品的数量

裁判要旨

关于制造毒品的行为认定，最高人民法院2008年印发的《全国部分法院审理毒品犯罪案件工作座谈会纪要》(以下简称《大连会谈纪要》)规定：“制造毒品不仅包括非法用毒品原植物直接提炼和用化学方法加工、配制毒品的行为，也包括以改变毒品成分和效用为目的，用混合等物理方法加工、配制毒品的行为。”关于制造毒品数量的认定，最高人民法院2015年印发的《全国法院毒品犯罪审判工作座谈会纪要》(以下简称《武汉会议纪要》)规定：“制造毒品案件中，毒品成品、半成品的数量应当全部认定为制造毒品的数量，对于无法再加工出成品、半成品的废液、废料则不应计入制造毒品的数量。对于废液、废料的认定，可以根据其毒品成分的含量、外观形态，结合被告人对制毒过程的供述等证据进行分析判断，必要时可以听取鉴定机构的意见。”最高人民法院2023年印发的《全国法院毒品案件审判工作会议纪要》(《昆明会议纪要》)，在制造毒品行为及数量认定问题上，基本延续了《大连会谈纪要》

和《武汉会议纪要》的上述规定。

实践中，一些犯罪分子出于逃避罪责等考虑，并不如实供述自己制造毒品的具体方法和过程；也有一些犯罪分子受自身知识水平所限，并不了解也难以表述清楚自己制造毒品的具体技术原理，由此给司法人员查明案件相关事实带来一定困难。对于这种情况，如果根据在案查获的制毒原料、工具、技术配方及毒品成品、半成品等情况，结合被告人对基本制毒方法、原理的供述，足以认定其实施了制造毒品犯罪行为的，则不需要通过侦查实验进行核实验证。被告人从互联网上查询制毒方法后，从含麻黄碱类物质的药品中提取麻黄碱，以麻黄碱和其他化学品为原料，采用化学方法制造合成甲基苯丙胺的，构成制造毒品罪。

废液、废料通常是指已经不具备进一步提取（提纯）毒品条件的固体或者液体废弃物。对于制造毒品现场查获的毒品含量极低的物质，犯罪分子因受技术水平所限，通常难以再加工出毒品，且从成本角度考虑，犯罪分子也不太可能再对含量如此之低的物质进行加工、提纯。故在认定制造毒品的数量时，对于案件中查获的含有毒品成分的物质，应综合其毒品成分的含量、外观形态、存放的容器和位置，结合被告人对制毒过程、查获毒品疑似物性质的供述和辩解等证据进行分析，判断其属于毒品成品、半成品还是制毒废液、废料；认定为废液、废料的，不计入制造毒品的数量。

李某雄贩卖毒品案

——对被告人辩称受人雇用贩卖毒品的案件，如何把握死刑政策和证据标准

裁判要旨

被告人在共同犯罪中的地位、作用属于死刑案件中影响死刑适用的关键事实，对该事实的证明必须达到法定证明标准。如果认定该项事实的证据不能达到确实、充分的证明标准，无法排除合理怀疑，以致影响准确判定被告人罪责的，不能判处死刑立即执行。

李某都运输毒品案
——不能排除受人指使、雇用初次运输毒品被告人的死刑适用

裁判要旨

对于运输毒品犯罪的死刑适用，应当突出惩治重点，体现区别对待。对于受人指使、雇用运输毒品的被告人，应当充分考虑其在毒品犯罪链条中所处的地位和实际发挥的作用，不能单纯根据涉案毒品数量的大小或者所获报酬的多少决定死刑适用。要综合考虑其运输毒品的次数和距离、犯罪的主动性和独立性、在共同犯罪中的地位和作用、社会危害大小、获利方式、主观恶性、人身危险性，结合毒品数量等因素，慎重适用死刑。对于不能排除受人指使、雇用初次运输毒品的被告人，综合上述因素，可以考虑不判处死刑。

韩某标贩卖、运输毒品案
——采取特情接洽手段破获案件的认定与处理

裁判要旨

采取特情贴靠或接洽手段侦破毒品犯罪案件，是依法打击毒品犯罪的有效手段。本案一、二审裁判时适用2008年《全国部分法院审理毒品犯罪案件工作座谈会纪要》(《大连会议纪要》，已失效）的规定，即已持有毒品待售或者有证据证明已准备实施大宗毒品犯罪者，公安机关采取特情贴靠、接洽而破获的案件，不存在犯罪引诱，应当依法处理。2023年《全国法院毒品案件审判工作会议纪要》(《昆明会议纪要》) 不再使用“特情”这一表述，统称为“隐匿身份人员”，在内容上基本延续上述规定。即，对于有证据证明被告人正在准备或者已经着手实施毒品犯罪，隐匿身份人员采取贴靠、接洽手段破获案件，不存在犯罪引诱的，应当依法处理。办理此类案件时，应当根据隐匿身份人员介入侦查的不同情况，分别予以处理。

王某华贩卖、运输毒品案

——被告人提出排除非法证据申请，但公诉机关未能提供讯问录音录像的，对有关证据应当如何处理

裁判要旨

司法实践中，被告人提出排除非法证据申请，但公诉机关未能提供讯问录音录像的，对有关供述是否予以排除，应当根据案件情况赋予法官一定的自由裁量权。首先，从制度设计的初衷看，讯问录音录像制度主要是为了保障供述的自愿性，进而确保供述的真实性，最终达到发现事实真相、准确惩罚犯罪的目的。办案机关违反讯问录音录像规定并不必然影响供述的自愿性，如果其他证据能够证明供述系被告人自愿作出，并不存在刑讯逼供等非法取证行为，就应当认可供述的合法性。其次，在目前的执法状况下，要求对所有刑事案件的讯问过程进行全程录音录像，难以一步到位；对于不能提供讯问录音录像的情形，如果完全不考虑其他证明取证合法性的证据材料，一律排除有关供述，可能过于严格。不过，对于办案单位未依照法律规定对讯问过程录音录像或者未提供讯问录音录像，又不能提供其他证据材料证明取证合法性，不能排除以非法方法收集证据情形的，对有关证据应当予以排除。排除非法证据后，案件事实清楚，证据确实、充分，依据法律认定被告人有罪的，应当作出有罪判决；证据不足，不能认定被告人有罪的，应当作出证据不足、指控的犯罪不能成立的无罪判决；案件部分事实清楚，证据确实、充分的，依法认定该部分事实。

张某奇等6人走私、贩卖、运输毒品案
——在判处多名被告人死刑的毒品案件中如何全面、准确地贯彻宽严相济刑事政策

裁判要旨

要毫不动摇地坚持从严惩处毒品犯罪的方针，突出打击重点，依法严惩走私、制造和大宗贩卖毒品等源头性犯罪，依法严惩毒品犯罪集团首要分子、职业毒贩、累犯、毒品再犯等犯罪分子，对其中罪行极其严重、依法应当判处死刑的，坚决依法判处，充分发挥死刑对于预防和惩治毒品犯罪的重要作用。同时，应全面、准确地贯彻宽严相济刑事政策，体现区别对待，做到罚当其罪，综合考虑毒品数量、犯罪性质、情节、危害后果及被告人的主观恶性、人身危险性等因素，严格审慎地决定死刑适用，确保死刑只适用于极少数罪行极其严重的犯罪分子。

本案共报核六名被告人死刑，六人在各自的共同犯罪中均系主犯。在该类多名死刑被告人的毒品案件中，应全面、准确地贯彻宽严相济刑事政策。毒品数量是量刑的重要情节，但不是唯一情节。在对被告人决定死刑适用时，应当坚持“毒品数量+其他情节”的标准，不能仅因涉案毒品数量远超过实际掌握的死刑适用数量标准，就不加区分地判处一案多名被告人死刑，还应充分考虑不同被告人的不同犯罪情节。在对被告人熊某明的量刑上，虽然现有证据能够认定熊某明走私、贩卖、运输甲基苯丙胺片剂6万粒，贩卖毒品的数量已达到了判处死刑的数量标准，且其在贩毒网络中位于较高层级。但本案只认定熊某明实施了一起犯罪，几乎未查获毒品实物，且数量明显少于其他五名死刑被告人（大约为十分之一）。熊某明亦无前科。综合全案考虑，不应核准熊某明死刑，对其改判死缓。

对于运输毒品犯罪的死刑适用，应当准确把握打击重点，依法严惩以运输毒品为业、多次运输毒品等严重情节的被告人，对其中依法应当判处死刑的，坚决依法判处。多人受雇同行运输毒品的，在决定死刑适用时，除各被告人运输毒品的数量外，还应当综合考虑其具体犯罪情节、参与程度、与雇

用者的关系以及主观恶性、人身危险性等因素，同时判处二人死刑应当特别慎重。

陈某淳走私毒品、非法持有毒品案

——走私国家管制的新精神活性物质的行为构成走私毒品罪

裁判要旨

新精神活性物质通常是不法分子为逃避打击而对管制毒品进行化学结构修饰所得到的毒品类似物，具有与管制毒品相似或更强的兴奋、致幻、麻醉等效果。《非药用类麻醉药品和精神药品列管办法》（公通字〔2015〕27号）对新精神活性物质进行列举式管制，实践中要着重识别案涉精神活性药物是否受到管制，准确定性犯罪行为。本案所涉纸质邮票状毒品中所含麦角酸二乙基酰胺成分（简称LSD）是一种受到管制的新精神活性物质，具有强烈的致幻作用，属于我国列管的第一类精神药品。被告人通过“暗网”平台以比特币非法购买并邮寄LSD等新型毒品入境，并持有其他类型毒品的行为，依法分别构成走私毒品罪、非法持有毒品罪。

邓某某贩卖毒品案

——帮助他人代购毒品并“蹭吸”行为属于贩卖毒品

裁判要旨

对于蹭吸毒品的代购行为，应当从托购者意思表示、购毒目的、托购者是否自行联系售毒者，代购者是否自行联系售毒者、是否从托购者预先联系的售毒者处购买毒品、毒品价格、实际获利情况等方面，综合性审查相关事实。在毒品上下家相互不认识或者吸毒者没有毒品来源的情况下，蹭吸毒品的代购行为事实上促成了毒品交易和流通，应认定为贩卖毒品罪。

黄某甲等贩卖、运输、制造毒品罪案
——涉毒涉恶势力犯罪集团的认定

裁判要旨

恶势力犯罪集团是指经常纠集在一起，以暴力、威胁或者其他手段，在一定区域或者行业内多次实施违法犯罪活动，为非作恶，欺压百姓，扰乱经济、社会生活秩序，造成较为恶劣的社会影响，但尚未形成黑社会性质组织的违法犯罪组织。其表现特征为：有三名以上的组织成员，有明显的首要分子，重要成员较为固定，组织成员经常纠集在一起，共同故意实施三次以上恶势力惯常实施的犯罪活动或者其他犯罪活动。本案行为人团伙以贩卖毒品为主要犯罪活动，并将毒品犯罪所获取的非法利益用于放高利贷以获取更大的经济利益，维持和支撑其活动。在实施毒品犯罪、收取高利贷过程中不断引发毒资纠纷和欠款纠纷，采取暴力或者其他方式多次实施容留他人吸毒、非法讨债、非法拘禁、寻衅滋事、制造毒品和故意伤害等违法犯罪活动，扰乱社会秩序，社会影响恶劣，应当认定为恶势力犯罪集团。

黄某荣贩卖毒品案
——代购毒品并从中牟利、加价进行贩卖行为构成贩卖毒品罪

裁判要旨

代购毒品行为，可能涉及贩卖毒品罪、非法持有毒品罪、运输毒品罪等罪名。如果被告人明知他人实施毒品犯罪而为其代购毒品，未从中牟利，应以相关毒品犯罪的共犯论处。如果代购者主观上为了获取好处，客观上为托购者代购毒品，并从中加价牟利，无论加价数额多少，均应当认定为贩卖毒品罪。在代购毒品并加价从中牟利的案件中，被告人不仅帮助托购者购买毒品，还帮助毒贩销售毒品，加剧了毒品向社会的扩散与流转，促成了吸毒者与贩毒者的成功交易，具有社会危害性与刑罚可罚性，依法构成贩卖毒品罪。

倪某、逄某等贩卖、运输毒品案

——毒品因质量等问题被退回情节的认定

裁判要旨

贩卖毒品罪中，毒品进入实质性交易环节的，犯罪即既遂。实践中，交易完成后毒品被退回的原因并不限于质量问题，还可能因毒品数量不足、品类含量不对等原因被退回，不影响贩卖毒品罪既遂的成立，但在毒品被退回可作为量刑情节考虑。

撒某某运输毒品案

——毒品案件中间接证据的审查与运用

裁判要旨

对于毒品犯罪等隐蔽性较强的犯罪行为，在没有证明被告人有罪的直接证据的情况下，若在案间接证据确实、充分，形成了完整的证明链条，证据之间互相印证共同指向同一待证事实，不存在不能解释的疑问，对认定的事实已排除合理怀疑，得出的结论具有唯一性的，可以根据间接证据定案。

马某某贩卖毒品案

——贩毒人员委托他人代收邮寄毒品的，构成犯罪既遂

裁判要旨

1. 为贩卖而购买毒品的行为，构成贩卖毒品罪。即使购得的毒品没有卖出，也应计入贩卖数量，而不以非法持有毒品罪论处。

2. 贩毒人员中的卖家将毒品交付给快递、物流，买家收取包裹是安排他人进行的，买卖双方都属于既遂。

宗某某等贩卖毒品案
——对未查获毒品实物的贩毒犯罪的事实认定

裁判要旨

司法实践中，部分被告人除贩卖被查获在案的毒品外，还曾多次向多人贩卖毒品，但此前的毒品交易已完成，毒品未能查扣在案。这种情况下，对于未查获毒品实物的部分犯罪事实的证据审查要从严把握，认定被告人此前的贩毒事实，要求被告人供述、同案或者另案被告人供述、购毒人员证言之间关于交易毒品时间、地点、次数、人数、数量、价格等情节相互吻合，并且有其他相关证据相互印证，且证据取证合法，证据形成完整证据链条。

对部分毒品实物在案、部分毒品未查扣在案的毒品犯罪案件，毒品数量并非量刑的唯一情节，不能仅简单考虑毒品数量，还需要考虑被告人的贩毒次数、社会危害程度、主观恶性、是否具有累犯、毒品再犯、自首、立功等情节等综合裁判。

蒋某某贩卖毒品案
——多次“零包贩毒”行为的审查认定

裁判要旨

1. 审查毒品上下家之前是否存在“零包贩毒”毒品交易时，应注重对双方聊天记录和转账记录等客观证据进行分析和判断，对购毒人员与贩毒人员、贩毒人员与上家之间的资金流向进行梳理，审查这些证据与购毒人员证言、贩毒人员供述能否相互印证。

2. 多次“零包贩毒”，虽无法查明贩卖毒品的准确数量，但已查明贩卖毒品种类和数量区间的，可认为已经达到刑诉法规定的证明标准，按照存疑有利于被告人原则，就低认定毒品数量并予以量刑。

邹某某贩卖毒品、容留他人吸毒案

——从贩毒人员住所查获的毒品一般应当认定为其贩卖的毒品

裁判要旨

除确有证据证明查获的毒品并非用于贩卖外，从贩毒人员住所、车辆等处查获的毒品，一般应认定为其贩卖的毒品。

易某某等7人走私、贩卖毒品案

——从境外寄递或直接向走私人购买国家管制的精神药品的犯罪认定

裁判要旨

1. 三唑仑、咪达唑仑等精神药品不同于普通毒品，其隐蔽性较强，社会大众对其认识不足，但社会危害性较大，长期使用可能产生依赖性，过量还会导致神志不清、昏迷、呼吸暂停，甚至死亡，且极易滋生其他犯罪，故对于此类毒品犯罪应秉持零容忍的态度予以惩处。根据《精神药品品种目录》，三唑仑属于一类精神药品，咪达唑仑属于二类精神药品，均系国家管制的能够使人形成瘾癖的精神药品，应认定为刑法规定的毒品。明知系国家管制的精神药品而非法将其运输、携带、寄递进出国（边）境，或者直接向走私人非法收购走私进口的国家管制的精神药品，应以走私毒品罪定罪处罚。

2. 走私毒品罪既遂与未遂的认定，应以被走私毒品是否进出国（边）境为标准，而不以走私人是否实际接收到被走私毒品为界定标准，即被走私的毒品一旦进出国（边）境，则应当认定为犯罪既遂。

陈某学贩卖毒品案

——购买国家管制的精神药品再出售行为的认定

裁判要旨

通过非法途径购买国家管制的第二类精神药品地西泮注射液，在不具备相关医疗及售卖精麻药资质的情况下，购买针管与地西泮注射液、盐酸异丙嗪注射液搭配成套餐贩卖给多名吸毒人员进行获利，依法以贩卖毒品罪论处。

（二）非法持有毒品罪

寿某某非法持有毒品案

——物证的收集、保管程序瑕疵对证据效力的影响和认定

裁判要旨

审理中查明侦查人员在办案过程中，因各种原因未能及时对扣押物品进行全面清点记录、未妥善进行保管的，物证的证明效力受到影响，应当要求侦查人员对相关物证进行补正和解释，补正、解释不能排除合理怀疑的，应依法不确认该物证的证据能力和证明力。

欧阳某松非法持有毒品案

——从吸毒人员住处查获数量较大的毒品，
但认定其贩卖毒品的证据不足的，应当认定为非法持有毒品罪

裁判要旨

从吸毒人员住处查获数量较大的毒品，但认定其实施贩卖毒品的证据不

足的，应当以非法持有毒品罪定罪处罚。在认定行为人是否具有贩卖毒品的故意时，应当细致审查被告人的辩解和理由。如果认定被告人贩卖毒品的证据没有达到确实、充分的程度，且现有证据不能排除被告人提出的被查获的毒品是其准备用于自己吸食的辩解的真实性和合理性的，就不能认定被告人对其被查获的毒品存在贩卖的故意。

蒋某非法持有毒品案

——代收以物流寄递方式交付毒品的罪名认定

裁判要旨

代收者明知是物流寄递的毒品而代购毒者接收，在接收毒品后即被公安机关抓获，没有证据证明其与毒品发货人、购毒者有实施贩卖、运输毒品等犯罪的共同故意，毒品数量达到《刑法》第348条规定的最低数量标准的，对代收者应以非法持有毒品罪定罪处罚。有证据证明接收毒品的人是利用物流寄递方式交付毒品的贩毒者本人或其指使的人，则对接收毒品的人可以运输毒品罪定罪处罚。

周某武贩卖毒品罪案

——贩卖毒品的，无论数量多少，均应依法追究刑事责任

裁判要旨

贩卖毒品的，无论数量多少，都应当依法追究刑事责任。对于贩卖毒品数量较少，且行为人具有坦白、认罪认罚等情节的，依法从轻处罚。

王某华非法持有毒品案
——多次非法持有毒品的数量认定

裁判要旨

在案证据足以证实购毒者向他人购买达到非法持有毒品罪法定定罪标准数量的毒品的，应以证据证实的购入毒品量认定其非法持有毒品犯罪的数量，而不能以现场查获毒品的数量作为唯一认定标准。多次购毒，且每次购毒数量均达到数量较大标准的，在认定非法持有毒品犯罪的数量时应累计计算。

颜某某非法持有毒品案
——吸毒人员违反治疗规定持有美沙酮，达到数量较大标准的，应认定为非法持有毒品罪

裁判要旨

美沙酮属于人工合成的麻醉药品，同时也是刑法意义上的毒品，长期服用或者滥用会导致上瘾。吸毒人员利用到治疗机构戒毒之机，将美沙酮私自带出并持有，严重妨害了国家对毒品的管理制度，达到《刑法》规定的数量较大标准的，构成非法持有毒品罪。

（三）包庇毒品犯罪分子罪

胡某翠等人包庇毒品犯罪分子、窝藏案

——包庇毒品犯罪分子罪与窝藏罪的区别

裁判要旨

包庇毒品犯罪分子罪，是指明知是走私、贩卖、运输、制造毒品的毒品犯罪分子，而为其作假证明包庇的行为。适用该罪名时应注意以下几点：（1）被告人的行为必须是包庇行为。如上所述，窝藏和包庇行为有明确的区分标准。（2）被包庇对象必须是犯走私、贩卖、运输、制造毒品的犯罪分子。该罪名仅适用犯走私、贩卖、运输、制造毒品的犯罪分子，并非所有的毒品犯罪分子，如被包庇对象犯的是非法持有毒品罪时就不可适用。（3）被告人必须明知被包庇对象犯走私、贩卖、运输、制造毒品罪。即便上述前两个要件都满足，要适用包庇毒品犯罪分子罪，还要判断被告人的主观要件是否成立、是否具有主观明知心态。司法实践中，包庇人通常不会承认自己包庇的事实，最常见的辩解是不知道被包庇对象犯了法。这种情形下，需要根据案件的证据材料来综合判断被告人主观上是否明知，以及明知的内容是明知被包庇对象是毒品犯罪分子，还是仅概括明知被包庇对象是刑事犯罪人。

（四）非法生产、买卖、运输制毒物品、走私制毒物品罪

房某安、许某财非法买卖制毒物品案
——非法买卖制毒物品罪“主观明知”的认定

裁判要旨

行为人是否明知是制毒物品，应当结合具体案情、行为人实施犯罪的方式、过程、制毒物品被查获时的情形，结合其年龄、文化程度、生活状况、职业背景，综合审查各方面证据后予以认定。

解某某等非法买卖制毒物品、张某某等非法经营案
——非法买卖麻黄碱类复方制剂及将麻黄碱类复方制剂拆改包装后进行贩卖行为的认定

裁判要旨

将麻黄碱类复方制剂拆解成粉末进行买卖的，应当以非法买卖制毒物品罪追究刑事责任。非法买卖麻黄碱类复方制剂，在案没有证据证明系用于非法买卖制毒物品的，一般不应认定为非法买卖制毒物品罪，构成非法经营罪等其他犯罪的，依法定罪处罚。

蔡某慧、腾某华非法买卖制毒物品案

——未经许可或者备案，擅自购买、销售易制毒化学品，情节严重的，构成非法买卖制毒物品罪

裁判要旨

盐酸是可用于制造毒品的原料或者配剂，除经法定审批、备案手续准许外，任何销售、购买行为都是非法买卖行为。对于明确相关管理规定，仍在未办理备案手续的情况下销售盐酸，且涉案盐酸被出售给第三人用于制造毒品，侵害了国家对制毒物品的管理制度，造成严重社会危害的，以非法买卖制毒物品罪论处。

（五）非法种植毒品原植物罪

马某潮非法种植毒品原植物案

——非法种植大麻类毒品原植物的行为处理

裁判要旨

种植大麻2000平方米以上不满12000平方米，尚未出苗的，为非法种植毒品原植物数量较大，判处五年以下有期徒刑、拘役或者管制，并处罚金；超过上述最高标准的，应当认定为数量大，判处五年以上有期徒刑，并处罚金或者没收财产。行为人同时具有自首、认罪认罚等情节的，应依法从宽处罚。

（六）引诱、教唆、欺骗他人吸毒罪

何某、肖某欺骗他人吸毒案
——共同欺骗他人吸毒中主从犯的认定

裁判要旨

在共同欺骗他人吸毒犯罪中，对主从犯的认定应根据各被告人在共同犯罪中的地位和作用进行综合分析判断。直接实施投毒等欺骗他人吸毒行为的犯罪人，应认定为主犯。对于虽然没有直接实施投毒等行为，但系欺骗他人吸毒犯罪的犯意提起者、雇佣者的，亦应认定为主犯。

胡某军欺骗他人吸毒案
——欺骗他人吸毒罪的认定

裁判要旨

1.《刑法》第353条规定的引诱、教唆、欺骗他人吸毒罪属于选择性罪名，应根据犯罪分子实施行为的具体特征予以认定。欺骗他人吸毒，是指明知是毒品而在他人不知情的情况下让他人吸食、注射、服用。

2. 被欺骗人是否染上毒瘾不影响定罪。根据相关司法解释的规定，被欺骗人因此染上毒瘾的，可以作为“情节严重”的情形，在量刑中予以考量。

（七）容留他人吸毒罪

沙某某容留他人吸毒案

——在暂予监外执行期间犯新罪，前罪剩余刑期计算终点的确定

裁判要旨

被暂予监外执行的罪犯因犯新罪被采取强制措施之日，其已不符合暂予监外执行条件，应通过法定程序中止前罪的暂予监外执行，即从抓获之日起其履行的是新犯罪的刑事强制措施的义务，不应视为所服前罪判决的刑期，故应以暂予监外执行的罪犯被抓获之日为终点计算前罪的剩余刑期。

章某贩卖毒品、容留他人吸毒案

——为索要债务而唆使他人贩卖毒品行为的定性

裁判要旨

明知债务人系贩毒分子而唆使其贩卖毒品以偿还债务，应当以贩卖毒品罪的教唆犯定罪处罚。根据刑法理论和《刑法》第 29 条的规定，教唆犯是故意唆使他人实行犯罪的人。构成教唆犯，需要具备两个条件：一是主观方面必须有教唆他人犯罪的故意。教唆的故意，也包括认识因素与意志因素两个方面，即认识到自己的教唆行为会使被教唆人产生犯罪意图进而实施犯罪，以及被教唆人的犯罪行为会发生危害社会的结果，希望或者放任被教唆人实施犯罪行为及其危害结果的发生。二是客观方面必须有教唆他人犯罪的行为。教唆行为必须引起他人实施犯罪行为的意思，进而使之实行犯罪。教唆行为的方式没有限制，既可以是口头的，也可以是书面的，还可以是暗示性的眼色、手势等动作。教唆的方法也是多种多样的，如劝告、请求、指示、怂恿、命令、胁迫等。

孙某柱贩卖毒品、容留他人吸毒案

——容留他人吸毒且提供毒品并收取费用的行为
分别构成容留他人吸毒罪和贩卖毒品罪，应依法予以并罚

裁判要旨

在容留他人吸毒的场所为吸毒者提供毒品并收取毒品费用的行为，构成贩卖毒品罪。行为人不仅提供吸毒场所，而且提供毒品、收取费用，但却与吸毒者言明，此费用仅是场所费用及其他非毒品费用，如茶水费等，且明确毒品系赠食的情况下，其行为性质的认定要透过现象看本质。在一般情况下，行为人所收取的费用当然包括购买毒品的费用。实际上，这是行为人销售毒品的一种方式，销售毒品的数量就是其提供的毒品数量。根据司法解释的规定，贩卖毒品与容留吸毒均应单独评价。需要注意的是，一般情况下，只要行为人有向他人提供毒品、收取费用的行为即可认定贩卖毒品，而无须证明行为人从中获利。

董某容留他人吸毒案

——多次在家中容留他人吸毒行为的认定

裁判要旨

容留他人吸毒罪侵犯了国家对毒品的管理制度以及他人生命健康权，属行为犯，不以牟利为要件。行为人多次在其家中容留他人吸食毒品的，符合容留他人吸毒罪的构成要件，应予追究刑事责任。

梅某苁容留他人吸毒案

——吸毒人员为便于吸食添加非毒品物质案件中的毒品数量认定

裁判要旨

将查证属实的毒品数量认定为毒品犯罪的数量，是认定毒品犯罪数量的一般原则。但是，在行为人违法犯罪行为持续期间毒品常规形态、重量发生变化时，存在两个毒品数量，直接关系定罪量刑。认定毒品数量时，应当坚持主客观相统一基本原则。非法持有毒品的行为人，主观上不以制造毒品为目的，也不积极追究毒品重量增加，客观上亦未造成同宗毒品社会危害性的明显增加，而是为了便于吸食而改变毒品常规形态，添加非毒品物质的，应当以未添加非毒品物质时原始毒品数量认定，未达数量较大的，不构成非法持有毒品罪。

刘某某容留他人吸毒案

——认定“容留行为”应综合判断行为人对“场所”的控制能力

裁判要旨

容留他人吸毒罪中，行为人提供的场所必须是其享有一定控制能力的空间，这就要求行为人对空间有一定的使用权或管理权。行为人基于房屋承租人的委托，临时性取得涉案房屋的使用权、管理权，实际上获得了对房屋的控制能力，其提供场所让他人吸毒，即属于容留他人吸毒罪中的“容留”。

姜某容留他人吸毒案

——因吸食毒品被行政拘留不能在毒品犯罪中折抵刑期

裁判要旨

自己吸食毒品行为与容留他人吸毒犯罪行为不具有牵连关系，同一次抓捕不等于同一事由，行为的可罚性不因抓捕次数不同而改变，而直接决定于其违法行为的本质内容，对具有不同处罚性质的不同行为应当分别处罚。

黄某某容留他人吸毒案

——容留他人吸毒刑事案件中坦白的处理

裁判要旨

《刑法》第 67 条第 3 款对于坦白作出了明确规定："犯罪嫌疑人虽不具有自首情节，但如实供述自己罪行，可以从轻处罚。"在认定是否存在坦白情节时，需严格区分不同情形。两种情况下犯罪嫌疑人犯罪后均没有自动到案，可以根据犯罪嫌疑人到案后向司法机关供述的内容进行区分。供述内容是司法机关还未掌握的本人其他罪行的，即成立余罪自首；供述内容是司法机关已掌握的本人罪行的，即成立坦白。

陈某华容留他人吸毒案

——未成年人涉毒案件中家庭教育指导令的适用

裁判要旨

当前，吸毒群体呈现低龄化趋势，必须依法惩治容留未成年人吸毒犯罪。法院在办理此类案件过程中，同时依法对未成年人的监护人发出家庭教育指导令，引导监护人加强对未成年人的禁毒教育，在未成年人成长过程中给予更多关爱，有助于构建温馨和谐的家庭关系，塑造未成年子女的健全品格。本案不仅严惩了侵害未成年人毒品犯罪，而且将禁毒教育与家庭教育相结合，有利于提高未成年人的防毒、拒毒意识，维护青少年健康成长。

（八）非法提供麻醉药品、精神药品罪

陈某明非法提供麻醉药品案

——医务人员向滥用成瘾人员非法提供麻醉药品行为的定性

裁判要旨

对于依法从事生产、运输、管理、使用国家管制的麻醉药品、精神药品的人员，如以牟利为目的，非法向吸毒人员提供国家管制的麻醉药品、精神药品的，构成贩卖毒品罪；如不以牟利为目的非法提供的，构成非法提供麻醉药品、精神药品罪。具有开具麻醉药品处方资格的执业医师，在明知患者注射吗啡已成瘾且冒用他人身份就诊的情况下，仍非法提供盐酸吗啡注射液等麻醉品的，在没有证据证明该执业医师以牟利为目的情况下，依法认定其构成非法提供麻醉药品罪。

八、组织、强迫、引诱、容留、介绍卖淫罪

（一）组织卖淫罪

邱某甲等组织卖淫、协助组织卖淫案
——组织卖淫罪与协助组织卖淫罪的区分

裁判要旨

1. 组织卖淫罪与协助组织卖淫罪最主要的区别是根据组织卖淫与协助组织卖淫行为的分工来认定两罪。按照组织卖淫共同犯罪活动的分工来说，组织卖淫者是组织犯或实行犯，协助组织卖淫者是帮助犯，两者区分的关键在于正确地认定组织卖淫罪的实行行为。组织卖淫的实行行为是指对卖淫活动起着组织、策划、指挥作用或直接进行安排、调度的行为。而协助组织卖淫是指在外围协助组织者实施其他行为，如充当保镖、打手、管账人及为组织卖淫的人招募、运送人员等。但对于名义上是打手、保镖、管账人，实际上却在组织卖淫活动中起策划、指挥、实施作用的人，其行为已超出了帮助犯的范围，在客观上属于组织卖淫的实行行为，对此应当以组织卖淫罪论处。

2. 根据共同犯罪理论，组织卖淫罪的主、从犯认定比较明确，即在组织卖淫活动中起组织、策划、指挥或对卖淫者的卖淫活动直接进行安排、调度的，属于组织卖淫罪的组织者、策划者、指挥者、实施者，应当以组织卖淫罪论处，其中起主要作用的是主犯，起次要作用的是从犯，从犯应当以组织卖淫罪论处，而不能认定为协助组织卖淫罪。因为从犯实施的也是组织卖淫的实行行为，即对卖淫者的卖淫行为直接进行管理、指派，只是这种行为相对于主要组织者或主要行为者而言处于辅助地位。

刘某、张甲组织卖淫，苗某林、陶某成拐卖妇女案

——对拐骗妇女后，组织其卖淫、卖给他人迫使其卖淫行为性质的认定

裁判要旨

以组织妇女卖淫为目的，诱骗妇女的，应以组织卖淫罪定罪处罚。以出卖为目的，拐骗妇女后又卖给他人迫使其卖淫的，应以拐卖妇女罪加重处罚。二者的区别主要在主观方面，即行为人是否具有出卖妇女的目的。如果行为人以出卖为目的，采取拐骗或其他手段控制被害妇女，又实施诱骗、强迫被害妇女卖淫的行为，则需以拐卖妇女罪的加重法定刑量刑；如果行为人不具有出卖的目的，在其采取拐骗或其他手段控制被害妇女后，又诱骗、强迫被拐卖的妇女卖淫的，也只构成组织卖淫罪（或强迫卖淫罪），而不构成拐卖妇女罪。

周某等组织卖淫、胡某斌等协助组织卖淫案

——组织卖淫罪和协助组织卖淫罪的区分及协助组织卖淫罪“情节严重”的认定

裁判要旨

1. 区分组织卖淫罪和协助组织卖淫罪的关键在于行为人是否控制、管理卖淫活动。首先，应以行为属性区分组织卖淫罪和协助组织卖淫罪。《最高人民法院、最高人民检察院关于办理组织、强迫、引诱、容留、介绍卖淫刑事案件适用法律若干问题的解释》（以下简称《解释》）对组织卖淫罪和协助组织卖淫罪的罪状进行了界定：一是以招募、雇佣、纠集等手段，管理或者控制他人卖淫，卖淫人员在3人以上的，以组织卖淫罪定罪处罚；二是明知他人实施组织卖淫犯罪活动而为其招募、运送人员或者充当保镖、打手、管账人

等的，以协助组织卖淫罪定罪处罚，不以组织卖淫罪的从犯论处。可见，应以被告人的行为是否具有管理、控制属性，来区分组织卖淫罪和协助组织卖淫罪。如果被告人实施了策划、指挥、管理、控制、安排、调度等组织行为，则具有管理、控制属性，应以组织卖淫罪定性。如果行为不具有管理、控制属性，而是为组织卖淫提供招募人员、运送人员、结账、充当打手等帮助行为，则以协助组织卖淫罪定性。其次，应在组织卖淫罪和协助组织卖淫罪内部区分主从犯。按照共同犯罪理论，组织卖淫者和协助组织卖淫者构成共同犯罪。刑法对协助组织卖淫者单独定罪后，协助者不再作为组织卖淫罪的从犯处理，而是作为独立的犯罪定罪量刑。由于组织卖淫罪和协助组织卖淫罪是两个独立的罪名，故应当在各罪内部根据行为人的作用大小分别区分主、从犯。

2. 应依据协助组织卖淫活动的具体情节认定是否构成协助组织卖淫罪"情节严重"。"情节严重"认定的一个关键情节是卖淫人数。组织卖淫者、协助组织卖淫者符合《解释》规定的"卖淫人员累计达十人以上的"标准的，构成"情节严重"。协助组织卖淫罪被确立为独立罪名后，共犯理论只能分别适用于组织卖淫罪和协助组织卖淫罪内部，因此，对于加重量刑情节"情节严重"的认定应区分适用。

《解释》将组织卖淫罪"情节严重"涉及卖淫人数的情形，表述为"卖淫人员累计达十人以上"；将协助组织卖淫罪"情节严重"的相关情形，表述为"招募、运送卖淫人员累计达十人以上"。从条文表述差异可以看出，组织卖淫罪主犯"情节严重"的认定，应从全案角度累计计算卖淫人数，即便组织卖淫者没有实际招募卖淫人员，基于共同犯罪理论，亦应按其组织、控制、管理的卖淫人数认定，即按抓获的全部卖淫人员数量来认定是否构成"情节严重"。反之，协助组织卖淫罪的"情节严重"，应当从行为人自身具体招募、运送的卖淫人员人数来认定是否构成"情节严重"。由于《解释》对协助组织卖淫罪"情节严重"的认定，仅就招募、运送两种行为规定了人数，所以其他协助行为"情节严重"认定，不以人数作为直接认定标准。同样，《解释》关于"情节严重"涉及非法获利金额的认定标准，亦应严格区分认定协助组织者的非法获利金额。不能将据以认定组织卖淫罪主犯"情节严重"的非法获利金额，不加甄别、直接认定为组织卖淫罪从犯的非法获利金额，继而认定为“情节严重”，更不能直接套用认定协助组织卖淫者“情节严重”。

杨某星等组织卖淫案
——如何区分组织卖淫罪的从犯与协助组织卖淫罪

裁判要旨

协助组织卖淫罪是将组织卖淫罪的帮助行为单独成罪，而非将组织卖淫罪的所有从犯均单独成罪。协助组织卖淫罪与组织卖淫罪的从犯的本质区别在于行为人在组织卖淫活动过程中的分工，而不是作用大小。凡是对卖淫者的卖淫活动直接进行管理、控制的行为人，体现为以招募、雇佣、强迫、引诱、容留等手段，管理、控制多人从事卖淫，核心是策划、指挥、管理、控制、安排、调度等组织行为，应当构成组织卖淫罪。其中起主要作用的是主犯，起次要、辅助作用的是从犯，但从犯实施的行为也应是组织行为，只是这种组织行为相对于主要组织者而言作用相对次要。而协助组织卖淫罪中行为人所实施的行为只能是在外围保障卖淫活动顺利进行的辅助行为。如，以招工为名，通过广告、互联网等方式，协助诱骗、招募妇女卖淫，但本身不参与组织卖淫活动；提供交通工具，为组织卖淫者接送、转移卖淫人员，只收取相应运输费用；充当保镖，看家护院、望风放哨；为组织卖淫者充当管账人等。

孙某玲组织卖淫案
——关于组织卖淫罪和容留卖淫罪的定性界分

裁判要旨

组织卖淫罪中的容留手段与容留卖淫罪中的容留行为在表现上具有重合性，均为卖淫人员的卖淫活动提供了场所或者其他便利条件，保证并促使卖淫活动的顺利进行。二者的区别在于，容留卖淫罪中的容留仅仅是卖淫活动的一种辅助性的行为，提供协助者一般不直接干预卖淫活动的具体实施。简而言之，是否构成组织卖淫罪中的容留手段主要应分析认定提供场所或便利条件者是否对卖淫活动进行干预并形成了对卖淫人员在实际上的控制效果。若行为人为他人卖淫提供场所等便利条件，虽有按照卖淫所得提成、雇人看管店面、安装监控监督等行为，但对卖淫活动无管理性和控制性，应以容留卖淫罪论处。

周某英组织卖淫案

——如何区分组织卖淫罪与容留卖淫罪

裁判要旨

组织卖淫，尤其是以容留卖淫为手段的组织卖淫与单纯的容留卖淫的主要区别在于：首先，行为人对卖淫人员的卖淫活动是否实施了管理、控制行为，即组织卖淫行为人最主要的行为特征是对卖淫活动进行了管理、控制，而容留卖淫行为人对卖淫人员的卖淫活动既不管理，更不控制，而仅仅提供固定或者临时租借的场所以及流动场所，对卖淫人员在何时卖淫、向谁卖淫、如何收费等均不过问，只收取一定的场所费用甚至不收取任何费用，至于卖淫人员的日常活动，均由卖淫人员自行安排。其次，两者在人数上也有一定的区别，即组织卖淫中的卖淫人员必须达到3人以上，而容留卖淫中的卖淫人员可以在3人以上，也可以在3人以下。如果行为人虽然实施了组织行为，但被组织卖淫人员的人数不到3人的，这种情况下只能依法降格作容留或介绍卖淫处理。

于某、彭某蓉组织卖淫案

——组织卖淫中有引诱、介绍卖淫行为的如何适用法律

裁判要旨

1. 只要行为人客观上实施了组织他人从事卖淫活动的行为，即符合该罪的客观要件。虽然司法实践中大多数的组织卖淫行为人是以营利为目的的，但是确实也有行为人组织卖淫并无直接的获利目的，或者虽有组织行为但尚

未盈利的。对此，只要符合组织卖淫罪的犯罪构成，则应当以组织卖淫罪定罪处罚，而不考虑其是否以营利为目的或者是否实际盈利。

2. 组织卖淫中有引诱、介绍卖淫行为的，择一重罪处罚。组织卖淫罪与引诱、容留、介绍卖淫罪在手段上有重合之处，均可以表现为引诱、容留、介绍卖淫行为。一般认为，组织卖淫罪与引诱、容留、介绍卖淫罪系法条竞合关系，其适用原则为重法优于轻法。当行为人以引诱、容留、介绍的手段组织卖淫时，既可构成组织卖淫罪，又可构成引诱、容留、介绍卖淫罪的，择一重罪处罚。

纪某奎、汤某改组织卖淫案

——采用“口交”等进入式性行为提供有偿色情服务的，应当认定为卖淫行为

裁判要旨

目前，法律尚未对“卖淫”行为作出明确界定，除了传统意义上提供性交服务并收取财物之外，“口交”“肛交”亦应认定为刑法意义上的卖淫方式。一方面“口交”“肛交”均属于进入式性行为，亦是同性卖淫的主要方式，将其认定为卖淫能够为公众所接受；另一方面，从传播性病的角度来看，“口交”“肛交”亦可引起性病传播，危害生命健康。采用“口交”“肛交”等进入式性行为提供有偿色情服务的，应当认定为卖淫行为。

金某等组织卖淫案

——不具备“为非作恶、欺压百姓”特征的犯罪组织不应认定为恶势力

裁判要旨

单纯为牟取不法经济利益而实施组织卖淫等违法犯罪活动，主观动机上没有“形成非法影响、谋求强势地位”的违法意图，行为方式上没有实施暴

力、威胁或“软暴力”的，不具有为非作恶、欺压百姓的行为特征，不应认定为恶势力。

席某松等组织卖淫、协助组织卖淫案
——组织卖淫罪中“组织”要件的认定

裁判要旨

“管理或者控制他人卖淫”是组织卖淫罪的最主要行为特征。具体的管理或者控制手段很多，如招募、雇用、引诱、容留、纠集。在司法实践中，卖淫犯罪往往以合法形式掩盖犯罪实质，如开设洗浴中心、保健中心等。在认定中，投资者只要明知实际经营者、管理控制者所进行的是组织卖淫活动，即使没有实际直接参与经营，没有直接对卖淫活动进行管理控制，其投资行为也应认定为组织卖淫行为的组成部分。

（二）强迫卖淫罪

袁某等强迫卖淫案
——对诱骗、劫持妇女送往卖淫场所行为的定性分析

裁判要旨

1. 以强迫卖淫为目的，诱骗、劫持妇女送往卖淫场所，分赃获取卖淫所得的，应以强迫卖淫罪定罪处罚。判断行为人是否具有强迫卖淫的目的，可以从以下方面考虑：如果行为人根据卖淫场所的要求，为帮助卖淫场所物色被害人而诱骗、劫持妇女，参与卖淫场所的日常运作、管理，或者以暴力、胁迫等方式强迫被害妇女卖淫，所获得的钱财与妇女卖淫收入的多少密切相关，且具有持续性，则说明收取钱财是一种分赃行为，可以认定行为人具有强迫卖淫的目的。

2. 以出卖为目的，诱骗、劫持妇女送往卖淫场所并收取对价的，应以拐卖妇女罪加重处罚。拐卖妇女罪的本质是将妇女作为商品买卖。在判断行为人是否具有出卖妇女的目的时，应着重审查行为人收取钱财的性质、方式，如果行为人获取的是将妇女交予他人的对价，即以收取钱财的方式将对被害妇女的支配权转移给他人，则可认定行为人具有出卖妇女的目的。

郭某某、耿某强迫卖淫案

——对强迫卖淫罪既遂标准的把握

裁判要旨

强迫卖淫罪属于行为犯，只要行为人实施的强迫卖淫行为达到一定的必要程度，就构成既遂。强迫卖淫行为是否达到必要的程度，可从以下情形予以考量：（1）行为人是否认为其所实施的强迫行为足以迫使被害人违背自身意志，无须再实施强迫行为。（2）行为人的强迫行为是否足以使一般人违背自身意志而被迫同意卖淫。强迫行为是否足以违背他人意志，可以从行为人所实施暴力手段的紧迫性、直接性、持续性及侵害强度，行为人通过威胁等手段对被害人施加精神强制的程度，行为人与被害人之间的人身依附性关系及未成年被害人身心承受能力等方面进行综合判断。

刘某某、陈某甲、孔某某强迫卖淫案

——如何认定强迫卖淫罪的“强迫”要件

裁判要旨

强迫卖淫的强迫性主要表现为以下情形：（1）在他人不愿意从事卖淫活动的情况下，使用强制手段迫使其从事卖淫活动；（2）他人虽然原本从事卖淫活动，但在他人不愿意继续从事卖淫活动的情况下，使用强制手段强迫其继续从事卖淫活动；（3）在卖淫者不愿意在某地从事卖淫活动或者为某人从事卖淫活动的情况下，使用强制手段在某地或为某人从事卖淫活动。因此，从事卖淫活动的卖淫者也可以成为强迫卖淫的对象。

（三）协助组织卖淫罪

王某岳、赵某、余某琴、董某祥协助组织卖淫案
——组织卖淫中“代聊手”行为的定性

裁判要旨

1. 组织卖淫罪和协助组织卖淫罪区分的关键在于是否实施了管理、控制卖淫活动的组织行为。组织行为包括对卖淫活动具有管理、指挥、策划、安排、调度等的实行行为。“代聊手”的行为性质与组织行为不同，对卖淫女未形成控制力，对卖淫活动不具备管理权限，仅协助组织者实现犯罪意图或利益目的。组织者利用“代聊手”提供的有价值的交易信息，安排其管理、控制的卖淫者从事卖淫活动。

2. 协助组织卖淫的行为人与卖淫行为不发生直接联系，对卖淫活动与否无支配权。“代聊手”根据组织者的指示在外围实施其他辅助行为，如为组织者发布信息、推荐、接待等。其作用在于推荐和搜集“招嫖”信息，为卖淫活动的进行和延续提供便利，属于组织卖淫活动中的帮助行为。“代聊手”的行为符合《刑法》第358条规定的“其他协助组织他人卖淫行为”的情形，应以协助组织卖淫罪予以评价。

3. 介绍卖淫是替卖淫者寻找、招徕、介绍嫖客的淫媒行为。介绍者在卖淫者与嫖客间牵线搭桥，沟通撮合，从卖淫者处获得报酬。介绍者与卖淫者关系密切，利益牵连，通常形成固定联系。“代聊手”主观上不知晓卖淫者的情况，客观上不服务于卖淫者，不在卖淫者与嫖客之间构建联系，亦不直接从卖淫者处获取费用，仅单一为卖淫活动的组织者提供讯息服务，属于组织者的“下线”，不符合介绍卖淫罪的构成要件。

（四）引诱、容留、介绍卖淫罪

阎某粤介绍卖淫案

——利用"QQ"网络建群为群成员卖淫嫖娼活动提供方便的行为定性

裁判要旨

1. 行为人线上介绍他人卖淫嫖娼致他人线下达成卖淫嫖娼交易，但并未对卖淫嫖娼活动实施管理或者控制行为，应当认定为介绍卖淫罪。

2. 对于利用信息网络发布招嫖信息，情节严重的行为，根据法律的规定，可以按照非法利用信息网络罪来追究刑事责任。对于确实促成一定数量的卖淫嫖娼人员达成交易的，可适用介绍卖淫罪追究责任。在同时构成非法利用信息网络罪和介绍卖淫罪时，应当依照处罚较重的规定定罪处罚。

（五）引诱幼女卖淫罪

赵某某等引诱幼女卖淫、引诱、介绍卖淫案

——引诱幼女卖淫罪的认定及引诱卖淫罪与介绍卖淫罪的区分

裁判要旨

1. 引诱、容留、介绍卖淫罪是一个选择性罪名，引诱、容留、介绍卖淫这三种行为，不论是同时实施还是只实施其中一种行为，均构成本罪，如果实施了两种以上行为，应对不同行为并列确定罪名，不实行数罪并罚。司法实践中可以从以下方面区分引诱卖淫罪和介绍卖淫罪：（1）在犯罪的主观意图方面，引诱卖淫是为了让原本不从事卖淫活动的人自愿进行卖淫活动；介

绍卖淫则是在从事卖淫和嫖娼活动的卖淫活动人员之间撮合性交易。（2）在犯罪对象方面，引诱卖淫的犯罪对象是不从事卖淫活动的人；介绍卖淫的犯罪对象是正在从事卖淫活动或者打算从事卖淫的人。（3）在犯罪的外在表现方面，引诱卖淫通常表现为对他人进行拉拢、怂恿、劝说，从而达到使他人从事卖淫的目的；介绍卖淫则是在卖淫人员和嫖客之间引荐、撮合，一般要与双方接触，但也不排除单方介绍行为。

2. 引诱幼女卖淫罪是行为犯，对行为犯而言，当实行行为达到一定程度就构成既遂。引诱幼女卖淫罪通常涉及以下阶段：行为人采取各种方式引诱幼女——幼女同意卖淫——性交易成功。将第二阶段即幼女同意卖淫作为既遂标准，符合行为犯的理论基础，在行为人的引诱下幼女同意从事卖淫活动，已对幼女的身心造成腐蚀并破坏了社会良好风尚，已经造成了伤害，至于卖淫成功与否，是幼女同意卖淫的自然延伸，是犯罪后果的进一步体现，可作为量刑的情节考虑，但不影响既遂的认定，同时将此阶段作为既遂标准也方便实务操作，符合宽严相济的刑事政策。

3. 引诱幼女卖淫罪和引诱卖淫罪具有不同的犯罪构成，前者犯罪对象是不满 14 周岁的幼女，后者犯罪对象是妇女，虽然二者的犯罪手段、行为后果等存在相同的地方，但因侵犯的客体不同，法律规定为不同的犯罪。如果行为人既引诱了幼女卖淫，又引诱妇女卖淫，不仅构成引诱幼女卖淫罪，还构成引诱卖淫罪，应当数罪并罚。

（六）传播性病罪

王某传播性病案

——明知自己携带艾滋病病毒而卖淫的定性

裁判要旨

艾滋病的危害性与梅毒、淋病的危害性相当的严重性病，属于《刑法》第 360 条规定的“严重性病”。明知自己携带艾滋病病毒而卖淫的，以传播性病罪定罪处罚。

九、制作、贩卖、传播淫秽物品罪

（一）制作、复制、出版、贩卖、传播淫秽物品牟利罪

徐某复制、贩卖淫秽物品牟利案

——复制、贩卖淫秽物品牟利罪中淫秽物品数量的计算

裁判要旨

复制淫秽物品的数量应以行为人实施的向他人复制、贩卖的淫秽物品数量认定，不能一律以电脑中存储的淫秽物品数量认定。

陈某鹏等传播淫秽物品牟利案

——对设立淫秽网站及为其提供接入服务、租用网站广告位的行为，如何定罪量刑

裁判要旨

1. 设立淫秽网站，目的在于通过传播淫秽电子信息牟利，应以传播淫秽物品牟利罪定罪处罚。同时，从 2004 年 9 月 3 日最高人民法院、最高人民检察院联合发布的《关于办理利用互联网、移动通讯终端、声讯台制作、复制、出版、贩卖、传播淫秽电子信息刑事案件具体应用法律若干问题的解释》(以下简称《解释》) 第 1 条规定可以看出，构成本罪客观上须实施制作、复制、出版、贩卖、传播淫秽电子信息的行为，淫秽电子信息可以以多种形式出现；主观上要求具备牟利目的，该牟利目的是否实现并不影响犯罪构成，但因采取的牟利手段不同会影响到犯罪的定量因素。

2. 为淫秽网站提供接入服务，实质上是对传播淫秽信息的一种帮助行为。《解释》第7条对该种行为应视为共同犯罪作出规定。在以共同犯罪论处的情况下，帮助者的行为是否构成犯罪及其处罚，一般应以对直接实施实行行为的实行犯的定罪处罚为前提。但这种帮助行为与直接的传播行为毕竟有所不同，故2010年2月最高人民法院、最高人民检察院联合发布的《关于办理利用互联网、移动通讯终端、声讯台制作、复制、出版、贩卖、传播淫秽电子信息刑事案件具体应用法律若干问题的解释（二）》[以下简称《解释（二）》]第6条对此类帮助行为构成传播淫秽物品牟利罪的标准进一步明确。依照《解释（二）》的规定，实施该条规定情形的帮助行为可直接以传播淫秽物品牟利罪处理，并规定了明确的构成犯罪的数额标准，认定"情节严重"及"情节特别严重"的标准，对此类行为有了独立的定罪量刑标准，不再以主犯的定罪量刑为前提和依据。

3. 关于租用淫秽网站广告位及为淫秽网站提供资金，《解释（二）》第7条规定：明知是淫秽网站，以牟利为目的，通过投放广告等方式向其直接或者间接提供资金，或者提供费用结算服务，对直接负责的主管人员和其他直接责任人员，依照《刑法》第363条第1款的规定，以制作、复制、出版、贩卖、传播淫秽物品牟利罪的共同犯罪处罚，同时明确了对此种行为独立的定罪量刑标准。但因其以制作、复制、出版、贩卖、传播淫秽物品牟利罪的共同犯罪处理，广告主、广告经营者、第三方支付平台的具体罪名仍应依据实行犯的具体罪名而定。

彭某传播淫秽物品牟利案

——传播淫秽物品牟利罪中"实际被点击数"的认定

裁判要旨

1. 制作、复制、出版、贩卖、传播淫秽物品牟利罪的量刑情节判定时，《最高人民法院、最高人民检察院关于办理利用互联网、移动通讯终端、声讯台制作、复制、出版、贩卖、传播淫秽电子信息刑事案件具体应用法律若干问题的解释》使用了"物品数量""实际被点击数""注册会员数""违法所得"

等各种指标；指标背后的精神是在各种复杂的现实案件情形下尽可能衡量淫秽物品的真实传播量级和获利情况，以判断行为的社会危害性。因此，在应用“实际被点击数”等指标时，也应遵循此精神，以真实传播量级作为着眼点和落脚点。

2. 真实传播量级应结合互联网特征，将淫秽作品视为整体的原则指导下进行。如果案件环境下具有类似作用的其他指标，例如某网络视频的实际观看人数，也可以作为估算“实际被点击数”、判定真实传播量级的工具。

陈某明等传播淫秽物品牟利案

——仅为提高浏览权限而担任淫秽网站版主的行为，如何定罪处罚

裁判要旨

被告人虽无牟利目的，客观上也未获得报酬，但在明知他人建立淫秽网站收取广告费牟利，仍申请成为网站的版主，对网站进行管理、编辑和维护，从而吸引更多的网民进行点击和浏览，其行为对他人的行为起到了帮助作用，应当构成传播淫秽物品牟利罪的共犯；被告人行为符合帮助犯的构成要件，应认定为从犯。

深圳市某播科技有限公司等传播淫秽物品牟利案

——网络视频缓存加速服务提供者构成传播淫秽物品牟利罪的认定

裁判要旨

认定是否构成传播淫秽物品牟利罪，客观上主要应当审查是否存在传播淫秽物品的行为，主观上主要看对参与淫秽视频传播是否存在明知，是否具有非法牟利的目的。关于“技术中立”原则的适用，应该充分考虑该原则所保护的社会价值、适用范围，结合具体行为及传播内容进行理解。在提供P2P视频技术服务和缓存技术等服务时，虽然客观上没有对视频内容进行选

择，但当其明知自己的 P2P 视频技术服务被他人用于传播淫秽视频，自己的缓存技术等服务被利用成为大量淫秽视频的加速传播工具，本身有义务、有能力阻止而不阻止时，就不可能再获得“技术中立”的责任豁免。出于牟利目的，拒不履行网络安全管理义务，放任他人利用某播网络系统大量传播淫秽视频，且放任自己的缓存服务器介入淫秽视频的传播，在使用技术的过程中明显存在恶意，应当承担法律责任。构成犯罪的，应以传播淫秽物品牟利罪追究刑事责任。

龚某某传播淫秽物品牟利案

——利用爬虫技术传播淫秽物品牟利“情节特别严重”的认定

裁判要旨

利用云技术、AI 技术、爬虫等新兴技术传播淫秽物品牟利的，情节认定不宜简单适用相关司法解释中的数量标准，还应综合考量行为人主观故意和全案事实、情节作出判断，做到罪责刑相一致。

孔某某贩卖淫秽物品牟利案

——不能以传播数量单一标准确定被告人罪责

裁判要旨

利用新兴网络信息技术进行贩卖淫秽物品相关活动的，不应单纯以淫秽视频的数量认定情节，还应考虑传播范围、违法所得、行为人一贯表现等事项，综合评估犯罪行为的社会危害性，准确定罪量刑，确保罪责刑相适应。如网络云盘的涉案淫秽电子信息往往数量巨大，但其又是在相对比较封闭的网络空间，往往传播范围、获利数额不大。如按照司法解释的量刑标准，则此类案件的法定刑为十年以上有期徒刑，明显畸重。故对利用网络云盘制作、复制、贩卖、传播淫秽电子信息牟利案件，量刑时，不应单纯考虑制作、复制、贩卖、传播淫秽电子信息的数量，还应充分考虑传播范围、违法所得、行为人一贯表现以及淫秽电子信息、传播对象是否涉及未成年人等情节，综合评估社会危害性，恰当裁量刑罚。

张某某等制作、传播淫秽物品牟利案

——淫秽物品性质的司法认定

裁判要旨

认定淫秽物品性质，应遵循整体性原则和社会一般人标准，结合行为时的文化语境，对涉案物品是否具有诲淫性以及科学艺术价值进行判断。

（二）传播淫秽物品罪

冷某超传播淫秽物品案

——如何认定网站版主传播淫秽物品的刑事责任

裁判要旨

论坛一般由站长（创始人）创建，并设立各级管理人员对论坛进行管理，维护论坛的日常事务。这些管理者根据不同的级别大致分为超级版主（有的称“总版主”）、版主、子版主等，不同级别的管理者拥有不同的管理权限。版主们是网页版面和即时通讯的实际监控者，主要职责在于维护网站发帖秩序并监督其所辖子版块版主的工作。版主的行为能否构成传播淫秽物品罪必须同时满足以下条件：一是主观上明知是淫秽信息，客观上存在允许或放任的行为。传播淫秽物品罪是故意犯罪，要求行为人明知是淫秽物品而传播，并且不以牟利为目的。对于版主来说，他们享有特殊的权限，能够接触到更广泛的资源，因此，他们可以通过对所管理的网站、论坛、版块行使管理权限，为淫秽信息制造和维护传播环境。具体表现为：明知所管理的网站、论坛、版块是淫秽网站、论坛、版块，仍从事管理工作，维护该淫秽网站、论坛、版块的正常运行；虽然其所管理的网站、论坛、版块并非专门的淫秽网站、论坛、版块，但其明知存在含有淫秽电子信息的主题帖，仍对该主题帖进行编辑、加精等操作，为淫秽信息的传播提供环境，鼓励淫秽信息上传者；明知所管理的网站、论坛、版块中存在淫秽电子信息，但对涉及淫秽信息的主题帖不予及时删除，对淫秽信息的传播持纵容、默许的态度。二是涉及的淫秽电子信息数量达到司法解释所规定的数量标准。此外，应当注意，计算淫秽电子信息的数量应有一定的时间、空间界限：空间上，应以行为人参与管理的版块为限。由于版主的级别不同，所管理的版块层次也有所差别。对于最低层次的版主，其所涉及的淫秽电子信息数量自然只计算其所实际参与管理的版块；而对于较高层次的版主、总版主，则应计算其直接管理的版块，也计算其通过监督下设子版主工作而间接参与管理的子版块的淫秽电子信息数量。时间上，应以行为人担任版主的期间作为计算区间。既要计算行为人在此期间由其本人上传和编辑的淫秽电子信息数量，也要计算在此期间虽然不是其主动上传和编辑，但因其采取默许态度而上传到其管理论坛中的淫秽电子信息。

（三）组织淫秽表演罪

陈某、董某江等组织淫秽表演案

——利用互联网直播平台组织淫秽表演的行为定性以及犯罪主体范围的认定

裁判要旨

1. 主播通过互联网平台实时在线色情直播应认定为“表演”。淫秽表演中的“表演”，应为人的行为、动作的外在即时展示。随着互联网的快速发展，新兴的互联网直播已经取代了传统的舞台表演形式，线上直播表演已成主流。本案中，色情主播利用线上直播平台，穿着暴露、言语挑逗，暴露性器官等，在直播时进行自慰或性行为表演，同时向不特定多数会员收取非法利益，其行为应认定为淫秽表演。此外，观看淫秽表演的受众在本案中，也从传统舞台观众席转移至手机屏幕前。“舞台”之上的表演以音视频方式，通过互联网平台媒介，实时传播至各受众同步观看，此种一“屏”之隔的状况，不影响对淫秽表演的认定。

2. 组织淫秽表演的犯罪主体应向互联网平台创设、软件开发、技术支持以及主播招募、管理等方向延伸。组织淫秽表演的“组织”，应指行为人策划、指挥、招募、强迫、引诱、安排进行淫秽表演，也包括提供场地、提供资金等行为，其目的在于进行淫秽色情表演。但现阶段，传统刑事犯罪已向互联网领域延伸，出现了有别于一般“线下”场地组织淫秽表演的不典型互联网犯罪行为。

第四部分　法答网精选答问

1. 掩饰、隐瞒犯罪所得、犯罪所得收益次数应如何认定？

答疑意见：根据《最高人民法院关于审理掩饰、隐瞒犯罪所得、犯罪所得收益刑事案件适用法律若干问题的解释》第3条第1款第2项的规定，“掩饰、隐瞒犯罪所得及其产生的收益十次以上，或者三次以上且价值总额达到五万元以上的”，应当认定为《刑法》第312条第1款规定的“情节严重”，在三年以上七年以下有期徒刑的幅度内升档量刑。对于上述“十次以上”“三次以上”的规定，在个案把握中，不宜简单以转账次数为标准，否则容易造成打击面过大、处罚过严的问题。

掩饰、隐瞒的次数要结合案件具体情况来认定。一般来说，认定为一次掩饰、隐瞒，必须是一个独立行为，包括独立的主观故意，独立的掩饰、隐瞒行为，以及独立的行为结果。如果基于同一个故意，在同一时间、同一地点，同时或者连续为多起上游犯罪掩饰、隐瞒犯罪所得及其收益的，一般应认定为一次掩饰、隐瞒的行为。例如，行为人明知银行卡内接收的多笔资金均系他人诈骗犯罪所得，在同一地点集中将卡内资金连续转出、分流，以逃避追查的，应当认定为一次掩饰、隐瞒犯罪所得的行为。

为同一个上游犯罪行为人同一起犯罪事实的犯罪所得及其收益分多次予以窝藏、转移、收购、代为销售或者以其他方法掩饰、隐瞒的，基于犯罪对象的同一性，一般也应当认定为一次掩饰、隐瞒犯罪所得及其收益的行为。例如，行为人明知银行卡内接收的一笔资金，系某一网络赌场的犯罪所得，仍按照上游开设赌场行为人的指令，将该笔资金在多个银行账号间来回转移并提现的，一般也应当认定为一次掩饰、隐瞒犯罪所得的行为。但是，如果行为人明知卡内还有诈骗团伙犯罪所得的赃款，而予以转移的，掩饰、隐瞒犯罪所得的次数则应当与上述转移赌资的行为分别计算。

咨询人：江苏省高级人民法院刑一庭　韩继领

答疑专家：最高人民法院研究室刑事处　李振华

2. 偷越国（边）境罪是否为选择性罪名、具体适用时应当如何准确表述?

答疑意见：偷越国（边）境罪不是选择性罪名，具体适用时应完整表述，主要理由是：从内容上看，虽然《刑法》条文中未对国境、边境的含义进行具体解释，但陆地国界法对边境的含义作过具体规定。为维护法律的统一性，《刑法》亦应参照理解，即边境是指陆地国界内侧一定范围内的区域，而非仅指我国内地或大陆与港澳台地区的边界。从立法技术上看，《刑法》条文中对选择性罪名采用顿号分隔方式进行并列列举，如破坏界碑、界桩罪，走私、贩卖、运输、制造毒品罪等，而偷越国（边）境罪并未采用此种表述方式，也说明该罪并非选择性罪名。

咨询人：最高人民法院刑五庭　毛　洁

答疑专家：最高人民法院刑五庭　王秋玲

3.《刑法》第280条对伪造、变造、买卖国家机关公文、证件、印章罪，伪造公司、企业、事业单位、人民团体印章罪和伪造、变造、买卖身份证件罪没有明确规定入罪门槛，司法适用时应当如何具体把握入罪和升档量刑的问题?

答疑意见：《刑法》第280条没有明确规定入罪门槛。但从实践来看，通常要求达到一定的情节才构成犯罪。主要考虑：一是妥当界分刑事处罚与行政处罚。例如，《护照法》第18条规定："为他人提供伪造、变造的护照，或者出售护照的，依法追究刑事责任；尚不够刑事处罚的，由公安机关没收违法所得，处十日以上十五日以下拘留，并处二千元以上五千元以下罚款……"显然，对于伪造、买卖护照的行为，应当为行政处罚留有适当空间。对此，《浙江省公安机关行政处罚裁量基准》（2021年修订）进一步规定，为他人提供二本以上伪造、变造的护照，或者出售二本以上护照，或者因同类违法行为被处罚后又实施的，处十五日拘留，并处三千元以上五千元以下罚款。二是符合司法实践的惯常做法。例如，《最高人民法院、最高人民检察院关于办理与盗窃、抢劫、诈骗、抢夺机动车相关刑事案件具体应用法律若干问题的解释》(法释〔2007〕11号）第2条对伪造、变造、买卖机动车行驶证、登记证书构成伪造、变造、买卖国家机关证件罪设置了“三本以上”的入罪门槛。

基于此，在相关司法解释明确入罪标准之前，可以参考法释〔2007〕11号司法解释的相关规定，以三本（张/个）作为《刑法》第280条所涉罪名的基本入罪门槛；需要升档量刑的，可以按照入罪门槛的五倍标准把握。当然，对于所涉行为，在决定是否追究刑事责任及如何裁量刑罚时，不仅应当考虑数量，还应当综合考虑所涉公文、证件、印章的重要程度、具体用途、造成后果、违法所得及前科情况等情节，综合评估社会危害性，坚持主客观相统一，确保罪责刑相适应。例如，明知他人实施犯罪而为其伪造、变造或者向其出售身份证件，或者为了实施犯罪而购买身份证件的，即使未达到三张，亦可以定罪处罚；相反，对于未用于犯罪用途的提供身份证件行为，根据案件具体情况，适用三张的入罪标准过严的，亦可以不作为犯罪处理，需要行政处罚的，依法移送相关部门处理。

另外，对于《刑法》第280条之一规定的使用虚假身份证件、盗用身份证件罪的适用，亦可以参照上述原则依法对案件作出妥当处理。

咨询人：重庆市高级人民法院刑一庭　张波

答疑专家：最高人民法院研究室刑事处　宋颐阳

4. 非法狩猎罪中涉案野生动物价值如何认定?

答疑意见：非法狩猎罪中涉案野生动物的价值认定是司法实践中比较棘手的一个问题。对于国家重点保护的珍贵、濒危野生动物及其制品，其核算价值除考虑市场价值以外，更重要的是考虑物种的珍贵、濒危程度以及相关的生态功能、科研价值等。国务院野生动物保护主管部门颁布了《野生动物及其制品价值评估方法》《水生野生动物及其制品价值评估办法》，明确了野生动物整体的价值、制品的价值、人工繁育野生动物的价值以及卵、蛋的价值等价值标准和核算方法。对于国家重点保护的珍贵、濒危野生动物及其制品，适用这两个评估办法核算并无疑义。然而，非法狩猎罪的犯罪对象，实践中一般把握的是列入《有重要生态、科学、社会价值的陆生野生动物名录》中的“三有动物”（有重要生态、科学、社会价值的陆生野生动物）和地方重点保护的陆生野生动物。对于这些野生动物及其制品的价值，如果简单按照《野生动物及其制品价值评估方法》进行认定，就可能会出现评估价值过高的情形，如麻雀的评估价值为每只300元，而实践中交易价格一般在20元左右，相差近15倍。因此，对于非法狩猎罪的犯罪对象，即“三有动物”和地方重点保护的陆生野生动物，如一律按评估标准和方法核算，将导致价值普遍过高，从而实际降低了非法狩猎罪的入罪门槛，势必扩大刑事打击范围，难以实现罪责刑相适应，亦与社会公众的朴素公平正义观念不符。基于上述考虑，《最高人民法院、最高人民检察院关于办理破坏野生动物资源刑事案件适用法律若干问题的解释》（以下简称《解释》）第15条明确了野生动物及其制品的价值认定规则。具体而言：第1项规定，对于国家禁止进出口的珍贵动物及其制品、国家重点保护的珍贵、濒危野生动物及其制品的价值，根据国务院野生动物保护主管部门制定的评估标准和方法核算。第2项规定，对于有重要生态、科学、社会价值的陆生野生动物、地方重点保护野生动物、其他野生动物及其制品的价值，根据销赃数额认定；无销赃数额、销赃数额难以查证或者根据销赃数额认定明显偏低的，根据市场价格核算，必要时，也可以参照相关评估标准和方法核算。此外，《解释》第16条明确了破坏野生动物资源犯罪涉案动物及其制品价值难以确定时的处理规则，具体包括司法鉴定机构鉴定、价格认证机构认证或者有关部门出具报告等多种选择路径。综上，非法狩猎罪涉案野生动物的价值应依据《解释》第15条、第16条的规定进行认定。

咨询人：河南省高级人民法院环资庭　申春福

答疑专家：最高人民法院环资庭　邹　涛

第五部分　相关规定

一、相关法律、法规、规章

中华人民共和国刑法（节录）

（1979年7月1日第五届全国人民代表大会第二次会议通过　1997年3月14日第八届全国人民代表大会第五次会议修订　根据1998年12月29日第九届全国人民代表大会常务委员会第六次会议通过的《全国人民代表大会常务委员会关于惩治骗购外汇、逃汇和非法买卖外汇犯罪的决定》、1999年12月25日第九届全国人民代表大会常务委员会第十三次会议通过的《中华人民共和国刑法修正案》、2001年8月31日第九届全国人民代表大会常务委员会第二十三次会议通过的《中华人民共和国刑法修正案（二）》、2001年12月29日第九届全国人民代表大会常务委员会第二十五次会议通过的《中华人民共和国刑法修正案（三）》、2002年12月28日第九届全国人民代表大会常务委员会第三十一次会议通过的《中华人民共和国刑法修正案（四）》、2005年2月28日第十届全国人民代表大会常务委员会第十四次会议通过的《中华人民共和国刑法修正案（五）》、2006年6月29日第十届全国人民代表大会常务委员会第二十二次会议通过的《中华人民共和国刑法修正案（六）》、2009年2月28日第十一届全国人民代表大会常务委员会第七次会议通过的《中华人民共和国刑法修正案（七）》、2009年8月27日第十一届全国人民代表大会常务委员会第十次会议通过的《全国人民代表大会常务委员会关于修改部分法律的决定》、2011年2月25日第十一届全国人民代表大会常务委员会第十九次会议通过的《中华人民共和国刑法修正案（八）》、2015年8月29日第十二届全国人民代表大会常务委员会第十六次会议通过的《中华人民共和国刑法修正案（九）》、2017年11月4日第十二届全国人民代表大会常务委员会第三十次会议通过的《中华人民共和国刑法修正案（十）》、2020年12月26日第十三届全国人民代表大会常务委员会第二十四次会议通过的《中华人民共和国刑法修正案（十一）》和2023年12月29日第十四届全国人民代表大会常务委员会第七次会议通过的《中华人民共和国刑法修正案（十二）》修正）

第六章　妨害社会管理秩序罪

第一节　扰乱公共秩序罪

第二百七十七条　以暴力、威胁方法阻碍国家机关工作人员依法执行职务的，处三年以下有期徒刑、拘役、管制或者罚金。

以暴力、威胁方法阻碍全国人民代表大会和地方各级人民代表大会代表依法执行代表职务的，依照前款的规定处罚。

在自然灾害和突发事件中，以暴力、威胁方法阻碍红十字会工作人员依法履行职责的，依照第一款的规定处罚。

故意阻碍国家安全机关、公安机关依法执行国家安全工作任务，未使用暴力、威胁方法，造成严重后果的，依照第一款的规定处罚。

暴力袭击正在依法执行职务的人民警察的，处三年以下有期徒刑、拘役或者管制；使用枪支、管制刀具，或者以驾驶机动车撞击等手段，严重危及其人身安全的，处三年以上七年以下有期徒刑。

第二百七十八条　煽动群众暴力抗拒国家法律、行政法规实施的，处三年以下有期徒刑、拘役、管制或者剥夺政治权利；造成严重后果的，处三年以上七年以下有期徒刑。

第二百七十九条　冒充国家机关工作人员招摇撞骗的，处三年以下有期徒刑、拘役、管制或者剥夺政治权利；情节严重的，处三年以上十年以下有期徒刑。

冒充人民警察招摇撞骗的，依照前款的规定从重处罚。

第二百八十条　伪造、变造、买卖或者盗窃、抢夺、毁灭国家机关的公文、证件、印章的，处三年以下有期徒刑、拘役、管制或者剥夺政治权利，并处罚金；情节严重的，处三年以上十年以下有期徒刑，并处罚金。

伪造公司、企业、事业单位、人民团体的印章的，处三年以下有期徒刑、拘役、管制或者剥夺政治权利，并处罚金。

伪造、变造、买卖居民身份证、护照、社会保障卡、驾驶证等依法可以用于证明身份的证件的，处三年以下有期徒刑、拘役、管制或者剥夺政治权利，并处罚金；情节严重的，处三年以上七年以下有期徒刑，并处罚金。

第二百八十条之一　在依照国家规定应当提供身份证明的活动中，使用伪造、变造的或者盗用他人的居民身份证、护照、社会保障卡、驾驶证等依法可以用于证明身份的证件，情节严重的，处拘役或者管制，并处或者单处罚金。

有前款行为，同时构成其他犯罪的，依照处罚较重的规定定罪处罚。

第二百八十条之二　盗用、冒用他人身份，顶替他人取得的高等学历教育入学资格、公务员录用资格、就业安置待遇的，处三年以下有期徒刑、拘役或者管制，并处罚金。

组织、指使他人实施前款行为的，依照前款的规定从重处罚。

国家工作人员有前两款行为，又构成其他犯罪的，依照数罪并罚的规定处罚。

第二百八十一条　非法生产、买卖人民警察制式服装、车辆号牌等专用标志、警械，情节严重的，处三年以下有期徒刑、拘役或者管制，并处或者单处罚金。

单位犯前款罪的，对单位判处罚金，并对其直接负责的主管人员和其他直接责任人员，依照前款的规定处罚。

第二百八十二条　以窃取、刺探、收买方法，非法获取国家秘密的，处三年以下有期徒刑、拘役、管制或者剥夺政治权利；情节严重的，处三年以上七年以下有期徒刑。

非法持有属于国家绝密、机密的文件、资料或者其他物品，拒不说明来源与用途的，处三年以下有期徒刑、拘役或者管制。

第二百八十三条　非法生产、销售专用间谍器材或者窃听、窃照专用器材的，处三年以下有期徒刑、拘役或者管制，并处或者单处罚金；情节严重的，处三年以上七年以下有期徒刑，并处罚金。

单位犯前款罪的，对单位判处罚金，并对其直接负责的主管人员和其他直接责任人员，依照前款的规定处罚。

第二百八十四条　非法使用窃听、窃照专用器材，造成严重后果的，处二年以下有期徒刑、拘役或者管制。

第二百八十四条之一　在法律规定的国家考试中，组织作弊的，处三年以下有期徒刑或者拘役，并处或者单处罚金；情节严重的，处三年以上七年以下有期徒刑，并处罚金。

为他人实施前款犯罪提供作弊器材或者其他帮助的，依照前款的规定处罚。

为实施考试作弊行为，向他人非法出售或者提供第一款规定的考试的试题、答案的，依照第一款的规定处罚。

代替他人或者让他人代替自己参加第一款规定的考试的，处拘役或者管制，并处或者单处罚金。

第二百八十五条 违反国家规定，侵入国家事务、国防建设、尖端科学技术领域的计算机信息系统的，处三年以下有期徒刑或者拘役。

违反国家规定，侵入前款规定以外的计算机信息系统或者采用其他技术手段，获取该计算机信息系统中存储、处理或者传输的数据，或者对该计算机信息系统实施非法控制，情节严重的，处三年以下有期徒刑或者拘役，并处或者单处罚金；情节特别严重的，处三年以上七年以下有期徒刑，并处罚金。

提供专门用于侵入、非法控制计算机信息系统的程序、工具，或者明知他人实施侵入、非法控制计算机信息系统的违法犯罪行为而为其提供程序、工具，情节严重的，依照前款的规定处罚。

单位犯前三款罪的，对单位判处罚金，并对其直接负责的主管人员和其他直接责任人员，依照各该款的规定处罚。

第二百八十六条 违反国家规定，对计算机信息系统功能进行删除、修改、增加、干扰，造成计算机信息系统不能正常运行，后果严重的，处五年以下有期徒刑或者拘役；后果特别严重的，处五年以上有期徒刑。

违反国家规定，对计算机信息系统中存储、处理或者传输的数据和应用程序进行删除、修改、增加的操作，后果严重的，依照前款的规定处罚。

故意制作、传播计算机病毒等破坏性程序，影响计算机系统正常运行，后果严重的，依照第一款的规定处罚。

单位犯前三款罪的，对单位判处罚金，并对其直接负责的主管人员和其他直接责任人员，依照第一款的规定处罚。

第二百八十六条之一 网络服务提供者不履行法律、行政法规规定的信息网络安全管理义务，经监管部门责令采取改正措施而拒不改正，有下列情形之一的，处三年以下有期徒刑、拘役或者管制，并处或者单处罚金：

（一）致使违法信息大量传播的；

（二）致使用户信息泄露，造成严重后果的；

（三）致使刑事案件证据灭失，情节严重的；

（四）有其他严重情节的。

单位犯前款罪的，对单位判处罚金，并对其直接负责的主管人员和其他直接责任人员，依照前款的规定处罚。

有前两款行为，同时构成其他犯罪的，依照处罚较重的规定定罪处罚。

第二百八十七条 利用计算机实施金融诈骗、盗窃、贪污、挪用公款、窃取国家秘密或者其他犯罪的，依照本法有关规定定罪处罚。

第二百八十七条之一 利用信息网络实施下列行为之一，情节严重的，处三年以下有期徒刑或者拘役，并处或者单处罚金：

（一）设立用于实施诈骗、传授犯罪方法、制作或者销售违禁物品、管制物品等违法犯罪活动的网站、通讯群组的；

（二）发布有关制作或者销售毒品、枪支、淫秽物品等违禁物品、管制物品或者其他违法犯罪信息的；

（三）为实施诈骗等违法犯罪活动发布信息的。

单位犯前款罪的，对单位判处罚金，并对其直接负责的主管人员和其他直接责任人员，依照第一款的规定处罚。

有前两款行为，同时构成其他犯罪的，依照处罚较重的规定定罪处罚。

第二百八十七条之二 明知他人利用信息网络实施犯罪，为其犯罪提供互联网接入、服务器托管、网络存储、通讯传输等技术支持，或者提供广告推广、支付结算等帮助，情节严重的，处三年以下有期徒刑或者拘役，并处或者单处罚金。

单位犯前款罪的，对单位判处罚金，并对其直接负责的主管人员和其他直接责任人员，依照第一款的规定处罚。

有前两款行为，同时构成其他犯罪的，依照处罚较重的规定定罪处罚。

第二百八十八条 违反国家规定，擅自设置、使用无线电台（站），或者擅自使用无线电频率，干扰无线电通讯秩序，情节严重的，处三年以下有期徒刑、拘役或者管制，并处或者单处罚金；情节特别严重的，处三年以上七年以下有期徒刑，并处罚金。

单位犯前款罪的，对单位判处罚金，并对其直接负责的主管人员和其他直接责任人员，依照前款的规定处罚。

第二百八十九条　聚众"打砸抢"，致人伤残、死亡的，依照本法第二百三十四条、第二百三十二条的规定定罪处罚。毁坏或者抢走公私财物的，除判令退赔外，对首要分子，依照本法第二百六十三条的规定定罪处罚。

第二百九十条　聚众扰乱社会秩序，情节严重，致使工作、生产、营业和教学、科研、医疗无法进行，造成严重损失的，对首要分子，处三年以上七年以下有期徒刑；对其他积极参加的，处三年以下有期徒刑、拘役、管制或者剥夺政治权利。

聚众冲击国家机关，致使国家机关工作无法进行，造成严重损失的，对首要分子，处五年以上十年以下有期徒刑；对其他积极参加的，处五年以下有期徒刑、拘役、管制或者剥夺政治权利。

多次扰乱国家机关工作秩序，经行政处罚后仍不改正，造成严重后果的，处三年以下有期徒刑、拘役或者管制。

多次组织、资助他人非法聚集，扰乱社会秩序，情节严重的，依照前款的规定处罚。

第二百九十一条　聚众扰乱车站、码头、民用航空站、商场、公园、影剧院、展览会、运动场或者其他公共场所秩序，聚众堵塞交通或者破坏交通秩序，抗拒、阻碍国家治安管理工作人员依法执行职务，情节严重的，对首要分子，处五年以下有期徒刑、拘役或者管制。

第二百九十一条之一　投放虚假的爆炸性、毒害性、放射性、传染病病原体等物质，或者编造爆炸威胁、生化威胁、放射威胁等恐怖信息，或者明知是编造的恐怖信息而故意传播，严重扰乱社会秩序的，处五年以下有期徒刑、拘役或者管制；造成严重后果的，处五年以上有期徒刑。

编造虚假的险情、疫情、灾情、警情，在信息网络或者其他媒体上传播，或者明知是上述虚假信息，故意在信息网络或者其他媒体上传播，严重扰乱社会秩序的，处三年以下有期徒刑、拘役或者管制；造成严重后果的，处三年以上七年以下有期徒刑。

第二百九十一条之二　从建筑物或者其他高空抛掷物品，情节严重的，处一年以下有期徒刑、拘役或者管制，并处或者单处罚金。

有前款行为，同时构成其他犯罪的，依照处罚较重的规定定罪处罚。

第二百九十二条 聚众斗殴的，对首要分子和其他积极参加的，处三年以下有期徒刑、拘役或者管制；有下列情形之一的，对首要分子和其他积极参加的，处三年以上十年以下有期徒刑：

（一）多次聚众斗殴的；

（二）聚众斗殴人数多，规模大，社会影响恶劣的；

（三）在公共场所或者交通要道聚众斗殴，造成社会秩序严重混乱的；

（四）持械聚众斗殴的。

聚众斗殴，致人重伤、死亡的，依照本法第二百三十四条、第二百三十二条的规定定罪处罚。

第二百九十三条 有下列寻衅滋事行为之一，破坏社会秩序的，处五年以下有期徒刑、拘役或者管制：

（一）随意殴打他人，情节恶劣的；

（二）追逐、拦截、辱骂、恐吓他人，情节恶劣的；

（三）强拿硬要或者任意损毁、占用公私财物，情节严重的；

（四）在公共场所起哄闹事，造成公共场所秩序严重混乱的。

纠集他人多次实施前款行为，严重破坏社会秩序的，处五年以上十年以下有期徒刑，可以并处罚金。

第二百九十三条之一 有下列情形之一，催收高利放贷等产生的非法债务，情节严重的，处三年以下有期徒刑、拘役或者管制，并处或者单处罚金：

（一）使用暴力、胁迫方法的；

（二）限制他人人身自由或者侵入他人住宅的；

（三）恐吓、跟踪、骚扰他人的。

第二百九十四条 组织、领导黑社会性质的组织的，处七年以上有期徒刑，并处没收财产；积极参加的，处三年以上七年以下有期徒刑，可以并处罚金或者没收财产；其他参加的，处三年以下有期徒刑、拘役、管制或者剥夺政治权利，可以并处罚金。

境外的黑社会组织的人员到中华人民共和国境内发展组织成员的，处三年以上十年以下有期徒刑。

国家机关工作人员包庇黑社会性质的组织，或者纵容黑社会性质的组织进行违法犯罪活动的，处五年以下有期徒刑；情节严重的，处五年以上有期徒刑。

犯前三款罪又有其他犯罪行为的，依照数罪并罚的规定处罚。

黑社会性质的组织应当同时具备以下特征：

（一）形成较稳定的犯罪组织，人数较多，有明确的组织者、领导者，骨干成员基本固定；

（二）有组织地通过违法犯罪活动或者其他手段获取经济利益，具有一定的经济实力，以支持该组织的活动；

（三）以暴力、威胁或者其他手段，有组织地多次进行违法犯罪活动，为非作恶，欺压、残害群众；

（四）通过实施违法犯罪活动，或者利用国家工作人员的包庇或者纵容，称霸一方，在一定区域或者行业内，形成非法控制或者重大影响，严重破坏经济、社会生活秩序。

第二百九十五条　传授犯罪方法的，处五年以下有期徒刑、拘役或者管制；情节严重的，处五年以上十年以下有期徒刑；情节特别严重的，处十年以上有期徒刑或者无期徒刑。

第二百九十六条　举行集会、游行、示威，未依照法律规定申请或者申请未获许可，或者未按照主管机关许可的起止时间、地点、路线进行，又拒不服从解散命令，严重破坏社会秩序的，对集会、游行、示威的负责人和直接责任人员，处五年以下有期徒刑、拘役、管制或者剥夺政治权利。

第二百九十七条　违反法律规定，携带武器、管制刀具或者爆炸物参加集会、游行、示威的，处三年以下有期徒刑、拘役、管制或者剥夺政治权利。

第二百九十八条　扰乱、冲击或者以其他方法破坏依法举行的集会、游行、示威，造成公共秩序混乱的，处五年以下有期徒刑、拘役、管制或者剥夺政治权利。

第二百九十九条　在公共场合，故意以焚烧、毁损、涂划、玷污、践踏等方式侮辱中华人民共和国国旗、国徽的，处三年以下有期徒刑、拘役、管制或者剥夺政治权利。

在公共场合，故意篡改中华人民共和国国歌歌词、曲谱，以歪曲、贬损方式奏唱国歌，或者以其他方式侮辱国歌，情节严重的，依照前款的规定处罚。

第二百九十九条之一　侮辱、诽谤或者以其他方式侵害英雄烈士的名誉、荣誉，损害社会公共利益，情节严重的，处三年以下有期徒刑、拘役、管制或者剥夺政治权利。

第三百条　组织、利用会道门、邪教组织或者利用迷信破坏国家法律、行政法规实施的，处三年以上七年以下有期徒刑，并处罚金；情节特别严重的，处七年以上有期徒刑或者无期徒刑，并处罚金或者没收财产；情节较轻的，处三年以下有期徒刑、拘役、管制或者剥夺政治权利，并处或者单处罚金。

组织、利用会道门、邪教组织或者利用迷信蒙骗他人，致人重伤、死亡的，依照前款的规定处罚。

犯第一款罪又有奸淫妇女、诈骗财物等犯罪行为的，依照数罪并罚的规定处罚。

第三百零一条　聚众进行淫乱活动的，对首要分子或者多次参加的，处五年以下有期徒刑、拘役或者管制。

引诱未成年人参加聚众淫乱活动的，依照前款的规定从重处罚。

第三百零二条　盗窃、侮辱、故意毁坏尸体、尸骨、骨灰的，处三年以下有期徒刑、拘役或者管制。

第三百零三条　以营利为目的，聚众赌博或者以赌博为业的，处三年以下有期徒刑、拘役或者管制，并处罚金。

开设赌场的，处五年以下有期徒刑、拘役或者管制，并处罚金；情节严重的，处五年以上十年以下有期徒刑，并处罚金。

组织中华人民共和国公民参与国（境）外赌博，数额巨大或者有其他严重情节的，依照前款的规定处罚。

第三百零四条　邮政工作人员严重不负责任，故意延误投递邮件，致使公共财产、国家和人民利益遭受重大损失的，处二年以下有期徒刑或者拘役。

第二节　妨害司法罪

第三百零五条　在刑事诉讼中，证人、鉴定人、记录人、翻译人对与案件有重要关系的情节，故意作虚假证明、鉴定、记录、翻译，意图陷害他人或者隐匿罪证的，处三年以下有期徒刑或者拘役；情节严重的，处三年以上七年以下有期徒刑。

第三百零六条　在刑事诉讼中，辩护人、诉讼代理人毁灭、伪造证据，帮助当事人毁灭、伪造证据，威胁、引诱证人违背事实改变证言或者作伪证的，处三年以下有期徒刑或者拘役；情节严重的，处三年以上七年以下有期徒刑。

辩护人、诉讼代理人提供、出示、引用的证人证言或者其他证据失实，不是有意伪造的，不属于伪造证据。

第三百零七条　以暴力、威胁、贿买等方法阻止证人作证或者指使他人作伪证的，处三年以下有期徒刑或者拘役；情节严重的，处三年以上七年以下有期徒刑。

帮助当事人毁灭、伪造证据，情节严重的，处三年以下有期徒刑或者拘役。

司法工作人员犯前两款罪的，从重处罚。

第三百零七条之一　以捏造的事实提起民事诉讼，妨害司法秩序或者严重侵害他人合法权益的，处三年以下有期徒刑、拘役或者管制，并处或者单处罚金；情节严重的，处三年以上七年以下有期徒刑，并处罚金。

单位犯前款罪的，对单位判处罚金，并对其直接负责的主管人员和其他直接责任人员，依照前款的规定处罚。

有第一款行为，非法占有他人财产或者逃避合法债务，又构成其他犯罪的，依照处罚较重的规定定罪从重处罚。

司法工作人员利用职权，与他人共同实施前三款行为的，从重处罚；同时构成其他犯罪的，依照处罚较重的规定定罪从重处罚。

第三百零八条　对证人进行打击报复的，处三年以下有期徒刑或者拘役；情节严重的，处三年以上七年以下有期徒刑。

第三百零八条之一　司法工作人员、辩护人、诉讼代理人或者其他诉讼参与人，泄露依法不公开审理的案件中不应当公开的信息，造成信息公开传播或者其他严重后果的，处三年以下有期徒刑、拘役或者管制，并处或者单处罚金。

有前款行为，泄露国家秘密的，依照本法第三百九十八条的规定定罪处罚。

公开披露、报道第一款规定的案件信息，情节严重的，依照第一款的规定处罚。

单位犯前款罪的，对单位判处罚金，并对其直接负责的主管人员和其他直接责任人员，依照第一款的规定处罚。

第三百零九条 有下列扰乱法庭秩序情形之一的，处三年以下有期徒刑、拘役、管制或者罚金：

（一）聚众哄闹、冲击法庭的；

（二）殴打司法工作人员或者诉讼参与人的；

（三）侮辱、诽谤、威胁司法工作人员或者诉讼参与人，不听法庭制止，严重扰乱法庭秩序的；

（四）有毁坏法庭设施，抢夺、损毁诉讼文书、证据等扰乱法庭秩序行为，情节严重的。

第三百一十条 明知是犯罪的人而为其提供隐藏处所、财物，帮助其逃匿或者作假证明包庇的，处三年以下有期徒刑、拘役或者管制；情节严重的，处三年以上十年以下有期徒刑。

犯前款罪，事前通谋的，以共同犯罪论处。

第三百一十一条 明知他人有间谍犯罪或者恐怖主义、极端主义犯罪行为，在司法机关向其调查有关情况、收集有关证据时，拒绝提供，情节严重的，处三年以下有期徒刑、拘役或者管制。

第三百一十二条 明知是犯罪所得及其产生的收益而予以窝藏、转移、收购、代为销售或者以其他方法掩饰、隐瞒的，处三年以下有期徒刑、拘役或者管制，并处或者单处罚金；情节严重的，处三年以上七年以下有期徒刑，并处罚金。

单位犯前款罪的，对单位判处罚金，并对其直接负责的主管人员和其他直接责任人员，依照前款的规定处罚。

第三百一十三条 对人民法院的判决、裁定有能力执行而拒不执行，情节严重的，处三年以下有期徒刑、拘役或者罚金；情节特别严重的，处三年以上七年以下有期徒刑，并处罚金。

单位犯前款罪的，对单位判处罚金，并对其直接负责的主管人员和其他直接责任人员，依照前款的规定处罚。

第三百一十四条　隐藏、转移、变卖、故意毁损已被司法机关查封、扣押、冻结的财产，情节严重的，处三年以下有期徒刑、拘役或者罚金。

第三百一十五条　依法被关押的罪犯，有下列破坏监管秩序行为之一，情节严重的，处三年以下有期徒刑：

（一）殴打监管人员的；

（二）组织其他被监管人破坏监管秩序的；

（三）聚众闹事，扰乱正常监管秩序的；

（四）殴打、体罚或者指使他人殴打、体罚其他被监管人的。

第三百一十六条　依法被关押的罪犯、被告人、犯罪嫌疑人脱逃的，处五年以下有期徒刑或者拘役。

劫夺押解途中的罪犯、被告人、犯罪嫌疑人的，处三年以上七年以下有期徒刑；情节严重的，处七年以上有期徒刑。

第三百一十七条　组织越狱的首要分子和积极参加的，处五年以上有期徒刑；其他参加的，处五年以下有期徒刑或者拘役。

暴动越狱或者聚众持械劫狱的首要分子和积极参加的，处十年以上有期徒刑或者无期徒刑；情节特别严重的，处死刑；其他参加的，处三年以上十年以下有期徒刑。

第三节　妨害国（边）境管理罪

第三百一十八条　组织他人偷越国（边）境的，处二年以上七年以下有期徒刑，并处罚金；有下列情形之一的，处七年以上有期徒刑或者无期徒刑，并处罚金或者没收财产：

（一）组织他人偷越国（边）境集团的首要分子；

（二）多次组织他人偷越国（边）境或者组织他人偷越国（边）境人数众多的；

（三）造成被组织人重伤、死亡的；

（四）剥夺或者限制被组织人人身自由的；

（五）以暴力、威胁方法抗拒检查的；

（六）违法所得数额巨大的；

（七）有其他特别严重情节的。

犯前款罪，对被组织人有杀害、伤害、强奸、拐卖等犯罪行为，或者对检查人员有杀害、伤害等犯罪行为的，依照数罪并罚的规定处罚。

第三百一十九条 以劳务输出、经贸往来或者其他名义，弄虚作假，骗取护照、签证等出境证件，为组织他人偷越国（边）境使用的，处三年以下有期徒刑，并处罚金；情节严重的，处三年以上十年以下有期徒刑，并处罚金。

单位犯前款罪的，对单位判处罚金，并对其直接负责的主管人员和其他直接责任人员，依照前款的规定处罚。

第三百二十条 为他人提供伪造、变造的护照、签证等出入境证件，或者出售护照、签证等出入境证件的，处五年以下有期徒刑，并处罚金；情节严重的，处五年以上有期徒刑，并处罚金。

第三百二十一条 运送他人偷越国（边）境的，处五年以下有期徒刑、拘役或者管制，并处罚金；有下列情形之一的，处五年以上十年以下有期徒刑，并处罚金：

（一）多次实施运送行为或者运送人数众多的；

（二）所使用的船只、车辆等交通工具不具备必要的安全条件，足以造成严重后果的；

（三）违法所得数额巨大的；

（四）有其他特别严重情节的。

在运送他人偷越国（边）境中造成被运送人重伤、死亡，或者以暴力、威胁方法抗拒检查的，处七年以上有期徒刑，并处罚金。

犯前两款罪，对被运送人有杀害、伤害、强奸、拐卖等犯罪行为，或者对检查人员有杀害、伤害等犯罪行为的，依照数罪并罚的规定处罚。

第三百二十二条 违反国（边）境管理法规，偷越国（边）境，情节严重的，处一年以下有期徒刑、拘役或者管制，并处罚金；为参加恐怖活动组织、接受恐怖活动培训或者实施恐怖活动，偷越国（边）境的，处一年以上三年以下有期徒刑，并处罚金。

第三百二十三条 故意破坏国家边境的界碑、界桩或者永久性测量标志的，处三年以下有期徒刑或者拘役。

第四节　妨害文物管理罪

第三百二十四条　故意损毁国家保护的珍贵文物或者被确定为全国重点文物保护单位、省级文物保护单位的文物的，处三年以下有期徒刑或者拘役，并处或者单处罚金；情节严重的，处三年以上十年以下有期徒刑，并处罚金。

故意损毁国家保护的名胜古迹，情节严重的，处五年以下有期徒刑或者拘役，并处或者单处罚金。

过失损毁国家保护的珍贵文物或者被确定为全国重点文物保护单位、省级文物保护单位的文物，造成严重后果的，处三年以下有期徒刑或者拘役。

第三百二十五条　违反文物保护法规，将收藏的国家禁止出口的珍贵文物私自出售或者私自赠送给外国人的，处五年以下有期徒刑或者拘役，可以并处罚金。

单位犯前款罪的，对单位判处罚金，并对其直接负责的主管人员和其他直接责任人员，依照前款的规定处罚。

第三百二十六条　以牟利为目的，倒卖国家禁止经营的文物，情节严重的，处五年以下有期徒刑或者拘役，并处罚金；情节特别严重的，处五年以上十年以下有期徒刑，并处罚金。

单位犯前款罪的，对单位判处罚金，并对其直接负责的主管人员和其他直接责任人员，依照前款的规定处罚。

第三百二十七条　违反文物保护法规，国有博物馆、图书馆等单位将国家保护的文物藏品出售或者私自送给非国有单位或者个人的，对单位判处罚金，并对其直接负责的主管人员和其他直接责任人员，处三年以下有期徒刑或者拘役。

第三百二十八条　盗掘具有历史、艺术、科学价值的古文化遗址、古墓葬的，处三年以上十年以下有期徒刑，并处罚金；情节较轻的，处三年以下有期徒刑、拘役或者管制，并处罚金；有下列情形之一的，处十年以上有期徒刑或者无期徒刑，并处罚金或者没收财产：

（一）盗掘确定为全国重点文物保护单位和省级文物保护单位的古文化遗址、古墓葬的；

（二）盗掘古文化遗址、古墓葬集团的首要分子；

（三）多次盗掘古文化遗址、古墓葬的；

（四）盗掘古文化遗址、古墓葬，并盗窃珍贵文物或者造成珍贵文物严重破坏的。

盗掘国家保护的具有科学价值的古人类化石和古脊椎动物化石的，依照前款的规定处罚。

第三百二十九条 抢夺、窃取国家所有的档案的，处五年以下有期徒刑或者拘役。

违反档案法的规定，擅自出卖、转让国家所有的档案，情节严重的，处三年以下有期徒刑或者拘役。

有前两款行为，同时又构成本法规定的其他犯罪的，依照处罚较重的规定定罪处罚。

第五节 危害公共卫生罪

第三百三十条 违反传染病防治法的规定，有下列情形之一，引起甲类传染病以及依法确定采取甲类传染病预防、控制措施的传染病传播或者有传播严重危险的，处三年以下有期徒刑或者拘役；后果特别严重的，处三年以上七年以下有期徒刑：

（一）供水单位供应的饮用水不符合国家规定的卫生标准的；

（二）拒绝按照疾病预防控制机构提出的卫生要求，对传染病病原体污染的污水、污物、场所和物品进行消毒处理的；

（三）准许或者纵容传染病病人、病原携带者和疑似传染病病人从事国务院卫生行政部门规定禁止从事的易使该传染病扩散的工作的；

（四）出售、运输疫区中被传染病病原体污染或者可能被传染病病原体污染的物品，未进行消毒处理的；

（五）拒绝执行县级以上人民政府、疾病预防控制机构依照传染病防治法提出的预防、控制措施的。

单位犯前款罪的，对单位判处罚金，并对其直接负责的主管人员和其他直接责任人员，依照前款的规定处罚。

甲类传染病的范围，依照《中华人民共和国传染病防治法》和国务院有关规定确定。

第三百三十一条　从事实验、保藏、携带、运输传染病菌种、毒种的人员，违反国务院卫生行政部门的有关规定，造成传染病菌种、毒种扩散，后果严重的，处三年以下有期徒刑或者拘役；后果特别严重的，处三年以上七年以下有期徒刑。

第三百三十二条　违反国境卫生检疫规定，引起检疫传染病传播或者有传播严重危险的，处三年以下有期徒刑或者拘役，并处或者单处罚金。

单位犯前款罪的，对单位判处罚金，并对其直接负责的主管人员和其他直接责任人员，依照前款的规定处罚。

第三百三十三条　非法组织他人出卖血液的，处五年以下有期徒刑，并处罚金；以暴力、威胁方法强迫他人出卖血液的，处五年以上十年以下有期徒刑，并处罚金。

有前款行为，对他人造成伤害的，依照本法第二百三十四条的规定定罪处罚。

第三百三十四条　非法采集、供应血液或者制作、供应血液制品，不符合国家规定的标准，足以危害人体健康的，处五年以下有期徒刑或者拘役，并处罚金；对人体健康造成严重危害的，处五年以上十年以下有期徒刑，并处罚金；造成特别严重后果的，处十年以上有期徒刑或者无期徒刑，并处罚金或者没收财产。

经国家主管部门批准采集、供应血液或者制作、供应血液制品的部门，不依照规定进行检测或者违背其他操作规定，造成危害他人身体健康后果的，对单位判处罚金，并对其直接负责的主管人员和其他直接责任人员，处五年以下有期徒刑或者拘役。

第三百三十四条之一　违反国家有关规定，非法采集我国人类遗传资源或者非法运送、邮寄、携带我国人类遗传资源材料出境，危害公众健康或者社会公共利益，情节严重的，处三年以下有期徒刑、拘役或者管制，并处或者单处罚金；情节特别严重的，处三年以上七年以下有期徒刑，并处罚金。

第三百三十五条　医务人员由于严重不负责任，造成就诊人死亡或者严重损害就诊人身体健康的，处三年以下有期徒刑或者拘役。

第三百三十六条　未取得医生执业资格的人非法行医，情节严重的，处三年以下有期徒刑、拘役或者管制，并处或者单处罚金；严重损害就诊人身体健康的，处三年以上十年以下有期徒刑，并处罚金；造成就诊人死亡的，处十年以上有期徒刑，并处罚金。

未取得医生执业资格的人擅自为他人进行节育复通手术、假节育手术、终止妊娠手术或者摘取宫内节育器，情节严重的，处三年以下有期徒刑、拘役或者管制，并处或者单处罚金；严重损害就诊人身体健康的，处三年以上十年以下有期徒刑，并处罚金；造成就诊人死亡的，处十年以上有期徒刑，并处罚金。

第三百三十六条之一　将基因编辑、克隆的人类胚胎植入人体或者动物体内，或者将基因编辑、克隆的动物胚胎植入人体内，情节严重的，处三年以下有期徒刑或者拘役，并处罚金；情节特别严重的，处三年以上七年以下有期徒刑，并处罚金。

第三百三十七条　违反有关动植物防疫、检疫的国家规定，引起重大动植物疫情的，或者有引起重大动植物疫情危险，情节严重的，处三年以下有期徒刑或者拘役，并处或者单处罚金。

单位犯前款罪的，对单位判处罚金，并对其直接负责的主管人员和其他直接责任人员，依照前款的规定处罚。

第六节　破坏环境资源保护罪

第三百三十八条　违反国家规定，排放、倾倒或者处置有放射性的废物、含传染病病原体的废物、有毒物质或者其他有害物质，严重污染环境的，处三年以下有期徒刑或者拘役，并处或者单处罚金；情节严重的，处三年以上七年以下有期徒刑，并处罚金；有下列情形之一的，处七年以上有期徒刑，并处罚金：

（一）在饮用水水源保护区、自然保护地核心保护区等依法确定的重点保护区域排放、倾倒、处置有放射性的废物、含传染病病原体的废物、有毒物质，情节特别严重的；

（二）向国家确定的重要江河、湖泊水域排放、倾倒、处置有放射性的废物、含传染病病原体的废物、有毒物质，情节特别严重的；

（三）致使大量永久基本农田基本功能丧失或者遭受永久性破坏的；

（四）致使多人重伤、严重疾病，或者致人严重残疾、死亡的。

有前款行为，同时构成其他犯罪的，依照处罚较重的规定定罪处罚。

第三百三十九条　违反国家规定，将境外的固体废物进境倾倒、堆放、处置的，处五年以下有期徒刑或者拘役，并处罚金；造成重大环境污染事故，致使公私财产遭受重大损失或者严重危害人体健康的，处五年以上十年以下有期徒刑，并处罚金；后果特别严重的，处十年以上有期徒刑，并处罚金。

未经国务院有关主管部门许可，擅自进口固体废物用作原料，造成重大环境污染事故，致使公私财产遭受重大损失或者严重危害人体健康的，处五年以下有期徒刑或者拘役，并处罚金；后果特别严重的，处五年以上十年以下有期徒刑，并处罚金。

以原料利用为名，进口不能用作原料的固体废物、液态废物和气态废物的，依照本法第一百五十二条第二款、第三款的规定定罪处罚。

第三百四十条　违反保护水产资源法规，在禁渔区、禁渔期或者使用禁用的工具、方法捕捞水产品，情节严重的，处三年以下有期徒刑、拘役、管制或者罚金。

第三百四十一条　非法猎捕、杀害国家重点保护的珍贵、濒危野生动物的，或者非法收购、运输、出售国家重点保护的珍贵、濒危野生动物及其制品的，处五年以下有期徒刑或者拘役，并处罚金；情节严重的，处五年以上十年以下有期徒刑，并处罚金；情节特别严重的，处十年以上有期徒刑，并处罚金或者没收财产。

违反狩猎法规，在禁猎区、禁猎期或者使用禁用的工具、方法进行狩猎，破坏野生动物资源，情节严重的，处三年以下有期徒刑、拘役、管制或者罚金。

违反野生动物保护管理法规，以食用为目的非法猎捕、收购、运输、出售第一款规定以外的在野外环境自然生长繁殖的陆生野生动物，情节严重的，依照前款的规定处罚。

第三百四十二条　违反土地管理法规，非法占用耕地、林地等农用地，改变被占用土地用途，数量较大，造成耕地、林地等农用地大量毁坏的，处五年以下有期徒刑或者拘役，并处或者单处罚金。

第三百四十二条之一　违反自然保护地管理法规，在国家公园、国家级自然保护区进行开垦、开发活动或者修建建筑物，造成严重后果或者有其他恶劣情节的，处五年以下有期徒刑或者拘役，并处或者单处罚金。

有前款行为，同时构成其他犯罪的，依照处罚较重的规定定罪处罚。

第三百四十三条 违反矿产资源法的规定，未取得采矿许可证擅自采矿，擅自进入国家规划矿区、对国民经济具有重要价值的矿区和他人矿区范围采矿，或者擅自开采国家规定实行保护性开采的特定矿种，情节严重的，处三年以下有期徒刑、拘役或者管制，并处或者单处罚金；情节特别严重的，处三年以上七年以下有期徒刑，并处罚金。

违反矿产资源法的规定，采取破坏性的开采方法开采矿产资源，造成矿产资源严重破坏的，处五年以下有期徒刑或者拘役，并处罚金。

第三百四十四条 违反国家规定，非法采伐、毁坏珍贵树木或者国家重点保护的其他植物的，或者非法收购、运输、加工、出售珍贵树木或者国家重点保护的其他植物及其制品的，处三年以下有期徒刑、拘役或者管制，并处罚金；情节严重的，处三年以上七年以下有期徒刑，并处罚金。

第三百四十四条之一 违反国家规定，非法引进、释放或者丢弃外来入侵物种，情节严重的，处三年以下有期徒刑或者拘役，并处或者单处罚金。

第三百四十五条 盗伐森林或者其他林木，数量较大的，处三年以下有期徒刑、拘役或者管制，并处或者单处罚金；数量巨大的，处三年以上七年以下有期徒刑，并处罚金；数量特别巨大的，处七年以上有期徒刑，并处罚金。

违反森林法的规定，滥伐森林或者其他林木，数量较大的，处三年以下有期徒刑、拘役或者管制，并处或者单处罚金；数量巨大的，处三年以上七年以下有期徒刑，并处罚金。

非法收购、运输明知是盗伐、滥伐的林木，情节严重的，处三年以下有期徒刑、拘役或者管制，并处或者单处罚金；情节特别严重的，处三年以上七年以下有期徒刑，并处罚金。

盗伐、滥伐国家级自然保护区内的森林或者其他林木的，从重处罚。

第三百四十六条 单位犯本节第三百三十八条至第三百四十五条规定之罪的，对单位判处罚金，并对其直接负责的主管人员和其他直接责任人员，依照本节各该条的规定处罚。

第七节　走私、贩卖、运输、制造毒品罪

第三百四十七条　走私、贩卖、运输、制造毒品，无论数量多少，都应当追究刑事责任，予以刑事处罚。

走私、贩卖、运输、制造毒品，有下列情形之一的，处十五年有期徒刑、无期徒刑或者死刑，并处没收财产：

（一）走私、贩卖、运输、制造鸦片一千克以上、海洛因或者甲基苯丙胺五十克以上或者其他毒品数量大的；

（二）走私、贩卖、运输、制造毒品集团的首要分子；

（三）武装掩护走私、贩卖、运输、制造毒品的；

（四）以暴力抗拒检查、拘留、逮捕，情节严重的；

（五）参与有组织的国际贩毒活动的。

走私、贩卖、运输、制造鸦片二百克以上不满一千克、海洛因或者甲基苯丙胺十克以上不满五十克或者其他毒品数量较大的，处七年以上有期徒刑，并处罚金。

走私、贩卖、运输、制造鸦片不满二百克、海洛因或者甲基苯丙胺不满十克或者其他少量毒品的，处三年以下有期徒刑、拘役或者管制，并处罚金；情节严重的，处三年以上七年以下有期徒刑，并处罚金。

单位犯第二款、第三款、第四款罪的，对单位判处罚金，并对其直接负责的主管人员和其他直接责任人员，依照各该款的规定处罚。

利用、教唆未成年人走私、贩卖、运输、制造毒品，或者向未成年人出售毒品的，从重处罚。

对多次走私、贩卖、运输、制造毒品，未经处理的，毒品数量累计计算。

第三百四十八条　非法持有鸦片一千克以上、海洛因或者甲基苯丙胺五十克以上或者其他毒品数量大的，处七年以上有期徒刑或者无期徒刑，并处罚金；非法持有鸦片二百克以上不满一千克、海洛因或者甲基苯丙胺十克以上不满五十克或者其他毒品数量较大的，处三年以下有期徒刑、拘役或者管制，并处罚金；情节严重的，处三年以上七年以下有期徒刑，并处罚金。

第三百四十九条　包庇走私、贩卖、运输、制造毒品的犯罪分子的，为犯罪分子窝藏、转移、隐瞒毒品或者犯罪所得的财物的，处三年以下有期徒

刑、拘役或者管制；情节严重的，处三年以上十年以下有期徒刑。

缉毒人员或者其他国家机关工作人员掩护、包庇走私、贩卖、运输、制造毒品的犯罪分子的，依照前款的规定从重处罚。

犯前两款罪，事先通谋的，以走私、贩卖、运输、制造毒品罪的共犯论处。

第三百五十条 违反国家规定，非法生产、买卖、运输醋酸酐、乙醚、三氯甲烷或者其他用于制造毒品的原料、配剂，或者携带上述物品进出境，情节较重的，处三年以下有期徒刑、拘役或者管制，并处罚金；情节严重的，处三年以上七年以下有期徒刑，并处罚金；情节特别严重的，处七年以上有期徒刑，并处罚金或者没收财产。

明知他人制造毒品而为其生产、买卖、运输前款规定的物品的，以制造毒品罪的共犯论处。

单位犯前两款罪的，对单位判处罚金，并对其直接负责的主管人员和其他直接责任人员，依照前两款的规定处罚。

第三百五十一条 非法种植罂粟、大麻等毒品原植物的，一律强制铲除。有下列情形之一的，处五年以下有期徒刑、拘役或者管制，并处罚金：

（一）种植罂粟五百株以上不满三千株或者其他毒品原植物数量较大的；

（二）经公安机关处理后又种植的；

（三）抗拒铲除的。

非法种植罂粟三千株以上或者其他毒品原植物数量大的，处五年以上有期徒刑，并处罚金或者没收财产。

非法种植罂粟或者其他毒品原植物，在收获前自动铲除的，可以免除处罚。

第三百五十二条 非法买卖、运输、携带、持有未经灭活的罂粟等毒品原植物种子或者幼苗，数量较大的，处三年以下有期徒刑、拘役或者管制，并处或者单处罚金。

第三百五十三条 引诱、教唆、欺骗他人吸食、注射毒品的，处三年以下有期徒刑、拘役或者管制，并处罚金；情节严重的，处三年以上七年以下有期徒刑，并处罚金。

强迫他人吸食、注射毒品的，处三年以上十年以下有期徒刑，并处罚金。

引诱、教唆、欺骗或者强迫未成年人吸食、注射毒品的，从重处罚。

第三百五十四条　容留他人吸食、注射毒品的，处三年以下有期徒刑、拘役或者管制，并处罚金。

第三百五十五条　依法从事生产、运输、管理、使用国家管制的麻醉药品、精神药品的人员，违反国家规定，向吸食、注射毒品的人提供国家规定管制的能够使人形成瘾癖的麻醉药品、精神药品的，处三年以下有期徒刑或者拘役，并处罚金；情节严重的，处三年以上七年以下有期徒刑，并处罚金。向走私、贩卖毒品的犯罪分子或者以牟利为目的，向吸食、注射毒品的人提供国家规定管制的能够使人形成瘾癖的麻醉药品、精神药品的，依照本法第三百四十七条的规定定罪处罚。

单位犯前款罪的，对单位判处罚金，并对其直接负责的主管人员和其他直接责任人员，依照前款的规定处罚。

第三百五十五条之一　引诱、教唆、欺骗运动员使用兴奋剂参加国内、国际重大体育竞赛，或者明知运动员参加上述竞赛而向其提供兴奋剂，情节严重的，处三年以下有期徒刑或者拘役，并处罚金。

组织、强迫运动员使用兴奋剂参加国内、国际重大体育竞赛的，依照前款的规定从重处罚。

第三百五十六条　因走私、贩卖、运输、制造、非法持有毒品罪被判过刑，又犯本节规定之罪的，从重处罚。

第三百五十七条　本法所称的毒品，是指鸦片、海洛因、甲基苯丙胺（冰毒）、吗啡、大麻、可卡因以及国家规定管制的其他能够使人形成瘾癖的麻醉药品和精神药品。

毒品的数量以查证属实的走私、贩卖、运输、制造、非法持有毒品的数量计算，不以纯度折算。

第八节　组织、强迫、引诱、容留、介绍卖淫罪

第三百五十八条　组织、强迫他人卖淫的，处五年以上十年以下有期徒刑，并处罚金；情节严重的，处十年以上有期徒刑或者无期徒刑，并处罚金或者没收财产。

组织、强迫未成年人卖淫的，依照前款的规定从重处罚。

犯前两款罪，并有杀害、伤害、强奸、绑架等犯罪行为的，依照数罪并罚的规定处罚。

为组织卖淫的人招募、运送人员或者有其他协助组织他人卖淫行为的，处五年以下有期徒刑，并处罚金；情节严重的，处五年以上十年以下有期徒刑，并处罚金。

第三百五十九条 引诱、容留、介绍他人卖淫的，处五年以下有期徒刑、拘役或者管制，并处罚金；情节严重的，处五年以上有期徒刑，并处罚金。

引诱不满十四周岁的幼女卖淫的，处五年以上有期徒刑，并处罚金。

第三百六十条 明知自己患有梅毒、淋病等严重性病卖淫、嫖娼的，处五年以下有期徒刑、拘役或者管制，并处罚金。

第三百六十一条 旅馆业、饮食服务业、文化娱乐业、出租汽车业等单位的人员，利用本单位的条件，组织、强迫、引诱、容留、介绍他人卖淫的，依照本法第三百五十八条、第三百五十九条的规定定罪处罚。

前款所列单位的主要负责人，犯前款罪的，从重处罚。

第三百六十二条 旅馆业、饮食服务业、文化娱乐业、出租汽车业等单位的人员，在公安机关查处卖淫、嫖娼活动时，为违法犯罪分子通风报信，情节严重的，依照本法第三百一十条的规定定罪处罚。

第九节 制作、贩卖、传播淫秽物品罪

第三百六十三条 以牟利为目的，制作、复制、出版、贩卖、传播淫秽物品的，处三年以下有期徒刑、拘役或者管制，并处罚金；情节严重的，处三年以上十年以下有期徒刑，并处罚金；情节特别严重的，处十年以上有期徒刑或者无期徒刑，并处罚金或者没收财产。

为他人提供书号，出版淫秽书刊的，处三年以下有期徒刑、拘役或者管制，并处或者单处罚金；明知他人用于出版淫秽书刊而提供书号的，依照前款的规定处罚。

第三百六十四条 传播淫秽的书刊、影片、音像、图片或者其他淫秽物品，情节严重的，处二年以下有期徒刑、拘役或者管制。

组织播放淫秽的电影、录像等音像制品的，处三年以下有期徒刑、拘役或者管制，并处罚金；情节严重的，处三年以上十年以下有期徒刑，并处

罚金。

制作、复制淫秽的电影、录像等音像制品组织播放的，依照第二款的规定从重处罚。

向不满十八周岁的未成年人传播淫秽物品的，从重处罚。

第三百六十五条 组织进行淫秽表演的，处三年以下有期徒刑、拘役或者管制，并处罚金；情节严重的，处三年以上十年以下有期徒刑，并处罚金。

第三百六十六条 单位犯本节第三百六十三条、第三百六十四条、第三百六十五条规定之罪的，对单位判处罚金，并对其直接负责的主管人员和其他直接责任人员，依照各该条的规定处罚。

第三百六十七条 本法所称淫秽物品，是指具体描绘性行为或者露骨宣扬色情的诲淫性的书刊、影片、录像带、录音带、图片及其他淫秽物品。

有关人体生理、医学知识的科学著作不是淫秽物品。

包含有色情内容的有艺术价值的文学、艺术作品不视为淫秽物品。

中华人民共和国反有组织犯罪法

（2021年12月24日第十三届全国人民代表大会常务委员会第三十二次会议通过 2021年12月24日中华人民共和国主席令第一〇一号公布 自2022年5月1日起施行）

第一章 总 则

第一条 为了预防和惩治有组织犯罪，加强和规范反有组织犯罪工作，维护国家安全、社会秩序、经济秩序，保护公民和组织的合法权益，根据宪法，制定本法。

第二条 本法所称有组织犯罪，是指《中华人民共和国刑法》第二百九十四条规定的组织、领导、参加黑社会性质组织犯罪，以及黑社会性质组织、恶势力组织实施的犯罪。

本法所称恶势力组织，是指经常纠集在一起，以暴力、威胁或者其他手段，在一定区域或者行业领域内多次实施违法犯罪活动，为非作恶，欺压群众，扰乱社会秩序、经济秩序，造成较为恶劣的社会影响，但尚未形成黑社会性质组织的犯罪组织。

境外的黑社会组织到中华人民共和国境内发展组织成员、实施犯罪，以及在境外对中华人民共和国国家或者公民犯罪的，适用本法。

第三条 反有组织犯罪工作应当坚持总体国家安全观，综合运用法律、经济、科技、文化、教育等手段，建立健全反有组织犯罪工作机制和有组织犯罪预防治理体系。

第四条 反有组织犯罪工作应当坚持专门工作与群众路线相结合，坚持专项治理与系统治理相结合，坚持与反腐败相结合，坚持与加强基层组织建设相结合，惩防并举、标本兼治。

第五条 反有组织犯罪工作应当依法进行，尊重和保障人权，维护公民和组织的合法权益。

第六条 监察机关、人民法院、人民检察院、公安机关、司法行政机关以及其他有关国家机关，应当根据分工，互相配合，互相制约，依法做好反有组织犯罪工作。

有关部门应当动员、依靠村民委员会、居民委员会、企业事业单位、社会组织，共同开展反有组织犯罪工作。

第七条 任何单位和个人都有协助、配合有关部门开展反有组织犯罪工作的义务。

国家依法对协助、配合反有组织犯罪工作的单位和个人给予保护。

第八条 国家鼓励单位和个人举报有组织犯罪。

对举报有组织犯罪或者在反有组织犯罪工作中作出突出贡献的单位和个人，按照国家有关规定给予表彰、奖励。

第二章 预防和治理

第九条 各级人民政府和有关部门应当依法组织开展有组织犯罪预防和治理工作，将有组织犯罪预防和治理工作纳入考评体系。

村民委员会、居民委员会应当协助人民政府以及有关部门开展有组织犯罪预防和治理工作。

第十条　承担有组织犯罪预防和治理职责的部门应当开展反有组织犯罪宣传教育，增强公民的反有组织犯罪意识和能力。

监察机关、人民法院、人民检察院、公安机关、司法行政机关应当通过普法宣传、以案释法等方式，开展反有组织犯罪宣传教育。

新闻、广播、电视、文化、互联网信息服务等单位，应当有针对性地面向社会开展反有组织犯罪宣传教育。

第十一条　教育行政部门、学校应当会同有关部门建立防范有组织犯罪侵害校园工作机制，加强反有组织犯罪宣传教育，增强学生防范有组织犯罪的意识，教育引导学生自觉抵制有组织犯罪，防范有组织犯罪的侵害。

学校发现有组织犯罪侵害学生人身、财产安全，妨害校园及周边秩序的，有组织犯罪组织在学生中发展成员的，或者学生参加有组织犯罪活动的，应当及时制止，采取防范措施，并向公安机关和教育行政部门报告。

第十二条　民政部门应当会同监察机关、公安机关等有关部门，对村民委员会、居民委员会成员候选人资格进行审查，发现因实施有组织犯罪受过刑事处罚的，应当依照有关规定及时作出处理；发现有组织犯罪线索的，应当及时向公安机关报告。

第十三条　市场监管、金融监管、自然资源、交通运输等行业主管部门应当会同公安机关，建立健全行业有组织犯罪预防和治理长效机制，对相关行业领域内有组织犯罪情况进行监测分析，对有组织犯罪易发的行业领域加强监督管理。

第十四条　监察机关、人民法院、人民检察院、公安机关在办理案件中发现行业主管部门有组织犯罪预防和治理工作存在问题的，可以书面向相关行业主管部门提出意见建议。相关行业主管部门应当及时处理并书面反馈。

第十五条　公安机关可以会同有关部门根据本地有组织犯罪情况，确定预防和治理的重点区域、行业领域或者场所。

重点区域、行业领域或者场所的管理单位应当采取有效措施，加强管理，并及时将工作情况向公安机关反馈。

第十六条　电信业务经营者、互联网服务提供者应当依法履行网络信息安全管理义务，采取安全技术防范措施，防止含有宣扬、诱导有组织犯罪内容的信息传播；发现含有宣扬、诱导有组织犯罪内容的信息的，应当立即停止传输，采取消除等处置措施，保存相关记录，并向公安机关或者有关部门报告，依法为公安机关侦查有组织犯罪提供技术支持和协助。

网信、电信、公安等主管部门对含有宣扬、诱导有组织犯罪内容的信息，应当按照职责分工，及时责令有关单位停止传输、采取消除等处置措施，或者下架相关应用、关闭相关网站、关停相关服务。有关单位应当立即执行，并保存相关记录，协助调查。对互联网上来源于境外的上述信息，电信主管部门应当采取技术措施，及时阻断传播。

第十七条　国务院反洗钱行政主管部门、国务院其他有关部门、机构应当督促金融机构和特定非金融机构履行反洗钱义务。发现与有组织犯罪有关的可疑交易活动的，有关主管部门可以依法进行调查，经调查不能排除洗钱嫌疑的，应当及时向公安机关报案。

第十八条　监狱、看守所、社区矫正机构对有组织犯罪的罪犯，应当采取有针对性的监管、教育、矫正措施。

有组织犯罪的罪犯刑满释放后，司法行政机关应当会同有关部门落实安置帮教等必要措施，促进其顺利融入社会。

第十九条　对因组织、领导黑社会性质组织被判处刑罚的人员，设区的市级以上公安机关可以决定其自刑罚执行完毕之日起，按照国家有关规定向公安机关报告个人财产及日常活动。报告期限不超过五年。

第二十条　曾被判处刑罚的黑社会性质组织的组织者、领导者或者恶势力组织的首要分子开办企业或者在企业中担任高级管理人员的，相关行业主管部门应当依法审查，对其经营活动加强监督管理。

第二十一条　移民管理、海关、海警等部门应当会同公安机关严密防范境外的黑社会组织入境渗透、发展、实施违法犯罪活动。

出入境证件签发机关、移民管理机构对境外的黑社会组织的人员，有权决定不准其入境、不予签发入境证件或者宣布其入境证件作废。

移民管理、海关、海警等部门发现境外的黑社会组织的人员入境的，应当及时通知公安机关。发现相关人员涉嫌违反我国法律或者发现涉嫌有组织犯罪物品的，应当依法扣留并及时处理。

第三章　案件办理

第二十二条　办理有组织犯罪案件，应当以事实为根据，以法律为准绳，坚持宽严相济。

对有组织犯罪的组织者、领导者和骨干成员，应当严格掌握取保候审、不起诉、缓刑、减刑、假释和暂予监外执行的适用条件，充分适用剥夺政治权利、没收财产、罚金等刑罚。

有组织犯罪的犯罪嫌疑人、被告人自愿如实供述自己的罪行，承认指控的犯罪事实，愿意接受处罚的，可以依法从宽处理。

第二十三条　利用网络实施的犯罪，符合本法第二条规定的，应当认定为有组织犯罪。

为谋取非法利益或者形成非法影响，有组织地进行滋扰、纠缠、哄闹、聚众造势等，对他人形成心理强制，足以限制人身自由、危及人身财产安全，影响正常社会秩序、经济秩序的，可以认定为有组织犯罪的犯罪手段。

第二十四条　公安机关应当依法运用现代信息技术，建立有组织犯罪线索收集和研判机制，分级分类进行处置。

公安机关接到对有组织犯罪的报案、控告、举报后，应当及时开展统计、分析、研判工作，组织核查或者移送有关主管机关依法处理。

第二十五条　有关国家机关在履行职责时发现有组织犯罪线索，或者接到对有组织犯罪的举报的，应当及时移送公安机关等主管机关依法处理。

第二十六条　公安机关核查有组织犯罪线索，可以按照国家有关规定采取调查措施。公安机关向有关单位和个人收集、调取相关信息和材料的，有关单位和个人应当如实提供。

第二十七条　公安机关核查有组织犯罪线索，经县级以上公安机关负责人批准，可以查询嫌疑人员的存款、汇款、债券、股票、基金份额等财产信息。

公安机关核查黑社会性质组织犯罪线索，发现涉案财产有灭失、转移的紧急风险的，经设区的市级以上公安机关负责人批准，可以对有关涉案财产采取紧急止付或者临时冻结、临时扣押的紧急措施，期限不得超过四十八小时。期限届满或者适用紧急措施的情形消失的，应当立即解除紧急措施。

第二十八条 公安机关核查有组织犯罪线索，发现犯罪事实或者犯罪嫌疑人的，应当依照《中华人民共和国刑事诉讼法》的规定立案侦查。

第二十九条 公安机关办理有组织犯罪案件，可以依照《中华人民共和国出境入境管理法》的规定，决定对犯罪嫌疑人采取限制出境措施，通知移民管理机构执行。

第三十条 对有组织犯罪案件的犯罪嫌疑人、被告人，根据办理案件和维护监管秩序的需要，可以采取异地羁押、分别羁押或者单独羁押等措施。采取异地羁押措施的，应当依法通知犯罪嫌疑人、被告人的家属和辩护人。

第三十一条 公安机关在立案后，根据侦查犯罪的需要，依照《中华人民共和国刑事诉讼法》的规定，可以采取技术侦查措施、实施控制下交付或者由有关人员隐匿身份进行侦查。

第三十二条 犯罪嫌疑人、被告人检举、揭发重大犯罪的其他共同犯罪人或者提供侦破重大案件的重要线索或者证据，同案处理可能导致其本人或者近亲属有人身危险的，可以分案处理。

第三十三条 犯罪嫌疑人、被告人积极配合有组织犯罪案件的侦查、起诉、审判等工作，有下列情形之一的，可以依法从宽处罚，但对有组织犯罪的组织者、领导者应当严格适用：

（一）为查明犯罪组织的组织结构及其组织者、领导者、首要分子的地位、作用提供重要线索或者证据的；

（二）为查明犯罪组织实施的重大犯罪提供重要线索或者证据的；

（三）为查处国家工作人员涉有组织犯罪提供重要线索或者证据的；

（四）协助追缴、没收尚未掌握的赃款赃物的；

（五）其他为查办有组织犯罪案件提供重要线索或者证据的情形。

对参加有组织犯罪组织的犯罪嫌疑人、被告人不起诉或者免予刑事处罚的，可以根据案件的不同情况，依法予以训诫、责令具结悔过、赔礼道歉、赔偿损失，或者由主管部门予以行政处罚或者处分。

第三十四条 对黑社会性质组织的组织者、领导者，应当依法并处没收财产。对其他组织成员，根据其在犯罪组织中的地位、作用以及所参与违法犯罪活动的次数、性质、违法所得数额、造成的损失等，可以依法并处罚金或者没收财产。

第三十五条　对有组织犯罪的罪犯，执行机关应当依法从严管理。

黑社会性质组织的组织者、领导者或者恶势力组织的首要分子被判处十年以上有期徒刑、无期徒刑、死刑缓期二年执行的，应当跨省、自治区、直辖市异地执行刑罚。

第三十六条　对被判处十年以上有期徒刑、无期徒刑、死刑缓期二年执行的黑社会性质组织的组织者、领导者或者恶势力组织的首要分子减刑的，执行机关应当依法提出减刑建议，报经省、自治区、直辖市监狱管理机关复核后，提请人民法院裁定。

对黑社会性质组织的组织者、领导者或者恶势力组织的首要分子假释的，适用前款规定的程序。

第三十七条　人民法院审理黑社会性质组织犯罪罪犯的减刑、假释案件，应当通知人民检察院、执行机关参加审理，并通知被报请减刑、假释的罪犯参加，听取其意见。

第三十八条　执行机关提出减刑、假释建议以及人民法院审理减刑、假释案件，应当充分考虑罪犯履行生效裁判中财产性判项、配合处置涉案财产等情况。

第四章　涉案财产认定和处置

第三十九条　办理有组织犯罪案件中发现的可用以证明犯罪嫌疑人、被告人有罪或者无罪的各种财物、文件，应当依法查封、扣押。

公安机关、人民检察院、人民法院可以依照《中华人民共和国刑事诉讼法》的规定查询、冻结犯罪嫌疑人、被告人的存款、汇款、债券、股票、基金份额等财产。有关单位和个人应当配合。

第四十条　公安机关、人民检察院、人民法院根据办理有组织犯罪案件的需要，可以全面调查涉嫌有组织犯罪的组织及其成员的财产状况。

第四十一条　查封、扣押、冻结、处置涉案财物，应当严格依照法定条件和程序进行，依法保护公民和组织的合法财产权益，严格区分违法所得与合法财产、本人财产与其家属的财产，减少对企业正常经营活动的不利影响。不得查封、扣押、冻结与案件无关的财物。经查明确实与案件无关的财物，应当在三日以内解除查封、扣押、冻结，予以退还。对被害人的合法财产，应当及时返还。

查封、扣押、冻结涉案财物，应当为犯罪嫌疑人、被告人及其扶养的家属保留必需的生活费用和物品。

第四十二条 公安机关可以向反洗钱行政主管部门查询与有组织犯罪相关的信息数据，提请协查与有组织犯罪相关的可疑交易活动，反洗钱行政主管部门应当予以配合并及时回复。

第四十三条 对下列财产，经县级以上公安机关、人民检察院或者人民法院主要负责人批准，可以依法先行出售、变现或者变卖、拍卖，所得价款由扣押、冻结机关保管，并及时告知犯罪嫌疑人、被告人或者其近亲属：

（一）易损毁、灭失、变质等不宜长期保存的物品；

（二）有效期即将届满的汇票、本票、支票等；

（三）债券、股票、基金份额等财产，经权利人申请，出售不损害国家利益、被害人利益，不影响诉讼正常进行的。

第四十四条 公安机关、人民检察院应当对涉案财产审查甄别。在移送审查起诉、提起公诉时，应当对涉案财产提出处理意见。

在审理有组织犯罪案件过程中，应当对与涉案财产的性质、权属有关的事实、证据进行法庭调查、辩论。人民法院应当依法作出判决，对涉案财产作出处理。

第四十五条 有组织犯罪组织及其成员违法所得的一切财物及其孳息、收益，违禁品和供犯罪所用的本人财物，应当依法予以追缴、没收或者责令退赔。

依法应当追缴、没收的涉案财产无法找到、灭失或者与其他合法财产混合且不可分割的，可以追缴、没收其他等值财产或者混合财产中的等值部分。

被告人实施黑社会性质组织犯罪的定罪量刑事实已经查清，有证据证明其在犯罪期间获得的财产高度可能属于黑社会性质组织犯罪的违法所得及其孳息、收益，被告人不能说明财产合法来源的，应当依法予以追缴、没收。

第四十六条 涉案财产符合下列情形之一的，应当依法予以追缴、没收：

（一）为支持或者资助有组织犯罪活动而提供给有组织犯罪组织及其成员的财产；

（二）有组织犯罪组织成员的家庭财产中实际用于支持有组织犯罪活动的

部分；

（三）利用有组织犯罪组织及其成员的违法犯罪活动获得的财产及其孳息、收益。

第四十七条　黑社会性质组织犯罪案件的犯罪嫌疑人、被告人逃匿，在通缉一年后不能到案，或者犯罪嫌疑人、被告人死亡，依照《中华人民共和国刑法》规定应当追缴其违法所得及其他涉案财产的，依照《中华人民共和国刑事诉讼法》有关犯罪嫌疑人、被告人逃匿、死亡案件违法所得的没收程序的规定办理。

第四十八条　监察机关、公安机关、人民检察院发现与有组织犯罪相关的洗钱以及掩饰、隐瞒犯罪所得、犯罪所得收益等犯罪的，应当依法查处。

第四十九条　利害关系人对查封、扣押、冻结、处置涉案财物提出异议的，公安机关、人民检察院、人民法院应当及时予以核实，听取其意见，依法作出处理。

公安机关、人民检察院、人民法院对涉案财物作出处理后，利害关系人对处理不服的，可以提出申诉或者控告。

第五章　国家工作人员涉有

组织犯罪的处理

第五十条　国家工作人员有下列行为的，应当全面调查，依法作出处理：

（一）组织、领导、参加有组织犯罪活动的；

（二）为有组织犯罪组织及其犯罪活动提供帮助的；

（三）包庇有组织犯罪组织、纵容有组织犯罪活动的；

（四）在查办有组织犯罪案件工作中失职渎职的；

（五）利用职权或者职务上的影响干预反有组织犯罪工作的；

（六）其他涉有组织犯罪的违法犯罪行为。

国家工作人员组织、领导、参加有组织犯罪的，应当依法从重处罚。

第五十一条　监察机关、人民法院、人民检察院、公安机关、司法行政机关应当加强协作配合，建立线索办理沟通机制，发现国家工作人员涉嫌本法第五十条规定的违法犯罪的线索，应当依法处理或者及时移送主管机关处理。

任何单位和个人发现国家工作人员与有组织犯罪有关的违法犯罪行为，有权向监察机关、人民检察院、公安机关等部门报案、控告、举报。有关部门接到报案、控告、举报后，应当及时处理。

第五十二条 依法查办有组织犯罪案件或者依照职责支持、协助查办有组织犯罪案件的国家工作人员，不得有下列行为：

（一）接到报案、控告、举报不受理，发现犯罪信息、线索隐瞒不报、不如实报告，或者未经批准、授权擅自处置、不移送犯罪线索、涉案材料；

（二）向违法犯罪人员通风报信，阻碍案件查处；

（三）违背事实和法律处理案件；

（四）违反规定查封、扣押、冻结、处置涉案财物；

（五）其他滥用职权、玩忽职守、徇私舞弊的行为。

第五十三条 有关机关接到对从事反有组织犯罪工作的执法、司法工作人员的举报后，应当依法处理，防止犯罪嫌疑人、被告人等利用举报干扰办案、打击报复。

对利用举报等方式歪曲捏造事实，诬告陷害从事反有组织犯罪工作的执法、司法工作人员的，应当依法追究责任；造成不良影响的，应当按照规定及时澄清事实，恢复名誉，消除不良影响。

第六章 国际合作

第五十四条 中华人民共和国根据缔结或者参加的国际条约，或者按照平等互惠原则，与其他国家、地区、国际组织开展反有组织犯罪合作。

第五十五条 国务院有关部门根据国务院授权，代表中国政府与外国政府和有关国际组织开展反有组织犯罪情报信息交流和执法合作。

国务院公安部门应当加强跨境反有组织犯罪警务合作，推动与有关国家和地区建立警务合作机制。经国务院公安部门批准，边境地区公安机关可以与相邻国家或者地区执法机构建立跨境有组织犯罪情报信息交流和警务合作机制。

第五十六条 涉及有组织犯罪的刑事司法协助、引渡，依照有关法律的规定办理。

第五十七条 通过反有组织犯罪国际合作取得的材料可以在行政处罚、

刑事诉讼中作为证据使用，但依据条约规定或者我方承诺不作为证据使用的除外。

第七章　保障措施

第五十八条　国家为反有组织犯罪工作提供必要的组织保障、制度保障和物质保障。

第五十九条　公安机关和有关部门应当依照职责，建立健全反有组织犯罪专业力量，加强人才队伍建设和专业训练，提升反有组织犯罪工作能力。

第六十条　国务院和县级以上地方各级人民政府应当按照事权划分，将反有组织犯罪工作经费列入本级财政预算。

第六十一条　因举报、控告和制止有组织犯罪活动，在有组织犯罪案件中作证，本人或者其近亲属的人身安全面临危险的，公安机关、人民检察院、人民法院应当按照有关规定，采取下列一项或者多项保护措施：

（一）不公开真实姓名、住址和工作单位等个人信息；

（二）采取不暴露外貌、真实声音等出庭作证措施；

（三）禁止特定的人接触被保护人员；

（四）对人身和住宅采取专门性保护措施；

（五）变更被保护人员的身份，重新安排住所和工作单位；

（六）其他必要的保护措施。

第六十二条　采取本法第六十一条第三项、第四项规定的保护措施，由公安机关执行。根据本法第六十一条第五项规定，变更被保护人员身份的，由国务院公安部门批准和组织实施。

公安机关、人民检察院、人民法院依法采取保护措施，有关单位和个人应当配合。

第六十三条　实施有组织犯罪的人员配合侦查、起诉、审判等工作，对侦破案件或者查明案件事实起到重要作用的，可以参照证人保护的规定执行。

第六十四条　对办理有组织犯罪案件的执法、司法工作人员及其近亲属，可以采取人身保护、禁止特定的人接触等保护措施。

第六十五条　对因履行反有组织犯罪工作职责或者协助、配合有关部门开展反有组织犯罪工作导致伤残或者死亡的人员，按照国家有关规定给予相应的待遇。

第八章　法律责任

第六十六条　组织、领导、参加黑社会性质组织，国家机关工作人员包庇、纵容黑社会性质组织，以及黑社会性质组织、恶势力组织实施犯罪的，依法追究刑事责任。

境外的黑社会组织的人员到中华人民共和国境内发展组织成员、实施犯罪，以及在境外对中华人民共和国国家或者公民犯罪的，依法追究刑事责任。

第六十七条　发展未成年人参加黑社会性质组织、境外的黑社会组织，教唆、诱骗未成年人实施有组织犯罪，或者实施有组织犯罪侵害未成年人合法权益的，依法从重追究刑事责任。

第六十八条　对有组织犯罪的罪犯，人民法院可以依照《中华人民共和国刑法》有关从业禁止的规定，禁止其从事相关职业，并通报相关行业主管部门。

第六十九条　有下列情形之一，尚不构成犯罪的，由公安机关处五日以上十日以下拘留，可以并处一万元以下罚款；情节较重的，处十日以上十五日以下拘留，并处一万元以上三万元以下罚款；有违法所得的，除依法应当返还被害人的以外，应当予以没收：

（一）参加境外的黑社会组织的；

（二）积极参加恶势力组织的；

（三）教唆、诱骗他人参加有组织犯罪组织，或者阻止他人退出有组织犯罪组织的；

（四）为有组织犯罪活动提供资金、场所等支持、协助、便利的；

（五）阻止他人检举揭发有组织犯罪、提供有组织犯罪证据，或者明知他人有有组织犯罪行为，在司法机关向其调查有关情况、收集有关证据时拒绝提供的。

教唆、诱骗未成年人参加有组织犯罪组织或者阻止未成年人退出有组织犯罪组织，尚不构成犯罪的，依照前款规定从重处罚。

第七十条　违反本法第十九条规定，不按照公安机关的决定如实报告个人财产及日常活动的，由公安机关给予警告，并责令改正；拒不改正的，处五日以上十日以下拘留，并处三万元以下罚款。

第七十一条　金融机构等相关单位未依照本法第二十七条规定协助公安机关采取紧急止付、临时冻结措施的，由公安机关责令改正；拒不改正的，由公安机关处五万元以上二十万元以下罚款，并对直接负责的主管人员和其他直接责任人员处五万元以下罚款；情节严重的，公安机关可以建议有关主管部门对直接负责的主管人员和其他直接责任人员依法给予处分。

第七十二条　电信业务经营者、互联网服务提供者有下列情形之一的，由有关主管部门责令改正；拒不改正或者情节严重的，由有关主管部门依照《中华人民共和国网络安全法》的有关规定给予处罚：

（一）拒不为侦查有组织犯罪提供技术支持和协助的；

（二）不按照主管部门的要求对含有宣扬、诱导有组织犯罪内容的信息停止传输、采取消除等处置措施、保存相关记录的。

第七十三条　有关国家机关、行业主管部门拒不履行或者拖延履行反有组织犯罪法定职责，或者拒不配合反有组织犯罪调查取证，或者在其他工作中滥用反有组织犯罪工作有关措施的，由其上级机关责令改正；情节严重的，对负有责任的领导人员和直接责任人员，依法给予处分；构成犯罪的，依法追究刑事责任。

第七十四条　有关部门和单位、个人应当对在反有组织犯罪工作过程中知悉的国家秘密、商业秘密和个人隐私予以保密。违反规定泄露国家秘密、商业秘密和个人隐私的，依法追究法律责任。

第七十五条　国家工作人员有本法第五十条、第五十二条规定的行为，构成犯罪的，依法追究刑事责任；尚不构成犯罪的，依法给予处分。

第七十六条　有关单位和个人对依照本法作出的行政处罚和行政强制措施决定不服的，可以依法申请行政复议或者提起行政诉讼。

第九章　附　则

第七十七条　本法自 2022 年 5 月 1 日起施行。

全国人民代表大会常务委员会
关于《中华人民共和国刑法》第三百四十一条、第三百一十二条的解释

（2014年4月24日第十二届全国人民代表大会常务委员会第八次会议通过）

全国人民代表大会常务委员会根据司法实践中遇到的情况，讨论了刑法第三百四十一条第一款规定的非法收购国家重点保护的珍贵、濒危野生动物及其制品的含义和收购刑法第三百四十一条第二款规定的非法狩猎的野生动物如何适用刑法有关规定的问题，解释如下：

知道或者应当知道是国家重点保护的珍贵、濒危野生动物及其制品，为食用或者其他目的而非法购买的，属于刑法第三百四十一条第一款规定的非法收购国家重点保护的珍贵、濒危野生动物及其制品的行为。

知道或者应当知道是刑法第三百四十一条第二款规定的非法狩猎的野生动物而购买的，属于刑法第三百一十二条第一款规定的明知是犯罪所得而收购的行为。

现予公告。

二、相关司法解释、司法文件

（一）扰乱公共秩序罪

1. 涉妨害公务犯罪

最高人民法院　最高人民检察院　公安部
关于依法惩治袭警违法犯罪行为的指导意见①

2019年12月25日　　公通字〔2019〕32号

人民警察代表国家行使执法权，肩负着打击违法犯罪、维护社会稳定、维持司法秩序、执行生效裁判等重要职责。在依法履职过程中，人民警察遭受违法犯罪分子暴力侵害、打击报复的事件时有发生，一些犯罪分子气焰嚣张、手段残忍，甚至出现预谋性、聚众性袭警案件，不仅危害民警人身安全，更严重损害国家法律权威、破坏国家正常管理秩序。为切实维护国家法律尊严，维护民警执法权威，保障民警人身安全，依法惩治袭警违法犯罪行为，根据有关法律法规，经最高人民法院、最高人民检察院、公安部共同研究决定，制定本意见。

一、对正在依法执行职务的民警实施下列行为的，属于刑法第二百七十七条第五款规定的“暴力袭击正在依法执行职务的人民警察”，应当以妨害公务罪定罪从重处罚：

① 根据《最高人民法院、最高人民检察院、公安部、司法部关于适用〈中华人民共和国刑法修正案（十一）〉有关问题的通知》的规定：与《刑法修正案（十一）》不一致的内容，不再适用；与《刑法修正案（十一）》不相冲突的内容，在新的司法解释颁行前，继续有效。

1. 实施撕咬、踢打、抱摔、投掷等，对民警人身进行攻击的；

2. 实施打砸、毁坏、抢夺民警正在使用的警用车辆、警械等警用装备，对民警人身进行攻击的；

对正在依法执行职务的民警虽未实施暴力袭击，但以实施暴力相威胁，符合刑法第二百七十七条第一款规定的，以妨害公务罪定罪处罚。

醉酒的人实施袭警犯罪行为，应当负刑事责任。

教唆、煽动他人实施袭警犯罪行为或者为他人实施袭警犯罪行为提供工具、帮助的，以共同犯罪论处。

对袭警情节轻微或者辱骂民警，尚不构成犯罪，但构成违反治安管理行为的，应当依法从重给予治安管理处罚。

二、实施暴力袭警行为，具有下列情形之一的，在第一条规定的基础上酌情从重处罚：

1. 使用凶器或者危险物品袭警、驾驶机动车袭警的；

2. 造成民警轻微伤或者警用装备严重毁损的；

3. 妨害民警依法执行职务，造成他人伤亡、公私财产损失或者造成犯罪嫌疑人脱逃、毁灭证据等严重后果的；

4. 造成多人围观、交通堵塞等恶劣社会影响的；

5. 纠集多人袭警或者袭击民警二人以上的；

6. 曾因袭警受过处罚，再次袭警的；

7. 实施其他严重袭警行为的。

实施上述行为，构成犯罪的，一般不得适用缓刑。

三、驾车冲撞、碾轧、拖拽、剐蹭民警，或者挤别、碰撞正在执行职务的警用车辆，危害公共安全或者民警生命、健康安全，符合刑法第一百一十四条、第一百一十五条、第二百三十二条、第二百三十四条规定的，应当以以危险方法危害公共安全罪、故意杀人罪或者故意伤害罪定罪，酌情从重处罚。

暴力袭警，致使民警重伤、死亡，符合刑法第二百三十四条、第二百三十二条规定的，应当以故意伤害罪、故意杀人罪定罪，酌情从重处罚。

四、抢劫、抢夺民警枪支，符合刑法第一百二十七条第二款规定的，应当以抢劫枪支罪、抢夺枪支罪定罪。

五、民警在非工作时间，依照《中华人民共和国人民警察法》等法律履行职责的，应当视为执行职务。

六、在民警非执行职务期间，因其职务行为对其实施暴力袭击、拦截、恐吓等行为，符合刑法第二百三十四条、第二百三十二条、第二百九十三条等规定的，应当以故意伤害罪、故意杀人罪、寻衅滋事罪等定罪，并根据袭警的具体情节酌情从重处罚。

各级人民法院、人民检察院和公安机关要加强协作配合，对袭警违法犯罪行为快速处理、准确定性、依法严惩。一要依法及时开展调查处置、批捕、起诉、审判工作。民警对于袭警违法犯罪行为应当依法予以制止，并根据现场条件，妥善保护案发现场，控制犯罪嫌疑人。负责侦查办理袭警案件的民警应当全面收集、提取证据，特别是注意收集民警现场执法记录仪和周边监控等视听资料、在场人员证人证言等证据，查清案件事实。对造成民警或者他人受伤、财产损失的，依法进行鉴定。在处置过程中，民警依法依规使用武器、警械或者采取其他必要措施制止袭警行为，受法律保护。人民检察院对于公安机关提请批准逮捕、移送审查起诉的袭警案件，应当从严掌握无逮捕必要性、犯罪情节轻微等不捕不诉情形，慎重作出不批捕、不起诉决定，对于符合逮捕、起诉条件的，应当依法尽快予以批捕、起诉。对于袭警行为构成犯罪的，人民法院应当依法及时审判，严格依法追究犯罪分子刑事责任。二要依法适用从重处罚。暴力袭警是刑法第二百七十七条规定的从重处罚情形。人民法院、人民检察院和公安机关在办理此类案件时，要准确认识袭警行为对于国家法律秩序的严重危害，不能将袭警行为等同于一般的故意伤害行为，不能仅以造成民警身体伤害作为构成犯罪的标准，要综合考虑袭警行为的手段、方式以及对执行职务的影响程度等因素，准确认定犯罪性质，从严追究刑事责任。对袭警违法犯罪行为，依法不适用刑事和解和治安调解。对于构成犯罪，但具有初犯、偶犯、给予民事赔偿并取得被害人谅解等情节的，在酌情从宽时，应当从严把握从宽幅度。对犯罪性质和危害后果特别严重、犯罪手段特别残忍、社会影响特别恶劣的犯罪分子，虽具有上述酌定从宽情节但不足以从轻处罚的，依法不予从宽处罚。三要加强规范执法和法制宣传教育。人民警察要严格按照法律规定的程序和标准正确履职，特别是要规范现场执法，以法为据、以理服人，妥善化解矛盾，谨慎使用强制措施和武器警械。人民法院、人民检察院、公安机关在依法办案的同时，要加大法制宣传教育力度，对于社会影响大、舆论关注度高的重大案件，视情通过新闻媒体、微信、微博等多种形式，向社会通报案件进展情况，澄清事实真相，并结合案情释法说理，说明袭警行为的危害性。要适时公开曝光一批典型案例，向社会揭露袭警行为的违法性和严重危害性，教育人民群众遵纪守法，在全社会树立“敬畏法律、尊重执法者”的良好法治环境。

各地各相关部门在执行中遇有问题，请及时上报各自上级机关。

2. 涉黑恶势力犯罪

最高人民法院　最高人民检察院　公安部　司法部
印发《关于办理恶势力刑事案件若干问题的意见》的通知

2019年2月28日　　法发〔2019〕10号

各省、自治区、直辖市高级人民法院、人民检察院、公安厅（局）、司法厅（局），解放军军事法院、军事检察院，新疆维吾尔自治区高级人民法院生产建设兵团分院、新疆生产建设兵团人民检察院、公安局、司法局：

为认真贯彻落实中央开展扫黑除恶专项斗争的部署要求，正确理解和适用最高人民法院、最高人民检察院、公安部、司法部《关于办理黑恶势力犯罪案件若干问题的指导意见》（法发〔2018〕1号），最高人民法院、最高人民检察院、公安部、司法部联合印发了《关于办理恶势力刑事案件若干问题的意见》，请认真贯彻执行。

附：

最高人民法院 最高人民检察院 公安部 司法部 关于办理恶势力刑事案件若干问题的意见

为认真贯彻落实中央开展扫黑除恶专项斗争的部署要求，正确理解和适用最高人民法院、最高人民检察院、公安部、司法部《关于办理黑恶势力犯罪案件若干问题的指导意见》(法发〔2018〕1号，以下简称《指导意见》)，根据刑法、刑事诉讼法及有关司法解释、规范性文件的规定，现对办理恶势力刑事案件若干问题提出如下意见：

一、办理恶势力刑事案件的总体要求

1. 人民法院、人民检察院、公安机关和司法行政机关要深刻认识恶势力违法犯罪的严重社会危害，毫不动摇地坚持依法严惩方针，在侦查、起诉、审判、执行各阶段，运用多种法律手段全面体现依法从严惩处精神，有力震慑恶势力违法犯罪分子，有效打击和预防恶势力违法犯罪。

2. 人民法院、人民检察院、公安机关和司法行政机关要严格坚持依法办案，确保在案件事实清楚，证据确实、充分的基础上，准确认定恶势力和恶势力犯罪集团，坚决防止人为拔高或者降低认定标准。要坚持贯彻落实宽严相济刑事政策，根据犯罪嫌疑人、被告人的主观恶性、人身危险性、在恶势力、恶势力犯罪集团中的地位、作用以及在具体犯罪中的罪责，切实做到宽严有据，罚当其罪，实现政治效果、法律效果和社会效果的统一。

3. 人民法院、人民检察院、公安机关和司法行政机关要充分发挥各自职能，分工负责，互相配合，互相制约，坚持以审判为中心的刑事诉讼制度改革要求，严格执行“三项规程”，不断强化程序意识和证据意识，有效加强法律监督，确保严格执法、公正司法，充分保障当事人、诉讼参与人的各项诉讼权利。

二、恶势力、恶势力犯罪集团的认定标准

4. 恶势力，是指经常纠集在一起，以暴力、威胁或者其他手段，在一定区域或者行业内多次实施违法犯罪活动，为非作恶，欺压百姓，扰乱经济、社会生活秩序，造成较为恶劣的社会影响，但尚未形成黑社会性质组织的违法犯罪组织。

5. 单纯为牟取不法经济利益而实施的“黄、赌、毒、盗、抢、骗”等违法犯罪活动，不具有为非作恶、欺压百姓特征的，或者因本人及近亲属的婚恋纠纷、家庭纠纷、邻里纠纷、劳动纠纷、合法债务纠纷而引发以及其他确属事出有因的违法犯罪活动，不应作为恶势力案件处理。

6. 恶势力一般为 3 人以上，纠集者相对固定。纠集者，是指在恶势力实施的违法犯罪活动中起组织、策划、指挥作用的违法犯罪分子。成员较为固定且符合恶势力其他认定条件，但多次实施违法犯罪活动是由不同的成员组织、策划、指挥，也可以认定为恶势力，有前述行为的成员均可以认定为纠集者。

恶势力的其他成员，是指知道或应当知道与他人经常纠集在一起是为了共同实施违法犯罪，仍按照纠集者的组织、策划、指挥参与违法犯罪活动的违法犯罪分子，包括已有充分证据证明但尚未归案的人员，以及因法定情形不予追究法律责任，或者因参与实施恶势力违法犯罪活动已受到行政或刑事处罚的人员。仅因临时雇佣或被雇佣、利用或被利用以及受蒙蔽参与少量恶势力违法犯罪活动的，一般不应认定为恶势力成员。

7. “经常纠集在一起，以暴力、威胁或者其他手段，在一定区域或者行业内多次实施违法犯罪活动”，是指犯罪嫌疑人、被告人于 2 年之内，以暴力、威胁或者其他手段，在一定区域或者行业内多次实施违法犯罪活动，且包括纠集者在内，至少应有 2 名相同的成员多次参与实施违法犯罪活动。对于“纠集在一起”时间明显较短，实施违法犯罪活动刚刚达到“多次”标准，且尚不足以造成较为恶劣影响的，一般不应认定为恶势力。

8. 恶势力实施的违法犯罪活动，主要为强迫交易、故意伤害、非法拘禁、敲诈勒索、故意毁坏财物、聚众斗殴、寻衅滋事，但也包括具有为非作恶、欺压百姓特征，主要以暴力、威胁为手段的其他违法犯罪活动。

恶势力还可能伴随实施开设赌场、组织卖淫、强迫卖淫、贩卖毒品、运输毒品、制造毒品、抢劫、抢夺、聚众扰乱社会秩序、聚众扰乱公共场所秩序、交通秩序以及聚众“打砸抢”等违法犯罪活动，但仅有前述伴随实施的违法犯罪活动，且不能认定具有为非作恶、欺压百姓特征的，一般不应认定为恶势力。

9．办理恶势力刑事案件，“多次实施违法犯罪活动”至少应包括 1 次犯罪活动。对于反复实施强迫交易、非法拘禁、敲诈勒索、寻衅滋事等单一性质的违法行为，单次情节、数额尚不构成犯罪，但按照刑法或者有关司法解释、规范性文件的规定累加后应作为犯罪处理的，在认定是否属于“多次实施违法犯罪活动”时，可将已用于累加的违法行为计为 1 次犯罪活动，其他违法行为单独计算违法活动的次数。

已被处理或者已作为民间纠纷调处，后经查证确属恶势力违法犯罪活动的，均可以作为认定恶势力的事实依据，但不符合法定情形的，不得重新追究法律责任。

10．认定“扰乱经济、社会生活秩序，造成较为恶劣的社会影响”，应当结合侵害对象及其数量、违法犯罪次数、手段、规模、人身损害后果、经济损失数额、违法所得数额、引起社会秩序混乱的程度以及对人民群众安全感的影响程度等因素综合把握。

11．恶势力犯罪集团，是指符合恶势力全部认定条件，同时又符合犯罪集团法定条件的犯罪组织。

恶势力犯罪集团的首要分子，是指在恶势力犯罪集团中起组织、策划、指挥作用的犯罪分子。恶势力犯罪集团的其他成员，是指知道或者应当知道是为共同实施犯罪而组成的较为固定的犯罪组织，仍接受首要分子领导、管理、指挥，并参与该组织犯罪活动的犯罪分子。

恶势力犯罪集团应当有组织地实施多次犯罪活动，同时还可能伴随实施违法活动。恶势力犯罪集团所实施的违法犯罪活动，参照《指导意见》第十条第二款的规定认定。

12．全部成员或者首要分子、纠集者以及其他重要成员均为未成年人、老年人、残疾人的，认定恶势力、恶势力犯罪集团时应当特别慎重。

三、正确运用宽严相济刑事政策的有关要求

13．对于恶势力的纠集者、恶势力犯罪集团的首要分子、重要成员以及恶势力、恶势力犯罪集团共同犯罪中罪责严重的主犯，要正确运用法律规定加大惩处力度，对依法应当判处重刑或死刑的，坚决判处重刑或死刑。同时要严格掌握取保候审，严格掌握不起诉，严格掌握缓刑、减刑、假释，严格掌握保外就医适用条件，充分利用资格刑、财产刑等法律手段全方位从严惩处。对于符合刑法第三十七条之一规定的，可以依法禁止其从事相关职业。

对于恶势力、恶势力犯罪集团的其他成员，在共同犯罪中罪责相对较小、人身危险性、主观恶性相对不大的，具有自首、立功、坦白、初犯等法定或酌定从宽处罚情节，可以依法从轻、减轻或免除处罚。认罪认罚或者仅参与实施少量的犯罪活动且只起次要、辅助作用，符合缓刑条件的，可以适用缓刑。

14．恶势力犯罪集团的首要分子检举揭发与该犯罪集团及其违法犯罪活动有关联的其他犯罪线索，如果在认定立功的问题上存在事实、证据或法律适用方面的争议，应当严格把握。依法应认定为立功或者重大立功的，在决定是否从宽处罚、如何从宽处罚时，应当根据罪责刑相一致原则从严掌握。可能导致全案量刑明显失衡的，不予从宽处罚。

恶势力犯罪集团的其他成员如果能够配合司法机关查办案件，有提供线索、帮助收集证据或者其他协助行为，并在侦破恶势力犯罪集团案件、查处“保护伞”等方面起到较大作用的，即使依法不能认定立功，一般也应酌情对其从轻处罚。

15．犯罪嫌疑人、被告人同时具有法定、酌定从严和法定、酌定从宽处罚情节的，量刑时要根据所犯具体罪行的严重程度，结合被告人在恶势力、恶势力犯罪集团中的地位、作用、主观恶性、人身危险性等因素整体把握。对于恶势力的纠集者、恶势力犯罪集团的首要分子、重要成员，量刑时要体现总体从严。对于在共同犯罪中罪责相对较小、人身危险性、主观恶性相对不大，且能够真诚认罪悔罪的其他成员，量刑时要体现总体从宽。

16．恶势力刑事案件的犯罪嫌疑人、被告人自愿如实供述自己的罪行，承认指控的犯罪事实，愿意接受处罚的，可以依法从宽处理，并适用认罪认

罚从宽制度。对于犯罪性质恶劣、犯罪手段残忍、社会危害严重的犯罪嫌疑人、被告人，虽然认罪认罚，但不足以从轻处罚的，不适用该制度。

四、办理恶势力刑事案件的其他问题

17．人民法院、人民检察院、公安机关经审查认为案件符合恶势力认定标准的，应当在起诉意见书、起诉书、判决书、裁定书等法律文书中的案件事实部分明确表述，列明恶势力的纠集者、其他成员、违法犯罪事实以及据以认定的证据；符合恶势力犯罪集团认定标准的，应当在上述法律文书中明确定性，列明首要分子、其他成员、违法犯罪事实以及据以认定的证据，并引用刑法总则关于犯罪集团的相关规定。被告人及其辩护人对恶势力定性提出辩解和辩护意见，人民法院可以在裁判文书中予以评析回应。

恶势力刑事案件的起诉意见书、起诉书、判决书、裁定书等法律文书，可以在案件事实部分先概述恶势力、恶势力犯罪集团的概括事实，再分述具体的恶势力违法犯罪事实。

18．对于公安机关未在起诉意见书中明确认定，人民检察院在审查起诉期间发现构成恶势力或者恶势力犯罪集团，且相关违法犯罪事实已经查清，证据确实、充分，依法应追究刑事责任的，应当作出起诉决定，根据查明的事实向人民法院提起公诉，并在起诉书中明确认定为恶势力或者恶势力犯罪集团。人民检察院认为恶势力相关违法犯罪事实不清、证据不足，或者存在遗漏恶势力违法犯罪事实、遗漏同案犯罪嫌疑人等情形需要补充侦查的，应当提出具体的书面意见，连同案卷材料一并退回公安机关补充侦查；人民检察院也可以自行侦查，必要时可以要求公安机关提供协助。

对于人民检察院未在起诉书中明确认定，人民法院在审判期间发现构成恶势力或恶势力犯罪集团的，可以建议人民检察院补充或者变更起诉；人民检察院不同意或者在七日内未回复意见的，人民法院不应主动认定，可仅就起诉指控的犯罪事实依照相关规定作出判决、裁定。

审理被告人或者被告人的法定代理人、辩护人、近亲属上诉的案件时，一审判决认定黑社会性质组织有误的，二审法院应当纠正，符合恶势力、恶势力犯罪集团认定标准，应当作出相应认定；一审判决认定恶势力或恶势力犯罪集团有误的，应当纠正，但不得升格认定；一审判决未认定恶势力或恶势力犯罪集团的，不得增加认定。

19. 公安机关、人民检察院、人民法院应当分别以起诉意见书、起诉书、裁判文书所明确的恶势力、恶势力犯罪集团，作为相关数据的统计依据。

20. 本意见自2019年4月9日起施行。

最高人民法院　最高人民检察院　公安部　司法部
关于办理黑恶势力刑事案件中财产处置若干问题的意见

（2019年4月9日）

为认真贯彻中央关于开展扫黑除恶专项斗争的重大决策部署，彻底铲除黑恶势力犯罪的经济基础，根据刑法、刑事诉讼法及最高人民法院、最高人民检察院、公安部、司法部《关于办理黑恶势力犯罪案件若干问题的指导意见》（法发〔2018〕1号）等规定，现对办理黑恶势力刑事案件中财产处置若干问题提出如下意见：

一、总体工作要求

1. 公安机关、人民检察院、人民法院在办理黑恶势力犯罪案件时，在查明黑恶势力组织违法犯罪事实并对黑恶势力成员依法定罪量刑的同时，要全面调查黑恶势力组织及其成员的财产状况，依法对涉案财产采取查询、查封、扣押、冻结等措施，并根据查明的情况，依法作出处理。

前款所称处理既包括对涉案财产中犯罪分子违法所得、违禁品、供犯罪所用的本人财物以及其他等值财产等依法追缴、没收，也包括对被害人的合法财产等依法返还。

2. 对涉案财产采取措施，应当严格依照法定条件和程序进行。严禁在立案之前查封、扣押、冻结财物。凡查封、扣押、冻结的财物，都应当及时进行审查，防止因程序违法、工作瑕疵等影响案件审理以及涉案财产处置。

3. 对涉案财产采取措施，应当为犯罪嫌疑人、被告人及其所扶养的亲属保留必需的生活费用和物品。

根据案件具体情况，在保证诉讼活动正常进行的同时，可以允许有关人员继续合理使用有关涉案财产，并采取必要的保值保管措施，以减少案件办理对正常办公和合法生产经营的影响。

4. 要彻底摧毁黑社会性质组织的经济基础，防止其死灰复燃。对于组织者、领导者一般应当并处没收个人全部财产。对于确属骨干成员或者为该组织转移、隐匿资产的积极参加者，可以并处没收个人全部财产。对于其他组织成员，应当根据所参与实施违法犯罪活动的次数、性质、地位、作用、违法所得数额以及造成损失的数额等情节，依法决定财产刑的适用。

5. 要深挖细查并依法打击黑恶势力组织进行的洗钱以及掩饰、隐瞒犯罪所得、犯罪所得收益等转变涉案财产性质的关联犯罪。

二、依法采取措施全面收集证据

6. 公安机关侦查期间，要根据《公安机关办理刑事案件适用查封、冻结措施相关规定》（公通字〔2013〕30号）等有关规定，会同有关部门全面调查黑恶势力及其成员的财产状况，并可以根据诉讼需要，先行依法对下列财产采取查询、查封、扣押、冻结等措施：

（1）黑恶势力组织的财产；

（2）犯罪嫌疑人个人所有的财产；

（3）犯罪嫌疑人实际控制的财产；

（4）犯罪嫌疑人出资购买的财产；

（5）犯罪嫌疑人转移至他人名下的财产；

（6）犯罪嫌疑人涉嫌洗钱以及掩饰、隐瞒犯罪所得、犯罪所得收益等犯罪涉及的财产；

（7）其他与黑恶势力组织及其违法犯罪活动有关的财产。

7. 查封、扣押、冻结已登记的不动产、特定动产及其他财产，应当通知有关登记机关，在查封、扣押、冻结期间禁止被查封、扣押、冻结的财产流转，不得办理被查封、扣押、冻结财产权属变更、抵押等手续。必要时可以提取有关产权证照。

8. 公安机关对于采取措施的涉案财产，应当全面收集证明其来源、性质、用途、权属及价值的有关证据，审查判断是否应当依法追缴、没收。

证明涉案财产来源、性质、用途、权属及价值的有关证据一般包括：

（1）犯罪嫌疑人、被告人关于财产来源、性质、用途、权属、价值的供述；

（2）被害人、证人关于财产来源、性质、用途、权属、价值的陈述、证言；

（3）财产购买凭证、银行往来凭据、资金注入凭据、权属证明等书证；

（4）财产价格鉴定、评估意见；

（5）可以证明财产来源、性质、用途、权属、价值的其他证据。

9. 公安机关对应当依法追缴、没收的财产中黑恶势力组织及其成员聚敛的财产及其孳息、收益的数额，可以委托专门机构评估；确实无法准确计算的，可以根据有关法律规定及查明的事实、证据合理估算。

人民检察院、人民法院对于公安机关委托评估、估算的数额有不同意见的，可以重新委托评估、估算。

10. 人民检察院、人民法院根据案件诉讼的需要，可以依法采取上述相关措施。

三、准确处置涉案财产

11. 公安机关、人民检察院应当加强对在案财产审查甄别。在移送审查起诉、提起公诉时，一般应当对采取措施的涉案财产提出处理意见建议，并将采取措施的涉案财产及其清单随案移送。

人民检察院经审查，除对随案移送的涉案财产提出处理意见外，还需要对继续追缴的尚未被足额查封、扣押的其他违法所得提出处理意见建议。

涉案财产不宜随案移送的，应当按照相关法律、司法解释的规定，提供相应的清单、照片、录像、封存手续、存放地点说明、鉴定、评估意见、变价处理凭证等材料。

12. 对于不宜查封、扣押、冻结的经营性财产，公安机关、人民检察院、人民法院可以申请当地政府指定有关部门或者委托有关机构代管或者托管。

对易损毁、灭失、变质等不宜长期保存的物品，易贬值的汽车、船艇等物品，或者市场价格波动大的债券、股票、基金等财产，有效期即将届满的汇票、本票、支票等，经权利人同意或者申请，并经县级以上公安机关、人民检察院或者人民法院主要负责人批准，可以依法出售、变现或者先行变卖、拍卖，所得价款由扣押、冻结机关保管，并及时告知当事人或者其近亲属。

13．人民检察院在法庭审理时应当对证明黑恶势力犯罪涉案财产情况进行举证质证，对于既能证明具体个罪又能证明经济特征的涉案财产情况相关证据在具体个罪中出示后，在经济特征中可以简要说明，不再重复出示。

14．人民法院作出的判决，除应当对随案移送的涉案财产作出处理外，还应当在判决书中写明需要继续追缴尚未被足额查封、扣押的其他违法所得；对随案移送财产进行处理时，应当列明相关财产的具体名称、数量、金额、处置情况等。涉案财产或者有关当事人人数较多，不宜在判决书正文中详细列明的，可以概括叙述并另附清单。

15．涉案财产符合下列情形之一的，应当依法追缴、没收：

（1）黑恶势力组织及其成员通过违法犯罪活动或者其他不正当手段聚敛的财产及其孳息、收益；

（2）黑恶势力组织成员通过个人实施违法犯罪活动聚敛的财产及其孳息、收益；

（3）其他单位、组织、个人为支持该黑恶势力组织活动资助或者主动提供的财产；

（4）黑恶势力组织及其成员通过合法的生产、经营活动获取的财产或者组织成员个人、家庭合法财产中，实际用于支持该组织活动的部分；

（5）黑恶势力组织成员非法持有的违禁品以及供犯罪所用的本人财物；

（6）其他单位、组织、个人利用黑恶势力组织及其成员违法犯罪活动获取的财产及其孳息、收益；

（7）其他应当追缴、没收的财产。

16．应当追缴、没收的财产已用于清偿债务或者转让、或者设置其他权利负担，具有下列情形之一的，应当依法追缴：

（1）第三人明知是违法犯罪所得而接受的；

（2）第三人无偿或者以明显低于市场的价格取得涉案财物的；

（3）第三人通过非法债务清偿或者违法犯罪活动取得涉案财物的；

（4）第三人通过其他方式恶意取得涉案财物的。

17. 涉案财产符合下列情形之一的，应当依法返还：

（1）有证据证明确属被害人合法财产；

（2）有证据证明确与黑恶势力及其违法犯罪活动无关。

18. 有关违法犯罪事实查证属实后，对于有证据证明权属明确且无争议的被害人、善意第三人或者其他人员合法财产及其孳息，凡返还不损害其他利害关系人的利益，不影响案件正常办理的，应当在登记、拍照或者录像后，依法及时返还。

四、依法追缴、没收其他等值财产

19. 有证据证明依法应当追缴、没收的涉案财产无法找到、被他人善意取得、价值灭失或者与其他合法财产混合且不可分割的，可以追缴、没收其他等值财产。

对于证明前款各种情形的证据，公安机关或者人民检察院应当及时调取。

20. 本意见第19条所称“财产无法找到”，是指有证据证明存在依法应当追缴、没收的财产，但无法查证财产去向、下落的。被告人有不同意见的，应当出示相关证据。

21. 追缴、没收的其他等值财产的数额，应当与无法直接追缴、没收的具体财产的数额相对应。

五、其他

22. 本意见所称孳息，包括天然孳息和法定孳息。

本意见所称收益，包括但不限于以下情形：

（1）聚敛、获取的财产直接产生的收益，如使用聚敛、获取的财产购买彩票中奖所得收益等；

（2）聚敛、获取的财产用于违法犯罪活动产生的收益，如使用聚敛、获取的财产赌博赢利所得收益、非法放贷所得收益、购买并贩卖毒品所得收益等；

（3）聚敛、获取的财产投资、置业形成的财产及其收益；

（4）聚敛、获取的财产和其他合法财产共同投资或者置业形成的财产中，与聚敛、获取的财产对应的份额及其收益；

（5）应当认定为收益的其他情形。

23. 本意见未规定的黑恶势力刑事案件财产处置工作其他事宜，根据相关法律法规、司法解释等规定办理。

24. 本意见自2019年4月9日起施行。

最高人民法院　最高人民检察院　公安部　司法部
关于办理实施“软暴力”的刑事案件若干问题的意见

2019年4月9日　　　　公通字〔2019〕15号

为深入贯彻落实中央关于开展扫黑除恶专项斗争的决策部署，正确理解和适用最高人民法院、最高人民检察院、公安部、司法部《关于办理黑恶势力犯罪案件若干问题的指导意见》（法发〔2018〕1号，以下简称《指导意见》）关于对依法惩处采用“软暴力”实施犯罪的规定，依法办理相关犯罪案件，根据《刑法》《刑事诉讼法》及有关司法解释、规范性文件，提出如下意见：

一、“软暴力”是指行为人为谋取不法利益或形成非法影响，对他人或者在有关场所进行滋扰、纠缠、哄闹、聚众造势等，足以使他人产生恐惧、恐慌进而形成心理强制，或者足以影响、限制人身自由、危及人身财产安全，影响正常生活、工作、生产、经营的违法犯罪手段。

“软暴力”违法犯罪手段通常的表现形式有：

（一）侵犯人身权利、民主权利、财产权利的手段，包括但不限于跟踪贴靠、扬言传播疾病、揭发隐私、恶意举报、诬告陷害、破坏、霸占财物等；

（二）扰乱正常生活、工作、生产、经营秩序的手段，包括但不限于非法侵入他人住宅、破坏生活设施、设置生活障碍、贴报喷字、拉挂横幅、燃放鞭炮、播放哀乐、摆放花圈、泼洒污物、断水断电、堵门阻工，以及通过驱赶从业人员、派驻人员据守等方式直接或间接地控制厂房、办公区、经营场所等；

（三）扰乱社会秩序的手段，包括但不限于摆场架势示威、聚众哄闹滋扰、拦路闹事等；

（四）其他符合本意见第一条规定的“软暴力”手段。

通过信息网络或者通讯工具实施，符合本意见第一条规定的违法犯罪手段，应当认定为“软暴力”。

三、行为人实施“软暴力”，具有下列情形之一，可以认定为足以使他人产生恐惧、恐慌进而形成心理强制或者足以影响、限制人身自由、危及人身财产安全或者影响正常生活、工作、生产、经营：

（一）黑恶势力实施的；

（二）以黑恶势力名义实施的；

（三）曾因组织、领导、参加黑社会性质组织、恶势力犯罪集团、恶势力以及因强迫交易、非法拘禁、敲诈勒索、聚众斗殴、寻衅滋事等犯罪受过刑事处罚后又实施的；

（四）携带凶器实施的；

（五）有组织地实施的或者足以使他人认为暴力、威胁具有现实可能性的；

（六）其他足以使他人产生恐惧、恐慌进而形成心理强制或者足以影响、限制人身自由、危及人身财产安全或者影响正常生活、工作、生产、经营的情形。

由多人实施的，编造或明示暴力违法犯罪经历进行恐吓的，或者以自报组织、头目名号、统一着装、显露纹身、特殊标识以及其他明示、暗示方式，足以使他人感知相关行为的有组织性的，应当认定为“以黑恶势力名义实施”。

由多人实施的，只要有部分行为人符合本条第一款第（一）项至第（四）项所列情形的，该项即成立。

虽然具体实施“软暴力”的行为人不符合本条第一款第（一）项、第（三）项所列情形，但雇佣者、指使者或者纠集者符合的，该项成立。

“软暴力”手段属于《刑法》第二百九十四条第五款第（三）项“黑社会性质组织行为特征”以及《指导意见》第14条“恶势力”概念中的“其他手段”。

五、采用“软暴力”手段，使他人产生心理恐惧或者形成心理强制，分别属于《刑法》第二百二十六条规定的“威胁”、《刑法》第二百九十三条第一款第（二）项规定的“恐吓”，同时符合其他犯罪构成要件的，应当分别以强迫交易罪、寻衅滋事罪定罪处罚。

《关于办理寻衅滋事刑事案件适用法律若干问题的解释》第二条至第四条中的“多次”一般应当理解为二年内实施寻衅滋事行为三次以上。三次以上寻衅滋事行为既包括同一类别的行为，也包括不同类别的行为；既包括未受行政处罚的行为，也包括已受行政处罚的行为。

六、有组织地多次短时间非法拘禁他人的，应当认定为《刑法》第二百三十八条规定的“以其他方法非法剥夺他人人身自由”。非法拘禁他人三次以上、每次持续时间在四小时以上，或者非法拘禁他人累计时间在十二小时以上的，应当以非法拘禁罪定罪处罚。

七、以“软暴力”手段非法进入或者滞留他人住宅的，应当认定为《刑法》第二百四十五条规定的“非法侵入他人住宅”，同时符合其他犯罪构成要件的，应当以非法侵入住宅罪定罪处罚。

八、以非法占有为目的，采用“软暴力”手段强行索取公私财物，同时符合《刑法》第二百七十四条规定的其他犯罪构成要件的，应当以敲诈勒索罪定罪处罚。

《关于办理敲诈勒索刑事案件适用法律若干问题的解释》第三条中“二年内敲诈勒索三次以上”，包括已受行政处罚的行为。

九、采用“软暴力”手段，同时构成两种以上犯罪的，依法按照处罚较重的犯罪定罪处罚，法律另有规定的除外。

十、根据本意见第五条、第八条规定，对已受行政处罚的行为追究刑事责任的，行为人先前所受的行政拘留处罚应当折抵刑期，罚款应当抵扣罚金。

十一、雇佣、指使他人采用“软暴力”手段强迫交易、敲诈勒索，构成强迫交易罪、敲诈勒索罪的，对雇佣者、指使者，一般应当以共同犯罪中的主犯论处。

为强索不受法律保护的债务或者因其他非法目的，雇佣、指使他人采用“软暴力”手段非法剥夺他人人身自由构成非法拘禁罪，或者非法侵入他人住宅、寻衅滋事，构成非法侵入住宅罪、寻衅滋事罪的，对雇佣者、指使者，一般应当以共同犯罪中的主犯论处；因本人及近亲属合法债务、婚恋、家庭、邻里纠纷等民间矛盾而雇佣、指使，没有造成严重后果的，一般不作为犯罪处理，但经有关部门批评制止或者处理处罚后仍继续实施的除外。

十二、本意见自2019年4月9日起施行。

最高人民法院 最高人民检察院 公安部 司法部 关于印发《关于办理利用信息网络实施黑恶势力犯罪刑事案件若干问题的意见》的通知

2019年7月23日 公通字〔2019〕28号

各省、自治区、直辖市高级人民法院、人民检察院、公安厅（局）、司法厅（局），解放军军事法院、军事检察院，新疆维吾尔自治区高级人民法院生产建设兵团分院、新疆生产建设兵团人民检察院、公安局、司法局：

为认真贯彻落实中央开展扫黑除恶专项斗争的部署要求，正确理解和适用最高人民法院、最高人民检察院、公安部、司法部《关于办理黑恶势力犯罪案件若干问题的指导意见》，最高人民法院、最高人民检察院、公安部、司法部研究制定了《关于办理利用信息网络实施黑恶势力犯罪刑事案件若干问题的意见》。现印发给你们，请认真贯彻执行。

附：

最高人民法院 最高人民检察院 公安部 司法部 关于办理利用信息网络实施黑恶势力犯罪刑事案件若干问题的意见

为认真贯彻中央关于开展扫黑除恶专项斗争的部署要求，正确理解和适用最高人民法院、最高人民检察院、公安部、司法部《关于办理黑恶势力犯罪案件若干问题的指导意见》（法发〔2018〕1号，以下简称《指导意见》），根据刑法、刑事诉讼法、网络安全法及有关司法解释、规范性文件的规定，现对办理利用信息网络实施黑恶势力犯罪案件若干问题提出以下意见：

一、总体要求

1. 各级人民法院、人民检察院、公安机关及司法行政机关应当统一执法思想、提高执法效能，坚持“打早打小”，坚决依法严厉惩处利用信息网络实施的黑恶势力犯罪，有效维护网络安全和经济、社会生活秩序。

2. 各级人民法院、人民检察院、公安机关及司法行政机关应当正确运用法律，严格依法办案，坚持“打准打实”，认真贯彻落实宽严相济刑事政策，切实做到宽严有据、罚当其罪，实现政治效果、法律效果和社会效果的统一。

3. 各级人民法院、人民检察院、公安机关及司法行政机关应当分工负责，互相配合、互相制约，切实加强与相关行政管理部门的协作，健全完善风险防控机制，积极营造线上线下社会综合治理新格局。

二、依法严惩利用信息网络实施的黑恶势力犯罪

4. 对通过发布、删除负面或虚假信息，发送侮辱性信息、图片，以及利用信息、电话骚扰等方式，威胁、要挟、恐吓、滋扰他人，实施黑恶势力违法犯罪的，应当准确认定，依法严惩。

5. 利用信息网络威胁他人，强迫交易，情节严重的，依照刑法第二百二十六条的规定，以强迫交易罪定罪处罚。

6. 利用信息网络威胁、要挟他人，索取公私财物，数额较大，或者多次实施上述行为的，依照刑法第二百七十四条的规定，以敲诈勒索罪定罪处罚。

7. 利用信息网络辱骂、恐吓他人，情节恶劣，破坏社会秩序的，依照刑法第二百九十三条第一款第二项的规定，以寻衅滋事罪定罪处罚。

编造虚假信息，或者明知是编造的虚假信息，在信息网络上散布，或者组织、指使人员在信息网络上散布，起哄闹事，造成公共秩序严重混乱的，依照刑法第二百九十三条第一款第四项的规定，以寻衅滋事罪定罪处罚。

8. 侦办利用信息网络实施的强迫交易、敲诈勒索等非法敛财类案件，确因被害人人数众多等客观条件的限制，无法逐一收集被害人陈述的，可以结合已收集的被害人陈述，以及经查证属实的银行账户交易记录、第三方支付

结算账户交易记录、通话记录、电子数据等证据，综合认定被害人人数以及涉案资金数额等。

三、准确认定利用信息网络实施犯罪的黑恶势力

9．利用信息网络实施违法犯罪活动，符合刑法、《指导意见》以及最高人民法院、最高人民检察院、公安部、司法部《关于办理恶势力刑事案件若干问题的意见》等规定的恶势力、恶势力犯罪集团、黑社会性质组织特征和认定标准的，应当依法认定为恶势力、恶势力犯罪集团、黑社会性质组织。

认定利用信息网络实施违法犯罪活动的黑社会性质组织时，应当依照刑法第二百九十四条第五款规定的“四个特征”进行综合审查判断，分析“四个特征”相互间的内在联系，根据在网络空间和现实社会中实施违法犯罪活动对公民人身、财产、民主权利和经济、社会生活秩序所造成的危害，准确评价，依法予以认定。

10．认定利用信息网络实施违法犯罪的黑恶势力组织特征，要从违法犯罪的起因、目的，以及组织、策划、指挥、参与人员是否相对固定，组织形成后是否持续进行犯罪活动、是否有明确的职责分工、行为规范、利益分配机制等方面综合判断。利用信息网络实施违法犯罪的黑恶势力组织成员之间一般通过即时通讯工具、通讯群组、电子邮件、网盘等信息网络方式联络，对部分组织成员通过信息网络方式联络实施黑恶势力违法犯罪活动，即使相互未见面、彼此不熟识，不影响对组织特征的认定。

11．利用信息网络有组织地通过实施违法犯罪活动或者其他手段获取一定数量的经济利益，用于违法犯罪活动或者支持该组织生存、发展的，应当认定为符合刑法第二百九十四条第五款第二项规定的黑社会性质组织经济特征。

12．通过线上线下相结合的方式，有组织地多次利用信息网络实施违法犯罪活动，侵犯不特定多人的人身权利、民主权利、财产权利，破坏经济秩序、社会秩序的，应当认定为符合刑法第二百九十四条第五款第三项规定的黑社会性质组织行为特征。单纯通过线上方式实施的违法犯罪活动，且不具有为非作恶、欺压残害群众特征的，一般不应作为黑社会性质组织行为特征的认定依据。

13. 对利用信息网络实施黑恶势力犯罪非法控制和影响的“一定区域或者行业”，应当结合危害行为发生地或者危害行业的相对集中程度，以及犯罪嫌疑人、被告人在网络空间和现实社会中的控制和影响程度综合判断。虽然危害行为发生地、危害的行业比较分散，但涉案犯罪组织利用信息网络多次实施强迫交易、寻衅滋事、敲诈勒索等违法犯罪活动，在网络空间和现实社会造成重大影响，严重破坏经济、社会生活秩序的，应当认定为“在一定区域或者行业内，形成非法控制或者重大影响”。

四、利用信息网络实施黑恶势力犯罪案件管辖

14. 利用信息网络实施的黑恶势力犯罪案件管辖依照《关于办理黑社会性质组织犯罪案件若干问题的规定》和《关于办理网络犯罪案件适用刑事诉讼程序若干问题的意见》的有关规定确定，坚持以犯罪地管辖为主、被告人居住地管辖为辅的原则。

15. 公安机关可以依法对利用信息网络实施的黑恶势力犯罪相关案件并案侦查或者指定下级公安机关管辖，并案侦查或者由上级公安机关指定管辖的公安机关应当全面调查收集能够证明黑恶势力犯罪事实的证据，各涉案地公安机关应当积极配合。并案侦查或者由上级公安机关指定管辖的案件，需要提请批准逮捕、移送审查起诉、提起公诉的，由立案侦查的公安机关所在地的人民检察院、人民法院受理。

16. 人民检察院对于公安机关提请批准逮捕、移送审查起诉的利用信息网络实施的黑恶势力犯罪案件，人民法院对于已进入审判程序的利用信息网络实施的黑恶势力犯罪案件，被告人及其辩护人提出的管辖异议成立，或者办案单位发现没有管辖权的，受案人民检察院、人民法院经审查，可以依法报请与有管辖权的人民检察院、人民法院共同的上级人民检察院、人民法院指定管辖，不再自行移交。对于在审查批准逮捕阶段，上级检察机关已经指定管辖的案件，审查起诉工作由同一人民检察院受理。人民检察院、人民法院认为应当分案起诉、审理的，可以依法分案处理。

17. 公安机关指定下级公安机关办理利用信息网络实施的黑恶势力犯罪案件的，应当同时抄送同级人民检察院、人民法院。人民检察院认为需要依法指定审判管辖的，应当协商同级人民法院办理指定管辖有关事宜。

18. 本意见自2019年10月21日起施行。

最高人民法院　最高人民检察院　公安部　司法部
关于跨省异地执行刑罚的黑恶势力罪犯坦白检举构成自首立功若干问题的意见

2019年10月21日　　司发〔2019〕5号

各省、自治区、直辖市高级人民法院、人民检察院、公安厅（局）、司法厅（局），新疆维吾尔自治区高级人民法院生产建设兵团分院、新疆生产建设兵团人民检察院、公安局、司法局、监狱管理局：

为认真贯彻落实中央开展扫黑除恶专项斗争的部署要求，根据刑法、刑事诉讼法和有关司法解释、规范性文件的规定，现对办理跨省异地执行刑罚的黑恶势力罪犯坦白交代本人犯罪和检举揭发他人犯罪案件提出如下意见：

一、总体工作要求

1. 人民法院、人民检察院、公安机关、监狱要充分认识黑恶势力犯罪的严重社会危害，在办理案件中加强沟通协调，促使黑恶势力罪犯坦白交代本人犯罪和检举揭发他人犯罪，进一步巩固和扩大扫黑除恶专项斗争成果。

2. 人民法院、人民检察院、公安机关、监狱在办理跨省异地执行刑罚的黑恶势力罪犯坦白、检举构成自首、立功案件中，应当贯彻宽严相济刑事政策，充分发挥职能作用，坚持依法办案，快办快结，保持密切配合，形成合力，实现政治效果、法律效果和社会效果的统一。

二、排查和移送案件线索

3. 监狱应当依法从严管理跨省异地执行刑罚的黑恶势力罪犯，积极开展黑恶势力犯罪线索排查，加大政策宣讲力度，教育引导罪犯坦白交代司法机关还未掌握的本人其他犯罪行为，鼓励罪犯检举揭发他人犯罪行为。

4. 跨省异地执行刑罚的黑恶势力罪犯检举揭发他人犯罪行为、提供重要线索，或者协助司法机关抓捕其他犯罪嫌疑人的，各部门在办案中应当采取必要措施，保护罪犯及其近亲属人身和财产安全。

5. 跨省异地执行刑罚的黑恶势力罪犯坦白、检举的，监狱应当就基本犯罪事实、涉案人员和作案时间、地点等情况对罪犯进行询问，形成书面材料后报省级监狱管理机关。省级监狱管理机关根据案件性质移送原办案侦查机关所在地省级公安机关、人民检察院或者其他省级主管部门。

6. 原办案侦查机关所在地省级公安机关、人民检察院收到监狱管理机关移送的案件线索材料后，应当进行初步审查。经审查认为属于公安机关或者人民检察院管辖的，应当按照有关管辖的规定处理。经审查认为不属于公安机关或者人民检察院管辖的，应当及时退回移送的省级监狱管理机关，并书面说明理由。

三、办理案件程序

7. 办案侦查机关收到罪犯坦白、检举案件线索或者材料后，应当及时进行核实。依法不予立案的，应当说明理由，并将不予立案通知书送达罪犯服刑监狱。依法决定立案的，应当在立案后十日内，将立案情况书面告知罪犯服刑监狱。依法决定撤销案件的，应当将案件撤销情况书面告知罪犯服刑监狱。

8. 人民检察院审查起诉跨省异地执行刑罚的黑恶势力罪犯坦白、检举案件，依法决定不起诉的，应当在作出不起诉决定后十日内将有关情况书面告知罪犯服刑监狱。

9. 人民法院审理跨省异地执行刑罚的黑恶势力罪犯坦白案件，可以依法适用简易程序、速裁程序。有条件的地区，可以通过远程视频方式开庭审理。判决生效后十日内，人民法院应当向办案侦查机关和罪犯服刑监狱发出裁判文书。

10. 跨省异地执行刑罚的黑恶势力罪犯在服刑期间，检举揭发他人犯罪、提供重要线索，或者协助司法机关抓捕其他犯罪嫌疑人的，办案侦查机关应当在人民法院判决生效后十日内根据人民法院判决对罪犯是否构成立功或重大立功提出书面意见，与案件相关材料一并送交监狱。

11. 跨省异地执行刑罚的黑恶势力罪犯在原审判决生效前，检举揭发他人犯罪活动、提供重要线索，或者协助司法机关抓捕其他犯罪嫌疑人的，在原审判决生效后才被查证属实的，参照本意见第10条情形办理。

12. 跨省异地执行刑罚的黑恶势力罪犯检举揭发他人犯罪，构成立功或者重大立功的，监狱依法向人民法院提请减刑。对于检举他人犯罪行为基本属实，但未构成立功或者重大立功的，监狱可以根据有关规定给予日常考核奖励或者物质奖励。

13. 公安机关、人民检察院、人民法院认为需要提审跨省异地执行刑罚的黑恶势力罪犯的，提审人员应当持工作证等有效证件和县级以上公安机关、人民检察院、人民法院出具的介绍信等证明材料到罪犯服刑监狱进行提审。

14. 公安机关、人民检察院、人民法院认为需要将异地执行刑罚的黑恶势力罪犯跨省解回侦查、起诉、审判的，办案地省级公安机关、人民检察院、人民法院应当先将解回公函及相关材料送监狱所在地省级公安机关、人民检察院、人民法院审核。经审核确认无误的，监狱所在地省级公安机关、人民检察院、人民法院应当出具确认公函，与解回公函及材料一并转送监狱所在地省级监狱管理机关审批。监狱所在地省级监狱管理机关应当在收到上述材料后三日内作出是否批准的书面决定。批准将罪犯解回侦查、起诉、审判的，办案地公安机关、人民检察院、人民法院应当派员到监狱办理罪犯离监手续。案件办理结束后，除将罪犯依法执行死刑外，应当将罪犯押解回原服刑监狱继续服刑。

15. 本意见所称“办案侦查机关”，是指依法对案件行使侦查权的公安机关、人民检察院。

最高人民法院　最高人民检察院　公安部　司法部
印发《关于依法严惩利用未成年人实施黑恶势力犯罪的意见》的通知

2020 年 3 月 23 日　　　　　　　　　　　　高检发〔2020〕4 号

各省、自治区、直辖市高级人民法院、人民检察院、公安厅（局）、司法厅（局），解放军军事法院、解放军军事检察院，新疆维吾尔自治区高级人民法院生产建设兵团分院，新疆生产建设兵团人民检察院、公安局、司法局：

为深入推进扫黑除恶专项斗争，依法从严惩治胁迫、教唆、引诱、欺骗等利用未成年人实施黑恶势力犯罪的行为，维护社会安定和人民安宁，保护未成年人合法权益，最高人民法院、最高人民检察院、公安部、司法部现联合印发《关于依法严惩利用未成年人实施黑恶势力犯罪的意见》，请结合实际认真贯彻执行。

附：

最高人民法院　最高人民检察院　公安部　司法部
关于依法严惩利用未成年人实施黑恶势力犯罪的意见

扫黑除恶专项斗争开展以来，各级人民法院、人民检察院、公安机关和司法行政机关坚决贯彻落实中央部署，严格依法办理涉黑涉恶案件，取得了显著成效。近期，不少地方在办理黑恶势力犯罪案件时，发现一些未成年人被胁迫、利诱参与、实施黑恶势力犯罪，严重损害了未成年人健康成长，严重危害社会和谐稳定。为保护未成年人合法权益，依法从严惩治胁迫、教唆、引诱、欺骗等利用未成年人实施黑恶势力犯罪的行为，根据有关法律规定，制定本意见。

一、突出打击重点，依法严惩利用未成年人实施黑恶势力犯罪的行为

（一）黑社会性质组织、恶势力犯罪集团、恶势力，实施下列行为之一的，应当认定为“利用未成年人实施黑恶势力犯罪”：

1. 胁迫、教唆未成年人参加黑社会性质组织、恶势力犯罪集团、恶势力，或者实施黑恶势力违法犯罪活动的；

2. 拉拢、引诱、欺骗未成年人参加黑社会性质组织、恶势力犯罪集团、恶势力，或者实施黑恶势力违法犯罪活动的；

3. 招募、吸收、介绍未成年人参加黑社会性质组织、恶势力犯罪集团、恶势力，或者实施黑恶势力违法犯罪活动的；

4. 雇佣未成年人实施黑恶势力违法犯罪活动的；

5. 其他利用未成年人实施黑恶势力犯罪的情形。

黑社会性质组织、恶势力犯罪集团、恶势力，根据刑法和《最高人民法院、最高人民检察院、公安部、司法部关于办理黑恶势力犯罪案件若干问题的指导意见》《最高人民法院、最高人民检察院、公安部、司法部关于办理恶势力刑事案件若干问题的意见》等法律、司法解释性质文件的规定认定。

（二）利用未成年人实施黑恶势力犯罪，具有下列情形之一的，应当从重处罚：

1. 组织、指挥未成年人实施故意杀人、故意伤害致人重伤或者死亡、强奸、绑架、抢劫等严重暴力犯罪的；

2. 向未成年人传授实施黑恶势力犯罪的方法、技能、经验的；

3. 利用未达到刑事责任年龄的未成年人实施黑恶势力犯罪的；

4. 为逃避法律追究，让未成年人自首、做虚假供述顶罪的；

5. 利用留守儿童、在校学生实施犯罪的；

6. 利用多人或者多次利用未成年人实施犯罪的；

7. 针对未成年人实施违法犯罪的；

8. 对未成年人负有监护、教育、照料等特殊职责的人员利用未成年人实施黑恶势力违法犯罪活动的；

9. 其他利用未成年人违法犯罪应当从重处罚的情形。

（三）黑社会性质组织、恶势力犯罪集团利用未成年人实施犯罪的，对犯罪集团首要分子，按照集团所犯的全部罪行，从重处罚。对犯罪集团的骨干成员，按照其组织、指挥的犯罪，从重处罚。

恶势力利用未成年人实施犯罪的，对起组织、策划、指挥作用的纠集者，恶势力共同犯罪中罪责严重的主犯，从重处罚。

黑社会性质组织、恶势力犯罪集团、恶势力成员直接利用未成年人实施黑恶势力犯罪的，从重处罚。

（四）有胁迫、教唆、引诱等利用未成年人参加黑社会性质组织、恶势力犯罪集团、恶势力，或者实施黑恶势力犯罪的行为，虽然未成年人并没有加入黑社会性质组织、恶势力犯罪集团、恶势力，或者没有实际参与实施黑恶势力违法犯罪活动，对黑社会性质组织、恶势力犯罪集团、恶势力的首要分子、骨干成员、纠集者、主犯和直接利用的成员，即便有自首、立功、坦白等从轻减轻情节的，一般也不予从轻或者减轻处罚。

（五）被黑社会性质组织、恶势力犯罪集团、恶势力利用，偶尔参与黑恶势力犯罪活动的未成年人，按其所实施的具体犯罪行为定性，一般不认定为黑恶势力犯罪组织成员。

二、严格依法办案，形成打击合力

（一）人民法院、人民检察院、公安机关和司法行政机关要加强协作配合，对利用未成年人实施黑恶势力犯罪的，在侦查、起诉、审判、执行各阶段，要全面体现依法从严惩处精神，及时查明利用未成年人的犯罪事实，避免纠缠细枝末节。要加强对下指导，对利用未成年人实施黑恶势力犯罪的重特大案件，可以单独或者联合挂牌督办。对于重大疑难复杂和社会影响较大的案件，办案部门应当及时层报上级人民法院、人民检察院、公安机关和司法行政机关。

（二）公安机关要注意发现涉黑涉恶案件中利用未成年人犯罪的线索，落实以审判为中心的刑事诉讼制度改革要求，强化程序意识和证据意识，依法收集、固定和运用证据，并可以就案件性质、收集证据和适用法律等听取人民检察院意见建议。从严掌握取保候审、监视居住的适用，对利用未成年人实施黑恶势力犯罪的首要分子、骨干成员、纠集者、主犯和直接利用的成员，应当依法提请人民检察院批准逮捕。

（三）人民检察院要加强对利用未成年人实施黑恶势力犯罪案件的立案监督，发现应当立案而不立案的，应当要求公安机关说明理由，认为理由不能成立的，应当依法通知公安机关立案。对于利用未成年人实施黑恶势力犯罪的案件，人民检察院可以对案件性质、收集证据和适用法律等提出意见建议。对于符合逮捕条件的依法坚决批准逮捕，符合起诉条件的依法坚决起诉。不批准逮捕要求公安机关补充侦查、审查起诉阶段退回补充侦查的，应当分别制作详细的补充侦查提纲，写明需要补充侦查的事项、理由、侦查方向、需要补充收集的证据及其证明作用等，送交公安机关开展相关侦查补证活动。

（四）办理利用未成年人实施黑恶势力犯罪案件要将依法严惩与认罪认罚从宽有机结合起来。对利用未成年人实施黑恶势力犯罪的，人民检察院要考虑其利用未成年人的情节，向人民法院提出从严处罚的量刑建议。对于虽然认罪，但利用未成年人实施黑恶势力犯罪，犯罪性质恶劣、犯罪手段残忍、严重损害未成年人身心健康，不足以从宽处罚的，在提出量刑建议时要依法从严从重。对被黑恶势力利用实施犯罪的未成年人，自愿如实认罪、真诚悔罪，愿意接受处罚的，应当依法提出从宽处理的量刑建议。

（五）人民法院要对利用未成年人实施黑恶势力犯罪案件及时审判，从严处罚。严格掌握缓刑、减刑、假释的适用，严格掌握暂予监外执行的适用条件。依法运用财产刑、资格刑，最大限度铲除黑恶势力“经济基础”。对于符合刑法第三十七条之一规定的，应当依法禁止其从事相关职业。

三、积极参与社会治理，实现标本兼治

（一）认真落实边打边治边建要求，积极参与社会治理。深挖黑恶势力犯罪分子利用未成年人实施犯罪的根源，剖析重点行业领域监管漏洞，及时预警预判，及时通报相关部门、提出加强监管和行政执法的建议，从源头遏制黑恶势力向未成年人群体侵蚀蔓延。对被黑恶势力利用尚未实施犯罪的未成年人，要配合有关部门及早发现、及时挽救。对实施黑恶势力犯罪但未达到刑事责任年龄的未成年人，要通过落实家庭监护、强化学校教育管理、送入专门学校矫治、开，展社会化帮教等措施做好教育挽救和犯罪预防工作。

（二）加强各职能部门协调联动，有效预防未成年人被黑恶势力利用。建立与共青团、妇联、教育等部门的协作配合工作机制，开展针对未成年人监护人的家庭教育指导、针对教职工的法治教育培训，教育引导未成年人远离违法犯罪。推动建立未成年人涉黑涉恶预警机制，及时阻断未成年人与黑恶势力的联系，防止未成年人被黑恶势力诱导利用。推动网信部门开展专项治理，加强未成年人网络保护。加强与街道、社区等基层组织的联系，重视和发挥基层组织在预防未成年人涉黑涉恶犯罪中的重要作用，进一步推进社区矫正机构对未成年社区矫正对象采取有针对性的矫正措施。

（三）开展法治宣传教育，为严惩利用未成年人实施黑恶势力犯罪营造良好社会环境。充分发挥典型案例的宣示、警醒、引领、示范作用，通过以案释法，选择典型案件召开新闻发布会，向社会公布严惩利用未成年人实施黑恶势力犯罪的经验和做法，揭露利用未成年人实施黑恶势力犯罪的严重危害性。加强重点青少年群体的法治教育，在黑恶势力犯罪案件多发的地区、街道、社区等，强化未成年人对黑恶势力违法犯罪行为的认识，提高未成年人防范意识和法治观念，远离黑恶势力及其违法犯罪。

3. 涉侵害英雄烈士名誉、荣誉犯罪

最高人民法院　最高人民检察院　公安部
关于依法惩治侵害英雄烈士名誉、荣誉违法犯罪的意见

2022年1月11日　　　　公通字〔2022〕5号

各省、自治区、直辖市高级人民法院，人民检察院，公安厅、局，新疆维吾尔自治区高级人民法院生产建设兵团分院，新疆生产建设兵团人民检察院、公安局：

为依法惩治侵害英雄烈士名誉、荣誉违法犯罪活动，维护社会公共利益，传承和弘扬英雄烈士精神、爱国主义精神，培育和践行社会主义核心价值观，

根据《中华人民共和国刑法》《中华人民共和国刑事诉讼法》《中华人民共和国英雄烈士保护法》等法律和相关司法解释的规定，制定本意见。

一、关于英雄烈士的概念和范围

根据英雄烈士保护法第二条的规定，刑法第二百九十九条之一规定的“英雄烈士”，主要是指近代以来，为了争取民族独立和人民解放，实现国家富强和人民幸福，促进世界和平和人类进步而毕生奋斗、英勇献身的英雄烈士。

司法适用中，对英雄烈士的认定，应当重点注意把握以下几点：

（一）英雄烈士的时代范围主要为“近代以来”，重点是中国共产党、人民军队和中华人民共和国历史上的英雄烈士。英雄烈士既包括个人，也包括群体；既包括有名英雄烈士，也包括无名英雄烈士。

（二）对经依法评定为烈士的，应当认定为刑法第二百九十九条之一规定的“英雄烈士”；已牺牲、去世，尚未评定为烈士，但其事迹和精神为我国社会普遍公认的英雄模范人物或者群体，可以认定为“英雄烈士”。

（三）英雄烈士是指已经牺牲、去世的英雄烈士。对侮辱、诽谤或者以其他方式侵害健在的英雄模范人物或者群体名誉、荣誉，构成犯罪的，适用刑法有关侮辱、诽谤罪等规定追究刑事责任，符合适用公诉程序条件的，由公安机关依法立案侦查，人民检察院依法提起公诉。但是，被侵害英雄烈士群体中既有已经牺牲的烈士，也有健在的英雄模范人物的，可以统一适用侵害英雄烈士名誉、荣誉罪。

二、关于侵害英雄烈士名誉、荣誉罪入罪标准

根据刑法第二百九十九条之一的规定，侮辱、诽谤或者以其他方式侵害英雄烈士的名誉、荣誉，损害社会公共利益，情节严重的，构成侵害英雄烈士名誉、荣誉罪。

司法实践中，对侵害英雄烈士名誉、荣誉的行为是否达到“情节严重”，应当结合行为方式，涉及英雄烈士的人数，相关信息的数量、传播方式、传播范围、传播持续时间，相关信息实际被点击、浏览、转发次数，引发的社会影响、危害后果以及行为人前科情况等综合判断。根据案件具体情况，必

要时，可以参照适用《最高人民法院、最高人民检察院关于办理利用信息网络实施诽谤等刑事案件适用法律若干问题的解释》(法释〔2013〕21号）的规定。

侵害英雄烈士名誉、荣誉，达到入罪标准，但行为人认罪悔罪，综合考虑案件具体情节，认为犯罪情节轻微的，可以不起诉或者免予刑事处罚；情节显著轻微危害不大的，不以犯罪论处；构成违反治安管理行为的，由公安机关依法给予治安管理处罚。

三、关于办案工作要求

（一）坚决依法惩治。英雄烈士的事迹和精神是中华民族共同的历史记忆和宝贵的精神财富，英雄不容亵渎、先烈不容诋毁、历史不容歪曲。各级公安机关、人民检察院、人民法院要切实增强责任感和使命感，依法惩治侵害英雄烈士名誉、荣誉的违法犯罪活动，坚决维护中国特色社会主义制度，坚决维护社会公共利益。

（二）坚持宽严相济。对侵害英雄烈士名誉、荣誉的，要区分案件具体情况，落实宽严相济刑事政策，突出惩治重点，重在教育挽救，避免打击扩大化、简单化，确保实现政治效果、法律效果和社会效果的有机统一。对利用抹黑英雄烈士恶意攻击我国基本社会制度、损害社会公共利益，特别是与境外势力勾连实施恶意攻击，以及长期、多次实施侵害行为的，要依法予以严惩。对没有主观恶意，仅因模糊认识、好奇等原因而发帖、评论的，或者行为人系在校学生、未成年人的，要以教育转化为主，切实做到教育大多数、打击极少数。

（三）严格规范办案。公安机关要落实严格规范公正文明执法要求，依法全面、及时收集、固定证据，严格履行法定程序，依法保障嫌疑人合法权益。人民检察院对公安机关提请批准逮捕、移送审查起诉的案件，符合批捕、起诉条件的，依法予以批捕、起诉。对重大、疑难案件，公安机关可以商请人民检察院派员通过审查证据材料等方式，就案件定性、证据收集、法律适用等提出意见建议。人民法院要加强审判力量，制定庭审预案，依法审理。公安机关、人民检察院、人民法院要与退役军人事务部门和军队有关部门建立健全工作联系机制，妥善解决英雄烈士甄别、认定过程中的问题。

4. 涉赌博犯罪

最高人民法院　最高人民检察院　公安部 关于办理网络赌博犯罪案件适用法律若干问题的意见

2010年8月31日　　公通字〔2010〕40号

各省、自治区、直辖市高级人民法院、人民检察院、公安厅、局，新疆维吾尔自治区高级人民法院生产建设兵团分院、新疆生产建设兵团人民检察院、公安局：

为依法惩治网络赌博犯罪活动，根据《中华人民共和国刑法》、《中华人民共和国刑事诉讼法》和最高人民法院、最高人民检察院《关于办理赌博刑事案件具体应用法律若干问题的解释》等有关规定，结合司法实践，现就办理网络赌博犯罪案件适用法律的若干问题，提出如下意见：

一、关于网上开设赌场犯罪的定罪量刑标准

利用互联网、移动通讯终端等传输赌博视频、数据，组织赌博活动，具有下列情形之一的，属于刑法第三百零三条第二款规定的“开设赌场”行为：

（一）建立赌博网站并接受投注的；

（二）建立赌博网站并提供给他人组织赌博的；

（三）为赌博网站担任代理并接受投注的；

（四）参与赌博网站利润分成的。

实施前款规定的行为，具有下列情形之一的，应当认定为刑法第三百零三条第二款规定的“情节严重”：

（一）抽头渔利数额累计达到3万元以上的；

（二）赌资数额累计达到30万元以上的；

（三）参赌人数累计达到120人以上的；

（四）建立赌博网站后通过提供给他人组织赌博，违法所得数额在 3 万元以上的；

（五）参与赌博网站利润分成，违法所得数额在 3 万元以上的；

（六）为赌博网站招募下级代理，由下级代理接受投注的；

（七）招揽未成年人参与网络赌博的；

（八）其他情节严重的情形。

二、关于网上开设赌场共同犯罪的认定和处罚

明知是赌博网站，而为其提供下列服务或者帮助的，属于开设赌场罪的共同犯罪，依照刑法第三百零三条第二款的规定处罚：

（一）为赌博网站提供互联网接入、服务器托管、网络存储空间、通讯传输通道、投放广告、发展会员、软件开发、技术支持等服务，收取服务费数额在 2 万元以上的；

（二）为赌博网站提供资金支付结算服务，收取服务费数额在 1 万元以上或者帮助收取赌资 20 万元以上的；

（三）为 10 个以上赌博网站投放与网址、赔率等信息有关的广告或者为赌博网站投放广告累计 100 条以上的。

实施前款规定的行为，数量或者数额达到前款规定标准 5 倍以上的，应当认定为刑法第三百零三条第二款规定的“情节严重”。

实施本条第一款规定的行为，具有下列情形之一的，应当认定行为人“明知”，但是有证据证明确实不知道的除外：

（一）收到行政主管机关书面等方式的告知后，仍然实施上述行为的；

（二）为赌博网站提供互联网接入、服务器托管、网络存储空间、通讯传输通道、投放广告、软件开发、技术支持、资金支付结算等服务，收取服务费明显异常的；

（三）在执法人员调查时，通过销毁、修改数据、账本等方式故意规避调查或者向犯罪嫌疑人通风报信的；

（四）其他有证据证明行为人明知的。

如果有开设赌场的犯罪嫌疑人尚未到案，但是不影响对已到案共同犯罪嫌疑人、被告人的犯罪事实认定的，可以依法对已到案者定罪处罚。

三、关于网络赌博犯罪的参赌人数、赌资数额和网站代理的认定

赌博网站的会员账号数可以认定为参赌人数，如果查实一个账号多人使用或者多个账号一人使用的，应当按照实际使用的人数计算参赌人数。

赌资数额可以按照在网络上投注或者赢取的点数乘以每一点实际代表的金额认定。

对于将资金直接或间接兑换为虚拟货币、游戏道具等虚拟物品，并用其作为筹码投注的，赌资数额按照购买该虚拟物品所需资金数额或者实际支付资金数额认定。

对于开设赌场犯罪中用于接收、流转赌资的银行账户内的资金，犯罪嫌疑人、被告人不能说明合法来源的，可以认定为赌资。向该银行账户转入、转出资金的银行账户数量可以认定为参赌人数。如果查实一个账户多人使用或多个账户一人使用的，应当按照实际使用的人数计算参赌人数。

有证据证明犯罪嫌疑人在赌博网站上的账号设置有下级账号的，应当认定其为赌博网站的代理。

四、关于网络赌博犯罪案件的管辖

网络赌博犯罪案件的地域管辖，应当坚持以犯罪地管辖为主、被告人居住地管辖为辅的原则。

"犯罪地"包括赌博网站服务器所在地、网络接入地，赌博网站建立者、管理者所在地，以及赌博网站代理人、参赌人实施网络赌博行为地等。

公安机关对侦办跨区域网络赌博犯罪案件的管辖权有争议的，应本着有利于查清犯罪事实、有利于诉讼的原则，认真协商解决。经协商无法达成一致的，报共同的上级公安机关指定管辖。对即将侦查终结的跨省（自治区、直辖市）重大网络赌博案件，必要时可由公安部商最高人民法院和最高人民检察院指定管辖。

为保证及时结案，避免超期羁押，人民检察院对于公安机关提请审查逮捕、移送审查起诉的案件，人民法院对于已进入审判程序的案件，犯罪嫌疑人、被告人及其辩护人提出管辖异议或者办案单位发现没有管辖权的，受案人民检察院、人民法院经审查可以依法报请上级人民检察院、人民法院指定

管辖，不再自行移送有管辖权的人民检察院、人民法院。

五、关于电子证据的收集与保全

侦查机关对于能够证明赌博犯罪案件真实情况的网站页面、上网记录、电子邮件、电子合同、电子交易记录、电子账册等电子数据，应当作为刑事证据予以提取、复制、固定。

侦查人员应当对提取、复制、固定电子数据的过程制作相关文字说明，记录案由、对象、内容以及提取、复制、固定的时间、地点、方法，电子数据的规格、类别、文件格式等，并由提取、复制、固定电子数据的制作人、电子数据的持有人签名或者盖章，附所提取、复制、固定的电子数据一并随案移送。

对于电子数据存储在境外的计算机上的，或者侦查机关从赌博网站提取电子数据时犯罪嫌疑人未到案的，或者电子数据的持有人无法签字或者拒绝签字的，应当由能够证明提取、复制、固定过程的见证人签名或者盖章，记明有关情况。必要时，可对提取、复制、固定有关电子数据的过程拍照或者录像。

最高人民法院　最高人民检察院　公安部
关于办理利用赌博机开设赌场案件适用法律若干问题的意见

2014年3月26日　　　　公通字〔2014〕17号

各省、自治区、直辖市高级人民法院，人民检察院，公安厅、局，解放军军事法院、军事检察院，新疆维吾尔自治区高级人民法院生产建设兵团分院，新疆生产建设兵团人民检察院、公安局：

为依法惩治利用具有赌博功能的电子游戏设施设备开设赌场的犯罪活动，根据《中华人民共和国刑法》、《最高人民法院、最高人民检察院关于办理赌博刑事案件具体应用法律若干问题的解释》等有关规定，结合司法实践，现就办理此类案件适用法律问题提出如下意见：

一、关于利用赌博机组织赌博的性质认定

设置具有退币、退分、退钢珠等赌博功能的电子游戏设施设备，并以现金、有价证券等贵重款物作为奖品，或者以回购奖品方式给予他人现金、有价证券等贵重款物（以下简称设置赌博机）组织赌博活动的，应当认定为刑法第三百零三条第二款规定的“开设赌场”行为。

二、关于利用赌博机开设赌场的定罪处罚标准

设置赌博机组织赌博活动，具有下列情形之一的，应当按照刑法第三百零三条第二款规定的开设赌场罪定罪处罚：

（一）设置赌博机 10 台以上的；

（二）设置赌博机 2 台以上，容留未成年人赌博的；

（三）在中小学校附近设置赌博机 2 台以上的；

（四）违法所得累计达到 5000 元以上的；

（五）赌资数额累计达到 5 万元以上的；

（六）参赌人数累计达到 20 人以上的；

（七）因设置赌博机被行政处罚后，两年内再设置赌博机 5 台以上的；

（八）因赌博、开设赌场犯罪被刑事处罚后，五年内再设置赌博机 5 台以上的；

（九）其他应当追究刑事责任的情形。

设置赌博机组织赌博活动，具有下列情形之一的，应当认定为刑法第三百零三条第二款规定的“情节严重”：

（一）数量或者数额达到第二条第一款第一项至第六项规定标准六倍以上的；

（二）因设置赌博机被行政处罚后，两年内再设置赌博机 30 台以上的；

（三）因赌博、开设赌场犯罪被刑事处罚后，五年内再设置赌博机 30 台以上的；

（四）其他情节严重的情形。

可同时供多人使用的赌博机，台数按照能够独立供一人进行赌博活动的

操作基本单元的数量认定。

在两个以上地点设置赌博机，赌博机的数量、违法所得、赌资数额、参赌人数等均合并计算。

三、关于共犯的认定

明知他人利用赌博机开设赌场，具有下列情形之一的，以开设赌场罪的共犯论处：

（一）提供赌博机、资金、场地、技术支持、资金结算服务的；

（二）受雇参与赌场经营管理并分成的；

（三）为开设赌场者组织客源，收取回扣、手续费的；

（四）参与赌场管理并领取高额固定工资的；

（五）提供其他直接帮助的。

四、关于生产、销售赌博机的定罪量刑标准

以提供给他人开设赌场为目的，违反国家规定，非法生产、销售具有退币、退分、退钢珠等赌博功能的电子游戏设施设备或者其专用软件，情节严重的，依照刑法第二百二十五条的规定，以非法经营罪定罪处罚。

实施前款规定的行为，具有下列情形之一的，属于非法经营行为“情节严重”：

（一）个人非法经营数额在五万元以上，或者违法所得数额在一万元以上的；

（二）单位非法经营数额在五十万元以上，或者违法所得数额在十万元以上的；

（三）虽未达到上述数额标准，但两年内因非法生产、销售赌博机行为受过二次以上行政处罚，又进行同种非法经营行为的；

（四）其他情节严重的情形。

具有下列情形之一的，属于非法经营行为“情节特别严重”：

（一）个人非法经营数额在二十五万元以上，或者违法所得数额在五万元以上的；

（二）单位非法经营数额在二百五十万元以上，或者违法所得数额在五十

万元以上的。

五、关于赌资的认定

本意见所称赌资包括：

（一）当场查获的用于赌博的款物；

（二）代币、有价证券、赌博积分等实际代表的金额；

（三）在赌博机上投注或赢取的点数实际代表的金额。

六、关于赌博机的认定

对于涉案的赌博机，公安机关应当采取拍照、摄像等方式及时固定证据，并予以认定。对于是否属于赌博机难以确定的，司法机关可以委托地市级以上公安机关出具检验报告。司法机关根据检验报告，并结合案件具体情况作出认定。必要时，人民法院可以依法通知检验人员出庭作出说明。

七、关于宽严相济刑事政策的把握

办理利用赌博机开设赌场的案件，应当贯彻宽严相济刑事政策，重点打击赌场的出资者、经营者。对受雇佣为赌场从事接送参赌人员、望风看场、发牌坐庄、兑换筹码等活动的人员，除参与赌场利润分成或者领取高额固定工资的以外，一般不追究刑事责任，可由公安机关依法给予治安管理处罚。对设置游戏机，单次换取少量奖品的娱乐活动，不以违法犯罪论处。

八、关于国家机关工作人员渎职犯罪的处理

负有查禁赌博活动职责的国家机关工作人员，徇私枉法，包庇、放纵开设赌场违法犯罪活动，或者为违法犯罪分子通风报信、提供便利、帮助犯罪分子逃避处罚，构成犯罪的，依法追究刑事责任。

国家机关工作人员参与利用赌博机开设赌场犯罪的，从重处罚。

最高人民法院　最高人民检察院　公安部
关于印发《办理跨境赌博犯罪案件若干问题的意见》的通知

2020年10月16日　　公通字〔2020〕14号

各省、自治区、直辖市高级人民法院，人民检察院，公安厅、局，解放军军事法院、军事检察院，新疆维吾尔自治区高级人民法院生产建设兵团分院、新疆生产建设兵团人民检察院、公安局：

为依法惩治跨境赌博等犯罪活动，维护我国经济安全、社会稳定，根据有关法律、司法解释的规定，结合司法实践，最高人民法院、最高人民检察院、公安部联合制定了《办理跨境赌博犯罪案件若干问题的意见》。现予以印发，请结合实际认真贯彻执行。在执行中遇到的新情况、新问题，请及时分别报告最高人民法院、最高人民检察院、公安部。

附：

办理跨境赌博犯罪案件若干问题的意见

为依法惩治跨境赌博等犯罪活动，维护我国经济安全、社会稳定，根据《中华人民共和国刑法》《中华人民共和国刑事诉讼法》和《最高人民法院、最高人民检察院关于办理赌博刑事案件具体应用法律若干问题的解释》等有关规定，结合司法实践，制定本意见。

一、总体要求

近年来，境外赌场和网络赌博集团对我国公民招赌吸赌问题日益突出，跨境赌博违法犯罪活动日益猖獗，严重妨碍社会管理秩序，引发多种犯罪，严重危害我国经济安全和社会稳定。与此同时，互联网领域黑灰产业助推传统赌博和跨境赌博犯罪向互联网迁移，跨境网络赌博违法犯罪活动呈高发态势，严重威胁人民群众人身财产安全和社会公共安全。人民法院、人民检察院、公安机关要针对跨境赌博犯罪特点，充分发挥职能作用，贯彻宽严相济刑事政策，准确认定赌博犯罪行为，严格依法办案，依法从严从快惩处，坚决有效遏制跨境赌博犯罪活动，努力实现政治效果、法律效果、社会效果的高度统一。

二、关于跨境赌博犯罪的认定

（一）以营利为目的，有下列情形之一的，属于刑法第三百零三条第二款规定的“开设赌场”：

1. 境外赌场经营人、实际控制人、投资人，组织、招揽中华人民共和国公民赴境外赌博的；

2. 境外赌场管理人员，组织、招揽中华人民共和国公民赴境外赌博的；

3. 受境外赌场指派、雇佣，组织、招揽中华人民共和国公民赴境外赌博，或者组织、招揽中华人民共和国公民赴境外赌博，从赌场获取费用、其他利益的；

4. 在境外赌场包租赌厅、赌台，组织、招揽中华人民共和国公民赴境外赌博的；

5. 其他在境外以提供赌博场所、提供赌资、设定赌博方式等，组织、招揽中华人民共和国公民赴境外赌博的。

在境外赌场通过开设账户、洗码等方式，为中华人民共和国公民赴境外赌博提供资金担保服务的，以“开设赌场“论处。

（二）以营利为目的，利用信息网络、通讯终端等传输赌博视频、数据，组织中华人民共和国公民跨境赌博活动，有下列情形之一的，属于刑法第三百零三条第二款规定的“开设赌场”：

1. 建立赌博网站、应用程序并接受投注的；

2. 建立赌博网站、应用程序并提供给他人组织赌博的；

3. 购买或者租用赌博网站、应用程序，组织他人赌博的；

4. 参与赌博网站、应用程序利润分成的；

5. 担任赌博网站、应用程序代理并接受投注的；

6. 其他利用信息网络、通讯终端等传输赌博视频、数据，组织跨境赌博活动的。

（三）组织、招揽中华人民共和国公民赴境外赌博，从参赌人员中获取费用或者其他利益的，属于刑法第三百零三条第一款规定的“聚众赌博”。

（四）跨境开设赌场犯罪定罪处罚的数量或者数额标准，参照适用《关于办理赌博刑事案件具体应用法律若干问题的解释》《关于办理利用赌博机开设赌场案件适用法律若干问题的意见》和《关于办理网络赌博犯罪案件适用法律若干问题的意见》的有关规定。

三、关于跨境赌博共同犯罪的认定

（一）三人以上为实施开设赌场犯罪而组成的较为固定的犯罪组织，应当依法认定为赌博犯罪集团。对组织、领导犯罪集团的首要分子，按照集团所犯的全部罪行处罚。对犯罪集团中组织、指挥、策划者和骨干分子，应当依法从严惩处。

（二）明知他人实施开设赌场犯罪，为其提供场地、技术支持、资金、资金结算等服务的，以开设赌场罪的共犯论处。

（三）明知是赌博网站、应用程序，有下列情形之一的，以开设赌场罪的共犯论处：

1. 为赌博网站、应用程序提供软件开发、技术支持、互联网接入、服务器托管、网络存储空间、通讯传输通道、广告投放、会员发展、资金支付结算等服务的；

2. 为赌博网站、应用程序担任代理并发展玩家、会员、下线的。

为同一赌博网站、应用程序担任代理，既无上下级关系，又无犯意联络的，不构成共同犯罪。

（四）对受雇佣为赌场从事接送参赌人员、望风看场、发牌坐庄、兑换筹码、发送宣传广告等活动的人员及赌博网站、应用程序中与组织赌博活动无直接关联的一般工作人员，除参与赌场、赌博网站、应用程序利润分成或者领取高额固定工资的外，可以不追究刑事责任，由公安机关依法给予治安管理处罚。

四、关于跨境赌博关联犯罪的认定

（一）使用专门工具、设备或者其他手段诱使他人参赌，人为控制赌局输赢，构成犯罪的，依照刑法关于诈骗犯罪的规定定罪处罚。

网上开设赌场，人为控制赌局输赢，或者无法实现提现，构成犯罪的，依照刑法关于诈骗犯罪的规定定罪处罚。部分参赌者赢利、提现不影响诈骗犯罪的认定。

（二）通过开设赌场或者为国家工作人员参与赌博提供资金的形式实施行贿、受贿行为，构成犯罪的，依照刑法关于贿赂犯罪的规定定罪处罚。同时构成赌博犯罪的，应当依法与贿赂犯罪数罪并罚。

（三）实施跨境赌博犯罪，同时构成组织他人偷越国（边）境、运送他人偷越国（边）境、偷越国（边）境罪等罪的，应当依法数罪并罚。

（四）实施赌博犯罪，为强行索要赌债，实施故意杀人、故意伤害、非法拘禁、故意毁坏财物、寻衅滋事等行为，构成犯罪的，应当依法数罪并罚。

（五）为赌博犯罪提供资金、信用卡、资金结算等服务，构成赌博犯罪共犯，同时构成非法经营罪、妨害信用卡管理罪、窃取、收买、非法提供信用卡信息罪、掩饰、隐瞒犯罪所得、犯罪收益罪等罪的，依照处罚较重的规定定罪处罚。

为网络赌博犯罪提供互联网接入、服务器托管、网络存储、通讯传输等技术支持，或者提供广告推广、支付结算等帮助，构成赌博犯罪共犯，同时构成非法利用信息网络罪、帮助信息网络犯罪活动罪等罪的，依照处罚较重的规定定罪处罚。

为实施赌博犯罪，非法获取公民个人信息，或者向实施赌博犯罪者出售、提供公民个人信息，构成赌博犯罪共犯，同时构成侵犯公民个人信息罪的，依照处罚较重的规定定罪处罚。

五、关于跨境赌博犯罪赌资数额的认定及处理

赌博犯罪中用作赌注的款物、换取筹码的款物和通过赌博赢取的款物属于赌资。

通过网络实施开设赌场犯罪的，赌资数额可以依照开设赌场行为人在其实际控制账户内的投注金额，结合其他证据认定；如无法统计，可以按照查证属实的参赌人员实际参赌的资金额认定。

对于将资金直接或者间接兑换为虚拟货币、游戏道具等虚拟物品，并用其作为筹码投注的，赌资数额按照购买该虚拟物品所需资金数额或者实际支付资金数额认定。

对于开设赌场犯罪中主要用于接收、流转赌资的银行账户内的资金，犯罪嫌疑人、被告人不能说明合法来源的，可以认定为赌资。

公安机关、人民检察院已查封、扣押、冻结的赌资、赌博用具等涉案财物及孳息，应当制作清单。人民法院对随案移送的涉案财物，依法予以处理。赌资应当依法予以追缴。赌博违法所得、赌博用具以及赌博犯罪分子所有的专门用于赌博的财物等，应当依法予以追缴、没收。

六、关于跨境赌博犯罪案件的管辖

（一）跨境赌博犯罪案件一般由犯罪地公安机关立案侦查，由犯罪嫌疑人居住地公安机关立案侦查更为适宜的，可以由犯罪嫌疑人居住地公安机关立案侦查。犯罪地包括犯罪行为发生地和犯罪结果发生地。

跨境网络赌博犯罪地包括用于实施赌博犯罪行为的网络服务使用的服务器所在地，网络服务提供者所在地，犯罪嫌疑人、参赌人员使用的网络信息系统所在地，犯罪嫌疑人为网络赌博犯罪提供帮助的犯罪地等。

（二）多个公安机关都有权立案侦查的跨境赌博犯罪案件，由最初受理的公安机关或者主要犯罪地公安机关立案侦查。有争议的，应当按照有利于查清犯罪事实、有利于诉讼的原则，协商解决。经协商无法达成一致的，由共同上级公安机关指定有关公安机关立案侦查。

在境外实施的跨境赌博犯罪案件，由公安部商最高人民检察院和最高人民法院指定管辖。

（三）具有下列情形之一的，有关公安机关可以在其职责范围内并案侦查：

1. 一人犯数罪的；

2. 共同犯罪的；

3. 共同犯罪的犯罪嫌疑人实施其他犯罪的；

4. 多个犯罪嫌疑人实施的犯罪存在直接关联，并案处理有利于查明案件事实的。

（四）部分犯罪嫌疑人在逃，但不影响对已到案共同犯罪嫌疑人、被告人的犯罪事实认定的，可以依法先行追究已到案共同犯罪嫌疑人、被告人的刑事责任。

已确定管辖的跨境赌博共同犯罪案件，在逃的犯罪嫌疑人、被告人归案后，一般由原管辖的公安机关、人民检察院、人民法院管辖。

七、关于跨境赌博犯罪案件证据的收集和审查判断

（一）公安机关、人民检察院、人民法院在办理跨境赌博犯罪案件中应当注意对电子证据的收集、审查判断。公安机关应当遵守法定程序，遵循有关技术标准，全面、客观、及时收集、提取电子证据；人民检察院、人民法院应当围绕真实性、合法性、关联性审查判断电子证据。

公安机关、人民检察院、人民法院收集、提取、固定、移送、展示、审查、判断电子证据应当严格依照《最高人民法院、最高人民检察院、公安部关于办理刑事案件收集提取和审查判断电子数据若干问题的规定》《最高人民法院、最高人民检察院、公安部关于办理网络犯罪案件适用刑事诉讼程序若干问题的意见》的规定进行。

（二）公安机关采取技术侦查措施收集的证据材料，能够证明案件事实的，应当随案移送，并移送批准采取技术侦查措施的法律文书。

（三）依照国际条约、刑事司法协助、互助协议或者平等互助原则，请求证据材料所在地司法机关收集，或者通过国际警务合作机制、国际刑警组织启动合作取证程序收集的境外证据材料，公安机关应当对其来源、提取人、提取时间或者提供人、提供时间以及保管移交的过程等作出说明。

当事人及其辩护人、诉讼代理人提供的来自境外的证据材料，该证据材料应当经所在国公证机关证明，所在国中央外交主管机关或者其授权机关认证，并经我国驻该国使、领馆认证。未经证明、认证的，不能作为证据使用。

来自境外的证据材料，能够证明案件事实且符合刑事诉讼法及相关规定的，经查证属实，可以作为定案的根据。

八、关于跨境赌博犯罪案件宽严相济刑事政策的运用

人民法院、人民检察院、公安机关要深刻认识跨境赌博犯罪的严重社会危害性，正确贯彻宽严相济刑事政策，运用认罪认罚从宽制度，充分发挥刑罚的惩治和预防功能。对实施跨境赌博犯罪活动的被告人，应当在全面把握犯罪事实和量刑情节的基础上，依法从严惩处，并注重适用财产刑和追缴、没收等财产处置手段，最大限度剥夺被告人再犯的能力。

（一）实施跨境赌博犯罪，有下列情形之一的，酌情从重处罚：

1. 具有国家工作人员身份的；

2. 组织国家工作人员赴境外赌博的；

3. 组织、胁迫、引诱、教唆、容留未成年人参与赌博的；

4. 组织、招揽、雇佣未成年人参与实施跨境赌博犯罪的；

5. 采用限制人身自由等手段强迫他人赌博或者结算赌资，尚不构成其他犯罪的；

6. 因赌博活动致 1 人以上死亡、重伤或者 3 人以上轻伤，或者引发其他严重后果，尚不构成其他犯罪的；

7. 组织、招揽中华人民共和国公民赴境外多个国家、地区赌博的；

8. 因赌博、开设赌场曾被追究刑事责任或者二年内曾被行政处罚的。

（二）对于具有赌资数额大、共同犯罪的主犯、曾因赌博犯罪行为被追究刑事责任、悔罪表现不好等情形的犯罪嫌疑人、被告人，一般不适用不起诉、免予刑事处罚、缓刑。

（三）对实施赌博犯罪的被告人，应当加大财产刑的适用。对被告人并处罚金时，应当根据其在赌博犯罪中的地位作用、赌资、违法所得数额等情节决定罚金数额。

（四）犯罪嫌疑人、被告人提供重要证据，对侦破、查明重大跨境赌博犯罪案件起关键作用，经查证属实的，可以根据案件具体情况，依法从宽处理。

（二）妨害司法罪

最高人民法院　最高人民检察院　公安部
关于依法严肃查处拒不执行判决、裁定和暴力抗拒法院执行犯罪行为有关问题的通知

2007年8月30日　　法发（2007）29号

各省、自治区、直辖市高级人民法院、人民检察院、公安厅（局），新疆维吾尔自治区高级人民法院生产建设兵团分院、新疆生产建设兵团人民检察院、公安局：

近年来，在人民法院强制执行生效法律文书过程中，一些地方单位、企业和个人拒不执行或以暴力手段抗拒人民法院执行的事件时有发生且呈逐年上升的势头。这种违法犯罪行为性质恶劣，社会危害大，严重影响了法律的尊严和执法机关的权威，已经引起了党中央的高度重视。中央政法委在《关于切实解决人民法院执行难问题的通知》（政法〔2005〕52号文件）中，特别提出公、检、法机关应当统一执法思想，加强协作配合，完善法律制度，依法严厉打击暴力抗拒法院执行的犯罪行为。为贯彻中央政法委指示精神，加大对拒不执行判决、裁定和暴力抗拒执行犯罪行为的惩处力度，依据《中华人民共和国刑法》、《中华人民共和国刑事诉讼法》、全国人大常委会《关于〈中华人民共和国刑法〉第三百一十三条的解释》等规定，现就有关问题通知如下：

一、对下列拒不执行判决、裁定的行为，依照刑法第三百一十三条的规定，以拒不执行判决、裁定罪论处。

（一）被执行人隐藏、转移、故意毁损财产或者无偿转让财产、以明显不合理的低价转让财产，致使判决、裁定无法执行的；

（二）担保人或者被执行人隐藏、转移、故意毁损或者转让已向人民法院

提供担保的财产，致使判决、裁定无法执行的；

（三）协助执行义务人接到人民法院协助执行通知书后，拒不协助执行，致使判决、裁定无法执行的；

（四）被执行人、担保人、协助执行义务人与国家机关工作人员通谋，利用国家机关工作人员的职权妨害执行，致使判决、裁定无法执行的；

（五）其他有能力执行而拒不执行，情节严重的情形。

二、对下列暴力抗拒执行的行为，依照刑法第二百七十七条的规定，以妨害公务罪论处：

（一）聚众哄闹、冲击执行现场，围困、扣押、殴打执行人员，致使执行工作无法进行的；

（二）毁损、抢夺执行案件材料、执行公务车辆和其他执行器械、执行人员服装以及执行公务证件，造成严重后果的；

（三）其他以暴力、威胁方法妨害或者抗拒执行，致使执行工作无法进行的。

三、负有执行人民法院判决、裁定义务的单位直接负责的主管人员和其他直接责任人员，为了本单位的利益实施本《通知》第一条、第二条所列行为之一的，对该主管人员和其他直接责任人员，依照刑法第三百一十三条和第二百七十七条的规定，分别以拒不执行判决、裁定和妨害公务罪论处。

四、国家机关工作人员有本《通知》第一条第四项行为的，以拒不执行判决、裁定罪的共犯追究刑事责任。

国家机关工作人员收受贿赂或者滥用职权，有本《通知》第一条第四项行为的，同时又构成刑法第三百八十五条、第三百九十七条规定罪的，依照处罚较重的规定定罪处罚。

五、拒不执行判决、裁定案件由犯罪行为发生地的公安机关、人民检察院、人民法院管辖。如果由犯罪嫌疑人、被告人居住地的人民法院管辖更为适宜的，可以由犯罪嫌疑人、被告人居住地的公安机关、人民检察院、人民法院管辖。

六、以暴力、威胁方法妨害或者抗拒执行的，公安机关接到报警后，应当立即出警，依法处置。

七、人民法院在执行判决、裁定过程中，对拒不执行判决、裁定情节严重的人，可以先行司法拘留；拒不执行判决、裁定的行为人涉嫌犯罪的，应当将案件依法移送有管辖权的公安机关立案侦查。

八、人民法院、人民检察院和公安机关在办理拒不执行判决、裁定和妨害公务案件过程中，应当密切配合、加强协作。对于人民法院移送的涉嫌拒不执行判决、裁定罪和妨害公务罪的案件，公安机关应当及时立案侦查，检察机关应当及时提起公诉，人民法院应当及时审判。

在办理拒不执行判决、裁定和妨害公务案件过程中，应当根据案件的具体情况，正确区分罪与非罪的界限，认真贯彻“宽严相济”的刑事政策。

九、人民法院认为公安机关应当立案侦查而不立案侦查的，可提请人民检察院予以监督。人民检察院认为需要立案侦查的，应当要求公安机关说明不立案的理由。人民检察院认为公安机关不立案理由不能成立的，应当通知公安机关立案，公安机关接到通知后应当立案。

十、公安机关侦查终结后移送人民检察院审查起诉的拒不执行判决、裁定和妨害公务案件，人民检察院决定不起诉，公安机关认为不起诉决定有错误的，可以要求复议；如果意见不被接受，可以向上一级人民检察院提请复核。

十一、公安司法人员在办理拒不执行判决、裁定和妨害公务案件中，消极履行法定职责，造成严重后果的，应当依法依纪追究直接责任人责任直至追究刑事责任。

十二、本通知自印发之日起执行，执行中遇到的情况和问题，请分别报告最高人民法院、最高人民检察院、公安部。

最高人民法院　最高人民检察院　公安部　司法部
关于进一步加强虚假诉讼犯罪惩治工作的意见

2021年3月4日　　　　　　　　　　　　法发〔2021〕10号

第一章　总　则

第一条　为了进一步加强虚假诉讼犯罪惩治工作，维护司法公正和司法权威，保护自然人、法人和非法人组织的合法权益，促进社会诚信建设，根据《中华人民共和国刑法》《中华人民共和国刑事诉讼法》《中华人民共和国民事诉讼法》和《最高人民法院、最高人民检察院关于办理虚假诉讼刑事案件适用法律若干问题的解释》等规定，结合工作实际，制定本意见。

第二条　本意见所称虚假诉讼犯罪，是指行为人单独或者与他人恶意串通，采取伪造证据、虚假陈述等手段，捏造民事案件基本事实，虚构民事纠纷，向人民法院提起民事诉讼，妨害司法秩序或者严重侵害他人合法权益，依照法律应当受刑罚处罚的行为。

第三条　人民法院、人民检察院、公安机关、司法行政机关应当按照法定职责分工负责、配合协作，加强沟通协调，在履行职责过程中发现可能存在虚假诉讼犯罪的，应当及时相互通报情况，共同防范和惩治虚假诉讼犯罪。

第二章　虚假诉讼犯罪的甄别和发现

第四条　实施《最高人民法院、最高人民检察院关于办理虚假诉讼刑事案件适用法律若干问题的解释》第一条第一款、第二款规定的捏造事实行为，并有下列情形之一的，应当认定为刑法第三百零七条之一第一款规定的“以捏造的事实提起民事诉讼”：

（一）提出民事起诉的；

（二）向人民法院申请宣告失踪、宣告死亡，申请认定公民无民事行为能力、限制民事行为能力，申请认定财产无主，申请确认调解协议，申请实现担保物权，申请支付令，申请公示催告的；

（三）在民事诉讼过程中增加独立的诉讼请求、提出反诉，有独立请求权的第三人提出与本案有关的诉讼请求的；

（四）在破产案件审理过程中申报债权的；

（五）案外人申请民事再审的；

（六）向人民法院申请执行仲裁裁决、公证债权文书的；

（七）案外人在民事执行过程中对执行标的提出异议，债权人在民事执行过程中申请参与执行财产分配的；

（八）以其他手段捏造民事案件基本事实，虚构民事纠纷，提起民事诉讼的。

第五条 对于下列虚假诉讼犯罪易发的民事案件类型，人民法院、人民检察院在履行职责过程中应当予以重点关注：

（一）民间借贷纠纷案件；

（二）涉及房屋限购、机动车配置指标调控的以物抵债案件；

（三）以离婚诉讼一方当事人为被告的财产纠纷案件；

（四）以已经资不抵债或者已经被作为被执行人的自然人、法人和非法人组织为被告的财产纠纷案件；

（五）以拆迁区划范围内的自然人为当事人的离婚、分家析产、继承、房屋买卖合同纠纷案件；

（六）公司分立、合并和企业破产纠纷案件；

（七）劳动争议案件；

（八）涉及驰名商标认定的案件；

（九）其他需要重点关注的民事案件。

第六条 民事诉讼当事人有下列情形之一的，人民法院、人民检察院在履行职责过程中应当依法严格审查，及时甄别和发现虚假诉讼犯罪：

（一）原告起诉依据的事实、理由不符合常理，存在伪造证据、虚假陈述可能的；

（二）原告诉请司法保护的诉讼标的额与其自身经济状况严重不符的；

（三）在可能影响案外人利益的案件中，当事人之间存在近亲属关系或者关联企业等共同利益关系的；

（四）当事人之间不存在实质性民事权益争议和实质性诉辩对抗的；

（五）一方当事人对于另一方当事人提出的对其不利的事实明确表示承认，且不符合常理的；

（六）认定案件事实的证据不足，但双方当事人主动迅速达成调解协议，请求人民法院制作调解书的；

（七）当事人自愿以价格明显不对等的财产抵付债务的；

（八）民事诉讼过程中存在其他异常情况的。

第七条　民事诉讼代理人、证人、鉴定人等诉讼参与人有下列情形之一的，人民法院、人民检察院在履行职责过程中应当依法严格审查，及时甄别和发现虚假诉讼犯罪：

（一）诉讼代理人违规接受对方当事人或者案外人给付的财物或者其他利益，与对方当事人或者案外人恶意串通，侵害委托人合法权益的；

（二）故意提供虚假证据，指使、引诱他人伪造、变造证据、提供虚假证据或者隐匿、毁灭证据的；

（三）采取其他不正当手段干扰民事诉讼活动正常进行的。

第三章　线索移送和案件查处

第八条　人民法院、人民检察院、公安机关发现虚假诉讼犯罪的线索来源包括：

（一）民事诉讼当事人、诉讼代理人和其他诉讼参与人、利害关系人、其他自然人、法人和非法人组织的报案、控告、举报和法律监督申请；

（二）被害人有证据证明对被告人通过实施虚假诉讼行为侵犯自己合法权益的行为应当依法追究刑事责任，且有证据证明曾经提出控告，而公安机关或者人民检察院不予追究被告人刑事责任，向人民法院提出的刑事自诉；

（三）人民法院、人民检察院、公安机关、司法行政机关履行职责过程中主动发现；

（四）有关国家机关移送的案件线索；

（五）其他线索来源。

第九条　虚假诉讼刑事案件由相关虚假民事诉讼案件的受理法院所在地

或者执行法院所在地人民法院管辖。有刑法第三百零七条之一第四款情形的，上级人民法院可以指定下级人民法院将案件移送其他人民法院审判。

前款所称相关虚假民事诉讼案件的受理法院，包括该民事案件的一审、二审和再审法院。

虚假诉讼刑事案件的级别管辖，根据刑事诉讼法的规定确定。

第十条 人民法院、人民检察院向公安机关移送涉嫌虚假诉讼犯罪案件，应当附下列材料：

（一）案件移送函，载明移送案件的人民法院或者人民检察院名称、民事案件当事人名称和案由、所处民事诉讼阶段、民事案件办理人及联系电话等。案件移送函应当附移送材料清单和回执，经人民法院或者人民检察院负责人批准后，加盖人民法院或者人民检察院公章；

（二）移送线索的情况说明，载明案件来源、当事人信息、涉嫌虚假诉讼犯罪的事实、法律依据等，并附相关证据材料；

（三）与民事案件有关的诉讼材料，包括起诉书、答辩状、庭审笔录、调查笔录、谈话笔录等。

人民法院、人民检察院应当指定专门职能部门负责涉嫌虚假诉讼犯罪案件的移送。

人民法院将涉嫌虚假诉讼犯罪案件移送公安机关的，同时将有关情况通报同级人民检察院。

第十一条 人民法院、人民检察院认定民事诉讼当事人和其他诉讼参与人的行为涉嫌虚假诉讼犯罪，除民事诉讼当事人、其他诉讼参与人或者案外人的陈述、证言外，一般还应有物证、书证或者其他证人证言等证据相印证。

第十二条 人民法院、人民检察院将涉嫌虚假诉讼犯罪案件有关材料移送公安机关的，接受案件的公安机关应当出具接受案件的回执或者在案件移送函所附回执上签收。

公安机关收到有关材料后，分别作出以下处理：

（一）认为移送的案件材料不全的，应当在收到有关材料之日起三日内通知移送的人民法院或者人民检察院在三日内补正。不得以材料不全为由不接受移送案件；

（二）认为有犯罪事实，需要追究刑事责任的，应当在收到有关材料之日起三十日内决定是否立案，并通知移送的人民法院或者人民检察院；

（三）认为有犯罪事实，但是不属于自己管辖的，应当立即报经县级以上公安机关负责人批准，在二十四小时内移送有管辖权的机关处理，并告知移送的人民法院或者人民检察院。对于必须采取紧急措施的，应当先采取紧急措施，然后办理手续，移送主管机关；

（四）认为没有犯罪事实，或者犯罪情节显著轻微不需要追究刑事责任的，或者具有其他依法不追究刑事责任情形的，经县级以上公安机关负责人批准，不予立案，并应当说明理由，制作不予立案通知书在三日内送达移送的人民法院或者人民检察院，退回有关材料。

第十三条　人民检察院依法对公安机关的刑事立案实行监督。

人民法院对公安机关的不予立案决定有异议的，可以建议人民检察院进行立案监督。

第四章　程序衔接

第十四条　人民法院向公安机关移送涉嫌虚假诉讼犯罪案件，民事案件必须以相关刑事案件的审理结果为依据的，应当依照民事诉讼法第一百五十条第一款第五项的规定裁定中止诉讼。刑事案件的审理结果不影响民事诉讼程序正常进行的，民事案件应当继续审理。

第十五条　刑事案件裁判认定民事诉讼当事人的行为构成虚假诉讼犯罪，相关民事案件尚在审理或者执行过程中的，作出刑事裁判的人民法院应当及时函告审理或者执行该民事案件的人民法院。

人民法院对于与虚假诉讼刑事案件的裁判存在冲突的已经发生法律效力的民事判决、裁定、调解书，应当及时依法启动审判监督程序予以纠正。

第十六条　公安机关依法自行立案侦办虚假诉讼刑事案件的，应当在立案后三日内将立案决定书等法律文书和相关材料复印件抄送对相关民事案件正在审理、执行或者作出生效裁判文书的人民法院并说明立案理由，同时通报办理民事案件人民法院的同级人民检察院。对相关民事案件正在审理、执行或者作出生效裁判文书的人民法院应当依法审查，依照相关规定做出处理，并在收到材料之日起三十日内将处理意见书面通报公安机关。

公安机关在办理刑事案件过程中，发现犯罪嫌疑人还涉嫌实施虚假诉讼犯罪的，可以一并处理。需要逮捕犯罪嫌疑人的，由侦查该案件的公安机关提请同级人民检察院审查批准；需要提起公诉的，由侦查该案件的公安机关移送同级人民检察院审查决定。

第十七条 有管辖权的公安机关接受民事诉讼当事人、诉讼代理人和其他诉讼参与人、利害关系人、其他自然人、法人和非法人组织的报案、控告、举报或者在履行职责过程中发现存在虚假诉讼犯罪嫌疑的，可以开展调查核实工作。经县级以上公安机关负责人批准，公安机关可以依照有关规定拷贝电子卷或者查阅、复制、摘录人民法院的民事诉讼卷宗，人民法院予以配合。

公安机关在办理刑事案件过程中，发现犯罪嫌疑人还涉嫌实施虚假诉讼犯罪的，适用前款规定。

第十八条 人民检察院发现已经发生法律效力的判决、裁定、调解书系民事诉讼当事人通过虚假诉讼获得的，应当依照民事诉讼法第二百零八条第一款、第二款等法律和相关司法解释的规定，向人民法院提出再审检察建议或者抗诉。

第十九条 人民法院对人民检察院依照本意见第十八条的规定提出再审检察建议或者抗诉的民事案件，应当依照民事诉讼法等法律和相关司法解释的规定处理。按照审判监督程序决定再审、需要中止执行的，裁定中止原判决、裁定、调解书的执行。

第二十条 人民检察院办理民事诉讼监督案件过程中，发现存在虚假诉讼犯罪嫌疑的，可以向民事诉讼当事人或者案外人调查核实有关情况。有关单位和个人无正当理由拒不配合调查核实、妨害民事诉讼的，人民检察院可以建议有关人民法院依照民事诉讼法第一百一十一条第一款第五项等规定处理。

人民检察院针对存在虚假诉讼犯罪嫌疑的民事诉讼监督案件依照有关规定调阅人民法院的民事诉讼卷宗的，人民法院予以配合。通过拷贝电子卷、查阅、复制、摘录等方式能够满足办案需要的，可以不调阅诉讼卷宗。

人民检察院发现民事诉讼监督案件存在虚假诉讼犯罪嫌疑的，可以听取人民法院原承办人的意见。

第二十一条 对于存在虚假诉讼犯罪嫌疑的民事案件，人民法院可以依职权调查收集证据。

当事人自认的事实与人民法院、人民检察院依职权调查并经审理查明的事实不符的，人民法院不予确认。

第五章　责任追究

第二十二条　对于故意制造、参与虚假诉讼犯罪活动的民事诉讼当事人和其他诉讼参与人，人民法院应当加大罚款、拘留等对妨害民事诉讼的强制措施的适用力度。

民事诉讼当事人、其他诉讼参与人实施虚假诉讼，人民法院向公安机关移送案件有关材料前，可以依照民事诉讼法的规定先行予以罚款、拘留。

对虚假诉讼刑事案件被告人判处罚金、有期徒刑或者拘役的，人民法院已经依照民事诉讼法的规定给予的罚款、拘留，应当依法折抵相应罚金或者刑期。

第二十三条　人民检察院可以建议人民法院依照民事诉讼法的规定，对故意制造、参与虚假诉讼的民事诉讼当事人和其他诉讼参与人采取罚款、拘留等强制措施。

第二十四条　司法工作人员利用职权参与虚假诉讼的，应当依照法律法规从严处理；构成犯罪的，依法从严追究刑事责任。

第二十五条　司法行政机关、相关行业协会应当加强对律师、基层法律服务工作者、司法鉴定人、公证员、仲裁员的教育和管理，发现上述人员利用职务之便参与虚假诉讼的，应当依照规定进行行政处罚或者行业惩戒；构成犯罪的，依法移送司法机关处理。律师、基层法律服务工作者、司法鉴定人、公证员、仲裁员利用职务之便参与虚假诉讼的，依照有关规定从严追究法律责任。

人民法院、人民检察院、公安机关在办理案件过程中，发现律师、基层法律服务工作者、司法鉴定人、公证员、仲裁员利用职务之便参与虚假诉讼，尚未构成犯罪的，可以向司法行政机关、相关行业协会或者上述人员所在单位发出书面建议。司法行政机关、相关行业协会或者上述人员所在单位应当在收到书面建议之日起三个月内作出处理决定，并书面回复作出书面建议的人民法院、人民检察院或者公安机关。

第六章　协作机制

第二十六条　人民法院、人民检察院、公安机关、司法行政机关探索建立民事判决、裁定、调解书等裁判文书信息共享机制和信息互通数据平台，综合运用信息化手段发掘虚假诉讼违法犯罪线索，逐步实现虚假诉讼违法犯罪案件信息、数据共享。

第二十七条　人民法院、人民检察院、公安机关、司法行政机关落实“谁执法谁普法”的普法责任制要求，通过定期开展法治宣传、向社会公开发布虚假诉讼典型案例、开展警示教育等形式，增强全社会对虚假诉讼违法犯罪的防范意识，震慑虚假诉讼违法犯罪。

第七章　附　则

第二十八条　各省、自治区、直辖市高级人民法院、人民检察院、公安机关、司法行政机关可以根据本地区实际情况，制定实施细则。

第二十九条　本意见自 2021 年 3 月 10 日起施行。

（三）妨害国（边）境管理罪

最高人民法院　最高人民检察院
公安部　国家移民管理局

印发《关于依法惩治妨害国（边）境管理违法犯罪的意见》的通知

2022 年 6 月 29 日　　法发〔2022〕18 号

各省、自治区、直辖市高级人民法院、人民检察院、公安厅（局），解放军军事法院、军事检察院，新疆维吾尔自治区高级人民法院生产建设兵团分院、新疆生产建设兵团人民检察院、公安局，各出入境边防检查总站：

为依法惩治妨害国（边）境管理违法犯罪活动，切实维护国（边）境管理秩序和人民群众人身财产安全，根据《中华人民共和国刑法》以及有关法律、司法解释的规定，结合执法、司法实践，最高人民法院、最高人民检察院、公安部、国家移民管理局联合制定了《关于依法惩治妨害国（边）境管理违法犯罪的意见》。现予以印发，请结合实际认真贯彻执行。在执行中遇到的新情况、新问题，请及时分别报告最高人民法院、最高人民检察院、公安部、国家移民管理局。

附：

关于依法惩治妨害国（边）境管理违法犯罪的意见

为依法惩治妨害国（边）境管理违法犯罪活动，切实维护国（边）境管理秩序，根据《中华人民共和国刑法》《中华人民共和国刑事诉讼法》《中华人民共和国出境入境管理法》《最高人民法院、最高人民检察院关于办理妨害国（边）境管理刑事案件应用法律若干问题的解释》（法释〔2012〕17号，以下简称《解释》）等有关规定，结合执法、司法实践，制定本意见。

一、总体要求

1. 近年来，妨害国（边）境管理违法犯罪活动呈多发高发态势，与跨境赌博、电信网络诈骗以及边境地区毒品、走私、暴恐等违法犯罪活动交织滋长，严重扰乱国（边）境管理秩序，威胁公共安全和人民群众人身财产安全。人民法院、人民检察院、公安机关和移民管理机构要进一步提高政治站位，深刻认识妨害国（边）境管理违法犯罪的严重社会危害，充分发挥各自职能作用，依法准确认定妨害国（边）境管理犯罪行为，完善执法、侦查、起诉、审判的程序衔接，加大对组织者、运送者、犯罪集团骨干成员以及屡罚屡犯者的惩治力度，最大限度削弱犯罪分子再犯能力，切实维护国（边）境管理秩序，确保社会安全稳定，保障人民群众切身利益，努力实现案件办理法律效果与社会效果的有机统一。

二、关于妨害国（边）境管理犯罪的认定

2. 具有下列情形之一的，应当认定为刑法第三百一十八条规定的“组织他人偷越国（边）境”行为：

（1）组织他人通过虚构事实、隐瞒真相等方式掩盖非法出入境目的，骗取出入境边防检查机关核准出入境的；

（2）组织依法限定在我国边境地区停留、活动的人员，违反国（边）境管理法规，非法进入我国非边境地区的。

对于前述行为，在决定是否追究刑事责任以及如何裁量刑罚时，应当综合考虑组织者前科情况、行为手段、组织人数和次数、违法所得数额及被组织人员偷越国（边）境的目的等情节，依法妥当处理。

3. 事前与组织、运送他人偷越国（边）境的犯罪分子通谋，在偷越国（边）境人员出境前或者入境后，提供接驳、容留、藏匿等帮助的，以组织他人偷越国（边）境罪或者运送他人偷越国（边）境罪的共同犯罪论处。

4. 明知是偷越国（边）境人员，分段运送其前往国（边）境的，应当认定为刑法第三百二十一条规定的“运送他人偷越国（边）境”，以运送他人偷越国（边）境罪定罪处罚。但是，在决定是否追究刑事责任以及如何裁量刑罚时，应当充分考虑行为人在运送他人偷越国（边）境过程中所起作用等情节，依法妥当处理。

5.《解释》第一条第二款、第四条规定的“人数”，以实际组织、运送的人数计算；未到案人员经查证属实的，应当计算在内。

6. 明知他人实施骗取出境证件犯罪，提供虚假证明、邀请函件以及面签培训等帮助的，以骗取出境证件罪的共同犯罪论处；符合刑法第三百一十八条规定的，以组织他人偷越国（边）境罪定罪处罚。

7. 事前与组织他人偷越国（边）境的犯罪分子通谋，为其提供虚假证明、邀请函件以及面签培训等帮助，骗取入境签证等入境证件，为组织他人偷越国（边）境使用的，以组织他人偷越国（边）境罪的共同犯罪论处。

8. 对于偷越国（边）境的次数，按照非法出境、入境的次数分别计算。但是，对于非法越境后及时返回，或者非法出境后又入境投案自首的，一般应当计算为一次。

9. 偷越国（边）境人员相互配合，共同偷越国（边）境的，属于《解释》第五条第二项规定的“结伙”。偷越国（边）境人员在组织者、运送者安排下偶然同行的，不属于“结伙”。

在认定偷越国（边）境“结伙”的人数时，不满十六周岁的人不计算在内。

10. 偷越国（边）境，具有下列情形之一的，属于《解释》第五条第六项规定的“其他情节严重的情形”：

（1）犯罪后为逃避刑事追究偷越国（边）境的；

（2）破坏边境物理隔离设施后，偷越国（边）境的；

（3）以实施电信网络诈骗、开设赌场等犯罪为目的，偷越国（边）境的；

（4）曾因妨害国（边）境管理犯罪被判处刑罚，刑罚执行完毕后二年内又偷越国（边）境的。

实施偷越国（边）境犯罪，又实施妨害公务、袭警、妨害传染病防治等行为，并符合有关犯罪构成的，应当数罪并罚。

11. 徒步带领他人通过隐蔽路线逃避边防检查偷越国（边）境的，属于运送他人偷越国（边）境。领导、策划、指挥他人偷越国（边）境，并实施徒步带领行为的，以组织他人偷越国（边）境罪论处。

徒步带领偷越国（边）境的人数较少，行为人系初犯，确有悔罪表现，综合考虑行为动机、一贯表现、违法所得、实际作用等情节，认为对国（边）境管理秩序妨害程度明显较轻的，可以认定为犯罪情节轻微，依法不起诉或者免予刑事处罚；情节显著轻微危害不大的，不作为犯罪处理。

12. 对于刑法第三百二十一条第一款规定的“多次实施运送行为”，累计运送人数一般应当接近十人。

三、关于妨害国（边）境管理刑事案件的管辖

13. 妨害国（边）境管理刑事案件由犯罪地的公安机关立案侦查。如果由犯罪嫌疑人居住地的公安机关立案侦查更为适宜的，可以由犯罪嫌疑人居住地的公安机关立案侦查。

妨害国（边）境管理犯罪的犯罪地包括妨害国（边）境管理犯罪行为的预备地、过境地、查获地等与犯罪活动有关的地点。

14．对于有多个犯罪地的妨害国（边）境管理刑事案件，由最初受理的公安机关或者主要犯罪地的公安机关立案侦查。有争议的，按照有利于查清犯罪事实、有利于诉讼的原则，由共同上级公安机关指定有关公安机关立案侦查。

15．具有下列情形之一的，有关公安机关可以在其职责范围内并案侦查：

（1）一人犯数罪的；

（2）共同犯罪的；

（3）共同犯罪的犯罪嫌疑人、被告人还实施其他犯罪的；

（4）多个犯罪嫌疑人、被告人实施的犯罪存在关联，并案处理有利于查明案件事实的。

四、关于证据的收集与审查

16．对于妨害国（边）境管理案件所涉主观明知的认定，应当结合行为实施的过程、方式、被查获时的情形和环境，行为人的认知能力、既往经历、与同案人的关系、非法获利等，审查相关辩解是否明显违背常理，综合分析判断。

在组织他人偷越国（边）境、运送他人偷越国（边）境等案件中，具有下列情形之一的，可以认定行为人主观明知，但行为人作出合理解释或者有相反证据证明的除外：

（1）使用遮蔽、伪装、改装等隐蔽方式接送、容留偷越国（边）境人员的；

（2）与其他妨害国（边）境管理行为人使用同一通讯群组、暗语等进行联络的；

（3）采取绕关避卡等方式躲避边境检查，或者出境前、入境后途经边境地区的时间、路线等明显违反常理的；

（4）接受执法检查时故意提供虚假的身份、事由、地点、联系方式等信息的；

（5）支付、收取或者约定的报酬明显不合理的；

（6）遇到执法检查时企图逃跑，阻碍、抗拒执法检查，或者毁灭证据的；

（7）其他足以认定行为人明知的情形。

17．对于不通晓我国通用语言文字的嫌疑人、被告人、证人及其他相关人员，人民法院、人民检察院、公安机关、移民管理机构应当依法为其提供翻译。

翻译人员在案件办理规定时限内无法到场的，办案机关可以通过视频连线方式进行翻译，并对翻译过程进行全程不间断录音录像，不得选择性录制，不得剪接、删改。

翻译人员应当在翻译文件上签名。

18．根据国际条约规定或者通过刑事司法协助和警务合作等渠道收集的境外证据材料，能够证明案件事实且符合刑事诉讼法规定的，可以作为证据使用，但提供人或者我国与有关国家签订的双边条约对材料的使用范围有明确限制的除外。

办案机关应当移送境外执法机构对所收集证据的来源、提取人、提取时间或者提供人、提供时间以及保管移交的过程等相关说明材料；确因客观条件限制，境外执法机构未提供相关说明材料的，办案机关应当说明原因，并对所收集证据的有关事项作出书面说明。

19．采取技术侦查措施收集的材料，作为证据使用的，应当随案移送，并附采取技术侦查措施的法律文书、证据清单和有关情况说明。

20．办理案件中发现的可用以证明犯罪嫌疑人、被告人有罪或者无罪的各种财物，应当严格依照法定条件和程序进行查封、扣押、冻结。不得查封、扣押、冻结与案件无关的财物。凡查封、扣押、冻结的财物，都要及时进行审查。经查明确实与案件无关的，应当在三日以内予以解除、退还，并通知有关当事人。

查封、扣押、冻结涉案财物及其孳息，应当制作清单，妥善保管，随案移送。待人民法院作出生效判决后，依法作出处理。

公安机关、人民检察院应当对涉案财物审查甄别。在移送审查起诉、提起公诉时，应当对涉案财物提出处理意见。人民法院对随案移送的涉案财物，应当依法作出判决。

五、关于宽严相济刑事政策的把握

21．办理妨害国（边）境管理刑事案件，应当综合考虑行为人的犯罪动机、行为方式、目的以及造成的危害后果等因素，全面把握犯罪事实和量刑情节，依法惩治。做好行政执法与刑事司法的衔接，对涉嫌妨害国（边）境管理犯罪的案件，要及时移送立案侦查，不得以行政处罚代替刑事追究。

对于实施相关行为被不起诉或者免予刑事处罚的行为人，依法应当给予行政处罚、政务处分或者其他处分的，依法移送有关主管机关处理。

22．突出妨害国（边）境管理刑事案件的打击重点，从严惩处组织他人偷越国（边）境犯罪，坚持全链条、全环节、全流程对妨害国（边）境管理的产业链进行刑事惩治。对于为组织他人偷越国（边）境实施骗取出入境证件，提供伪造、变造的出入境证件，出售出入境证件，或者运送偷越国（边）境等行为，形成利益链条的，要坚决依法惩治，深挖犯罪源头，斩断利益链条，不断挤压此类犯罪滋生蔓延空间。

对于运送他人偷越国（边）境犯罪，要综合考虑运送人数、违法所得、前科情况等依法定罪处罚，重点惩治以此为业、屡罚屡犯、获利巨大和其他具有重大社会危害的情形。

对于偷越国（边）境犯罪，要综合考虑偷越动机、行为手段、前科情况等依法定罪处罚，重点惩治越境实施犯罪、屡罚屡犯和其他具有重大社会危害的情形。

23．对于妨害国（边）境管理犯罪团伙、犯罪集团，应当重点惩治首要分子、主犯和积极参加者。对受雇佣或者被利用从事信息登记、材料递交等辅助性工作人员，未直接实施妨害国（边）境管理行为的，一般不追究刑事责任，可以由公安机关、移民管理机构依法作出行政处罚或者其他处理。

24．对于妨害国（边）境管理犯罪所涉及的在偷越国（边）境之后的相关行为，要区分情况作出处理。对于组织、运送他人偷越国（边）境，进而在他人偷越国（边）境之后组织实施犯罪的，要作为惩治重点，符合数罪并罚规定的，应当数罪并罚。

对于为非法用工而组织、运送他人偷越国（边）境，或者明知是偷越国（边）境的犯罪分子而招募用工的，在决定是否追究刑事责任以及如何裁量刑罚时，应当综合考虑越境人数、违法所得、前科情况、造成影响或者后果等情节，恰当评估社会危害性，依法妥当处理。其中，单位实施上述行为，对组织者、策划者、实施者依法追究刑事责任的，定罪量刑应作综合考量，适当体现区别，确保罪责刑相适应。

25．对以牟利为目的实施妨害国（边）境管理犯罪，要注重适用财产刑和追缴犯罪所得、没收作案工具等处置手段，加大财产刑的执行力度，最大限度剥夺其重新犯罪的能力和条件。

26．犯罪嫌疑人、被告人提供重要证据或者重大线索，对侦破、查明重大妨害国（边）境管理刑事案件起关键作用，经查证属实的，可以依法从宽处理。

（四）妨害文物管理罪

最高人民法院　最高人民检察院　公安部　国家文物局
关于办理妨害文物管理等刑事案件若干问题的意见

2022 年 8 月 16 日　　　　公通字〔2022〕18 号

各省、自治区、直辖市高级人民法院、人民检察院、公安厅（局）、文物局（文化和旅游厅 / 局），新疆维吾尔自治区高级人民法院生产建设兵团分院，新疆生产建设兵团人民检察院、公安局、文物局：

为依法惩治文物犯罪，加强对文物的保护，根据《中华人民共和国刑法》《中华人民共和国刑事诉讼法》《中华人民共和国文物保护法》和《最高人民法院、最高人民检察院关于办理妨害文物管理等刑事案件适用法律若干问题的解释》（法释〔2015〕23 号，以下简称《文物犯罪解释》）等有关规定，结合司法实践，制定本意见。

一、总体要求

文物承载灿烂文明，传承历史文化，维系民族精神，是国家和民族历史发展的见证，是弘扬中华优秀传统文化的珍贵财富，是培育社会主义核心价值观、凝聚共筑中国梦磅礴力量的深厚滋养。保护文物功在当代、利在千秋。

当前，我国文物安全形势依然严峻，文物犯罪时有发生，犯罪团伙专业化、智能化趋势明显，犯罪活动向网络发展蔓延，犯罪产业链日趋成熟，地下市场非法交易猖獗，具有严重的社会危害性。各级人民法院、人民检察院、公安机关、文物行政部门要坚持以习近平新时代中国特色社会主义思想为指导，坚决贯彻落实习近平总书记关于文物工作系列重要论述精神，从传承中华文明、对国家对民族对子孙后代负责的战略高度，提高对文物保护工作重要性的认识，增强责任感使命感紧迫感，勇于担当作为、忠诚履职尽责，依法惩治和有效防范文物犯罪，切实保护国家文化遗产安全。

二、依法惩处文物犯罪

（一）准确认定盗掘行为

1. 针对古建筑、石窟寺等不可移动文物中包含的古文化遗址、古墓葬部分实施盗掘，符合刑法第三百二十八条规定的，以盗掘古文化遗址、古墓葬罪追究刑事责任。

盗掘对象是否属于古文化遗址、古墓葬，应当按照《文物犯罪解释》第八条、第十五条的规定作出认定。

2. 以盗掘为目的，在古文化遗址、古墓葬表层进行钻探、爆破、挖掘等作业，因意志以外的原因，尚未损害古文化遗址、古墓葬的历史、艺术、科学价值的，属于盗掘古文化遗址、古墓葬未遂，应当区分情况分别处理：

（1）以被确定为全国重点文物保护单位、省级文物保护单位的古文化遗址、古墓葬为盗掘目标的，应当追究刑事责任；

（2）以被确定为市、县级文物保护单位的古文化遗址、古墓葬为盗掘目标的，对盗掘团伙的纠集者、积极参加者，应当追究刑事责任；

（3）以其他古文化遗址、古墓葬为盗掘目标的，对情节严重者，依法追究刑事责任。

实施前款规定的行为，同时构成刑法第三百二十四条第一款、第二款规定的故意损毁文物罪、故意损毁名胜古迹罪的，依照处罚较重的规定定罪处罚。

3. 刑法第三百二十八条第一款第三项规定的“多次盗掘”是指盗掘三次以上。对于行为人基于同一或者概括犯意，在同一古文化遗址、古墓葬本体周边一定范围内实施连续盗掘，已损害古文化遗址、古墓葬的历史、艺术、科学价值的，一般应认定为一次盗掘。

（二）准确认定盗窃行为

采用破坏性手段盗窃古建筑、石窟寺、石刻、壁画、近现代重要史迹和代表性建筑等不可移动文物未遂，具有下列情形之一的，应当依法追究刑事责任：

1. 针对全国重点文物保护单位、省级文物保护单位中的建筑构件、壁画、雕塑、石刻等实施盗窃，损害文物本体历史、艺术、科学价值，情节严重的；

2. 以被确定为市、县级以上文物保护单位整体为盗窃目标的；

3. 造成市、县级以上文物保护单位的不可移动文物本体损毁的；

4. 针对不可移动文物中的建筑构件、壁画、雕塑、石刻等实施盗窃，所涉部分具有等同于三级以上文物历史、艺术、科学价值的；

5. 其他情节严重的情形。

实施前款规定的行为，同时构成刑法第三百二十四条第一款、第二款规定的故意损毁文物罪、故意损毁名胜古迹罪的，依照处罚较重的规定定罪处罚。

（三）准确认定掩饰、隐瞒与倒卖行为

1. 明知是盗窃文物、盗掘古文化遗址、古墓葬等犯罪所获取的文物，而予以窝藏、转移、收购、加工、代为销售或者以其他方法掩饰、隐瞒的，符合《文物犯罪解释》第九条规定的，以刑法第三百一十二条规定的掩饰、隐瞒犯罪所得罪追究刑事责任。

对是否“明知”，应当结合行为人的认知能力、既往经历、行为次数和手段，与实施盗掘、盗窃、倒卖文物等犯罪行为人的关系，获利情况，是否故意规避调查，涉案文物外观形态、价格等主、客观因素进行综合审查判断。具有下列情形之一，行为人不能做出合理解释的，可以认定其“明知”，但有相反证据的除外：

（1）采用黑话、暗语等方式进行联络交易的；

（2）通过伪装、隐匿文物等方式逃避检查，或者以暴力等方式抗拒检查的；

（3）曾因实施盗掘、盗窃、走私、倒卖文物等犯罪被追究刑事责任，或者二年内受过行政处罚的；

（4）有其他证据足以证明行为人应当知道的情形。

2. 出售或者为出售而收购、运输、储存《中华人民共和国文物保护法》第五十一条规定的“国家禁止买卖的文物”，可以结合行为人的从业经历、认知能力、违法犯罪记录、供述情况，交易的价格、次数、件数、场所，文物的来源、外观形态等综合审查判断，认定其行为系刑法第三百二十六条规定的“以牟利为目的”，但文物来源符合《中华人民共和国文物保护法》第五十条规定的除外。

三、涉案文物的认定和鉴定评估

对案件涉及的文物等级、类别、价值等专门性问题，如是否属于古文化遗址、古墓葬、古建筑、石窟寺、石刻、壁画、近代现代重要史迹和代表性建筑等不可移动文物，是否具有历史、艺术、科学价值，是否属于各级文物保护单位，是否属于珍贵文物，以及有关行为对文物造成的损毁程度和对文物价值造成的影响等，案发前文物行政部门已作认定的，可以直接对有关案件事实作出认定；案发前未作认定的，可以结合国务院文物行政部门指定的机构出具的《涉案文物鉴定评估报告》作出认定，必要时，办案机关可以依法提请文物行政部门对有关问题作出说明。《涉案文物鉴定评估报告》应当依照《涉案文物鉴定评估管理办法》（文物博发〔2018〕4号）规定的程序和格式文本出具。

四、文物犯罪案件管辖

文物犯罪案件一般由犯罪地的公安机关管辖，包括文物犯罪的预谋地、工具准备地、勘探地、盗掘地、盗窃地、途经地、交易地、倒卖信息发布地、出口（境）地、涉案不可移动文物的所在地、涉案文物的实际取得地、藏匿地、转移地、加工地、储存地、销售地等。多个公安机关都有权立案侦查的文物犯罪案件，由主要犯罪地公安机关立案侦查。

具有下列情形之一的，有关公安机关可以在其职责范围内并案处理：

（1）一人犯数罪的；

（2）共同犯罪的；

（3）共同犯罪的犯罪嫌疑人还实施其他犯罪的；

（4）三人以上时分时合，交叉结伙作案的；

（5）多个犯罪嫌疑人实施的盗掘、盗窃、倒卖、掩饰、隐瞒、走私等犯罪存在直接关联，或者形成多层级犯罪链条，并案处理有利于查明案件事实的。

五、宽严相济刑事政策的应用

（一）要着眼出资、勘探、盗掘、盗窃、倒卖、收赃、走私等整个文物犯罪网络开展打击，深挖幕后金主，斩断文物犯罪链条，对虽未具体参与实施有关犯罪实行行为，但作为幕后纠集、组织、指挥、筹划、出资、教唆者，在共同犯罪中起主要作用的，可以依法认定为主犯。

（二）对曾因文物违法犯罪而受过行政处罚或者被追究刑事责任、多次实施文物违法犯罪行为、以及国家工作人员实施本意见规定相关犯罪行为的，可以酌情从重处罚。

（三）正确运用自首、立功、认罪认罚从宽等制度，充分发挥刑罚的惩治和预防功能。对积极退回或协助追回文物，协助抓捕重大文物犯罪嫌疑人，以及提供重要线索，对侦破、查明其他重大文物犯罪案件起关键作用的，依法从宽处理。

（四）人民法院、人民检察院、公安机关应当加强与文物行政等部门的沟通协调，强化行刑衔接，对不构成犯罪的案件，依据有关规定及时移交。公安机关依法扣押的国家禁止经营的文物，经审查与案件无关的，应当交由文物行政等有关部门依法予以处理。文物行政等部门在查办案件中，发现涉嫌构成犯罪的案件，依据有关规定及时向公安机关移送。

（五）破坏环境资源保护罪

1. 涉污染环境犯罪

最高人民法院　最高人民检察院　公安部　司法部　生态环境部 印发《关于办理环境污染刑事案件有关问题座谈会纪要》的通知

2019 年 2 月 20 日　　　　高检会〔2019〕3 号

各省、自治区、直辖市高级人民法院、人民检察院、公安厅（局）、司法厅（局）、生态环境厅（局），解放军军事法院、解放军军事检察院，新疆维吾尔自治区高级人民法院生产建设兵团分院，新疆生产建设兵团人民检察院、公安局、司法局、环境保护局：

为深入学习贯彻习近平生态文明思想，认真落实党中央重大决策部署和全国人大常委会决议要求，全力参与和服务保障打好污染防治攻坚战，推进生态文明建设，形成各部门依法惩治环境污染犯罪的合力，2018 年 12 月，最高人民法院、最高人民检察院、公安部、司法部、生态环境部在北京联合召开座谈会。会议交流了当前办理环境污染刑事案件的工作情况，分析了遇到的突出困难和问题，研究了解决措施，对办理环境污染刑事案件中的有关问题形成了统一认识。现将会议纪要印发，请认真组织学习，并在工作中遵照执行。执行中遇到的重大问题，请及时向最高人民法院、最高人民检察院、公安部、司法部、生态环境部请示报告。

附：

最高人民法院　最高人民检察院　公安部
司法部　生态环境部
关于办理环境污染刑事案件有关问题座谈会纪要

2018年6月16日，中共中央、国务院发布《关于全面加强生态环境保护坚决打好污染防治攻坚战的意见》。7月10日，全国人民代表大会常务委员会通过了《关于全面加强生态环境保护依法推动打好污染防治攻坚战的决议》。为深入学习贯彻习近平生态文明思想，认真落实党中央重大决策部署和全国人大常委会决议要求，全力参与和服务保障打好污染防治攻坚战，推进生态文明建设，形成各部门依法惩治环境污染犯罪的合力，2018年12月，最高人民法院、最高人民检察院、公安部、司法部、生态环境部在北京联合召开座谈会。会议交流了当前办理环境污染刑事案件的工作情况，分析了遇到的突出困难和问题，研究了解决措施。会议对办理环境污染刑事案件中的有关问题形成了统一认识。纪要如下：

一

会议指出，2018年5月18日至19日，全国生态环境保护大会在北京胜利召开，习近平总书记出席会议并发表重要讲话，着眼人民福祉和民族未来，从党和国家事业发展全局出发，全面总结党的十八大以来我国生态文明建设和生态环境保护工作取得的历史性成就、发生的历史性变革，深刻阐述加强生态文明建设的重大意义，明确提出加强生态文明建设必须坚持的重要原则，对加强生态环境保护、打好污染防治攻坚战作出了全面部署。这次大会最大的亮点，就是确立了习近平生态文明思想。习近平生态文明思想站在坚持和发展中国特色社会主义、实现中华民族伟大复兴中国梦的战略高度，把生态文明建设摆在治国理政的突出位置，作为统筹推进"五位一体"总体布局和协调推进"四个全面"战略布局的重要内容，深刻回答了为什么建设生态文明、建设什么样的生态文明、怎样建设生态文明的重大理论和实践问题，是习近平新时代中国特色社会主义思想的重要组成部分。各部门要认真学习、深刻领会、全面贯彻习近平生态文明思想，将其作为生态环境行政执法和司法办案的行动指南和根本遵循，为守护绿水青山蓝天、建设美丽中国提供有力保障。

会议强调，打好防范化解重大风险、精准脱贫、污染防治的攻坚战，是以习近平同志为核心的党中央深刻分析国际国内形势，着眼党和国家事业发展全局作出的重大战略部署，对于夺取全面建成小康社会伟大胜利、开启全面建设社会主义现代化强国新征程具有重大的现实意义和深远的历史意义。服从服务党和国家工作大局，充分发挥职能作用，努力为打好打赢三大攻坚战提供优质法治环境和司法保障，是当前和今后一个时期人民法院、人民检察院、公安机关、司法行政机关、生态环境部门的重点任务。

会议指出，2018 年 12 月 19 日至 21 日召开的中央经济工作会议要求，打好污染防治攻坚战，要坚守阵地、巩固成果，聚焦做好打赢蓝天保卫战等工作，加大工作和投入力度，同时要统筹兼顾，避免处置措施简单粗暴。各部门要认真领会会议精神，紧密结合实际，强化政治意识、大局意识和责任担当，以加大办理环境污染刑事案件工作力度作为切入点和着力点，主动调整工作思路，积极谋划工作举措，既要全面履职、积极作为，又要综合施策、精准发力，保障污染防治攻坚战顺利推进。

二

会议要求，各部门要正确理解和准确适用刑法和《最高人民法院、最高人民检察院关于办理环境污染刑事案件适用法律若干问题的解释》(法释〔2016〕29 号，以下称《环境解释》）的规定，坚持最严格的环保司法制度、最严密的环保法治理念，统一执法司法尺度，加大对环境污染犯罪的惩治力度。

1. 关于单位犯罪的认定

会议针对一些地方存在追究自然人犯罪多，追究单位犯罪少，单位犯罪认定难的情况和问题进行了讨论。会议认为，办理环境污染犯罪案件，认定单位犯罪时，应当依法合理把握追究刑事责任的范围，贯彻宽严相济刑事政策，重点打击出资者、经营者和主要获利者，既要防止不当缩小追究刑事责任的人员范围，又要防止打击面过大。

为了单位利益，实施环境污染行为，并具有下列情形之一的，应当认定为单位犯罪：（1）经单位决策机构按照决策程序决定的；（2）经单位实际控制人、主要负责人或者授权的分管负责人决定、同意的；（3）单位实际控制人、主要负责人或者授权的分管负责人得知单位成员个人实施环境污染犯罪行为，并未加以制止或者及时采取措施，而是予以追认、纵容或者默许的；（4）使用单位营业执照、合同书、公章、印鉴等对外开展活动，并调用单位车辆、船舶、生产设备、原辅材料等实施环境污染犯罪行为的。

单位犯罪中的“直接负责的主管人员”，一般是指对单位犯罪起决定、批准、组织、策划、指挥、授意、纵容等作用的主管人员，包括单位实际控制人、主要负责人或者授权的分管负责人、高级管理人员等；“其他直接责任人员”，一般是指在直接负责的主管人员的指挥、授意下积极参与实施单位犯罪或者对具体实施单位犯罪起较大作用的人员。

对于应当认定为单位犯罪的环境污染犯罪案件，公安机关未作为单位犯罪移送审查起诉的，人民检察院应当退回公安机关补充侦查。对于应当认定为单位犯罪的环境污染犯罪案件，人民检察院只作为自然人犯罪起诉的，人民法院应当建议人民检察院对犯罪单位补充起诉。

2. 关于犯罪未遂的认定

会议针对当前办理环境污染犯罪案件中，能否认定污染环境罪（未遂）的问题进行了讨论。会议认为，当前环境执法工作形势比较严峻，一些行为人拒不配合执法检查、接受检查时弄虚作假、故意逃避法律追究的情形时有发生，因此对于行为人已经着手实施非法排放、倾倒、处置有毒有害污染物的行为，由于有关部门查处或者其他意志以外的原因未得逞的情形，可以污染环境罪（未遂）追究刑事责任。

3. 关于主观过错的认定

会议针对当前办理环境污染犯罪案件中，如何准确认定犯罪嫌疑人、被告人主观过错的问题进行了讨论。会议认为，判断犯罪嫌疑人、被告人是否具有环境污染犯罪的故意，应当依据犯罪嫌疑人、被告人的任职情况、职业经历、专业背景、培训经历、本人因同类行为受到行政处罚或者刑事追究情况以及污染物种类、污染方式、资金流向等证据，结合其供述，进行综合分析判断。

实践中，具有下列情形之一，犯罪嫌疑人、被告人不能作出合理解释的，可以认定其故意实施环境污染犯罪，但有证据证明确系不知情的除外：（1）企业没有依法通过环境影响评价，或者未依法取得排污许可证，排放污染物，或者已经通过环境影响评价并且防治污染设施验收合格后，擅自更改工艺流程、原辅材料，导致产生新的污染物质的；（2）不使用验收合格的防治污染设施或者不按规范要求使用的；（3）防治污染设施发生故障，发现后不及时排除，继续生产放任污染物排放的；（4）生态环境部门责令限制生产、停产整治或者予以行政处罚后，继续生产放任污染物排放的；（5）将危险废物委托第三方处置，没有尽到查验经营许可的义务，或者委托处置费用明显低于市场价格或者处置成本的；（6）通过暗管、渗井、渗坑、裂隙、溶洞、灌注等逃避监管的方式排放污染物的；（7）通过篡改、伪造监测数据的方式排放污染物的；（8）其他足以认定的情形。

4．关于生态环境损害标准的认定

会议针对如何适用《环境解释》第一条、第三条规定的“造成生态环境严重损害的”“造成生态环境特别严重损害的”定罪量刑标准进行了讨论。会议指出，生态环境损害赔偿制度是生态文明制度体系的重要组成部分。党中央、国务院高度重视生态环境损害赔偿工作，党的十八届三中全会明确提出对造成生态环境损害的责任者严格实行赔偿制度。2015 年，中央办公厅、国务院办公厅印发《生态环境损害赔偿制度改革试点方案》（中办发〔2015〕57 号），在吉林等 7 个省市部署开展改革试点，取得明显成效。2017 年，中央办公厅、国务院办公厅印发《生态环境损害赔偿制度改革方案》（中办发〔2017〕68 号），在全国范围内试行生态环境损害赔偿制度。

会议指出，《环境解释》将造成生态环境损害规定为污染环境罪的定罪量刑标准之一，是为了与生态环境损害赔偿制度实现衔接配套，考虑到该制度尚在试行过程中，《环境解释》作了较原则的规定。司法实践中，一些省市结合本地区工作实际制定了具体标准。会议认为，在生态环境损害赔偿制度试行阶段，全国各省（自治区、直辖市）可以结合本地实际情况，因地制宜，因时制宜，根据案件具体情况准确认定“造成生态环境严重损害”和“造成生态环境特别严重损害”。

5. 关于非法经营罪的适用

会议针对如何把握非法经营罪与污染环境罪的关系以及如何具体适用非法经营罪的问题进行了讨论。会议强调，要高度重视非法经营危险废物案件的办理，坚持全链条、全环节、全流程对非法排放、倾倒、处置、经营危险废物的产业链进行刑事打击，查清犯罪网络，深挖犯罪源头，斩断利益链条，不断挤压和铲除此类犯罪滋生蔓延的空间。

会议认为，准确理解和适用《环境解释》第六条的规定应当注意把握两个原则：一要坚持实质判断原则，对行为人非法经营危险废物行为的社会危害性作实质性判断。比如，一些单位或者个人虽未依法取得危险废物经营许可证，但其收集、贮存、利用、处置危险废物经营活动，没有超标排放污染物、非法倾倒污染物或者其他违法造成环境污染情形的，则不宜以非法经营罪论处。二要坚持综合判断原则，对行为人非法经营危险废物行为根据其在犯罪链条中的地位、作用综合判断其社会危害性。比如，有证据证明单位或者个人的无证经营危险废物行为属于危险废物非法经营产业链的一部分，并且已经形成了分工负责、利益均沾、相对固定的犯罪链条，如果行为人或者与其联系紧密的上游或者下游环节具有排放、倾倒、处置危险废物违法造成环境污染的情形，且交易价格明显异常的，对行为人可以根据案件具体情况在污染环境罪和非法经营罪中，择一重罪处断。

6. 关于投放危险物质罪的适用

会议强调，目前我国一些地方环境违法犯罪活动高发多发，刑事处罚威慑力不强的问题仍然突出，现阶段在办理环境污染犯罪案件时必须坚决贯彻落实中央领导同志关于重典治理污染的指示精神，把刑法和《环境解释》的规定用足用好，形成对环境污染违法犯罪的强大震慑。

会议认为，司法实践中对环境污染行为适用投放危险物质罪追究刑事责任时，应当重点审查判断行为人的主观恶性、污染行为恶劣程度、污染物的毒害性危险性、污染持续时间、污染结果是否可逆、是否对公共安全造成现实、具体、明确的危险或者危害等各方面因素。对于行为人明知其排放、倾倒、处置的污染物含有毒害性、放射性、传染病病原体等危险物质，仍实施环境污染行为放任其危害公共安全，造成重大人员伤亡、重大公私财产损失等严重后果，以污染环境罪论处明显不足以罚当其罪的，可以按投放危险物质罪定罪量刑。实践中，此类情形主要是向饮用水水源保护区，饮用水供水单位取水口和出水口，南水北调水库、干渠、涵洞等配套工程，重要渔业水体以及自然保护区核心区等特殊保护区域，排放、倾倒、处置毒害性极强的污染物，危害公共安全并造成严重后果的情形。

7. 关于涉大气污染环境犯罪的处理

会议针对涉大气污染环境犯罪的打击处理问题进行了讨论。会议强调，打赢蓝天保卫战是打好污染防治攻坚战的重中之重。各级人民法院、人民检察院、公安机关、生态环境部门要认真分析研究全国人大常委会大气污染防治法执法检查发现的问题和提出的建议，不断加大对涉大气污染环境犯罪的打击力度，毫不动摇地以法律武器治理污染，用法治力量保卫蓝天，推动解决人民群众关注的突出大气环境问题。

会议认为，司法实践中打击涉大气污染环境犯罪，要抓住关键问题，紧盯薄弱环节，突出打击重点。对重污染天气预警期间，违反国家规定，超标排放二氧化硫、氮氧化物，受过行政处罚后又实施上述行为或者具有其他严重情节的，可以适用《环境解释》第一条第十八项规定的“其他严重污染环境的情形”追究刑事责任。

8. 关于非法排放、倾倒、处置行为的认定

会议针对如何准确认定环境污染犯罪中非法排放、倾倒、处置行为进行了讨论。会议认为，司法实践中认定非法排放、倾倒、处置行为时，应当根据《固体废物污染环境防治法》和《环境解释》的有关规定精神，从其行为方式是否违反国家规定或者行业操作规范、污染物是否与外环境接触、是否造成环境污染的危险或者危害等方面进行综合分析判断。对名为运输、贮存、利用，实为排放、倾倒、处置的行为应当认定为非法排放、倾倒、处置行为，可以依法追究刑事责任。比如，未采取相应防范措施将没有利用价值的危险废物长期贮存、搁置，放任危险废物或者其有毒有害成分大量扬散、流失、泄漏、挥发，污染环境的。

9. 关于有害物质的认定

会议针对如何准确认定刑法第三百三十八条规定的“其他有害物质”的问题进行了讨论。会议认为，办理非法排放、倾倒、处置其他有害物质的案件，应当坚持主客观相一致原则，从行为人的主观恶性、污染行为恶劣程度、

有害物质危险性毒害性等方面进行综合分析判断，准确认定其行为的社会危害性。实践中，常见的有害物质主要有：工业危险废物以外的其他工业固体废物；未经处理的生活垃圾；有害大气污染物、受控消耗臭氧层物质和有害水污染物；在利用和处置过程中必然产生有毒有害物质的其他物质；国务院生态环境保护主管部门会同国务院卫生主管部门公布的有毒有害污染物名录中的有关物质等。

10. 关于从重处罚情形的认定

会议强调，要坚决贯彻党中央推动长江经济带发展的重大决策，为长江经济带共抓大保护、不搞大开发提供有力的司法保障。实践中，对于发生在长江经济带十一省（直辖市）的下列环境污染犯罪行为，可以从重处罚：（1）跨省（直辖市）排放、倾倒、处置有放射性的废物、含传染病病原体的废物、有毒物质或者其他有害物质的；（2）向国家确定的重要江河、湖泊或者其他跨省（直辖市）江河、湖泊排放、倾倒、处置有放射性的废物、含传染病病原体的废物、有毒物质或者其他有害物质的。

11. 关于严格适用不起诉、缓刑、免予刑事处罚

会议针对当前办理环境污染犯罪案件中如何严格适用不起诉、缓刑、免予刑事处罚的问题进行了讨论。会议强调，环境污染犯罪案件的刑罚适用直接关系加强生态环境保护打好污染防治攻坚战的实际效果。各级人民法院、人民检察院要深刻认识环境污染犯罪的严重社会危害性，正确贯彻宽严相济刑事政策，充分发挥刑罚的惩治和预防功能。要在全面把握犯罪事实和量刑情节的基础上严格依照刑法和刑事诉讼法规定的条件适用不起诉、缓刑、免予刑事处罚，既要考虑从宽情节，又要考虑从严情节；既要做到刑罚与犯罪相当，又要做到刑罚执行方式与犯罪相当，切实避免不起诉、缓刑、免予刑事处罚不当适用造成的消极影响。

会议认为，具有下列情形之一的，一般不适用不起诉、缓刑或者免予刑事处罚：（1）不如实供述罪行的；（2）属于共同犯罪中情节严重的主犯的；（3）犯有数个环境污染犯罪依法实行并罚或者以一罪处理的；（4）曾因环境污染违法犯罪行为受过行政处罚或者刑事处罚的；（5）其他不宜适用不起诉、缓刑、免予刑事处罚的情形。

会议要求，人民法院审理环境污染犯罪案件拟适用缓刑或者免予刑事处

罚的，应当分析案发前后的社会影响和反映，注意听取控辩双方提出的意见。对于情节恶劣、社会反映强烈的环境污染犯罪，不得适用缓刑、免予刑事处罚。人民法院对判处缓刑的被告人，一般应当同时宣告禁止令，禁止其在缓刑考验期内从事与排污或者处置危险废物有关的经营活动。生态环境部门根据禁止令，对上述人员担任实际控制人、主要负责人或者高级管理人员的单位，依法不得发放排污许可证或者危险废物经营许可证。

三

会议要求，各部门要认真执行《环境解释》和原环境保护部、公安部、最高人民检察院《环境保护行政执法与刑事司法衔接工作办法》（环环监〔2017〕17号）的有关规定，进一步理顺部门职责，畅通衔接渠道，建立健全环境行政执法与刑事司法衔接的长效工作机制。

12. 关于管辖的问题

会议针对环境污染犯罪案件的管辖问题进行了讨论。会议认为，实践中一些环境污染犯罪案件属于典型的跨区域刑事案件，容易存在管辖不明或者有争议的情况，各级人民法院、人民检察院、公安机关要加强沟通协调，共同研究解决。

会议提出，跨区域环境污染犯罪案件由犯罪地的公安机关管辖。如果由犯罪嫌疑人居住地的公安机关管辖更为适宜的，可以由犯罪嫌疑人居住地的公安机关管辖。犯罪地包括环境污染行为发生地和结果发生地。"环境污染行为发生地"包括环境污染行为的实施地以及预备地、开始地、途经地、结束地以及排放、倾倒污染物的车船停靠地、始发地、途经地、到达地等地点；环境污染行为有连续、持续或者继续状态的，相关地方都属于环境污染行为发生地。"环境污染结果发生地"包括污染物排放地、倾倒地、堆放地、污染发生地等。

多个公安机关都有权立案侦查的，由最初受理的或者主要犯罪地的公安机关立案侦查，管辖有争议的，按照有利于查清犯罪事实、有利于诉讼的原则，由共同的上级公安机关协调确定的公安机关立案侦查，需要提请批准逮捕、移送审查起诉、提起公诉的，由该公安机关所在地的人民检察院、人民法院受理。

13．关于危险废物的认定

会议针对危险废物如何认定以及是否需要鉴定的问题进行了讨论。会议认为，根据《环境解释》的规定精神，对于列入《国家危险废物名录》的，如果来源和相应特征明确，司法人员根据自身专业技术知识和工作经验认定难度不大的，司法机关可以依据名录直接认定。对于来源和相应特征不明确的，由生态环境部门、公安机关等出具书面意见，司法机关可以依据涉案物质的来源、产生过程、被告人供述、证人证言以及经批准或者备案的环境影响评价文件等证据，结合上述书面意见作出是否属于危险废物的认定。对于需要生态环境部门、公安机关等出具书面认定意见的，区分下列情况分别处理：（1）对已确认固体废物产生单位，且产废单位环评文件中明确为危险废物的，根据产废单位建设项目环评文件和审批、验收意见、案件笔录等材料，可对照《国家危险废物名录》等出具认定意见。（2）对已确认固体废物产生单位，但产废单位环评文件中未明确为危险废物的，应进一步分析废物产生工艺，对照判断其是否列入《国家危险废物名录》。列入名录的可以直接出具认定意见；未列入名录的，应根据原辅材料、产生工艺等进一步分析其是否具有危险特性，不可能具有危险特性的，不属于危险废物；可能具有危险特性的，抽取典型样品进行检测，并根据典型样品检测指标浓度，对照《危险废物鉴别标准》（GB5085.1 — 7）出具认定意见。（3）对固体废物产生单位无法确定的，应抽取典型样品进行检测，根据典型样品检测指标浓度，对照《危险废物鉴别标准》（GB5085.1 — 7）出具认定意见。对确需进一步委托有相关资质的检测鉴定机构进行检测鉴定的，生态环境部门或者公安机关按照有关规定开展检测鉴定工作。

14．关于鉴定的问题

会议指出，针对当前办理环境污染犯罪案件中存在的司法鉴定有关问题，司法部将会同生态环境部，加快准入一批诉讼急需、社会关注的环境损害司法鉴定机构，加快对环境损害司法鉴定相关技术规范和标准的制定、修改和认定工作，规范鉴定程序，指导各地司法行政机关会同价格主管部门制定出台环境损害司法鉴定收费标准，加强与办案机关的沟通衔接，更好地满足办案机关需求。

会议要求，司法部应当根据《关于严格准入严格监管提高司法鉴定质量和公信力的意见》(司发〔2017〕11号)的要求，会同生态环境部加强对环境损害司法鉴定机构的事中事后监管，加强司法鉴定社会信用体系建设，建立黑名单制度，完善退出机制，及时向社会公开违法违规的环境损害司法鉴定机构和鉴定人行政处罚、行业惩戒等监管信息，对弄虚作假造成环境损害鉴定评估结论严重失实或者违规收取高额费用、情节严重的，依法撤销登记。鼓励有关单位或者个人向司法部、生态环境部举报环境损害司法鉴定机构的违法违规行为。

会议认为，根据《环境解释》的规定精神，对涉及案件定罪量刑的核心或者关键专门性问题难以确定的，由司法鉴定机构出具鉴定意见。实践中，这类核心或者关键专门性问题主要是案件具体适用的定罪量刑标准涉及的专门性问题，比如公私财产损失数额、超过排放标准倍数、污染物性质判断等。对案件的其他非核心或者关键专门性问题，或者可鉴定也可不鉴定的专门性问题，一般不委托鉴定。比如，适用《环境解释》第一条第二项“非法排放、倾倒、处置危险废物三吨以上”的规定对当事人追究刑事责任的，除可能适用公私财产损失第二档定罪量刑标准的以外，则不应再对公私财产损失数额或者超过排放标准倍数进行鉴定。涉及案件定罪量刑的核心或者关键专门性问题难以鉴定或者鉴定费用明显过高的，司法机关可以结合案件其他证据，并参考生态环境部门意见、专家意见等作出认定。

15. 关于监测数据的证据资格问题

会议针对实践中地方生态环境部门及其所属监测机构委托第三方监测机构出具报告的证据资格问题进行了讨论。会议认为，地方生态环境部门及其所属监测机构委托第三方监测机构出具的监测报告，地方生态环境部门及其所属监测机构在行政执法过程中予以采用的，其实质属于《环境解释》第十二条规定的“环境保护主管部门及其所属监测机构在行政执法过程中收集的监测数据”，在刑事诉讼中可以作为证据使用。

2. 涉野生动植物、林木犯罪

最高人民法院　最高人民检察院　公安部　司法部
印发《关于依法惩治非法野生动物交易犯罪的指导意见》的通知

2020年12月18日　　　　公通字〔2020〕19号

各省、自治区、直辖市高级人民法院、人民检察院、公安厅（局）、司法厅（局），解放军军事法院、军事检察院，新疆维吾尔自治区高级人民法院生产建设兵团分院、新疆生产建设兵团人民检察院、公安局、司法局：

为深入贯彻落实十三届全国人大常委会第十六次会议审议通过的《关于全面禁止非法野生动物交易、革除滥食野生动物陋习、切实保障人民群众生命健康安全的决定》，最高人民法院、最高人民检察院、公安部、司法部联合制定了《关于依法惩治非法野生动物交易犯罪的指导意见》。现予以印发，请结合实际认真贯彻执行。在执行中遇到的新情况、新问题，请及时分别报告最高人民法院、最高人民检察院、公安部、司法部。

附：

最高人民法院　最高人民检察院　公安部　司法部
关于依法惩治非法野生动物交易犯罪的指导意见

为依法惩治非法野生动物交易犯罪，革除滥食野生动物的陋习，有效防范重大公共卫生风险，切实保障人民群众生命健康安全，根据有关法律、司法解释的规定，结合侦查、起诉、审判实践，制定本意见。

一、依法严厉打击非法猎捕、杀害野生动物的犯罪行为，从源头上防控非法野生动物交易。

非法猎捕、杀害国家重点保护的珍贵、濒危野生动物，符合刑法第三百四十一条第一款规定的，以非法猎捕、杀害珍贵、濒危野生动物罪定罪处罚。

违反狩猎法规，在禁猎区、禁猎期或者使用禁用的工具、方法进行狩猎，破坏野生动物资源，情节严重，符合刑法第三百四十一条第二款规定的，以非法狩猎罪定罪处罚。

违反保护水产资源法规，在禁渔区、禁渔期或者使用禁用的工具、方法捕捞水产品，情节严重，符合刑法第三百四十条规定的，以非法捕捞水产品罪定罪处罚。

二、依法严厉打击非法收购、运输、出售、进出口野生动物及其制品的犯罪行为，切断非法野生动物交易的利益链条。

非法收购、运输、出售国家重点保护的珍贵、濒危野生动物及其制品，符合刑法第三百四十一条第一款规定的，以非法收购、运输、出售珍贵、濒危野生动物、珍贵、濒危野生动物制品罪定罪处罚。

走私国家禁止进出口的珍贵动物及其制品，符合刑法第一百五十一条第二款规定的，以走私珍贵动物、珍贵动物制品罪定罪处罚。

三、依法严厉打击以食用或者其他目的非法购买野生动物的犯罪行为，坚决革除滥食野生动物的陋习。

知道或者应当知道是国家重点保护的珍贵、濒危野生动物及其制品，为食用或者其他目的而非法购买，符合刑法第三百四十一条第一款规定的，以非法收购珍贵、濒危野生动物、珍贵、濒危野生动物制品罪定罪处罚。

四、二次以上实施本意见第一条至第三条规定的行为构成犯罪，依法应当追诉的，或者二年内二次以上实施本意见第一条至第三条规定的行为未经处理的，数量、数额累计计算。

五、明知他人实施非法野生动物交易行为，有下列情形之一的，以共同犯罪论处：

（一）提供贷款、资金、账号、车辆、设备、技术、许可证件的；

（二）提供生产、经营场所或者运输、仓储、保管、快递、邮寄、网络信息交互等便利条件或者其他服务的；

（三）提供广告宣传等帮助行为的。

六、对涉案野生动物及其制品价值，可以根据国务院野生动物保护主管部门制定的价值评估标准和方法核算。对野生动物制品，根据实际情况予以核算，但核算总额不能超过该种野生动物的整体价值。具有特殊利用价值或者导致动物死亡的主要部分，核算方法不明确的，其价值标准最高可以按照该种动物整体价值标准的80%予以折算，其他部分价值标准最高可以按整体价值标准的20%予以折算，但是按照上述方法核算的价值明显不当的，应当根据实际情况妥当予以核算。核算价值低于实际交易价格的，以实际交易价格认定。

根据前款规定难以确定涉案野生动物及其制品价值的，依据下列机构出具的报告，结合其他证据作出认定：

（一）价格认证机构出具的报告；

（二）国务院野生动物保护主管部门、国家濒危物种进出口管理机构、海关总署等指定的机构出具的报告；

（三）地、市级以上人民政府野生动物保护主管部门、国家濒危物种进出口管理机构的派出机构、直属海关等出具的报告。

七、对野生动物及其制品种属类别，非法捕捞、狩猎的工具、方法，以及对野生动物资源的损害程度、食用涉案野生动物对人体健康的危害程度等专门性问题，可以由野生动物保护主管部门、侦查机关或者有专门知识的人依据现场勘验、检查笔录等出具认定意见。难以确定的，依据司法鉴定机构出具的鉴定意见，或者本意见第六条第二款所列机构出具的报告，结合其他证据作出认定。

八、办理非法野生动物交易案件中，行政执法部门依法收集的物证、书证、视听资料、电子数据等证据材料，在刑事诉讼中可以作为证据使用。

对不易保管的涉案野生动物及其制品，在做好拍摄、提取检材或者制作足以反映原物形态特征或者内容的照片、录像等取证工作后，可以移交野生动物保护主管部门及其指定的机构依法处置。对存在或者可能存在疫病的野生动物及其制品，应立即通知野生动物保护主管部门依法处置。

九、实施本意见规定的行为，在认定是否构成犯罪以及裁量刑罚时，应当考虑涉案动物是否系人工繁育、物种的濒危程度、野外存活状况、人工繁育情况、是否列入国务院野生动物保护主管部门制定的人工繁育国家重点保护野生动物名录，以及行为手段、对野生动物资源的损害程度、食用涉案野生动物对人体健康的危害程度等情节，综合评估社会危害性，确保罪责刑相适应。相关定罪量刑标准明显不适宜的，可以根据案件的事实、情节和社会危害程度，依法作出妥当处理。

十、本意见自下发之日起施行。

3. 涉矿产资源犯罪

最高人民法院

关于充分发挥环境资源审判职能作用依法惩处盗采矿产资源犯罪的意见

2022 年 7 月 1 日　　法发〔2022〕19 号

党的十八大以来，以习近平同志为核心的党中央把生态文明建设作为关系中华民族永续发展的根本大计，高度重视和持续推进环境资源保护工作。矿产资源是国家的宝贵财富，是人民群众生产、生活的物质基础，是山水林田湖草沙生命共同体的重要组成部分。盗采矿产资源犯罪不仅破坏国家矿产资源及其管理秩序，妨害矿业健康发展，也极易造成生态环境损害，引发安全事故。为充分发挥人民法院环境资源审判职能作用，依法惩处盗采矿产资源犯罪，切实维护矿产资源和生态环境安全，根据有关法律规定，制定本意见。

一、提高政治站位，准确把握依法惩处盗采矿产资源犯罪的根本要求

1．坚持以习近平新时代中国特色社会主义思想为指导，深入贯彻习近平生态文明思想和习近平法治思想，紧紧围绕党和国家工作大局，用最严格制度、最严密法治筑牢维护矿产资源和生态环境安全的司法屏障。坚持以人民

为中心，完整、准确、全面贯彻新发展理念，正确认识和把握惩罚犯罪、保护生态与发展经济、保障民生之间的辩证关系，充分发挥司法的规则引领与价值导向功能，服务经济社会高质量发展。

2. 深刻认识盗采矿产资源犯罪的严重社会危害性，准确把握依法打击盗采矿产资源犯罪的形势任务，增强工作责任感和使命感。严格依法审理各类盗采矿产资源案件，紧盯盗采、运输、销赃等各环节，坚持“全要素、全环节、全链条”标准，确保裁判政治效果、法律效果、社会效果、生态效果相统一。

3. 坚持刑法和刑事诉讼法的基本原则，落实宽严相济刑事政策，依法追究盗采行为人的刑事责任。落实民法典绿色原则及损害担责、全面赔偿原则，注重探索、运用预防性恢复性司法规则，依法认定盗采行为人的民事责任。支持和保障行政主管机关依法行政、严格执法，切实追究盗采行为人的行政责任。贯彻落实全面追责原则，依法妥善协调盗采行为人的刑事、民事、行政责任。

4. 突出打击重点，保持依法严惩态势。落实常态化开展扫黑除恶斗争部署要求，持续依法严惩“沙霸”“矿霸”及其“保护伞”，彻底斩断其利益链条、铲除其滋生土壤。结合环境保护法、长江保护法、黑土地保护法等法律实施，依法严惩在划定生态保护红线区域、大江大河流域、黑土地保护区域以及在禁采区、禁采期实施的盗采矿产资源犯罪。立足维护矿产资源安全与科学开发利用，依法严惩针对战略性稀缺性矿产资源实施的盗采犯罪。

二、正确适用法律，充分发挥依法惩处盗采矿产资源犯罪的职能作用

5. 严格依照刑法第三百四十三条及《最高人民法院、最高人民检察院关于办理非法采矿、破坏性采矿刑事案件适用法律若干问题的解释》(以下简称《解释》)的规定，对盗采矿产资源行为定罪量刑。对犯罪分子主观恶性深、人身危险性大，犯罪情节恶劣、后果严重的，坚决依法从严惩处。

6. 正确理解和适用《解释》第二条、第四条第一款、第五条第一款规定，准确把握盗采矿产资源行为入罪的前提条件。对是否构成“未取得采矿许可证”情形，要在综合考量案件具体事实、情节的基础上依法认定。

7. 正确理解和适用《解释》第三条、第四条第二款、第五条第二款规

定，对实施盗采矿产资源行为同时构成两种以上“情节严重”或者“情节特别严重”情形的，要综合考虑各情节，精准量刑。对在河道管理范围、海域实施盗采砂石行为的，要充分关注和考虑其危害堤防安全、航道畅通、通航安全或者造成岸线破坏等因素。

8. 充分关注和考虑实施盗采矿产资源行为对生态环境的影响，加强生态环境保护力度。对具有破坏生态环境情节但非依据生态环境损害严重程度确定法定刑幅度的，要酌情从重处罚。盗采行为人积极修复生态环境、赔偿损失的，可以依法从轻或者减轻处罚；符合《解释》第十条规定的，可以免予刑事处罚。

9. 正确理解和适用《解释》第十三条规定，准确把握矿产品价值认定规则。为获取非法利益而对矿产品进行加工、保管、运输的，其成本支出一般不从销赃数额中扣除。销赃数额与评估、鉴定的矿产品价值不一致的，要结合案件的具体事实、情节作出合理认定。

10. 依法用足用好罚金刑，提高盗采矿产资源犯罪成本，要综合考虑矿产品价值或者造成矿产资源破坏的价值、生态环境损害程度、社会影响等情节决定罚金数额。法律、行政法规对同类盗采矿产资源行为行政罚款标准有规定的，决定罚金数额时可以参照行政罚款标准。盗采行为人就同一事实已经支付了生态环境损害赔偿金、修复费用的，决定罚金数额时可予酌情考虑，但不能直接抵扣。

11. 准确理解和把握刑法第七十二条规定，依法正确适用缓刑。对盗采矿产资源犯罪分子具有“涉黑”“涉恶”或者属于“沙霸”“矿霸”，曾因非法采矿或者破坏性采矿受过刑事处罚，与国家工作人员相互勾结实施犯罪或者以行贿等非法手段逃避监管，毁灭、伪造、隐藏证据或者转移财产逃避责任，或者数罪并罚等情形的，要从严把握缓刑适用。依法宣告缓刑的，可以根据犯罪情况，同时禁止犯罪分子在缓刑考验期限内从事与开采矿产资源有关的特定活动。

12. 准确理解和把握法律关于共同犯罪的规定，对明知他人盗采矿产资源，而为其提供重要资金、工具、技术、单据、证明、手续等便利条件或者居间联络，结合全案证据可以认定为形成通谋的，以共同犯罪论处。

13. 正确理解和适用《解释》第十二条规定，加强涉案财物处置力度。

对盗采矿产资源犯罪的违法所得及其收益，用于盗采矿产资源犯罪的专门工具和供犯罪所用的本人财物，坚决依法追缴、责令退赔或者没收。对在盗采、运输、销赃等环节使用的机械设备、车辆、船舶等大型工具，要综合考虑案件的具体事实、情节及工具的属性、权属等因素，依法妥善认定是否用于盗采矿产资源犯罪的专门工具。

14．依法妥善审理国家规定的机关或者法律规定的组织提起的生态环境保护附带民事公益诉讼，综合考虑盗采行为人的刑事责任与民事责任。既要依法全面追责，又要关注盗采行为人的担责能力，保证裁判的有效执行。鼓励根据不同环境要素的修复需求，依法适用劳务代偿、补种复绿、替代修复等多种修复责任承担方式，以及代履行、公益信托等执行方式。支持各方依法达成调解协议，鼓励盗采行为人主动、及时承担民事责任。

三、坚持多措并举，健全完善有效惩治盗采矿产资源犯罪的制度机制

15．完善环境资源审判刑事、民事、行政审判职能“三合一”体制，综合运用刑事、民事、行政法律手段惩治盗采矿产资源犯罪，形成组合拳。推进以湿地、森林、海洋等生态系统，或者以国家公园、自然保护区等生态功能区为单位的环境资源案件跨行政区划集中管辖，推广人民法院之间协商联动合作模式，努力实现一体化司法保护和法律统一适用。全面加强队伍专业能力建设，努力培养既精通法律法规又熟悉相关领域知识的专家型法官，不断提升环境资源审判能力水平。

16．加强与纪检监察机关、检察机关、公安机关、行政主管机关的协作配合，推动构建专业咨询和信息互通渠道，建立健全打击盗采矿产资源行政执法与刑事司法衔接长效工作机制，有效解决专业性问题评估、鉴定，涉案物品保管、移送和处理，案件信息共享等问题。依法延伸审判职能，积极参与综合治理工作，对审判中发现的违法犯罪线索、监管疏漏等问题，及时向有关单位移送、通报，必要时发送司法建议，形成有效惩治合力。

17．因应信息化发展趋势，以人工智能、大数据、区块链为依托，促进信息技术与执法办案、调查研究深度融合，提升环境资源审判的便捷性、高效性和透明度。加速建设全国环境资源审判信息平台，构建上下贯通、横向联通的全国环境资源审判“一张网”，为实现及时、精准惩处和预防盗采矿产资源犯罪提供科技支持。

18. 落实人民陪审员参加盗采矿产资源社会影响重大的案件和公益诉讼案件审理的制度要求，积极发挥专业人员在专业事实查明中的作用，充分保障人民群众知情权、参与权和监督权。着力提升巡回审判、典型案例发布等制度机制的普法功能，深入开展法治宣传和以案释法工作，积极营造依法严惩盗采矿产资源犯罪的社会氛围，引导人民群众增强环境资源保护法治意识，共建天蓝、地绿、水清的美丽家园。

（六）走私、贩卖、运输、制造毒品罪

最高人民法院　最高人民检察院　公安部
关于印发《办理毒品犯罪案件适用法律若干问题的意见》的通知

2007 年 12 月 18 日　　　　公通〔2007〕84 号

各省、自治区、直辖市高级人民法院、人民检察院、公安厅、局，新疆维吾尔自治区高级人民法院生产建设兵团分院、新疆生产建设兵团人民检察院、公安局：

为解决近年来在办理毒品案件中遇到的一些突出法律适用问题，根据有关法律和司法解释的规定，结合侦查、批捕、起诉、审判工作实践，最高人民法院、最高人民检察院、公安部制定了《办理毒品犯罪案件适用法律若干问题的意见》。现印发给你们，请结合本地、本部门实际认真贯彻执行。

附：

办理毒品犯罪案件适用法律若干问题的意见

一、关于毒品犯罪案件的管辖问题

根据刑事诉讼法的规定，毒品犯罪案件的地域管辖，应当坚持以犯罪地管辖为主、被告人居住地管辖为辅的原则。

“犯罪地”包括犯罪预谋地，毒资筹集地，交易进行地，毒品生产地，毒资、毒赃和毒品的藏匿地、转移地，走私或者贩运毒品的目的地以及犯罪嫌疑人被抓获地等。

“被告人居住地”包括被告人常住地、户籍地及其临时居住地。

对怀孕、哺乳期妇女走私、贩卖、运输毒品案件，查获地公安机关认为移交其居住地管辖更有利于采取强制措施和查清犯罪事实的，可以报请共同的上级公安机关批准，移送犯罪嫌疑人居住地公安机关办理，查获地公安机关应继续配合。

公安机关对侦办跨区域毒品犯罪案件的管辖权有争议的，应本着有利于查清犯罪事实，有利于诉讼，有利于保障案件侦查安全的原则，认真协商解决。经协商无法达成一致的，报共同的上级公安机关指定管辖。对即将侦查终结的跨省（自治区、直辖市）重大毒品案件，必要时可由公安部商最高人民法院和最高人民检察院指定管辖。

为保证及时结案，避免超期羁押，人民检察院对于公安机关移送审查起诉的案件，人民法院对于已进入审判程序的案件，被告人及其辩护人提出管辖异议或者办案单位发现没有管辖权的，受案人民检察院、人民法院经审可以依法报请上级人民检察院、人民法院指定管辖，不再自行移送有管辖权的人民检察院、人民法院。

二、关于毒品犯罪嫌疑人、被告人主观明知的认定问题

走私、贩卖、运输、非法持有毒品主观故意中的“明知”，是指行为人知

道或者应当知道所实施的行为是走私、贩卖、运输、非法持有毒品行为。具有下列情形之一，并且犯罪嫌疑人、被告人不能做出合理解释的，可以认定其“应当知道”，但有证据证明确属被蒙骗的除外：

（一）执法人员在口岸、机场、车站、港口和其他检查站检查时，要求行为人申报为他人携带的物品和其他疑似毒品物，并告知其法律责任，而行为人未如实申报，在其所携带的物品内查获毒品的；

（二）以伪报、藏匿、伪装等蒙蔽手段逃避海关、边防等检查，在其携带、运输、邮寄的物品中查获毒品的；

（三）执法人员检查时，有逃跑、丢弃携带物品或逃避、抗拒检查等行为，在其携带或丢弃的物品中查获毒品的；

（四）体内藏匿毒品的；

（五）为获取不同寻常的高额或不等值的报酬而携带、运输毒品的；

（六）采用高度隐蔽的方式携带、运输毒品的；

（七）采用高度隐蔽的方式交接毒品，明显违背合法物品惯常交接方式的；

（八）其他有证据足以证明行为人应当知道的。

三、关于办理氯胺酮等毒品案件定罪量刑标准问题

（一）走私、贩卖、运输、制造、非法持有下列毒品，应当认定为刑法第三百四十七条第二款第（一）项、第三百四十八条规定的“其他毒品数量大”：

1. 二亚甲基双氧安非他明（MDMA）等苯丙胺类毒品（甲基苯丙胺除外）100 克以上；

2. 氯胺酮、美沙酮 1 千克以上；

3. 三唑仑、安眠酮 50 千克以上；

4. 氯氮卓、艾司唑仑、地西泮、溴西泮 500 千克以上；

5. 上述毒品以外的其他毒品数量大的。

（二）走私、贩卖、运输、制造、非法持有下列毒品，应当认定为刑法第三百四十七条第三款、第三百四十八条规定的“其他毒品数量较大”：

1. 二亚甲基双氧安非他明（MDMA）等苯丙胺类毒品（甲基苯丙胺除

外）20 克以上不满 100 克的；

2. 氯胺酮、美沙酮 200 克以上不满 1 千克的；

3. 三唑仑、安眠酮 10 千克以上不满 50 千克的；

4. 氯氮卓、艾司唑仑、地西泮、溴西泮 100 千克以上不满 500 千克的；

5. 上述毒品以外的其他毒品数量较大的。

（三）走私、贩卖、运输、制造下列毒品，应当认定为刑法第三百四十七条第四款规定的“其他少量毒品”：

1. 二亚甲基双氧安非他明（MDMA）等苯丙胺类毒品（甲基苯丙胺除外）不满 20 克的；

2. 氯胺酮、美沙酮不满 200 克的；

3. 三唑仑、安眠酮不满 10 千克的；

4. 氯氮卓、艾司唑仑、地西泮、溴西泮不满 100 千克的；

5. 上述毒品以外的其他少量毒品的。

（四）上述毒品品种包括其盐和制剂。毒品鉴定结论中毒品品名的认定应当以国家食品药品监督管理局、公安部、卫生部最新发布的《麻醉药品品种目录》、《精神药品品种目录》为依据。

四、关于死刑案件的毒品含量鉴定问题

可能判处死刑的毒品犯罪案件，毒品鉴定结论中应有含量鉴定的结论。

最高人民法院　最高人民检察院　公安部
关于办理制毒物品犯罪案件适用法律若干问题的意见

2009 年 6 月 23 日　　　　公通字〔2009〕33 号

各省、自治区、直辖市高级人民法院、人民检察院、公安厅、局，新疆维吾尔自治区高级人民法院生产建设兵团分院、新疆生产建设兵团人民检察院、公安局：

为依法惩治走私制毒物品、非法买卖制毒物品犯罪活动，根据刑法有关规定，结合司法实践，现就办理制毒物品犯罪案件适用法律的若干问题制定如下意见：

一、关于制毒物品犯罪的认定

（一）本意见中的“制毒物品”，是指刑法第三百五十条第一款规定的醋酸酐、乙醚、三氯甲烷或者其他用于制造毒品的原料或者配剂，具体品种范围按照国家关于易制毒化学品管理的规定确定。

（二）违反国家规定，实施下列行为之一的，认定为刑法第三百五十条规定的非法买卖制毒物品行为：

1. 未经许可或者备案，擅自购买、销售易制毒化学品的；

2. 超出许可证明或者备案证明的品种、数量范围购买、销售易制毒化学品的；

3. 使用他人的或者伪造、变造、失效的许可证明或者备案证明购买、销售易制毒化学品的；

4. 经营单位违反规定，向无购买许可证明、备案证明的单位、个人销售易制毒化学品的，或者明知购买者使用他人的或者伪造、变造、失效的购买许可证明、备案证明，向其销售易制毒化学品的；

5. 以其他方式非法买卖易制毒化学品的。

（三）易制毒化学品生产、经营、使用单位或者个人未办理许可证明或者备案证明，购买、销售易制毒化学品，如果有证据证明确实用于合法生产、生活需要，依法能够办理只是未及时办理许可证明或者备案证明，且未造成严重社会危害的，可不以非法买卖制毒物品罪论处。

（四）为了制造毒品或者走私、非法买卖制毒物品犯罪而采用生产、加工、提炼等方法非法制造易制毒化学品的，根据刑法第二十二条的规定，按照其制造易制毒化学品的不同目的，分别以制造毒品、走私制毒物品、非法买卖制毒物品的预备行为论处。

（五）明知他人实施走私或者非法买卖制毒物品犯罪，而为其运输、储存、代理进出口或者以其他方式提供便利的，以走私或者非法买卖制毒物品罪的共犯论处。

（六）走私、非法买卖制毒物品行为同时构成其他犯罪的，依照处罚较重的规定定罪处罚。

二、关于制毒物品犯罪嫌疑人、被告人主观明知的认定

对于走私或者非法买卖制毒物品行为，有下列情形之一，且查获了易制毒化学品，结合犯罪嫌疑人、被告人的供述和其他证据，经综合审查判断，可以认定其“明知”是制毒物品而走私或者非法买卖，但有证据证明确属被蒙骗的除外：

1. 改变产品形状、包装或者使用虚假标签、商标等产品标志的；
2. 以藏匿、夹带或者其他隐蔽方式运输、携带易制毒化学品逃避检查的；
3. 抗拒检查或者在检查时丢弃货物逃跑的；
4. 以伪报、藏匿、伪装等蒙蔽手段逃避海关、边防等检查的；
5. 选择不设海关或者边防检查站的路段绕行出入境的；
6. 以虚假身份、地址办理托运、邮寄手续的；
7. 以其他方法隐瞒真相，逃避对易制毒化学品依法监管的。

三、关于制毒物品犯罪定罪量刑的数量标准

（一）违反国家规定，非法运输、携带制毒物品进出境或者在境内非法买卖制毒物品达到下列数量标准的，依照刑法第三百五十条第一款的规定，处三年以下有期徒刑、拘役或者管制，并处罚金：

1. 1－苯基－2－丙酮五千克以上不满五十千克；
2. 3，4－亚甲基二氧苯基－2－丙酮、去甲麻黄素（去甲麻黄碱）、甲基麻黄素（甲基麻黄碱）、羟亚胺及其盐类十千克以上不满一百千克；
3. 胡椒醛、黄樟素、黄樟油、异黄樟素、麦角酸、麦角胺、麦角新碱、苯乙酸二十千克以上不满二百千克；
4. N－乙酰邻氨基苯酸、邻氨基苯甲酸、哌啶一百五十千克以上不满一千五百千克；
5. 甲苯、丙酮、甲基乙基酮、高锰酸钾、硫酸、盐酸四百千克以上不满四千千克；
6. 其他用于制造毒品的原料或者配剂相当数量的。

（二）违反国家规定，非法买卖或者走私制毒物品，达到或者超过前款所列最高数量标准的，认定为刑法第三百五十条第一款规定的“数量大的”，处三年以上十年以下有期徒刑，并处罚金。

最高人民法院　最高人民检察院　公安部
印发《关于办理走私、非法买卖麻黄碱类复方制剂等刑事案件适用法律若干问题的意见》的通知

2012 年 6 月 18 日　　　　法发〔2012〕12 号

各省、自治区、直辖市高级人民法院、人民检察院、公安厅（局），解放军军事法院、军事检察院，新疆维吾尔自治区高级人民法院生产建设兵团分院，新疆生产建设兵团人民检察院、公安局：

为从源头上惩治毒品犯罪，遏制麻黄碱类复方制剂流入非法渠道被用于制造毒品，最高人民法院、最高人民检察院、公安部制定了《关于办理走私、非法买卖麻黄碱类复方制剂等刑事案件适用法律若干问题的意见》。现印发给你们，请认真贯彻执行。执行中遇到的问题，请及时分别层报最高人民法院、最高人民检察院、公安部。

附：

最高人民法院　最高人民检察院　公安部
关于办理走私、非法买卖麻黄碱类复方制剂等刑事案件适用法律若干问题的意见

为从源头上打击、遏制毒品犯罪，根据刑法等有关规定，结合司法实践，现就办理走私、非法买卖麻黄碱类复方制剂等刑事案件适用法律的若干问题，提出以下意见：

一、关于走私、非法买卖麻黄碱类复方制剂等行为的定性

以加工、提炼制毒物品制造毒品为目的，购买麻黄碱类复方制剂，或者运输、携带、寄递麻黄碱类复方制剂进出境的，依照刑法第三百四十七条的规定，以制造毒品罪定罪处罚。

以加工、提炼制毒物品为目的，购买麻黄碱类复方制剂，或者运输、携带、寄递麻黄碱类复方制剂进出境的，依照刑法第三百五十条第一款、第三款的规定，分别以非法买卖制毒物品罪、走私制毒物品罪定罪处罚。

将麻黄碱类复方制剂拆除包装、改变形态后进行走私或者非法买卖，或者明知是已拆除包装、改变形态的麻黄碱类复方制剂而进行走私或者非法买卖的，依照刑法第三百五十条第一款、第三款的规定，分别以走私制毒物品罪、非法买卖制毒物品罪定罪处罚。

非法买卖麻黄碱类复方制剂或者运输、携带、寄递麻黄碱类复方制剂进出境，没有证据证明系用于制造毒品或者走私、非法买卖制毒物品，或者未达到走私制毒物品罪、非法买卖制毒物品罪的定罪数量标准，构成非法经营罪、走私普通货物、物品罪等其他犯罪的，依法定罪处罚。

实施第一款、第二款规定的行为，同时构成其他犯罪的，依照处罚较重的规定定罪处罚。

二、关于利用麻黄碱类复方制剂加工、提炼制毒物品行为的定性

以制造毒品为目的，利用麻黄碱类复方制剂加工、提炼制毒物品的，依照刑法第三百四十七条的规定，以制造毒品罪定罪处罚。

以走私或者非法买卖为目的，利用麻黄碱类复方制剂加工、提炼制毒物品的，依照刑法第三百五十条第一款、第三款的规定，分别以走私制毒物品罪、非法买卖制毒物品罪定罪处罚。

三、关于共同犯罪的认定

明知他人利用麻黄碱类制毒物品制造毒品，向其提供麻黄碱类复方制剂，为其利用麻黄碱类复方制剂加工、提炼制毒物品，或者为其获取、利用麻黄碱类复方制剂提供其他帮助的，以制造毒品罪的共犯论处。

明知他人走私或者非法买卖麻黄碱类制毒物品，向其提供麻黄碱类复方制剂，为其利用麻黄碱类复方制剂加工、提炼制毒物品，或者为其获取、利用麻黄碱类复方制剂提供其他帮助的，分别以走私制毒物品罪、非法买卖制毒物品罪的共犯论处。

四、关于犯罪预备、未遂的认定

实施本意见规定的行为，符合犯罪预备或者未遂情形的，依照法律规定处罚。

五、关于犯罪嫌疑人、被告人主观目的与明知的认定

对于本意见规定的犯罪嫌疑人、被告人的主观目的与明知，应当根据物证、书证、证人证言以及犯罪嫌疑人、被告人供述和辩解等在案证据，结合犯罪嫌疑人、被告人的行为表现，重点考虑以下因素综合予以认定：

1. 购买、销售麻黄碱类复方制剂的价格是否明显高于市场交易价格；
2. 是否采用虚假信息、隐蔽手段运输、寄递、存储麻黄碱类复方制剂；
3. 是否采用伪报、伪装、藏匿或者绕行进出境等手段逃避海关、边防等检查；
4. 提供相关帮助行为获得的报酬是否合理；
5. 此前是否实施过同类违法犯罪行为；
6. 其他相关因素。

六、关于制毒物品数量的认定

实施本意见规定的行为，以走私制毒物品罪、非法买卖制毒物品罪定罪处罚的，应当以涉案麻黄碱类复方制剂中麻黄碱类物质的含量作为涉案制毒物品的数量。

实施本意见规定的行为，以制造毒品罪定罪处罚的，应当将涉案麻黄碱类复方制剂所含的麻黄碱类物质可以制成的毒品数量作为量刑情节考虑。

多次实施本意见规定的行为未经处理的，涉案制毒物品的数量累计计算。

七、关于定罪量刑的数量标准

实施本意见规定的行为，以走私制毒物品罪、非法买卖制毒物品罪定罪处罚的，涉案麻黄碱类复方制剂所含的麻黄碱类物质应当达到以下数量标准：麻黄碱、伪麻黄碱、消旋麻黄碱及其盐类五千克以上不满五十千克；去甲麻黄碱、甲基麻黄碱及其盐类十千克以上不满一百千克；麻黄浸膏、麻黄浸膏粉一百千克以上不满一千千克。达到上述数量标准上限的，认定为刑法第三百五十条第一款规定的“数量大”。

实施本意见规定的行为，以制造毒品罪定罪处罚的，无论涉案麻黄碱类复方制剂所含的麻黄碱类物质数量多少，都应当追究刑事责任。

八、关于麻黄碱类复方制剂的范围

本意见所称麻黄碱类复方制剂是指含有《易制毒化学品管理条例》（国务院令第 445 号）品种目录所列的麻黄碱（麻黄素）、伪麻黄碱（伪麻黄素）、消旋麻黄碱（消旋麻黄素）、去甲麻黄碱（去甲麻黄素）、甲基麻黄碱（甲基麻黄素）及其盐类，或者麻黄浸膏、麻黄浸膏粉等麻黄碱类物质的药品复方制剂。

最高人民法院　最高人民检察院　公安部
印发《关于规范毒品名称表述若干问题的意见》的通知

2014 年 8 月 20 日　　　　　　　　　　　　法〔2014〕224 号

各省、自治区、直辖市高级人民法院、人民检察院、公安厅（局），解放军军事法院、军事检察院，新疆维吾尔自治区高级人民法院生产建设兵团分院，新疆生产建设兵团人民检察院、公安局：

为进一步规范毒品犯罪案件办理工作，最高人民法院、最高人民检察院、公安部制定了《关于规范毒品名称表述若干问题的意见》。现印发给你们，请认真贯彻执行。执行中遇到的问题，请及时分别层报最高人民法院、最高人民检察院、公安部。

附：

最高人民法院 最高人民检察院 公安部 关于规范毒品名称表述若干问题的意见

为进一步规范毒品犯罪案件办理工作，现对毒品犯罪案件起诉意见书、起诉书、刑事判决书、刑事裁定书中的毒品名称表述问题提出如下规范意见。

一、规范毒品名称表述的基本原则

（一）毒品名称表述应当以毒品的化学名称为依据，并与刑法、司法解释及相关规范性文件中的毒品名称保持一致。刑法、司法解释等没有规定的，可以参照《麻醉药品品种目录》《精神药品品种目录》中的毒品名称进行表述。

（二）对于含有二种以上毒品成分的混合型毒品，应当根据其主要毒品成分和具体形态认定毒品种类、确定名称。混合型毒品中含有海洛因、甲基苯丙胺的，一般应当以海洛因、甲基苯丙胺确定其毒品种类；不含海洛因、甲基苯丙胺，或者海洛因、甲基苯丙胺的含量极低的，可以根据其中定罪量刑数量标准较低且所占比例较大的毒品成分确定其毒品种类。混合型毒品成分复杂的，可以用括号注明其中所含的一至二种其他毒品成分。

（三）为体现与犯罪嫌疑人、被告人供述的对应性，对于犯罪嫌疑人、被告人供述的毒品常见俗称，可以在文书中第一次表述该类毒品时用括号注明。

二、几类毒品的名称表述

（一）含甲基苯丙胺成分的毒品

1. 对于含甲基苯丙胺成分的晶体状毒品，应当统一表述为甲基苯丙胺（冰毒），在下文中再次出现时可以直接表述为甲基苯丙胺。

2. 对于以甲基苯丙胺为主要毒品成分的片剂状毒品，应当统一表述为甲基苯丙胺片剂。如果犯罪嫌疑人、被告人供述为“麻古”“麻果”或者其他俗称的，可以在文书中第一次表述该类毒品时用括号注明，如表述为甲基苯丙胺片剂（俗称“麻古”）等。

3. 对于含甲基苯丙胺成分的液体、固液混合物、粉末等，应当根据其毒品成分和具体形态进行表述，如表述为含甲基苯丙胺成分的液体、含甲基苯丙胺成分的粉末等。

（二）含氯胺酮成分的毒品

1. 对于含氯胺酮成分的粉末状毒品，应当统一表述为氯胺酮。如果犯罪嫌疑人、被告人供述为“K粉”等俗称的，可以在文书中第一次表述该类毒品时用括号注明，如表述为氯胺酮（俗称“K粉”）等。

2. 对于以氯胺酮为主要毒品成分的片剂状毒品，应当统一表述为氯胺酮片剂。

3. 对于含氯胺酮成分的液体、固液混合物等，应当根据其毒品成分和具体形态进行表述，如表述为含氯胺酮成分的液体、含氯胺酮成分的固液混合物等。

（三）含MDMA等成分的毒品

对于以MDMA、MDA、MDEA等致幻性苯丙胺类兴奋剂为主要毒品成分的丸状、片剂状毒品，应当根据其主要毒品成分的中文化学名称和具体形态进行表述，并在文书中第一次表述该类毒品时用括号注明下文中使用的英文缩写简称，如表述为3，4—亚甲二氧基甲基苯丙胺片剂（以下简称MDMA片剂）、3，4—亚甲二氧基苯丙胺片剂（以下简称MDA片剂）、3，4—亚甲二氧基乙基苯丙胺片剂（以下简称MDEA片剂）等。如果犯罪嫌疑人、被告人供述为“摇头丸”等俗称的，可以在文书中第一次表述该类毒品时用括号注明，如表述为3，4—亚甲二氧基甲基苯丙胺片剂（以下简称MDMA片剂，俗称“摇头丸”）等。

（四）“神仙水”类毒品

对于俗称“神仙水”的液体状毒品，应当根据其主要毒品成分和具体形态进行表述。毒品成分复杂的，可以用括号注明其中所含的一至二种其他毒品成分，如表述为含氯胺酮（咖啡因、地西泮等）成分的液体等。如果犯罪嫌疑人、被告人供述为“神仙水”等俗称的，可以在文书中第一次表述该类毒品时用括号注明，如表述为含氯胺酮（咖啡因、地西泮等）成分的液体（俗称“神仙水”）等。

（五）大麻类毒品

对于含四氢大麻酚、大麻二酚、大麻酚等天然大麻素类成分的毒品，应当根据其外形特征分别表述为大麻叶、大麻脂、大麻油或者大麻烟等。

最高人民法院　最高人民检察院　公安部
关于印发《办理毒品犯罪案件毒品提取、扣押、称量、取样和送检程序若干问题的规定》的通知

2016年5月24日　　公禁毒〔2016〕511号

各省、自治区、直辖市高级人民法院，人民检察院，公安厅、局，新疆维吾尔自治区高级人民法院生产建设兵团分院，新疆生产建设兵团人民检察院、公安局：

为进一步规范毒品犯罪案件中毒品的提取、扣押、称量、取样和送检工作，最高人民法院、最高人民检察院、公安部制定了《办理毒品犯罪案件毒品提取、扣押、称量、取样和送检程序若干问题的规定》。现印发给你们，请认真贯彻执行。执行中遇到的问题，请及时分别层报最高人民法院、最高人民检察院、公安部。

附：

办理毒品犯罪案件毒品提取、扣押、称量、取样和送检程序若干问题的规定

第一章　总　则

第一条　为规范毒品的提取、扣押、称量、取样和送检程序，提高办理毒品犯罪案件的质量和效率，根据《中华人民共和国刑事诉讼法》《最高人民法院关于适用〈中华人民共和国刑事诉讼法〉的解释》《人民检察院刑事诉讼规则（试行）》《公安机关办理刑事案件程序规定》等有关规定，结合办案工作实际，制定本规定。

第二条　公安机关对于毒品的提取、扣押、称量、取样和送检工作，应当遵循依法、客观、准确、公正、科学和安全的原则，确保毒品实物证据的收集、固定和保管工作严格依法进行。

第三条　人民检察院、人民法院办理毒品犯罪案件，应当审查公安机关对毒品的提取、扣押、称量、取样、送检程序以及相关证据的合法性。

毒品的提取、扣押、称量、取样、送检程序存在瑕疵，可能严重影响司法公正的，人民检察院、人民法院应当要求公安机关予以补正或者作出合理解释。经公安机关补正或者作出合理解释的，可以采用相关证据；不能补正或者作出合理解释的，对相关证据应当依法予以排除，不得作为批准逮捕、提起公诉或者判决的依据。

第二章　提取、扣押

第四条　侦查人员应当对毒品犯罪案件有关的场所、物品、人身进行勘验、检查或者搜查，及时准确地发现、固定、提取、采集毒品及内外包装物上的痕迹、生物样本等物证，依法予以扣押。必要时，可以指派或者聘请具有专门知识的人，在侦查人员的主持下进行勘验、检查。

侦查人员对制造毒品、非法生产制毒物品犯罪案件的现场进行勘验、检

查或者搜查时，应当提取并当场扣押制造毒品、非法生产制毒物品的原料、配剂、成品、半成品和工具、容器、包装物以及上述物品附着的痕迹、生物样本等物证。

提取、扣押时，不得将不同包装物内的毒品混合。

现场勘验、检查或者搜查时，应当对查获毒品的原始状态拍照或者录像，采取措施防止犯罪嫌疑人及其他无关人员接触毒品及包装物。

第五条 毒品的扣押应当在有犯罪嫌疑人在场并有见证人的情况下，由两名以上侦查人员执行。

毒品的提取、扣押情况应当制作笔录，并当场开具扣押清单。

笔录和扣押清单应当由侦查人员、犯罪嫌疑人和见证人签名。犯罪嫌疑人拒绝签名的，应当在笔录和扣押清单中注明。

第六条 对同一案件在不同位置查获的两个以上包装的毒品，应当根据不同的查获位置进行分组。

对同一位置查获的两个以上包装的毒品，应当按照以下方法进行分组：

（一）毒品或者包装物的外观特征不一致的，根据毒品及包装物的外观特征进行分组；

（二）毒品及包装物的外观特征一致，但犯罪嫌疑人供述非同一批次毒品的，根据犯罪嫌疑人供述的不同批次进行分组；

（三）毒品及包装物的外观特征一致，但犯罪嫌疑人辩称其中部分不是毒品或者不知是否为毒品的，对犯罪嫌疑人辩解的部分疑似毒品单独分组。

第七条 对查获的毒品应当按其独立最小包装逐一编号或者命名，并将毒品的编号、名称、数量、查获位置以及包装、颜色、形态等外观特征记录在笔录或者扣押清单中。

在毒品的称量、取样、送检等环节，毒品的编号、名称以及对毒品外观特征的描述应当与笔录和扣押清单保持一致；不一致的，应当作出书面说明。

第八条 对体内藏毒的案件，公安机关应当监控犯罪嫌疑人排出体内的毒品，及时提取、扣押并制作笔录。笔录应当由侦查人员和犯罪嫌疑人签名；犯罪嫌疑人拒绝签名的，应当在笔录中注明。在保障犯罪嫌疑人隐私权和人格尊严的情况下，可以对排毒的主要过程进行拍照或者录像。

必要时，可以在排毒前对犯罪嫌疑人体内藏毒情况进行透视检验并以透视影像的形式固定证据。

体内藏毒的犯罪嫌疑人为女性的，应当由女性工作人员或者医师检查其身体，并由女性工作人员监控其排毒。

第九条　现场提取、扣押等工作完成后，一般应当由两名以上侦查人员对提取、扣押的毒品及包装物进行现场封装，并记录在笔录中。

封装应当在有犯罪嫌疑人在场并有见证人的情况下进行；应当使用封装袋封装毒品并加密封口，或者使用封条贴封包装，作好标记和编号，由侦查人员、犯罪嫌疑人和见证人在封口处、贴封处或者指定位置签名并签署封装日期。犯罪嫌疑人拒绝签名的，侦查人员应当注明。

确因情况紧急、现场环境复杂等客观原因无法在现场实施封装的，经公安机关办案部门负责人批准，可以及时将毒品带至公安机关办案场所或者其他适当的场所进行封装，并对毒品移动前后的状态进行拍照固定，作出书面说明。

封装时，不得将不同包装内的毒品混合。对不同组的毒品，应当分别独立封装，封装后可以统一签名。

第十条　必要时，侦查人员应当对提取、扣押和封装的主要过程进行拍照或者录像。

照片和录像资料应当反映提取、扣押和封装活动的主要过程以及毒品的原始位置、存放状态和变动情况。照片应当附有相应的文字说明，文字说明应当与照片反映的情况相对应。

第十一条　公安机关应当设置专门的毒品保管场所或者涉案财物管理场所，指定专人保管封装后的毒品及包装物，并采取措施防止毒品发生变质、泄漏、遗失、损毁或者受到污染等。

对易燃、易爆、具有毒害性以及对保管条件、保管场所有特殊要求的毒品，在处理前应当存放在符合条件的专门场所。公安机关没有具备保管条件的场所的，可以借用其他单位符合条件的场所进行保管。

第三章　称 量

第十二条　毒品的称量一般应当由两名以上侦查人员在查获毒品的现场完成。

不具备现场称量条件的，应当按照本规定第九条的规定对毒品及包装物封装后，带至公安机关办案场所或者其他适当的场所进行称量。

第十三条 称量应当在有犯罪嫌疑人在场并有见证人的情况下进行，并制作称量笔录。

对已经封装的毒品进行称量前，应当在有犯罪嫌疑人在场并有见证人的情况下拆封，并记录在称量笔录中。

称量笔录应当由称量人、犯罪嫌疑人和见证人签名。犯罪嫌疑人拒绝签名的，应当在称量笔录中注明。

第十四条 称量应当使用适当精度和称量范围的衡器。称量的毒品质量不足一百克的，衡器的分度值应当达到零点零一克；一百克以上且不足一千克的，分度值应当达到零点一克；一千克以上且不足十千克的，分度值应当达到一克；十千克以上且不足一百千克的，分度值应当达到十克；一百千克以上且不足一吨的，分度值应当达到一百克；一吨以上的，分度值应当达到一千克。

称量前，称量人应当将衡器示数归零，并确保其处于正常的工作状态。

称量所使用的衡器应当经过法定计量检定机构检定并在有效期内，一般不得随意搬动。

法定计量检定机构出具的计量检定证书复印件应当归入证据材料卷，并随案移送。

第十五条 对两个以上包装的毒品，应当分别称量，并统一制作称量笔录，不得混合后称量。

对同一组内的多个包装的毒品，可以采取全部毒品及包装物总质量减去包装物质量的方式确定毒品的净质量；称量时，不同包装物内的毒品不得混合。

第十六条 多个包装的毒品系包装完好、标识清晰完整的麻醉药品、精神药品制剂的，可以按照其包装、标识或者说明书上标注的麻醉药品、精神药品成分的含量计算全部毒品的质量，或者从相同批号的药品制剂中随机抽取三个包装进行称量后，根据麻醉药品、精神药品成分的含量计算全部毒品的质量。

第十七条 对体内藏毒的案件，应当将犯罪嫌疑人排出体外的毒品逐一称量，统一制作称量笔录。

犯罪嫌疑人供述所排出的毒品系同一批次或者毒品及包装物的外观特征相似的，可以按照本规定第十五条第二款规定的方法进行称量。

第十八条　对同一容器内的液态毒品或者固液混合状态毒品，应当采用拍照或者录像等方式对其原始状态进行固定，再统一称量。必要时，可以对其原始状态固定后，再进行固液分离并分别称量。

第十九条　现场称量后将毒品带回公安机关办案场所或者送至鉴定机构取样的，应当按照本规定第九条的规定对毒品及包装物进行封装。

第二十条　侦查人员应当对称量的主要过程进行拍照或者录像。

照片和录像资料应当清晰显示毒品的外观特征、衡器示数和犯罪嫌疑人对称量结果的指认情况。

第四章　取 样

第二十一条　毒品的取样一般应当在称量工作完成后，由两名以上侦查人员在查获毒品的现场或者公安机关办案场所完成。必要时，可以指派或者聘请具有专门知识的人进行取样。

在现场或者公安机关办案场所不具备取样条件的，应当按照本规定第九条的规定对毒品及包装物进行封装后，将其送至鉴定机构并委托鉴定机构进行取样。

第二十二条　在查获毒品的现场或者公安机关办案场所取样的，应当在有犯罪嫌疑人在场并有见证人的情况下进行，并制作取样笔录。

对已经封装的毒品进行取样前，应当在有犯罪嫌疑人在场并有见证人的情况下拆封，并记录在取样笔录中。

取样笔录应当由取样人、犯罪嫌疑人和见证人签名。犯罪嫌疑人拒绝签名的，应当在取样笔录中注明。

必要时，侦查人员应当对拆封和取样的主要过程进行拍照或者录像。

第二十三条　委托鉴定机构进行取样的，对毒品的取样方法、过程、结果等情况应当制作取样笔录，但鉴定意见包含取样方法的除外。

取样笔录应当由侦查人员和取样人签名，并随案移送。

第二十四条　对单个包装的毒品，应当按照下列方法选取或者随机抽取检材：

（一）粉状。将毒品混合均匀，并随机抽取约一克作为检材；不足一克的全部取作检材。

（二）颗粒状、块状。随机选择三个以上不同的部位，各抽取一部分混合作为检材，混合后的检材质量不少于一克；不足一克的全部取作检材。

（三）膏状、胶状。随机选择三个以上不同的部位，各抽取一部分混合作为检材，混合后的检材质量不少于三克；不足三克的全部取作检材。

（四）胶囊状、片剂状。先根据形状、颜色、大小、标识等外观特征进行分组；对于外观特征相似的一组，从中随机抽取三粒作为检材，不足三粒的全部取作检材。

（五）液态。将毒品混合均匀，并随机抽取约二十毫升作为检材；不足二十毫升的全部取作检材。

（六）固液混合状态。按照本款以上各项规定的方法，分别对固态毒品和液态毒品取样；能够混合均匀成溶液的，可以将其混合均匀后按照本款第五项规定的方法取样。

对其他形态毒品的取样，参照前款规定的取样方法进行。

第二十五条　对同一组内两个以上包装的毒品，应当按照下列标准确定选取或者随机抽取独立最小包装的数量，再根据本规定第二十四条规定的取样方法从单个包装中选取或者随机抽取检材：

（一）少于十个包装的，应当选取所有的包装；

（二）十个以上包装且少于一百个包装的，应当随机抽取其中的十个包装；

（三）一百个以上包装的，应当随机抽取与包装总数的平方根数值最接近的整数个包装。

对选取或者随机抽取的多份检材，应当逐一编号或者命名，且检材的编号、名称应当与其他笔录和扣押清单保持一致。

第二十六条　多个包装的毒品系包装完好、标识清晰完整的麻醉药品、精神药品制剂的，可以从相同批号的药品制剂中随机抽取三个包装，再根据本规定第二十四条规定的取样方法从单个包装中选取或者随机抽取检材。

第二十七条　在查获毒品的现场或者公安机关办案场所取样的，应当使用封装袋封装检材并加密封口，作好标记和编号，由取样人、犯罪嫌疑人和见证人在封口处或者指定位置签名并签署封装日期。犯罪嫌疑人拒绝签名的，侦查人员应当注明。

从不同包装中选取或者随机抽取的检材应当分别独立封装，不得混合。

对取样后剩余的毒品及包装物，应当按照本规定第九条的规定进行封装。选取或者随机抽取的检材应当由专人负责保管。在检材保管和送检过程中，应当采取妥善措施防止其发生变质、泄漏、遗失、损毁或者受到污染等。

第二十八条　委托鉴定机构进行取样的，应当使用封装袋封装取样后剩余的毒品及包装物并加密封口，作好标记和编号，由侦查人员和取样人在封口处签名并签署封装日期。

第二十九条　对取样后剩余的毒品及包装物，应当及时送至公安机关毒品保管场所或者涉案财物管理场所进行妥善保管。

对需要作为证据使用的毒品，不起诉决定或者判决、裁定（含死刑复核判决、裁定）发生法律效力后方可处理。

第五章　送检

第三十条　对查获的全部毒品或者从查获的毒品中选取或者随机抽取的检材，应当由两名以上侦查人员自毒品被查获之日起三日以内，送至鉴定机构进行鉴定。

具有案情复杂、查获毒品数量较多、异地办案、在交通不便地区办案等情形的，送检时限可以延长至七日。

公安机关应当向鉴定机构提供真实、完整、充分的鉴定材料，并对鉴定材料的真实性、合法性负责。

第三十一条　侦查人员送检时，应当持本人工作证件、鉴定聘请书等材料，并提供鉴定事项相关的鉴定资料；需要复核、补充或者重新鉴定的，还应当持原鉴定意见复印件。

第三十二条　送检的侦查人员应当配合鉴定机构核对鉴定材料的完整性、有效性，并检查鉴定材料是否满足鉴定需要。

公安机关鉴定机构应当在收到鉴定材料的当日作出是否受理的决定，决定受理的，应当与公安机关办案部门签订鉴定委托书；不予受理的，应当退还鉴定材料并说明理由。

第三十三条 具有下列情形之一的，公安机关应当委托鉴定机构对查获的毒品进行含量鉴定：

（一）犯罪嫌疑人、被告人可能被判处死刑的；

（二）查获的毒品系液态、固液混合物或者系毒品半成品的；

（三）查获的毒品可能大量掺假的；

（四）查获的毒品系成分复杂的新类型毒品，且犯罪嫌疑人、被告人可能被判处七年以上有期徒刑的；

（五）人民检察院、人民法院认为含量鉴定对定罪量刑有重大影响而书面要求进行含量鉴定的。

进行含量鉴定的检材应当与进行成分鉴定的检材来源一致，且一一对应。

第三十四条 对毒品原植物及其种子、幼苗，应当委托具备相应资质的鉴定机构进行鉴定。当地没有具备相应资质的鉴定机构的，可以委托侦办案件的公安机关所在地的县级以上农牧、林业行政主管部门，或者设立农林相关专业的普通高等学校、科研院所出具检验报告。

第六章　附　则

第三十五条 本规定所称的毒品，包括毒品的成品、半成品、疑似物以及含有毒品成分的物质。

毒品犯罪案件中查获的其他物品，如制毒物品及其半成品、含有制毒物品成分的物质、毒品原植物及其种子和幼苗的提取、扣押、称量、取样和送检程序，参照本规定执行。

第三十六条 本规定所称的“以上”“以内”包括本数，“日”是指工作日。

第三十七条 扣押、封装、称量或者在公安机关办案场所取样时，无法确定犯罪嫌疑人、犯罪嫌疑人在逃或者犯罪嫌疑人在异地被抓获且无法及时到场的，应当在有见证人的情况下进行，并在相关笔录、扣押清单中注明。

犯罪嫌疑人到案后，公安机关应当以告知书的形式告知其扣押、称量、取样的过程、结果。犯罪嫌疑人拒绝在告知书上签名的，应当将告知情况形成笔录，一并附卷；犯罪嫌疑人对称量结果有异议，有条件重新称量的，可以重新称量，并制作称量笔录。

第三十八条 毒品的提取、扣押、封装、称量、取样活动有见证人的，笔录材料中应当写明见证人的姓名、身份证件种类及号码和联系方式，并附其常住人口信息登记表等材料。

下列人员不得担任见证人：

（一）生理上、精神上有缺陷或者年幼，不具有相应辨别能力或者不能正确表达的人；

（二）犯罪嫌疑人的近亲属，被引诱、教唆、欺骗、强迫吸毒的被害人及其近亲属，以及其他与案件有利害关系并可能影响案件公正处理的人；

（三）办理该毒品犯罪案件的公安机关、人民检察院、人民法院的工作人员、实习人员或者其聘用的协勤、文职、清洁、保安等人员。

由于客观原因无法由符合条件的人员担任见证人或者见证人不愿签名的，应当在笔录材料中注明情况，并对相关活动进行拍照并录像。

第三十九条 本规定自2016年7月1日起施行。

最高人民检察院
关于《非药用类麻醉药品和精神药品管制品种增补目录》能否作为认定毒品依据的批复

高检发释字〔2019〕2号

（2018年12月12日最高人民检察院第十三届检察委员会第十一次会议通过
2019年4月29日最高人民检察院公告公布 自2019年4月30日起施行）

河南省人民检察院：

你院《关于〈非药用类麻醉药品和精神药品管制品种增补目录〉能否作为认定毒品的依据的请示》收悉。经研究，批复如下：

根据《中华人民共和国刑法》第三百五十七条和《中华人民共和国禁毒法》第二条的规定，毒品是指鸦片、海洛因、甲基苯丙胺（冰毒）、吗啡、大麻、可卡因以及国家规定管制的其他能够使人形成瘾癖的麻醉药品和精神药品。

2015年10月1日起施行的公安部、国家食品药品监督管理总局、国家卫生和计划生育委员会、国家禁毒委员会办公室《非药用类麻醉药品和精神药品列管办法》及其附表《非药用类麻醉药品和精神药品管制品种增补目录》，是根据国务院《麻醉药品和精神药品管理条例》第三条第二款授权制定的，《非药用类麻醉药品和精神药品管制品种增补目录》可以作为认定毒品的依据。

此复。

（七）涉邪教组织罪

最高人民法院　最高人民检察院
关于办理组织、利用邪教组织破坏法律实施等刑事案件适用法律若干问题的解释

法释〔2017〕3号

（2017年1月4日最高人民法院审判委员会第1706次会议、2016年12月8日最高人民检察院第十二届检察委员会第58次会议通过　2017年1月25日最高人民法院、最高人民检察院公告公布　自2017年2月1日起施行）

为依法惩治组织、利用邪教组织破坏法律实施等犯罪活动，根据《中华人民共和国刑法》《中华人民共和国刑事诉讼法》有关规定，现就办理此类刑事案件适用法律的若干问题解释如下：

第一条　冒用宗教、气功或者以其他名义建立，神化、鼓吹首要分子，利用制造、散布迷信邪说等手段蛊惑、蒙骗他人，发展、控制成员，危害社会的非法组织，应当认定为刑法第三百条规定的“邪教组织”。

第二条　组织、利用邪教组织，破坏国家法律、行政法规实施，具有下

列情形之一的，应当依照刑法第三百条第一款的规定，处三年以上七年以下有期徒刑，并处罚金：

（一）建立邪教组织，或者邪教组织被取缔后又恢复、另行建立邪教组织的；

（二）聚众包围、冲击、强占、哄闹国家机关、企业事业单位或者公共场所、宗教活动场所，扰乱社会秩序的；

（三）非法举行集会、游行、示威，扰乱社会秩序的；

（四）使用暴力、胁迫或者以其他方法强迫他人加入或者阻止他人退出邪教组织的；

（五）组织、煽动、蒙骗成员或者他人不履行法定义务的；

（六）使用“伪基站”“黑广播”等无线电台（站）或者无线电频率宣扬邪教的；

（七）曾因从事邪教活动被追究刑事责任或者二年内受过行政处罚，又从事邪教活动的；

（八）发展邪教组织成员五十人以上的；

（九）敛取钱财或者造成经济损失一百万元以上的；

（十）以货币为载体宣扬邪教，数量在五百张（枚）以上的；

（十一）制作、传播邪教宣传品，达到下列数量标准之一的：

1. 传单、喷图、图片、标语、报纸一千份（张）以上的；

2. 书籍、刊物二百五十册以上的；

3. 录音带、录像带等音像制品二百五十盒（张）以上的；

4. 标识、标志物二百五十件以上的；

5. 光盘、U 盘、储存卡、移动硬盘等移动存储介质一百个以上的；

6. 横幅、条幅五十条（个）以上的。

（十二）利用通讯信息网络宣扬邪教，具有下列情形之一的：

1. 制作、传播宣扬邪教的电子图片、文章二百张（篇）以上，电子书籍、刊物、音视频五十册（个）以上，或者电子文档五百万字符以上、电子音视频二百五十分钟以上的；

2. 编发信息、拨打电话一千条（次）以上的；

3. 利用在线人数累计达到一千以上的聊天室，或者利用群组成员、关注人员等账号数累计一千以上的通讯群组、微信、微博等社交网络宣扬邪教的；

4. 邪教信息实际被点击、浏览数达到五千次以上的。

（十三）其他情节严重的情形。

第三条　组织、利用邪教组织，破坏国家法律、行政法规实施，具有下列情形之一的，应当认定为刑法第三百条第一款规定的“情节特别严重”，处七年以上有期徒刑或者无期徒刑，并处罚金或者没收财产：

（一）实施本解释第二条第一项至第七项规定的行为，社会危害特别严重的；

（二）实施本解释第二条第八项至第十二项规定的行为，数量或者数额达到第二条规定相应标准五倍以上的；

（三）其他情节特别严重的情形。

第四条　组织、利用邪教组织，破坏国家法律、行政法规实施，具有下列情形之一的，应当认定为刑法第三百条第一款规定的“情节较轻”，处三年以下有期徒刑、拘役、管制或者剥夺政治权利，并处或者单处罚金：

（一）实施本解释第二条第一项至第七项规定的行为，社会危害较轻的；

（二）实施本解释第二条第八项至第十二项规定的行为，数量或者数额达到相应标准五分之一以上的；

（三）其他情节较轻的情形。

第五条　为了传播而持有、携带，或者传播过程中被当场查获，邪教宣传品数量达到本解释第二条至第四条规定的有关标准的，按照下列情形分别处理：

（一）邪教宣传品是行为人制作的，以犯罪既遂处理；

（二）邪教宣传品不是行为人制作，尚未传播的，以犯罪预备处理；

（三）邪教宣传品不是行为人制作，传播过程中被查获的，以犯罪未遂处理；

（四）邪教宣传品不是行为人制作，部分已经传播出去的，以犯罪既遂处理，对于没有传播的部分，可以在量刑时酌情考虑。

第六条　多次制作、传播邪教宣传品或者利用通讯信息网络宣扬邪教，未经处理的，数量或者数额累计计算。

制作、传播邪教宣传品，或者利用通讯信息网络宣扬邪教，涉及不同种类或者形式的，可以根据本解释规定的不同数量标准的相应比例折算后累计计算。

第七条 组织、利用邪教组织，制造、散布迷信邪说，蒙骗成员或者他人绝食、自虐等，或者蒙骗病人不接受正常治疗，致人重伤、死亡的，应当认定为刑法第三百条第二款规定的组织、利用邪教组织“蒙骗他人，致人重伤、死亡”。

组织、利用邪教组织蒙骗他人，致一人以上死亡或者三人以上重伤的，处三年以上七年以下有期徒刑，并处罚金。

组织、利用邪教组织蒙骗他人，具有下列情形之一的，处七年以上有期徒刑或者无期徒刑，并处罚金或者没收财产：

（一）造成三人以上死亡的；

（二）造成九人以上重伤的；

（三）其他情节特别严重的情形。

组织、利用邪教组织蒙骗他人，致人重伤的，处三年以下有期徒刑、拘役、管制或者剥夺政治权利，并处或者单处罚金。

第八条 实施本解释第二条至第五条规定的行为，具有下列情形之一的，从重处罚：

（一）与境外机构、组织、人员勾结，从事邪教活动的；

（二）跨省、自治区、直辖市建立邪教组织机构、发展成员或者组织邪教活动的；

（三）在重要公共场所、监管场所或者国家重大节日、重大活动期间聚集滋事，公开进行邪教活动的；

（四）邪教组织被取缔后，或者被认定为邪教组织后，仍然聚集滋事，公开进行邪教活动的；

（五）国家工作人员从事邪教活动的；

（六）向未成年人宣扬邪教的；

（七）在学校或者其他教育培训机构宣扬邪教的。

第九条 组织、利用邪教组织破坏国家法律、行政法规实施，符合本解释第四条规定情形，但行为人能够真诚悔罪，明确表示退出邪教组织、不再从事邪教活动的，可以不起诉或者免予刑事处罚。其中，行为人系受蒙蔽、胁迫参加邪教组织的，可以不作为犯罪处理。

组织、利用邪教组织破坏国家法律、行政法规实施，行为人在一审判决前能够真诚悔罪，明确表示退出邪教组织、不再从事邪教活动的，分别依照下列规定处理：

（一）符合本解释第二条规定情形的，可以认定为刑法第三百条第一款规定的“情节较轻”；

（二）符合本解释第三条规定情形的，可以不认定为刑法第三百条第一款规定的“情节特别严重”，处三年以上七年以下有期徒刑，并处罚金。

第十条　组织、利用邪教组织破坏国家法律、行政法规实施过程中，又有煽动分裂国家、煽动颠覆国家政权或者侮辱、诽谤他人等犯罪行为的，依照数罪并罚的规定定罪处罚。

第十一条　组织、利用邪教组织，制造、散布迷信邪说，组织、策划、煽动、胁迫、教唆、帮助其成员或者他人实施自杀、自伤的，依照刑法第二百三十二条、第二百三十四条的规定，以故意杀人罪或者故意伤害罪定罪处罚。

第十二条　邪教组织人员以自焚、自爆或者其他危险方法危害公共安全的，依照刑法第一百一十四条、第一百一十五条的规定，以放火罪、爆炸罪、以危险方法危害公共安全罪等定罪处罚。

第十三条　明知他人组织、利用邪教组织实施犯罪，而为其提供经费、场地、技术、工具、食宿、接送等便利条件或者帮助的，以共同犯罪论处。

第十四条　对于犯组织、利用邪教组织破坏法律实施罪、组织、利用邪教组织致人重伤、死亡罪，严重破坏社会秩序的犯罪分子，根据刑法第五十六条的规定，可以附加剥夺政治权利。

第十五条　对涉案物品是否属于邪教宣传品难以确定的，可以委托地市级以上公安机关出具认定意见。

第十六条　本解释自 2017 年 2 月 1 日起施行。最高人民法院、最高人民检察院《关于办理组织和利用邪教组织犯罪案件具体应用法律若干问题的解释》（法释〔1999〕18 号），最高人民法院、最高人民检察院《关于办理组织和利用邪教组织犯罪案件具体应用法律若干问题的解释（二）》（法释〔2001〕19 号），以及最高人民法院、最高人民检察院《关于办理组织和利用邪教组织犯罪案件具体应用法律若干问题的解答》（法发〔2002〕7 号）同时废止。

（八）危害公共卫生罪

最高人民法院　最高人民检察院
关于办理妨害预防、控制突发传染病疫情等灾害的刑事案件具体应用法律若干问题的解释

法释〔2003〕8 号

（2003 年 5 月 13 日最高人民法院审判委员会第 1269 次会议、2003 年 5 月 13 日最高人民检察院第十届检察委员会第 3 次会议通过　2003 年 5 月 14 日最高人民法院、最高人民检察院公告公布　自 2003 年 5 月 15 日起施行）

为依法惩治妨害预防、控制突发传染病疫情等灾害的犯罪活动，保障预防、控制突发传染病疫情等灾害工作的顺利进行，切实维护人民群众的身体健康和生命安全，根据《中华人民共和国刑法》等有关法律规定，现就办理相关刑事案件具体应用法律的若干问题解释如下：

第一条　故意传播突发传染病病原体，危害公共安全的，依照刑法第一百一十四条、第一百一十五条第一款的规定，按照以危险方法危害公共安全罪定罪处罚。

患有突发传染病或者疑似突发传染病而拒绝接受检疫、强制隔离或者治疗，过失造成传染病传播，情节严重，危害公共安全的，依照刑法第一百一十五条第二款的规定，按照过失以危险方法危害公共安全罪定罪处罚。

第二条　在预防、控制突发传染病疫情等灾害期间，生产、销售伪劣的防治、防护产品、物资，或者生产、销售用于防治传染病的假药、劣药，构成犯罪的，分别依照刑法第一百四十条、第一百四十一条、第一百四十二条的规定，以生产、销售伪劣产品罪，生产、销售假药罪或者生产、销售劣药

罪定罪，依法从重处罚。

第三条 在预防、控制突发传染病疫情等灾害期间，生产用于防治传染病的不符合保障人体健康的国家标准、行业标准的医疗器械、医用卫生材料，或者销售明知是用于防治传染病的不符合保障人体健康的国家标准、行业标准的医疗器械、医用卫生材料，不具有防护、救治功能，足以严重危害人体健康的，依照刑法第一百四十五条的规定，以生产、销售不符合标准的医用器材罪定罪，依法从重处罚。

医疗机构或者个人，知道或者应当知道系前款规定的不符合保障人体健康的国家标准、行业标准的医疗器械、医用卫生材料而购买并有偿使用的，以销售不符合标准的医用器材罪定罪，依法从重处罚。

第四条 国有公司、企业、事业单位的工作人员，在预防、控制突发传染病疫情等灾害的工作中，由于严重不负责任或者滥用职权，造成国有公司、企业破产或者严重损失，致使国家利益遭受重大损失的，依照刑法第一百六十八条的规定，以国有公司、企业、事业单位人员失职罪或者国有公司、企业、事业单位人员滥用职权罪定罪处罚。

第五条 广告主、广告经营者、广告发布者违反国家规定，假借预防、控制突发传染病疫情等灾害的名义，利用广告对所推销的商品或者服务作虚假宣传，致使多人上当受骗，违法所得数额较大或者有其他严重情节的，依照刑法第二百二十二条的规定，以虚假广告罪定罪处罚。

第六条 违反国家在预防、控制突发传染病疫情等灾害期间有关市场经营、价格管理等规定，哄抬物价、牟取暴利，严重扰乱市场秩序，违法所得数额较大或者有其他严重情节的，依照刑法第二百二十五条第（四）项的规定，以非法经营罪定罪，依法从重处罚。

第七条 在预防、控制突发传染病疫情等灾害期间，假借研制、生产或者销售用于预防、控制突发传染病疫情等灾害用品的名义，诈骗公私财物数额较大的，依照刑法有关诈骗罪的规定定罪，依法从重处罚。

第八条 以暴力、威胁方法阻碍国家机关工作人员、红十字会工作人员依法履行为防治突发传染病疫情等灾害而采取的防疫、检疫、强制隔离、隔离治疗等预防、控制措施的，依照刑法第二百七十七条第一款、第三款的规定，以妨害公务罪定罪处罚。

第九条　在预防、控制突发传染病疫情等灾害期间，聚众“打砸抢”，致人伤残、死亡的，依照刑法第二百八十九条、第二百三十四条、第二百三十二条的规定，以故意伤害罪或者故意杀人罪定罪，依法从重处罚。对毁坏或者抢走公私财物的首要分子，依照刑法第二百八十九条、第二百六十三条的规定，以抢劫罪定罪，依法从重处罚。

第十条　编造与突发传染病疫情等灾害有关的恐怖信息，或者明知是编造的此类恐怖信息而故意传播，严重扰乱社会秩序的，依照刑法第二百九十一条之一的规定，以编造、故意传播虚假恐怖信息罪定罪处罚。

利用突发传染病疫情等灾害，制造、传播谣言，煽动分裂国家、破坏国家统一，或者煽动颠覆国家政权、推翻社会主义制度的，依照刑法第一百零三条第二款、第一百零五条第二款的规定，以煽动分裂国家罪或者煽动颠覆国家政权罪定罪处罚。

第十一条　在预防、控制突发传染病疫情等灾害期间，强拿硬要或者任意损毁、占用公私财物情节严重，或者在公共场所起哄闹事，造成公共场所秩序严重混乱的，依照刑法第二百九十三条的规定，以寻衅滋事罪定罪，依法从重处罚。

第十二条　未取得医师执业资格非法行医，具有造成突发传染病病人、病原携带者、疑似突发传染病病人贻误诊治或者造成交叉感染等严重情节的，依照刑法第三百三十六条第一款的规定，以非法行医罪定罪，依法从重处罚。

第十三条　违反传染病防治法等国家有关规定，向土地、水体、大气排放、倾倒或者处置含传染病病原体的废物、有毒物质或者其他危险废物，造成突发传染病传播等重大环境污染事故，致使公私财产遭受重大损失或者人身伤亡的严重后果的，依照刑法第三百三十八条的规定，以重大环境污染事故罪定罪处罚。

第十四条　贪污、侵占用于预防、控制突发传染病疫情等灾害的款物或者挪用归个人使用，构成犯罪的，分别依照刑法第三百八十二条、第三百八十三条、第二百七十一条、第三百八十四条、第二百七十二条的规定，以贪污罪、侵占罪、挪用公款罪、挪用资金罪定罪，依法从重处罚。

挪用用于预防、控制突发传染病疫情等灾害的救灾、优抚、救济等款物，构成犯罪的，对直接责任人员，依照刑法第二百七十三条的规定，以挪用特定款物罪定罪处罚。

第十五条 在预防、控制突发传染病疫情等灾害的工作中，负有组织、协调、指挥、灾害调查、控制、医疗救治、信息传递、交通运输、物资保障等职责的国家机关工作人员，滥用职权或者玩忽职守，致使公共财产、国家和人民利益遭受重大损失的，依照刑法第三百九十七条的规定，以滥用职权罪或者玩忽职守罪定罪处罚。

第十六条 在预防、控制突发传染病疫情等灾害期间，从事传染病防治的政府卫生行政部门的工作人员，或者在受政府卫生行政部门委托代表政府卫生行政部门行使职权的组织中从事公务的人员，或者虽未列入政府卫生行政部门人员编制但在政府卫生行政部门从事公务的人员，在代表政府卫生行政部门行使职权时，严重不负责任，导致传染病传播或者流行，情节严重的，依照刑法第四百零九条的规定，以传染病防治失职罪定罪处罚。

在国家对突发传染病疫情等灾害采取预防、控制措施后，具有下列情形之一的，属于刑法第四百零九条规定的“情节严重”：

（一）对发生突发传染病疫情等灾害的地区或者突发传染病病人、病原携带者、疑似突发传染病病人，未按照预防、控制突发传染病疫情等灾害工作规范的要求做好防疫、检疫、隔离、防护、救治等工作，或者采取的预防、控制措施不当，造成传染范围扩大或者疫情、灾情加重的；

（二）隐瞒、缓报、谎报或者授意、指使、强令他人隐瞒、缓报、谎报疫情、灾情，造成传染范围扩大或者疫情、灾情加重的；

（三）拒不执行突发传染病疫情等灾害应急处理指挥机构的决定、命令，造成传染范围扩大或者疫情、灾情加重的；

（四）具有其他严重情节的。

第十七条 人民法院、人民检察院办理有关妨害预防、控制突发传染病疫情等灾害的刑事案件，对于有自首、立功等悔罪表现的，依法从轻、减轻、免除处罚或者依法作出不起诉决定。

第十八条 本解释所称“突发传染病疫情等灾害”，是指突然发生，造成或者可能造成社会公众健康严重损害的重大传染病疫情、群体性不明原因疾病以及其他严重影响公众健康的灾害。

最高人民法院
关于审理发生在我国管辖海域相关案件若干问题的规定（一）

法释〔2016〕16号

（2015年12月28日最高人民法院审判委员会第1674次会议通过
2016年8月1日最高人民法院公告公布　自2016年8月2日起施行）

为维护我国领土主权、海洋权益，平等保护中外当事人合法权利，明确我国管辖海域的司法管辖与法律适用，根据《中华人民共和国领海及毗连区法》《中华人民共和国专属经济区和大陆架法》《中华人民共和国刑法》《中华人民共和国出境入境管理法》《中华人民共和国治安管理处罚法》《中华人民共和国刑事诉讼法》《中华人民共和国民事诉讼法》《中华人民共和国海事诉讼特别程序法》《中华人民共和国行政诉讼法》及中华人民共和国缔结或者参加的有关国际条约，结合审判实际，制定本规定。

第一条　本规定所称我国管辖海域，是指中华人民共和国内水、领海、毗连区、专属经济区、大陆架，以及中华人民共和国管辖的其他海域。

第二条　中国公民或组织在我国与有关国家缔结的协定确定的共同管理的渔区或公海从事捕捞等作业的，适用本规定。

第三条　中国公民或者外国人在我国管辖海域实施非法猎捕、杀害珍贵濒危野生动物或者非法捕捞水产品等犯罪的，依照我国刑法追究刑事责任。

第四条　有关部门依据出境入境管理法、治安管理处罚法，对非法进入我国内水从事渔业生产或者渔业资源调查的外国人，作出行政强制措施或行政处罚决定，行政相对人不服的，可分别依据出境入境管理法第六十四条和治安管理处罚法第一百零二条的规定，向有关机关申请复议或向有管辖权的人民法院提起行政诉讼。

第五条　因在我国管辖海域内发生海损事故，请求损害赔偿提起的诉讼，由管辖该海域的海事法院、事故船舶最先到达地的海事法院、船舶被扣押地或者被告住所地海事法院管辖。

因在公海等我国管辖海域外发生海损事故，请求损害赔偿在我国法院提起的诉讼，由事故船舶最先到达地、船舶被扣押地或者被告住所地海事法院管辖。

事故船舶为中华人民共和国船舶的，还可以由船籍港所在地海事法院管辖。

第六条 在我国管辖海域内，因海上航运、渔业生产及其他海上作业造成污染，破坏海洋生态环境，请求损害赔偿提起的诉讼，由管辖该海域的海事法院管辖。

污染事故发生在我国管辖海域外，对我国管辖海域造成污染或污染威胁，请求损害赔偿或者预防措施费用提起的诉讼，由管辖该海域的海事法院或采取预防措施地的海事法院管辖。

第七条 本规定施行后尚未审结的案件，适用本规定；本规定施行前已经终审，当事人申请再审或者按照审判监督程序决定再审的案件，不适用本规定。

第八条 本规定自 2016 年 8 月 2 日起施行。

最高人民法院
关于审理发生在我国管辖海域相关案件若干问题的规定（二）

法释〔2016〕17 号

（2016 年 5 月 9 日最高人民法院审判委员会第 1682 次会议通过
2016 年 8 月 1 日最高人民法院公告公布　自 2016 年 8 月 2 日起施行）

为正确审理发生在我国管辖海域相关案件，维护当事人合法权益，根据《中华人民共和国刑法》《中华人民共和国渔业法》《中华人民共和国民事诉讼法》《中华人民共和国刑事诉讼法》《中华人民共和国行政诉讼法》，结合审判实际，制定本规定。

第一条　当事人因船舶碰撞、海洋污染等事故受到损害，请求侵权人赔偿渔船、渔具、渔货损失以及收入损失的，人民法院应予支持。

当事人违反渔业法第二十三条，未取得捕捞许可证从事海上捕捞作业，依照前款规定主张收入损失的，人民法院不予支持。

第二条　人民法院在审判执行工作中，发现违法行为，需要有关单位对其依法处理的，应及时向相关单位提出司法建议，必要时可以抄送该单位的上级机关或者主管部门。违法行为涉嫌犯罪的，依法移送刑事侦查部门处理。

第三条　违反我国国（边）境管理法规，非法进入我国领海，具有下列情形之一的，应当认定为刑法第三百二十二条规定的“情节严重”：

（一）经驱赶拒不离开的；

（二）被驱离后又非法进入我国领海的；

（三）因非法进入我国领海被行政处罚或者被刑事处罚后，一年内又非法进入我国领海的；

（四）非法进入我国领海从事捕捞水产品等活动，尚不构成非法捕捞水产品等犯罪的；

（五）其他情节严重的情形。

第四条　违反保护水产资源法规，在海洋水域，在禁渔区、禁渔期或者使用禁用的工具、方法捕捞水产品，具有下列情形之一的，应当认定为刑法第三百四十条规定的“情节严重”：

（一）非法捕捞水产品一万公斤以上或者价值十万元以上的；

（二）非法捕捞有重要经济价值的水生动物苗种、怀卵亲体二千公斤以上或者价值二万元以上的；

（三）在水产种质资源保护区内捕捞水产品二千公斤以上或者价值二万元以上的；

（四）在禁渔区内使用禁用的工具或者方法捕捞的；

（五）在禁渔期内使用禁用的工具或者方法捕捞的；

（六）在公海使用禁用渔具从事捕捞作业，造成严重影响的；

（七）其他情节严重的情形。

第五条　非法采捕珊瑚、砗磲或者其他珍贵、濒危水生野生动物，具有下列情形之一的，应当认定为刑法第三百四十一条第一款规定的“情节严重”：

（一）价值在五十万元以上的；

（二）非法获利二十万元以上的；

（三）造成海域生态环境严重破坏的；

（四）造成严重国际影响的；

（五）其他情节严重的情形。

实施前款规定的行为，具有下列情形之一的，应当认定为刑法第三百四十一条第一款规定的“情节特别严重”：

（一）价值或者非法获利达到本条第一款规定标准五倍以上的；

（二）价值或者非法获利达到本条第一款规定的标准，造成海域生态环境严重破坏的；

（三）造成海域生态环境特别严重破坏的；

（四）造成特别严重国际影响的；

（五）其他情节特别严重的情形。

第六条 非法收购、运输、出售珊瑚、砗磲或者其他珍贵、濒危水生野生动物及其制品，具有下列情形之一的，应当认定为刑法第三百四十一条第一款规定的“情节严重”：

（一）价值在五十万元以上的；

（二）非法获利在二十万元以上的；

（三）具有其他严重情节的。

非法收购、运输、出售珊瑚、砗磲或者其他珍贵、濒危水生野生动物及其制品，具有下列情形之一的，应当认定为刑法第三百四十一条第一款规定的“情节特别严重”：

（一）价值在二百五十万元以上的；

（二）非法获利在一百万元以上的；

（三）具有其他特别严重情节的。

第七条 对案件涉及的珍贵、濒危水生野生动物的种属难以确定的，由司法鉴定机构出具鉴定意见，或者由国务院渔业行政主管部门指定的机构出具报告。

珍贵、濒危水生野生动物或者其制品的价值，依照国务院渔业行政主管部门的规定核定。核定价值低于实际交易价格的，以实际交易价格认定。

本解释所称珊瑚、砗磲，是指列入《国家重点保护野生动物名录》中国家一、二级保护的，以及列入《濒危野生动植物种国际贸易公约》附录一、附录二中的珊瑚、砗磲的所有种，包括活体和死体。

第八条　实施破坏海洋资源犯罪行为，同时构成非法捕捞罪、非法猎捕、杀害珍贵、濒危野生动物罪、组织他人偷越国（边）境罪、偷越国（边）境罪等犯罪的，依照处罚较重的规定定罪处罚。

有破坏海洋资源犯罪行为，又实施走私、妨害公务等犯罪的，依照数罪并罚的规定处理。

第九条　行政机关在行政诉讼中提交的于中华人民共和国领域外形成的，符合我国相关法律规定的证据，可以作为人民法院认定案件事实的依据。

下列证据不得作为定案依据：

（一）调查人员不具有所在国法律规定的调查权；

（二）证据调查过程不符合所在国法律规定，或者违反我国法律、法规的禁止性规定；

（三）证据不完整，或保管过程存在瑕疵，不能排除篡改可能的；

（四）提供的证据为复制件、复制品，无法与原件核对，且所在国执法部门亦未提供证明复制件、复制品与原件一致的公函；

（五）未履行中华人民共和国与该国订立的有关条约中规定的证明手续，或者未经所在国公证机关证明，并经中华人民共和国驻该国使领馆认证；

（六）不符合证据真实性、合法性、关联性的其他情形。

第十条　行政相对人未依法取得捕捞许可证擅自进行捕捞，行政机关认为该行为构成渔业法第四十一条规定的“情节严重”情形的，人民法院应当从以下方面综合审查，并作出认定：

（一）是否未依法取得渔业船舶检验证书或渔业船舶登记证书；

（二）是否故意遮挡、涂改船名、船籍港；

（三）是否标写伪造、变造的渔业船舶船名、船籍港，或者使用伪造、变造的渔业船舶证书；

（四）是否标写其他合法渔业船舶的船名、船籍港或者使用其他渔业船舶证书；

（五）是否非法安装挖捕珊瑚等国家重点保护水生野生动物设施；

（六）是否使用相关法律、法规、规章禁用的方法实施捕捞；

（七）是否非法捕捞水产品、非法捕捞有重要经济价值的水生动物苗种、怀卵亲体或者在水产种质资源保护区内捕捞水产品，数量或价值较大；

（八）是否于禁渔区、禁渔期实施捕捞；

（九）是否存在其他严重违法捕捞行为的情形。

第十一条 行政机关对停靠在渔港，无船名、船籍港和船舶证书的船舶，采取禁止离港、指定地点停放等强制措施，行政相对人以行政机关超越法定职权为由提起诉讼的，人民法院不予支持。

第十二条 无船名、无船籍港、无渔业船舶证书的船舶从事非法捕捞，行政机关经审慎调查，在无相反证据的情况下，将现场负责人或者实际负责人认定为违法行为人的，人民法院应予支持。

第十三条 行政机关有证据证明行政相对人采取将装载物品倒入海中等故意毁灭证据的行为，但行政相对人予以否认的，人民法院可以根据行政相对人的行为给行政机关举证造成困难的实际情况，适当降低行政机关的证明标准或者决定由行政相对人承担相反事实的证明责任。

第十四条 外国公民、无国籍人、外国组织，认为我国海洋、公安、海关、渔业行政主管部门及其所属的渔政监督管理机构等执法部门在行政执法过程中侵害其合法权益的，可以依据行政诉讼法等相关法律规定提起行政诉讼。

第十五条 本规定施行后尚未审结的一审、二审案件，适用本规定；本规定施行前已经终审，当事人申请再审或者按照审判监督程序决定再审的案件，不适用本规定。

第十六条 本规定自2016年8月2日起施行。